Marietta Slomka

KANZLER, KRISE, KAPITAL

Marietta Slomka

KANZLER, KRISE, KAPITAL

Wie Politik funktioniert

C. Bertelsmann

Verlagsgruppe Random House FSC® N001967
Das für dieses Buch verwendete
FSC®-zertifizierte Papier *EOS*
liefert Salzer Papier, St. Pölten, Austria.

1. Auflage
© 2013 by C. Bertelsmann Verlag, München,
in der Verlagsgruppe Random House GmbH
Umschlaggestaltung: buxdesign München
Satz: Uhl + Massopust, Aalen
Druck und Bindung: GGP Media GmbH, Pößneck
Printed in Germany
ISBN 978-3-570-10077-6

www.cbertelsmann.de

Inhalt

Vorwort 17

Demokratie – Ein Plädoyer für »die schlechteste aller Regierungsformen« 21

Müssen wirklich immer alle mitreden? 21
- Auch Nichtwählen ist eine Wahl 22
- Politik ist das Ziel und der Weg dorthin 24
- Kluges Regieren: Sollten nur Philosophen Könige werden? 27
- Wie hätten Sie's denn gern? – Regierungsformen im Vergleich 30
- Und wie läuft es bei Königs? 36
- Weitere (unerfreuliche) Herrschaftsformen 38
- Wie viel Freiheit darf's denn sein? 39
- Und wie halten wir es mit der Religion? 41

Lohnt es sich überhaupt, wählen zu gehen? 42
- Wozu brauchen wir Parteien? 44
- Die Opposition muss regieren können 46
- Warum gründen sich neue Parteien? 48
- Warum müssen politische Wahlen geheim sein? 49
- Darf man Wahlversprechen brechen? 52
- Der Wahlkampf als »Geschwätz von gestern« 54
- Wann sind Umfragen repräsentativ? 56

Der Sozialstaat – mehr als eine Floskel? 58
- Erst das Fressen, dann die Moral 59
- Wie kommt ein Staat zu Wohlstand? 61
- Wichtig ist nicht nur, *was* der Staat tut, sondern *wie* 64
- Marktwirtschaft: frei, sozial – oder gar nicht 65
- Wäscht man Geld bei 30, 60 oder 95 Grad? 68
- Warum müssen wir so viel(e) Steuern zahlen? 70
- Gerechtigkeit hat jeder gern 72
- Steuersparen statt Golfspielen 75
- Steuerzahler sind empfindlich 77
- Steuerwirrwarr im Föderalismus 79
- Warum nicht lieber mehr Geld drucken,
  statt Steuern zu erhöhen? 80
- Die Theorie vom perfekten Staat 82

**Politik in Deutschland – Pluralismus ist schön,
macht aber viel Arbeit** 85

Zweimal Deutschland – eine kurze Geschichte der DDR 85
- Pseudo-Parteienvielfalt der »Blockflöten« 87
- Lebensqualität auf Sozialistisch 89
- Das leichte Leben der anderen im Westen 91
- Ein Deutschland, zwei Hauptstädte 93

Die Qual der Wahl – Parteien in Deutschland 94
- Gerade kleine oder neue Parteien brauchen prominentes
  Personal 96
- Links, rechts oder geradeaus? 98
- Die Wandlung der Grünen zur Mini-Volkspartei 99
- Konservativer Spagat 102
- Opposition ist Mist – Regieren aber manchmal auch 103
- Bei der SPD gehört Dauerstreit zur Parteikultur 105
- In der Freiheit liegt die Kraft? 105
- »Die Linke« auf der Suche nach sich selbst 107

Karriereziel Politik 109
- Einen Parteitag muss man »rocken« können 111
- »Politik« ist (k)eine Wissenschaft 113
- Mit Oma Lemke im Gemeindezentrum 116
- Heulsusen habe keine Chance 118
- Für Quereinsteiger ist es schwer(er) 119
- Handwerk, Bauchgefühl und der »Faktor Mensch« 121
- Bei all dem Stress: Macht regieren trotzdem Spaß? 123
- Höhenrausch in der Todeszone 124
- Der Ehrliche ist der Dumme 126

Wahlen in Deutschland: Wie verhältnismäßig ist eine Mehrheit? 127
- Welche Stimme ist wirklich wichtig? 129
- Unser Wahlsystem ist anstrengend, aber gerecht 130
- Das Internet hilft vor und nach der Wahl 132

Föderalismus – muss das denn immer sein? 134
- Von oben nach unten und umgekehrt 136
- Bildungspolitik als föderales Versuchslabor 138
- Saufen fürs Land, Qualmen für den Bund,
  Gassigehen für die Kommune 141
- Die Pyramide der Macht 143

Reden und Arbeiten – der Parlamentsalltag 148
- Brot und Spiele: Anfragen, Ausschüsse, Abweichler 150
- Übeltäter, Klugscheißer und Schlimmeres 152
- Im Fegefeuer der Fraktion 155
- Abweichler und Einpeitscher 156

Der Bundespräsident – herzlich willkommen in Schloss Bellevue? 159
- Bundespräsidenten können spektakulär scheitern 162
- Die Macht des Wortes 164

Was macht die Bundeskanzlerin den ganzen Tag? 175
- Von der Morgenlage bis in die tiefe Nacht 177
- Wegweiser für Staatsgäste und Tischordnung im Kabinett ... 180

- Mit der Kanzlerin an der Käsetheke 182
- Eine Frage des Vertrauens............................. 185

Wie viel Ahnung hat ein Minister?................................ 187
- Manche können zwar, wollen aber nicht 189
- Und was machen die vielen »Sekretäre«?................. 191

Gesetze wecken Begehrlichkeiten 194
- Zwischen Bürgerschutz und Volkserziehung............... 195
- Gutgemeintes mit Nebenwirkung 199
- Wer dafür ist, stimmt manchmal trotzdem dagegen......... 201
- Wer steht da in der Lobby?............................. 203
- Der Dreisatz aus Nähe, Geld und Einfluss 205
- Ohne Fachleute geht es nicht, aber wer hat am
  Ende recht? 207
- Lobbyisten mit gutem Gewissen 210
- Je kleiner der Club, desto größer der Einfluss 211

Kinderkriegen in der sozialen Hängematte? 213
- »Herdprämien«, »Wegbleibprämien« und »Wahlfreiheit«.... 216
- Mitnahme-Effekte und Punktgewinne 217

Nicht nur die Rente ist unsicher 220
- Wie viel Risiko muten wir uns zu?...................... 223
- Wann lohnt es sich, arbeiten zu gehen?................... 225
- Wenn trotz Arbeit das Geld nicht reicht................... 227
- Berufsziel: »Hartzvier« 228
- Wer ist arm, wer ist reich?.............................. 229

»Heute wird gestreikt« – wie mächtig sind die Gewerkschaften?........ 230
- Beamte dürfen sich organisieren, aber nicht streiken........ 232
- Löhne und Mindestlöhne – wie verdient man,
  was man verdient? 233
- Theorien stimmen oft nur in der Theorie 235

Bei wem hat Deutschland Schulden – und wo liegt das Problem? 236
- Geld ausgeben, um die Wirtschaft anzukurbeln – klappt das?.. 238
- Könnte Deutschland pleitegehen? 240
- Im schlimmsten Fall hilft nur der radikale Neuanfang....... 242

Im Namen des Volkes: Politiker, Richter, Beamte 243
- Die große Regelwut: von Beschattungsabgabe bis Kloschüsselvorschrift 246
- Wie viel Markt, wie viel Staat? 248
- Wie gut ist der Staat als Unternehmer?................... 250
- Wer profitiert, leidet manchmal aber auch................ 253

Warum müssen sich Politiker anständiger verhalten als ihre Wähler?... 256
- Skandale müssen nicht das Ende sein 258
- Das Spiel mit der »political non-correctness« 259

Wissen Journalisten mehr, als sie schreiben? 262
- Wenn das Private politisch wird......................... 264
- Seit Urzeiten: Bad news are good news................... 265
- Gummistiefel-Termine und Agenda Surfing: die Macht der Medien 268
- Zeigen die Medien, was das Volk will? 271
- Die Doktoren für den richtigen Dreh 273
- Polit-Sprech: Wie viel Wahrheit darf's denn sein?........... 275
- Pimp your thoughts! 277
- Normal-Sprech oder Gremien-Sprech?.................... 279
- Im Staatstheater: Wie wird Politik inszeniert?.............. 282
- Der Politiker als »Stimmenmaximierer«................... 284
- Wie Angela Merkel zur »Miss World« wurde............... 285
- »Heißes Herz statt Hose voll«........................... 287
- Selbstdarstellung über Twitter & Co 289

Insider-Vokabeln aus Berlin 291

Europa – Harmoniesuche im Konzert der Nationen 313

Muss man als guter Demokrat für den Euro sein? 313
- Krieg und Frieden: die Anfänge der EU 318
- Was ist eigentlich »europäisch«? 321
- Auf nach Schengen! 324
- Maastricht, Nizza, Lissabon: weitere Stationen der Europareise 326
- Wer ist Mr. oder Mrs. Europa? 328
- Wie wird Europa regiert? 331

Wer hat mehr zu sagen – die nationalen Regierungen oder »Brüssel«? .. 336
- Brüssel als Abschiebegleis? 338
- Warum hat die EU ein Demokratiedefizit? 339
- Warum ist ausgerechnet Brüssel die Hauptstadt Europas? .. 341
- Der EU-Haushalt: Wie viel netto darf's denn sein? 342

Wie hoch ist der Butterberg – und wo plätschert der Milchsee? 344
- Mal ganz pragmatisch: Wo liegen die Vor- und Nachteile der Europäischen Union? 347

Was hat uns der Euro bisher gebracht? 353
- Ist der Euro ein »Teuro«? 356
- Was spricht gegen den Euro? 358
- Wie bekam der Euro die Krise? 361
- Bankenkrise und Schuldenkrise 363
- Angst vor Domino-Effekten 365
- Wie sinnvoll ist die Euro-Rettung? 366
- Wut auf deutsche »Spardiktate« 369
- Wären Staatspleiten besser? 370
- Deutschland ist auch Krisengewinnler 373

Insider-Vokabeln aus Brüssel 376

Weltpolitik – wenn alles mit allem zusammenhängt............ 387

Fluch und Segen der Globalisierung................................ 387
- Moderne Sklaven an der verlängerten Werkbank........... 389
- Gute und schlechte Heuschrecken........................ 390
- Pioniere müsst ihr sein!................................ 392
- Auch die Umwelt ist globalisiert 393
- Langeweile im Global Village............................ 396
- Waschnüsse und Inka-Reis................................ 398
- Wenn die Frikadelle wiehert 399
- Die Anti-Globalisierungs-Bewegung 401
- Cashewnüsse aus Mosambik und Rosen aus Äthiopien...... 403
- Ist die Welt ärmer oder reicher geworden?................ 405

Erste, Zweite, Dritte Welt.. 406
- Warum sind die Afrikaner am ärmsten dran?.............. 407
- Warum ist es so schwierig, in armen Ländern Gutes zu tun?.. 410
- Geschenke können mehr schaden als nutzen 411
- Zu viel Hilfe oder zu wenig?............................. 413
- Wenn Hilfe missbraucht wird 414
- Der »Ressourcenfluch«.................................. 416
- Warum sind gerade die reichen Länder oft so arm?......... 417

Machtpolitik: Gleichgewicht des Schreckens und »Balance of Power« ... 420
- Realpolitik – ein nüchterner Blick auf die Welt............. 421
- Spiel der Kräfte... 422
- Einflusssphären und Stellvertreterkriege.................... 424
- Kriege als Schauplatz ausländischer Interessen............. 425
- Stehen wir am Beginn eines chinesischen Jahrhunderts?..... 428
- Gucci und Prada statt Mao-Kittel 430
- Das »semi-autoritäre« System in Russland................. 432
- Wohin treibt Amerika?.................................. 436
- Ein Traum wurde wahr 438
- Die neue Außenpolitik Washingtons...................... 440

Stärkt die UNO tatsächlich den Weltfrieden? 441
- Von Generalversammlung bis UNICEF:
  wie die UNO funktioniert................................. 444
- Sanktionen und Blauhelme:
  Wie viel Druck kann die UNO machen? 448
- Peace Keeping und Peace Enforcement..................... 450
- Der Sicherheitsrat: mächtiges Gremium mit Blümchentapete... 451
- Ärger mit Washington und Moskau 453
- Der »unmögliche Job« des UNO-Generalsekretärs 455
- Hilflos bei Massakern 456
- Gute Dienste als der unsichtbare Dritte 457
- Die Grenzen des Amtes................................... 459

Weltpolitik mit Waffen.. 460
- Warum werden heute (noch) so viele Kriege geführt? 462
- Von den Weltkriegen zum Ost-West-Konflikt............... 465
- Der Kalte Krieg und seine Stellvertreter 466
- Besser in einer Allianz sein oder neutral bleiben?........... 468
- Die Welt ist nicht friedlicher geworden 470
- Der Dauerkonflikt im Nahen Osten 473
- Israel-Kritik ist kein Tabu 474
- Streit ums Heilige Land.................................. 476
- Vergebliche Friedenshoffnungen 479
- Junge Männer als Risikofaktor 481

Wie human sind humanitäre Interventionen? 482
- Das Risiko zu scheitern ist groß 484
- Der Anti-Terror-Krieg: Früher waren Terroristen noch keine
  Touristen 485
- Angst und Schrecken im asymmetrischen Krieg............ 487
- Was wollen die Dschihadisten? 489
- Söhne aus gutem Hause.................................. 490
- Krieg kann auch attraktiv sein 492
- Der Erfolg sucht nach neuen Erfolgen 493
- Nukleare Albträume..................................... 494

Wie funktioniert Diplomatie? 495
- Die Kunst des feinen Umgangs 496
- Die verschlüsselten Codes der Diplomatensprache. 498
- Militärische Ehren und andere Blumensträuße. 500
- Nach vorne lächeln, intern lästern. 501
- Wie immun sind Diplomaten? 502
- Benimmregeln auf glattem Parkett 504
- Der Kanzler ist Vielflieger. 506
- Haben Staaten echte Freunde? 508
- Warum gibt es in Deutschland immer noch viele Spione? 509
- Wie wirksam sind Geheimdienste? 513
- Moderne Abhörmethoden und Cyberwar 514
- Zu guter Letzt: auf den Hund gekommen. 516
- Als Single auf der Weltbühne 519

Wofür stehen diese Abkz.? 521

Nachwort: Viele Kühe machen Mühe. 525

Sachregister 531

Dem Manuskript wurden in einigen Kapiteln Auszüge aus dem Buch »Kanzler lieben Gummiestiefel« von Marietta Slomka und Daniel Westland zugrunde gelegt. Des Weiteren sind in die Abschnitte über die Sprache von Politikern, das Amt des UN-Generalsekretärs und die Problematik der Entwicklungshilfe bereits veröffentlichte Texte eingeflossen.

Danken möchte ich meiner Lektorin Eva Rosenkranz und Ulrich Hoffmann für ihre tatkräftige Unterstützung bei diesem Buch.

Vorwort

Frage: »Wie ist das eigentlich, wenn Sie sich in Europa mit den anderen Finanzministern treffen, wird denn da auch richtig gestritten?«

Antwort: »Na ja, wir streiten schon, meistens versuchen wir zwar höflich zu sein, manchmal dauert's aber auch bis in die Nacht, und dann wird man auch müde, und dann kann man verstehen, wenn da einer mal ausflippt, nachdem man zehn Stunden getagt hat.«

Ein schönes Interview mit Bundesfinanzminister Wolfgang Schäuble! Nicht im *heute-journal*, sondern bei *Logo*, den ZDF-Kindernachrichten. Die Fragen stellte meine Kollegin Sieba, zehn Jahre alt. Nicht, dass Herr Schäuble hier ein Geheimnis verraten hat, von dem die Welt bis dahin nichts wusste. Natürlich ist uns allen klar, dass bei diesen EU-Gipfeln die Beteiligten irgendwann kaum noch die Augen aufhalten können und der eine oder andere schon mal »ausflippt«. Hätte ich aber Herrn Schäuble gefragt, »Na, Herr Minister, ist denn letzte Nacht mal wieder einer ausgeflippt?«, hätte er das in gewählten Worten weit von sich gewiesen. Politiker rasten nicht aus, wo denken Sie hin? Fragt aber ein süßes und cleveres Kind, greifen bei Politikern die gleichen psychologischen Mechanismen wie bei allen anderen Menschen: Man will ein Kind nicht anlügen, man will nett sein, und man will sich verständlich ausdrücken. Deshalb schicken erwachsene Journalisten ja so gerne Kinderreporter los – das funktioniert immer wieder sehr gut.

Das Phänomen lässt sich aber auch bei den Journalisten selbst beobachten. Mir ging es jedenfalls so, als ich 2010 das Jugendbuch »Kanzler lieben Gummistiefel« schrieb. Man legt einfach mal fröhlich-locker los, hat überhaupt keine Scheu vor Vereinfachungen oder Zuspitzungen, verkrampft nicht bei der Frage, ob dieses oder jenes politisch korrekt genug, differenziert genug, abgewogen genug formuliert ist. Gleichzeitig sind Kinder eine Herausforderung. Den Eltern unter Ihnen muss ich das nicht sagen: Kinder stellen oft die brutalsten Fragen. Die scheinbar simplen »Wieso-Weshalb-Warum«-Überlegungen, auf die man spontan keine richtig guten Antworten parat hat. »Wieso gibt es Mond und Sterne? Weshalb gibt es arme Menschen? Warum werden immer noch Kriege geführt?« Tja. Warum eigentlich? Das sind so die Themen, an denen man sich schön abarbeiten kann.

Kaum war das Buch veröffentlicht, stellte ich allerdings fest: Es wurde offenbar nicht nur von Kindern und Jugendlichen gelesen, sondern auch von Erwachsenen. Es scheint einen Bedarf zu geben für ein Buch, das grundsätzliche politische Fragen, mit denen man sich seit Schulzeiten nicht mehr beschäftigt hat, noch mal diskutiert. Das politische und ökonomische Begriffe und Zusammenhänge beleuchtet, die in Nachrichtensendungen und Zeitungsartikeln oft vorausgesetzt werden. Und das Blicke hinter die Kulissen gewährt und transparent macht, wie es in der politischen Praxis tatsächlich läuft. In Deutschland, in Europa und in der Welt.

Da eröffnet sich natürlich eine Vielzahl sowohl zeitloser als auch aktueller Themen: Was verstehen wir eigentlich unter »Freiheit« oder »(Steuer-)Gerechtigkeit«? Welche Weltsicht verbindet sich mit dem Begriff »Realpolitik«? Warum ist der Euro in die Krise geraten? Was läuft hinter den Kulissen von EU-Gipfeln? Wie human ist eine »humanitäre Intervention«? Ist Globalisierung gut oder schlecht? Wie inszeniert sich Politik in einer Mediendemokratie?

Und plötzlich war meine Schreibhaltung doch nicht mehr so unbekümmert wie seinerzeit beim Kinderbuch. Was nimmt man rein, was nicht? Wie tief geht man in die Details? Will jeder Wahlbürger genau wissen, was die »Euro-Stabilisierungsfazilität« oder Eurobonds sind? Vermutlich nicht. Andererseits: Wenn im Zuge der Euro-Krise ständig davon die Rede ist, lohnt es sich doch, dazu einige Sätze zu sagen. Sie finden Bonds und Fazilität bei den europäischen Insider-Vokabeln auf Seite 378 bzw. 379. Da können Sie jetzt direkt nachschauen und einen Schnelltest machen, ob Ihnen solche Erklärungen etwas bringen.

Anderes Beispiel: Braucht man ein Kapitel über die DDR? Ältere Leser wohl eher nicht. Aber jüngere, 20-, 25-Jährige, könnten das durchaus sinnvoll finden. Manche Leser haben Lust, sich noch mal mit Grundfragen der politischen Philosophie oder volkswirtschaftlichen Zusammenhängen zu beschäftigen, andere werden das Kapitel zur Demokratietheorie nur überfliegen. Der eine interessiert sich vielleicht mehr für die Probleme der Entwicklungshilfe und den »Ressourcenfluch«, der andere stöbert lieber in den »Insider-Vokabeln«, die von Politikern und Journalisten verwendet werden: Was sind »Poolbilder«, was machen »Sherpas«, und wieso ist so oft von »Kettenhunden« die Rede? Querleser sind also herzlich willkommen! Und auch wenn sich ein Erwachsenenbuch weniger unbekümmert schreibt als ein Kinderbuch – mir hat es sehr viel Spaß gemacht, mich mit so vielen Themen selbst wieder mal grundsätzlicher zu beschäftigen, als ich das sonst in meinem Arbeitsalltag als Nachrichtenmoderatorin kann.

Marietta Slomka, im Wahljahr 2013

Demokratie – Ein Plädoyer für »die schlechteste aller Regierungsformen«

Müssen wirklich immer alle mitreden?

Wann, wie und wo der Bus zur Arbeit fährt, ob ein Windrad direkt vor dem eigenen Garten steht, wie viel vom Gehalt übrig bleibt, ob die eigenen Eltern mit der Rente gut auskommen und die Leute vom Pflegedienst noch fünf Minuten Zeit für einen kleinen Plausch haben, wie oft die Familie in den Urlaub fährt – all das ist in irgendeiner Form Politik. Sie betrifft jeden, ob man will oder nicht.

Bei einer Rede im Unterhaus sagte der englische Staatsmann Winston Churchill am 11. November 1947: »Die Demokratie ist die schlechteste aller Regierungsformen – abgesehen von all den anderen Formen, die von Zeit zu Zeit ausprobiert worden sind.« Natürlich ist es leicht, Demokratie aufwändig und ineffektiv zu finden. Ist sie ja auch. Aber was wären die Alternativen? König, Kaiser, Diktator, Kommunismus, Anarchie. Nichts davon scheint bei näherer Betrachtung sonderlich verlockend. Es gibt offensichtlich gute Gründe, warum immer mehr Länder weltweit auf Demokratie umstellen. Sie ist die attraktivste aller Regierungsformen. Zumindest aber das kleinste Übel. Wählen zu gehen, mag uns oft lästig sein. Auch ich marschiere manchmal eher lustlos in das Wahllokal in der Grundschule nebenan, um meiner Bürgerpflicht bei irgendeiner Kommunalwahl nachzukommen. Aber dann werde ich in unserer Sendung wieder damit konfrontiert, dass anderswo Menschen bereit sind, für ein freies Wahlrecht zu sterben. Grausame Folter und sogar den Tod zu riskieren. Nur um wählen gehen zu dürfen. Das muss man sich vorstellen, in aller Konsequenz – da stellen sich einem die Nackenhaare hoch. Mir geht das jedenfalls so. Und so lange ist es auch noch nicht her, dass hier in Deutschland viele mutige Menschen jeden Montag auf die Straße gingen, weil sie wählen, reisen, frei sein wollten. Man vergisst das schnell, im demokratischen Alltag. Übrigens: Auch die Freiheit, nicht wählen zu gehen und über Politik nur laut zu meckern, ist ja eine kostbare Freiheit und keine Selbstverständlichkeit. Wenn ich dann wieder Bilder sehe, wie Demonstranten niedergeprügelt und verschleppt werden, nur weil sie es wagen, faire und freie Wahlen einzufordern, dann empfinde ich manchmal durchaus Dankbarkeit. So viele Selbstverständlichkeiten, die wir hinnehmen: Vor die Tür gehen zu können, ohne Angst zu haben, dass man abgeführt wird, weil man am Abend vorher in der Kneipe das große Wort geführt hat gegen »die da oben«. Oder tagtäglich über süffige Karikaturen in der Tageszeitung hinwegzublättern. Selbstverständlich? Historisch nicht – und, betrachtet man die Welt als Ganzes, auch heute nicht. So gesehen leben wir auf einer Insel der Seligen in einem Meer der Verdammten. Was uns nicht daran hindert, regelmäßig den Untergang des Abendlandes zu predigen. Gelegentlich wundert man sich ja fast, dass unser Staatswesen nicht längst zusammengebrochen ist angesichts der vielfach angeprangerten, katastrophalen Zustände, in denen wir leben. Persönlich muss ich gestehen: Je mehr ich um die Welt gereist bin, umso angenehmer finde ich meine eigene Heimat. Das sollte man natürlich nicht zu laut sagen. Weil es auch zur Demokratie gehört, die Regierenden und »das System« immer und überall zu kritisieren, auf dass bloß keiner übermütig wird. Denn Dankbarkeit ist in der Demokratie keine politische Kategorie. Unzufriedenheit ist der Motor, der sie am Laufen hält. Was wäre die Republik ohne ihre Wutbürger?

Auch Nichtwählen ist eine Wahl

Außerdem besteht Politik nicht nur aus Wahlkampf oder den Gesetzen, die aus Berlin oder Brüssel kommen. Politik ist auch, wie diese Gesetze gemacht werden und wer darauf Einfluss nimmt. Politik ist, Leserbriefe an die Zeitung zu schreiben, eine E-Mail an den Bürgerschaftsabgeordneten. Mit Freunden oder Kollegen zu diskutieren, eine Petition zu unterschreiben oder sich vielleicht sogar selbst wählen zu lassen.

Nun kann man natürlich sagen: Schön und gut, aber letztlich ist mir das ziemlich egal – ich werde gern regiert! Oder: Ich kann sowieso nichts ändern. Aber Politik beziehungsweise der Staat sind wir alle. Ob man will oder nicht. Denn auch Nichtwählen ist eine Wahl (nämlich die, sich der Mehrheit anzuschließen, egal, wie sie ausfällt).

Was an der Demokratie besonders kritisiert wird, sind zum einen die Parteien und zum anderen, dass alles umso schwieriger wird, je mehr mitreden. Immer diese Konsenssoße, die entsteht, wenn viele Köche im Brei herumrühren! Wäre es nicht manchmal besser für alle, wenn ein »guter Herrscher« regieren würde, der endlich »straight« die richtigen Dinge durchsetzen kann? Das hört man bei Umfragen tatsächlich. Gerade in Zeiten, in denen die politischen Parteien viel streiten und taktieren, kommt bei erstaunlich vielen Leuten gerne mal der Wunsch nach einem »starken Führer« auf. Man könne den ja wieder abwählen, wenn er doch nicht so gut ist wie erhofft. Fragt sich nur, wer entscheidet, was für alle gut ist? Gibt es die eine objektive Wahrheit? Wer glaubt, einen göttlichen Willen auszuführen, wird das zweifellos bejahen. Weshalb es in sogenannten theokratisch regierten Staaten, in denen Staat und Religion nicht getrennt sind, mit Meinungsvielfalt und Minderheitenschutz nicht weit her ist. Der absolute Glaube an eine bestimmte Religion oder eine bestimmte Ideologie senkt logischerweise die Toleranzgrenze gegenüber Andersdenkenden. Wenn sich das mit absoluter politischer Macht paart, wird's im Staate schnell ziemlich ungemütlich.

Grau, sagt man, ist alle Theorie – muss aber nicht sein. Als ich vor vielen Jahren (so genau wollen wir es jetzt nicht wissen) ein Studienjahr in England absolvierte und dort einen Kurs in Politischer Philosophie besuchte, betrat unser Professor den Seminarraum, setzte sich, lächelte freundlich in die Runde und zündete sich dann eine Zigarre an. Schweigend. Das zog sich hin, während sich die Rauchschwaden ausbreiteten und wir ihn irritiert anstarrten. Irgendwann ergriff er schließlich das Wort und sagte: »Heute wollen wir über John Stuart Mill und sein Buch über die Freiheit reden. Ich fühle mich gerade sehr frei. Und Sie?« Und schon waren wir mittendrin in einer Diskussion über den Liberalismus und seine Grenzen. Grau war das nicht. Es roch nur streng.

Wer auf Anhieb definieren kann, wo die Unterschiede liegen zwischen Sozialismus und Kommunismus, zwischen konstitutioneller und parlamentarischer Monarchie, zwischen autoritärem und totalitärem Regime, und wem auch John Stuart Mill oder Montesquieu aus der Schulzeit noch bestens vertraut sind, der kann jetzt weiterblättern. Für alle anderen kommt ein Schnellkurs zu den wichtigsten politischen Begriffen, die man im Zweifelsfall irgendwie »kennt«, aber so genau vielleicht doch wieder nicht.

Politik ist das Ziel und der Weg dorthin

Zunächst ein Blick auf den Begriff **Politik**: Das griechische Wort *polis* bedeutet *Stadt* oder *Gemeinschaft* – und mit **Politik** meint man in der Gegenwart ein überlegtes, gezieltes Verhalten innerhalb einer Gesellschaft. Selbst in einer Familie oder unter Freunden gibt es also politische Vorgänge – zum Beispiel, wenn es darum geht, was man am Wochenende unternimmt, ob man ins Kino geht oder doch lieber ins Freibad. Bei der Frage, ob und wie darüber abgestimmt wird und ob alle das gleiche Stimmrecht haben, ist man schon mittendrin in der Politik.

Politik beschäftigt sich gleichzeitig mit den Inhalten (was will ich), mit dem Weg dorthin (wie setze ich es durch) und mit dem Rahmen, in dem das alles stattfindet. Im Rechtsstaat besteht dieser Rahmen aus Gesetzen, Gerichten und Staatsorganen, auf deren Redlichkeit man sich verlassen können muss. Und hier kommt die Demokratie ins Spiel, die Abstimmungsregeln. Die Bundesverfassungsrichter beispielsweise müssen sich nicht etwa einig sein, sondern nur eine Mehrheitsentscheidung erreichen. Aber Mehrheiten allein reichen im Rechtsstaat nicht. Sonst könnte man ja auch mehrheitlich beschließen, den Rechtsstaat abzuschaffen. Deshalb ist die Verfassung, das Grundgesetz, als höchste Ebene der demokratischen Spielregeln, besonders geschützt. Grundrechte (wie zum Beispiel das Recht auf Meinungsfreiheit) dürfen nicht abgeschafft werden, auch nicht mit großer Mehrheit. Und Gesetze müssen der Verfassung entsprechen. Dass diese Grundkonstellation häufig zu hochkomplizierten Verfahren vor dem Bundesverfassungsgericht führt, mag einem gelegentlich lästig erscheinen. Aber das Komplizierte ist hier eben auch ein Wert an sich, weil sehr viele unterschiedliche Interessen und Aspekte in ein Urteil einfließen. So schön einfach wie bei den alten Griechen ist es in modernen Staaten nun mal nicht mehr.

Das Wort **Demokratie** kommt ebenfalls aus dem Griechischen: *Demos* ist das *Volk*, *kratia* bedeutet *Herrschaft*. Es gibt verschiedene Möglichkeiten, eine Volksherrschaft umzusetzen. Deutschland ist eine **repräsentative Demokratie**, in der Politiker vom Volk gewählt werden. Sie sollen die Bürger für einige Zeit (meist vier Jahre) vertreten, sprich repräsentieren. Wir stimmen nicht direkt über die einzelnen Gesetze oder Entscheidungen ab, sondern beauftragen andere, das für uns zu tun. Die **direkte Demokratie** in Form von landesweiten Volksabstimmungen (wie sie zum Beispiel in der Schweiz abgehalten werden) ist im politischen System Deutschlands kaum vorgesehen, jedenfalls für die Bundespolitik (Ausnahme: Bei einer Neugliederung des Bundesgebietes wäre eine Volksabstimmung notwendig). Nur in den einzelnen Bundesländern und Kommunen finden Volksabstimmungen statt, zum Beispiel als Bürgerbegehren und Bürgerentscheid. Dass es bei uns verglichen mit anderen Staaten wenig direkte Demokratie gibt, hat nicht zuletzt historische Gründe. Nach den Erfahrungen der Nazi-Zeit waren die Verfassungsväter dem deutschen Volk gegenüber misstrauisch. Man befürchtete den Einfluss von Populisten, die aus Sachfragen Stimmungsfragen machen. Inzwischen wird aber viel darüber diskutiert, ob es nicht auch deutschlandweit mehr Volksabstimmungen oder Volksentscheide geben sollte.

Größter Nachteil einer **repräsentativen Demokratie**: Die Volksvertreter können Gesetze verabschieden, die einem nicht passen. Das Volk kann aber während der Legislaturperiode (über die gewählte Zeit hinweg) nicht mehr eingreifen. Und auch wenn ein Volksvertreter nicht einhält, was er versprochen hat, dauert es mindestens vier Jahre, bis man ihn wieder loswerden kann. Aber immerhin *kann* man ihn wieder loswerden! Anders als in Diktaturen, in denen die Bürger keine Wahl haben, sondern ihre Regierung ertragen müssen. Außer sie haben den Mut zur Revolution, was meistens eine blutige Angelegenheit ist.

Größter Vorteil der repräsentativen Demokratie: Wenn's gut läuft, hat der gewählte Politiker von den Dingen, die er entscheiden soll, mehr Ahnung als wir Wähler. Zumindest hat er mehr Zeit, sich ausführlich mit Gesetzesvorhaben und anderen politischen Themen zu beschäftigen. Dafür wird er schließlich von uns bezahlt. Außerdem wäre es sehr aufwändig, zu jedem Gesetz eine Volksabstimmung abzuhalten. Zumal manche Gesetze so komplex sind, dass man sie nur schlecht als »Ja«- oder »Nein«-Fragen formulieren kann.

Es gibt weltweit verschiedene Demokratie-Mixe mit unterschiedlich hohem Anteil direkter Demokratie. So wird zum Beispiel der amerikanische Präsident direkt vom Volk gewählt, auch wenn nicht sein Name, sondern der Name seiner Partei auf dem Wahlzettel steht. Der deutsche Kanzler hingegen wird nicht direkt vom Bürger gewählt, sondern von den Abgeordneten im Bundestag. Es gibt keine Kanzlerwahl, sondern nur eine Parlamentswahl. Der Chef der Regierung wird also indirekt gewählt und hat dementsprechend auch nicht ganz so viel Macht wie der amerikanische Präsident. Denn, und das ist der entscheidende Punkt, der Bundeskanzler (beziehungsweise die Kanzlerin, wir benutzen solche Begriffe in diesem Buch geschlechtsneutral) kann jederzeit vom Parlament abgewählt werden, sobald sich dort die Mehrheiten ändern. In einem solchen Fall verliert der Kanzler seine Machtbasis, auch ohne dass vorher noch mal die Bürger um ihre Meinung gebeten werden. Der Bundeskanzler geht aus dem Parlament hervor und ist auch selbst Parlamentsabgeordneter. Manchmal wollen die Kanzler das auch deutlich machen und setzen sich nicht auf die Regierungsbank, sondern ins Plenum, wie die einfachen Abgeordneten. Der amerikanische Präsident hat noch nicht mal einen Stuhl im Parlament. Dafür ist er aber vier Jahre sicher im Amt und kann sich direkt auf den Volkswillen stützen. Er braucht deshalb zum Beispiel auch keine Koalitionspartner, die ihm ständig das Leben schwermachen. Er ist unabhängiger. Aber auch US-Präsidenten müssen mit Einschränkungen leben. Denn es gibt ja nicht nur die Präsidentschaftswahlen, sondern auch noch Parlamentswahlen. Und da kann es passieren, dass im Parlament (dem Kongress) die Opposition die Mehrheit der Sitze erringt. Wenn das geschieht, ist es mit dem schönen Durchregieren auch vorbei. Denn alle Gesetze allein machen oder Geld ausgeben, so viel er will, darf auch ein US-Präsident nicht. Außerdem ist die Amtszeit des amerikanischen Präsidenten begrenzt. Er darf höchstens zweimal ins Weiße Haus einziehen, danach ist Schluss. Deutscher Kanzler hingegen kann man bleiben, so lange das Volk es will, sogar sechzehn Jahre am Stück, wie Helmut Kohl. Die größere Macht des US-Präsidenten wird also zeitlich eingeschränkt. Der deutsche Bundeskanzler ist weniger mächtig, dafür kann er theoretisch ewig regieren.

Kluges Regieren: Sollten nur Philosophen Könige werden?

Mit der Demokratie angefangen haben wohl wirklich die Griechen, allerdings durften damals nur alle männlichen Vollbürger Athens wählen – Sklaven und Ausländer also nicht, und Frauen ebenso wenig! Philosophen wie Aristoteles (384 – 322 v. Chr.) fürchteten damals allerdings, diese Demokratie würde zu einer Herrschaft der Armen führen, die aus reiner Not nur an sich denken und nicht an das, was allen nützt.

Wegen dieser Gefahr kam man schnell darauf, dass es wichtig ist, allen Menschen einen gewissen Lebensstandard zu sichern – denn nur wer frei und unabhängig ist und nicht in Not, kann über den eigenen Tellerrand hinaussehen. Außerdem zeigte sich: Je mehr die Menschen wussten, desto besser fielen ihre Entscheidungen aus. Bis heute zählen aus diesen Gründen die Sicherung eines sozialen Mindeststandards und die Bildung zu den Kernaufgaben einer demokratischen Gesellschaft.

Ein anderer bedeutender griechischer Philosoph, Platon (427 – 347 v. Chr.), vertrat wiederum die Idee, dass nur Philosophen Könige werden dürften. Und nur wer gebildet genug war, sollte das Wahlrecht haben. Doch wie grenzt man das ab? Ab wann ist man schlau genug? Und terrorisieren dann nicht die angeblich Klugen die weniger Klugen, die vielleicht einfach nur das Pech hatten, dass sie zu arm waren, um auf eine gute Schule zu gehen? Wer vertritt ihre Interessen? Und überhaupt: Sind dümmere Menschen weniger wert? Demokratie ist nur dann die *Herrschaft des Volkes*, wenn die gesamte Bevölkerung gleichermaßen daran beteiligt sein kann. Unabhängig davon, wie gebildet jemand ist, wer wie viel Geld verdient, welche Hautfarbe er hat usw. So ist der kluge Grieche Platon ein gutes Beispiel dafür, dass das Gutgemeinte, vermeintlich Plausible und Einfache schnell in totalitärer Unterdrückung enden kann.

Auch die Römische Republik wies demokratische Elemente auf, aber in den Jahrhunderten danach war erst mal endgültig Schluss: Das Mittelalter hindurch wurde in Europa von Königen geherrscht – wie im Märchen. Allerdings waren die Lebensumstände für die allermeisten Menschen keineswegs märchenhaft, sondern hart. Erst um 1650 kam die Idee wieder auf, dass die Bürger vielleicht da und dort ein Wörtchen mitzureden hätten. Zu den Vordenkern jener Zeit gehörten unter anderen zwei Franzosen, Jean-Jacques Rousseau (1712–1778) und Charles Montesquieu (1689–1755), und der Engländer John Locke (1632–1704). Man sprach über einen **Gesellschaftsvertrag** und über die **Gewaltenteilung** in Legislative, Judikative und Exekutive. Das heißt: Wer ein Gesetz erlässt (Legislative), darf nicht gleichzeitig darüber richten, ob jemand das Gesetz gebrochen hat (Judikative), und eine dritte Stelle muss gegebenenfalls die Strafe durchsetzen (Exekutive). Diese drei Stationen kontrollieren sich gegenseitig, und diese Gewaltenteilung soll Missbrauch und Ungerechtigkeit verhindern. Ein weiterer Grund für die Gewaltentrennung ist, dass jedes Opfer die Sache persönlich nimmt und deshalb gern besonders streng strafen will. So kann aber keine allgemeingültige Gerechtigkeit entstehen, deshalb dürfen zum Beispiel Richter nicht direkt von einem Streitfall betroffen sein (»befangen« in der Juristensprache). Aus demselben Grund ist Selbstjustiz verboten. Strafe soll keine persönliche Rache sein.

Welchen entscheidenden Vorteil eine Demokratie hat und warum der ganze Aufwand sich lohnt, erklärt der englische Philosoph Karl R. Popper (1902–1994) so: »Jede Regierung, die man wieder loswerden kann, hat einen starken Anreiz, sich so zu verhalten, dass man mit ihr zufrieden ist. Und dieser Anreiz fällt weg, wenn die Regierung weiß, dass man sie nicht so leicht loswerden kann.«

Der britische Philosoph John Locke billigte der Bevölkerung sogar ein »Recht auf Rebellion« zu, wenn die Regierung nicht wenigstens Leben, Freiheit und Eigentum ihrer Bürger schützt. Er ging außerdem davon aus, dass die Menschen nicht in einem »rechtsfreien Raum« leben wollen, weil dann jeder mit jedem im Krieg stünde, sondern viel lieber in einer einigermaßen stabilen Gemeinschaft. Sinnvollerweise sollte man die Regeln des Miteinanders in einem »Gesellschaftsvertrag« festlegen. Locke verstand dies in erster Linie nicht als konkretes Schriftstück, sondern als eine politische Hypothese, eine Art Gedankenspiel. Vieles von dem, was er sich dachte, ist in den heutigen demokratischen Staaten der Standard.

Auch deshalb heißt es in unserem Grundgesetz in Artikel 20: »Alle Staatsgewalt geht vom Volke aus. Sie wird vom Volke in Wahlen und Abstimmungen und durch besondere Organe der Gesetzgebung, der vollziehenden Gewalt und der Rechtsprechung ausgeübt.«

Wie demokratisch es in einem Land wirklich zugeht, lässt sich vor allem daran ablesen, mit welcher Selbstverständlichkeit Wahlniederlagen akzeptiert werden. Wenn also eine abgewählte Regierung umgehend und klaglos die Paläste räumt, statt sich an die Macht zu klammern und das Militär zu Hilfe zu rufen. So wie auch die Opposition nicht über »Wahlfälschung« klagt und zur Revolte aufruft, wenn sie es nicht geschafft hat, die Regierung abzulösen. Wenn also Regierungswechsel etwas Normales sind und friedlich ablaufen, ist dies ein sicheres Zeichen dafür, dass dieser Staat tatsächlich ein demokratischer ist.

Demokratie sagt aber zunächst nur etwas darüber aus, wie eine Regierung an die Macht kommt. Ein demokratischer Staat ist nicht automatisch das, was wir unter einem freiheitlichen Rechtsstaat verstehen. Die Mehrheit kann sich ja auch demokratisch dafür entscheiden, eine Regierung zu wählen, die Freiheitsrechte einschränken will. Als beispielsweise die Palästinenser im Gaza-Streifen mehrheitlich die radikale Hamas wählten, war das ein demokratischer Vorgang.

Ein untrügliches Zeichen für den Freiheitsgrad in einer Demokratie ist neben der Gewaltenteilung die Pressefreiheit. Wenn Journalisten völlig angstfrei kritische Kommentare schreiben oder politische Karikaturisten pointiert zeichnen können, ist das ein guter Beleg dafür, dass diese Gesellschaft auch eine freiheitliche Demokratie ist. Es gibt genug sogenannte Demokratien, in denen formell zwar Wahlen abgehalten werden, Kritik an den Regierenden aber nicht erwünscht ist. Papier ist geduldig. Auch das Papier, auf dem Verfassungen stehen. Wer wissen will, wie es wirklich um einen Staat steht, schaut sich deshalb diese drei Punkte an: selbstverständliche Regierungswechsel, unabhängige Gerichte und Pressefreiheit. Da zeigt sich die Wahrheit hinter demokratischen Fassaden.

Wie hätten Sie's denn gern? – Regierungsformen im Vergleich

Aktuell sind die drei gängigsten Regierungsformen Demokratie, Diktatur und Monarchie. Es gibt auch Mischformen und Varianten. In jeder dieser politischen Hüllen können jedoch verschiedene politische Ansichten umgesetzt werden. Die Bundesrepublik Deutschland ist laut Grundgesetz ein »demokratischer und sozialer Bundesstaat«. Das bedeutet: 1. Es wird demokratisch gewählt, 2. es gelten soziale Grundsätze (den Ärmsten wird geholfen), 3. es gibt Bundesländer mit eigenen demokratischen Strukturen, die zu einem Bundesstaat zusammengefasst sind; es gibt also nicht nur eine oberste Bundesregierung, sondern darunter auch Landesregierungen, die jeweils für die Bürger in einer bestimmten Region zuständig sind.

Insgesamt ist die Zufriedenheit von Menschen, die in einer echten Demokratie leben, am größten. Aber was genau definiert eigentlich einen Staat? Dieses Wort ist zur Abwechslung mal nicht aus dem Griechischen abgeleitet, sondern stammt aus dem Lateinischen: *status* bedeutet *Zustand*. Dem Italiener Niccolò Macchiavelli (1469–1527) verdanken wir eine der ersten Definitionen für **Staat**: Ausgehend von einem ziemlich pessimistischen Menschenbild, ist für Macchiavelli der Staatsbegriff untrennbar verbunden mit der Herrschaftsfrage, also mit Machtgewinn und Machterhalt. Aufgabe des Herrschenden ist es, den Staat (seinen Machtbereich) gegen alle inneren und äußeren Feinde zu verteidigen. Ein wichtiger Bestandteil dieser Macht ist der Staatsapparat (zum Beispiel mit der Polizei), der Regeln durchsetzt. Heute verwendet man zur Definition eine »Drei-Elemente-Lehre«: Ein Staat braucht ein Volk, ein Land (Staatsgebiet) und eine handlungsfähige Regierung.

In den meisten Staaten wird versucht, gezielt bestimmte politische Vorstellungen umzusetzen. Die wichtigsten sind
- **Kapitalismus** beziehungsweise Marktwirtschaft: Im Kapitalismus herrscht viel Freiheit, vor allem die absolute »Vertragsfreiheit«, es

gilt das Recht auf Privateigentum, und jeder darf mit jedem Handel treiben, kaufen und verkaufen, was er will. Der Einzelne entscheidet. Anders als im Kommunismus oder Sozialismus, wo der Staat vorgibt, was gekauft wird und wer welche Arbeit macht. Im Kapitalismus darf man reich werden, im Kommunismus darf keiner reich sein. Der Nachteil im Kapitalismus ist, dass auch jeder jeden ausbeuten darf, wenn der andere das mit sich machen lässt. Die Einkommen können deshalb sehr ungleich verteilt sein, manche Bürger werden reich, andere arm. Der Kapitalismus ist (in meist abgemilderter, kontrollierter Form) die derzeit weltweit vorherrschende Wirtschaftsform.

- **Kommunismus:** klassenlose Gesellschaft ohne Privateigentum an den Produktionsmitteln. Maschinen, Fabriken oder Land gehören also allen gemeinsam und werden auch gemeinsam genutzt. Alle erhalten den gleichen Lohn, egal, was man leistet. Es soll keine Ungleichheiten geben. Der Staat verteilt Einkommen, Arbeit und Güter. Es herrscht Planwirtschaft statt Marktwirtschaft. Aus dem Versuch, kommunistische Theorien umzusetzen, sind meist Unterdrückerstaaten entstanden (zum Beispiel Sowjetunion, China). Aber dass Ausbeutung und Wucher heute bei uns verboten sind und Reichtum nicht über alles geht, lässt sich ebenfalls auf diese Überlegungen und den Wunsch nach Fairness für alle zurückführen. Nach dem Zusammenbruch der sozialistischen Staaten im Ostblock schien der Kommunismus erst mal ziemlich out zu sein. In letzter Zeit feiern Marx & Co aber wieder eine Art Comeback. Denn die Grundfragen nach Gerechtigkeit und Ungerechtigkeit sind in unserer Welt eben nach wie vor unbeantwortet. Dass Kommunismus in der Realität bislang nie gut funktioniert hat, könnte daran liegen, dass er die menschliche Natur nicht nimmt, wie sie ist, sondern sie lieber ändern will. Die meisten Menschen besitzen gerne schöne Dinge und möchten belohnt werden, wenn sie besser arbeiten und fleißiger sind als andere. Da Kommunismus und Sozialismus diese sehr menschlichen, aber auch sehr egoistischen Bedürfnisse unterdrücken beziehungsweise einen »sozialistischen Menschen« formen möchten, führt das meist zu Gängelung, was wiederum Kreativität und wirtschaftliche Leistungbereitschaft bremst. Überzeugte Kommunisten hingegen meinen, die Theorie sei eben noch nie richtig in die Praxis umgesetzt worden. Lustigerweise behaupten das auf der anderen Seite auch die sogenannten Marktradikalen (überzeugte Marktwirtschaftler) vom Kapitalismus. Auch der habe in der Praxis nur deshalb immer wieder zu Ungerechtigkeiten, Arbeitslosigkeit und Armut geführt, weil er nie konsequent umgesetzt worden sei, sondern sich doch überall Politiker einmischen, den Markt »verzerren« und damit selbst genau jene Missstände hervorrufen, die sie später lauthals kritisieren. So »richtig« umsetzen, lässt sich offenbar beides nicht, weder der reine Kapitalismus noch der reine Kommunismus.

- **Marxismus:** Karl Marx (1818–1883) hat (zusammen mit Friedrich Engels 1820–1895) im 19. Jahrhundert versucht, eine Art Handbuch zur Umsetzung der kommunistischen Theorie zu entwickeln, »Das kommunistische Manifest«. Marx und Engels unterschieden zwischen Proletariat (den Arbeitern) und Bourgeoisie (den Besitzenden) und verlangten die Verstaatlichung allen Privateigentums. Der Marxismus ist also eine Art Bastelanleitung für einen kommunistischen Staat.
- **Sozialismus:** Die Grundwerte des Sozialismus sind Gleichheit, Gerechtigkeit und Solidarität (»Brüderlichkeit«) – sie dürfen allerdings im Rahmen dieser Theorie notfalls auch mit Gewalt durchgesetzt werden, um die Feinde des Sozialismus zu bekämpfen. Das kann dann leicht zu einem diktatorischen System führen. Im Sozialismus sollen materiell alle gleichgestellt sein, keiner soll mehr haben als andere. Kapital muss deshalb verstaatlicht werden, denn solange es in den Händen profitgieriger Privatpersonen ist, wird es immer ungleich und damit aus sozialistischer Sicht ungerecht verteilt sein. Während es im Liberalismus um den Einzelnen geht, betont der Sozialismus die Gruppe, das »Kollektiv«. Die sozialistische Bewegung entstand vor allem aus Protest gegen die brutale Ausbeutung der Arbeiter im 18. und 19. Jahrhundert. Stark vereinfacht kann man sagen: Der Kommunismus ist ein angestrebter (End-)Zustand, der Sozialismus ist der staatlich vorgegebene Weg dorthin. Die Unterschiede zwischen Kommunismus, Marxismus und Sozialismus sind fließend beziehungsweise umstritten. Die volkswirtschaftlichen

Probleme, die mit umfassender Verstaatlichung und Staatslenkung einhergehen, sind meist immens. In der Praxis scheint der Sozialismus noch am ehesten finanzierbar, wenn das Land über eine produktionsunabhängige Einkommensquelle verfügt, wie zum Beispiel Venezuela mit seinen reichen Erdölvorkommen.

- **Neu im Mix: Kommunismus + Marktwirtschaft**
Lange waren Politologen der Ansicht, dass marktwirtschaftliche Systeme nur in Verbindung mit freiheitlicher Demokratie möglich sind. Weil nur freie Individuen kreativ genug sind, um erfolgreiche Unternehmer zu sein. Weil Handelsfreiheit auch politische Freiheit voraussetzt. Weil Menschen, die Geld verdienen, selbstbewusst werden und als steuerzahlendes Bürgertum politisch mitreden wollen. Soweit die Theorie, für die nach wie vor vieles spricht, historisch gesehen. Wenn man sich allerdings das heutige China ansieht, können einem Zweifel kommen. Dort verbindet sich der Kommunismus mit dem Kapitalismus, und obwohl die Chinesen Unternehmen gründen, freien Handel treiben und reich werden können, haben sie keine politische Freiheit und können die regierende Staatspartei auch nicht abwählen. Vielleicht geschieht das eines Tages noch, und der ganze Prozess dauert nur länger als gedacht. Aber darauf wetten kann man zum jetzigen Zeitpunkt nicht. Das ist eine ziemlich interessante Entwicklung – und eine ziemlich beunruhigende, weil hier das Einmaleins der (westlichen) politischen Philosophie in Frage gestellt wird.

Weitere politische Strömungen, die meist auch von politischen Parteien vertreten werden, sind

- **Sozialdemokratie:** demokratische Variante des Sozialismus. Der Versuch, eine möglichst freiheitliche und zugleich sozial gerechte Gesellschaft zu bilden. Dazu wird keine gewaltsame Revolution der Arbeiterklasse angestrebt, sondern gesellschaftliche Reformen sollen ans Ziel führen. Im Gegensatz zu den Sozialisten finden Sozialdemokraten auch die Marktwirtschaft prinzipiell richtig, solange sie sozial gestaltet wird. Seit ihrem Parteitag 1959 fordern die deutschen Sozialdemokraten auch nicht mehr die Verstaatlichung von Produktionsmitteln.

- **Konservatismus:** Konservative wollen die Dinge bewahren, so wie sie sind und wie sie sich aus langen Traditionen heraus entwickelt haben. Der Konservatismus entstand als Reaktion auf die liberalen Revolutionen im 18. Jahrhundert. Heutzutage ist aber auch die oft als »konservativ« bezeichnete CDU Veränderungen gegenüber aufgeschlossen, andererseits wollen Bündnis 90/Die Grünen vieles erhalten beziehungsweise schützen und können insofern auch als konservative Kraft angesehen werden.
- **Liberalismus:** Hat die größtmögliche Freiheit des Einzelnen zum Ziel. Das Aufkommen des Liberalismus hat in Europa zu ähnlich großen politischen Umwälzungen geführt wie die Entstehung des Sozialismus. Die Liberalen haben bereits im 17. und 18. Jahrhundert auf die Menschenrechte gepocht. Denn sie gehen davon aus, dass jeder einzelne Mensch Rechte hat und nicht nur Teil einer Gruppe (eines Kollektivs) ist. Problem dabei: Dem Liberalismus wird vorgeworfen, dass er alle benachteiligt, die nicht stark genug sind, sich um sich selbst zu kümmern. Er begünstigt somit die Starken. Der Liberalismus ist eng verbunden mit der Marktwirtschaft. Der Schutz des Privateigentums war für die Liberalen dabei ursprünglich Ausdruck von persönlicher Freiheit und hatte gar nichts mit Wirtschaftspolitik zu tun
- **Nationalismus:** Die Vorstellung, mit anderen Staaten und Völkern in Konkurrenz zu stehen, verbunden mit dem Wunsch, sich von ihnen abzugrenzen und ihnen überlegen zu sein. Damit einher geht oft der Wunsch, dass innerhalb der Grenzen eines Staates auch nur die ursprünglich dort heimischen Menschen leben. So kommt es zu Forderungen wie »Deutschland den Deutschen«. Nationalistische Strömungen entstehen oft vor dem Hintergrund wirtschaftlicher und sozialer Probleme, für die Schuldige (»Sündenböcke«) gesucht werden. Die finden sich dann gern im Ausland oder bei gesellschaftlichen Minderheiten im eigenen Land.
- **Nationalsozialismus:** Verbindet eine rassistische Form des Nationalismus mit dem Antikapitalismus der Sozialisten. Längst ist die Vorstellung, dass es überlegene menschliche Rassen gibt (»Herrenmenschen«), wissenschaftlich widerlegt. Aber leider ist sie auch heute noch anzutreffen. In Hitler-Deutschland ging damit vor

allem ein vernichtender Hass auf die Juden einher, der »Antisemitismus«, der zur Ermordung von sechs Millionen Juden führte. Da viele Juden sehr gebildet und wohlhabend waren, haben die Nazis sich dabei gleich die jüdischen Vermögen unter den Nagel gerissen. Zugleich gehört zum Nationalsozialismus der Anspruch des Staates, alles, auch das Private, zu regeln (selbst die Frage, wer wen heiraten und wer mit wem Kinder bekommen darf).

- **Faschismus:** Jede Form von Null-Toleranz-Überzeugung (der Nationalsozialismus ist zum Beispiel faschistisch). Man ist so überzeugt von etwas, dass man es um jeden Preis durchsetzen will und daher jeden verfolgen muss, der nicht mitmacht. Dazu gehört auch, Menschen zu ermorden, die einem im Weg stehen, – und man ist der Ansicht, damit sogar etwas Gutes zu tun: für Volk und Vaterland oder für Gott und Allah.
- Außerdem gibt es noch den **Anarchismus,** den jedoch kein Staat will – denn er ist das Gegenkonzept zum Staat: Anarchie ist der Versuch, ganz ohne »Herrschaftsstrukturen« zu leben, also frei und gleich, aber doch sozial. Etwa nach dem Motto: Einer für alle, alle für einen – aber ohne dies zu organisieren oder Regeln festzuschreiben. Eigentlich eine tolle Idee, klappt aber in der Praxis nicht. Jedenfalls nicht in großen Gruppen. Wird manchmal in besetzten Häusern versucht, funktioniert aber auch da meist nicht lange. Ausnahmen bestätigen natürlich die Regel. Aber generell kann man sagen: Die Natur des Menschen macht solchen Wunschvorstellungen immer wieder einen Strich durch die Rechnung. Im Grunde sind die Vorstellungen der Anarchisten radikalliberal, denn sie wollen, dass jeder total frei ist. Das wäre aber nur möglich, wenn alle Beteiligten sehr nette und selbstlose Menschen sind und alle mehr oder weniger das Gleiche wollen und mögen.

In diesem Zusammenhang erinnere ich mich an einen Besuch in der vierten Klasse einer Grundschule. Die Lehrerin hatte mit den kleinen Schülern angefangen, über Politik zu reden, und nun kam ich als »Promi-Gast« und sollte Fragen beantworten. Wir sprachen über dies und jenes, und irgendwann fragte ich: »Was glaubt ihr denn, was passiert, wenn es keine Regierung gibt, keine Regeln und auch keine

Polizei, die dafür sorgt, dass sie eingehalten werden? Wenn jeder machen darf, was er will? Wer setzt sich dann durch?« Ich wollte eigentlich darauf hinaus, dass sich am Ende mit hoher Wahrscheinlichkeit derjenige durchsetzt, der am besten hauen kann, »Faustrecht« also; das fand ich schon durchaus anspruchsvoll für 9-Jährige. Es schnellte dann aber das Fingerchen einer Schülerin hoch, die den mit Abstand klügsten Kommentar zum Thema »Anarchie« formulierte: »Dann gewinnt der, der am meisten Geld hat.« Dem ist wenig hinzuzufügen.

Und wie läuft es bei Königs?

Und dann gibt es ja noch die europäischen Länder mit Königshäusern – offiziell **Monarchien,** faktisch aber Demokratien. Ein Gutes haben Königshäuser auf alle Fälle für die Klatschblätter: *Gala, Bunte* & Co. wären ohne die Royals nur halb so dick. Aber was hat das Volk davon? Das kommt ganz darauf an. Denn es gibt drei Formen der Monarchie, von denen aber nur zwei in Europa vertreten sind.
- Unbeschränkte Monarchie
- Konstitutionelle Monarchie
- Parlamentarische Monarchie

»L'État, c'est moi« (»Der Staat bin ich«) soll im 17. Jahrhundert der französische »Sonnenkönig« Ludwig XIV. gesagt haben. So ist das in einer unbeschränkten, absoluten Monarchie. Einer herrscht – durch Gottes Gnade –, alle anderen sind Untertanen. Diese Herrschaftsform ist selten geworden, weil die meisten Menschen mitbekommen haben, wie ungerecht das ist. Solche Regierungsformen gibt es nur noch in Swasiland, Brunei, Saudi-Arabien und in ein paar anderen arabischen Kleinstaaten am Persischen Golf. Und, nicht zu vergessen: im Vatikan. Der Vatikanstaat ist formell auch eine absolute Monarchie mit dem Papst als gottgewolltem, uneingeschränktem Herrscher. Mit dem Unterschied, dass im Vatikan keine unterdrückten Untertanen leben, die dort hineingeboren wurden. Wer sich der absoluten Monarchie des kleinen Vatikanstaats unterwirft, tut dies aus Glaubensgründen freiwillig. Mit anderen absoluten Monarchien lässt sich das also nicht vergleichen.

Die beiden anderen Monarchie-Typen sind im Grunde demokratisch – der König hat nur noch mittelviel bis wenig zu sagen. Er übt dann bloß noch repräsentative Funktion bei Staatsbesuchen aus oder eröffnet formell die erste Parlamentssitzung nach einer Wahl. In einer **konstitutionellen Monarchie** setzt eine Verfassung dem König zwar Grenzen, aber er bestimmt immer noch die Regierung. Oder schmeißt sie raus, wenn sie ihm nicht passt. So war es im deutschen Kaiserreich (1871–1918). Einige Herrscher haben auch heute noch die entsprechenden Rechte, üben sie aber nicht aus. Würden sie es versuchen, käme es wahrscheinlich schnell zur Abschaffung der Monarchie. Das gilt in Europa für Liechtenstein, Großbritannien, Luxemburg und Norwegen.

Diese Länder sind somit im Wesentlichen auch **parlamentarische Monarchien,** so wie Belgien, die Niederlande, Dänemark, Schweden und Spanien. Dort wird gewählt wie bei uns, ein Parlament tritt zusammen und regiert, und der König darf an hohen Feiertagen mal winken und wird gut bezahlt. Moderne Monarchien kann man also als Demokratien ansehen, die sich mit einem König als hübschem Beiwerk garnieren.

Vorteile von Monarchien
- König oder Königin werden von Kindesbeinen an auf das Amt vorbereitet, sie wissen, wie man das Land elegant repräsentiert und sicher auf diplomatischem Parkett auftritt.
- Der Herrscher muss kein Parteimitglied sein, sondern kann unparteiisch das Volk vertreten.
- Parlamentsmitglieder wechseln, der König bleibt. Das bringt Ruhe ins Geschäft. Oft sind erfahrene Könige auch gute Ratgeber für die wechselnden Regierungen.
- Könige stehen für Geschichte und Tradition, auf die das Volk stolz ist, sie personifizieren sozusagen den nationalen Zusammenhalt.
- Könige können ein Land attraktiver machen: Was wäre England ohne den Buckingham Palace?

Nachteile von Monarchien
- Die Macht des Königs (so gering sie auch sein mag) kann missbraucht werden.

- Unfähige Könige kann man nicht abwählen.
- Nicht jeder kann König werden, denn die Aufgabe wird vererbt; das ist eigentlich ungerecht.
- Könige und ihre adelige Verwandtschaft kosten die Steuerzahler viel Geld.

Weitere (unerfreuliche) Herrschaftsformen

- **Diktatorische und autokratische Systeme:** Sie sind das Gegenstück zur Demokratie. Nicht das Volk legitimiert eine Regierung, sondern sie legitimiert sich aus sich selbst heraus. Der Begriff **Autokratie** kommt auch mal wieder aus dem Griechischen und bedeutet *Selbstherrschaft*. Es gibt keine Gewaltenteilung oder andere Einschränkungen für die Herrschenden. Eine absolute Monarchie ist eine Autokratie. Und auch die Diktatur ist eine Unterform der Autokratie. Während sich der absolute Monarch zumindest noch an ein »göttliches« Recht und überlieferte Traditionen gebunden fühlt, ist der Diktator gänzlich frei in seiner Herrschaftsausübung, er führt Gesetze ein, wie er will, und formt die Gesellschaft nach seinem Gutdünken. Eine Autokratie schließt aber nicht aus, dass es Wahlen gibt, manipulierte Schein-Wahlen, bei denen die Bürger nicht wirklich frei entscheiden können oder eine freie Auswahl haben. Ein Diktator kommt häufig über einen Staatsstreich, also mit Gewalt, an die Regierung. Er kann aber auch ganz legitim aus demokratischen Wahlen hervorgehen, so wie Adolf Hitler, und dann nach und nach die Demokratie abschaffen und zur Diktatur umformen.
- Noch ein Begriff sollte hier genannt werden: der **Totalitarismus**, der mit modernen Autokratien häufig einhergeht. Der Nationalsozialismus in Deutschland war ein solches totalitäres System. Während eine autoritäre Diktatur dem Einzelnen noch eine gewisse Privatsphäre und Freiheit zugesteht (zum Beispiel bei der Ausübung seiner Religion oder der Entscheidung, wen man heiratet und wie man seine Kinder erzieht), will die totalitäre Diktatur das Individuum in all seinen Lebensbereichen komplett unterwerfen. Dafür werden Propaganda und Terror eingesetzt. Selbst die Gedanken

sind dann nicht mehr frei. Während es dem autoritären Herrscher meist »nur« um Machtausübung und Machterhalt geht (Gehorsam und Treue der Untertanen), will der totalitäre Herrscher seine Untertanen zu neuen Menschen formen, zum sowjetischen Menschen zum Beispiel. Der Totalitarismus geht mit einer zielgerichteten Ideologie einher.

Man spricht hier auch von totalitären und autoritären **Regimen**. Regime kommt aus dem Lateinischen *(regimen)* und heißt so viel wie *Lenkung*. Im Prinzip ist Regime also nur ein anderer Begriff für Regierung. Er wird heutzutage aber wertend verwendet, nämlich abwertend. Man spricht von einem Regime statt von einer Regierung, um deutlich zu machen, dass diese Regierung ihre Macht missbraucht, dem Volk Freiheitsrechte entzieht und nicht demokratisch kontrolliert wird. Etwa wenn eine Regierung durch einen Putsch an die Macht gekommen ist. Und auch bei klassischen Diktaturen, wie zum Beispiel in Nordkorea, ist in unseren Nachrichtensendungen häufig von einem Regime die Rede.

Wie viel Freiheit darf's denn sein?

Bei allen Regierungsformen stoßen immer wieder zwei Kriterien aufeinander – die Freiheit des Einzelnen und das Wohl der Gemeinschaft. Toll wäre natürlich, wenn jeder Einzelne will, was auch für die anderen gut ist. Aber oft ist die beste Lösung für einen persönlich eben nicht die beste für alle. Mittlerweile hat sich der Standard etabliert, dass man eine Art Kosten-Nutzen-Rechnung aufmacht: Ist der Nachteil oder die Einschränkung für jemanden gering *im Verhältnis zum Nutzen für alle* – oder ist der Nutzen für die Allgemeinheit gering und die Einschränkung für den Einzelnen sehr hoch oder zu grundsätzlich? Das muss gegeneinander abgewogen werden, und zwar oft zunächst abstrakt und prinzipiell (zum Beispiel als Gesetz), dann aber auch im konkreten Einzelfall (notfalls vor Gericht; so werden manchmal Gesetze zu Fall gebracht).

Aufgrund dieser ewigen Klemme erscheint der Liberalismus so verlockend. Ich darf tun, was ich will, und alle anderen dürfen das auch – jeder kümmert sich um seinen eigenen Kram, solange man sich nicht gegenseitig stört. Das *simple principle*, das *einfache Prinzip*, das der Brite John Stuart Mill (1806–1873), wichtigster liberaler Vordenker im 19. Jahrhundert, beschrieben hat, besagt: »Meine Freiheit endet dort, wo deine Freiheit anfängt.« Was im Einzelfall aber oft ganz schön schwer zu entscheiden ist. Dieses Prinzip grenzt auf jeden Fall die Rechte des Staates ein. Der darf nur dann in die Freiheit des Einzelnen eingreifen, wenn derjenige mit seinen Verhaltensweisen andere ernstlich schädigt. Vereinfacht gesagt: Wenn jemand sich betrinken will – bitte schön, seine Sache. Wenn er dann betrunken Auto fährt, darf der Staat eingreifen, um andere zu schützen. Man kann aber auch der (nicht-liberalen) Ansicht sein, dass überhaupt keiner Alkohol trinken sollte, weil das ungesund und selbstzerstörerisch ist. So kommt es zum Beispiel zu den Nichtrauchergesetzen – während der Staat sich zugleich über die Tabaksteuer freut. Rauchen grundsätzlich zu verbieten (wie harte Drogen, etwa Heroin), wäre aus aktueller Sicht ein zu großer Eingriff in die Freiheit des Individuums. Die Menschen aber überall rauchen zu lassen, im Flugzeug oder im Büro, schadet den anderen. Zugleich hat der Staat hier so eine Art Lehreraufgabe wahrgenommen: Wir erlauben dir zwar, zu rauchen, aber wir ermutigen dich nicht dazu, sondern machen es eher schwer, weil es dir auch als Einzelnem schadet. Ob der Staat als Kümmerer und Erzieher zu weit geht, wenn er sogar dem rauchenden Wirt in der Eckkneipe verbietet, ein Raucherlokal zu führen, darüber lässt sich trefflich streiten. Wie »paternalistisch« der Staat auftritt, ist eben auch Ansichtssache und muss immer wieder neu verhandelt werden.

So viel zur Politik. Und was ist ein **Politikum?** Die Begriffe werden häufig gleichgesetzt, so wie viele Leute meinen, Technik und Technologie seien dasselbe. Dabei ist Technik eben Technik, und Technologie ist die Wissenschaft von der Technik. Und ein Politikum ist keine Politik, sondern meist das Gegenteil: Es ist ein Ereignis oder Thema, das meist plötzlich im Zentrum einer politischen Debatte steht. Zum Beispiel macht ein Politiker eine unbedachte, überspitzte Äußerung, die vielen Leuten aufstößt – und schon ist ein Politikum daraus geworden.

Und wie halten wir es mit der Religion?

Die christliche Kirche hat Ungläubige, vermeintliche Abweichler und Kritiker ans Kreuz genagelt, blutige Kreuzzüge geführt und angebliche Hexen verbrannt. Im Namen Allahs werden Terroranschläge begangen, Schwestern ermordet, Menschen gesteinigt. Scientology tarnt sich zum Verkauf ebenso teurer wie fragwürdiger Gehirnwäschekurse als »Kirche«.

Religion kann also durchaus eine gefährliche Sache sein, wenn die Menschen sie benutzen, um damit andere zu unterdrücken und ihre Taten zu rechtfertigen. Und zwar in einer Weise, dass man darüber nicht mal diskutieren kann – denn Religion ist ja Glaubenssache. Also gibt es aus der Perspektive religiöser Radikaler nur die Gläubigen und die Ungläubigen.

Der säkulare Staat zeichnet sich dadurch aus, dass Religion und Staat getrennt werden, dass also nicht eine bestimmte Religion regiert. Das Verhältnis von Staat und Kirche ist aber nicht leicht zu entwirren, denn die europäische Kultur basiert ja tatsächlich weitgehend auf christlichen Werten. Auch wenn die sich gar nicht so sehr von den Grundwerten der anderen Weltreligionen unterscheiden.

Religion und Politik zu trennen, wurde erstmals nach der Französischen Revolution (1789–1799) beschlossen. Dabei ging es nicht darum, den Glauben zu verdammen – er sollte einfach nur Privatsache werden. Der Staat hatte sich in allen Bereichen allen seinen Bürgern gegenüber neutral zu verhalten. Das musste dann logischerweise auch für die Religion gelten. Keiner sollte gestört werden, weder bei der Ausübung seines Glaubens noch durch den Glauben eines anderen. Niemand sollte zwangsbekehrt werden. Diese Prinzipien erwuchsen auch aus der Erfahrung, dass über viele Jahrhunderte hinweg im Namen der Religion Kriege geführt wurden – der Dreißigjährige Krieg in Deutschland zum Beispiel, zwischen Katholiken und Protestanten, entvölkerte ganze Landstriche und kostete allein in Süddeutschland zwei Drittel der Bevölkerung das Leben.

In Deutschland wurde die Trennung von Kirche und Staat 1919 vollzogen, allerdings nicht besonders strikt. In vielen Schulen und Gerichten hängen Kreuze, der Staat berechnet und kassiert die Kirchensteuer. Nicht-christliche Symbole (wie das islamische Kopftuch) werden im Staatsdienst hingegen ungern gesehen. Lange gab es nur christlichen Religionsunterricht, mittlerweile auch islamischen – und heftige Diskussionen, ob staatliche Schulen überhaupt in Glaubensfragen tätig sein sollten.

Lohnt es sich überhaupt, wählen zu gehen?

Kommt es auf meine eine Stimme an? Und wen soll man wählen, wenn keine Partei genau das verspricht, was man selber will? Das sind vernünftige Fragen!

Die Grundidee einer Demokratie ist, dass niemand die eigenen Interessen besser vertreten kann als man selbst. Demokratie bedeutet aber auch, dass man sich auch den Ansichten anderer Leute beugen muss. Es geht also darum, die eigenen Interessen mit denen anderer in ein Gleichgewicht zu bringen. Am Ende wird keiner alles durchsetzen können, was er gern hätte, aber jeder war an der Entscheidung beteiligt. Mahatma Gandhi, der legendäre Führer der indischen Freiheitsbewegung, hat dazu gesagt: »Unter Demokratie verstehe ich, dass sie dem Schwächsten die gleichen Rechte einräumt wie dem Stärksten.«

Doch wenn zu wenige Leute wählen gehen, hat eine Regierung natürlich ein Problem. Warum sollten sich Menschen von ihr vertreten fühlen, die nicht wenigstens versucht haben, das Wahlergebnis zu beeinflussen? Wir Wähler vergeben diese Jobs, und wir bezahlen die Politiker mit unserem Steuergeld. Da sollten wir uns doch eigentlich auch anschauen, mit wem wir es zu tun haben. Viele Leute nehmen sich gerne viel Zeit, um die Gebrauchsanweisung für eine neue Spielkonsole sorgfältig zu studieren – einen Wahlzettel auszufüllen oder gar ein Wahlprogramm zu lesen, erscheint hingegen vielen als Zeitverschwendung. Tatsächlich ist die »Partei« der Nichtwähler inzwischen oft die größte Partei. Was vielen Nichtwählern jedoch nicht bewusst ist: Wenn man zu Hause bleibt, beeinflusst man trotzdem das Ergebnis. Wer sich zum Beispiel als »eher SPD« bezeichnet und zu Hause bleibt, sorgt damit möglicherweise dafür, dass die CDU gewinnt, was dann ja vermutlich noch weniger das Ergebnis ist, das dieser Nichtwähler eigentlich wollte. Denn die Wahlergebnisse fallen manchmal ganz anders aus als erwartet – und am Ende ist es vielleicht doch die eigene Stimme, die über Sieg oder Niederlage entscheidet. Unionskandidat Edmund Stoiber zum Beispiel war im September 2002 überzeugt, dass er Bundeskanzler geworden sei. Er kündigte gut gelaunt und unfreiwillig komisch an, er werde jetzt »ein Glas Champagner aufmachen«. Als er am nächsten Morgen aufwachte, kam allerdings echte Katerstimmung auf – denn er war gar nicht Bundeskanzler, sondern ganz knapp gescheitert. Ihm fehlten nur ein paar tausend Stimmen. Was wirklich wenig ist bei insgesamt 48 Millionen abgegebenen Stimmen. Auch die Wahl zum US-Präsidenten 2004 war extrem knapp. Letztlich gaben ein paar Kartoffelbauern in Ohio den Ausschlag. Man kann also vorher nie wissen, ob die eigene Stimme nicht doch die entscheidende ist; auch deshalb lohnt es sich, wählen zu gehen.

Hinzu kommt: Meist sind es die »ganz normalen Menschen«, die nicht wählen gehen; Leute mit extremen Ansichten, die extreme Parteien wählen, üben ihr Wahlrecht dagegen mit mehr Begeisterung aus. Das heißt, wer zur großen Mitte der Bevölkerung eines Landes gehört, stärkt durch die Nicht-Wahl statistisch die kleineren Rand- oder Splitterparteien. Wählen gehen ist insofern ein Recht, das zu nutzen sich lohnt, um sicherzugehen, dass man es nicht eines Tages verliert, weil Extremisten ans Ruder gekommen sind.

Immer wieder diskutiert wird auch, wer wählen darf (aktives Wahlrecht), und wer sich wählen *lassen* darf (passives Wahlrecht).

Wenn kluge, gutherzige Menschen Entscheidungen treffen, ist das natürlich viel besser, als wenn bösartige, dumme Menschen das tun. Eben deshalb kam Platon auf die Idee, dass es gut wäre, wenn nur die Klügsten wählen und nur die *Aller*klügsten gewählt werden dürfen.

Aber: Diejenigen, die nicht so klug sind, haben ja auch Rechte, und die würden dann vielleicht nicht berücksichtigt. Deshalb müssen eben alle wählen dürfen, und alle müssen sich wählen lassen dürfen. Früher hat man gedacht, wer reich und/oder adlig ist, ist auch klug; deshalb zählten die Stimmen von Reichen und Adligen mehr. Aber ist man wirklich klug, nur weil man viel Geld hat? Nein. Außerdem war man ja auch lange Zeit der Meinung, Frauen sollten lieber nicht wählen, selbst dann nicht, wenn sie reich und adlig sind. Offenbar können sich die Kriterien, wen man für klug genug hält und wen nicht, im Laufe der Zeit gründlich ändern ...

Und warum dürfen Kinder nicht wählen? Eine gewisse Klugheitsgrenze gibt's halt doch. Denn entweder könnten alle wählen (dann hat auch ein gestern geborener Säugling eine Stimme), oder man zieht irgendwo eine Altersgrenze. Man kann darüber diskutieren, ob junge Menschen mit 14, 16, 18 oder 21 wählen sollen – doch dass nicht jedes Kindergartenkind persönlich irgendwo ein krakeliges Kreuzchen machen darf, ist leicht nachzuvollziehen. Aber könnten die Eltern nicht für die Kinder wählen? Theoretisch schon – aber wie soll man wissen, ob sie die Stimme im Interesse des Kindes abgeben und nicht im eigenen? Man kann das bei geheimen Wahlen nicht kontrollieren. Und ein Stellvertreter-Wahlrecht wäre so, als würde das Wahlrecht für Frauen darin bestehen, dass ihre Männer eine Stimme mehr abgeben dürfen. Darum hat man entschieden, dass Eltern nicht für ihre Kinder mitwählen sollen.

Wer sich politisch zu Wort melden will, kann das trotzdem lange vor der Volljährigkeit: Die meisten Jugendorganisationen großer Parteien nehmen Mitglieder ab vierzehn auf – vorher, hat die Erfahrung gezeigt, ist das Interesse sowieso gering.

Wozu brauchen wir Parteien?

Über den Parteienstaat ist schon oft geklagt worden, der frühere Bundespräsident Richard von Weizsäcker warf den politischen Parteien sogar vor, sie seien »machtversessen und machtvergessen«. Weil sie sich wie Kraken im Staat ausbreiten und nicht die Lösung von Problemen, sondern ihren eigenen Machterhalt und Machtzuwachs als wichtigste Aufgabe ansehen. Tatsächlich lässt sich am Gebaren der Parteien, an der Art, wie sie Personal auswählen, taktieren und schachern, scharfe Kritik üben. Ärgerlich ist vor allem, wenn bei Sachfragen politische Positionen offensichtlich nur deshalb eingenommen werden, um den politischen Gegner auszubremsen, obwohl die angebotene Lösung eigentlich vernünftig und gut fürs Land wäre. Oder wenn jemand ein Amt bekleidet, weil er in der richtigen Partei ist, und nicht, weil er oder sie die beste Qualifikation für den Job hat. Selbst Schuldirektoren-Posten werden hierzulande oft nach Parteibuch vergeben. Diese Maßlosigkeit, mit der die Parteien in die Verwaltung hineinregieren, sorgt zunehmend für Verdruss. Dass beispielsweise im öffentlich-rechtlichen Fernsehsender ZDF ein Chefredakteur verhindert wurde, den der Sender selbst als Chef behalten wollte, CDU und CSU aber nicht mehr, hat für große Empörung gesorgt.

Nur – was wäre die Republik ohne Parteien? Sie bieten in der Demokratie erhebliche Vorteile, ohne sie geht es im Grunde gar nicht.

Zunächst mal müssen wir dank der Parteien nicht jeden Politiker persönlich kennen und uns ein Urteil über seine Ansichten bilden; wir können davon ausgehen, wer für eine Partei kandidiert, vertritt ihre Positionen. Das erleichtert die Wahlentscheidung ungemein. Und es kontrolliert diejenigen, die wir wählen. Sollte ein Bundeskanzler sich urplötzlich vom Programm seiner Partei komplett abkoppeln, wären er oder sie nicht mehr lange im Kanzleramt.

Das Parteiensystem entstand vor etwa 300 Jahren in England. Anfangs waren die Parteien nur lockere Zusammenschlüsse von Unterstützern einzelner Kandidaten. Eine richtige Struktur mit hauptberuflichen und bezahlten Mitarbeitern bildete sich erst später. Rechtlich sind Parteien meist Vereine, weil das eine gute Organisationsform für Zusammenschlüsse von vielen Leuten ist.

Welche Funktionen die Parteien haben und an welche Regeln sie sich halten müssen, ist in Deutschland im Grundgesetz und im Parteiengesetz geregelt. Danach haben sie im Wesentlichen vier Funktionen:
1. Sie wirken bei der politischen Willensbildung mit;
2. sie vermitteln zwischen Staat und Volk;
3. sie beeinflussen die Regierungsbildung;
4. sie formulieren politische Ziele.

Das klingt ziemlich abstrakt. Gemeint ist damit, dass Parteien den Wählern helfen, eine Wahlentscheidung zu treffen. Im Wahlkampf wirbt jede Partei mit zwei, drei Themen, die gerade besonders aktuell sind und mit denen sie sich von den anderen absetzen kann. Darüber hinaus haben alle größeren Parteien grundsätzliche Positionen zu vielen verschiedenen Sachverhalten. Diese werden im Parteiprogramm festgehalten. Außerdem wählt man natürlich auch Personen: nämlich die von den Parteien vorgeschlagenen Kandidaten. Oft sind diese Personen sogar am wichtigsten, weil viele Wähler sich ein Urteil über Personen eher zutrauen als über Programme. Die Parteien leisten dabei eine Vorauswahl unter Möchtegern-Politikern. Bevor sich jemand dem Volk zur Wahl stellt, muss er immerhin schon mal innerhalb einer Partei viele Leute von sich überzeugt haben. Parteien können einen Wahlkampf zudem leichter finanzieren als Einzelpersonen. In Deutschland werden sie dabei sogar ausdrücklich mit staatlicher Wahlkampfhilfe unterstützt, damit sie nicht nur auf private Geldgeber angewiesen sind.

Gäbe es keine Parteien, würde bei Wahlen vermutlich der Kandidat am besten für sich werben können, der am meisten Geld oder die besten Beziehungen zu reichen Leuten hat. In einer Partei kann man auch als armer Schlucker Karriere machen, wenn man lang genug durchhält und sich durchsetzt. Gerhard Schröder zum Beispiel hat oft auf seine ärmliche Herkunft verwiesen. Ohne die SPD hätte der kleine Gerd wohl nie die Chance gehabt, Kanzler zu werden.

Die Opposition muss regieren können

Außerdem bieten Parteien jedem Bürger die Möglichkeit mitzumachen. Jeder kann zu einem Ortsverein oder -verband gehen, sich anhören, wie und was dort diskutiert wird, und selbst Mitglied werden. Wenn es mehrere Parteien gibt, die um die Gunst der Bürger konkurrieren, ist die Wahrscheinlichkeit größer, dass die Wünsche, Sorgen und Meinungen der Wähler von den Parteien aufgenommen werden und jeder sich irgendwo wiederfinden kann. Und schließlich entsteht dadurch, dass sich mehrere ernst zu nehmende Parteien zur Wahl stellen, eine echte Alternative. Es gibt Oppositionsparteien, die theoretisch jederzeit in der Lage sein sollten, die herrschende Regierungspartei abzulösen. Das ist ein extrem wichtiger Punkt. Ohne eine regierungsfähige Opposition kann die Demokratie nicht funktionieren. Nur mit kleinen Splitterparteien, die sich lediglich für ein Thema interessieren und darüber hinaus keine Fachleute haben, geht das nicht. Es ist zwar erfrischend ehrlich, wenn etwa die Piratenpartei sagt: »Zu dem Thema haben wir noch keine Meinung.« Aber klar ist auch: Wenn die Piratenpartei zum jetzigen Zeitpunkt ihrer Entwicklung von heute auf morgen ein ganzes Kabinett stellen müsste, dann hätte nicht nur sie ein Problem.

Das Recht auf Meinungsfreiheit gilt natürlich auch für die Parteien; sie dürfen ihre Programme formulieren, wie sie wollen, und ihr Personal selbst wählen. Aber völlig frei sind sie nicht. Sie müssen die Regeln der Demokratie auch innerhalb ihrer Partei wahren, und sie dürfen keine verfassungsfeindlichen Ziele verfolgen. Wer zum Beispiel in sein Programm schreibt, dass er nach der Regierungsübernahme »alle Ausländer« rausschmeißen, die anderen Parteien ausschalten und überhaupt das ganze »System« abschaffen will, verstößt gegen das Grundgesetz, gegen die »freiheitliche, demokratische Grundordnung«. Das kann zu einem Verbot dieser Partei führen. Worüber natürlich nicht die anderen Parteien zu entscheiden haben, sondern das Verfassungsgericht.

Wer akzeptiert, dass es unterschiedliche Parteien gibt, akzeptiert damit auch, dass unterschiedliche Meinungen und Interessen ihre Daseinsberechtigung haben und es nicht nur den einen allumfassenden einheitlichen »Volkswillen« gibt. Wenn es konkurrierende Parteien gibt, dann gibt es natürlich auch das viel beklagte »Parteiengezänk«. Und auch parteiinternen Streit vor allem bei den großen »Volksparteien«, die sehr viele unterschiedliche Mitglieder unter einen Hut bringen müssen. Das kann zu Verdruss führen, und schon erscheinen Schlagzeilen wie »Die SPD zerlegt sich mal wieder selbst«. Oder: »Krach in der Union.« Politiker rufen ihre Parteifreunde dann gerne öffentlich dazu auf, jetzt doch endlich »Geschlossenheit zu zeigen«. Eine gewisse Geschlossenheit braucht man natürlich als Partei, sonst weiß der Wähler nicht, woran er ist. Aber dass innerhalb der Parteien nicht alle sofort einer Meinung sind und für ihre Positionen kämpfen, gehört auch zur Demokratie.

Warum gründen sich neue Parteien?

Die meisten Parteien entstehen, weil es eine größere Zahl von Leuten gibt, die über dieselben Dinge wütend sind:
- Die Liberalen entstanden in Europa schon im 18. Jahrhundert als Opposition des (vermögenden) Bürgertums gegen die Bevormundung und Benachteiligung durch König und Adlige.
- Die SPD entstand als Partei der Arbeiter, die sich gegen die Ausbeutung durch die Unternehmer (Kapitalisten) wehrten. Die SPD ist die älteste deutsche Partei, die heute noch existiert. 2013 hat sie ihren 150. Geburtstag gefeiert.
- Die CDU wurde erst nach dem Zweiten Weltkrieg gegründet, aber die meisten ihrer Mitglieder gehörten vorher zu einer Partei namens Zentrum. Und die Zentrumspartei war im 19. Jahrhundert im Kaiserreich entstanden, als sich Katholiken zusammentaten, weil sie sich durch den autoritären, protestantischen preußischen Staat unterdrückt fühlten. Sie sahen sich als Verteidiger der Rechte der (katholischen) Kirche, und lehnten zugleich die eher nicht-religiösen Liberalen ab. Bei der Gründung der CDU nach dem Ende des Zweiten Weltkriegs spielten katholische und evangelische Christen, die unter Hitler verfolgt und inhaftiert worden waren, eine große Rolle.
- Auch der Konservatismus als Parteiströmung war ursprünglich Protest: gegen Leute, die das Traditionelle nicht achten und immer nur an das Neue, Moderne glauben. Konservative möchten Dinge bewahren und empfanden zum Beispiel die Fortschritts- und Technikgläubigkeit der Liberalen und der Kapitalisten als zerstörerisch.
- Die bayerische CSU entstand als Regionalpartei. Also als Partei, die die Eigenständigkeit einer bestimmten Region betont und gegenüber »denen in Bonn beziehungsweise Berlin« skeptisch ist: »Die sollen uns nicht bevormunden, wir wissen selber, was hier gut für uns ist.« Die CSU war von Beginn an etwas »sozialdemokratischer« als die CDU, nicht umsonst heißt sie Christlich-Soziale Union. Auch deshalb hatte die SPD in Bayern bisher nie eine echte Chance: Die »kleinen Leut'« fühlten und fühlen sich von der CSU offenbar angesprochen.

- Die Grünen entstanden aus einer Bürgerbewegung gegen Umweltverschmutzung und Atomwaffen. Viele Grüne sehen sich als »links«, aber ihre Gründer waren eigentlich keine Arbeiterkinder, sondern stammten oft aus bürgerlichen Haushalten. Die Eltern waren also CDU-Wähler, die Kinder gründeten die Grünen. Auch das gehörte zum Protest! Zugleich sind die Grünen aber eine konservative Partei: Sie wollen die Natur bewahren und sind dem technischen Fortschritt gegenüber skeptisch. Interessant ist, dass die Grünen zudem als Anti-Parteien-Partei anfingen. Sie wollten nicht wie die anderen Parteien sein, zum Beispiel keine Parteichefs haben, und niemand sollte lange im Parlament bleiben. Dahinter stand ein tiefes Misstrauen gegenüber Profi-Politikern, die sich gewissermaßen von Berufs wegen an die Macht klammern würden. Der Verzicht auf Hierarchien und das Rotationsprinzip (nach ein paar Jahren muss man seinen Parlamentssitz wieder abgeben) erwiesen sich aber als nicht sehr praktikabel und wurden bald wieder aufgegeben.
- Die Partei Die Linke ist eine Art Mischform: Sie entstand aus der ostdeutschen Regionalpartei PDS (Partei des Demokratischen Sozialismus) und der im Westen aus Protest gegen die SPD gegründeten WASG (Für Arbeit & soziale Gerechtigkeit – Die Wahlalternative). Die ostdeutsche PDS als Nachfolgepartei der DDR-Staatspartei SED entstand zwar nicht direkt aus einer Protestbewegung. Aber dass so viele DDR-Bürger sie nach der Wiedervereinigung weiter wählten, kann man durchaus als Protesthaltung sehen: als Auflehnung dagegen, dass man vom Westen komplett übernommen wird, dass plötzlich alles in der DDR schlecht gewesen sein sollte. Die PDS als Regionalpartei drückte insofern auch den Wunsch nach einer eigenen Ost-Identität in Abgrenzung zum Westen aus.

Warum müssen politische Wahlen geheim sein?

In Deutschland ist es Pflicht, bei allen politischen Wahlen geheim zu wählen. Jedenfalls als Wähler. Politiker stimmen im Parlament oder bei Parteitagen häufig auch öffentlich per Hand ab oder sogar namentlich. Doch wenn der Bürger zur Wahl gerufen wird, muss er das anonym und geheim tun. Selbst wer sein Kreuz öffentlich machen will, darf das nicht. Aber warum eigentlich? Die zur Wahl stehenden Parteien sind doch alle erlaubt, und wer nichts zu verbergen hat, braucht auch nichts zu befürchten, oder?

Im Grundgesetz wurde festgelegt, dass alle Wahlen »allgemein, frei, unmittelbar, gleich und geheim« sein müssen. »Allgemein« bedeutet, dass jeder volljährige Bundesbürger wählen darf. »Frei« heißt, dass sich jeder seine Meinung bilden und dementsprechend wählen kann. Man wird vor und während der Wahl nicht bedroht oder eingeschüchtert. Man wird übrigens auch nicht gezwungen zu wählen, was keine Selbstverständlichkeit ist. Es gibt auch Länder, in denen man eine Art Strafgebühr zahlen muss, wenn man nicht wählen geht. »Unmittelbar« sagt aus, dass die »Volksvertreter« (die Bundestagsabgeordneten) direkt vom Volk gewählt werden; sie bestimmen dann ihrerseits (also aus Wählersicht indirekt oder »mittelbar«) den Bundeskanzler. »Gleich« besagt, dass jede Stimme genauso viel zählt wie die andere. Und »geheim« muss die Wahl sein, um die Freiheit zu gewährleisten, zu wählen, wen man will.

Der wichtigste Faktor ist dabei das Wahlgeheimnis, denn nur wer geheim wählt, kann wirklich frei wählen. In der Wahlkabine wird hinter einem Vorhang der Stimmzettel vom Wähler allein ausgefüllt, gefaltet und danach in eine versiegelte Wahlurne gesteckt. Sie wird erst nach Wahlschluss geöffnet, sodass nicht mehr nachvollziehbar ist, wer wie gestimmt hat. Das Gleiche gilt heute für die elektronische Wahl (setzt aber voraus, dass sich keine Cyberkriminellen ins System hacken).

Das Geheime ist wichtiger, als man auf Anhieb denken mag. »Bei der Wahlhandlung selbst hat sich der Wähler an die zur Sicherung des Wahlgeheimnisses erlassenen Vorschriften zu halten«, heißt es vom Statistischen Bundesamt, das auch für die Durchführung der Wahlen zuständig ist. »Die Vorschriften sind zwingend und erlauben keinen Verzicht, weder seitens des Wählers noch der Wahlorgane (etwa durch Aufforderung, den Stimmzettel außerhalb der Wahlkabine anzukreuzen) oder der Wahlbehörden. Das Wahlgeheimnis duldet in diesem Verfahrensstadium keine noch so geringe Ausnahme oder Nachlässigkeit. (…) Die gesetzlichen Bestimmungen dienen nicht nur dem Schutz des einzelnen Wahlberechtigten, sondern sind auch im öffentlichen Interesse zur Gewährleistung eines geordneten Wahlverfahrens zwingend erforderlich.«

Vor oder nach der Wahl hingegen kann jeder herumerzählen, wen er wählen will oder wo er sein Kreuz gemacht hat. Das schadet nichts – denn man kann lügen und sagen, was die anderen hören wollen, in Wirklichkeit aber jemand anderen wählen. Genau das ist der Sinn der geheimen Wahl.

Wenn Diktaturen abgelöst werden und die ersten freien Abstimmungen stattfinden (wie in den letzten Jahren und Jahrzehnten in der DDR, in den Ostblockstaaten, im Irak oder in Südafrika), stellen internationale Beobachter und oft auch ausländische Soldaten sicher, dass die Wahlen tatsächlich geheim sind. Außerdem überwachen sie die Auszählung. Wahlbetrug ist nämlich einfach: Man führt eine freie und geheime Wahl durch, schmeißt die Stimmzettel hinterher unbeobachtet weg und verkündet ein Wahlergebnis nach Lust und Laune. Oder gibt den »richtigen« Wählern heimlich gleich einen ganzen Packen Wahlzettel. So läuft das häufig in Schein-Demokratien. Oder es wird Druck ausgeübt (»Wieso willst du hinter den Vorhang gehen? Hast du was zu verbergen?«), oder die Wähler können sich nicht darauf verlassen, dass niemand ihren Stimmzettel kontrolliert. Erst wenn die Wahl geheim ist und die tatsächlich abgegebenen Stimmzettel öffentlich nachgezählt werden können, ist ein demokratischer Regierungswechsel überhaupt möglich.

Solche Kontrollen werden manchmal sogar in etablierten Demokratien nötig. Wenn ein Kandidat haushoch gewinnt, ist es unwichtig, ob sich in irgendeinem Wahllokal irgendwer verzählt hat. Kommt es aber bei einer Wahl zu einem Kopf-an-Kopf-Rennen, wie im Jahr 2000 zwischen den beiden amerikanischen Präsidentschaftskandidaten George W. Bush und Al Gore in Florida, kann letztlich eine einzige Stimme die gesamte Wahl entscheiden. Weil damals an den Ergebnissen erhebliche Zweifel bestanden, wurde eine zweite Zählung angeordnet, die allerdings nicht rechtzeitig abgeschlossen werden konnte. Bis heute ist unklar, ob in Wahrheit nicht Al Gore die Wahl gewonnen hatte und George W. Bush ausgerechnet in dem US-Bundesstaat, in dem sein Bruder Jeb Gouverneur war, »versehentlich« zu viele Stimme angerechnet bekam. Es hatte Zweifel gegeben, ob die automatischen Wahlmaschinen korrekt zählten – Jahre später kehrte Florida übrigens zur Papierwahl zurück!

Natürlich macht die moderne Technik auch vor der Wahlkabine nicht halt. Elektronische Wahlgeräte haben Vorteile, zum Beispiel muss man die Stimmen nicht mehr auszählen, das macht die Wahlmaschine. Größter Nachteil: Man kann nicht ausschließen, dass das System »gehackt« wird, die Wahlcomputer also geschickt manipuliert sind und zum Beispiel jede zweite oder dritte Stimme für eine bestimmte Partei einer anderen Partei zurechnen. Außerdem ist nicht auszuschließen, dass zum Beispiel heimlich gespeichert werden kann, wer wen wählt.

Ein neues Phänomen ist hier auch die Online-Wahl: Laptop aufklappen, Partei anklicken, fertig. Im Rahmen einer Wählerumfrage haben französische Soziologen dazu kürzlich übrigens eine sehr interessante Entdeckung gemacht: Online zu wählen, ist weniger »befriedigend«, als in ein Wahllokal zu gehen. Beim Gang zur Wahlkabine hat der einzelne Bürger eher das Gefühl, an einem wichtigen kollektiven Ereignis teilzunehmen und auch selbst eine wichtige Funktion auszüben. Wenn man nur zwischendurch und für sich allein zu Hause den PC anwirft, ist dieses Gefühl offenbar geringer. Die Hoffnung von Politikern, dass die Wahlbeteiligung steigt, wenn man es den Wählern möglichst bequem macht, könnte insofern trügerisch sein. Vielleicht müssen wir Wähler uns auch ein bisschen Mühe machen, um den Wahlakt zu schätzen.

Darf man Wahlversprechen brechen?

Rund 62 Millionen Wahlberechtigte für Bundestagswahlen gibt es im Moment in Deutschland. Die wollen umworben werden! Vor jeder Wahl pflastern freiwillige Helfer die Straßen mit Aufstellern und Plakaten voll hübscher Slogans. Doch nach der Wahl sind viele Versprechen oft nur noch Altpapier.

Pro Wähler erstattet der Staat den Städten und Gemeinden etwa einen Euro für den Versand der Wahlunterlagen, die Durchführung der Wahl, Schnittchen und Getränke für die über 600 000 ehrenamtlichen (= ansonsten unbezahlten) Wahlhelfer. Im Moment kostet also die reine Durchführung einer Wahl schon mal 62 Millionen Euro.

Außerdem überweist die Bundesrepublik Deutschland noch einmal viele Millionen Euro an die Parteien selbst; früher nannte man das »Wahlkampfkostenerstattung«. Parteien, die bei der letzten Europa- oder Bundestagswahl auf mindestens 0,5 Prozent gekommen sind oder die bei der letzten Landtagswahl über 1 Prozent Wähler erreicht haben, bekommen zwischen 70 und 85 Cent pro Stimme, und auf die Spenden, die sie erhalten, gibt's noch mal ein Drittel obendrauf. Diese Kosten sind allerdings nach oben beschränkt: Insgesamt dürfen an alle Parteien zusammen vom Staat nicht mehr als 133 Millionen Euro pro Jahr ausgezahlt werden. Hinzu kommen Mitgliedsbeiträge und private Spenden, die offengelegt werden müssen, wenn es größere Beträge (über 10 000 Euro) sind. Alles in allem haben die im Bundestag vertretenen Parteien jährlich ungefähr 430 Millionen Euro zur Verfügung (Zahlen von 2011). Für den Bundestagswahlkampf 2013 gaben die Parteien zwischen vier Millionen Euro (FDP) und 23 Millionen (SPD) aus.

Nur: Was die Parteien für viel Geld auf ihrem Wahlwerbematerial versprechen, ist oftmals eben auch nicht mehr als ein vages Versprechen, garniert mit heißer Luft. Oder Allgemeinplätze à la: »Für ein gerechteres Deutschland.« Das ist einer dieser Slogans, die alle Parteien verwenden können; für die gerechte Sache sind sie ja schließlich alle. Tatsächlich glaubt nur noch jeder zehnte Bürger daran, dass die Wahlversprechen wahr gemacht werden. Allerdings ist die Skepsis unterschiedlich stark ausgeprägt: Nur 5 Prozent der Grünen- und Die-Linke-Wähler sind der Meinung, Politiker sagen die Wahrheit; immerhin 11 Prozent aller FDP-Sympathisanten hoffen auf eine Einlösung der Versprechen nach der Stimmauszählung.

Ein schönes Beispiel für ein gebrochenes Wahlversprechen ist die Umsatzsteuererhöhung 2007: Damals stieg die auch »Mehrwertsteuer« genannte Abgabe von 16 Prozent auf 19 Prozent. Dabei hatte die CDU vor der Bundestagswahl 2005 nur eine Erhöhung auf 18 Prozent gefordert – und die SPD diese sogar als »Merkelsteuer« empört abgelehnt! Nach der Wahl jedoch bildeten SPD und CDU eine gemeinsame Regierung – und beschlossen eine Umsatzsteuererhöhung. Nun hätte man ja durchaus mit einem Kompromiss rechnen können: Die SPD will keine Erhöhung, die CDU ist für 2 Prozentpunkte, also trifft man sich in der Mitte, und die Steuer steigt auf 17 Prozent. Aber nein, es wurde sogar noch mehr als von der CDU ursprünglich gefordert! Mit haushaltspolitischen Notwendigkeiten wurde die Kurskorrektur erklärt, im Klartext: Wir brauchen die Kohle! Der damalige Vizekanzler Franz Müntefering (SPD) wehrte sich empört dagegen, auf seine Wahlversprechen festgelegt zu werden: »Wir werden als Koalition an dem gemessen, was in Wahlkämpfen gesagt worden ist. Das ist unfair!«

Der Wahlkampf als »Geschwätz von gestern«

Die FDP wiederum hat sich schwer in die Bredouille gebracht, als sie in den Koalitionsverhandlungen nach der Bundestagswahl 2009 eines ihrer Wahlversprechen tatsächlich durchsetzte: eine Mehrwertsteuersenkung für Hotels. Sie wollte ihre Wähler nicht enttäuschen, doch CDU-Finanzminister Wolfgang Schäuble warnte: »Das werdet ihr noch bitter bereuen.« Tatsächlich machte sich die FDP mit dieser als Klientelpolitik empfundenen Steuersubvention äußerst unbeliebt. Es ist halt riskant, nur eine sehr kleine Wählergruppe zu beglücken. Und nur mit den Wählerstimmen dankbarer Hoteliers kommt man auch nicht über die 5-Prozent-Hürde.

Wenn die Stimmverteilung ganz anders ausfällt als erwartet, kann das ebenfalls ein Anlass sein, seine Versprechen zu brechen. Bei der Landtagswahl in Hessen 2008 bekam die SPD weniger Stimmen als erwartet, Die Linke mehr. Die SPD hatte versprochen, keinesfalls mit der Partei Die Linke eine Koalition einzugehen. Das hatte die Spitzenkandidatin Andrea Ypsilanti natürlich vor allem deswegen gesagt, weil sie hoffte, dadurch mehr Stimmen zu bekommen. Die Hoffnung wurde allerdings enttäuscht. Was tun? Bei Einhaltung ihrer Wahlaussage hätte die SPD nicht regieren können. Also entschieden Ypsilanti und der damalige SPD-Chef Kurt Beck, sich von den Linken »dulden« zu lassen: Sie ließen sich im Landtag mit den Stimmen der Linken als Regierung wählen, ohne aber offiziell mit ihnen zusammenzuarbeiten.

Solche Beispiele zeigen, dass stimmt, was schon der erste deutsche Bundeskanzler, Konrad Adenauer von der CDU, erkannte: »Was kümmert mich mein Geschwätz von gestern!« Im Wahlkampf versprechen eben alle munter, was die Wähler hören wollen – und hoffen bestimmt ernsthaft, dass all dies hinterher auch zu realisieren ist. Kommt eine Partei an die Macht, kann sie aber doch nicht alles umsetzen oder finanzieren, was sie in Aussicht gestellt hat. Weil das Geld nicht reicht (der berühmte Kassensturz muss dann als Entschuldigung herhalten) oder weil der Koalitionspartner sich sperrt. Da in Deutschland meistens Koalitionen regieren, schlägt die Stunde der Wahrheit meist in den harten Koalitionsverhandlungen nach einem Wahlsieg. Schon geht es los mit den Kompromissen. Insofern ist ein »Wahlversprechen« im Grunde nur ein Werbespruch, dessen einziger Zweck darin besteht, markant zu umreißen, was so ungefähr im Angebot ist: »Wenn wir könnten, wie wir wollten, dann würden wir Folgendes tun...«

Die gewählten Abgeordneten jedenfalls sind am Ende weder verpflichtet, sich an ihre eigenen Versprechen zu halten, noch an die Wünsche ihrer Partei – sie sind laut Grundgesetz nur ihrem Gewissen verpflichtet.

Wer aber nicht mal versucht, die gegebenen Versprechen einzulösen, geht damit natürlich das Risiko ein, beim nächsten Mal nicht wiedergewählt zu werden. Bleibt die Frage: Warum Wahlversprechen geben, wenn man ahnt, dass man sie eh nicht einlösen kann, was am Ende wieder zu Frust und Empörung beim Wähler führt? Weil Politiker meinen, dass man Wahlversprechen braucht, um sich von anderen Parteien abzugrenzen. Und weil sie meinen, dass die Wähler von ihnen solche Versprechen erwarten. Damit liegen sie nicht ganz falsch. Politiker, die nichts versprechen oder sogar so ehrlich sind, Steuererhöhungen oder Sparmaßnahmen anzukündigen, haben damit in der Regel keinen großen Erfolg. Obwohl es durchaus schick geworden ist, zu behaupten, dass man »keine falschen Versprechungen machen will«. Doch ohne Versprechen geht es nicht. Das wäre ja ungefähr so, als würde ein Hotel für sich werben, indem es verkündet: »Unser Haus ist ganz nett, aber nichts Besonderes. Wir haben nur eine kleine Sauna. Dafür sind wir aber ziemlich preiswert.« Das wäre zwar ehrlich – aber wer würde da buchen? Urlauber wünschen sich keine kleine Sauna, sondern eine »Wellness-Oase«. Dass sie die für 30 Euro pro Nacht nicht kriegen, ist ihnen tief im Inneren zwar klar. Aber man bucht eben nicht nur nach Vernunft, sondern auch nach Gefühl und Hoffnung. Und deshalb lieber bei dem Hotel, das »Wellness« wenigstens verspricht, anstatt einem schon von vornherein alle Illusionen zu rauben.

Wann sind Umfragen repräsentativ?

Wenn Wahlen geheim stattfinden, wie sind dann die – manchmal erstaunlich genauen – Wahlprognosen möglich? Dafür fragt man eine bestimmte Anzahl von Wählern, die gerade auf dem Weg zum Wahllokal sind, wen sie gleich wählen werden. Nicht alle antworten, und nicht alle sind ehrlich; aber insgesamt machen doch immer wieder so viele mit, dass man ungefähr hochrechnen kann, wie das Wahlergebnis wohl aussehen wird. Die Prognose wird um Punkt 18.00 Uhr in der Wahlsendung verkündet, also erst in dem Moment, in dem die Wahllokale schließen und niemand mehr beeinflusst werden kann. Noch genauer als diese allein auf Umfragen beruhende erste Prognose sind die Hochrechnungen, die wenig später folgen. Dafür wurde dann bereits eine Stichprobe der tatsächlich abgegebenen Stimmen ausgewertet und das Ergebnis statistisch hochgerechnet.

Doch Umfragen beeinflussen nicht nur Wähler (»Wenn die im Moment noch so wenig Stimmen haben, dann helfe ich und wähle FDP statt CDU«). Mindestens genauso beeinflussen Umfragen die Politiker. Je näher der Wahltermin rückt, desto mehr Meinungsforschungsinstitute führen Umfragen durch. Und nichts prägt die nächste Plakatwelle oder die bevorstehenden Reden und TV-Statements so sehr wie die aus den Umfragen herausinterpretierten Wählerwünsche.

Befragt werden je etwa 1000 bis 2500 Personen, deren Antworten dann auf 62 Millionen Wahlbürger hochgerechnet werden. Deshalb ist es wichtig, dass man eine »repräsentative« Stichprobe hat, die genauso bunt gemischt ist wie das Volk selbst. Repräsentativ heißt also: »Auf der Grundlage einer zufällig ausgewählten Stichprobe, die groß genug ist, um sich hochrechnen zu lassen.« Diese Zufälligkeit entsteht, indem aus allen deutschen Telefonnummern nach dem Zufallsprin-

zip ausgewählt wird; ungefähr so, als würde man mit geschlossenen Augen in eine Lostrommel greifen. Allerdings gibt es bei allen Umfragen ein paar Unsicherheitsfaktoren:
- Eine optimal angelegte Umfrage kann mit einer mathematischen Wahrscheinlichkeit von 95 Prozent das Wahlergebnis auf zwei Prozentpunkte rauf oder runter genau vorhersagen. Das heißt, das tatsächliche Ergebnis der Partei kann am Ende zum Beispiel irgendwo zwischen 38 und 42 Prozent liegen. Verkleinern kann man diese »Fehlertoleranz« nur durch mehr Teilnehmer – aber um den statistischen Fehler zu *halbieren*, müsste man die Zahl der Befragten ver*vier*fachen. So ist das leider mit der Mathematik.
- Befragte lügen: Vor allem Wähler von extremen Parteien am Rand des rechten und linken Spektrums geben ihre politische Präferenz ungern offen zu. Ähnlich ist es bei anderen Themen. In Umfragen erklären drei Viertel aller Deutschen, dass sie im TV am liebsten Nachrichten und Dokumentationen sehen und nach dem Tod natürlich gern ihre Organe spenden. Alles politisch sehr korrekt – aber die Realität sieht etwas anders aus…
- Bei Telefonbefragungen antwortet oft der »Haushaltsvorstand« (meist der Vater); dies ist nicht repräsentativ, denn diese Personen neigen mehr als der Rest der Bevölkerung zur CDU, sodass deren mögliches Wahlergebnis automatisch überschätzt wird. Dagegen hilft allerdings die »Last-Birthday-Methode«: Es soll derjenige im Haushalt antworten, der zuletzt Geburtstag feierte. Das ist dann wieder ein Zufallsprinzip, weil es den konservativen Familienvorstand genauso treffen kann wie den 18-jährigen Sohn, der vorhat, die Piraten zu wählen.
- Viele junge Wähler haben nur noch ein Handy, aber keinen Festnetzanschluss und werden daher in Telefonumfragen nicht berücksichtigt.
- Umfragen sind nur Momentaufnahmen: Viele Leute sagen am Montag etwas anderes als am Sonntag, je nach Situation und Stimmung. Man ändert seine Meinung heute schneller als zu Zeiten, in denen das Zugehörigkeitsgefühl zu einer bestimmten Partei noch tiefer verwurzelt war. Darum kann sich innerhalb von wenigen Tagen das Meinungsbild gewaltig verschieben, die Umfragen veral-

ten immer schneller. Es kann also vorkommen, dass Parteien schon als Sieger gefeiert werden, die dann doch knapp verlieren. ARD und ZDF veröffentlichten bisher außerdem in der letzten Woche vor dem Wahltag keine Umfrageergebnisse mehr. Daher kann am Wahltag das Ergebnis deutlich anders aussehen, als noch zwei Wochen vorher erfragt worden war. Das geschah zum Beispiel bei der Bundestagswahl 2005, als alle Forschungsinstitute die CDU/CSU klar vorne sahen. Doch dann wurde das Ergebnis extrem knapp, denn die SPD hatte unheimlich aufgeholt. Später schimpften alle auf die Meinungsforschungsinstitute und deren »falsche Vorhersagen«. 2013 wird das ZDF erstmals auch in der Woche vor der Wahl noch Umfragen veröffentlichen.

Der Sozialstaat – mehr als eine Floskel?

Auch Tiere wissen, dass sie gemeinsam stärker sind als allein. Sie jagen im Rudel und verteidigen sich im Verband. Die Menschen taten schon zu Urzeiten das Gleiche: im Kollektiv Mammuts jagen, gemeinsam Höhlen fegen. »Soziales Verhalten« also – doch wie weit geht man damit? Bekommen alle gleich viel vom Mammutfleisch ab, auch die Ungeschickten oder Faulen, die sich bei der Jagd hinter den anderen verstecken?

Moderne Staaten geben dieser Weltsicht einen verbindlichen Rahmen. Sie schreiben bestimmte Abgaben vor und sichern ihren Bürgern im Notfall grundlegende Leistungen zu. Manchmal mag man denken, es wäre viel einfacher, wenn sich jeder um seinen eigenen Kram kümmern würde, und fertig. Dann braucht man keine Steuern, keine Gesetze. Wie im Wilden Westen, jeder erobert sich sein eigenes Stück Land und verteidigt es auch selbst. Aber selbst im Wilden Westen haben die Siedler schnell angefangen, sich zusammenzutun und gemeinsame Wagenburgen zu bilden oder Sheriffs zu wählen. Natürlich kann man im Einzelnen darüber streiten, ob jeder Arbeitslose einen Kleinwagen braucht oder nur eine Bahnfahrkarte. Über die konkrete Ausgestaltung des Sozialstaats wird daher auch permanent diskutiert. Aber grundsätzlich ist es doch ein beruhigendes Gefühl, zu wissen: Wenn ich so richtig auf die Schnauze falle, vielleicht arbeitsunfähig werde, dann lassen die anderen mich nicht im Stich.

    Andererseits: Wenn ich eine tolle Idee habe oder hart arbeite, will ich meinen Erfolg doch auch genießen! Wenn ich dadurch mehr verdiene, möchte ich davon nicht alles abgeben müssen. Die Möglichkeit, selbst etwas auf die Beine zu stellen, sich mehr anzustrengen als andere und dafür mit Reichtum oder Ruhm belohnt zu werden, ist zweifellos eine großartige Motivation. Letztlich geht es um die Frage, wie man die Schwächeren schützt, ohne die Stärkeren zu frustrieren. Und vor allem geht es darum, von welcher Startposition jeder in den gesellschaftlichen Wettbewerb einsteigt. Die Kinder reicher Eltern haben es deutlich leichter, selbst reich zu werden, als die Kinder armer Eltern. Wo bleibt da die Chancengleichheit? Andererseits: Jegliches Erbe wegzusteuern, wäre ebenfalls nicht gerecht. Man arbeitet ja schließlich auch für die Zukunft der eigenen Kinder und will ihnen zum Beispiel das Eigenheim vererben dürfen. Für ein entspanntes Miteinander sind also grundsätzliche, allgemein verbindliche Regeln nötig, auf die sich eine Gesellschaft einigt.

Erst das Fressen, dann die Moral

Im Lauf der Jahrtausende hat sich dabei herausgestellt: Der Mix macht's. Eine stabile Situation entsteht, wenn Menschen relativ angstfrei leben können. Wenn man ständig mit der Waffe unterm Kopfkissen schlafen muss, weil man befürchtet, ausgeraubt zu werden, ist das nicht sehr angenehm. Beobachten kann man das in Ländern, in denen der Reichtum extrem ungleich verteilt ist. In afrikanischen oder südamerikanischen Ländern zum Beispiel. Die Reichen (und das sind durchaus nicht nur Super-Millionäre) leben in Ghettos, in Häusern, die von hohem Stacheldraht umzäunt sind. In viele Stadtviertel wagt sich das Bürgertum gar nicht rein. Ins Restaurant in der Innenstadt fährt man nur mit dem Taxi bis vor die Tür. Frei fühlt man sich unter solchen Umständen nicht. Da lebt es sich in Deutschland doch sehr viel unbeschwerter – aber dafür zahlt man auch einen Preis in Form relativ hoher Steuern und Abgaben.

Den Rahmen dafür stellten einst die Kirchen bereit, die den »Zehnten« kassierten (also zehn Prozent der Einnahmen) und davon zum Beispiel die Armen verköstigten und einkleideten. Heute hat der Staat diese Aufgabe übernommen, aber immer noch gelten die Grundsätze eines menschlichen, solidarischen Miteinanders. Leistung soll sich lohnen, wer viel kann oder weiß, soll davon profitieren – aber wir müssen auch denjenigen helfen, die weniger Glück im Leben haben. Auf freiwilliger Basis funktioniert das allerdings erfahrungsgemäß nicht. Vereinfacht gesagt, ist es wie beim Küchendienst in einer Studenten-WG. Eine Woche ist der eine dran, in der folgenden Woche der andere, und so geht es immer reihum. Aber was passiert, wenn plötzlich einer nicht mitmacht? Dann müssen die anderen seinen Dreck wegputzen. Und wenn der Zweite auch keine Lust mehr hat ... und der Dritte schließlich frustriert hinschmeißt, weil alle anderen ja auch nicht mehr mitmachen ... dann verlottert die Bude! Ein solidarisches System kann eben schnell zusammenbrechen. Deshalb braucht man Regeln, die es stützen. Und Mindeststandards, auf die man sich verständigt: Wie viel auch die bekommen, die gar nicht arbeiten (können).

Denn »erst kommt das Fressen, dann kommt die Moral!«, schrieb Bertolt Brecht bereits 1928 in der »Dreigroschenoper«. Sprich: Erst wenn die eigenen Grundbedürfnisse nach Essen, Kleidung, Wohnung befriedigt sind, kann man an die anderen denken. Da hatte er recht, und deshalb ist eine erfolgreiche Wirtschaft der Mittelpunkt jeder Politik.

Vor 1000 Jahren wurden die Menschen überall auf der Welt nur etwa 24 Jahre alt, und diese kurze Zeit litten die allermeisten von ihnen Hunger und Durst und an unheilbaren Krankheiten. Das blieb noch 800 Jahre so – einigen wenigen ging es sehr gut, die meisten aber lebten im bitteren Elend. Erst mit der »industriellen Revolution« (also der Erfindung von Maschinen, die viele Arbeiten übernahmen oder erleichterten) stiegen Lebensstandard und Lebenserwartung. Allerdings nur in Kontinentaleuropa und Nordamerika. Erst kurz vor dem Jahr 2000 erreichte die wirtschaftliche Revolution auch Südostasien.

Doch wie sorgt man dafür, dass die Wirtschaft gut läuft und zugleich möglichst viele etwas davon haben? Dazu gibt es bekanntlich drei große Theorien: »Freie Marktwirtschaft«, »Lenkungswirtschaft«

(auch »Zentralverwaltungswirtschaft« oder »Planwirtschaft« genannt) und zwischen diesen beiden Extremen die »Soziale Marktwirtschaft«.

Wie kommt ein Staat zu Wohlstand?

Wenn man über Wirtschaft spricht, erwähnt früher oder später immer irgendwer die »unsichtbare Hand« von Adam Smith (1723–1790). Der schottische Wirtschaftsphilosoph erklärte 1776 in seinem Buch »Der Wohlstand der Nationen«, wie der Markt funktioniert (oder jedenfalls, wie er sich das vorstellte). Nämlich als eine Art automatischer Koordinator, der all die individuellen Einzelpläne sinnvoll zusammenbringt. Er beschrieb das so: Wenn Menschen auf einem freien (ungeregelten) Markt aufeinandertreffen, wird jeder versuchen, für sich den größtmöglichen Vorteil zu erzielen. Die Gesellschaft wird dabei nicht von oben dirigiert, sondern lenkt sich selbst. Denn der eine will seine Ware so teuer wie möglich verkaufen, der andere will sie so billig wie möglich erwerben. Wenn nun genug Leute da sind, bildet sich durch Angebot und Nachfrage ein »Preisgefüge«: Drei Gemüsehändler nebeneinander werden ihre Tomaten zu einem in etwa gleichen Preis verkaufen, denn wenn einer viel teurer ist als die anderen, kaufen die Kunden natürlich bei der Konkurrenz! »Wie von einer unsichtbaren Hand geleitet«, so Smith, würde der Markt den Preis, aber auch das Warenangebot selbst optimal regeln. Auch die heute bekannte Vielfalt des Warenangebots entsteht so: Wenn einer nicht nur Tomaten verkauft, sondern auch noch Cherrytomaten und Tomatensaft, kann er mehr Kunden anziehen und an mehr Produkten verdienen. Und so werden immer neue Produkte entwickelt.

Zwei Einschränkungen machte Smith allerdings damals schon: Es muss mehr als einen Anbieter geben, der sonst ein Monopol hätte und den Preis beliebig hoch ansetzen kann. Und es darf auch keine Kartelle geben. Also Preisabsprachen zwischen Großfirmen, wie es zum Beispiel immer wieder den Tankstellenketten vorgeworfen wird. Andererseits: Die Tankstellenbetreiber wissen auch jeder für sich, wann der erste Ferientag ist und dass die Leute kurz vorher noch mal volltanken. Die jeweiligen Eigeninteressen reichen, um die Gleichzeitigkeit der Preiserhöhungen zu erklären.

Märkte als solche haben mit Sicherheit einen Vorteil: Sie ermöglichen es, Fähigkeiten besser zu nutzen. Und zwar durch Arbeitsteilung. Anstatt alles selbst machen zu müssen, macht man das, was man am besten kann, und bietet dieses Produkt oder diese Dienstleistung anderen an. Es baut ja heute auch kaum jemand zum Beispiel sein Haus komplett selbst, obwohl es ginge. Wir kaufen Autos (und bauen sie nicht selbst), und die Autos wiederum sind auch wieder in Arbeitsteilung hergestellt worden (einer montiert, einer lackiert usw.). Denn Fachleute können es schneller und besser – und dadurch meist auch billiger. Wenn es keine Arbeitsteilung gäbe, sondern jeder für Haus und Nahrung selbst sorgen müsste, wäre übrigens auch keine Zeit für Bildung. Die Entwicklung der Schriftsprache zum Beispiel war erst möglich, als menschliche Gesellschaften sesshaft wurden und nicht mehr nomadisch durch die Prärie zogen. Ackerbau und Vorratshaltung sind die Voraussetzung dafür, dass nicht mehr alle Mitglieder der Gesellschaft mit der Lebensmittelproduktion beschäftigt sind, sondern einige Zeit finden, sich das Schreiben beizubringen. Ohne Arbeitsteilung wäre also auch keine höhere Kultur möglich; für mehr als ein paar Geschichten am Lagerfeuer und die immer gleichen Tontöpfe bleibt dann kaum Zeit. Genauso wichtig ist der Handel: Wenn gereist wird und unterschiedliche Gesellschaften aufeinandertreffen, kommt es nicht nur zum Austausch von Waren. Man lernt voneinander und inspiriert sich gegenseitig, es entstehen Städte als Handelszentren. Mir ist das mal sehr bewusst geworden, als ich das »Goldmuseum« in der kolumbianischen Hauptstadt Bogotá besuchte. Da waren viele zauberhafte Dinge aus Gold, Edelstein und Kupfer zu besichtigen. Schmuck, Gefäße, religiöse Opfergaben. Aber die vielen Exponate blieben sich in Form und Gestaltung über die Jahrhunderte sehr ähnlich und, ohne den kolumbianischen Urvölkern zu nahe treten zu wollen, auch ziemlich einfach. Als ich vor der x-ten Vitrine stand und las, »Ohrring aus dem 13. Jahrhundert« oder »Salbengefäß aus dem 15. Jahrhundert«, die sich von den Ohrringen und Salbengefäßen des 7. oder 8. Jahrhunderts zumindest aus meiner laienhaften Sicht nicht so sehr unterschieden, musste ich daran denken, dass in meiner Heimatstadt im 13. Jahrhundert der Bau des Kölner Doms begann und in Italien im 15. Jahrhundert Leonardo da Vinci die Mona

Lisa malte. Kein Grund für kulturelle Arroganz, aber doch ein Hinweis darauf, wie unterschiedlich sich die offenen, hoch arbeitsteiligen und handeltreibenden Gesellschaften in Europa entwickelten im Vergleich zu den eher geschlossenen Gesellschaften im Dschungel oder im dünn besiedelten Hochland Südamerikas.

Zurück zu Adam Smith: Arbeitsteilung und Markt (Tausch) sorgen also dafür, dass jeder seine Talente optimal einsetzen kann. Das ist jedenfalls die Theorie. Sie ist durchaus umstritten, und es gibt noch ein Bonusproblem mit der Spezialisierung: Was passiert, wenn man gar nichts kann oder wenn das, was man kann, gerade nicht gefragt ist?!

In Deutschland haben wir aber ohnehin keine »Freie Marktwirtschaft« (das von Adam Smith beschriebene System), sondern eine »Soziale Marktwirtschaft«. Als sie 1949 eingeführt wurde, war der Begriff eher ein Werbeslogan des damaligen Wirtschaftsministers Ludwig Erhard. Er gilt als »Vater der Sozialen Marktwirtschaft«, was aber eigentlich nicht stimmt. Die Theorie entwickelt hat nicht der Politiker Erhard, sondern der Ökonom Alfred Müller-Armack. Mit der Sozialen Marktwirtschaft verband sich seinerzeit übrigens auch der Begriff des »Neoliberalismus«, der heute als Schimpfwort für Marktradikale verwendet wird. Doch ursprünglich meinte er einen dritten Weg: liberal, aber mit sozialem Gewissen. Ludwig Erhard übernahm diesen Gedanken, etwa wenn er sagte: »Je freier die Wirtschaft, um so sozialer ist sie auch«, denn dann geht es allen wirtschaftlich gut. Will heißen: Geht es den Unternehmern gut, geht es auch ihren Arbeitern gut. In den fünfziger und sechziger Jahren konnte man das noch so sagen. Heute ist das längst nicht mehr so einfach. Im Gegenteil: Häufig geht es Firmen gerade dann besser, wenn es den Mitarbeitern schlechter geht, weil viele entlassen werden oder auf Lohn verzichten. Erhard ging es vor allem um freien Wettbewerb, also um die Verhinderung von Monopolen und anderen Vorteilsnahmen – und um die Entwicklung von Wohlstand in breiten Bevölkerungsschichten, sodass möglichst viele Bürger über Vermögen beziehungsweise Eigentum verfügen und nicht nur einige wenige. Stabiles Geld war ihm deshalb besonders wichtig vor dem Hintergrund der Erfahrung, wie verheerend eine große Inflation Wohlstand vernichtet.

Wichtig ist nicht nur, *was* der Staat tut, sondern auch *wie*

Zur Sozialen Marktwirtschaft gehören auch die sogenannten Sozialstandards. Das heißt zum Beispiel, dass in Deutschland Kinderarbeit gesetzlich verboten ist. Oder dass die Belegschaft einer Firma ab einer bestimmten Zahl von Beschäftigten das Recht hat, einen Betriebsrat zu gründen, der die Interessen der Arbeiter gegenüber den Unternehmern vertritt. Oder dass die Arbeitnehmer keinen Gefahren ausgesetzt werden dürfen bei ihrer Arbeit (zum Beispiel durch Übermüdung beim Lkw-Fahren). Oder dass Schwangere ein Recht darauf haben, sechs Wochen vor dem Geburtstermin zu Hause zu bleiben, und dass man ihnen nicht kündigen darf. All das »behindert« natürlich das freie Unternehmertum. Aber die Gesellschaft will es so.

Erst im Laufe der Zeit meinte man mit Sozialer Marktwirtschaft auch einen Staat, der aktiv Sozialpolitik betreibt, in vieler Hinsicht in die Wirtschaft eingreift und sich vor allem intensiv um jene kümmert, die in den Unternehmen keine Arbeit finden. Der Begriff meint heute etwas anderes als das, was Ludwig Erhard ursprünglich darunter verstanden hatte. Ihm wäre nämlich unsere Soziale Marktwirtschaft heute längst nicht mehr frei genug.

Doch nicht nur soziale Überlegungen führen dazu, dass der Staat in den Markt eingreift. Es gibt auch Fälle, bei denen der freie Markt sowieso nicht funktioniert. Dann spricht man von Marktversagen. Zum Beispiel beim Umweltschutz. Die Nutzung der Umwelt hat von Natur aus keinen Preis, weil sie zunächst allen gehört und von allen gleichzeitig genutzt werden kann. Einen Apfel kann nur einer essen, doch alle können saubere Luft atmen, davon kann man niemanden ausschließen. Deshalb ist auch niemand von sich aus bereit, dafür zu zahlen. Es bildet sich für dieses freie Gut also kein Preis, kein Markt. Das bedeutet umgekehrt auch, dass jeder die Luft verpesten kann, ohne dafür bezahlen zu müssen (zum Beispiel beim Autofahren). Wenn man will, dass die Luft sauber bleibt, muss man dafür sorgen, dass das Verpesten der Luft verboten wird oder dass es Geld kostet. So etwas muss der Staat regeln, denn wer sollte es sonst tun?

Wichtig ist dabei allerdings nicht nur, *was* der Staat tut, etwa im Sozialbereich, sondern auch, *wie* er es tut. Ein Beispiel: Eine Familie hat schon zwei Kinder und bekommt nun noch Zwillinge. Die alte Wohnung ist zu klein, aber das Geld reicht nicht für eine größere. Der Staat könnte nun vorschreiben, dass die Mieten gesenkt werden müssen, damit sich alle Familien größere Wohnungen leisten könnten. Dann würden die Vermieter aber weniger verdienen und bestimmt keine neuen Häuser bauen – Wohnungsmangel wäre bald die Folge. Zahlt der Staat hingegen der Familie einen Zuschuss (Wohngeld genannt), kann sie ebenfalls in eine größere Wohnung ziehen; aber in diesem Fall verdient der Vermieter und ist daher motiviert, die Bude vielleicht mal zu renovieren oder noch ein zweites Haus zu bauen, mit dem er wiederum Geld verdienen kann (was Arbeitsplätze für Bauarbeiter schafft und wieder neue Wohnungen).

Man nennt das eine »marktkonforme Maßnahme«: Die staatliche Hilfe setzt die Spielregeln des freien Marktes nicht durch Verbote oder Anweisungen außer Kraft, sondern soll sie nutzen und fördern. Der Staat stellt also zum Beispiel keine eigenen staatlichen Wohnungen zur Verfügung, in die jemand einziehen muss, wenn er sich die Mieten auf dem freien Markt nicht leisten kann, sondern zahlt Wohngeld. So kann jeder frei wählen, wohin er zieht, und die Wohnungsvermieter verdienen auch noch dran. Im Sozialismus wäre das anders, da würde man der Familie eine Wohnung direkt zuweisen, und der Staat hätte diese Wohnung selbst gebaut. So lief das zum Beispiel in der früheren DDR. Leider sah man das den Plattenbauten dort an. Und leider hat der Staat nicht genug gebaut, sodass man lange auf seine beantragte Wohnung warten musste. Aber auch in der Bundesrepublik gibt es sozialen Wohnungsbau oder Mietpreisbindungen. In der Praxis mischen sich also die Systeme.

Marktwirtschaft: frei, sozial – oder gar nicht

Welche Wirtschaftsform in einem Staat (vor-)herrscht, richtet sich also danach, wie stark der Staat ins Wirtschaftsleben eingreift und in welcher Form:
- **Freie Marktwirtschaft:** Der Staat sorgt durch eine Rechtsordnung für die innere und äußere Sicherheit, greift aber ansonsten kaum in das wirtschaftliche Geschehen ein. Der Preis für Güter oder der

Lohn für Arbeitskraft entstehen ausschließlich durch Angebot und Nachfrage. Gibt es viel von irgendetwas, ist der Preis eher niedrig, gibt es nur wenig, ist der Preis eher hoch. Was aber, wenn nur ein Einzelner eine bestimmte Sache anbietet, also ein Monopol hat? Dann kann er allein auch die Preise diktieren und alle anderen mit Wucherpreisen ausbeuten. Ohne Wettbewerb funktioniert der »Markt« nicht – also muss der Staat Monopole möglichst verhindern oder begrenzen, damit die Wirtschaft »frei« bleibt. Dazu muss er aber nicht unbedingt sofort eingreifen, sobald einer etwas Tolles erfunden und deshalb ein Monopol hat. Eine Zeit lang ist es völlig in Ordnung, seine sogenannten Pioniergewinne abzuschöpfen, darin liegt ja gerade der Reiz, etwas Neues zu erfinden und dafür zu forschen. Deshalb gibt es Patente, damit einem nicht jeder sofort jede Idee klauen kann. Entscheidend ist, ob recht bald andere nachziehen können, die ähnliche Produkte herstellen, dem Pionier Konkurrenz machen und damit die Preise drücken. Ein gutes Beispiel ist das iPhone von Apple mit seinen Nachfolgern, den diversen Smartphones anderer Anbieter.

- **Soziale Marktwirtschaft:** Der Staat garantiert den freien Wettbewerb. Aber nicht nur das. Er darf sich auch einmischen, um soziale Ziele zu erreichen. Zum Beispiel weil er findet, dass die Einkommen gerechter verteilt sein sollten. Er muss dies aber nach »marktwirtschaftlichen Regeln« tun und darf zum Beispiel Bürger und Unternehmen nicht einfach enteignen – ein schmaler Grat! In der Praxis kommt es aber auch in einer Sozialen Marktwirtschaft durchaus zu »Enteignungen«, im Dienste des Allgemeinwohls, etwa für den Naturschutz. Außerdem werden viele Regeln aufgestellt, wie mit Eigentum umzugehen ist. Wer ein denkmalgeschütztes Haus hat, darf nicht einfach an- oder umbauen, wie er will. Wer sein altes Auto nicht mit einem Katalysator aufrüstete, durfte es nicht mehr fahren usw. usf. Eine spektakuläre Form der Enteignung war aktuell in der Euro-Krise zu beobachten, als die Kunden zyprischer Banken zwangsweise zur Kasse »gebeten« wurden, um Zypern vor der Pleite zu retten. Das ist in einer rechtsstaatlichen Marktwirtschaft durchaus erlaubt, wenn es auf der Grundlage eines parlamentarischen Gesetzes geschieht. Diese Form der Teilenteignung gilt aber als riskant, weil im Zuge der Krise europaweit Bankkunden begriffen: Mein Geld ist nicht so sicher, wie ich dachte. Nicht nur, dass Banken pleitegehen können, es kann auch passieren, dass der Staat auf mein Konto zugreift. Ein Vertrauensbruch, der psychologische Folgen haben kann. »Wirtschaft ist zu 50 Prozent Psychologie«, sagte einst Ludwig Erhard. Das gilt ganz besonders bei allem, was mit Geld zu tun hat.

Die wichtigsten Einschränkungen der freien Marktwirtschaft sind aber die für den Arbeitsschutz. Und die verschiedenen Sozialversicherungen, in die Unternehmen und Angestellte einzahlen müssen. Auch der Zwang, sich krankenzuversichern, ist Teil der Sozialen Marktwirtschaft in Deutschland. In den USA hingegen gab es einen solchen allgemeinen Versicherungszwang bislang nicht, er wird jetzt erst unter Präsident Obama eingeführt, gegen große Widerstände. Viele Amerikaner empfinden das als »sozialistisch«.

- **Planwirtschaft, Lenkungswirtschaft:** So lief es in der DDR: Irgendwer in einer Verwaltungsbehörde entschied, wer wann wo Erdbeeren anzubauen hatte. Und wenn die reif waren, gab es entweder zu viele oder zu wenige (oder, mit Glück, auch genau die richtige Menge). Oder es gab vielleicht gar keine Erdbeeren, weil die Behörde der Ansicht war, dass Erdbeeren unnötiger Luxus sind. Ronald Reagan, ein früherer US-Präsident und überzeugter Marktwirtschaftler, soll dazu mal gesagt haben: »Solange Menschen Radiergummis mit Erdbeerduft kaufen, wird der Kapitalismus überleben.« Was er damit meinte: Radiergummis mit Erdbeerduft sind zwar extrem überflüssig, machen manchen Menschen aber Spaß. Und was Spaß macht, lässt sich verkaufen. Wenn jedoch eine Behörde entscheidet, welcher Spaß sinnvoll und erlaubt ist und welcher nicht, dann ist schnell Schluss mit lustig. Die unsichtbare Hand von Adam Smith führt dazu, dass in einer Marktwirtschaft die Regale immer voll sind. In diesen Regalen steht aber auch viel »Überflüssiges«. Was auch bedeutet, dass viel weggeworfen wird. Die »Wegwerfgesellschaft« zieht deshalb immer wieder Kritik auf sich. Das Problem ist allerdings schwer in den Griff zu bekommen: In der Planwirtschaft gibt es zu wenig und kaum Produktvielfalt, in der Marktwirtschaft gibt es von allem zu viel.

Das alles ist die Theorie. In der Praxis kommen natürlich noch vielfältige Versuche hinzu, die Regeln auszunutzen oder gar zu unterlaufen. Die beliebteste Variante ist die Korruption, die kommt in allen Systemen vor, ob sozialistisch oder marktwirtschaftlich.

Wäscht man Geld bei 30, 60 oder 95 Grad?

Bestechung gibt es sowohl in Unternehmen, wenn sie Kunden »schmieren«, um an einen Auftrag zu kommen, als auch in politischen Parteien. Man denke nur an die schwarzen Kassen bei Parteispendenskandalen. Und natürlich haben auch »normale« Kriminelle schwarze Kassen, insbesondere die Mafia. Oft sind das Konten, die über Briefkastenfirmen in sogenannten Steueroasen angelegt werden, gerne auf kleinen Inseln. Aber auch Schweizer Banken gelten bekanntlich als besonders diskret. Und wozu ist das gut? Um Geld zu verstecken beziehungsweise seine Herkunft zu verschleiern. Bei der organisierten Kriminalität spricht man von Geldwäsche. Beispiel: Ein Krimineller hat Rauschgift verkauft. Natürlich gegen Bargeld; er lässt sich das ja nicht auf sein Girokonto bei der Kreissparkasse überweisen. Da würden ihm nämlich Finanzamt und Polizei auf die Schliche kommen und fragen: Hey, woher hast du die Kohle? Doch was soll er nun mit dem vielen Bargeld machen? Wenn man keine hohen offiziellen Einkünfte hat, kann man auch nicht plötzlich mit viel Geld um sich werfen und schicke Häuser kaufen, weil sonst auch wieder der Staat nachfragte. Also muss das Geld erst mal im Ausland verschwinden – und dann unauffällig und sauber wieder zu einem zurückkommen. Damit man im Nachhinein so tun kann, als habe man dieses Geld auf legale Weise verdient, um es dann endlich ausgeben zu können, ohne aufzufallen! Dafür gründet man zum Beispiel eine Firma und erfindet ein Geschäft. Das Geschäft läuft scheinbar prima, es gibt hohe Einnahmen, die in Wahrheit natürlich von dem schwarzen Konto stammen. Man zahlt sozusagen an sich selbst. Man muss zwar Steuern abführen auf das scheinbar legale Einkommen, aber angesichts der hohen Gewinnspannen bei kriminellen Einkünften nimmt ein Geldwäscher das notfalls hin. Noch cleverer wird das Vorgehen, wenn man ständig irgendwelche Firmen schließt und wieder neue gründet.

Das klingt alles viel einfacher, als es in der Praxis ist. Weshalb es übrigens oft schiefgeht, denn Finanzfahnder sind ja nicht blöd. Trotzdem ist die Versuchung groß, denn meist geht es um viel Geld.

Ähnlich ist es bei Schmiergeldzahlungen: Will ich in großem Stil jemanden bestechen, muss das in irgendeiner Form »legalisiert« werden, also nach was Sauberem aussehen. Auch hier bietet sich die Gründung einer Scheinfirma an, zum Beispiel einer Beraterfirma. Dabei lässt sich nicht so genau feststellen, was im Einzelnen gemacht wird und ob die erbrachte Leistung tatsächlich ihre Bezahlung wert ist. Man tut so, als ob diese Beraterfirma einem ausgezeichnete Tipps gegeben hätte und man ihr dafür entsprechende Honorare zahlt. Die dann ordnungsgemäß verbucht werden. In Wahrheit hat mich der Geschäftsführer dieser Firma aber nie beraten, sondern mir eine verbotene Gefälligkeit erwiesen – das Honorar ist also Bestechungsgeld.

Wie läuft so etwas in der Praxis? Zum Beispiel so: Ein Unternehmer will einen städtischen Großauftrag haben, vielleicht einen Bauauftrag, an dem er ordentlich verdienen kann. Bei öffentlichen Gebäuden, Brücken oder Straßen geht es immer um sehr viel Geld. Der Mann von der Baufirma besticht also einen hochrangigen Verteter der Stadt. Er übergibt ihm eine saftige Spende für dessen Partei. Damit kein Zusammenhang zwischen Auftrag und Spende sichtbar wird, hortet der Politiker das Geld in schwarzen Kassen. Davon kann er zum Beispiel im Wahlkampf Plakate drucken lassen. So ähnlich lief es beim Parteispendenskandal der SPD in Köln (städtische Aufträge und später die Geldspende). Da es in dem Fall aber nicht um eine Baufirma, sondern um ein Müllentsorgungsunternehmen ging, hieß der Skandal »Müllskandal«.

Eine andere Variante war der Parteispendenskandal der hessischen CDU. Ob auch da von den betroffenen Politikern Gegenleistungen an die Spender erbracht wurden, ist unklar und gilt als unwahrscheinlich. Erwiesen ist aber, dass rund 10 Millionen Euro Parteispenden von führenden hessischen CDU-Politikern an ihrer Partei vorbei auf Geheimkonten im Ausland gehortet wurden, wo sich das Geld gut verzinste und vermehrte. So konnten die drei Eingeweihten wie in einem Geheimbund mit dieser »Kampfkasse« nach Belieben politisch arbeiten, ohne dass ihnen andere reinredeten. Zudem wurde vermutet, dass die Spenden aus unversteuertem Schwarzgeld flossen und man sie auch deshalb nicht öffentlich machen konnte. Da legt dann vielleicht irgendein reicher Mensch dem Parteichef 100 000 Euro in einem Umschlag auf den Tisch und sagt: »Mach was Gutes für uns daraus, kämpft gegen die Sozis. Aber sag nicht, dass es von mir stammt, von dem Geld weiß das Finanzamt nämlich nichts.« Auch in so einem Fall muss das Geld auf heimliche Konten, denn sonst würde es den Steuerfahndern auffallen. Eine solche Spende abzulehnen, wäre zwar korrekt, aber man muss bestimmt erst mal schlucken. Wie heißt es so schön? »Kasse macht sinnlich.«

Zu den ganz großen Parteispendenskandalen der Bundesrepublik gehört der um Altkanzler Helmut Kohl. Bislang ist lediglich erwiesen, dass seit Beginn seiner Regierungszeit rund 20 Millionen Mark (knapp 10 Millionen Euro) in Kohls schwarze Kassen geflossen sind. Wer diese Summen zahlte, weiß man bis heute nicht, weil Kohl beharrlich schweigt. Ob er bestechlich war, also eine Gegenleistung erbracht hat, weiß man deshalb auch nicht. Kohl selbst sagt nur, er habe das Geld zum Wohle der Partei eingesetzt und den Geldgebern nie eine Gunst erwiesen. Ob das stimmt, könnte man aber auch bei ihm erst herausfinden, wenn man die Geldgeber kennen würde. Also wahrscheinlich nie.

Schwarze Kassen beziehungsweise Schwarzgeld haben aber nicht nur Baufirmen, Politiker oder Mafiosi. Auch jeder Handwerker, der nebenbei schwarz verdient, weiß, dass er die Einkünfte dem Finanzamt vorenthalten muss. Der entscheidende Anreiz dabei ist die Steuervermeidung. Deshalb kann ein Staat die Steuern nicht unbegrenzt nach oben treiben: Irgendwann nimmt er so viel vom Verdienten weg, dass der Anreiz zur Schwarzarbeit extrem stark wird.

Warum müssen wir so viel(e) Steuern zahlen?

Steuern seien »ein erlaubter Fall von Raub«, sagte der Theologe Thomas von Aquin schon vor langer Zeit (er lebte von 1224 bis 1274). Die Deutsche Abgabenverordnung formuliert das etwas netter. Demnach sind Steuern allgemein definiert als »Zwangsabgaben ohne Gegenleistung«. Zwang – weil man bestraft wird, wenn man keine Steuern zahlt. Und »ohne Gegenleistung«, weil man nicht unmittelbar etwas dafür überreicht bekommt. Anders als bei Gebühren. Da zahlt man zum Beispiel 59 Euro, und dafür bekommt man einen neuen Reisepass. Die Steuern hingegen fließen alle in einen großen Topf, und dann gibt der Staat das Geld aus. Insofern erhält man als Steuerzahler letztlich doch eine Gegenleistung: Nämlich alles das, was der Staat zahlt.

Dass eine Regierung Einnahmen braucht, um zum Beispiel den Politikern Gehälter zu zahlen und ihnen eine Versammlungshalle zu bauen, ist leicht einzusehen. Aber so viel kann das ja nicht sein – wofür geht der große Rest drauf? Im Wesentlichen für Dinge, die man sich als Privatmensch nur leisten könnte, wenn man sehr reich ist. Denn wer könnte Soldaten, Polizisten oder Grenzschutz bezahlen? Oder die Lehrer an den Schulen? Nur reiche Eltern hätten Geld für Privatlehrer. Es sollen aber alle Kinder in die Schule gehen, also muss auch die Allgemeinheit Schulen zur Verfügung stellen. Der Staat zahlt außerdem für Straßen und viele andere sogenannte »Infrastrukturen«: Telefonleitungen, Stromleitungen, Wasserleitungen, Gasleitungen, Brücken, Schienen – kein privates Unternehmen würde dafür so viel Geld hinlegen, mühsam bei den Bürgern Nutzungsgebühren kassieren und vielleicht nach 30 oder 40 Jahren endlich was verdienen. (Deshalb ist auch die aktuelle Privatisierung dieser Dienste außerordentlich umstritten. Der Staat will Strom-, Wasser- und alle möglichen anderen Leitungen und Netze gern verkaufen, damit schnell Geld in die Kasse kommt. Die Nutzung durch mehrere private Anbieter soll einen »Markt« entstehen und so die Preise sinken lassen. Aber das klappt nur zum Teil; Telefonie ist deutlich billiger geworden, Strom eher teurer.

Eine andere Überlegung kommt hinzu. Man weiß ja nie vorher, wen zum Beispiel die Polizei bei einem Überfall beschützen muss. Aber es könnte eben jeder sein. Deshalb hat man entschieden, dass die Kosten für die Polizei von allen gemeinsam aus der Steuerkasse gezahlt werden. Das gehört zur »Inneren Sicherheit«, so wie die Armee zur »Äußeren Sicherheit« gehört, die ein Staat seinem Volk bietet – und zwar jedem Mitglied dieses Staates, auch denen, die kaum oder gar keine Steuern zahlen können, weil sie zu wenig verdienen.

Gerechtigkeit hat jeder gern

Ein ähnlicher Gedanke gilt zum Beispiel für die Sozialhilfe oder für die Arbeitslosenversicherung. Man kann nicht vorhersagen, wer irgendwann einmal in Not geraten oder arbeitslos werden wird, aber jeder sollte dagegen abgesichert sein. Und es sollte nicht nur private Versicherungen geben, die sich ihre Kunden selbst aussuchen. Sonst bleiben viele außen vor, die »schlechten Risiken«, also Leute, bei denen man ahnt: die werden bald krank oder arbeitslos. Solche wollen private Versicherungen lieber nicht haben. Deshalb gibt es noch eine weitere Form von Steuern, die allerdings nicht »Steuern« heißen, sondern »Abgaben«, aber das ist eigentlich nur ein anderes Etikett: Auch in den »Sozialversicherungen« (Arbeitslosenversicherung, Rentenversicherung, Krankenversicherung, Pflegeversicherung) spart man nicht etwas für sich selbst an, sondern das Geld wird ausgezahlt an diejenigen, die es gerade brauchen. Es wird direkt »umgelegt«. So gesehen ist das Steuerzahlen ebenso wie die Entrichtung von Beiträgen zu den Sozialversicherungen eine Art Schicksalsversicherung.

Das Ziel ist dennoch immer die sogenannte »Steuergerechtigkeit«. Niemand soll zu viel oder zu wenig zahlen. Nun kann man aber sehr unterschiedlicher Meinung darüber sein, was gerecht ist. Seit Jahren fordern Politiker, man sollte seine Steuererklärung »auf einem Bierdeckel« abgeben können. Doch statt die Gesetze zu vereinfachen, wird das Steuerrecht immer verworrener. Eine Möglichkeit wäre, zu sagen: Alle zahlen gleich viel, zum Beispiel 500 Euro im Monat, fertig. Das erscheint aber nicht sehr gerecht, denn für jemanden, der 5000 Euro im Monat verdient, sind 500 eher wenig. Für jemanden, der nur 1000 Euro verdient, sind 500 aber viel mehr und zugleich viel zu viel, denn ihm bleibt bei so wenig Einkommen ja kaum noch was übrig.

Die zweite Möglichkeit ist: Jeder zahlt einen Anteil X von seinen Einnahmen. Also zum Beispiel 20 Prozent. Wer mehr verdient, zahlt mehr, wer weniger verdient, zahlt weniger. Im Fachjargon wird das auch »Flat Tax« (flache Steuer) genannt. Wer 5000 Euro verdient, zahlt 1000 Euro Steuern. Wer 1000 Euro verdient, zahlt 200 Euro Steuern. Dabei fällt auf: Für denjenigen, der nur 1000 Euro verdient, fallen 200 Euro Steuern mehr ins Gewicht als die 1000 Euro bei dem reicheren Bürger. Es ist zwar der gleiche Prozentanteil, aber der 1000-Euro-Bürger wird sich nach der Steuerzahlung ärmer fühlen als der 5000-Euro-Bürger.

Deshalb gibt es Variante drei: Wer wenig verdient, zahlt auch prozentual weniger, wer viel verdient, zahlt prozentual mehr. Vereinfacht gesagt: Der 1000-Euro-Bürger zahlt 10 Prozent (das wären 100 Euro), der 5000-Euro-Bürger zahlt 30 Prozent (also 1500 Euro). Aber auch das ist wieder ungerecht, weil der besser verdienende Steuerzahler schon von den ersten 1000 Euro mehr Geld abgeben müsste als der Geringverdiener. So kam man auf die folgende Idee: Von den ersten 1000 Euro muss man vielleicht nur 10 Prozent Steuern zahlen (also 100 Euro), von den nächsten 1000 Euro 12 Prozent (also 120 Euro, plus die 100 Euro von eben, macht 220 Euro insgesamt), und wer 3000 Euro im Monat verdient, zahlt auf die dritten 1000 Euro 15 Prozent Steuern (150 Euro, insgesamt also 370 Euro). Man nennt das eine »progressive Steuer«, weil der Steuersatz progressiv (stufenweise) ansteigt.

Aktuell sieht das so aus: Anfang 2009 wurde beschlossen, den niedrigsten Steuersatz auf 14 Prozent zu senken, der »Spitzensteuersatz« liegt weiterhin bei 45 Prozent. Solange man nicht mehr als 8004 Euro im Jahr verdient, zahlt man gar keine Steuern. Vom ersten Euro darüber werden 14 Prozent fällig (also 14 Cent pro Euro); das darunter liegende Einkommen bleibt steuerfrei. Wer also genau 8005 Euro jährlich verdient, zahlt demnach exakt 14 Cent Steuern. Bis 52 881 Euro Jahreseinkommen steigt der Steuersatz recht schnell, dann etwas langsamer, bis auf 42 Prozent. Für alles oberhalb von gut 250 000 Euro/Jahr (für Unverheiratete) beziehungsweise 500 000 Euro/Jahr (Ehepaare) werden schließlich 45 Prozent fällig.

Konkret heißt das: Ein deutscher Durchschnittsverdiener bekommt rund 39 000 Euro im Jahr »brutto« (das heißt vor Steuern) und zahlt auf die ersten 8004 Euro keine Steuer, auf den Rest eine ansteigende Steuer zwischen 14 Prozent und 42 Prozent. Auf das Durchschnittseinkommen wären gut 8600 Euro Steuern fällig. Es bleiben 30.400 Euro »netto« (nach Steuern), das sind 2533 Euro pro Monat. Davon allerdings müssen dann noch Krankenversicherung, Rentenversicherung, Pflegeversicherung usw. bezahlt werden, bevor man den

Rest endlich selbst ausgeben kann. Ein Sonderproblem ist die sogenannte Kalte Progression, von der häufig die Rede ist: Angenommen, die Gewerkschaften haben durchgesetzt, dass der Arbeitnehmer einen höheren Lohn als Inflationsausgleich bekommt. Weil die Preise gestiegen sind, soll es auch mehr Lohn geben, um das auszugleichen, andernfalls hätte der Arbeitnehmer ja real weniger Lohn, sprich: weniger Kaufkraft. Unser Arbeitnehmer freut sich: Prima, das ist fair. Er muss dann aber feststellen, dass die Rechnung so nicht aufgeht, im Gegenteil: Netto hat er plötzlich sogar weniger übrig als vor der Lohnerhöhung. Wie konnte das passieren? Der progressive Einkommensteuertarif ist schuld. Wer mehr verdient, zahlt auch höhere Steuern, zugleich frisst die Inflation den Lohnzuwachs auf. Und so kann es passieren, dass eine Lohnerhöhung sogar zu einer geringeren Kaufkraft führt. Dann hat die Kalte Progression zugeschlagen.

Kompliziert genug. Die Einkommensteuer wird aber noch zusätzlich an die individuellen Einkommensverhältnisse des Bürgers angepasst. Der Steuersatz (also der Prozentanteil) wird nämlich nicht auf das ganze Einkommen erhoben, sondern nur auf das »zu versteuernde Einkommen«. Um das auszurechnen, darf man alles Mögliche abziehen (»absetzen«): All die Kosten, die man hatte, um überhaupt arbeiten und Geld verdienen zu können. Das hatte ursprünglich gute Gründe: Wenn jemand zum Beispiel viele Bewerbungen schreibt und verschickt, um einen neuen Job zu finden, ist es doch nur gerecht, wenn man die Kosten für Porto und Papier vom Einkommen abziehen kann. Schließlich hat man das Geld ausgegeben, um überhaupt welches verdienen zu können. Anderes Beispiel: Wer einen weiten Weg zur Arbeit hat, muss mehr Geld für Benzin oder Bahn ausgeben, deshalb gibt es die Pendlerpauschale, also einen anteiligen Betrag, den man vom Einkommen abziehen kann.

Mit den Jahren ist aber an diesen Gesetzen immer wieder herumgeschraubt worden, und mittlerweile sind die deutschen Steuergesetze ziemlich schwer zu durchschauen. Viele Leute brauchen Steuerberater, um überhaupt noch klarzukommen. Je mehr Geld man zur Verfügung hat, desto mehr »Steuerschlupflöcher« gibt es dadurch auch. Man rechnet sich sozusagen ärmer, als man ist, indem man zum Beispiel Häuser kauft, die man eigentlich weder will noch braucht. Dafür gibt man erst mal Geld aus und muss weniger Steuern zahlen. Andererseits sind das oft riskante Investitionen, bei denen man mit etwas Pech auch sein ganzes Geld verlieren kann. Manche Besserverdiener, die Einkünfte haben, die nicht auf einer Lohnsteuerkarte erscheinen, schaffen Bargeld ins Ausland, statt dafür Steuern zu zahlen. Seitdem deutsche Steuerfahnder allerdings wie im Krimi Schweizer Bankmitarbeitern heimlich die Daten ihrer Kunden abkaufen (die sogenannten »Steuer-CDs«), muss man sich gut überlegen, ob es einem das wert ist. Wird man erwischt, kommen hohe Nachzahlungen auf einen zu, schlimmstenfalls sogar Gefängnis. Und ist man prominent, verliert man auch noch seinen guten Ruf. Spektakulärstes Beispiel ist der FC-Bayern-Präsident Uli Hoeneß, der ein Konto in der Schweiz hatte, auf das dort (noch) geltende Bankgeheimnis vertraute und zehn Jahre lang »vergaß«, Steuern in Millionenhöhe an den deutschen Staat abzuführen. Solche Fälle sorgen natürlich für Schlagzeilen. Die wirklich großen Steuervermeider sind aber nicht Privatpersonen, sondern Großkonzerne. Sie beschäftigen ganze Abteilungen, um Steuern zu vermeiden – in der Regel ganz legal, dank Ausnutzung von Steuerschlupflöchern und Steueroasen, in die einzelne Firmensitze verlegt werden.

Steuersparen statt Golfspielen

Aber auch für Privatpersonen gibt es erstaunlich viele legale »Steuersparmodelle« (gerne auch in Form von Schifffonds und Ähnlichem), mit denen man langfristig allerdings schwer auf die Nase fallen kann. Das ist sozusagen ausgleichende Gerechtigkeit. Was dem Eifer und Erfindungsreichtum beim Steuersparen aber keinen Abbruch zu tun scheint. In manchen Kreisen ist das Steuersparen ein noch beliebteres Hobby als das Golfspielen. Unnötig, darauf hinzuweisen, dass Bürger, die nur auf Lohnsteuerkarte arbeiten, solche Möglichkeiten nicht haben. Ihnen bleibt nur die illegale Schwarzarbeit, um sich dem Fiskus zu entziehen.

Im Prinzip sind möglichst niedrige Einkommensteuern natürlich verlockend. Manche Länder werben regelrecht damit, um Unternehmen beziehungsweise Unternehmer aus dem Ausland anzuziehen.

Auf Dauer erweist sich aber immer wieder: Staaten mit extrem geringem Steueraufkommen, die nicht noch irgendwelche anderen Einkommensquellen haben (zum Beispiel Rohstoffe), bekommen meist irgendwann ernste Probleme. Viele osteuropäische Länder haben, als sie sich vom Kommunismus verabschiedeten und Marktwirtschaften wurden, eine niedrige Einheitssteuer (»Flat Tax«) eingeführt. Das schien zunächst gut zu klappen, zumal man damit die vielen Ausnahmen und Steuerschlupflöcher gar nicht erst entstehen ließ. Und für ausländische Investoren war das ein zusätzliches Argument, nach Osteuropa zu gehen. Mittlerweile merken aber Länder wie Estland oder die Slowakei, dass sie damit doch nicht so richtig glücklich sind. Es fehlt Geld in der Staatskasse, etwa für Sozialausgaben, und auch viele Bürger empfinden diese einheitliche Besteuerung als nicht gerecht genug.

Bei uns gibt es neben der Einkommensteuer beziehungsweise Lohnsteuer noch zahlreiche weitere Steuerarten. Davon ist die wichtigste – weil sie in etwa ebenso viel Geld wie die Einkommensteuer in die Staatskassen spült – die Umsatz- oder Mehrwertsteuer. Die Umsatzsteuer ist eine Steuer auf den Umsatz, also auf den Handel mit Waren und Dienstleistungen. Sie beträgt normalerweise 19 Prozent, es gibt aber einen ermäßigten Satz von 7 Prozent für Waren und Dienstleistungen, die nicht so teuer sein sollen (u. a. Grundnahrungsmittel, Bücher, Busfahrten, Museumseintritt). Das heißt: Wenn man im Kaufhaus ein T-Shirt für 11,90 Euro kauft, zahlt man 1,90 Euro Umsatzsteuer (auf den Umsatz von 10 Euro). Es ist eine »indirekte Steuer«, das heißt: Der Kunde zahlt sie nicht direkt ans Finanzamt, sondern an den Händler, und der überweist sie ans Finanzamt.

Auf das Geld, mit dem man das T-Shirt kauft, hat man aber meist vorher schon mal Steuern gezahlt, nämlich Einkommensteuer. Und auf den Gewinn, den das Kaufhaus mit dem Verkauf von T-Shirts macht, zahlt es ebenfalls Steuern.

Dass es unterschiedliche Mehrwertsteuersätze gibt, sorgt immer wieder für Diskussionen, weil die geltenden Sonderregelungen geradezu kurios sind. Kauft ein Familienvater zum Beispiel für sich selbst ein Rennpferd und für seine Frau einen Strauß Schnittblumen, zahlt er nur 7 Prozent. Kauft er für seine Kinder Babywindeln, zahlt er hingegen die vollen 19 Prozent. Mit sozialen Kriterien ist das wohl kaum zu erklären. Aber wehe, man würde versuchen, die Ausnahmen abzuschaffen. Das wäre wie bei einer Reform der Einkommensteuer: Einzelne Gruppen würden schlechter gestellt, und da droht Aufruhr. Mit wütenden Demos von Blumenhändlern ist unbedingt zu rechnen! Und auch die Rennpferde-Lobby hielte sicher nicht die Hufe still. Babywindel-Käufer hingegen neigen nicht dazu, gegen den »normalen« Steuersatz zu protestieren, sie sind ja daran gewöhnt und auch nicht als Lobbygruppe organisiert. Also lässt die Politik lieber alles, wie es ist, anstatt sich politischen Ärger ins Haus zu holen ...

Steuerzahler sind empfindlich

Über diese »großen« Steuern hinaus gibt es noch einen Haufen anderer Steuern. Zum Beispiel:
- Körperschaftssteuer (das ist eine Art »Einkommensteuer« für die Gewinne von Großfirmen)
- Tabaksteuer (auf Zigaretten)
- Mineralölsteuer (auf Benzin, Diesel, Heizöl)
- Solidaritätszuschlag (eine zweckgebundene Erhöhung der Einkommensteuer, mit der die ehemalige DDR saniert werden sollte)
- Gewerbesteuer (Steuern von kleinen und mittelständischen Firmen)

Manche Steuern haben angeblich eine erzieherische Wirkung: Die Mineralölsteuer (von immerhin rund 65 Cent pro Liter) soll zum Spritsparen anregen, die Stromsteuer zum Energiesparen, Alkopop- und Branntweinsteuer sollen das Saufen teurer (und damit unattraktiver) machen. Das mag mal ein Grund für ihre Einführung gewesen sein – spätestens wenn der Staat eine Lotteriesteuer kassiert (um der Spielsucht Einhalt zu gebieten) und am anderen Ende selbst als Lotto-Veranstalter noch mal absahnt, wird klar: Es geht nicht ums Bürgerwohl, sondern ums Geld. Ganz schlimm wäre zum Beispiel für den Staat, wenn die Tabaksteuer tatsächlich erzieherisch wirken würde. Denn die wird ja angeblich erhoben, damit Zigaretten so teuer sind, dass die Leute mit dem Rauchen aufhören. Aber wenn tatsächlich alle

Leute aufhören würden zu rauchen, verlöre der Staat mehrere Milliarden an Tabaksteuer-Einnahmen (2011 waren das immerhin 14,4 Milliarden Euro).

Ein Sonderthema ist die Vermögensteuer. Mal wurde sie in Deutschland erhoben, dann wurde sie wieder abgeschafft. Vor dem Hintergrund von Wahlkampf (Sommer 2013) und Euro-Krise gibt es jetzt vor allem bei den Oppositionsparteien Bestrebungen, sie wieder einzuführen. Man kann trefflich darüber streiten, wie gerecht oder ungerecht eine Vermögensteuer ist. Für eine solche Steuer spricht, dass ein hohes Vermögen einen reich und damit leistungsfähiger macht – und nach dem »Leistungsfähigkeitsprinzip« sollte man davon etwas abgeben. Dagegen spricht zum einen, dass Vermögen nicht per se mit Ertrag einhergeht. Wer zum Beispiel ein Grundstück hat, das nur brachliegt, verdient damit kein Geld, müsste aber Steuer darauf zahlen. Problematisch ist das vor allem bei Betriebsvermögen. Da mögen viele wertvolle Maschinen und Wagen im Betrieb stehen, aber wenn der Laden nicht läuft, nutzt das Vermögen nichts. Zum anderen ist der Wert von Vermögen oft schwer zu bewerten, gerade bei Immobilien. Und sogenanntes mobiles Vermögen (zum Beispiel Schmuck, Kunst) ist auch für den Staat schwer zu bewerten. Dafür muss er ja erst mal wissen, dass es in der Schatulle liegt oder an der Wand hängt. Drittens stammt Vermögen meist aus Einkommen, für das man bereits Steuern gezahlt hat, man wird also doppelt besteuert. Eine Vermögensteuer wird von denjenigen, die Vermögen erworben haben, auch schnell als ungerecht empfunden. Wer zum Beispiel jahrelang gespart und Kreditzinsen gezahlt hat, um sich ein Haus zu kaufen, in dem er mietfrei wohnen kann, wird es als ungerecht empfinden, wenn eine Vermögensteuer obendrauf kommt. Die Befürworter betonen, dass die Vermögensteuer nur für große Vermögen gelten soll. Aber die wirklich Reichen verstehen es zum einen ganz gut, sich solchen Steuern zu entziehen, und zum anderen nimmt der Staat nicht wirklich viel ein, wenn er nur eine kleine Spitzengruppe besteuert, muss dafür aber ziemlich viel Aufwand betreiben. Kurzum: die Vermögensteuer »fühlt« sich auf den ersten Blick sehr gerecht an, man verbindet damit sofort reiche Leute mit Rolls-Royce und Villa. Aber auf den zweiten Blick ist diese Steuer durchaus problematisch.

Steuerwirrwarr im Föderalismus

Zum Steuerwirrwarr trägt auch bei, dass in Deutschland alle drei staatlichen Ebenen – Bund, Länder und Gemeinden – Steuern erheben dürfen. Manchmal sprechen sie sich dabei ab und einigen sich, manchmal nicht. Die Europäische Union hingegen kann selbst keine eigenen Steuern einziehen, bekommt aber einen Teil der Einnahmen aller Mitgliedsländer.

Und warum gibt es nicht nur eine einzige Steuer auf Einnahmen beziehungsweise Gewinne? Unter anderem, weil zum Beispiel die Umsatzsteuer leicht zu erheben ist; man zahlt sie eben beim Warenkauf automatisch mit, – auch dann, wenn man sich um die Einkommensteuer erfolgreich herumdrückt. Außerdem lassen sich manche Steuern für den Staat leichter begründen, während Bürger (also: Wähler) sehr empfindlich reagieren, wenn die Einkommensteuer erhöht werden soll. Gegen die Tabaksteuer hingegen wagt kaum einer zu protestieren. Letztlich aber liegt die Vielfalt der Steuern vor allem daran, dass unser Steuersystem über Jahrhunderte hinweg Stück für Stück entstanden ist: Immer wieder wurde mal hier, mal da und mal dort eine neue Steuer eingeführt, so wie es gerade gerecht erschien – oder weil Geld gebraucht wurde. Und fließt das Geld erst mal, wird nur dann wieder darauf verzichtet, wenn der Verwaltungsaufwand höher ist als die Einnahmen. Der Staat erweist sich hier als ungemein kreativ. Die Schaumweinsteuer zum Beispiel wurde von Kaiser Wilhelm erhoben, unter anderem, um den Nord-Ostsee-Kanal zu bauen. Der ist nun lange fertig. Die Schaumweinsteuer gibt's aber immer noch!

Steuergelder kommen also aus den unterschiedlichsten Quellen, erhoben werden sie, wie schon gesagt, von Bund, Ländern und Gemeinden. Nun ist es aber nicht etwa so, dass jeder einfach ausgeben darf, was er einkassiert hat. Auf Bundesebene werden die Steuern, grob gesagt, auf die Ministerien verteilt. Auf Gemeindeebene (also: Stadt für Stadt, Landkreis für Landkreis) wird das Geld vor Ort verplant. Und zwischen den Bundesländern gibt es den »Länderfinanzausgleich«: Bundesländer, die überdurchschnittlich viele Steuern kassieren, zum Beispiel weil weltweit erfolgreiche Firmen ihren Standort dort haben, dürfen das Geld nicht einfach behalten und davon vergoldete Kloschüsseln in jeder Schule aufstellen. Sie müssen einen Teil an diejenigen Bundesländer abgeben, deren Einnahmen unter dem Durchschnitt liegen. Zur Berechnung gibt es eine Menge langer Regeln und Formeln, die in einer vorgeschriebenen Reihenfolge angewendet werden müssen. Ergebnis: Vor allem Baden-Württemberg, Bayern und Hessen zahlen; Berlin, Sachsen, Brandenburg, Thüringen, Sachsen-Anhalt, Mecklenburg-Vorpommern und Bremen kassieren. Begründet wird das mit der »Einheitlichkeit der Lebensverhältnisse«. Wir sind zwar ein Bundesstaat, aber zu groß sollen die Unterschiede zwischen den einzelnen Bundesländern nicht sein. Den Zahler-Bundesländern passt das natürlich nicht, weshalb sie immer wieder protestieren; 2013 reichten die CDU- beziehungsweise CSU-regierten Bundesländer Hessen und Bayern wahlkampfwirksam beim Bundesverfassungsgericht Klage gegen die aktuellen Regelungen ein.

Warum nicht lieber mehr Geld drucken, statt Steuern zu erhöhen?

Natürlich wäre es ein reizvoller Gedanke, der Staat würde kaum Steuern einziehen und sich stattdessen schönes neues Geld drucken, wenn er es braucht! Dann könnte man sogar denjenigen, die nicht viel verdienen, noch einen Hunderter extra zustecken, ohne es einem anderen wegnehmen zu müssen. Tatsächlich wird das auch praktiziert. Nicht über die Gelddruckmaschine, sondern über Staatsverschuldung und Staatsanleihen. Aktuell in der Euro-Krise (siehe Seite 361 ff.) ist sogar von »Gelddrucken« die Rede, weil die Notenbanken Ramschpapiere von Pleitestaaten aufkaufen. Sie tun das zwar nur indirekt, aber klar ist auch: Müssten sich diese Staaten auf normalem Wege verschulden, bekämen sie nicht so viel frisches Geld.

Das plumpe Gelddrucken gab es in der Vergangenheit aber auch schon – und ging gründlich schief, denn Geld muss »werthaltig« sein. Papier allein ist eben doch nichts wert, auch wenn man eine Zeit lang so tut als ob. Wird die Wirtschaft mit wertlosem Geld geflutet, das nicht verdient wurde, sondern nur aus der Druckmaschine herangeflattert kommt, dann steigen die Preise rasant an, weil der Wert des Geldes verfällt. Bald kostet ein Brot mehrere Millionen, das war zuletzt 1923 der Fall. (Und die rasante Geldentwertung in der Weimarer Republik war ein Grund für den Aufstieg der Nationalsozialisten.) Warum führt exzessives Gelddrucken zur Hyperinflation? Nehmen wir mal an, jeder bekäme zusätzlich zum bisherigen Gehalt noch 100 Euro extra. Dann könnte man das Geld aufs Sparbuch legen – oder versuchen, es auszugeben. Weil aber nicht mehr Waren oder mehr Dienstleistungen da sind, gäbe es nichts zusätzlich zu kaufen. Einziger Ausweg: Man bietet mehr als den bisherigen Preis, mehr als die anderen Käufer. Der Verkäufer findet das natürlich prima und erhöht den Preis. Solange alle gleich viel mehr haben, heben sich diese Effekte auf. Das Gelddrucken wäre sinnlos. Wenn aber manche über mehr Geld (= Kaufkraft) verfügen, lassen deren »Gebote« die Preise für alle steigen. Den Effekt des ungleichen »Hochbietens« der Preise sieht man zum Beispiel an den internationalen Rohstoffbörsen – der westliche Hunger nach Fleisch lässt die Maispreise in Asien steigen (denn Mais ist ein Futtermittel für heranwachsende Steaks).

Ein klein wenig Inflation allerdings kann eine nützliche Sache sein. Denn wenn nicht alle Leute Arbeit haben und nicht alle Fabriken bis zum Anschlag ausgelastet sind, kann das »freie« neue Geld Kaufimpulse setzen, ohne dass dabei die Preise steigen. Denn die Firmen können mehr Waren herstellen und verkaufen als bisher. Das versuchen im Moment die USA, um ihre Wirtschaft anzukurbeln. Die Bürger erhalten Zuschüsse und preiswerte Kredite, damit sie kaufen gehen – und so die Investitionen letztlich in Form von Steuern wieder zum Staat zurückkehren. Manchmal klappt das, manchmal nicht – zum Beispiel im Japan der neunziger Jahre. Die Bürger misstrauen dem Staat und sparten das frisch gedruckte Geld lieber, als es auszugeben. Außer Spesen also nichts gewesen.

Für die Frage, wie viel neues »zusätzliches« Geld unter die Leute gebracht wird, sind die jeweiligen Zentralbanken zuständig. Die deutsche Zentralbank ist die »Bundesbank« (wird manchmal verwechselt mit der Deutschen Bank, die aber weder eine staatliche Bank ist noch sonderlich deutsch, sondern längst ein internationaler Geldkonzern). Früher war die Bundesbank fast »heilig« und der Bundesbankpräsident quasi Gott, zumindest wurde er in Deutschland regelrecht verehrt. Das ist vorbei, seitdem die Bundesbank zum »Europäischen

System der Zentralbanken« gehört und der Euro eingeführt wurde. Seitdem ist der Chef der EZB weitaus mächtiger und wichtiger als der Bundesbankpräsident, der nur noch eine Stimme unter vielen ist. Der Grundgedanke bei der EZB war, dass bei einer gemeinsamen Währung die Staaten keine währungspolitischen Soli mehr hinlegen, sondern sich absprechen müssen. Das klappt allerdings nicht immer, wie wir bei der Euro-Krise gerade ausführlich beobachten können.

Die Zentralbanken sollen eigentlich auch keine Staaten retten, sondern darauf achten, dass es keine Inflation gibt, dass der Wert des Geldes in einer guten Balance bleibt. Dazu erhöhen oder senken sie bei Bedarf die Menge an Geld, die im Umlauf ist. Natürlich nicht, indem sie Geldscheine drucken oder verbrennen. Sie verteuern oder verbilligen den Preis für Geld. Sie bieten Banken Geld also zu besonders günstigen oder weniger günstigen Konditionen an. Das geschieht über die sogenannten Leitzinsen, die private Geschäftsbanken und Sparkassen bezahlen, wenn sie sich bei der Zentralbank Geld leihen. Wird der Leitzins von der Zentralbank gesenkt, kommen die Banken billiger an Geld und können es auch billiger an Firmen und Privatleute weiterreichen.

Hier kommt übrigens auch noch mal die Staatsverschuldung ins Spiel: Der Staat kann sich leichter verschulden als Privatleute, und tut das ja auch eifrig. Dadurch haben Privatleute allerdings einen mächtigen Konkurrenten auf dem Kapitalmarkt. Hohe Staatsverschuldung führt dazu, dass die Zinsen steigen, weil der Staat so viel Geld nachfragt. Unternehmer, die investieren wollen, müssen höhere Kredite zahlen, was das Wachstum lähmt. Um das zu verhindern, könnte der Staat über die Zentralbank die Geldmenge erhöhen, Geld also wieder billiger machen. Dann steigt aber wiederum die Inflationsgefahr.

Die Theorie vom perfekten Staat

»Zu Risiken und Nebenwirkungen fragen Sie Ihren Arzt oder Apotheker«, heißt es ja immer so schön in der Medikamentenwerbung. Mit der Politik ist es ähnlich: Es geht eigentlich immer um gute Absichten. Selbst die schlimmsten Ideologen, Rassisten, religiösen Fanatiker und Diktatoren sind für sich selbst davon überzeugt, »das Gute« zu wollen.

»Ich liebe doch alle Menschen« stammelte Erich Mielke, Minister für Staatssicherheit in der DDR, als er 1989 erschüttert feststellen musste, dass es mit seiner Macht zu Ende war. Auch jede politische und ökonomische Theorie und jede Partei nimmt für sich in Anspruch, »den Menschen« nutzen zu wollen. Das gilt in der Regel auch für die Begründung einzelner Gesetze und anderer konkreter Maßnahmen. In der Praxis stellt sich dann aber schnell heraus, dass die meisten politischen Entscheidungen Nebenwirkungen haben, oft ungewollte. Schon in der Theorie gibt es für fast jedes Argument ein Gegenargument. Das kann sehr ermüdend sein. Es braucht insofern eine gewisse intellektuelle Ignoranz, um von einer Sache 150-prozentig überzeugt zu sein und fest daran zu glauben, dass man so und nur so die Welt retten kann. Wie soll man als politisch interessierter Mensch damit klarkommen? Mutlos werden, sich abwenden? Nein, gar nicht! Es lohnt sich, in den Wettbewerb der Ideen einzusteigen, zu streiten und nach der besten Lösung zu suchen, auch wenn sie vielleicht nur das geringste Übel ist. Es lohnt sich vor allem, für »Checks and Balances« zu sorgen, für Gegengewichtige und Kontrollen, die jede Macht von vornherein beschränken. Die Demokratie, wie wir sie heute in Deutschland haben, lebt davon, dass die Politik miteinander streitet, ohne dabei aber bis aufs Blut verfeindet zu sein. Im Zweifelsfalle hat niemand vollkommen recht. Alles in allem ist uns das so schlecht nicht bekommen. Für viele Menschen in der Bundesrepublik ist das tägliche Leben hart; wer jeden Cent umdrehen muss und um seinen Arbeitsplatz fürchtet oder gar nicht erst einen findet, für den ist es verdammt schwer, diese Republik irgendwie »gut« zu finden. Trotzdem ist das Leben der Bundesbürger insgesamt heute sehr viel besser als vor 200, 100 oder 60 Jahren. Fortschritt und Verbesserung sind also für menschliche Gesellschaften möglich. Das hat vor allem mit Diskurs und Diskussion zu tun. Mit der Bereitschaft, freies Denken zuzulassen und immer in Betracht zu ziehen, dass die eigene Sichtweise nicht zwangsläufig die einzig richtige ist. Eben deshalb ist die Auseinandersetzung mit (politischen) Theorien auch spannend. Noch spannender ist es, zu sehen was daraus in der Praxis wird…

Politik in Deutschland – Pluralismus ist schön, macht aber viel Arbeit

Zweimal Deutschland – eine kurze Geschichte der DDR

»Kunst ist schön, macht aber viel Arbeit« – das humoristische Zitat des Münchner Komikers Karl Valentin (1882–1948) lässt sich auch auf die Politik beziehen. Auch der Pluralismus, die Vielfalt von politischen Interessen, Meinungen und Parteien, macht viel Arbeit. Und es ist eben keine Selbstverständlichkeit, dass wir heute in der ganzen Bundesrepublik ein solches pluralistisches System verwirklicht haben.

Dass Deutschland bis vor etwas mehr als zwei Jahrzehnten in doppelter oder – je nach Sichtweise – geteilter Version auf den Weltkarten verzeichnet war, ist Vergangenheit. Gerade junge Menschen wissen zum Teil erschreckend wenig über den anderen deutschen Staat, die DDR, wie Umfragen zeigen. Manche glauben, die Alliierten (USA, England und Frankreich) hätten nach dem Krieg die Mauer gebaut und Helmut Kohl sei ein beliebter DDR-Politiker gewesen. Es gibt sogar Jurastudenten, die auf die Frage, ob die DDR eine Demokratie oder eine Diktatur war, keine Antwort wissen! Deshalb vorweg ein kurzer Abriss der jüngeren deutschen Geschichte, bevor wir uns mit der aktuellen Politik in der Bundesrepublik befassen.

Vier Jahre nach dem Ende des Zweiten Weltkriegs, am 7. Oktober 1949, wurde aus der Sowjetischen Besatzungszone die Deutsche Demokratische Republik (DDR). Es sollte ein »sozialistischer Arbeiter- und Bauernstaat« werden, in dem das Ideal vom gleichberechtigten Zusammenleben aller verwirklicht wird. Stattdessen aber entstand ein Überwachungsstaat, in dem zahllose Spione des Ministeriums für Staatssicherheit (»Stasi«) herumspitzelten. Es gab keine freien, geheimen Wahlen, und nur wenigen war es vergönnt, das Land für Reisen in den feindlichen Westen zu verlassen: Parteibonzen, Rentnern, Sportlern und einigen Künstlern – natürlich nur unter der Maßgabe, dass sie danach wieder nach Hause kamen. Was nicht alle taten, manche setzten sich bei solchen Gelegenheiten auch ab, doch die meisten kehrten tatsächlich zurück. Teils aus Überzeugung, zumal wenn man zu den Privilegierten des Systems gehörte. Aber auch für die insgeheim Nicht-Regimetreuen war die DDR Heimat, und Heimat und Familie verlässt man nicht leichten Herzens, wenn man befürchten muss, nie wieder zurückkehren zu können. Außerdem drohten den zurückgebliebenen Angehörigen in solchen Fällen harte Repressalien; man wusste also, was man seinen Familien zumutet, wenn man flieht. Umso beeindruckender ist es, dass es doch über die Jahrzehnte so viele Republikflüchtlinge gab, die auf abenteuerliche Weise und unter Lebensgefahr in den Westen entkamen, bereit, alles zurückzulassen, nur um aus der DDR herauszukommen.

An der 1961 errichteten Mauer, die Berlin zu einer geteilten Stadt machte, und an den »Todesstreifen« mit Selbstschussanlagen am Grenzverlauf kamen mehrere hundert Menschen ums Leben (eine abgesicherte genaue Zahl gibt es bis heute nicht). Die Mauer wurde von der DDR-Führung als »antifaschistischer Schutzwall« bezeichnet, so als müsste sich die DDR vor Eindringlingen aus der Bundesrepublik fürchten. Tatsächlich waren es vor allem wirtschaftliche Gründe, die zum Mauerbau führten. Am Anfang konnte man noch gefahrlos »rübermachen«. Und das haben zahllose DDR-Bürger auch getan, darunter viele gut ausgebildete, die man im Staat dringend brauchte: Ärzte, Ingenieure usw. Bis zum Bau der Mauer flohen rund 2,7 Millionen Menschen, vorwiegend im arbeitsfähigen Alter, nach Westdeutschland. Die DDR-Führung fürchtete, dass sich ihr Land regelrecht »leerflüchtete«. Auch wer sich innerhalb der DDR auflehnte, lebte gefährlich. Selbst junge Menschen saßen im Gefängnis, weil sie politisch aufmüpfig gewesen waren. Wer zum Beispiel ein Flugblatt verteilte, in der Schule oder an der Uni, auf dem Freiheiten gefordert wurden, geriet sofort ins Visier von Polizei und Staatsschutz. Das ging so weit, dass Kinder von ihren Eltern gewaltsam getrennt wurden, wenn ihre Eltern »falsche« Meinungen vertraten oder versucht hatten, aus der DDR zu fliehen. Die Kinder wurden dann an Leute gegeben, die die »richtige« Gesinnung hatten, um dort zu guten Sozialisten erzogen zu werden. Das alles geschah vor dem Hintergrund des Kampfes gegen den »Klassenfeind«, den kapitalistischen Westen. Hinter dem »Eisernen Vorhang«, der den sozialistischen Osten Europas unter Führung der Sowjetunion vom Westen trennte, war für Individualität und Meinungsvielfalt kein Raum.

Pseudo-Parteienvielfalt der »Blockflöten«

Der DDR-Staat wurde zentral geführt, es gab keine Bundesländer mit eigenen gewählten Landesregierungen. Über die politische Macht verfügte uneingeschränkt nur eine Partei, die SED (Sozialistische Einheitspartei Deutschlands). Für ihre Gründung wurde in der Sowjetischen Besatzungszone die SPD mit den Kommunisten (KPD) zwangsvereinigt. Die SED regierte diktatorisch, bestimmte, wer Richter wurde und welche Gesetze im Parlament verabschiedet wurden. Denn ein Parlament gab es durchaus, die Volkskammer, in der neben der SED noch die sogenannten Blockparteien saßen. Parteien, die formell nicht kommunistisch waren und in einem »Nationalen Block« zusammengefasst wurden. Als Opposition und Regierungsalternative waren sie allerdings nicht gedacht. Sie waren nur zugelassen, um den Schein von Parteienvielfalt zu wahren. So gab es eine CDU, die Christen ans System binden sollte. Inhaltlich folgte sie der Regierungspolitik. Im Volksmund wurden diese Blockparteien »Blockflöten« genannt, weil sie nur »nachflöteten«, was die SED ihnen in den Notenblock schrieb.

Jahrzehntelang bezeichneten alle Veröffentlichungen des Springer-Verlages (etwa *Bild*, *Welt* oder *Hörzu*) Ostdeutschland nur als »die sogenannte DDR«, weil dieser Staat sich zwar selbst demokratisch nannte, aber tatsächlich überhaupt nicht demokratisch war. (Umgekehrt war im Westen übrigens die Abkürzung »BRD« verpönt, es wurde stets von »der Bundesrepublik« gesprochen. Das Kürzel BRD wurde nur im Osten verwendet.)

Ein Witz aus den siebziger Jahren beschreibt die Situation recht treffend: Nach einem offiziellen Gespräch geraten der westdeutsche Bundeskanzler Willy Brandt und der DDR-Regierungschef Staatsratsvorsitzende Walter Ulbricht ins Plaudern. Walter fragt Willy: »Mich würde interessieren, was für ein Hobby Sie haben.« Darauf Willy: »Ich sammle die Witze, die die Leute über mich machen. Und haben Sie auch ein Hobby?« Walter: »Ja, fast das gleiche wie Ihres. Ich sammle die Leute, die es wagen, Witze über mich zu machen.« Natürlich gab es in der DDR auch glückliche Lebensläufe, Menschen, die sich arrangierten, nicht mit der Staatssicherheit in Konflikt gerieten und im Alltag zufrieden lebten. Doch dem stehen viele unendlich bittere Schicksale gegenüber, die man aus DDR-Zeiten erzählen kann. Eine Freundin saß zum Beispiel als 18-jährige Schülerin im berüchtigten Gefängnis Bautzen. Ihr Vergehen? Sie hatte heimlich mit ihrer Mutter telefoniert, die kurz zuvor in den Westen geflohen war.

1989 kam die »Wende«. Möglich wurde sie, weil in der Sowjetunion unter Michail Gorbatschow eine Reformpolitik begonnen hatte, die den Bürgern mehr Freiheiten zugestand. Vor dem Hintergrund der katastrophalen Wirtschaftslage in den Ostblockstaaten ging diese Entwicklung auch mit einer vorsichtigen Öffnung gegenüber dem Westen einher. Nach lang anhaltenden Protesten mutiger DDR-Bürger unter dem Schlachtruf »Wir sind das Volk!« öffnete die Regierung überraschend die Grenze und erlaubte die Ausreise. Damit war die DDR politisch am Ende; ein Jahr später wurde sie mit der Bundesrepublik vereinigt. Bis dahin hatte in der Präambel des bundesrepublikanischen Grundgesetzes der Satz gestanden: »Das gesamte Deutsche Volk bleibt aufgefordert, in freier Selbstbestimmung die Einheit und Freiheit Deutschlands zu vollenden.« 1990 konnte der Satz gestrichen werden.

Damals hoffte man, dass der Lebensstandard im »Osten« innerhalb weniger Jahre auf Westniveau steigen würde. Leider ist das bis heute nicht der Fall, und die hohe Arbeitslosigkeit in einigen der neuen Bundesländer ist ein Grund dafür, dass extremistische Frustparteien wie die NPD dort Zulauf haben. Allerdings gab es auch schon zu DDR-Zeiten eine mehr oder weniger heimliche rechtsradikale Jugendszene: Wenn der Staat extrem links ist, liegt es nahe, zu protestieren, indem man extrem rechts ist.

Lebensqualität auf Sozialistisch

Immer wieder ist zu hören, dass in der DDR »nicht alles schlecht« war. Dabei wird auf eine Reihe Punkte verwiesen, die in der Rückschau positiv erscheinen:
- Soziale Sicherheit: Die Menschen brauchten keine Angst vor Arbeitslosigkeit zu haben, denn offiziell existierte Vollbeschäftigung.
- Die Kriminalität war vergleichsweise geringer; es gab ja auch nicht so viel zu klauen und zu betrügen.
- Kinderbetreuung war kostenlos und flächendeckend.
- Einheitspreise machten es überflüssig, nach Sonderangeboten zu suchen, und niemand wurde von Versicherungsvertretern und anderen Geschäftemachern über den Tisch gezogen.
- Aus der Mangelsituation heraus wurde schon früh Recycling betrieben (Altpapier, Metall und Glas), und es wurden Dienstleistungen und Gegenstände untereinander getauscht.
- Der soziale Zusammenhalt war stärker, man half sich gegenseitig in Notlagen.
- Der Schulunterricht war überall gleich, das heißt, nach einem Umzug mussten Schüler sich nicht auf einen anderen Lehrplan einstellen.
- Manche finden rückblickend auch die langen Haftstrafen für Mörder und Triebtäter gut; andererseits: Es gab auch die Todesstrafe für politische Gefangene.
- Weniger Sozialneid, weil die meisten Bürger ungefähr gleich viel Geld hatten. (Nur wenige besaßen mehr, weil sie gute Kontakte zu hohen Politikern hatten, selbst Politiker oder sonstwie einflussreich waren. Diesen sogenannten Kadern ging es in der DDR sehr viel besser als dem normalen Volk. Es waren eben doch nicht alle gleich.)

Dem stehen allerdings die massiven Nachteile entgegen, mit denen die DDR-Bürger konfrontiert waren:
- Keine freie Meinungsäußerung (Gefängnisstrafen für Regierungskritik), keine freie Presse, West-Fernsehen zu sehen, war offiziell verboten (obwohl es alle taten).
- Keine freie Kultur. Internationale Rockmusik war weitgehend ver-

boten, für Satire und Kabarett gab es enge Grenzen, und man durfte auch nicht die Bücher veröffentlichen oder lesen, die man wollte, sondern nur das, was der Staat/die Zensur erlaubte.
- Kein Streikrecht. Im »Arbeiterstaat« hielt man dieses wesentliche Arbeitnehmer-Grundrecht für unnötig.
- Keine Reisefreiheit. Ferien konnte man nur in anderen Ostblock-Staaten machen, zum Beispiel in Bulgarien. Mallorca oder New York waren unerreichbar.
- Viele Dinge waren gar nicht oder nur ganz selten zu kaufen (Wassermelonen, Bananen, Markenjeans, Autos). Oft konnte man sogar einfache Dinge wie Fleisch oder Kaffee nicht kaufen beziehungsweise musste dafür lange Schlange stehen, wenn es sie dann mal gab. Auf ein Auto musste man jahrelang warten.
- Tiefes und weitverbreitetes Misstrauen in der Bevölkerung wegen der Stasi-Spione. Selbst Eheleute haben sich gegenseitig bespitzelt und der Stasi berichtet, was in ihrer Familie geschieht.
- Keine freie Berufswahl; die Ausbildung wurde vorgeschrieben. Man konnte zwar Wünsche äußern, hatte aber kein Recht darauf, seine Lehrstelle oder seinen Studienplatz frei zu wählen. Viele Kinder wurden vom Studium ausgeschlossen, wenn ihre Eltern politisch nicht angepasst genug waren. Die eigene berufliche Zukunft hing insofern vom Wohlverhalten der ganzen Familie ab. Die Angst, den eigenen Kindern zu schaden, ist ein starkes politisches Druckmittel. Auch so kann eine Staatsführung das Volk manipulieren.
- Die Wahlen waren nicht geheim und frei, sondern wurden manipuliert. Deshalb gab es immer Wahlergebnisse für die Regierung von über 90 Prozent Der Nachweis von falsch ausgezählten Wahlen war schließlich ein Grund für die Massenproteste (Montagsdemonstrationen) und den Zerfall der DDR.
- Hohe Umwelt- und Luftverschmutzung: Umweltschutz muss man sich leisten können. Die DDR-Wirtschaft konnte das nicht. Auch wurden Häuser kaum renoviert, entsprechend grau und teilweise marode sah es in der DDR aus.
- Als einer der »Vorteile« der DDR gilt, dass niemand arbeitslos war. Das schien aber nur so: Weil alle Betriebe staatlich waren, mussten sie keinen Gewinn machen und deshalb auch keine Kosten einspa-

ren. Sie konnten also so viele Leute beschäftigen, wie sie wollten. Es gab zahllose unproduktive Stellen in Partei und Verwaltungen. Weil es durch mangelhafte Planungen oft zu Verzögerungen im Produktionsablauf kam, saßen Mitarbeiter oft tatenlos herum. All das führte zu einer sogenannten verdeckten Arbeitslosigkeit: Hunderttausende von Menschen hatten zwar nichts zu tun, aber offiziell einen Job. Aus einer solch »unproduktiven« Wirtschaft eine hochproduktive zu machen, mit modernen Unternehmen, die im internationalen Wettbewerb bestehen können, ist eine Riesenaufgabe, die bis heute nicht abgeschlossen ist. Die sogenannte Produktivität (mit wie viel Arbeit und Kapitel wird welche Produktionsmenge erzeugt?) ist im Osten immer noch niedriger als im Westen.

Bei einer solchen Gegenüberstellung (»was war gut, was war schlecht«) bleibt jedoch festzuhalten: Die DDR war eine Diktatur, ein brutaler Unrechtsstaat. Das überschattet am Ende auch die guten Seiten, an die sich DDR-Bürger erinnern.

Das leichte Leben der anderen im Westen

Menschen, die sich vierzig Jahre lang mit diesem System arrangiert haben, ihr Angepasstsein zum Vorwurf zu machen, wäre allerdings unfair. Zumal wenn das mit westdeutscher Arroganz achselzuckend vermittelt wird – nach dem Motto: Pech gehabt, ihr wart halt auf der falschen Seite. Neben der viel zitierten »Gnade der späten Geburt«, die all jene Deutsche genießen, die nicht zur Hitler-Zeit leben mussten, gibt es auch eine Gnade der geografisch glücklicheren Geburt. Im Westen aufzuwachsen, war im Vergleich herrlich einfach. Und welcher Westdeutsche kann von sich behaupten, er hätte bestimmt zu den Oppositionellen gehört, wenn er in der DDR gelebt hätte? Tatsächlich? Hätte man das? Die Mutigen, die für ihre Überzeugungen große persönliche Nachteile in Kauf nehmen, sind erfahrungsgemäß immer und überall eine sehr kleine Minderheit. Die meisten von uns passen sich an. Man sucht sein privates Glück im Rahmen der allgemeinen politischen und wirtschaftlichen Möglichkeiten. Und natürlich wurde auch in der DDR geliebt, gelacht und gefeiert, und das Glück oder Unglück in der eigenen Familie war meist wichtiger als die große Politik. Mit dem Unterschied, dass das Private auch immer politisch war, weil der Staat in Alltag und Familie massiv hineinregierte. Wer hingegen wie ich in der Bundesrepublik in den achtziger Jahren aufwuchs und in den Neunzigern seine berufliche Karriere startete, hatte politisch nichts zu befürchten. Auch als Journalist musste und muss man kein starkes Rückgrat zeigen, um kritische Interviews mit Politikern zu führen. Insofern erschreckt mich Zuschauerpost, in der ich gefragt werde, ob ich »Angst« haben müsste, weil ich diesem oder jenem Politiker in einem Interview zugesetzt habe. Nein! Ich muss selbstverständlich keine Angst haben. Generell ist mein Leben als Wessi immer äußerst angenehm gewesen; ich konnte beruflich alles machen, was ich wollte und wie ich es wollte – wie viel schwieriger war im Vergleich dazu ein Leben in der DDR!

Trotzdem hat man manchmal den Eindruck, gerade ältere Menschen in Ostdeutschland würden sich die DDR zurückwünschen. Tatsächlich wollen die meisten von ihnen sehr wohl in Freiheit leben – aber dabei weniger Unsicherheit und Ungerechtigkeit empfinden. In der DDR war klar, wie alles lief. Westliche, kapitalistisch ausgerichtete Demokratien bieten viel mehr Freiheiten und Chancen – es kann aber für den Einzelnen auch furchtbar viel schiefgehen. Das war in der DDR nicht so, solange man sich politisch angepasst verhielt, und dieses Gefühl der Sicherheit fehlt vielen. Hinzu kamen die schlechten Erfahrungen, die viele DDR-Bürger unmittelbar nach der Wende machten. Nicht nur, dass sie den Eindruck gewinnen mussten, dass ihnen das »BRD-System« ungefragt übergestülpt wurde und ihre eigenen Erfahrungen, Fähigkeiten, Kenntnisse und Meinungen gar nicht mehr zählten. Es handelte sich ja auch tatsächlich nicht um eine Wiedervereinigung auf Augenhöhe, in der zwei unterschiedliche Systeme sich vereinigen, sondern es lief politisch und ökonomisch auf eine »Übernahme« der DDR durch die Bundesrepublik hinaus. Viele DDR-Bürgerrechtler hatten sich das anders vorgestellt. Davon abgesehen verhielten sich leider viele »Wessis« unmöglich und nutzten das anfängliche Nicht-Wissen der Ostbürger aus, um auf üble Weise Geschäfte zu machen. Was da schiefgelaufen ist, ist bis heute nicht aufgearbeitet und sitzt vielen Ostdeutschen schwer in den Knochen.

Ein Deutschland, zwei Hauptstädte

Jede Woche pendeln 5000 Regierungsmitarbeiter zwischen Berlin und Bonn. Der Grund: Ihre Ministerien haben Dienstsitze in beiden Städten. Das ist unpraktisch und teuer – angeblich aber immer noch billiger, als den Umzug aller Ministerien nach Berlin zu zahlen.

Berlin ist mit 3,4 Millionen Einwohnern die mit Abstand größte Stadt Deutschlands und sogar die zweitgrößte Stadt in der Europäischen Union. Das rheinische Bonn hat nur etwa 300 000 Einwohner. Als 1990 die Wiedervereinigung kam, wurde Berlin (wieder) deutsche Hauptstadt, und man hat heiß diskutiert, ob das gesamtdeutsche Parlament und die Ministerien umziehen oder weiterhin in Bonn bleiben sollten. Am 20. Juni 1991 um 21.48 Uhr wurde abgestimmt. Es war knapp: 320 Bundestagsabgeordnete wollten in Bonn bleiben, 337 entschieden sich für Berlin. 1999 erfolgte der Umzug. Sechs Ministerien aber blieben in Bonn: Verteidigung; Ernährung, Landwirtschaft und Verbraucherschutz; wirtschaftliche Zusammenarbeit und Entwicklung; Umwelt, Naturschutz und Reaktorsicherheit; Gesundheit; Bildung und Forschung. Sie haben nur einen Zweitsitz in Berlin. Die übrigen Ministerien haben zwar ihren Hauptsitz in Berlin – aber noch einen Zweitsitz in Bonn. Und über zwanzig Bundesbehörden zogen, sozusagen als Ausgleich für die Abwanderung wichtiger Gremien nach Berlin, sogar aus Berlin nach Bonn, darunter das Amt für Militärkunde, der Holzabsatzfonds, das Bundesinstitut für Sportwissenschaft. Was für eine irrwitzige Umzieherei!

In den sechs geteilten Ministerien sitzen nun gut 10 000 Mitarbeiter am Rhein, knapp 9000 an der Spree. Für eine halbe Milliarde Euro wurde ein Daten-Highway zwischen Berlin und Bonn angelegt, der Videokonferenzen ermöglicht. Damit alle wissen, was gerade zu tun ist, sind dennoch 66 000 Reisen hin und her erforderlich, pro Jahr. Kosten: zehn Millionen Euro. Seit dem Umzug sind so über 200 Millionen Euro aufgelaufen. Würde man die Pendelei abschaffen und alle Behörden nach Berlin holen, würde das natürlich ein paar Millionen Euro jährlich sparen – der Umzug selbst allerdings schlüge wohl mit fünf Milliarden Euro zu Buche. Das rechnet sich anscheinend dann doch nicht. Auch wenn gerade viele ranghohe (= teure) Mitarbeiter bis zu einem Drittel ihrer Arbeitszeit mit Fliegen, Bahnfahren und Wartezeiten bei Terminen vergeuden.

In Berlin sind gute Jobs in Bundesbehörden rar. Viele junge Leute bewerben sich daher gezielt in Bonn – in der Hoffnung, dass irgendwann alle total genervt vom Pendeln sind und doch noch ganz nach Berlin umgezogen wird. Die Rechnung könnte aufgehen...Und um nichts anderes geht es letztlich: um eine Rechnung, bei der die alte Hauptstadt Bonn geschickt ihre Interessen vertritt.

Die Qual der Wahl – Parteien in Deutschland

Aktuell im Bundestag vertreten sind fünf Parteien (Stand Sommer 2013): die beiden Unionsparteien (die Christlich Demokratische Union in Fraktionsgemeinschaft mit der Christlich Sozialen Union), die SPD (Sozialdemokratische Partei Deutschlands), die FDP (Freie Demokratische Partei), Bündnis 90/Die Grünen und Die Linke. Manche befürchten, dass damit bereits zu viele Parteien im Parlament sitzen. Das Regieren ist durch die knapperen Mehrheiten, die sich aus einer größeren Parteienanzahl ergeben, jedenfalls schwieriger geworden als früher.

Bis Anfang der achtziger Jahre, also fast vierzig Jahre, war in der Bundesrepublik die Macht nur auf drei Parteien verteilt: CDU/CSU, SPD und FDP. Umso schockierender war es für die Abgeordneten, als 1983 die Grünen in den Bundestag gewählt wurden. Viele glaubten damals, die neue Partei würde bald wieder von der Bildfläche verschwinden. Doch obwohl Union und SPD inzwischen viele Umweltschutzziele übernommen haben, sind die Grünen mittlerweile in allen Landesparlamenten vertreten und haben auf Bundes- und Länderebene Regierungsverantwortung übernommen.

Für die FDP war es durchaus ärgerlich, dass plötzlich noch eine andere kleinere Partei mitmischte. Bis dahin war sie nämlich »das Zünglein an der Waage« gewesen und konnte sich aussuchen, mit wem sie am liebsten regieren wollte. Oder sogar einen Machtwechsel herbeiführen, wenn sie sich mit einem neuen Partner verbündete. Heute ist sie aus vielen Landesparlamenten verschwunden und kann sich aktuell nicht mal sicher sein, ob sie erneut in den Bundestag einzieht. Die SPD wiederum sieht die Grünen mit gemischten Gefühlen. Einerseits fand sie in ihnen einen weiteren möglichen Koalitionspartner. Andererseits haben die Grünen der SPD auch Wähler weggenommen. Das gilt auch für Die Linke, die sich zu einem ernst zu nehmenden Faktor entwickelt hat. Dass eine fünfte Partei in den Bundestag einzog, war zunächst ein Ergebnis der deutschen Wiedervereinigung. Mit der PDS betrat gewissermaßen ein Stück DDR das Parlament. Später verbanden sich die Ost-Sozialisten mit jenen Linken aus Westdeutschland, denen die SPD nicht links genug ist. Für die SPD ist diese Konkurrenz im eigenen Lager ziemlich bitter. Manche meinen, sie habe nach der Wiedervereinigung 1990 einen Riesenfehler gemacht, sich nicht mit der SED zu vereinen, so wie die anderen Parteien das mit ihrem jeweiligen DDR-Pendant gemacht haben. Doch das waren nur »Blockflöten« oder unbelastete Parteien wie das aus der Bürgerrechtsbewegung hervorgegangene, neu gegründete Bündnis 90, das sich mit den westdeutschen Grünen verband. Das war unproblematisch. Die SED als führende DDR-Staatspartei war dagegen ein anderes Kaliber und für die Sozialdemokraten vor dem Hintergrund deutscher Geschichte nur schwer zu »übernehmen«. Trotzdem ist die Linkspartei natürlich »Fleisch vom Fleische« der SPD, wie Politiker sagen, und sie nagt am Wählerpotenzial der Sozialdemokraten.

Am rechten Rand der deutschen Parteienlandschaft steht die NPD, die als rechtsextreme Partei vom Verfassungsschutz beobachtet wird. Aktuell sitzt sie in zwei Landtagen (Sachsen und Mecklenburg-Vorpommern), in den Bundestag hat sie es aber noch nie geschafft. Demnächst wird das Bundesverfassungsgericht darüber entscheiden müssen, ob die NPD verboten wird. Ein 2001 eingebrachter Verbotsantrag scheiterte 2003, weil Mitarbeiter des Verfassungsschutzes (sogenannte V-Männer, V steht dabei für Verbindung oder Vertrauen) sich bis in die Führungsetage der Rechtsextremen hochgearbeitet hatten – und damit sozusagen gegen sich selbst ermittelten oder, andersherum betrachtet, im Auftrag des Staates selbst zu Tätern geworden waren.

**Gerade kleine oder neue Parteien
brauchen prominentes Personal**

Spannend ist zurzeit die Frage, ob es den Piraten gelingt, als sechste Partei in den Bundestag einzuziehen. In vier Landtage hat sie es bereits geschafft und stellt dort allerdings auch fest, wie mühsam das politische Geschäft ist. Dass sich Tagespolitik nebenberuflich und mit sehr lockeren Regeln für den Umgang untereinander nur schwer machen lässt. Am Beispiel der Piraten, die sich vor allem für Freiheit im Internet einsetzen, kann man auch gut beobachten, wie schwierig die Auswahl von politischem Personal ist. Plötzlich vertreten einzelne Piraten öffentlich eigenwillige Positionen, die anderen Parteimitgliedern überhaupt nicht passen. Der zeitweilige Höhenflug der Piraten scheint erst mal gebremst. Durchaus möglich, dass sie gänzlich Schiffbruch erleiden.

Die Grünen hingegen mussten in ihren Anfängen lernen, dass es auf Dauer doch keine gute Idee ist, auf prominente Spitzenleute gänzlich zu verzichten. Wähler wollen sich nun mal an Personen orientieren. Und Die Linke tut sich ausgesprochen schwer mit ihrer parteiinternen Wiedervereinigung. Die West-Linken ticken oft anders als die Ost-Mitglieder. Insofern zeigen gerade die kleineren, neueren Parteien, wie anspruchsvoll und vielschichtig es ist, die theoretischen Funktionen von Parteien in die Praxis umzusetzen. Auch deshalb werden fast alle Parteien, wenn sie erst mal im politischen Geschäft angekommen sind, etwas gemäßigter beziehungsweise pragmatischer als in ihrer außerparlamentarischen Zeit.

Und noch ein Phänomen ist interessant: Sobald kleinere Parteien mit ihren Themen Wähler für sich gewinnen können, erkennen die größeren Parteien, dass sie offenbar etwas Wichtiges versäumt haben. Der Umweltschutz etwa, ursprünglich das exklusive Thema der Grünen, findet sich heute selbstverständlich auch im Wahlprogramm der CDU. Ein schönes Beispiel dafür, was in der Theorie damit gemeint ist, dass die Parteien »politische Ziele formulieren« und »an der politischen Willensbildung mitwirken« sollen.

Ein weiteres Beispiel ist die neu gegründete Partei Alternative für Deutschland (AfD). Ihr bislang einziges großes Thema ist die Ablehnung des Euro, sie will am liebsten zurück zur D-Mark, zumindest aber die problematischen Euro-Länder ausschließen. Dass man allein mit diesem Anliegen eine neue Partei gründen kann, zeigt, wie sehr dieses Thema vielen Leuten unter den Nägeln brennt und dass die sich bei den etablierten Parteien in dem Punkt nicht aufgehoben fühlen. Die AfD steht der CDU am nächsten, ihre Gründer sind ehemalige CDU-Mitglieder; doch sie könnte auch den anderen Parteien Stimmen wegnehmen. Will eine neue Partei aber langfristig Erfolg haben, kann sie es nicht bei einem einzigen Thema belassen. Die Grünen wären als reine Anti-Atomkraft-Partei längst nicht mehr im Bundestag. Spätestens mit der »Fukushima-Wende« von Frau Merkel hätten sie ihre thematische Existenzgrundlage verloren. Zugleich zeigt sich bei der Alternative-für-Deutschland-Partei, dass politische Gruppen, die nur ein Thema haben, durchaus unterschiedliche Leute anziehen. Misstrauen gegen den Euro empfinden viele, ein gemeinsames Wertesystem geht damit noch nicht einher. Und so laufen der AfD auch Rechtsradikale und Nationalisten zu, von denen sich der Parteigründer, ein Wirtschaftsprofessor aus Hamburg, nun mühsam zu distanzieren versucht.

Eine neue Partei zu gründen, ist übrigens relativ einfach. Man braucht mindestens drei Leute (so groß muss der Vorstand sein), von denen die Mehrheit deutsche Staatsbürger sind (sonst handelt es sich nur um eine nicht wählbare »politische Vereinigung«). Man muss auch regieren »wollen«, aber das Gegenteil ist ja auch nicht leicht zu beweisen. Zu Wahlen zugelassen zu werden, vor allem zu Bundestagswahlen, ist dann schon schwerer. Darüber entscheidet der Bundeswahlausschuss. Ihm gehören neben Repräsentanten der im Bundestag vertretenen Parteien zwei Richter des Bundesverwaltungsgerichts und der Präsident des Statistischen Bundesamtes an, der als »Bundeswahlleiter« überwacht, dass die Wahlen korrekt verlaufen. Will man zur Bundestagswahl antreten, muss man den Bundeswahlleiter rechtzeitig (spätestens 97 Tage vor der Wahl) anschreiben und ihm genügend Unterstützerunterschriften vorlegen (2000 pro Bundesland). Das soll verhindern, dass Hunderte winziger Grüppchen auf den Wahlzetteln landen, die eh nicht mehr als eine Handvoll Wähler bekämen. Außerdem müssen die Parteien eine ordnungsgemäße Satzung und ein Parteiprogramm vorlegen. Der Wahlausschuss kann aber auch inhaltliche Kriterien anlegen. So lehnte er 2009 die Zulassung der Satire-Partei Die Partei ab. Sie habe nicht nachgewiesen, »mit ausreichender Ernsthaftigkeit das Ziel zu verfolgen, Einfluss auf die politische Willensbildung nehmen und im Bundestag oder in Landtagen mitwirken zu wollen«. Das stimmte wohl auch. Aber ob es einem solchen Gremium zusteht, dies zu beurteilen, darüber kann man streiten. In einer freiheitlichen Demokratie könnte man es auch den Wählern überlassen, zu entscheiden, ob sie ihre Stimme zum Spaß verschenken. Und selbst wenn ein paar Wähler die Ironie nicht erkennen und bei einer solchen Partei ernsthaft ihr Kreuz machen: Geht die Welt davon unter? Zur Bundestagswahl 2013 wurde Die Partei übrigens zugelassen.

Links, rechts oder geradeaus?

Auch heute noch werden Parteien oder politische Positionen oft als »links« oder »rechts« bezeichnet. Das geht zurück auf die Sitzordnung in der Nationalversammlung, also dem Parlament, zur Zeit der Französischen Revolution Ende des 18. Jahrhunderts – hilft uns also in Bezug auf unsere heutigen Parteien nicht mehr weiter. Zur groben Orientierung: Die SPD galt lange als »links«, mittlerweile gibt es aber auch noch Die Linke, also ist die SPD wohl nur noch halblinks. Die CDU gilt den Linken als »rechts«. Weil aber auch die Nazis unter Hitler »rechts« waren (rechtsextrem allerdings), ist der Begriff seitdem negativ besetzt. Die CDU sieht sich selbst folglich in der »Mitte«. Dort wird oft auch die FDP angesiedelt. Viele ihrer Ansichten sind jedoch eher »rechts«, andere wiederum »links«, also steht sie vielleicht doch in der Mitte? Im Bundestag sitzt die FDP-Fraktion rechts von der CDU (vom Rednerpult aus gesehen), die Grünen zwischen den Unionsparteien und der SPD, und noch weiter links sitzen die Abgeordneten der Linkspartei. Insofern spiegelt die Stuhlanordnung im Bundestag durchaus noch das alte Links-rechts-Schema.

Aber auch innerhalb der Parteien gibt es ja unterschiedliche Strömungen, also hat die SPD einen »linken Flügel« und einen »rechten Flügel«, CDU und FDP ebenso. Wobei die »Linken« in der CDU natürlich meist »rechter« sind als die »Rechten« in der SPD. Bei den Grünen heißen die Linken »Fundis« und die Rechten »Realos«. Um die Sache weiter zu verkomplizieren, kann man statt »links« auch »rot« sagen, statt »rechts« auch »schwarz«. Auch diese »Farbenlehre« hat sich historisch entwickelt. Das Rot für die SPD stammt von den roten Fahnen der Arbeiterbewegung bei der Märzrevolution 1848. Das Schwarz für die Union (CDU/CSU) hängt vermutlich mit den christlichen Wurzeln der beiden Parteien zusammen und erinnert an die schwarze Kleidung der Pastoren. Die Linkspartei ist linker und röter und deshalb »dunkelrot«, die Grünen sind natürlich grün, die FDP ist blau-gelb (für die Farben hat sich die Partei erst in den 1970er Jahren entschieden – die waren gewissermaßen noch übrig und haben keine historische Bedeutung).

Mit diesen Farben lassen sich nun lustige Koalitionsspielereien treiben – entweder man fährt nach Jamaika oder bleibt an der Ampel stehen: Die Nationalfahne Jamaikas ist schwarz, gelb und grün. Diese drei Farben bedeuten politisch also eine Koalition von Union, FDP und Grünen. Eine solche Koalition regierte bisher nur einmal im Saarland. Mit der »Ampel« ist eine andere Dreier-Koalition gemeint: rot, gelb, grün (wie eine Verkehrsampel). Also SPD, FDP und Grüne. Auch diese Koalition gab es bisher nur auf Landesebene, und sie erweist sich, wie erwartet, als schwierig.

Das Rot-schwarz-kariert-links-rechts-geradeaus-Schema hilft heute also nur noch bedingt weiter. Am ehesten lassen sich die Parteien einordnen, wenn man sich ihren historischen »Markenkern« ansieht. Also die Themen, bei denen sie sich deutlich voneinander unterscheiden. Wollte man diese Themen in jeweils einem Wort zusammenfassen, dann steht die SPD für Soziales, die CDU für Sicherheit, die FDP für Freiheit und die Grünen für Umweltschutz. Aber so einfach ist es natürlich nicht.

Die Wandlung der Grünen zur Mini-Volkspartei

Die Grünen zum Beispiel. Ihnen ging es ursprünglich vor allem um Widerstand gegen die Atomkraft und um den Umweltschutz – und dazu muss man weder »links« noch »rechts« sein. Gegründet wurde die Partei allerdings von Leuten, die in ihrer Mehrheit eher »links«

waren und sich auch selbst so bezeichneten. In den 1970er Jahren entstanden zahlreiche Umweltschutzinitiativen in Deutschland; die sich, zum Teil unterstützt von Gruppierungen aus der Friedens- und Frauenbewegung, bei Kommunal- und Landtagswahlen bewarben, aber stets an der 5-Prozent-Marke scheiterten. Ein Zusammenschluss aus diesem politischen Sammelbecken trat 1979 zur Europawahl an (und erhielt immerhin gleich 3,2 Prozent der Stimmen). 1980 wurde die Partei offiziell gegründet, sie bezeichnete sich als »sozial, ökologisch, basisdemokratisch, gewaltfrei«. Ein weiteres zentrales Anliegen war die Abrüstung, die ja in den achtziger Jahren, während des Kalten Krieges, ein weltbeherrschendes Thema war. Die Angst vor einem Atomkrieg teilten auch viele Deutsche. Zugleich kämpften die Grünen gegen die zivile Nutzung der Atomkraft. Nach dem GAU im sowjetischen Atomreaktor Tschernobyl mit einer Strahlenbelastung, deren Gefährlichkeit auch in Deutschland spürbar war, hatten immer mehr Menschen Angst. Die Proteste gegen Kernkraftwerke in der Bundesrepublik, die in Großdemonstrationen und massive gesellschaftliche Auseinandersetzungen mündeten, zogen weite Kreise. Und so schaffte es die neue Partei bis in den Bundestag: 1983 bekamen Die Grünen 5,6 Prozent. 1991 schlossen sich die Grünen mit dem Bündnis 90 zusammen, einer »BürgerInnenbewegung« in der ehemaligen DDR. Deshalb heißt die Partei heute korrekterweise »Bündnis 90/Die Grünen«. Aber meist sprechen alle nur von »den Grünen«.

Weil es in ihrer politischen Arbeit um die Sache und nicht um Personen gehen sollte, forderten die Grünen anfangs ein »Rotationsprinzip«: Jeder, der ein Amt bekam, sollte seine Position nach kurzer Zeit an andere abgeben, auch Abgeordnete oder Fraktionsvorsitzende. Dieses Konzept hat sich jedoch nicht bewährt: Erstens, weil für jedes Amt eine Einarbeitungsphase notwendig ist und erst nach dieser Zeit Ergebnisse zu erwarten sind. Dies gilt besonders für die komplexen Anforderungen in der Landes- und Bundespolitik. Zweitens, weil auch bei den Grünen manche Politiker gern im Rampenlicht bleiben. Und drittens, weil die meisten Wähler Personen wählen, die sie kennen, und sich nicht ständig an neue Gesichter gewöhnen wollen. Außerdem ist auch bei den Grünen die Auswahl an kompetenten und charismatischen Kandidaten nicht größer als bei anderen Parteien.

Im Wahlprogramm finden sich bis heute viele »linke« Positionen. Zugleich sind aber jene Grünen-Politiker besonders erfolgreich, zum Beispiel der erste grüne Ministerpräsident Winfried Kretschmann in Baden-Württemberg, die zu Studentenzeiten links waren, heute als grau melierte Politsenioren aber längst »bürgerlich« geworden sind. Bei den Grünen finden sich auch viele Mitglieder, die in der (evangelischen) Kirche engagiert und von Haus aus durchaus wertkonservative Menschen sind. Ähnliches gilt für die Grünen-Wähler: Da finden sich protestfreudige linke Globalisierungsgegner genauso wie gemütliche Besserverdienende, denen Umweltschutz wichtig ist und die auch grundsätzlich bereit sind, für den sozialen Ausgleich in der Gesellschaft tiefer in die Tasche zu greifen. Aber wenn die Grünen dafür mit zu hohen Steuersätzen um die Ecke kommen, werden sich vielleicht manche dieser Sympathisanten das mit dem grünen Kreuzchen noch mal überlegen. Kurzum: Die Grünen sind schwer zu verorten. Paradoxerweise ist es inzwischen gerade für die Grünen wichtig, überzeugendes Spitzenpersonal zu haben, obwohl sie genau das ursprünglich abgelehnt haben. Winfried Kretschmann wäre im traditionell konservativen Baden-Württemberg nicht Regierungschef geworden, wenn er keine »bürgerlich-konservative« Ausstrahlung hätte.

Hinzu kam der Umgang der CDU-Vorgängerregierung mit dem umstrittenen Bahnhofsbau in Stuttgart. Der Protest gegen dieses große Bauprojekt und die Empörung über den massiven Polizeieinsatz gegen Demonstranten reicht tief in die bürgerliche Gesellschaft hinein. Unter den Demonstranten waren und sind eben auch konservative Rentner und schwäbische Hausfrauen. Das hatte die CDU-Regierung gewaltig unterschätzt. So traf das richtige Thema die richtige Person zur richtigen Zeit. Und solange die Grünen einen Markenkern haben, auf den sie immer wieder verweisen (»Wir haben ja immer schon gewusst, dass die Atomkraft gefährlich ist«), können sie auch als Mini-Volkspartei gut überleben. Das enthebt sie aber nicht der Aufgabe, ihr Themenspektrum zu erweitern. Aktuell versuchen sie, sich stärker mit der Frage nach »sozialer Gerechtigkeit« zu profilieren. Damit rücken sie wieder mehr nach links, nachdem zuvor jahrelang die Finanzexperten der Partei eine eher »konservative« Haushalts- und Steuerpolitik befürworteten. Alles in allem widerlegen die Grünen jedenfalls die These, dass kleine Parteien ein viel schärfer umrissenes Profil und eine einheitlichere Wählerschaft als große Parteien brauchen.

Konservativer Spagat

Für die CDU wird die Definition des Markenkerns schwieriger. Die Christlich Demokratische Union Deutschlands fand sich zwischen 1945 und 1949 in den verschiedenen Besatzungszonen und Bundesländern zusammen. Obwohl die CDU sich als »christlich« definiert, wird sie natürlich auch von Nichtchristen gewählt. Zum Beispiel von türkischstämmigen muslimischen Wählern, die eine konservative Grundhaltung haben oder sich als mittelständische Unternehmer bei der Union besser aufgehoben fühlen als bei der SPD. Die Förderung der Marktwirtschaft will die Union mit einem sozialen Miteinander verbinden und nennt das selbst »Freiheit in Verantwortung«. Historisch ist sie verwurzelt im katholischen Konservativismus. Nur: Was ist heute noch konservativ? Die Partei sieht sich vor einem Spagat: Einerseits will sie ihre traditionelle Wählerschaft nicht verprellen, zum Beispiel wenn es um das klassische Familienbild geht. Zugleich weiß die CDU natürlich, dass vor allem in Großstädten (und dort wohnen immer mehr Menschen) viele Wähler längst nicht mehr »klassisch« leben. Die gesellschaftliche Mitte hat sich verändert, sie ist liberaler geworden, und die heutigen Wähler wechseln schneller von einer Partei zur anderen. Politische Familientraditionen (»Wir Müllers waren immer schon CDU«) spielen keine so große Rolle mehr. Die Zeiten der ideologischen Links-rechts-Grabenkämpfe sind vorbei, heute streitet man eher über einzelne Themen als über das große Ganze. Als ich selbst anfing, mich für Politik zu interessieren, und es ziemlich spannend fand, den Diskussionen meiner Eltern und ihrer Freunde zu lauschen, ging es noch hoch her. Da beschimpften sich auch schon mal Freunde als »Du alter Sozi« (allerdings freundschaftlich-lachend). Man war entweder SPD oder CDU. Das ist heute schon in meiner Generation nicht mehr so und in den jüngeren Wählerschichten erst recht nicht. Auch gesellschaftliche Moralvorstellungen haben sich verändert. Ein schwuler Außenminister – das wäre in den achtziger Jahren noch undenkbar gewesen. Heute (zum Glück) nicht mehr. Damit verändert sich aber auch die Definition von »konservativ«. Darauf muss die CDU reagieren. Aber wenn selbst die CDU die sogenannte Homo-Ehe absegnet oder die Atomkraft ablehnt – wie konservativ ist sie dann noch? Was unterscheidet sie von den anderen Parteien? Ihre bayerische Schwesterpartei, die CSU, hat dieses Problem ebenfalls, tut sich damit aber noch etwas leichter, weil für sie immerhin »Bayern« als unveränderlicher Markenkern bleibt, auf den sie zurückgreifen kann.

Opposition ist Mist – Regieren aber manchmal auch

In einer Gesellschaft, in der die Bindung an bestimmte Weltbilder schwächer, spezielle Interessen, Themen und aktuelle Stimmungen hingegen gewichtiger werden, haben es die sogenannten Volksparteien generell schwerer. Das gilt für die Union (CDU und CSU) genauso wie für die SPD. Sie wollen das gesamte Volk mit allen seinen Bedürfnissen und Anliegen vertreten. Beide Parteien möchten es also gern »allen recht machen«, wobei die CDU es wirtschaftspolitisch den Unternehmern ein bisschen mehr recht macht und die SPD den Arbeitnehmern. Der Markenkern der SPD sind die Interessen der »kleinen Leute«, die eine Verbesserung ihrer Lebensverhältnisse wünschen. Die Stammwähler der CDU finden sich eher in der Mittelschicht, der es gut geht, ohne aber richtig reich zu sein, und die Angst vorm Abstieg hat, ihren Status also bewahren will. Stark vereinfacht gesagt treffen sich hier Wahlprogramm und Wählerschaft: Die einen wollen verändern (verbessern), die anderen eher bewahren.

Die Probleme der SPD mit ihrem Status als moderne Volkspartei sind dabei etwas anders gelagert als die der CDU. Die SPD sieht sich selbst als Nachfolgepartei des von Ferdinand Lasalle bereits 1863 in Leipzig gegründeten Allgemeinen Deutschen Arbeitervereins und ist somit die älteste der im Bundestag vertretenen Parteien. Die Vorgängerorganisationen der heutigen SPD setzten sich damals für die Rechte der Arbeiter in den Fabriken ein: Arbeiterschutz, Achtstundentag, allgemeines Wahlrecht – alles Rechte, die für uns mittlerweile selbstverständlich sind. Und genau darin liegt die Brisanz für das politische

Profil der SPD: Die Sozialdemokraten haben über Jahrzehnte sehr viele ihrer Forderungen durchgesetzt und stoßen an die Grenzen des finanz- und wirtschaftspolitisch Machbaren, sobald sie selbst an der Regierung sind. Wunsch und Wirklichkeit prallen dann hart aufeinander, viel härter als bei der Union. Für SPD-Politiker ist es ziemlich leicht, ihre Wähler zu enttäuschen. Kanzler Gerhard Schröder zum Beispiel wurde von den eigenen Leuten als »Genosse der Bosse« kritisiert, weil seine Politik als zu unternehmerfreundlich empfunden wurde. Das traditionell enge Verhältnis der SPD zu den Gewerkschaften war am Ende seiner Kanzlerschaft ziemlich vergiftet. Vor allem wegen der Sozialstaatsreformen der Agenda 2010, die Schröder gegen erbitterte Widerstände durchsetzte – und die bis heute ein wunder Punkt für die Genossen ist. Da half auch nicht mehr, dass Schröder für die SPD die Wahlen »in der Mitte« der Gesellschaft gewonnen hatte, also auch für Leute wählbar war, die es mit der SPD eigentlich sonst nicht so haben.

CDU-Kanzler sind mit solchen Debatten seltener konfrontiert. Ihre Wähler erwarten weniger Veränderungen und soziale Verbesserungen und haben bislang übrigens auch weniger Alternativen. Wohin soll ein enttäuschter CDU-Wähler abwandern? Da landet man schnell am rechten Rand, und dort fühlen sich klassische Konservative mit christlichem Weltbild auch nicht wohl. SPD-Wähler hingegen können heute zur linkeren »Die Linke« wandern, ohne gleich das Gefühl zu haben, halbkriminelle Extremisten zu unterstützen. Oder sie wechseln zu den Grünen, wenn ihnen die SPD nicht umweltbewusst oder »modern« genug ist, was manchmal eher aus einem Gefühl erwächst als aus dem konkreten Wahlprogramm. Frustrierte CDU-Wähler hingegen bleiben dann lieber zu Hause. Oder wählen die FDP, was der CDU aber meist nicht schadet, die Stimme bleibt dann ja in der (Koalitions-)Familie. Einige Wähler hat die Union allerdings an die Grünen verloren und die CSU in Bayern an die Freien Wähler. Sie stehen der CSU ziemlich nahe, sind aber genervt vom Machtanspruch der Partei in den Gemeinden. Der herrschende Filz und die Arroganz rächen sich irgendwann. Wenn eine Partei so lange regiert wie die CSU, muss das irgendwann zu Protest führen, und die bayerische Protestpartei sind die Freien Wähler. Eine eigene politische Philosophie haben sie allerdings nicht.

Bei der SPD gehört Dauerstreit zur Parteikultur

Die unterschiedlichen Traditionen der Volksparteien zeigen sich auch im Umgang der aktiven Parteimitglieder untereinander. In der SPD wird viel häufiger öffentlich gestritten als in den Unionsparteien. Eine solche Streitkultur gibt es sonst nur noch bei den Grünen. Das liegt zum einen daran, dass es für die Partei schwierig ist, ihre unterschiedlichen Flügel, die zum Teil konträre Ansichten vertreten, unter einen Hut zu kriegen. Dahinter steckt der alte Grundwiderspruch, dass sich Marktwirtschaft und Sozialismus schwer vereinbaren lassen. Auch wenn sich die SPD vom Sozialismus gelöst hat – die Hoffnung auf möglichst viel Gleichheit und das Misstrauen gegenüber »dem Kapital« gehört zu ihren Wurzeln. Aus der Geschichte der Partei und ihrem Einsatz für die unterdrückten Arbeiter ist auch zu erklären, dass es für SPD-Chefs besonders schwierig ist, als innerparteiliche Autorität aufzutreten und Regierungsentscheidungen hierarchisch in der Partei durchzusetzen. Weshalb die SPD auch so viele Parteichefs »verschlissen« hat wie keine andere Partei. Selbst ein Haudegen wie Gerhard Schröder war am Ende zermürbt. In der SPD ist es üblich, dass alle Parteimitglieder sich duzen, auch wenn sie sich nicht persönlich kennen. Aus den Zeiten der Arbeiterbewegung kommt auch noch die Bezeichnung »Genosse«, mit der sich SPDler lange untereinander ansprachen. Heute ist das ein bisschen veraltet und nicht mehr allgemein üblich. Aber der Tonfall ist nach wie vor unverblümter als in den Unionsparteien, man streitet sich eben leichter, wenn man »per Du« ist. Tendenziell kann man sagen: CDU-Kanzler werden abgewählt; SPD-Kanzler scheitern eher an den eigenen Leuten.

In der Freiheit liegt die Kraft?

Die FDP will *weniger* als die anderen. Das ist wörtlich zu nehmen: weniger Staat, weniger Gesetze, weniger Kontrollen, weniger Steuern, weniger Regeln. Das geht auf ihre »liberalen« Wurzeln zurück – möglichst große Freiheit für den Einzelnen (von lateinisch *liber – frei*). Damit geht eine eher skeptische Haltung gegenüber dem Staat einher, während SPD und Grüne eher »staatsgläubige« Parteien sind (ja, auch die ursprünglich staatskritischen Grünen!), die möglichst viel durch den Staat gestalten wollen. Der SPD geht es dabei vor allem um *Umverteilung* zugunsten der Schwächeren. Die Grünen wollen vor allem das *Verhalten* von Bürgern und Unternehmen steuern.

Da die FDP allein nie genug Stimmen hatte, um zu regieren, musste sie immer mit anderen zusammenarbeiten. Das verhalf der recht kleinen Partei zu einer überraschend großen Macht – denn umgekehrt hatten meist weder CDU noch SPD für sich genug Stimmen für eine Alleinregierung. Die Liberalen konnten sich daher viele Jahre lang aussuchen, mit wem sie ein Bündnis bilden wollten. Und wenn das nicht so lief wie erhofft, wechselten sie eben zur anderen Seite. So war die FDP in wechselnden Koalitionen häufiger in der Bundesregierung vertreten als alle anderen Parteien. Als »Zünglein an der Waage« hatte die FDP einerseits die Möglichkeit, Gesetze zu verhindern, die ihr nicht in den Kram passten. Andererseits musste sie (als kleinerer Koalitionspartner) auch manches mittragen, was nicht liberal erschien. Die FDP pendelt meist zwischen 5 und 10 Prozent der Wählerstimmen. Wie aber würde die FDP regieren, wenn sie könnte, wie sie wollte? Die Liberalen fordern die »Stärkung von Freiheit und Verantwortung des Einzelnen«. Sie sind der Meinung, ließe man die Wirtschaft weitgehend in Ruhe, würden durch den Erfolg der Firmen mehr Arbeitsplätze entstehen, wovon letztlich auch die Arbeitnehmer etwas hätten. Mit demselben Argument plädieren sie für niedrigere Steuersätze: Wenn nicht so viel an den Staat abgegeben wird, kommt die Konjunktur mehr in Schwung, und am Ende fließt genug in die Staatskasse, weil bei florierender Wirtschaft die Steuereinnahmen trotz niedrigerer Steuersätze insgesamt steigen. So jedenfalls die Theorie. Zu den liberalen Grundwerten gehört der Glaube an freien Handel genauso wie die Betonung persönlicher Freiheit, die mit einem gewissen Misstrauen gegenüber dem Staat einhergeht. Deshalb waren die Liberalen zum Beispiel auch gegen das Rauchverbot in Kneipen. Das Gleiche gilt für die »Globalisierung«: Liberale sind überzeugt, dass der freie Handel quer über den Globus am Ende allen mehr nutzt als schadet. Für eine wichtige Staatsaufgabe halten die Liberalen die Bildung, damit anschließend jeder möglichst leistungsfähig und erfolgreich sein kann. In dem Punkt stimmen aber eh alle Parteien mehr oder weniger überein. (Man fragt sich nur, warum es dann ständig Bildungsreformen gibt und Schüler und Eltern immer neue Experimente über sich ergehen lassen müssen.)

Das größte Problem der FDP ist, dass sie als Partei der »Besserverdienenden« wahrgenommen wird. Sie hat sich auch selbst mal so bezeichnet, was keine gute Idee war. Ihre Kernwähler sind zwar vor allem Unternehmer und (erfolgreiche) Freiberufler wie Ärzte und Rechtsanwälte. Aber »Besserverdienende« klingt doch zu sehr nach Porsche und Villa mit Swimmingpool. Wenn man aber als Klientelpartei wahrgenommen wird, schreckt das auch Wähler ab, die der liberalen Idee gegenüber grundsätzlich aufgeschlossen sind. Für die FDP gilt außerdem wie für die Grünen: Das Spitzenpersonal muss überzeugen. Lange Zeit haben die Liberalen von ihrem Außenminister Hans-Dietrich Genscher profitiert, der als eine Art Superheld »Genschman« in der Bevölkerung ja ausgesprochen beliebt war. Er strahlte Erfahrung und Freundlichkeit aus, viele Wähler wollten ihn gerne behalten. Dass Genscher hinter den Kulissen ein ziemlich harter Hund war, der seinen Koalitionspartnern das Leben schwer machen konnte (was per se aber kein Nachteil für eine kleine Partei ist!) war der breiten Bevölkerung weniger bekannt. Für sie war er der nette Mann im gelben Pullover, dem die DDR-Bürger zujubelten, als er ihnen 1989 auf dem Balkon der Prager Botschaft, in die sie sich geflüchtet hatten, verkündete, dass ihre Ausreise bewilligt worden war. Von solchen herausragenden politischen Persönlichkeiten profitieren gerade kleine Parteien enorm.

Die Linke auf der Suche nach sich selbst

Das gilt auch für Die Linke, die einen großen Teil ihrer Attraktivität durch den ostdeutschen Gregor Gysi und den westdeutschen Ex-SPD-ler Oskar Lafontaine bezogen hat. Umso mehr, als die alten SED-Anhänger, aus denen der ostdeutsche Teil der Partei hervorgegangen ist, naturgemäß weniger werden, so wie auch die Erinnerung an die DDR in den jüngeren Generationen verblasst. Die Parteifunktionäre mögen das ungern akzeptieren, aber aus den Erfahrungen anderer Parteien lässt sich voraussagen: Mit vielen gesichtslosen Kadern, ohne charismatische Führungspersönlichkeiten, wird das auf Dauer schwierig. Schwierigkeiten hat die Partei auch mit der DDR-Vergangenheit. Die SED (Sozialistische Einheitspartei Deutschlands) benannte sich nach dem Mauerfall um in PDS (Partei des demokratischen Sozialismus), erst später in Linkspartei. Die ostdeutsche Linke ist insofern Nachfolgerin der DDR-Einheitspartei, die verantwortlich war für fast vierzig Jahre Diktatur, Mauerbau und viele Tote an der deutsch-deutschen Grenze. Sie versucht sich von diesen dunklen Seiten zu distanzieren, ohne sich aber von der DDR als solcher zu distanzieren. Bei vielen Ex-DDR-Bürgern traf sie damit in den neunziger Jahren einen Nerv. Sie hielt weiterhin die sozialistische Flagge hoch, in Teilen der Partei auch den Glauben an den Kommunismus. Außerdem konnte sie sich in Ostdeutschland auf gut ausgebaute Parteistrukturen stützen, während andere Parteien dort bei null anfangen mussten. Die lokalen PDS-Politiker waren hilfreiche Ansprechpartner für all jene, die mit dem Wechsel zur Marktwirtschaft nicht klarkamen, mit Ungerechtigkeiten konfrontiert wurden oder schlichtweg auch unter dem Gefühl litten, um ihr Lebenswerk betrogen worden zu sein und ihre politische Heimat verloren zu haben. Als Berliner Korrespondentin war ich in den neunziger Jahren als Berichterstatterin auf einigen Parteitagen der PDS. Auffällig war damals, wie alt die Delegierten im Durchschnitt waren. Zum damaligen Parteichef Lothar Bisky sagte ich, dass man das Gefühl habe, auf einer Seniorenveranstaltung zu sein – was natürlich keine nette Formulierung war, die er auch nicht gerne hörte, den Umstand als solchen aber auch nicht bestreiten konnte.

Doch je länger die Wiedervereinigung zurückliegt, desto dringlicher muss sich Die Linke andere Themen suchen. Die Proteste gegen Gerhard Schröders Agenda-Politik erwiesen sich als geeignetes Nährbecken für die West-Erweiterung der Partei.

Bis 2005 war die Linkspartei eine reine ostdeutsche Partei, danach tat sie sich mit der westdeutschen Gruppierung Wahlalternative Arbeit und soziale Gerechtigkeit zusammen. Die WASG war ein Sammelbecken westdeutscher Kommunisten und unzufriedener ehemaliger Sozialdemokraten. 2007 fusionierten die beiden Parteien. Deswegen hatte Die Linke auch zwei Spitzenkandidaten: den ehemaligen DDR-Rechtsanwalt Gregor Gysi und den ehemaligen SPD-Vorsitzenden Oskar Lafontaine. Seit dem Zusammenschluss heißt die Partei offiziell Die Linke, wird aber immer noch häufig Linkspartei genannt.

Die Linke will in Deutschland den Sozialismus verwirklichen, der allerdings »besser« umgesetzt werden soll als in der DDR. Dazu fordert sie Arbeitszeitverkürzung, staatlich festgesetzte höhere Löhne, höhere Steuern für Reiche und Unternehmen. Außerdem ist die Partei strikt gegen Auslandseinsätze der Bundeswehr. Auch die Verstaatlichung von Unternehmen und die Enteignung von Unternehmerfamilien befürwortete zumindest Oskar Lafontaine. Man könnte Die Linke als Widerpart zur FDP sehen: Wo die Liberalen möglichst wenig regeln wollen, wünscht Die Linke möglichst viele gesetzliche Vorgaben.

Die Linke verspricht, alle Kürzungen rückgängig zu machen, die zum Beispiel beim Arbeitslosengeld beschlossen wurden, und hat damit neue Wähler gewonnen. Speziell natürlich unter denjenigen, die wenig verdienen oder arbeitslos sind oder die von staatlicher Unterstützung leben und sich von der SPD nach den harten Sozialreformen unter Kanzler Gerhard Schröder (»Agenda 2010« mit der auch »Hartz IV« eingeführt wurde) schlecht vertreten fühlen. Nicht nur die SPD wirft der Linkspartei vor, dass sie nicht sagt, wie sie ihre Forderungen finanzieren würde, woher sie also das Geld nehmen möchte, das sie verteilen will. Anders als die SPD musste Die Linke das noch nie auf Bundesebene zeigen. »Opposition ist Mist«, hat der SPD-Politiker Franz Müntefering einmal gesagt. Opposition hat aber auch seine Vorteile. Manche Wähler kommen einem nämlich schnell abhanden, wenn man an der Regierung ist.

Karriereziel Politik

Um in der Politik Karriere zu machen, braucht man vor allem viel Durchhaltevermögen, und man muss früh anfangen mit der Parteiarbeit. Es gibt Ausnahmen. Angela Merkel zum Beispiel, die ihre bundespolitische Karriere als Ostfrau nach der Wiedervereinigung startete, gefördert vom damaligen Kanzler Kohl. Sie war damals Mitte dreißig und stieg in der Umbruchzeit nach der Wende von der Seite ein. Für die meisten Spitzenpolitiker hingegen gilt: Die »Ochsentour« beginnt ganz unten in den Ortsvereinen (so heißen sie bei der SPD) oder Ortsverbänden (so heißen sie bei den anderen Parteien). Wer dort positiv auffällt, eifrig dabei ist, viel für die Partei tut, geschickt Kontakte knüpft, gut reden kann usw., wird vielleicht als Delegierter zu einem Kreisparteitag geschickt – und so klettert man die Parteikarriereleiter langsam hinauf, bis man irgendwann einen eigenen Wahlkreis bekommt oder einen Listenplatz. Gute Listenplätze sind begehrt. Sie werden vor Wahlen auf Kreis- und Landesebene von Delegiertenkonferenzen der Parteien vergeben. Ein Bewerber kandidiert für einen bestimmten Listenplatz, zum Beispiel für Platz 3, was ein sehr guter Platz ist. Wenn alles glatt läuft, hat ihn die Parteiführung für diesen Platz aufgestellt; es gibt keinen Gegenkandidaten, und die Delegierten heben mehrheitlich ihr Stimmkärtchen und sagen Ja. Es können aber auch mehrere Kandidaten um einen Platz kämpfen, dann kommt es zur Kampfabstimmung. Im Vorfeld muss man mit vielen Leuten sprechen, versuchen, sie auf seine Seite zu ziehen und auf der Konferenz selbst eine gute Bewerbungsrede halten. Wenn man Pech hat, fliegt man ganz von der Liste oder landet auf einem hinteren Platz, mit entsprechend schlechten Chancen, ins Parlament einzuziehen. Bei den kleinen Parteien ist der Listenplatz noch wichtiger als bei den großen. Denn kleine Parteien gewinnen weniger Wahlkreise, man braucht also unbedingt einen guten Listenplatz. Da kann schon mal ein ganz schönes Gedrängel entstehen, und die Delegiertenkonferenz wird zur regelrechten Feldschlacht.

 Und wie schafft man es überhaupt, für einen guten Listenplatz kandidieren zu dürfen? Dafür gibt es verschiedene Strategien: Die erste wurde bereits erwähnt und gilt auf allen Ebenen der Partei-Kleinarbeit. Man ist besonders fleißig und sich für nichts zu schade. So viel Engagement wird irgendwann belohnt. Die zweite Strategie: Such dir eine Nische – also ein Fachgebiet –, und mach dich unverzichtbar. Jede Partei braucht zum Beispiel ausgewiesene Finanzexperten im Parlament, und die werden über gute Listenplätze abgesichert. Zu guter Letzt bestätigt sich die alte Regel: Erfolg macht erfolgreich. Wer es geschafft hat, bundesweit bekannt zu sein, oder bereits einen Ministerposten hat, der bekommt auch einen guten Listenplatz. Wäre ja peinlich, wenn der Wirtschaftsminister es nicht mehr in den Bundestag schafft. Darüber hinaus gilt noch das Proporzprinzip: Bei den Parteien in NRW etwa wird darauf geachtet, dass nicht nur Westfalen, sondern auch Rheinländer auf die Liste kommen. In Bayern ist das noch komplizierter: Oberbayern, Niederbayern, Oberfranken, Unterfranken, und zwischen Katholiken und Evangelen wird auch noch unterschieden. An diesen personenunabhängigen Konstellationen kann der eine oder andere scheitern – viel Talent, aber leider aus der falschen Region: »Sorry, aber wir brauchen gerade einen aus dem Allgäu. Bewirb dich doch um Platz 20 – mehr ist leider nicht drin.«

Einen Parteitag muss man »rocken« können

Ist man erst mal in der Landespolitik angekommen, hat man Chancen, sich auch für die Bundespolitik zu profilieren. Wer eine wichtige Funktion in einem starken Landesverband innehat, an dem kommt auch die Bundespolitik nicht mehr vorbei. Die sogenannten Landsmannschaften in den Bundestagsfraktionen haben einen starken Zusammenhalt und großen Einfluss, der umso größer ist, je größer beziehungsweise bevölkerungsstärker das jeweilige Bundesland ist – etwa die Nordrheinwestfalen, weil sie schließlich besonders viele Wähler repräsentieren.

Wer nun nach ganz oben, Parteichef oder Spitzenkandidat werden will, der sollte vor allem bewiesen haben, dass er Wahlen gewinnen kann. Ein erfolgreicher Ministerpräsident hat insofern gute Aussichten. Wer welche Parteiämter bekommt, wird in der Regel auf Parteitagen bestimmt. Seltener greifen Parteien zum Instrument der Urwahl, bei der alle Parteimitglieder abstimmen können, auch solche, die nur ihren Mitgliedsbeitrag zahlen und sonst nie aktiv sind. Das ist wie eine kleine Volksabstimmung. Ein basisdemokratisches Verfahren – aber auch sehr aufwändig. Und ob der beim Parteivolk beliebteste Politiker auch der aussichtsreichste Spitzenkandidat für eine Wahl ist, bei der er ja vor allem viele Nicht-Parteimitglieder überzeugen muss, ist sowieso fraglich. Gerhard Schröder war beim SPD-Parteivolk bei

Weitem nicht so beliebt wie Oskar Lafontaine. Beim Wahlvolk war es genau umgekehrt.

Parteitage sind das, was Mitgliederversammlungen für Vereine sind (und satzungsrechtlich sind Parteien ja Vereine). Man muss persönlich erscheinen und persönlich abstimmen. Über was und wen abgestimmt wird, das legt die Parteiführung im Vorfeld fest. Natürlich nicht einfach im stillen Kämmerlein, sonst könnte sie böse Überraschungen auf dem Parteitag erleben. Einen Kandidaten aufzustellen, der dann mit einem miesen Wahlergebnis abgestraft wird – die Blöße will sich natürlich keine Parteiführung geben. Also wird viel Basisarbeit betrieben, man überzeugt die Meinungsführer, spricht mit einflussreichen Delegierten, die in ihren Heimatverbänden entsprechend Stimmung machen, und umgekehrt geht das natürlich genauso. Auf dem Parteitag selbst kommt es auch auf eine geschickte »Choreografie« an. Wenn zehn Parteiämter zu besetzen sind, stehen zum Beispiel erstaunlicherweise genau zehn Personen zur Wahl. Diese zehn repräsentieren wiederum möglichst genau die verschiedenen Interessengruppen und Flügel in der Partei. Die Frauen haben ihre Kandidatin, die Nordrheinwestfalen, die Unternehmer, die Parteilinken… Dabei dürfen die Delegierten trotzdem nicht das Gefühl bekommen, nur Stimmvieh zu sein. Es muss genug Zeit für Diskussionen geben.

So zieht sich das Verfahren über Stunden hin. Unwichtige Menschen halten schlechte Reden, bei denen die Mitglieder des Parteivorstands, die oben auf dem Podium sitzen, angestrengt so tun, als hörten sie aufmerksam zu. Wenn es um ein Sachthema geht, müssen ausreichend Kritiker zu Wort kommen, um Dampf ablassen zu können. Sie zu übergehen, wäre höchst ungeschickt. Gleichzeitig empfiehlt es sich, dass ein besonders starker Redner kurz vor der Abstimmung auftritt, um auf den letzten Metern die Unentschlossenen mitzunehmen. Wer wann redet, ist psychologisch wichtig und kann die Entscheidungen letztendlich beeinflussen. Sonst kann die Stimmung kippen. Es ist eben doch nicht so, als sei immer alles schon im Vorhinein ausbaldowert. Wer ein Spitzenamt haben will, muss einen Parteitag auch »rocken« können. Das ist wie bei einem Konzert: Erst kommen die Vorgruppen, man hat schon ziemlich lange rumgesessen oder gestanden, und dann will man endlich mal ausflippen können und echte

Emotionen spüren (»Ja, dafür sind wir hier, das wollen wir«). Oskar Lafontaine tat das 1995 auf dem legendären SPD-Parteitag in Mannheim, als er um Rederecht bat und dann mit einer fulminanten Rede den damaligen Parteichef Scharping stürzte. Der wurde abgewählt – obwohl das überhaupt nicht vorgesehen war. Bei Angela Merkel war es hingegen keine Rede, sondern ein Zeitungsartikel, mit dem sie sich an die Spitze pushte. Ende 1999 veröffentlichte sie einen Beitrag in der FAZ, in dem sie die CDU aufforderte, sich von Helmut Kohl zu distanzieren, der nicht nur die Bundestagswahl 1998 verloren, sondern die Partei auch in einen der größten Spendenskandale der Republik verstrickt hatte. Kurz darauf wurde Merkel selbst zur neuen Parteichefin gewählt.

»Politik« ist (k)eine Wissenschaft

Es könnte so einfach sein: Man studiert Politologie und wird Politiker. Aber so ist es natürlich nicht, wie wir alle wissen (denn Politologie ist ja nur die Wissenschaft von der Politik). Die wenigsten Politiker sind Politologen. Tatsächlich werden Politologen nur sehr selten Politiker – vielleicht weil sie wissen, was alles schiefläuft in der Wirklichkeit? Viele studierte Politologen und Ökonomen finden lieber einen Job als Journalisten. Beobachten und kritisieren kann nämlich weit angenehmer sein, als es selber zu machen! Eigentlich ist der Politikerjob auf den zweiten Blick gar nicht so begehrenswert. Viele Bürger denken zwar, dass Abgeordnete ein eher stressfreies und gut bezahltes Leben führen. Aber so ist es nicht. Natürlich kann ein Wechsel in die Politik auch finanziell attraktiv sein. Schon als Landtagsabgeordneter verdient man mehr als ein Grundschullehrer in Solingen oder ein Mitarbeiter der Arbeitsagentur Chemnitz. Zumal wenn zur Abgeordnetendiät noch Aufwandspauschalen hinzukommen, zum Beispiel für Reisekosten und Zweitwohnung. Als kürzlich in Bayern herauskam, dass Landtagsabgeordnete ihre Ehefrauen oder Geschwister als bezahlte Büromitarbeiter beschäftigten, war das natürlich auch Wasser auf die Mühlen all jener, die Politikern Selbstbedienungsmentalität vorwerfen. Trotzdem: Der Job des Politikers ist anstrengend, jedenfalls dann, wenn man auf höheren Ebenen angelangt ist. (Auf den unteren wiederum muss man befürchten, bei schlechten Wahlergebnissen seinen Posten schnell wieder loszuwerden.) Man wird häufig beschimpft, man verdient bei Weitem nicht so gut wie Manager, hat aber genauso wenig Zeit für sein Privatleben. Auf alle Fälle ist Politiker kein Beruf wie jeder andere.

Jeder Bürger zahlt dem Abgeordneten seines Wahlkreises im Bundestag knapp einen Euro jährlich; die Kosten für Mandatsträger in Landtagen liegen zwischen 89 Cent (Baden-Württemberg) und 4,37 Euro (Bremen) pro Bürger. In Deutschland verdienen nur etwa 3000 Personen mit Politikmachen genug Geld, um davon zu leben. (Zum Vergleich: Es gibt zum Beispiel knapp 50 000 hauptberufliche Journalisten und 350 000 praktizierende Ärzte.) In Parteien und Institutionen finden natürlich jede Menge Leute bezahlte Arbeit als Referenten, Assistenten, Sachbearbeiter. Und die haben gute Chancen, später als Politiker im Rampenlicht zu stehen. Aber auch sie beginnen im Normalfall in einem anderen Beruf. Insgesamt aber gibt es definitiv mehr Metzger, Taxifahrer, Sekretärinnen, Ingenieure oder Computerfachleute und auch Politologen, die von ihrem Beruf leben können, als Politiker.

Die meisten Abgeordneten erlernen erst einmal einen anderen Beruf, bevor sie hauptberuflich in die Politik gehen. Machen wir mal die Probe und schlagen nach, welche Berufe die Abgeordneten des 17. Deutschen Bundestages haben oder hatten. Damit die Auswahl auch wirklich zufällig ist, nehmen wir immer den alphabetisch letzten Mandatsträger jedes Buchstabens:

- Peter Aumer, CDU/CSU: Diplom-Betriebswirt
- Marco Buschmann, FDP: Rechtsanwalt
- Petra Crone, SPD: Sozialwissenschaftlerin
- Mechthild Dyckmans, FDP: Richterin
- Karin Evers-Meyer, SPD: Journalistin, Autorin
- Alexander Funk, CDU/CSU: Diplom-Kaufmann
- Dr. Gregor Gysi, Die Linke: Rechtsanwalt, Fraktionsvorsitzender
- Hubert Hüppe, CDU/CSU: Diplom-Verwaltungswirt
- Undine Kurth , Bündnis 90/Die Grünen: Diplom-Innenarchitektin
- Thomas Lutze, Die Linke: Angestellter
- Dr. Rolf Mützenich, SPD: Politikwissenschaftler *(oh, geht doch!)*

- Dr. Georg Nüßlein, CDU/CSU: Diplom-Kaufmann
- Aydan Özoğuz, SPD: Wissenschaftliche Mitarbeiterin
- Lucia Puttrich, CDU/CSU: Diplom-Betriebswirtin, Bürgermeisterin a. D.
- Marlene Rupprecht, SPD: Lehrerin
- Alexander Süßmair, Die Linke: Chemielaborant
- Dr. Axel Troost, Die Linke: Diplom-Volkswirt, Geschäftsführer
- Alexander Ulrich, Die Linke: Gewerkschaftssekretär
- Andrea Astrid Voßhoff, CDU/CSU: Juristin
- Jörn Wunderlich, Die Linke: Jurist, Richter am Amtsgericht a. D.
- Brigitte Zypries, SPD: Juristin, Justizministerin a. D.

Man sieht: Eine Berufsausbildung schadet nicht, sie ist sogar erwünscht – denn dann haben Politiker wenigstens irgendwann mal »das echte Leben« kennengelernt. Berufseinsteiger, die sofort Berufspolitiker werden, ohne jemals einen anderen Job gemacht zu haben, sammeln ihre Erfahrungen hingegen »am wahren Leben vorbei«. Das ist allerdings bei jungen Politikern immer häufiger der Fall. Auffällig an den Biografien der Abgeordneten: Die meisten haben studiert. Das sagt aber noch nichts darüber aus, wie erfolgreich man als Politiker wird. Dafür braucht man vor allem viel Ausdauer, Geduld und taktisches Geschick. Natürlich auch Sendungsbewusstsein. Und den Wunsch, seine Vorstellungen und Ideale durchzusetzen und etwas »zu gestalten« – das antworten jedenfalls Politiker meistens auf die Frage, warum sie Politiker geworden sind. Was wiederum etwas langweilig ist. Ich habe mal eine ganze Reihe von Jungpolitikern gefragt, warum sie in die Politik gegangen sind, und immer kam dieselbe Antwort: »Ich möchte gerne gestalten.« Nun ja. Geht es nicht etwas weniger stereotyp? Das ist ungefähr so, als wenn Chefs antworten: »Ich trage gerne Verantwortung.« Ja, klar. Stimmt sicher auch. Nur darf man vermuten, dass es noch ein paar andere Gründe gibt: »Ich sag lieber selbst, wo es langgeht, als dass andere das tun«/»Ich möchte Karriere machen und finde es gut, aufzusteigen«/»Ich verdiene mehr, wenn ich Chef bin«/»Ich habe gerne Macht«/»Ich bin da so reingerutscht und hab nicht Nein gesagt, als ich gefragt wurde« … So sieht's doch aus, das sagt nur keiner. Chefs haben offiziell einfach nur gerne »Verantwortung«. Politiker wollen gerne »gestalten«, und wenn Prominente aller Couleur in Fragebögen nach ihrem größten Fehler gefragt werden, kommt mit Sicherheit die Antwort: »meine Ungeduld« (was so viel heißt wie: Ich bin halt smarter als andere – also eigentlich doch eine Stärke und keine Schwäche).

Mit Oma Lemke im Gemeindezentrum

Trotzdem: Politiker sein ist oft mäßig spaßig. Man muss an tausenden Sitzungen teilnehmen und anfangs andere Kandidaten unterstützen, auch wenn man von denen gar nicht so viel hält. Man muss in Fußgängerzonen herumstehen, Flugblätter verteilen und mit Passanten plaudern. Man darf sich nicht zu schade sein, abends noch bei Bürgern zu klingeln und um deren Stimme bei der nächsten Wahl zu bitten. Man sollte gern und überzeugend reden können und darf nicht schüchtern sein. Man muss sich viele Fakten merken und darf sie nicht durcheinanderbringen. Und man sollte Spaß daran haben, komplizierte Sachverhalte zu begreifen und Lösungen für verzwickte Probleme zu entwickeln, diese dann aber einfach und schmissig darzustellen.

Den Großteil der Zeit verbringen Politiker in Sitzungen und Gremien, mit Rücksprachen und Aktenlesen. Die restliche Zeit geht für die Bürgerarbeit in den Wahlkreisen drauf. Da kurvt man auch schon mal sonntags über die Landstraßen und sitzt mit Oma Lemke im Gemeindezentrum, um sich anzuhören, was man alles falsch macht. Öffentliche Auftritte vor großem Publikum, zum Beispiel in Talkshows, haben die meisten Abgeordneten nur selten. Und wenn die Spitzenleute der eigenen Partei als »Zugpferde« im Wahlkampf nicht genug Stimmen holen, ist man seinen Job auch schnell wieder los. Ein paar Prozentpunkte weniger, und schon steht man auf der Straße. Berufspolitiker sind oft zwölf Stunden am Tag im Einsatz. Viele von ihnen pendeln zwischen ihrem privaten Wohnort (das ist dann meist auch ihr Wahlkreis) und Berlin oder der jeweiligen Hauptstadt des Bundeslandes. Das heißt, sie sehen ihre Familie nur am Wochenende oder gar nur alle zwei Wochen. Nicht viel besser ist es, in einem sogenannten Feierabend-Parlament wie der Hamburger Bürgerschaft zu sitzen.

Die Abgeordneten dort gehen tagsüber ihrem normalen Job nach und sollen abends noch regieren. Vorteil: Sie sind finanziell unabhängig von ihrer Partei und vom Staat und können daher freier entscheiden. Nachteil: Es ist unheimlich anstrengend, Politik und Beruf zu vereinbaren. Und sie haben nicht so viel Zeit wie hauptberufliche Kollegen, sich mit einer Sache gründlich zu beschäftigen. Auch bei den Berufspolitikern sind die Karriereaussichten unsicher. Minister werden nur sehr wenige (dann immerhin hat man ausgesorgt, weil die Pensionen doch ganz ordentlich sind).

Diese alltäglichen Anforderungen sind vermutlich ein Grund dafür, dass in allen Parlamenten verhältnismäßig viele Lehrer und Juristen sitzen – das sind tendenziell Leute, die sowieso gerne anderen erzählen, wie etwas ist. Juristen haben zudem gelernt, Gesetzestexte zu verstehen. Außerdem: Für Einsätze als Politiker muss man Zeit haben. Das heißt, man wird von der Arbeit beurlaubt oder reduziert die Stundenzahl. Das ist nicht in allen Berufen möglich. Rechtsanwälte können ihre Praxis von einem Partner führen lassen, während sie in der Politik sind. Lehrer, die im Regelfall vom Staat beschäftigt werden, können sich freistellen lassen und haben die Sicherheit, in ihren Beruf zurückkehren zu dürfen, wenn sie abgewählt und damit als Politiker arbeitslos werden. Für einen mittelständischen Unternehmer hingegen ist es riskanter, mehrere Jahre auszusteigen beziehungsweise das Unternehmen nur nebenher zu führen. Und wer etwa als IT-Spezialist in einer Computerfirma gearbeitet hat, wird Schwierigkeiten haben, wieder eine Anstellung zu finden, wenn er acht Jahre aus dem Job raus war und viele neue Entwicklungen verpasst hat. Ingenieure, Architekten, Mediziner – davon würde man sich mehr in der Politik wünschen, weil es doch oft um solche Fachthemen geht und gerade in diesen Bereichen so viel schiefläuft. Bei öffentlichen Bauvorhaben etwa kann man sich oft nur wundern, wie inkompetent Politik und Verwaltung agieren. Das hat auch damit zu tun, dass im Verwaltungsapparat seit vielen Jahren massiv gespart wird – hochqualifiziertes Fachpersonal ist oft nicht mehr bezahlbar, und so verantworten plötzlich sehr kleine Geister sehr große Projekte. Deshalb wäre es schon hilfreich, wenn wenigstens unter den Politikern mehr unterschiedliche Berufe vertreten wären. Aber mal ehrlich: Wenn Sie eine eigene Zahnarztpraxis haben oder einen guten Posten als kaufmännischer Angestellter bei einem Autobauer – würden Sie kündigen, um in die Politik zu gehen? Als Hinterbänkler, der bei der nächsten Landtagswahl schon wieder rausfliegen kann aus dem Parlament? Wer es in politische Spitzenpositionen geschafft hat, ist natürlich abgesichert. Darum kümmert sich auch die Partei. Ex-Politiker landen gerne bei Verbänden, in den Gewerkschaften oder auf hohen Verwaltungsposten. Aber dafür gibt es keine Garantie. Für viele ist der Gang in die Politik durchaus mit persönlichen Risiken verbunden.

Heulsusen haben keine Chance

Außerdem braucht man als Politiker auch ein dickes Fell. Nicht nur, weil man öffentlich viel kritisiert wird, sondern auch, weil in dem Beruf viel und heftig gestritten wird. Mit Politikern anderer Parteien und mit den eigenen Parteikollegen. Wer sich empfindlich zeigt, dem kann es durchaus passieren, dass er als »Heulsuse« bezeichnet wird. Das hat jedenfalls der damalige SPD-Finanzminister Peer Steinbrück Parteikollegen an den Kopf geworfen, als über die Agenda-Sozialreformen diskutiert wurde. Von Steinbrück stammt auch der Spruch, dass man in der Politik besser kein »Glaskinn« haben sollte. Weil einem halt öfter mal was an den Kopf geknallt wird ...

Warum also gehen kluge Leute überhaupt in die Politik? Manche rutschen einfach rein, und irgendwann packt sie der Ehrgeiz, in höhere Ämter gewählt zu werden, um mehr durchsetzen zu können. Bei vielen sind Idealismus und Überzeugung die Ausgangsmotivation. Natürlich gibt es auch Zeitgenossen, die nur persönliche Vorteile suchen – für Unternehmer kann es hilfreich sein, wenn sie in ihrer Stadt auch noch ein politisches Amt innehaben. Das ist wie in Köln mit den Karnevalsvereinen: Klüngel hilft. Wer einmal im Bundestag gesessen hat, hat aber keineswegs für den Rest des Lebens ausgesorgt. Viele Bundestagsabgeordnete haben finanzielle Probleme bekommen, als sie wegen schlechter Wahlergebnisse ihrer Partei aus dem Bundestag geflogen sind. Sie waren zu lang draußen, um in ihrem Beruf wieder Fuß zu fassen. Die wenigsten werden Bestsellerautoren oder erhalten Aufsichtsratsposten bei großen Unternehmen, zu denen sie vorher enge Kontakte knüpften. Eine ehemalige SPD-Abgeordnete machte 2007 sogar Schlagzeilen, weil sie putzen gehen musste. Andere beantragen Arbeitslosenhilfe, weil sie keinen Job mehr finden. Normale Abgeordnete erhalten nach dem Ausscheiden aus dem Bundestag für jedes Jahr im Dienst ein Monatsgehalt, für eine Legislaturperiode von vier Jahren also vier Monatsgehälter. Das Geld gibt es längstens 18 Monate, und ab dem zweiten Monat werden andere Einkünfte damit verrechnet.

Für Quereinsteiger ist es schwer(er)

Manchmal kann Politik sehr überraschend und dramatisch sein. Etwa wenn sie Personen nach ganz oben katapultiert, die vorher nicht jahrzehntelang eine eigene Hausmacht aufgebaut haben. Grundsätzlich haben es Seiteneinsteiger allerdings schwer. Dafür gibt es gute Gründe. Für die Parteiführung mag es reizvoll sein, einen Quereinsteiger, womöglich sogar ohne Parteibuch, zu präsentieren. Eine parteilose Professorin als Bildungsministerin, ein Unternehmer ohne Bundestagsmandat als Wirtschaftsminister. Bei den Wählern kommt das gut an, weil sie über Berufspolitiker oft abschätzig denken und bei Quereinsteigern eine größere Sachkompetenz vermuten. Damit kann man aber ziemlich falschliegen. Natürlich kennt eine Professorin den Unibetrieb gut. Aber das befähigt sie noch lange nicht dazu, in der Politik so geschickt zu agieren, dass sie für ihr Ressort möglichst viel Geld rausschlägt. Und ein Unternehmer weiß vielleicht, wie er mit seinem Unternehmen Gewinne macht, aber das heißt nicht, dass er auch ein großes Ministerium gut führen kann. Ein Professor für Finanzwissenschaft mag kluge Ideen für eine Steuerreform haben, dafür aber Mehrheiten zu gewinnen – das kennt er nicht. Und wie der Poker bei internationalen Verhandlungen läuft, etwa in der EU, das hat er auch noch nie erlebt. Als Finanzminister muss er das aber können: mit Kabinettskollegen über ihre Budgets verhandeln oder mit den Griechen darüber, unter welchen Bedingungen sie wie viel Geld aus dem Rettungspaket bekommen. Dass dabei taktiert und geblufft und auch gelogen wird, dürfte für einen Professor eine weitaus größere Überraschung sein als für einen erfahrenen Berufspolitiker.

Das schwerwiegendste Manko der Quereinsteiger ist aber ihr mangelnder Rückhalt in der Partei. Wer eine jahrzehntelange Ochsentour durch die Parteigremien hinter sich hat, findet es verständlicherweise nicht lustig, wenn die größten Kuchenstücke an jemanden gehen, der sich all die Arbeit nie gemacht hat. Da gibt's Neid und Intrigen. Vor allem aber fehlen den Quereinsteigern Verbündete, und die braucht man. Man braucht Leute, die einem helfen, wenn es mal eng wird. Die für einen Partei ergreifen oder Ablenkungsmanöver starten, wenn Unangenehmes in der Öffentlichkeit diskutiert wird. Das ist nicht anders als am Arbeitsplatz: Wer jahrelang mit Kollegen zusammengearbeitet hat, regelmäßig in der Kantine zusammengesessen, dem manch einer auch etwas verdankt, der kann darauf hoffen, dass auch ihm in der Not geholfen wird. Der Neue, den keiner kennt, steht erst mal ziemlich allein auf weiter Flur. Wer in einer Partei fest verwurzelt ist, gehört bestimmten Gruppen, Flügeln oder Landsmannschaften an und kann allein deshalb auf Unterstützung hoffen. Ein Quereinsteiger hat diesen »Stallgeruch« nicht. Außerdem tun sich Quereinsteiger oft schwer mit den Abläufen in der Politik. Ein Unternehmer ist daran gewöhnt, dass er Pläne entwickelt, sie hierarchisch durchsetzt und sich schließlich an den Zahlen messen lässt. So funktioniert das in der Politik aber nicht.

Ein Berufspolitiker hat diese Erfahrung vielleicht schon früh gemacht, als er in der hessischen Provinz für die CDU im Gemeinderat saß. Da kam ihm die Idee, dass es großartig wäre, einen schlammigen Feldweg zu teeren und gleich auch noch einen Waldparkplatz zu bauen, um den Tourismus in der Gemeinde anzukurbeln. Als er das seinen Parteikollegen fröhlich vorschlug, musste er feststellen, dass sich die Begeisterung in Grenzen hielt. Parteifreundin X gab ihm deutlich zu verstehen, dass sie nicht bereit war mitzumachen, wenn das neue Vorhaben ihr eigenes Projekt, den Bau eines neuen Spielplatzes, gefährdet – und für beides sei nun mal kein Geld da. Parteifreund Y wiederum wies ihn darauf hin, dass in der hübschen Siedlung am Waldrand vor allem CDU-Wähler wohnen, und die wären wohl kaum begeistert, wenn das Verkehrsaufkommen vor ihrer Haustür steigt. Und Parteifreund Z gab zu bedenken, dass über den Feldweg viele Kröten wandern. Wenn aus dem Weg eine geteerte Straße würde, auf der Autos schneller fahren, würde das die Kröten gefährden.»Und dann machen uns die Grünen die Hölle heiß, das können wir jetzt vor der Kommunalwahl echt nicht gebrauchen.« Unser fiktiver tapferer Gemeinderat brauchte zwei Jahre geduldiger Überredungskünste und Deals (»Ich helf dir beim Spielplatz, wenn du mir beim Waldweg hilfst«), bis die Straße doch noch geteert wurde. Aus dem Waldparkplatz wurde allerdings nichts.

Handwerk, Bauchgefühl und der »Faktor Mensch«

Zugleich hat er viel über Verwaltungsvorschriften gelernt und darüber, wie man Fördermittel beim Land oder bei der EU erbettelt. Solche Erfahrungen sind eine Menge wert. Politik besteht in der Praxis nicht darin, tolle Ideen zu haben. Politik besteht darin, Teile dieser Ideen durchzusetzen, indem man eine Mehrheit davon überzeugt und unterschiedliche Interessen ausgleicht. Dafür muss man unendlich viel diskutieren, vielen nervigen Leuten zuhören, Unsympathen ertragen, sich womöglich mit ihnen verbünden, außerdem muss man im Regen auf Einkaufsstraßen rumstehen und sich überwinden, Passanten anzuquatschen, an Türen klingeln, die zugeknallt werden, kaum outet man sich als Politiker, der gerne mit seinen Wählern reden würde. Wer das alles nicht schon jahrelang gemacht hat, für den kann es ein böses Erwachen geben, wenn er plötzlich in der Politik landet. Hinzu kommt der Faktor Mensch. Man braucht Instinkt und Bauchgefühl. Wer als Politiker prominent werden will, hat die besten Chancen, indem er sich abgrenzt und Konflikte sucht, anstatt den braven Parteisoldaten zu geben. Mit Widerspruch kommt man in die Medien. Die kurze steile Karriere des Karl-Theodor zu Guttenberg nahm gewaltig an Fahrt auf, als er sich als Wirtschaftsminister gegen das gesamte Kabinett einschließlich Kanzlerin stellte. Es ging um die Frage, ob der Autobauer Opel mit Staatsgeldern gerettet werden soll oder nicht. Guttenberg ließ sogar durchsickern, dass er mit Rücktritt gedroht habe. Das verschaffte ihm ein enormes Profil. Aber er hatte mit dieser Illoyalität auch eine Reihe einflussreicher Menschen vor den Kopf gestoßen. Hinzu kam der Neid auf seinen Erfolg, den er vor allem einer guten Presse und seinem charismatischen Auftreten samt Gattin verdankte. Manch einer hat damals mit den Zähnen geknirscht, wenn er zusehen musste, wie »Gutti« bejubelt wurde. Als seine Erfolgskurve nach unten ging, war keiner mehr da, der ihm half.

Auch Politiker wie der Ex-Umweltminister Norbert Röttgen oder Ex-Bundespräsident Christian Wulff haben sich Feinde gemacht mit ihrer Profilierung auf Kosten von Parteikollegen. Das geht gut, solange man (Wahl-)Erfolge hat. Aber irgendwann kann es sich rächen. Es gibt Beispiele für andere Politiker, die gerade aus ihrer innerparteilichen Beliebtheit Stärke bezogen, die sogar von den Politikern gegnerischen Parteien gemocht wurden, und damit manches im Stillen erreichen konnten. Der inzwischen verstorbene frühere SPD-Verteidigungsminister Peter Struck ist dafür ein Beispiel. Er galt als rau, aber herzlich und vor allem: als verlässlich. Während der Großen Koalition von SPD und CDU war er Fraktionschef, und es entstand sogar eine persönliche Freundschaft zwischen ihm und seinem Kollegen von der CDU, dem Unionsfraktionschef Volker Kauder. Man wurde per Du – und konnte viele Konflikte abfedern, weil man sich gegenseitig vertraute, trotz aller politischen Meinungsunterschiede. Insofern ist es in der Politik wie im wahren Leben: Nett sein allein bringt einen nicht weiter. Zwar haben die Egoshooter oft kurzfristig mehr Erfolg, manchmal auch langfristig, zumindest wenn sie wirklich gut sind, in dem, was sie tun, wenig Fehler machen und entschlossen agieren. Aber für die weniger Hochbegabten empfiehlt es sich durchaus, nicht bloß unanständig und intrigant zu sein. Wer Freunde hat, ist im Ernstfall weniger allein. Und wenn man Politiker fragt, was sie an anderen Politikern am meisten schätzen, dann geht es immer wieder um »Verlässlichkeit«.

Auch in der internationalen Politik ist das so. Ich habe Angela Merkel in einem persönlichen Gespräch gefragt, wie sie den Staatsführer eines anderen wichtigen europäischen Landes einschätzt. Um wen es da ging und was sie genau gesagt hat, würde ich hier nicht öffentlich machen. Das wäre ein Verstoß gegen das Gebot der Vertraulichkeit, unter dem solche Hintergrundgespräche stattfinden. Aber so viel sei verraten: »Er ist verlässlich«, war ihr wichtigster Punkt. Man trifft eine Absprache, und der andere hält sich daran, selbst wenn es für ihn unangenehm wird. Und dann ist es auch egal, ob man sich persönlich sympathisch ist oder welche unterschiedlichen Standpunkte man hat. In der Politik geht es um Verhandlungen und Absprachen.

Wer in der Politik nach ganz oben will, muss kämpfen können und auch kühl lächelnd Leute absägen, wenn sie einem im Weg stehen. Man muss auch in der Lage sein, sein Fähnchen nach dem Wind zu halten, wenn man merkt, dass sich der Wind gedreht hat. Aber man sollte doch nicht zu viele Weggefährten brutal hinters Licht geführt haben. Zumindest muss es noch genauso viele geben, die einem treu ergeben sind. Wie man diese Balance hält zwischen Freund und Feind, dafür braucht es den berühmten Machtinstinkt. Den hat man – oder man hat ihn eben nicht.

Bei all dem Stress: Macht regieren trotzdem Spaß?

Der frühere Außenminister und Grünen-Chef Joschka Fischer hat mal gesagt: Kanzler sein, das sei die »Todeszone« der Politik. Der Begriff »Todeszone« kommt eigentlich aus der Bergwelt und meint den Bereich auf den Achttausendern, wo nichts mehr wächst, weil der Sauerstoff knapp und die Luft extrem dünn ist. Dort weht ein eisiger Wind, und jeder Fehltritt führt sofort zum tödlichen Absturz. Wer sich dort hintraut, muss ein ziemlich furchtloser Extrembergsteiger sein, der genau diesen Nervenkitzel sucht. Und damit vergleicht der Politiker Fischer das Bundeskanzleramt: Nach so hoch oben kämen nur die Stärksten. Die die Last ertragen, die dann auf ihren Schultern liegt; die sich durch harte politische Kämpfe geboxt und gegen Feinde behauptet haben. Dort oben, wo die Luft so dünn sei, würden nur wenige überleben. Als er selbst die politische Karriereleiter hochkletterte, sei er an lauter Politikern vorbeigekommen, die es nicht geschafft hatten, die »tot und festgefroren in ihren Seilen hingen«. Und diejenigen, die es nach ganz oben geschafft haben, müssen natürlich mit der Gefahr leben, jederzeit wieder abzustürzen – beziehungsweise gestürzt zu werden. Das ist nicht nur im Kanzleramt so, sondern in allen politischen Spitzenämtern; auch für Ministerpräsidenten oder Parteichefs kann die Luft sehr dünn werden. Aber ganz oben, wenn es um Kanzleramt und Kanzlerkandidatur geht, weht der Wind noch etwas eisiger. Und das hat eben nicht nur mit der Last der Verantwortung zu tun, sondern auch damit, was man an Kämpfen bestehen und an Kritik aushalten muss.

Höhenrausch in der Todeszone

Gerhard Schröder musste gegen Oskar Lafontaine kämpfen. Angela Merkel hat auf dem Weg nach oben Helmut Kohl vom Gipfel geschubst, weil sie sich als Erste traute, dem in eine Parteispendenaffäre verwickelten Altkanzler zu sagen, dass es auch ohne ihn geht und er der Partei nicht länger schaden soll. Das muss man erst mal bringen. Später hat sie ihren Parteikonkurrenten Friedrich Merz am Wegesrand zurückgelassen, und geschickt beförderte sie Christian Wulff zum Bundespräsidenten, wo er ihr nicht mehr gefährlich werden konnte. Kein Politiker kommt glatt und harmonisch nach ganz oben. Allerdings: Weder Schröder noch Merkel noch ihr aktueller Gegner Peer Steinbrück wären dort angekommen, wo sie sind, wenn sie dafür innerhalb ihrer Partei keine Mehrheiten gehabt hätten. Und die Parteimehrheiten wiederum orientieren sich stark daran, was die Wähler wohl wollen. »Wer gewinnt für uns Wahlen?«, auf diese Frage läuft es immer wieder hinaus, und diese Frage steht auch hinter jedem Sturz vom Gipfelkreuz. Wenn die eigenen Leute nicht mehr daran glauben, dass man Wahlen gewinnt, dann kappen sie die Seile und stoßen einen herunter. Ohne mit der Wimper zu zucken.

Das, was Spitzenpolitiker »wegstecken«, hinterlässt natürlich Spuren – auch im Gesicht. Die Fotografin Herlinde Koelbl hat diese »Spuren der Macht«[1] beeindruckend dokumentiert. Sie begleitete Politiker wie Schröder, Fischer und Merkel über acht Jahre hinweg und machte immer wieder Porträtfotos von ihnen – als sie noch ziemlich am Anfang standen, unterhalb der Todeszone sozusagen, und dann ein paar Jahre später, als sie auf dem Gipfel angekommen waren. In dieser Zeit hatten sich bei allen tiefe Falten ins Gesicht gegraben, tiefer als bei anderen Menschen in einem vergleichbaren Zeitraum. Spitzenpolitiker altern offenbar im Zeitraffer. Besonders bei Bundeskanzler Schröder

---

1 Herlinde Koelbl: Spuren der Macht. Die Verwandlung des Menschen durch das Amt. Eine Langzeitstudie; München 2002, Knesebeck-Verlag

war das auffällig: »Von der Jugendlichkeit, vom offenen Gesicht des ersten Porträts wurde er maskenhafter, die Augen wurden stumpfer. Im Jahr der Bundestagswahl wurde sein Gesicht ganz hart. Man sah ganz deutlich die Spuren des Kampfes«, erinnert sich Herlinde Koelbl. Und wieder hat es Joschka Fischer besonders drastisch ausgedrückt. Zur Fotografin Koelbl sagte er: »Politiker, das sind die Menschen mit den schmalen Lippen. Weil man so viel wegstecken muss. Runterschlucken muss.« Zwischenzeitlich sah er auch selbst ziemlich schmallippig aus.

An der Spitze ist man außerdem ziemlich einsam. Dort gibt es nur noch wenige, denen man vertrauen kann und die auch auf dem Weg nach unten noch bei einem bleiben. Politische Freundschaften sind eher Zweckgemeinschaften. Und Politiker gegnerischer Parteien können erst recht brutal sein. Angela Merkel bekannte gegenüber der Fotografin Koelbl, dass sie nicht mehr so offen sei wie früher. Angesichts dieser Bekenntnisse fragt man sich natürlich: Wenn es so hart und einsam ist da oben – warum wollen dann trotzdem so viele dahin? Das ist ein bisschen so, als würde man einen Leistungssportler fragen, warum er sich jeden Tag schindet. Jeden Tag bis zur Schmerzgrenze trainieren, statt in der Freizeit rumzugammeln oder ins Kino zu gehen – was für ein furchtbar diszipliniertes Leben! Doch es scheint sich ja sehr zu lohnen: für die berauschend befriedigenden Augenblicke des Sieges, für die Begeisterung an der eigenen Leistungsfähigkeit, die Selbstbestätigung, den Applaus und die Anerkennung, für die intensiven, extremen Gefühle, wenn man die Goldmedaille vor Augen hat. Das ist bei Spitzenpolitikern ähnlich – und keineswegs verwerflich. Man darf ihnen auch unterstellen, dass sie alle als junge Politiker aus Überzeugung und Idealismus angefangen haben. Später kam das Gefühl hinzu, selbst besonders geeignet zu sein, die eigenen Überzeugungen umzusetzen – zum Wohle aller. Dafür aber muss man Macht gewinnen. Und an dieser Stelle setzt eine eigentümliche Dynamik ein: Am Ende kann es nämlich passieren, dass es gar nicht mehr so sehr um Überzeugungen geht, sondern nur noch um die Macht als solche. Um das Gewinnenwollen und darum, im Konkurrenzkampf gegen andere zu bestehen, sich nicht wegschubsen zu lassen. Und es geht um die eigene Person und die mit der Öffentlichkeit verbundene Zuwendung.

Der Ehrliche ist der Dumme

Dass es ihm nur um die eigene Macht ginge, dafür wurde zum Beispiel 2012 der CDU-Politiker Norbert Röttgen kritisiert. Er war Spitzenkandidat bei der Landtagswahl in Nordrhein-Westfalen, gab aber zu, im Fall einer Niederlage nicht Oppositionsführer im Landtag werden, sondern sein damaliges Amt als Bundesumweltminister in Berlin behalten zu wollen. Das ist durchaus nachvollziehbar, schließlich wäre für einen Politiker, der es in der Bundespolitik schon so weit nach oben geschafft hat, ein solcher Karriereknick ziemlich bitter gewesen. Plötzlich machtlos in Düsseldorf statt Bundesminister in Berlin. Und ob das für seine Partei so gut gewesen wäre, kann man ebenfalls in Frage stellen. So wahnsinnig viele prominente Spitzenleute hat die CDU im Bund nun auch wieder nicht, und Röttgen galt sogar als potenzieller Kanzlerkandidat. Aber das unverhohlene Karrierestreben wurde ihm heftig zum Vorwurf gemacht: Wenn Röttgen sich wirklich für NRW interessierte, würde er auch als Verlierer kommen, wo bleiben denn sonst die Überzeugungen! Er sah das anders und formulierte ungeschickt: »Ich meine, ich müsste eigentlich dann Ministerpräsident werden, aber bedauerlicherweise entscheidet nicht allein die CDU darüber, sondern die Wähler entscheiden darüber.« Er gab also schon vor der Wahl zu, dass ihm nicht nur das Land Nordrhein-Westfalen, sondern auch die eigene Karriere am Herzen lag. Schwerer Fehler. Er verlor die Landtagswahl – und wenige Tage später auch das Amt als Umweltminister, Angela Merkel persönlich warf ihn raus.

Der Journalist Jürgen Leinemann beobachtete über viele Jahrzehnte in Bonn und Berlin Politiker aus allernächster Nähe. Und er meint, dass fast alle Spitzenpolitiker unter einer Art »Höhenrausch«[2] leiden. Im Gebirge ist die gefährliche Höhenkrankheit für Bergsteiger etwas sehr Unangenehmes. Manchmal äußert sie sich aber auch als Höhenrausch, dann ist der Bergsteiger eigentlich sehr krank, fühlt sich aber euphorisch und großartig, hat Glücksgefühle und Halluzinationen. Leinemann erklärt, so erginge es vielen Politikern. Sie seien wie

---

2 Jürgen Leinemann: Höhenrausch – die wirklichkeitsleere Welt der Politiker; München 2004, Blessing Verlag

im Rausch, ständig unter Strom und süchtig nach dem Gefühl von Macht und nach der Aufmerksamkeit, die ihnen ständig zuteil wird. Sie sind daran gewöhnt, dass dauernd Kameras auf sie gerichtet sind, dass man ihnen zuhört, Tausende in einer Halle, Millionen vor den Fernsehern hängen an ihren Lippen. Und selbstverständlich gewöhnt man sich in solch einer Position auch daran, dass einem viele Mitarbeiter zur Verfügung stehen, ein ganzer Tross, der immer um einen herum ist. Selbst das Autofahren verlernt man in hohen politischen Ämtern, denn man wird natürlich immer gefahren. Das Gefühl, im Mittelpunkt zu stehen, wichtig zu sein, Entscheidungen zu treffen – dieses Gefühl macht süchtig. Es ist auffällig, wie viele Politiker von »Entzugserscheinungen« sprechen, wenn sie aus der Politik ausscheiden. Der frühere Bundespräsident Johannes Rau hat mal gesagt, Politik sei wie Nüsse knabbern: Wenn man einmal damit anfange, könne man nicht mehr aufhören. Und wer ganz oben auf den Gipfeln steht, will offenbar nie wieder heruntersteigen. Vielleicht, weil verglichen damit das Leben im Tal öde erscheint.

Wer darüber voller Häme lästert, sollte allerdings für eine Sekunde innehalten und sich fragen, warum weltweit Millionen Menschen davon träumen, richtig groß Karriere zu machen – oder bei einem »Superstar«-Contest zu gewinnen...

Wahlen in Deutschland: Wie verhältnismäßig ist eine Mehrheit?

»Alle Staatsgewalt geht vom Volke aus«, steht im Grundgesetz. Das bedeutet: Es wird gewählt, und die Stimmen werden möglichst gerecht auf Abgeordnete umgerechnet. Das ist manchmal gar nicht so leicht. Nehmen wir mal an, es gebe drei stimmberechtigte Bürger, zwei Parteien und zwei Abgeordnetensitze. Wenn jetzt zwei Leute Partei A wählen und einer Partei B – was ist dann gerecht:
- Partei A kriegt alle Sitze (weil sie die Mehrheit der Stimmen hat)?
- Oder: Partei A kriegt einen Sitz und Partei B kriegt auch einen Sitz (damit die Gegenmeinung ebenfalls in der Regierung vertreten ist)?

Nimmt man jetzt viele Millionen Stimmen und 598 zu vergebende Sitze im Bundestag, wird es nicht einfacher ...

Ist Gerechtigkeit also höhere Mathematik? So ganz genau will man es ja eigentlich nicht wissen. Aber grundsätzlich kann man sagen: Das Wahlrecht ist eine mathematisch faszinierende Angelegenheit. Von der Organisation der Wahl und der Rechenmethode hängt nämlich ab, wie gerundet wird. Und das entscheidet, welche Partei vielleicht den einen, alles entscheidenden Sitz mehr bekommt. Für uns normale Wähler ist zunächst mal wichtig: Für den Bundestag darf in Deutschland jeder Bürger ab achtzehn wählen, bei Landtagen, Bürgermeistern usw. oft schon ab sechzehn. Die einzigen Ausnahmen sind Menschen, die wegen schwerster geistiger Behinderungen keine Wahlentscheidung treffen können. Und in besonders schweren Fällen und auf richterliche Anordnung dürfen auch politische Straftäter keine Stimme abgeben.

Die Bundestagswahl selbst ist grundsätzlich ziemlich einfach, trotzdem kann man mit »Erststimme« und »Zweitstimme« durcheinanderkommen. Die Hälfte der Abgeordneten wird mit der »Erststimme« von den Bürgern direkt gewählt. Diese Abgeordneten treten in einem Wahlkreis an, zum Beispiel im Wahlkreis Bitburg in der Eifel, und wer dort die Mehrheit der Stimmen bekommt, landet direkt im Bundestag – und das auch in jedem Fall, unabhängig davon, wie erfolgreich seine Partei ist. Das ist das Direktmandat. Dabei kann übrigens sogar ein Politiker gewinnen, der keiner Partei angehört, weil er in seiner Gemeinde besonders beliebt ist. In der Praxis ist das aber eher Theorie. Auf dem Land kennt man die Abgeordneten vielleicht noch persönlich, in größeren Ortschaften oder Städten eher nicht. Deshalb machen viele Wähler auch bei der Erststimme ihr Kreuz der Einfachheit halber nach der jeweiligen Partei, obwohl sie ja mit der Erststimme eigentlich eine Person wählen. Das deutsche Wahlrecht wird auch als »personalisiertes Verhältniswahlrecht« bezeichnet. Weil mit der Erststimme Personen gewählt werden und die Zweitstimme die politischen Verhältnisse möglichst genau abbilden soll. Für die Verteilung der Machtverhältnisse auf Bundesebene (für ganz Deutschland) ist also die Zweitstimme wichtiger. Das ist die sogenannte »Kanzlerstimme«. Die Zahl der Zweitstimmen entscheidet letztlich, wie viele Abgeordnete eine Partei in den Bundestag schicken darf, um dort den Bundeskanzler zu wählen. Das Zweitstimmenergebnis kommt am Wahlabend in den Nachrichten, also: 38 Prozent für Partei X, 15 Prozent für Partei Y usw. Die Sitzverteilung im Bundestag soll diese Prozentzahlen möglichst genau widerspiegeln. Dafür werden die noch freien Plätze mit Politikern aufgefüllt, die von den Parteien im Voraus dafür bestimmt wurden. Das sind Politiker, die keinen Wahlkreis gewonnen haben, sondern über die sogenannten Listen in den Bundestag ziehen. Wichtige Kandidaten werden auf diesen »Listen« mit einem der vorderen Plätze abgesichert, damit sie es auf jeden Fall in den Bundestag schaffen, auch wenn sie ihren Wahlkreis nicht gewinnen. Ohne die Zweitstimme hätten kleinere Parteien kaum eine Chance, weil sie selten ganze Wahlkreise erobern.

Welche Stimme ist wirklich wichtig?

Konkret könnte das Ergebnis am Ende so aussehen: Wenn eine Partei mit den Erststimmen vier Direktmandate gewinnt, dann ziehen diese vier Abgeordneten auf jeden Fall in den Bundestag ein. Hat sie außerdem bundesweit zum Beispiel 10 Prozent der Zweitstimmen, darf sie noch weitere 56 Abgeordnete benennen. Denn im Bundestag gibt es derzeit mindestens 598 Sitze; 10 Prozent davon sind – gerundet – 60 Sitze, von denen vier ja schon über die Erststimmen besetzt sind.

Besonders wichtig ist die Erststimme nur in zwei Fällen:
- Eine Partei hat mit der Erststimme mehr direkte Sitze gewonnen, als ihre Zweitstimmen-Prozente eigentlich zulassen. Dann bekommt sie alle diese Sitze als sogenannte »Überhangmandate«. Dafür werden dann tatsächlich ein paar Extrastühle im Bundestag aufgestellt.
- Und: Eine Partei hat bundesweit zwar weniger als 5 Prozent der Stimmen bekommen, einer ihrer Politiker hat es aber erstaunlicherweise geschafft, seinen Wahlkreis zu gewinnen – die kommen dann auch rein. Gewählt ist gewählt! Das war zum Beispiel von 2002 bis 2005 so, als die beiden ostdeutschen PDS-Abgeordneten Petra Pau und Gesine Lötzsch im Bundestag saßen. Allerdings ganz hinten, auf den schlechtesten Plätzen.

Damit nicht ein Haufen Splitterparteien mit jeweils ein bis zwei Abgeordneten für Unruhe sorgt, hat man die 5-Prozent-Hürde eingeführt. Listenplätze per Zweitstimme gibt es erst ab 5 Prozent der Stimmen. Natürlich gibt es auch Kritiker dieser Regel, aber das Ziel der Wahlvorschriften ist:

(a) die politischen Bedürfnisse des Volkes so genau wie möglich abzubilden und gleichzeitig

(b) eine möglichst handlungsfähige Regierung zu bilden.

Das sind jedoch meistens entgegengesetzte Ziele. In anderen Ländern, zum Beispiel in den USA, arbeitet man daher mit dem Mehrheitswahlrecht: Wenn eine Partei mehr Stimmen hat als die andere, dann stellt sie allein die Regierung und kann mehr oder weniger machen, was sie will. Mit dem Mehrheitswahlrecht haben in der Regel nur (zwei) große Parteien eine Chance, ins Parlament zu kommen. Das hat den Vorteil, dass weniger Kompromisse ausgehandelt werden müssen. Man muss keine Koalitionen bilden, und nach der Wahl ist sofort klar, wer gewonnen hat und regieren wird: Partei A oder Partei B. Nachteil: Wenn Partei A nur ganz knapp gewinnt, dann kann sie unangefochten regieren, obwohl fast die Hälfte der Wähler sie gar nicht wollte. Der Wahlsieg gibt also nicht die Meinung des ganzen Volkes wieder. Deshalb betonen amerikanische Präsidenten in ihren Antrittsreden immer so gern, dass sie die Präsidenten aller Bürger seien – weil sie genau das nicht sind, es aber gern wären und auch eigentlich sein sollen.

Unser Wahlsystem ist anstrengend, aber gerecht

Viele Menschen fühlen sich beim Mehrheitswahlrecht zudem weder von der einen noch von der anderen im Parlament sitzenden Partei vertreten. Kleinere Parteien schaffen es ja gar nicht erst ins Parlament, obwohl auch sie von vielen Leuten gewählt wurden. Ihre Stimmen gehen praktisch verloren. Generell ist es in einem Mehrheitswahlsystem schwieriger, spezielle Anliegen politisch deutlich zu machen. Dass in Deutschland zum Beispiel der Umweltschutz schon lange in allen Parteien eine wichtige Rolle spielt, hängt auch damit zusammen, dass eine Partei wie die Grünen so schnell so viel Erfolg haben konnte.

In einem Mehrheitswahlsystem haben neue, kleine Parteien hingegen kaum eine Chance. Was auch ein Vorteil sein kann: Extreme Parteien wie zum Beispiel die Neonazis schaffen es in einem Land mit Mehrheitswahlrecht praktisch nie ins Parlament. Sie sind vielleicht trotzdem da, aber man »sieht« sie nicht. Das kann oberflächlich betrachtet angenehm sein, mit manchen gesellschaftlichen Gruppen muss man sich dann nicht so intensiv beschäftigen.

Trotzdem: Das »personalisierte Verhältniswahlrecht« in Deutschland macht das Regieren zwar manchmal anstrengender, aber viele Wähler empfinden dieses System als gerechter. Wenn im Bundestag jedoch dreißig verschiedene Miniparteien wären, dann könnte man sich auf gar nichts mehr einigen, alle würden sich gegenseitig blockieren, das Land wäre nur noch schwer regierbar, und die Bürger würden sich vom Parlament möglicherweise entnervt abwenden. So ist das ja in den ersten Jahrzehnten des letzten Jahrhunderts gewesen, in der Weimarer Republik. Am Ende ist diese erste deutsche Republik auch an ihren eigenen Blockaden gescheitert. Dass so etwas nicht noch einmal passieren kann, war eines der Hauptanliegen, als die Bundesrepublik 1949 gegründet wurde. Und auch deshalb ist das Wahlrecht in Deutschland so kompliziert, mit einer Mischform und der 5-Prozent-Hürde – weil man es eben besonders gut machen wollte!

Nach dem Ankreuzen folgt das Auszählen – aber für wie viele Stimmen bekommt man dann wie viele Parlamentssitze? Das hängt vom Wahlverfahren ab (also vor allem: von der Regel, nach der gerundet wird). Wer es genau wissen will: Auf www.wahlrecht.de/verfahren/anschaulich/ gibt es eine Übersicht der verschiedenen Berechnungsmöglichkeiten und ihrer Konsequenzen. Letztlich ist jedes Verfahren für den einen Wahlteilnehmer besser, für den anderen schlechter. Man weiß aber immer erst hinterher, für wen. Insofern ist es dann doch einigermaßen gerecht. Wer gern knobelt, findet unter de.wikipedia.org/wiki/Sitzzuteilungsverfahren und www.wahlrecht.de/verfahren Übersichten mit mathematisch besonders interessanten Beispielen.

Die Berechnung erfolgte ab 1987 nach dem Hare-Niemeyer-Verfahren, seit Januar 2008 wird das Sainte-Laguë/Schepers-Verfahren angewendet, das soll noch gerechter sein, also den Wählerwillen noch präziser abbilden. Anfang 2013 wurde das Wahlrecht auf Anordnung des

Bundesverfassungsgerichtes weiter verfeinert. Doch das sind Details, die allenfalls die Teilnehmer eines Mathe-Leistungskurses begeistern.

Übrigens: Scheidet ein Abgeordneter aus dem Bundestag aus, wird er durch einen »Nachrücker« ersetzt. Das gilt jedoch nicht für Überhangmandate. Sie entfallen ersatzlos. Dadurch können sich überraschend die Mehrheitsverhältnisse ändern. Es soll ja spannend bleiben!

Manchmal bekommen die kleineren Parteien auch sogenannte Leihstimmen von den größeren. Die FDP zum Beispiel sagt vor der Wahl, dass sie mit der CDU regieren will. Die CDU wiederum muss damit rechnen, dass sie selbst nicht genug Stimmen bekommt, um allein zu regieren, sondern dafür die FDP brauchen wird. Damit das klappt, muss es die FDP aber wenigstens in den Bundestag schaffen, also über 5 Prozent der Stimmen bekommen. Um das zu erreichen, können CDU-Wähler ihr Kreuz bei der FDP machen, die CDU verleiht also Stimmen an die FDP, damit man später gemeinsame Sache machen kann und als Koalition an die Macht kommt. Der Schuss kann aber auch nach hinten losgehen, wie bei der Wahl 2005: CDU/CSU plus FDP hatten immer noch nicht genug Stimmen, sodass es zu einer großen Koalition von CDU/CSU und SPD kam – und die Leihstimmen der CDU-Wähler für die FDP waren verloren.

Das Internet hilft vor und nach der Wahl

Vor der Wahl kann man sich übrigens gut im Internet informieren, etwa bei der Bundeszentrale für politische Bildung (bpb). Sie gehört zum Innenministerium und hat die Aufgabe, unparteiisch über Politik in Deutschland zu informieren. Sie soll also nicht etwa Werbung für die amtierende Regierung oder eine bestimmte Partei machen, sondern für die Demokratie als solche. Dazu richtet sie u. a. vor Landtags- und Bundestagswahlen einen »Wahl-O-Mat« ein. Die Parteien werden dafür vorab nach ihrer Meinung zu aktuellen Problemen befragt. Der Benutzer wählt im Internet aus, wie er selbst die Sache sieht, was ihm wichtig ist, und bekommt auf dieser Basis eine Liste mit Übereinstimmungen. Dieser Dienst bleibt online, auch wenn gerade keine Wahl ist. Man kann also den letzten Wahl-O-Mat des eigenen Bundeslandes aufrufen und den Test machen. Es gibt auch Offlineversionen und sogar einen Wahl-O-Mat fürs Handy, alles unter www.wahl-o-mat.de.

Und wenn gerade nicht gewählt wird, hilft das Internet trotzdem beim Politikmachen. Die Bundestagsabgeordneten zum Beispiel kommen aus einzelnen Wahlkreisen – und kennen sich dort aus. Sie sind daher der erste Ansprechpartner für Vorschläge oder Fragen. Post- und E-Mail-Adressen stehen im Internet auf www.bundestag.de/bundestag/abgeordnete17/ (man muss nur die eigene Postleitzahl eingeben, dann werden alle passenden Volksvertreter angezeigt).

Öffentlich nachlesbare Fragen lassen sich auch auf www.abgeordnetenwatch.de abschicken. Hier bekommt man vor allem grundsätzliche Informationen über die jeweiligen Ansichten.

Und jeder Bundesbürger hat zudem das Recht, eine sogenannte Petition zu stellen – und eine Antwort darauf zu erhalten. Wer also zum Beispiel gern einen eigenen Autobahnzubringer hätte oder nur noch unterirdische Handymasten, kann das gezielt vorschlagen. Man kann eine solche Petition an die eigene Landesregierung schicken, die kümmert sich dann darum, wer zuständig ist. Fragen, die ganz Deutschland betreffen, gehen an den Bundestag. Auch online kann man Petitionen einreichen (und nachlesen): www.demokratieonline.de. Die Themen reichen von durchdachten Reformen des Steuerrechts bis zu Beschwerden über die Absetzung von Fernsehserien. Kürzlich hat zum Beispiel ein neunzehnjähriger Student via Internet eine Petition gestartet, die von 70 000 Unterstützern unterschrieben wurde. Er fordert ein Gesetz, das die »Netzneutralität« festschreibt. Vereinfacht gesagt ist damit gemeint, dass Internetanbieter alle Daten im Internet technisch gleich behandeln müssen, ohne Ansehen ihrer Inhalte und Herkunft. Ein Thema, das viele junge Leute sehr bewegt und ihrer Ansicht nach von der Politik nicht ausreichend behandelt wird. Aufgrund seiner Eingabe durfte der 19-jährige Physikstudent sogar persönlich vor dem Petitionsausschuss des Bundestags sein Anliegen erläutern, und die Medien wurden auf ihn aufmerksam. So hat er als einzelner Bürger seinem Thema immerhin einige Öffentlichkeit verschafft.

Föderalismus – muss das denn immer sein?

Bundestag, Bundesrat, Landtage, Kreistage, Stadträte. Haben die vielen deutschen »Tage« und » Räte« wirklich alle Sinn und Zweck? Auch so ein schönes Streitthema! Ist ein föderaler Staat bürgernäher und demokratischer, oder behindert uns der Föderalismus mehr, als dass er uns nutzt? Die Antwort ist wie immer ganz einfach: Es kommt drauf an. Mal so, mal so. Föderalismus macht das Regieren, also die Suche nach Mehrheiten für politische Lösungen, jedenfalls nicht leichter. Und genau darum geht es ja in der Politik: Ideen zu entwickeln und dafür Mehrheiten zu organisieren. Das ist der Kern allen politischen Handelns. Wenn nicht nur mehrere Parteien, sondern auch noch mehrere staatliche Ebenen mitreden, verkompliziert sich dieser Prozess. In der Volksrepublik China wären die Tibeter sehr glücklich über ein echtes föderales System, in dem sie eine eigene Landesregierung und ein Landesparlament wählen könnten, das uneingeschränkt bestimmt, welche Freiheitsrechte tibetische Mönche in ihren Klöstern haben und welche kulturellen Eigenheiten die Tibeter pflegen dürfen.

Der Föderalismus kann ein wunderbares Instrument sein, um eine Nation zusammenzuhalten, gerade weil er auf den ersten Blick einen Staat eher »zersplittert«. Ich habe in Peking einmal den Newsanchor der wichtigsten chinesischen Nachrichtensendung interviewt. Ein Linientreuer natürlich – sonst wird man in der Volksrepublik kein Nachrichtenstar. Als ich ihn nach der Unterdrückung in Tibet fragte, reagierte er formvollendet empört und mit der »lustigen« Gegenfrage: »Was würden Sie in Deutschland denn davon halten, wenn die Bayern plötzlich erklären würden, dass sie aus Deutschland austreten wollen?« Tja, was würden wir davon halten? Panzer am Tegernsee aufrollen lassen? Abgesehen davon, dass die Bayern ganz gute Gründe dafür haben, lieber zum großen Deutschland zu gehören als ein eigener winziger Ministaat zu sein, ist das letztlich eine Frage von Freiheit: Sie haben ihre eigene gewählte Landesregierung, niemand verbietet Oktoberfest und Lederhosen, und es gibt auch keine Invasion von »Saupreißn«, die sich die leitenden Stellen in Verwaltung und Wirtschaft sichern und lukrative Einnahmequellen abschöpfen, während das bayerische Volk darbt. Der bayerische Ministerpräsident darf gegen Berlin poltern, so viel er will, und im Bayerischen Rundfunk wird eifrig gebayert, Moderatoren mit Dialekt sind willkommen. »Mia san mia«, und das ist auch völlig in Ordnung. Der Rest der Republik stört sich nicht daran. Man lästert ein bisschen übereinander, in deutschen Landen, aber letztlich gilt im föderalen Verbund die kölsche Devise: »Jede Jeck ist anders.« Und niemand hat die Absicht, Panzer am Tegernsee auffahren zu lassen – solange die Bayern brav am föderalen Finanzausgleich teilnehmen und ordentlich zahlen (das war jetzt natürlich nur ein Scherz – zum Thema Finanzausgleich kommen wir aber später noch, da hört nämlich für die Bayern der Spaß inzwischen auf).

Der Föderalismus versucht sich in einer Abwägung von regionaler Freiheit und gesamtstaatlicher Vernunft. Deutschland ist als »Bundesrepublik« also ein föderaler Bund (eine Gemeinschaft) verschiedener Deutschländer. Insgesamt sind es 16 Bundesländer, darunter drei sogenannte Stadtstaaten, die nur aus je einer Stadt bestehen: Berlin, Hamburg und Bremen. Jedes Bundesland darf und soll möglichst viel selbst regeln und beschließen. Dafür gibt es Landesregierungen und Landesparlamente. Die Regierungschefs der Länder sind die Ministerpräsidenten, in den Stadtstaaten heißen sie Bürgermeister. Diese Bezeichnungen führen gelegentlich zu Verwirrung, denn in Zentralstaaten wie Großbritannien oder Frankreich heißen die obersten Regierungschefs Ministerpräsident beziehungsweise Premierminister. »Kanzler« ist hingegen eine Bezeichnung, die nur in Deutschland und Österreich für den Regierungschef des Gesamtstaats verwendet wird. In Großbritannien gibt es zwar den Schatzkanzler, der ist aber nur der Finanzminister. Der Begriff »Kanzler« bezeichnete ursprünglich höhere Beamte. Irgendwie passt das, schließlich betrachten wir unsere Kanzler auch eher als fleißige Beamte und nicht als glamouröse Machthaber. Ein »Premier« macht da sprachlich etwas mehr her. Um es mit Loriot zu sagen: Anderswo ist mehr Lametta.

Von oben nach unten und umgekehrt

Die Bundesländer sind wiederum – Föderalismus im Kleinen – in weitere Untereinheiten geteilt: Bezirke, Kreise, Gemeinden. Da Probleme möglichst direkt vor Ort gelöst werden sollen, gibt es dort lauter Miniparlamente. Auf kommunaler Ebene (Gemeinderat, Stadtrat, Kreistag) sind das oft sogenannte Feierabendparlamente, weil die Abgeordneten Politik in ihrer Freizeit machen und ansonsten einem normalen Beruf nachgehen. Sie übernehmen diese Aufgaben oft sogar ehrenamtlich, also unbezahlt. Die Grundidee ist, dass möglichst viel auf der niedrigsten und damit bürgernahsten Ebene geklärt werden soll. Denn warum sollte man in Berlin eine Ahnung haben, was gut für Köln ist? Wie sie ihren Karneval feiern wollen, wissen die Kölner doch am besten selbst.

Eine Stadt sollte also idealerweise alle Entscheidungen selbst treffen. Das ist natürlich nicht immer möglich oder sinnvoll. Man kann Fähigkeiten und Aufwand bündeln, wenn nicht jede Stadt zum Beispiel ihre Bahngleisbreite selbst bestimmt oder sich kunterbunte Polizeiuniformen nähen lässt und eigene Polizeigesetze erlässt. In Gummersbach wird links gefahren, in Magdeburg rechts? Vieles ist auf einer höheren Ebene besser und sinnvoller zu lösen, zumal wenn man eine Nation sein will, in der die Lebensverhältnisse nicht komplett unterschiedlich sind, sondern im Prinzip einheitlich. Wenn zum Beispiel in NRW nur 10 Prozent Einkommensteuer bezahlt werden muss und in Sachsen 70 Prozent, wenn jedes Bundesland eine eigene Rentenversicherung und eine eigene Armee hätte, ahnt man, wo das hinführt. Da gäbe es dann sehr schnell keine gemeinsame (und starke) Nation mehr.

Darum gilt die »Subsidiarität« (vom lateinischen Wort *subsidium*, *Hilfe*): Wenn eine Regierungsinstanz ein Problem allein nicht vernünftig lösen kann, kann sie es nach oben weiterreichen und sich Unterstützung holen. Gleiches gilt übrigens innerhalb der Europäischen Union: Die soll eigentlich nur regeln, was die einzelnen Länder allein nicht besser hinkriegen oder was für ganz Europa einheitlich geregelt sein muss, damit »Europa« überhaupt funktioniert. Wenn es keine Grenzkontrollen oder Zölle mehr geben soll, muss das eben für die ganze EU gelten und nicht nur für die Grenzen innerhalb Skandinaviens. Als Brüssel aber den Franzosen ihren Rohmilchkäse verbieten wollte, war das – nach Ansicht der Franzosen – ein klarer Verstoß gegen das Subsidiaritätsprinzip. Bei der EU-Kommission sah man das etwas anders: Die Lebensmittelsicherheit soll in ganz Europa gleich hoch sein, und Rohmilchkäse erschien der Europäischen Kommission als potenziell riskant (man wundert sich allerdings, wie die Franzosen mit diesen angeblich bakterienverseuchten Käsesorten jahrhundertelang überleben konnten). So kann man sich also über die Subsidiarität wunderbar streiten, und so wird auch innerhalb Deutschlands immer wieder gestritten, was der Bund und was Länder und Gemeinden regeln sollen. Am Ende geht es dabei meist ums Geld. Wie heißt es so schön? »Wer zahlt, bestellt.« Da der Bund ziemlich viel zahlt von dem, was in den Ländern gemacht wird, redet er auch gern rein. Umgekehrt wehren sich die Städte und Gemeinden häufig dagegen, dass ihnen Bund und Länder Aufgaben aufdrücken, für die sie nicht genug Geld in der Kasse haben. Da darf's dann gern auch mal ein bisschen weniger Subsidiarität sein.

Das Gegenmodell zum föderalen Staat ist ein Zentralstaat, in dem alles aus der Hauptstadt vorgegeben wird und die Behörden vor Ort nur die Ausführung überwachen. Solche Staaten sind weiter verbreitet, als man denkt. China, Dänemark, Frankreich, Italien, Polen und die Türkei sind solche Einheitsstaaten, auch die DDR war einer. Die USA, Australien, Österreich oder die Schweiz hingegen sind föderalistisch organisiert.

Die föderale Struktur soll gegenüber dem Zentralstaat noch einen weiteren Vorteil haben: Man vermutet, dass kleinere Einheiten rascher auf politische und technologische Veränderungen reagieren können. Denn kleinere Gruppen können sich schneller einigen. Das Gleiche gilt, hofft man, auch für Bundesländer – sie sind einzeln manchmal flexibler und agiler, als es ein komplexer Riesenstaat wäre. Und jedes Bundesland kann dabei – wie zum Beispiel in der Schulpolitik – einen eigenen Weg beschreiten, wobei die Absicht dahinter natürlich nicht das bildungspolitische Chaos war, das wir hierzulande haben.

Bildungspolitik als föderales Versuchslabor

Am Beispiel Schulpolitik zeigt sich nämlich besonders deutlich, welche Schwierigkeiten der Föderalismus mit sich bringen kann. Einig sind sich natürlich alle darin, dass Bildung unheimlich wichtig ist, vor allem wenn man mit der ganzen Welt konkurrieren muss und in einem Land lebt, das im internationalen Wettbewerb nicht mit Billiglöhnen punkten kann. Einfache Arbeiten können chinesische Wanderarbeiter machen, die als verlängerte Werkbank auch für deutsche Unternehmen arbeiten. Außerdem werden Menschen durch Maschinen ersetzt, und der Selfservice erobert unseren Alltag: Wir tanken selbst, statt den Tankwart zu bezahlen. Oder wir spielen im Supermarkt selbst die Kassiererin. In manchen Restaurants kann man schon per iPad bestellen statt beim Kellner. Das alles spart Kosten, – und es spart Jobs. Dringend gebraucht werden hingegen Hochqualifizierte, die neue Ideen und Produkte entwickeln und sogenannte Pionierunternehmen voranbringen können. Der Einzelne weiß längst: Wer eine geringe Schulbildung hat, findet später nur schwer einen Job.

Als ich noch zur Grundschule ging, war es völlig normal, dass höchstens ein Drittel der Klasse danach aufs Gymnasium wechselte (um später zu studieren), die meisten gingen auf die Realschule und eine kleinere Gruppe Kinder auf die Hauptschule. Auch das war keine Schande und bot berufliche Perspektiven. Heute hingegen empfinden es viele Eltern schon als dramatisch, wenn ihr Kind das Abitur nicht schafft; und wenn am Ende der Schullaufbahn gar nur der Hauptschulabschluss steht, gilt das als Katastrophe. Auch wegen dieses Ansehensverlusts wurde das traditionelle dreigliedrige Schulsystem ja vielerorts aufgegeben beziehungsweise nach neuen Schulformen gesucht. Obwohl wir damals zu den geburtenstarken Jahrgängen gehörten und es heute weniger Kinder gibt, ist der Konkurrenzdruck auf dem Arbeitsmarkt größer geworden, die Ausstattung von Schulen und Unis aber zugleich vielerorts schlechter. Und ob die Schüler heutzutage nach all den Reformen und Gegenreformen wenigstens »schlauer« sind, als wir es vor zwanzig oder dreißig Jahren waren? Aus Sicht der Wirtschaft offenbar nicht, die Unternehmen klagen vielmehr, das Wissen von Schulabgängern nehme eher ab. Ob das so stimmt oder nicht – auf jeden Fall kommt es heute noch mehr als früher darauf an, möglichst viele junge Leute möglichst gut auszubilden. Aber was muss dafür passieren, und wie soll man's bezahlen? Schlagworte und Konzepte sind allgegenwärtig: Verkürztes Gymnasium, jahrgangsübergreifendes Lernen, Gesamtschulen, Privatschulen, Unigebühren, Lehrplanwirrwarr – es werden viele Ideen diskutiert und erprobt, aber was nun wirklich Erfolg bringt, ist weiter umstritten. Reformen im Hauruck-Verfahren, wie die plötzliche Verkürzung der Gymnasialzeit auf acht Jahre, erweisen sich als schwierig, mit heftigen Nebenwirkungen zu Lasten der Kinder. Zugleich müssen Schulen heute den veränderten Lebensverhältnissen gerecht werden. Anders als zu meiner Schulzeit, als die meisten von uns mittags nach Hause gingen, werden heute Ganztagsschulen benötigt. Auch das verändert die Schullandschaft und kostet natürlich zusätzlich Geld. Zugleich gibt es immer mehr auch normalverdienende Eltern, die bereit sind, für Privatschulen viel Geld zu zahlen. Das gab es so vor zwanzig Jahren noch nicht.

Apropos Geld: Trefflich streiten lässt sich auch über Studiengebühren. Noch so ein föderales Dauerthema, das in den einzelnen Bundesländern unterschiedlich gehandhabt wird. Bis heute ist es so, dass die Mehrheit der Studenten aus (besserverdienenden) Akademiker-Haushalten kommt. Befürworter von Studiengebühren argumentieren deshalb, dass es gerechter und der Chancengleichheit förderlicher wäre, wenn mehr Geld in Grundschulen und kostenlose Kitas gesteckt wird, anstatt Kita-Gebühren zu erheben, während der »Elite« das kostenlose Studium von der Allgemeinheit finanziert wird. So zahlen Arbeiter und Handwerker mit ihren Steuern für die Unis, obwohl ihre eigenen Kinder dort viel seltener hingehen. Das Gegenargument ist, dass Studiengebühren Nicht-Akademiker-Kinder erst recht vom Studieren abhalten. Ein Studium ist schließlich eh schon teuer, weil man in diesen Jahren auf berufliches Einkommen verzichtet. Und wie viel Freiheit empfinden junge Menschen, einen Studiengang erst einmal auszuprobieren, wenn das bei allgemeinen Studiengebühren vom ersten Semester an kostet? Und was ist mit jenen Geisteswissenschaften, die außerhalb des Lehramts nur schwer einem konkreten Berufsbild entsprechen, wie Philosophie oder Literaturwissenschaften? Wirken Gebühren da nicht besonders abschreckend? Aber sollten Universitäten nicht mehr sein als nur verlängerte Berufsausbildungen, die man möglichst schnell und nutzenorientiert hinter sich bringt? Braucht eine Nation nicht auch ein Bildungsbürgertum, das nicht nur aus Betriebswirten, Juristen oder Ingenieuren besteht? Und wenn Gebühren erhoben werden, kommen sie tatsächlich den Studierenden zugute? Die Politik spricht nämlich von »Studienbeiträgen« statt von »Studiengebühren«, wohl wissend, dass eine »Gebühr« immer mit konkreten Gegenleistungen verbunden sein muss. Und so konkret festlegen will man sich da lieber nicht. Man ahnt, das Thema ließe sich, genau wie die Schulthematik, unendlich fortführen. Viele Fragen. Einfache Antworten gibt es offensichtlich nicht.

Der Föderalismus soll auch dazu dienen, unterschiedliche Modelle auszuprobieren, um zu sehen, was am besten funktioniert. Das heißt, es soll in den kleineren Einheiten viel experimentiert werden, und jeder guckt sich das Beste von den Nachbarn ab. Mit dem Föderalismus soll also eine gewisse Konkurrenz einhergehen: »Schaut mal, ihr Berliner, wie gut die Bayern das machen, das könntet ihr doch auch!« So richtig gut hat das aber anscheinend nicht geklappt, sonst würden die deutschen Schüler insgesamt bei internationalen Vergleichen (Stichwort PISA) besser abschneiden. Dass die Bayern oder Sachsen regelmäßig besser dastehen, ist ein interessantes Phänomen – hilft dem Rest der Republik aber auch nicht wirklich weiter, denn offensichtlich zeigt man in Berlin wenig Neigung, sich »von den Bayern etwas abzugucken«. Da wird dann eher über die Vergleichbarkeit solcher Ergebnisse gestritten. Zugleich ist der Stress, der für Eltern und Kinder entsteht, wenn sie von einem Bundesland in ein anderes ziehen, äußerst belastend (kostet manchmal sogar ein ganzes Schuljahr) – und ärgerlich, wenn man bedenkt, dass gleichzeitig verlangt wird, die Deutschen sollten »mobiler« werden, bei der Suche nach Arbeitsplätzen. Deshalb gibt es inzwischen auch Bemühungen unter einigen Bundesländern, bei der Schulpolitik stärker zusammenzuarbeiten und sie teils wieder mehr zu vereinheitlichen. Wie sich das entwickelt, ist aktuell noch nicht absehbar, aber es scheint so, als würde der Trend hier eher in Richtung »weniger Föderalismus« gehen.

Saufen fürs Land, Qualmen für den Bund, Gassigehen für die Kommune

Tatsächlich sind die Möglichkeiten der Landesregierungen, eine eigene Politik nur für ihr Bundesland zu gestalten, begrenzt, so wie auch ihre eigenen Steuereinnahmen begrenzt sind. Eigene Landessteuern sind zum Beispiel die Grunderwerbssteuer (zahlt man beim Haus- oder Wohnungskauf) oder die Kfz-Steuer. Außerdem fließt den Ländern die Biersteuer zu. Dem Bund hingegen gehört die Tabaksteuer. Wer also ein Bier trinkt und dabei eine Zigarette raucht, verschafft gleich beiden staatlichen Ebenen Einnahmen. Eine der wichtigsten Aufgaben der Länder, bei denen sie tatsächlich ziemlich autonom agieren können, ist die Schulpolitik. Kein Wunder also, dass sich die Parteien hier am meisten zu unterscheiden versuchen und prompt auch jede Landesregierung ihr eigenes Programm durchsetzen will! Mit den oben skizzierten problematischen Ergebnissen.

Zu den Länderaufgaben gehört auch die Überwachung der Lebensmittelsicherheit. Weshalb bei jedem Lebensmittelskandal (Gammelfleisch etc.) der Bundesverbraucherminister sagen kann: »Ich bin empört, aber da haben vor allem die Länder versagt.« Und auch Polizei ist Landessache, Polizeibeamte sind Landesbeamte. Es gibt in Deutschland keine Bundespolizei wie das amerikanische FBI, mit Ausnahme des Bundesgrenzschutzes. Zudem gibt es auf Landesebene Behörden, die es auch auf Bundesebene gibt, den Verfassungsschutz zum Beispiel. Zu welchem Wirrwarr das führen kann, wurde bei den Morden des rechtsextremen NSU besonders schmerzlich sichtbar. Bei den Ermittlungen haben diverse Landespolizeibehörden und Landesverfassungsschutzämter aneinander vorbei- und wohl auch gegeneinander agiert.

Nicht nur die Länder, auch die Gemeinden haben eigene Einnahmen, unter anderem die Grundsteuer (zahlt man laufend als Haus- oder Wohnungseigentümer), die Gewerbesteuer oder auch die Hundesteuer. Zu den Aufgaben der Kommunen gehören unter anderem die Versorgung mit Strom, Gas und Wasser (hier kommen die Stadtwerke ins Spiel), Müllabfuhr, Bibliotheken oder die Kinderbetreuung in Kitas. Manches haben sich die Kommunen allerdings nicht selbst ausgesucht, ihnen werden von Bund und Ländern Aufgaben zugewiesen. Gerade beim Ausbau der Kitas beschweren sich die Kommunen darüber, dass ein teures Versorgungsversprechen (ab 1. August 2013 besteht für jedes Kind ab dem vollendeten ersten Lebensjahr ein gesetzlicher Anspruch auf einen Kita-Platz) auf sie abgewälzt wurde, und verlangen mehr Unterstützung von den höheren Ebenen. Den Rechtsanspruch auf einen Kita-Platz hat nämlich die Bundesregierung beschlossen, umsetzen müssen diese Vorgabe die Städte und Gemeinden, wobei sie dabei vom Bund allerdings finanziell unterstützt werden.

Da die jeweils eigenen Einnahmen begrenzt sind, spielen die gemeinsamen Steuereinnahmen von Bund, Ländern und Gemeinden eine besonders große Rolle. Die wichtigsten sind die Einkommen- und die Umsatzsteuer, die auf alle drei staatlichen Ebenen aufgeteilt werden. Eine ergiebige Einnahmequelle kann für die Länder außerdem der Länderfinanzausgleich sein. Die reicheren Länder geben den ärmeren Ländern, vor allem den drei kleinen Stadtstaaten, etwas ab. Wie weit diese föderale Solidarität gehen soll, darüber wird allerdings immer wieder gestritten. Die Länder Bayern und Hessen, die sehr viel in diesen Topf zahlen, sind 2013 sogar vor das Bundesverfassungsgericht gezogen und haben gegen den Finanzausgleich geklagt. Sie wollen ihn nicht gänzlich abschaffen, aber sie finden, dass die Ausgleichszahlungen überhandgenommen haben. Auch das gehört zum Föderalismus: Dass eine staatliche Ebene (etwa ein Bundesland) genauso vor Gericht ziehen kann wie Privatpersonen, wenn sie den Eindruck hat, dass ihr Unrecht geschieht.

Eine andere Variante, Streitigkeiten beizulegen, ist die Einrichtung gemeinsamer Arbeitsgruppen, Motto: »Wenn du nicht mehr weiter weißt, gründe einen Arbeitskreis.« Das ist in der Politik generell ein gutes Mittel, um Probleme zu vertagen. Aber es ist auch ein probates Mittel, schließlich muss häufig ein Konsens gefunden werden, und das geht nun mal nur über Verhandlungen und Gespräche. So erklärt sich, dass es so viele Kommissionen zu allen möglichen Themen gibt. Etwa die Bund-Länder-Enquete-Kommission zur Endlagersuche. *Enquete* kommt aus dem Französischen und heißt *Befragung/Untersuchung*. Wenn »Enquete« davor steht, geht es immer um besonders wichtige und grundsätzliche Themen, andere Kommissionen kommen ohne das Etikett »Enquete« aus. Wo der deutsche Atommüll endgelagert wird, soll in ferner Zukunft (voraussichtlich 2031) im Konsens entschieden werden, nachdem es gegen den bisherigen Standort im Salzstock von Gorleben seit dreißig Jahren massive Proteste (Stichwort Castor-Transporte), wissenschaftliche Bedenken und Parteienstreit gibt. Die Enquete-Kommission, in der neben den staatlichen Vertretern von Bund und Ländern auch externe Fachleute und Vertreter gesellschaftlicher Gruppen sitzen, soll Kriterien entwickeln, nach denen einen Standort ausgewählt werden kann. Sie kann nicht bestimmen, aber sie kann Empfehlungen aussprechen, und wenn alle Beteiligten bereits im Vorfeld mitgeredet haben, sind die Chancen höher, dass die Empfehlungen der Kommission in ein Gesetz aufgenommen werden, dem am Ende sowohl der Bundestag als auch die Länder im Bundesrat zustimmen.

Die Pyramide der Macht

Dass die Bundesrepublik Deutschland 1949 als föderalistisches Gemeinwesen gegründet wurde, hatte auch historische Gründe. Man wollte nach den Erfahrungen mit der nationalsozialistischen Diktatur sichergehen, dass nie wieder so viel Macht in einer Hand konzentriert sein kann. Viele Bundesländer mit eigenen Landesregierungen und Landtagswahlen schienen als ideale Struktur, um die demokratische Kontrolle innerhalb Deutschlands auf vielen Ebenen zu garantieren.

Der Bundesrat (in dem die Landesregierungen vertreten sind) hat insofern auch eine Kontrollfunktion gegenüber dem Bundestag. Sie ist im Grundgesetz durch die sogenannten »Ewigkeitsklausel« vor einer Abschaffung geschützt. Deutschland bleibt also ewig föderal, damit müssen wir klarkommen, auch wenn die Nachteile des deutschen Föderalismus in letzter Zeit immer wieder heftig diskutiert werden.

Kritisch gesehen wird vor allem, dass diese vielen Wahlen nicht nur nervig, sondern auch hemmend sein können, weil ständig Politiker im Wahlkampf sind und sich entsprechend verhalten – das hat man nicht vorausgesehen. Vielleicht, weil sich bei Gründung der Bundesrepublik die Menschen freuten, endlich wieder demokratisch wählen zu dürfen. Da konnte gar nicht genug gewählt werden! Doch angesichts der schnell wechselnden und hochkomplexen Herausforderungen global ausgerichteter Politik im 21. Jahrhundert stellt sich auch die Situation in Deutschland längst anders dar. Die Themen und Entwicklungen, denen sich Politiker stellen müssen, eignen sich oft nicht für Wahlkampfgetöse. Und Wahlkampf ist nun mal nicht die Zeit, in der die vernünftigsten Lösungen erarbeitet werden.

Die Pyramide der Macht von unten nach oben sieht in Deutschland wie folgt aus:
- **Gemeinderat, Stadtrat und Kreistag** werden meist alle fünf Jahre gewählt. Der Gemeinderat ist die unterste politische Ebene, über mehreren Gemeinde- und Stadträten steht der Kreistag. Auf diesen untersten Ebenen werden Fragen entschieden wie Straßenführung, Bauvorhaben, Förderung des Schulessens usw. Also um Fragen, die im Grunde nur die Menschen vor Ort betreffen.
- **Der Landtag** wird zugleich mit den Mitgliedern des Kreistages gewählt, ist aber für die Entscheidungen zuständig, die das ganze Bundesland betreffen: Lehrpläne der Schulen, Straßenbau, Nahverkehr, Ladenöffnungszeiten. Zu den Landesregierungen gehören neben dem Ministerpräsidenten natürlich auch eine Menge Ministerien, die ähnlich benannt sind wie die Bundesministerien und meistens mit ihren »großen Brüdern« in Berlin eng zusammenarbeiten. In den Stadtstaaten (Berlin, Hamburg, Bremen) heißen die Landesparlamente nicht Landtag sondern Senat.
- **Der Bundestag** wird alle vier Jahre von allen wahlberechtigten Bürgern Deutschlands gewählt, egal, in welchem Bundesland sie leben und welche Landesregierung dort gerade am Ruder ist. Wer im Bundestag sitzt, trägt den Titel »Mitglied des Bundestages« (abgekürzt: MdB). Die Politiker in Landtagen und Bundestagen werden als Parlamentarier oder Abgeordnete bezeichnet, weil sie von den Bürgern dorthin »abgeordnet« wurden, um die Wähler zu vertreten. Die meisten Abgeordneten im Bundestag haben ihren Wahlkreis und Wohnort weit weg von Berlin. Deshalb werden ihnen die Kosten für die Reisen und die Unterkunft in Berlin vom Staat erstattet.
Die Hälfte der Mitglieder des Bundestages wird direkt gewählt (mit der Erststimme), die andere Hälfte je nach Gesamtwahlergebnis (der Zweitstimmen) aufgefüllt.

Abgeordnete bekommen kein Gehalt, weil sie keinen Arbeitsvertrag haben, sondern eine »Diät« (vom lateinischen Wort *dieta – Tagelohn*). Die ist allerdings nicht unbedingt mager, sondern beträgt im Moment gut 8000 Euro pro Monat. Dieses Entgelt soll sicherstellen, dass Abgeordnete unbestechlich bleiben, weil sie selbst genug Geld haben. Außerdem will man nicht nur Leute anziehen, die sonst eher schlecht bezahlte Jobs hätten. Da ist es wie in der freien Wirtschaft: Idealismus alleine hilft nicht, man muss schon auch Geld bieten, um qualifizierte Leute zu bekommen.

- **Reichstag** heißt heute nur noch das Gebäude, in dem der Bundestag sich in Berlin versammelt. Der Begriff »Reichstag« fürs deutsche Parlament ist seit dem Dritten Reich belastet, daher beließ man es auch nach dem Umzug von Bonn nach Berlin lieber beim »Bundestag«.
- Neben dem Bundestag steht der **Bundesrat**, die Vertretung der Bundesländer beziehungsweise der Landesregierungen. Wer im Bundesrat sitzt, ist Mitglied einer Landesregierung: der jeweilige Ministerpräsident selbst oder Fachminister und Staatssekretäre. Der Bundesrat tagt seltener als der Bundesrat, nur alle drei bis vier Wochen, und dann immer freitags.

Dabei gilt eine Besonderheit bei Abstimmungen: Abgeordnete im Bundestag sind ihrem Gewissen verpflichtet und sollen grundsätzlich versuchen, alle Bürger ihres Wahlkreises zu vertreten. Die Mitglieder des Bundesrats hingegen sollen eine Stimme abgeben im Sinne der Regierung ihres Bundeslandes, also »weisungsgebunden«. Dafür müssen sie sich gegebenenfalls vorher entsprechend einigen oder absprechen, wenn das Bundesland von einer Koalition regiert wird. Denn im Bundesrat müssen die Koalitionspartner »mit einer Stimme« sprechen, ob ihnen das passt oder nicht. Wenn sie sich partout nicht einig werden, muss der entsprechende Regierungsvertreter sich enthalten. Dass die Landesregierungen überhaupt ein eigenes Gremium in Berlin haben, liegt daran, dass es nicht nur Aufgaben gibt, die die Länder alleine erledigen, sondern auch solche, die Bund und Länder gemeinsam übernehmen. Solche Gemeinschaftsaufgaben sind zum Beispiel der Bau von Universitäten. Außerdem teilen sich Bund und Länder die Einnahmen bestimmter Steuern (zum Beispiel der Einkommensteuer). Deshalb haben die Länder in Berlin ein Mitspracherecht – und der Bund darf, umgekehrt, den Ländern reinreden. Wenn nicht nur der Bund, sondern auch die Länder von einem Gesetz betroffen sind, genügt es deshalb nicht, dass der Bundestag Ja sagt, auch die Ländervertreter im Bundesrat müssen zustimmen. Die meisten Gesetze beschließt der Bundestag, aber der Bundesrat hat viele Möglichkeiten, sie wieder abzuschießen oder zumindest zu verzögern. Denn 70 Prozent der im Bundestag beschlossenen Gesetze müssen auch durch den Bundesrat, um in Kraft treten zu können. Da meist alle paar Monate irgendwo Landtagswahlen stattfinden, verändern sich die Mehrheiten im Bundesrat häufig. Auch hier macht sich Kritik am Föderalismus fest: Bund und Länder würden sich zu oft gegenseitig behindern und lähmen. Außerdem sei es wahnsinnig teuer, dass so viele Sachen abgestimmt werden müssen und vieles doppelt und dreifach gemacht wird.

- Wenn der Bundesrat (also die Mehrheit der Landesregierungen) eine andere Meinung vertritt als der Bundestag, kann das tatsächlich zu schweren Konflikten führen. Die Mehrheit im Bundestag entspricht ja der Regierungsmehrheit. Wenn zum Beispiel ein SPD-Kanzler regiert, dann hat die SPD auch die Mehrheit im Bundestag. Im Bundesrat kann das aber genau umgekehrt sein. Wenn mehr Bundesländer von CDU-Ministerpräsidenten regiert werden als von SPD-Ministerpräsidenten, dann hat die CDU die Mehrheit im Bundesrat. Und da ist die Versuchung natürlich sehr groß, dass die CDU den SPD-Bundeskanzler ärgert, indem sie alle seine hübschen Gesetze im Bundesrat rundweg ablehnt. Es sieht dann zwar so aus, als seien die Bundesländer gegen die Bundesregierung. Aber eigentlich stimmt das nicht. In Wahrheit ist die CDU gegen die SPD (oder umgekehrt), nur ist der Austragungsort des Streits nicht der Bundestag, sondern das Bundesratsgebäude ein paar Kilometer weiter. Am Ende landen umstrittene Gesetzesvorhaben im Vermittlungsauschuss. Solche Blockaden zu überwinden, gelingt am ehesten, indem die Bundesregierung den Ministerpräsidenten Geld bietet. Vor allem klamme Ministerpräsidenten vergessen dann schnell, zu welcher Partei sie gehören... Im Jahr

2000 zum Beispiel wollte SPD-Kanzler Schröder eine Steuerreform durchsetzen. Der Bundesrat musste zustimmen, dort hatten allerdings die CDU-Länder die Mehrheit. Also dachte sich die damalige Oppositionsführerin Angela Merkel, dass es doch eine schöne Sache wäre, den Bundeskanzler auszubremsen und vorzuführen. So wie das früher oft die SPD gemacht hatte, als die CDU noch regierte. Sie hatte allerdings die Rechnung ohne ihren Parteikollegen Eberhard Diepgen gemacht. Der CDU-Mann war damals Regierender Bürgermeister von Berlin. Schröder versprach ihm, dass der Bund die Kosten übernimmt, das kaputte Berliner Olympiastadion zu renovieren, wenn er dafür im Bundesrat der Steuerreform zustimmt. Da Berlin schon damals zwar sexy, aber arm war und Diepgen das Geld brauchte, hat er Ja gesagt. So schaffte die SPD es, ihre Steuerreform durch den Bundesrat zu bekommen. Angela Merkel stand damals ziemlich düpiert da und hat sich entsprechend ihrer Parteifarbe schwarzgeärgert.

- Die **Bundesversammlung** tritt einzig zur Wahl des Bundespräsidenten zusammen, normalerweise alle fünf Jahre. Die Bundesversammlung besteht aus dem kompletten Bundestag sowie noch einmal ebenso vielen Vertretern der Bundesländer. Ausnahmsweise dürfen die Vertreter der Bundesländer auch Nicht-Politiker sein, zum Beispiel prominente Schauspieler oder Musiker oder Sportler. Ihnen wird von den Politikern, die sie dorthinschicken, aber vorher genau gesagt, für wen sie stimmen sollen. Sie müssen sich nicht zwangsweise daran halten, doch erwartet wird das eigentlich schon. Die Wahl erfolgt zwar geheim, aber letztlich ist das Ganze nur Show, damit die Wahl des Bundespräsidenten nicht so langweilig daherkommt. Wer es am Ende wird, steht meist sowieso schon fest, weil man die Mehrheitsverhältnisse vorher kennt. Oft ist nach dem ersten Wahlgang alles erledigt – nur bei umstrittenen Kandidaten und knappen Mehrheitsverhältnissen können Abweichler dafür sorgen, dass in den ersten zwei Wahlgängen keine absolute Mehrheit erzielt wird. Das ist sowohl CDU als auch SPD schon mit ihren Favoriten passiert. In einem solchen Fall reicht dann, damit die Sache ein Ende findet, im dritten Wahlgang die einfache Mehrheit.

Reden und Arbeiten – der Parlamentsalltag

In der Weimarer Republik wurde das Parlament (der Reichstag) als »Schwatzbude« beschimpft. Dabei gehört eben dieses »Geschwätz« zu den vornehmsten Aufgaben von Parlamentariern! Damals war man in deutschen Landen aber noch ans autoritäre Kaiserreich gewöhnt. Die plötzliche Vielstimmigkeit war anstrengend. Außerdem gab es in der Tat so viele Parteien und ständig scheiternde Regierungen, dass man als Bürger die Geduld und den Glauben an die Segnungen der Demokratie verlieren konnte. Trotzdem: Das Schwätzen, also die parlamentarische Debatte, ist eine Grundaufgabe aller Parlamente. Dennoch unterscheidet man zwischen »Redeparlamenten« und »Arbeitsparlamenten«. Der Deutsche Bundestag ist ein sogenanntes Arbeitsparlament. Das britische Parlament (»Unterhaus«) wird hingegen als Redeparlament bezeichnet. Was übrigens sehr unterhaltsam ist. Die Abgeordneten von Regierungspartei und Opposition sitzen sich in London auf relativ engem Raum direkt gegenüber und streiten, dass es nur so kracht. Lustvoll, humorvoll, bissig und von vielen »Hört-hört«-Rufen unterbrochen. Alle paar Minuten geht ein lautes Raunen durch den gesamten Saal. Debattiert wird aber bei uns im Bundestag ja auch, wenngleich das Plenum dabei oft ziemlich viele leere Sitzreihen aufweist. Andererseits müssen auch die Briten Gesetze verabschieden und können nicht nur reden. Wo liegt also der Unterschied?

Im Redeparlament werden die Gesetzesvorhaben im Plenum debattiert, also in der Versammlung des gesamten Parlaments. Im Arbeitsparlament hingegen erfolgt die meiste Arbeit und finden damit auch die meisten Diskussionen in den parlamentarischen Fachausschüssen statt. Die tagen in der Regel nicht-öffentlich. Die spätere Debatte im gesamten Bundestag dient vor allem dazu, die Öffentlichkeit darüber zu informieren, warum diese oder jene Entscheidung getroffen wurde beziehungsweise warum diese oder jene Entscheidung aus Sicht der Opposition falsch ist.

Die meisten Vorhaben werden in den Ministerien vorbereitet und dann in Bundestagsausschüssen vorab besprochen. Deshalb nennt man den Bundestag auch ein »Ausschuss-Parlament«. Alle Abgeordneten sind in mindestens einem Fachausschuss Mitglied. Weil dort aber in der Regel kein Fernsehen dabei ist, sieht man nicht, wie sie arbeiten. Die Ausschüsse fragen oft externe Fachleute (zum Beispiel Wissenschaftler) um Rat. Die Abgeordneten in den Ausschüssen informieren dann die anderen Abgeordneten ihrer Partei. Kein Abgeordneter kann überall gleich gut Bescheid wissen, also hat jeder sein Spezialgebiet und verlässt sich bei anderen Themen auf seine Parteikollegen. In den Ausschüssen sind jeweils alle Fraktionen sowie auch die fraktionslosen MdBs vertreten. Es ist nicht immer leicht, für jeden Abgeordneten einen Themenbereich zu finden, mit dem er sich beschäftigen will oder mit dem er sich auskennt. Und natürlich sind manche Ausschüsse auch begehrter als andere, da herrscht durchaus Konkurrenz. Der wichtigste und prestigeträchtigste ist der Haushaltsausschuss. Seine Mitglieder werden in Berlin ehrfurchtsvoll »Die Haushälter« genannt. Der Haushaltsausschuss kontrolliert das Finanzgebaren der Regierung und übt damit eine zentrale parlamentarische Kontrollfunktion aus. Seine Mitglieder sind also mit dem wichtigsten Bereich der Politik befasst, nämlich mit der Frage: Wer kriegt wofür wie viel Geld? Deshalb gehören die »Haushälter« auch zu den einflussreichsten Parlamentariern. Sie sind die begehrtesten Ansprechpartner für Lobbyisten – und manchmal sind sie sogar selbst Lobbyisten in eigener Sache und sorgen geschickt dafür, dass ein bisschen Geld übrig bleibt für ihren Wahlkreis oder ihr persönliches Interessengebiet. Natürlich ganz legal – aber da die Materie so unheimlich kompliziert ist, reden den Haushältern in der Regel nur andere Haushälter rein. Die meisten Abgeordneten finden die Zahlensalate der Haushälter ähnlich mühsam wie der normale Wähler. Im Haushaltsausschuss wird auf ziemlich hohem Niveau diskutiert, dort sind die Finanzfachleute unter sich. Solche Expertendebatten würden sich die meisten Fernsehzuschauer auch gar nicht ansehen wollen, spätestens nach fünf Minuten ginge die Quote gegen null. Für die öffentlichkeitswirksame »Verkaufe« sind später häufig andere Fraktionsmitglieder zuständig. Sie gießen die komplizierte Arbeit der Haushälter in schwungvolle Rhetorik, wenn es zur Generaldebatte im Bundestag kommt. Auch das ist Arbeitsteilung.

Brot und Spiele: Anfragen, Ausschüsse, Abweichler

Ausschüsse, Anfragen und Abstimmungen gehören zum täglichen Brot der Parlamentsarbeit. Meistens unspektakulär. Sie können aber auch zu dramatischen Machtspielen werden. Spezielle Ausschüsse sind die »parlamentarischen Untersuchungsausschüsse«. Sie werden zu bestimmten Themen eingerichtet, wenn es um große Konflikte geht und um die Frage, wer versagt hat oder sich gar unrechtmäßig verhalten hat. Zu den Parteispendenskandalen etwa gab es diverse Untersuchungsausschüsse. Untersuchungsausschüsse wirken ein bisschen wie Gerichtsverfahren, und genau darin liegt auch der Reiz für die Parlamentarier: Regierungsmitglieder öffentlich vorzuführen. Hochrangige Politiker werden vorgeladen und streng befragt wie Verdächtige auf einer Anklagebank. Diejenigen, die böse Fragen stellen, sind die Vertreter der gegnerischen Parteien, meist der Opposition. Die Parteifreunde der Vorgeladenen bemühen sich derweil um Verteidigungsstrategien. Insofern wird vor allem Politshow inszeniert. Aber man sollte die Arbeit von Untersuchungsausschüssen nicht unterschätzen. Manches Mal ist durch deren unnachgiebiges Nachfragen einiges ans Tageslicht gekommen. Beim aktuellen Untersuchungsausschuss zu den Neonazi-Morden des NSU lassen sich die Parteigrenzen nicht klar definieren. Die Mordserie zog sich über zehn Jahre, und es waren mehrere Bundesländer mit unterschiedlich parteipolitisch geprägten Regierungen und deren Sicherheitsbehörden betroffen. Deshalb lassen sich die Fehler nicht einer bestimmten Partei zuordnen.

Ein anderes interessantes Instrument sind die sogenannten »Anfragen«: Parlamentarier können der Regierung (Landesregierungen genauso wie Bundesregierungen) konkrete Fragen stellen. Das kann auch mit zeitlichem Vorlauf schriftlich geschehen. Zum Beispiel: »Stimmt es, dass unsere Soldaten in Afghanistan nicht genug Schutzwesten haben?« Oder: »Herr Ministerpräsident Wulff, gibt es Geschäftskontakte zwischen Ihnen und dem Unternehmer, der Ihnen einen privaten Hauskredit gegeben hat?« Darauf müssen die Befragten in einer Fragestunde reagieren. Für die Opposition kann das ein hübsches Instrument sein, um der Regierung öffentlichkeitswirksam zuzusetzen. Aber auch Regierungen greifen gern in die »Trickkiste« der parlamentarischen Geschäftsordnung, um solche Angriffe der Opposition abzuwehren. Im Juni 2013 etwa hatten die Oppositionsfraktionen eine Fragestunde beantragt, zum gescheiterten Rüstungsprojekt »Euro Hawk« (dabei handelte es sich um Aufklärungsdrohnen, die in den USA gekauft wurden, ohne abzuklären, ob diese speziellen unbemannten Flieger über dem europäischen Luftraum überhaupt zugelassen sind. Ein paar hundert Millionen Euro wurden damit in den Sand gesetzt). Verteidigungsminister Thomas de Maizière sollte mit lauter unangenehmen Fragen im Bundestag ordentlich »gegrillt« werden, wie es im Politjargon heißt. Die Fraktionen der Regierungskoalition hatten aber eine bessere Idee: Sie setzten flugs für denselben Tag eine »Aktuelle Stunde« zu diesem Thema an. Damit war die »Fragestunde« der Opposition hinfällig. In einer »Aktuellen Stunde« muss sich ein Minister zwar auch äußern, aber er muss während der öffentlichen Sitzung im Plenarsaal keine Fragen von den Abgeordnetenbänken beantworten, wenn er das nicht will. Zweifellos die angenehmere Variante, wenn man unter Druck steht. Die unangenehmen Fragen im Verteidigungsausschuss wurde er damit zwar nicht los, aber der Ausschuss tagt nicht-öffentlich.

Meist wird unter den Abgeordneten im Bundestag per Handzeichen abgestimmt, oder durch Aufstehen beziehungsweise Sitzenbleiben. Es kann aber auch mal tierisch zugehen – wenn der Bundestag den »Hammelsprung« macht. Fallen Ergebnisse sehr knapp aus und die Vorsitzenden sind nicht sicher, wie eine Abstimmung ausgegangen ist, wird ein sogenannter Hammelsprung durchgeführt. Dafür verlassen alle Abgeordneten den Saal, und dann kehrt das »Stimmvieh« durch spezielle Türen – eine für JA, eine für NEIN, eine für ENTHALTUNG – wieder zurück. Wie Schäfchen, die vom Hirten gezählt werden. Da kommt Bewegung ins Plenum! Gezählt werden die Stimmen von den Schriftführern. Diesen »Hammelsprung« durch verschiedene Türen gab es schon in der Kaiserzeit; er wurde 1874 eingeführt. Bemerkenswert daran ist: Die Abgeordneten können sich zwar in Debatten per Knopfdruck elektronisch zu Wort melden und haben auch längst alle ihre iPads und Laptops vor sich stehen, aber abgestimmt wird im Bundestag nach weit zurückreichender Tradition und nicht per Computer. Das hat durchaus einen Sinn: Den »Sprung«

durch eine Tür kann man nicht türken, und kein Hacker kann ihn manipulieren. Alternativ zu Handzeichen und Hammelsprung gibt es bei wichtigen Entscheidungen noch die schriftliche namentliche Abstimmung: Jeder Abgeordnete geht einzeln zu einer Wahlurne und wirft seine Stimmkarte ein. Geheime Abstimmungen sind selten – immer geheim gewählt werden allerdings der Bundeskanzler und auch die Ministerpräsidenten in den Landtagen. Deshalb konnte es in der Vergangenheit zu bösen Überraschungen kommen. Wer die heimlichen Abweichler oder Überläufer waren, ist schwer herauszufinden. Ganz bitter erwischte es zum Beispiel die frühere Ministerpräsidentin von Schleswig-Holstein, Heide Simonis. Als sie im März 2005 von den Abgeordneten im Kieler Landtag wiedergewählt werden sollte, fehlte plötzlich eine Stimme, – und es kam damals auf jede einzelne Stimme an. Irgendein Abgeordneter, vermutlich sogar von ihrer eigenen Partei und nicht vom vorgesehenen Koalitionspartner, verweigerte ihr heimlich die Gefolgschaft, mit dramatischen Folgen: Statt Frau Simonis von der SPD wurde der CDU-Politiker Peter Harry Carstensen neuer Regierungschef. Statt einer rot-grünen Landesregierung gab es eine große Koalition. Und Frau Simonis schied ganz aus der Politik aus, niedergestreckt von einem »hinterhältigen Dolchstoß«, wie sie sagte.

Übeltäter, Klugscheißer und Schlimmeres

Spannend wird es im Bundestag vor allem bei Fragestunden oder Debatten über folgenschwere, umstrittene Gesetze oder wenn der Bundeshaushalt verabschiedet wird. Bei diesen sogenannten Generaldebatten kann man einander mal generell die Meinung sagen: eine schöne Gelegenheit, sich als guter Redner zu präsentieren, starke Argumente zu bringen, den Gegner zu verspotten und auch höhnisches Gelächter erschallen zu lassen. Natürlich wird dieser Schlagabtausch nicht nur für die Zuschauer auf den Tribünen im Reichstagsgebäude veranstaltet, sondern vor allem für das Fernsehen, das ständig dabei ist. So können von draußen Millionen zuschauen, wie im Bundestag gestritten wird. Kritiker des Parlamentarismus monierten in der Vergangenheit, dass die Reden im Parlament »zum Fenster hinaus« gehalten würden. In eine ähnliche Richtung geht heute die Kritik an den politischen Talkshows, die sich als »Nebenparlamente« gebären würden. Meiner Ansicht nach übersieht man dabei in beiden Fällen, dass es letztlich darauf ankommt, eine möglichst große Zahl von Bürgern für politische Debatten zu interessieren. Es nutzt nichts, wenn das Parlament unter sich bleibt oder Diskussionen nur im TV-Sender *Phönix* stattfinden, den nun mal vergleichsweise wenige Zuschauer einschalten.

Ein breites Publikum interessiert sich für Parlamentsdebatten vor allem dann, wenn es um gesellschaftlich besonders strittige Themen geht. Manchmal gibt es dann tolle Redeschlachten, die als »parlamentarische Sternstunden« in die Geschichte eingehen. Ein berühmtes Beispiel dafür ist die historische 12-Stunden-Debatte vom 20. Juni 1991, als es darum ging, ob nach der Wiedervereinigung Parlament und Regierung von Bonn nach Berlin umziehen sollen oder nicht. Oft sind die Debatten im Bundestag allerdings nur mäßig spannend oder vorhersehbares Wahlkampfgetöse – im Bundestag ist ja sozusagen immer Wahlkampf. Natürlich bietet der Bundestag für Politiker auch eine Bühne, um auf sich aufmerksam zu machen. Mit frechen, einfallsreichen und schlagfertigen Beiträgen kann man sich von der Masse abheben. Dazu eignen sich auch Zwischenrufe. Manche Politiker waren berüchtigt für ihre gezielten Flegeleien. Der SPD-Politiker Herbert Wehner zum Beispiel kassierte in 34 Jahren satte 58 Rüffel, etwa weil er den CDU-Mann Jürgen Todenhöfer als »Hodentöter« bezeichnete und Jürgen Wohlrabe als »Übelkrähe«. Der frühere CSU-Vorsitzende Theo Waigel nannte seinen FDP-Kollegen Graf Lambsdorff einen »adeligen Klugscheißer«. Und Joschka Fischer motzte gar den Bundestagsvizepräsidenten Richard Stücklen an: »Mit Verlaub, Herr Präsident, Sie sind ein Arschloch!« Dafür wurde er natürlich des Saales verwiesen.

Im Bundestag kann es also durchaus munter und unterhaltsam zugehen. Manchmal aber auch sehr ernst – bei Fragen, die extrem schwierig sind, bei denen es um große moralische oder religiöse Themen geht, die sich nicht parteipolitisch beantworten lassen: Glaubens- oder Gewissensfragen wie Sterbehilfe oder Gentechnik. Bei solchen Debatten herrscht dann ein anderer Tonfall, die Abgeordneten gehen betont respektvoll miteinander um, und sie reden eher für sich selbst als für ihre Partei. Häufig wird dann der »Fraktionszwang« aufgehoben, das heißt, die Parteien stellen ihren Abgeordneten ausdrücklich frei, wie sie abstimmen wollen. Theoretisch haben sie diese Freiheit immer, die Verfassung verbietet ausdrücklich jeden Zwang; aber in Wahrheit herrscht natürlich die Erwartung, dass der einzelne Abgeordnete sich an die Linie seiner Partei hält, was als Fraktionsdisziplin oder -solidarität bezeichnet wird – das klingt netter als Fraktionszwang.

Im Bundesrat, der allerdings seltener tagt und bei seinen Sitzungen mehr wegschaffen muss, herrscht generell eine deutlich ruhigere, sachlichere Atmosphäre. Zwischenrufe gelten hier als eher unschicklich. Ausnahmen bestätigen allerdings die Regel. Legendär war die Bundesratssitzung am 22. März 2002, in der es hoch herging, Ministerpräsidenten der Union laut »Unverschämtheit« riefen, wütend mit der Hand auf ihre Tische schlugen und schließlich sogar unter Protest den Saal verließen. Als »inszeniertes Theater« ging diese Sitzung in die Geschichte ein. Inhaltlich ging es damals um das Zuwanderungsgesetz der rot-grünen Bundesregierung unter Kanzler Schröder, das die Zustimmung des Bundesrates benötigte, um in Kraft treten zu können. In Wahrheit ging es aber um eine Wahlkampfschlacht, die auf offener Bühne in der Länderkammer ausgetragen wurde, entgegen allen Gepflogenheiten. Kurz zusammengefasst: Es kam auf die Stimme Brandenburgs an, das sich aber nicht entscheiden konnte, weil es von einer großen Koalition regiert wurde. Die SPD versuchte daraufhin, zu tricksen und die Brandenburger im Bundesrat dem »Ja«-Lager zuzuzählen, obwohl es von dort offensichtlich kein einheitliches Ja gab. Die Union wiederum hatte mit diesem unfeinen Manöver gerechnet und die öffentliche Empörung ihrer Ministerpräsidenten am Vorabend verabredet. Mit Ruhm hat sich dabei keine der beiden Seiten bekleckert. Dieser Eklat war allerdings tatsächlich eine Ausnahme. Die Sitzungen von Land- und Kreistagen hingegen ähneln den kontrovers geführten Bundestagsdebatten, einschließlich lauten Zwischenrufen oder heimlichen Abweichlern.

Im Fegefeuer der Fraktion

Die Fraktionen in Bundestag oder Landtagen sind normalerweise mit den Parteien identisch, das heißt, eine Partei bildet eine Fraktion (nur die beiden Parteien CDU und CSU haben im Bundestag eine gemeinsame Fraktion). Wer nicht in einer Partei ist, aber dennoch ein Bundestagsmandat hat (zum Beispiel durch Parteiaustritt nach der Wahl oder Direktmandat), kann keiner Fraktion angehören. Was ziemliche Nachteile hat, wie die fraktionslosen Abgeordneten Petra Pau und Gesine Lötzsch schmerzlich feststellten, als sie 2002 dank ihrer gewonnenen ostdeutschen Wahlkreise in den Bundestag einzogen, während ihre Partei (damals noch die PDS) es bei den bundesweiten Zweitstimmen nicht über die 5-Prozent-Hürde geschafft hatte. Da saßen sie nun und saßen sehr alleine. Alles mussten sie selbst machen, sich um jedes Gesetz selbst kümmern; sie hatten keinen Apparat, der ihre Arbeit unterstützte. Und eigene Gesetzesinitiativen durften sie auch nicht einbringen, denn das darf nur eine Fraktion. Andererseits hatten sie auch mehr Freiheit – ohne Fraktionschef, der einem auf die Finger schaut.

Der Fraktionschef ist dafür zuständig, dass alle wissen, welche Themen anstehen, was die Mehrheit der Fraktion will, und er führt dabei manchmal auch ein hartes Regiment, im Sinne der »Fraktionsdisziplin«: Ein Abgeordneter soll sich so verhalten, wie seine Fraktion (und somit meist seine Partei) es will. Der Verfassung nach sind Abgeordnete zwar nur ihrem Gewissen verpflichtet. Aber sie wollen ja wiedergewählt werden, nehmen also in der Regel doch lieber Rücksicht auf ihre Partei und ihre Wähler. Die meisten von ihnen möchten auch von ihrer Partei gemocht werden und noch politische Karriere machen; deswegen lassen sie Wünsche der Kollegen in ihre Entscheidung einfließen. Und natürlich wissen die Abgeordneten, dass die meisten Wähler nicht sie persönlich, sondern ihre Partei gewählt haben. Sich andauernd abzukoppeln, wäre insofern auch demokratisch nicht korrekt. Außerdem verlassen sich die Abgeordneten auch auf die Expertise ihrer Kollegen. Wenn die Fraktionsführung also sagt, unsere Fachleute haben entschieden, dass das Gesetz X richtig ist, dann halten sich die anderen Abgeordneten in der Regel daran. Trotzdem gibt es Situationen, in denen Abgeordnete eine andere Meinung vertreten als die Mehrheit ihrer Fraktionskollegen, zum Beispiel war das 2013 bei der »Frauenquote« für Führungspositionen in der Wirtschaft der Fall. Bei den Frauen in der Unionsfraktion und auch bei der CSU gab es große Sympathien für ein entsprechendes Gesetz, das von der Mehrheit in der CDU und vom Koalitionspartner FDP aber abgelehnt wurde. Der Ärger darüber ging bei den Unionsfrauen so weit, dass es sogar ein Gerücht gab, sie würden unter Führung von Bundesarbeitsministerin Ursula von der Leyen einen heimlichen Putsch gegen die eigene Fraktionsführung planen und sich mit der Opposition verbrüdern beziehungsweise verschwestern. SPD, Grüne und Linkspartei rieben sich schon die Hände: Wäre das ein Ding! Ein Quotengesetz durchzubringen, gegen den Willen der Regierung, mit Hilfe von AbweichlerInnen aus CDU und CSU. Welch ein Spektakel! Dazu kam es dann allerdings nicht. Die »Aufständischen« gaben nach. Sie konnten ihrer Partei aber immerhin ein Zugeständnis abringen. Künftig soll eine feste Frauenquote für Führungspositionen ins Wahlprogramm der CDU aufgenommen werden.

In solchen Streitfällen versucht die Fraktionsführung, die Herde zusammenzuhalten. Das kann auch bedeuten, dass sich der Fraktionschef einzelne Abweichler im Zweiergespräch zur Brust nimmt und ihnen ins Gewissen redet (»Du darfst unsere Mehrheit nicht gefährden!« Oder: »Wir müssen das jetzt so machen, sonst bricht uns die Koalition entzwei.«). Wenn es hart auf hart kommt, greift auch der Kanzler ein. Den Quotenkompromiss beispielsweise (»Wir nehmen das als Zukunftsprojekt ins Wahlprogramm, aber jetzt aktuell stimmt ihr bitte schön loyal mit uns ab«) hatte Kanzlerin Merkel höchstpersönlich ausbaldowert, um ihre AbweichlerInnen in den Griff zu bekommen.

Abweichler und Einpeitscher

Bei der Aufgabe, den Laden zusammenzuhalten, stehen dem Fraktionschef die Parlamentarischen Geschäftsführer zur Seite, die jede im Bundestag vertretene Partei hat. In Großbritannien werden sie »Whips« genannt, »Einpeitscher«. »Geschäftsführer« hingegen klingt eher nach einem Business-Job, was die Sache aber nicht ganz trifft.

Management-Aufgaben hat ein Parlamentarischer Geschäftsführer zwar auch. Er bereitet Sitzungen vor, erstellt Tagesordnungen, kümmert sich darum, wer in welchen Ausschüssen sitzt usw. Aber im Wesentlichen hat er/sie eine politische Aufgabe: Eine Fraktion zu führen, ist harte Arbeit, oft auch harte Überzeugungsarbeit. Die Abgeordneten sind eben nicht nur Stimmvieh. Die Fraktionsführung hat aber durchaus Sanktionsmöglichkeiten gegenüber ihren Mitgliedern. Nicht nur, dass die Karriereaussichten schlechter werden, wenn man ständig aus der Reihe tanzt. Die Fraktionsführung hat zum Beispiel großen Einfluss darauf, welche Abgeordneten bei einer Debatte reden und wie lange. Lästigen Kollegen einfach einen Maulkorb verpassen, darf sie aber nicht. Der Geschäftsordnung nach bestimmt nämlich das Bundestagspräsidium über das Rederecht. Im Zuge der Euro-Krise hat es darüber einen handfesten Streit gegeben zwischen dem Bundestagspräsidenten und der CDU/CSU-Fraktion. Die Fraktion wollte Abweichler, die sich lautstark gegen die Euro-Rettungspakete aussprachen, lieber nicht zu Wort kommen lassen. Bundestagspräsident Norbert Lammert (pikanterweise auch von der CDU – was beweist, dass Politiker durchaus nicht immer nur in Parteikategorien denken) räumte zwei Abweichlern aber ausdrücklich ein Rederecht ein – und verwies die Fraktionen damit in ihre Schranken. In der Regel gibt es solche Streitigkeiten aber nicht, und die Fraktionen bestimmen selbst, wer für sie sprechen soll.

Generell sind die Fraktionen im Bundestag ausgesprochen selbstbewusst, gerade gegenüber ihren Führungsleuten in der Partei. Auch dann, wenn die Fraktion die Regierung stellt. Eine stolze Fraktion lässt sich nicht einfach so von »ihrem« Bundeskanzler vorschreiben, wie sie gefälligst abzustimmen hat. Die Regierenden müssen ein Ohr dafür haben, was ihre Leute im Parlament denken und wollen, sonst können sie eine peinliche Abstimmungsniederlage erleben. Auch werden ihnen in der Fraktion immer wieder strenge Fragen gestellt. Manchmal sind die eigenen Fraktionen schlimmer als die Opposition. Für Kanzler und Minister sind die Fraktionschefs auch deshalb sehr wichtige Gesprächspartner. Von ihnen hören sie, wie die Abgeordneten »ticken«. Und die Abgeordneten ticken oft anders, wenn sie am Wochenende in ihren Wahlkreisen fernab von Berlin waren und ihnen dort von lokalen Parteileuten und Bürgern die Hölle heiß gemacht wurde. Von CDU-Kanzler Konrad Adenauer stammt der Spruch: »Das Fegefeuer ist für mich, wenn ich in die Fraktion muss!«

Fraktionen sind also für Parlamentarier eine organisatorische Hilfe, und sie bieten eine Machtbastion. Zugleich wird die Regierung über ihre Fraktion »geerdet«.

Je nachdem, wie wichtig das Thema ist, um das es geht, sind im Bundestag verschiedene Mehrheiten nötig. Der Standard ist die »einfache Mehrheit« – also mindestens eine Stimme mehr als die Hälfte der anwesenden Abgeordneten. In manchen Fällen ist die Zustimmung von zwei Dritteln der Anwesenden erforderlich. Die höchste Hürde sind zwei Drittel aller Mitglieder des Bundestages (egal, ob sie nun anwesend sind oder nicht). Das ist zum Beispiel für Grundgesetzänderungen vorgeschrieben. Als »Kanzlermehrheit« bezeichnet man die »absolute Mehrheit« – also mindestens eine Stimme mehr als die Hälfte aller Bundestagsmitglieder (ob anwesend oder nicht). So viele Stimmen braucht ein Kanzler nämlich, um gewählt zu werden, und die meisten Gesetze lassen sich mit dieser Mehrheit ebenfalls durchsetzen. An dieser Stelle wird es ziemlich wichtig, dafür zu sorgen, dass die Abgeordneten bei Abstimmungen überhaupt erscheinen. Es wurden schon Parlamentarier vom Krankenhaus im Rollstuhl ins Plenum gefahren. Das bedeutet aber nicht, dass knappe Mehrheiten immer von Nachteil sind. Für Fraktionschefs kann es durchaus nützlich sein, wenn die eigene Fraktion nur wenige Stimmen mehr hat als die Opposition. Das diszipliniert gewissermaßen von alleine – alle wissen, dass es auf jeden ankommt und man Abstimmungen nicht schwänzen darf.

Nun gibt es Bundestagsdebatten ja nicht täglich. Vorgeschrieben sind sogar nur 20 Sitzungswochen pro Jahr. Was machen die Abgeordneten also in der anderen Zeit? Sie sitzen vor allem viel. In Ausschüssen, in Arbeitskreisen, in Fraktionssitzungen, bei Mitarbeiterbesprechungen. Sie sitzen in ihren Büros, lesen, schreiben, telefonieren, beantworten Fragen von Bürgern, wühlen sich durch Aktenberge, twittern und googeln zu aktuellen Themen. Daneben treffen sie sich mit Lobbyisten, um deren Meinung zu hören, mit Journalisten, um deren Meinung zu beeinflussen, und nehmen in Berlin an zig Abendveranstaltungen teil. Die Wochenenden verbringen sie in ihren heimatlichen Wahlkreisbüros, halten Bürgersprechstunden ab und gehen zu Versammlungen von Parteimitgliedern, betreiben also »Basisarbeit«. Ist man prominent, hat man auch noch diverse Pressetermine, Talkshow hier, Interview da. Kurzum: Über Langeweile können Berufspolitiker selten klagen.

Der Bundespräsident – herzlich willkommen in Schloss Bellevue?

Der Kanzler hat zwar die meiste Macht – aber formell erste(r) Mann/Frau im Staate ist der Bundespräsident. Er ist schließlich das offizielle deutsche Staatsoberhaupt und steht damit ganz oben! In der Tagespolitik hat der Bundespräsident zwar wenig zu sagen, aber trotzdem hat er das letzte Wort. Er unterschreibt nämlich nicht nur die Ernennungsurkunden der Minister, sondern auch die Gesetze – oder auch nicht. Es ist zwar eher selten – und dann immer auch umstritten –, aber schon mehrfach vorgekommen, dass der Bundespräsident wegen verfassungsrechtlicher Bedenken seine Unterschrift unter ein Gesetz verweigert hat. Das tut er natürlich nicht aus eigenem Antrieb, etwa weil er selbst Jurist ist und ihm persönlich das Gesetz missfällt. Sondern weil zu befürchten ist, dass das Bundesverfassungsgericht es im Nachhinein abschmettert, und dann wäre auch der Bundespräsident düpiert, der es »sehenden Auges« unterschrieben hat. Er kann auch selbst anregen, dass sich das Bundesverfassungsgericht mit einem umstrittenen Gesetz befasst. Dies hat zum Beispiel Bundespräsident Rau 2002 getan, nach dem im vorherigen Kapitel beschriebenen Eklat im Bundesrat zum Zuwanderungsgesetz. Er unterschrieb zwar, aber mit deutlichem Hinweis, was er von der Trickserei im Bundesrat hielt (das Bundesverfassungsgericht lehnte das Gesetz dann übrigens genau deswegen ab). Auch der aktuelle Bundespräsident Gauck hat schon eine Unterschrift verweigert beziehungsweise aufgeschoben, im Zusammenhang mit den Euro-Rettungspaketen, gegen die verfassungsrechtliche Bedenken bestanden. Insofern ist der Bundespräsident im Gesetzgebungsprozess eine wichtige Prüfinstanz, die man nicht einfach übergehen kann.

Außerdem kann der Bundespräsident in Krisenzeiten den Bundestag auflösen, wenn sich das Parlament auf keinen Kanzler einigt. Aber im Großen und Ganzen hat der Bundespräsident hauptsächlich repräsentative Funktionen: Er vertritt das deutsche Volk nach außen und innen über das parteipolitische Alltagshickhack hinaus. Gewählt wird der Bundespräsident für fünf Jahre, und er darf die Aufgabe nicht länger als zehn Jahre am Stück wahrnehmen. Im Grunde ist der »Buprä«, wie er im Berliner Politjargon abgekürzt wird, vergleichbar mit den Königen in parlamentarischen Monarchien. Aber er wird eben gewählt, und an dieser Stelle wird es interessant, auch psychologisch: Die Bundesversammlung, die den Präsidenten wählt, spiegelt die jeweiligen parteipolitischen Machtverhältnisse in Deutschland wider. Sie setzt sich ja zusammen aus den Mitgliedern des Bundestags und einer gleich großen Zahl von Delegierten aus den Länderparlamenten. Die Abstimmungen in der Bundesversammlung sind zwar unberechenbarer als in einzelnen Parlamenten. Aber wer im Bund regiert, hat oft auch eine Mehrheit in der Bundesversammlung. Dann kann die Bundesregierung gewissermaßen »bestimmen«, wer Bundespräsident wird, weil ihr Kandidat von vornherein der aussichtsreichste ist. Manchmal sind die Mehrheitsverhältnisse allerdings auch umgekehrt. Wenn die Opposition viele Landtagswahlen gewonnen hat und in den Länderparlamenten so stark geworden ist, dass sie mehr Delegierte in die Bundesversammlung schicken kann. Das ist schon vorgekommen, aber dann herrschte bereits eine Wechselstimmung auf Bundesebene: Bei der nächsten Bundestagswahl folgte ein Regierungswechsel, und diejenigen, die ihren Bundespräsidentenkandidaten durchsetzen konnten, stellten dann auch die Bundesregierung. Unterm Strich gab es also meistens eine große (parteipolitische) Nähe zwischen Bundesregierung und Bundespräsident. Deshalb könnte man vielleicht erwarten, dass der Buprä brav Politik im Sinne der Regierungsparteien betreibt, die ihm ins Amt verholfen haben. Tut er aber nicht. Bisher haben sich die Bundespräsidenten von denjenigen, die ihre Wahl ermöglichten, recht schnell emanzipiert und Eigenständigkeit entwickelt. Das hohe Amt scheint eine besondere Ausstrahlung zu haben und seine Inhaber von parteipolitischen Brillen zu befreien. Umgekehrt ist es erstaunlich, mit welcher Leichtigkeit alle Bundespräsidenten zu hohen Popularitätswerten in der Bevölkerung gelangten. Auch solche, die von Politprofis als ziemlich schwache Amtsinhaber betrachtet wurden – doch das Volk mochte seine Präsidenten, und die Präsidenten mochten es, sich von der Parteipolitik zu lösen und eine eigenständige Rolle zu spielen. Tatsächlich scheint es so, dass sich Menschen an ihr Amt anpassen und sich dafür auch Amtsvorgänger zum Vorbild nehmen.

Was man sich jahrzehntelang überhaupt nicht vorstellen konnte, war, dass ein Bundespräsident zurücktritt. Hallo? Warum denn das? Das war ähnlich unvorstellbar wie ein Papst-Rücktritt – aber man erlebt ja immer wieder Neues. Als Horst Köhler 2010 urplötzlich das Handtuch warf, war das ein echter Schock. Sein hastiger Abgang warf ein Schlaglicht darauf, dass ein Bundespräsident eben nicht nur der Winkeonkel in Schloss Bellevue ist, sondern eine hochpolitische Funktion hat. Köhler war für ein Interview scharf kritisiert worden, auch vorher hatte er keine gute Presse gehabt; mit den Mitarbeitern im Bundespräsidialamt gab es angeblich Probleme, und er war offenbar auch enttäuscht, dass er keine große Unterstützung von der CDU beziehungsweise von Kanzlerin Merkel bekam. Belegen kann man es nicht, aber vieles spricht dafür, dass Horst Köhler, zuvor Sparkassenpräsident und Direktor des Internationalen Währungfonds, mit den Niederungen der deutschen Politik, in denen er recht unvermittelt gelandet war, nicht gut zurechtkam. Als großer Rhetoriker fiel er auch nicht auf. Die Kritik, die über ihn hereinbrach, hatte ihn offenbar extrem gekränkt. Er sah »die Würde des Amtes verletzt«, sprach dabei aber wohl vor allem über sein persönliches Verletztsein.

Nach Köhlers Rücktritt war erstmals klar: Das Amt stellt Anforderungen, denen nicht jeder gewachsen ist. Im Prinzip wusste man das vorher schon. Bundespräsident Heinrich Lübke etwa, der in den 1960er Jahren die Bundesrepublik repräsentierte, galt als schwacher Präsident, dessen eigentümliche Reden heute geradezu Kultcharakter haben. Dass er bei einem Staatsbesuch auf dem afrikanischen Kontinent eine Rede tatsächlich mit den Worten »Meine Damen und Herren, lieber Neger« begann, ist aber wohl böswillige Erfindung, es gibt dafür jedenfalls keine Belege. Auch dass er der britischen Queen bei einer Parade in absurdem »Denglisch« zugeraunt haben soll »Equal goes it loose« (gemeint war: gleich geht es los) ist offenbar ein Fantasiezitat, das sich Journalisten ausgedacht haben. Solche vielfach kolportierten Gerüchte kommen aber nicht von ungefähr. Heinrich Lübke wäre heutzutage wohl nicht mehr vermittelbar gewesen für das höchste Amt im Staat. Aber ein Rücktritt? Das war bis 2010 undenkbar.

Bundespräsidenten können spektakulär scheitern

Und das Schlimmste war: Gleich nach Köhler kam wieder ein Präsident, der nach kurzer Zeit zurücktrat. Auch Christian Wulff scheiterte – vor allem an sich selbst. Seine Vergangenheit als Ministerpräsident in Hannover holte ihn ein, feindlich gesonnene Parteikollegen hatten die Presse angespitzt und auf Verfehlungen hingewiesen. Er wurde bei Halbwahrheiten und Unwahrheiten ertappt, etwa bei der Frage, wie er sein privates Wohnhaus finanziert habe; er umgab sich mit den falschen Leuten, erweckte den Anschein der Vorteilsnahme – was er selbst bei anderen scharf kritisiert hatte, als er noch Oppositionspolitiker in Niedersachsen war. Damals hatte er gesagt: »Ein Politiker braucht eine Grundsensibilität, dass man Dienstliches und Privates strikt trennt, schon den Anschein von Korrumpierbarkeit und Abhängigkeiten vermeidet.« Das war 1999, und der SPD-Ministerpräsident Glogowski stürzte über eine gesponserte Hochzeitsparty. Jahre später erweckte Herr Wulff selbst den Eindruck, dass er sich hier und da gerne sponsern ließ, ein Upgrade im Flieger hier, ein Hotelzimmer da, ein Hauskredit von einem väterlichen Freund, der ihn zugleich auf Dienstreisen begleiten durfte. Die Presse begann ihn zu jagen – wie ein respektabler Bundespräsident, der über den Dingen steht, sah er da nicht mehr aus. Dann beging er auch noch den tödlichen Fehler, dem Chefredakteur der *Bild*-Zeitung einen wütenden Anruf auf Mailbox zu hinterlassen. Da er gerade auf einer Reise in arabischen Ländern war, begann er seine Tirade mit den Worten »Ich bin gerade auf dem Weg zum Emir...«. Daraus ist ein geflügeltes Wort geworden, das ihn als Staatsoberhaupt der Lächerlichkeit preisgab. Damit war die Würde des Amtes tatsächlich beschädigt. In den Medien hatte er verspielt, und als schließlich die Staatsanwaltschaft Ermittlungen wegen Bestechlichkeit aufnahm, war er als Bundespräsident nicht mehr tragbar. Wäre er Ministerpräsident von Niedersachsen geblieben, hätte er vermutlich noch jahrelang unbehelligt weiterregieren können, trotz diverser Vorwürfe, die im Raum standen. Aber Bundespräsident? Da steht man unter einer sehr speziellen Beobachtung.

Und für Angela Merkel ist es eine bittere Erkenntnis und eine herbe politische Niederlage, dass sie gleich zweimal hintereinander einen ungeeigneten Mann in dieses Amt gehievt hat. Dabei hatte sie sich das Ganze beide Male so schön gedacht: Horst Köhler wählte sie 2004 aus, weil ihr der wirtschaftsliberale Ökonom vom Internationalen Währungsfonds ein guter Begleiter zu sein schien für eine reformfreudige Koalition mit der liberalen FDP, von der sie fest ausging. Die Mehrheit in der Bundesversammlung hatte Schwarz-Gelb eigentlich ziemlich sicher. Also kungelten Merkel und Guido Westerwelle unter sich aus, wen sie gern im Präsidentenamt sehen wollten. Doch es kam anders. Köhler wurde zwar Präsident und Merkel bald darauf auch Kanzlerin, aber nicht mit Guido Westerwelle, sondern in einer großen Koalition mit der SPD. Der wirtschaftsliberale Reformpräsident Köhler wirkte in dieser Konstellation etwas deplatziert. Auch die Sache mit Christian Wulff hatte sich Merkel anders vorgestellt. Er war ihr schärfster parteiinterner Konkurrent, wurde sogar als möglicher Kanzler gehandelt, falls die Union mit Merkel nicht mehr glücklich sein sollte. Ihn nach Schloss Bellevue abzuschieben, schien ein geschickter Schachzug: So wird man Konkurrenten los, und ein allzu starker Präsident würde er wohl auch nicht werden, das ahnte Merkel vermutlich. Dass es dann so schlimm kommen würde, ahnte sie aber natürlich nicht. Am Ende bekam sie doch noch den beliebten Joachim Gauck als Schlossherrn, den sie nicht gewollt hatte. Auch ein Ostdeutscher, auch ein Protestant; eigentlich haben die beiden viel gemeinsam und mögen sich persönlich. Aber geplant war alles ganz anders.

Die Macht des Wortes

Einer der beliebtesten Bundespräsidenten war Richard von Weizsäcker (1984 bis 1994 im Amt). Er prägte in vieler Hinsicht den Idealtyp des deutschen Bundespräsidenten: ein hochgebildeter Mann, auch noch mit Adelstitel (was nichts aussagt, aber in den Ohren vieler Bürgern doch gut klingt), er strahlte Lebenserfahrung und Autorität aus und war in seinem öffentlichen Auftreten formvollendet. Aber das allein war's nicht. Weizsäcker erlangte den Ruhm, der bisher vielleicht beste Bundespräsident gewesen zu sein, auch, weil er ein geschliffener Rhetoriker war. Und er traute sich, den Deutschen Unangenehmes zu sagen, nämlich deutliche Worte zur deutschen Schuld am Zweiten Weltkrieg. Er war der Präsident, der die Macht des Wortes exemplarisch vorführte. Obwohl er bei Amtsantritt noch CDU-Mitglied war (er gab sein Parteibuch später ab), galt er außerdem als unparteiisch und übte scharfe Kritik am Gebaren der Parteien. Weizsäcker ist gewissermaßen der »Prototyp«, den sich die meisten Deutschen unter einem Bundespräsidenten vorstellen. Der aktuelle Bundespräsident Joachim Gauck wirkt ein bisschen wie ein Wiedergänger von Richard von Weizsäcker. Allerdings hat Gauck bisher noch keine »große Rede« gehalten, mit der er sich in die Geschichtsbücher eintragen könnte. Dass sein direkter Vorgänger Christian Wulff nach kurzer Zeit spektakulär scheiterte, hat viele Gründe. Einer könnte aber auch gewesen sein, dass er dem Bild des typischen Bundespräsidenten so gar nicht entsprach. Zu jung, zu nah an der Parteipolitik, zu sehr Karrierist statt »über den Dingen schwebend«. Er machte seine Sache im Amt eigentlich gar nicht schlecht; ihm wurden in seiner kurzen Amtszeit jedenfalls keine Fehler angelastet, und er prägte sogar einen Satz, der öffentlich hängen blieb (»Der Islam gehört zu Deutschland«). Viele Bürger fanden es zudem erfrischend, dass Schloss Bellevue zur Abwechslung mal keine Seniorenresidenz war, sondern im Schlosspark auch die kleinen Kinder des Präsidentenpaares spielten. Aber als Person begleiteten ihn von Beginn an Zweifel: »Ist der wirklich präsidiabel?«

Schon Wulffs Wahl gestaltete sich beklemmend schwierig. Er brauchte in der Bundesversammlung drei Wahlgänge, was ungewöhnlich ist. Der damals von der Opposition nominierte parteilose Joachim Gauck war ein starker Gegner, für den sich auch starke Medien wie die *Bild*-Zeitung ausgesprochen hatten. Gauck, der als »Kandidat des Volkes« bezeichnet wurde, sah von Anfang an aus wie ein Präsident, Wulff hingegen wirkte ein bisschen wie Angela Merkels Neffe. Man sollte solche Eindrücke nicht überbewerten – aber ich persönlich glaube, dass Psychologie in der Politik eine große Rolle spielt. Und für die Rolle des Bundespräsidenten ist nun mal eine weise »Silberlocke« vorgesehen, ob männlich oder weiblich – aber dem Vorbild Richard von Weizsäckers sollte man offenbar doch nahekommen, um dieser Vorstellung gerecht zu werden. Parteipolitiker werden das etwas anders sehen. Präsident Weizsäcker war für Kanzler Helmut Kohl eine Nervensäge, einer, der sich auf seine Kosten profilierte, indem er den Anti-Parteien-Präsidenten gab und dem Kanzler auch gern mal die Show stahl.

Mit Bundespräsident a. D. Richard von Weizsäcker habe ich für mein Jugendbuch »Kanzler lieben Gummistiefel« ein Interview über das Amt des Bundespräsidenten geführt. Und ich finde, dass seine Antworten auch für ein Erwachsenenbuch taugen, zumindest nichts von ihrer Aussagekraft eingebüßt haben. Übrigens: Bundespräsidenten behalten ihren Titel auch nach ihrer Amtszeit. Deshalb gebietet es die Höflichkeit, einen Ex-Bundespräsidenten mit »Herr Bundespräsident« anzusprechen, auch wenn er schon lange nicht mehr im Amt ist.

Herr Bundespräsident, wofür brauchen wir eigentlich überhaupt einen Bundespräsidenten?
Wir leben in unserer freiheitlichen Demokratie ja notwendigerweise in einem repräsentativen System. Das heißt, wir können uns nicht einfach wie die alten Germanen auf der Thing-Wiese versammeln, um ein Stammesoberhaupt direkt zu wählen. Bei uns laufen Abstimmungen in Parlamenten. Und dafür sind Parteien notwendig. Die Parteien kämpfen dort um ihre Ziele und um die Macht, diese Ziele umsetzen zu können. Dabei geraten sie aber immer wieder in Versuchung, mehr um die Macht und weniger um die Ziele zu kämpfen. So unentbehrlich Parteien sind, so notwendig sind zugleich parteiunabhängige Instanzen. Eines ist das Bundesverfassungsgericht und das andere ist das Staatsoberhaupt.

Kann der Bundespräsident denn tatsächlich unabhängig sein von Parteien?
Wenn er sein Amt nicht unabhängig von Parteien wahrnimmt, dann taugt er für das Amt nicht! Gänzlich parteilose Präsidenten hat es bisher zwar noch nicht gegeben, könnte es aber auch geben. Warum nicht? *(Anm.: Mittlerweile wurde mit Joachim Gauck erstmals ein parteiloser Bundespräsident – mit großer Mehrheit – gewählt; Weizsäcker hat im Interview Weitsicht bewiesen!)*

Also gibt man sein Parteibuch quasi ab in dem Moment, in dem man Bundespräsident wird?
Gewissermaßen. Mir ist die Unabhängigkeit der Amtsführung nie schwergefallen, und nach zehn Jahren im Amt hatte ich auch nicht den geringsten Wunsch, die Parteiunabhängigkeit wie einen Bademantel wieder abzulegen und mich wieder ins Parteigetümmel hineinzustürzen. Ich bin lieber unabhängig geblieben, und so ist es bis zum heutigen Tag.

Das Volk mag es ja auch, wenn sich Politiker etwas abseits des Parteisystems stellen. Parteien haben inzwischen ja einen eher schlechten Ruf...
Ach, Parteien und Politiker sind nicht besser als ihre Wähler. Wenn Menschen egoistisch und machtbesessen sind, dann macht die Demokratie aus ihnen keine selbstlosen Charaktere. Und Politiker sind eben auch ganz normale Menschen...

Sie haben den Parteien einmal vorgeworfen, »machtbesessen« und »machtversessen« zu sein...
Na ja, damit ist gemeint: Der Kampf um die Macht ist legitim. Aber er muss immer der Lösung politischer und sozialer Probleme dienen. Und das wird allzu oft umgedreht. Da geht es dann gar nicht mehr um Problemlösungen, sondern nur noch darum, seinen Machtvorsprung auszubauen oder die Aussicht auf Macht zu vergrößern. Weil die Menschen eben so sind, wie sie sind.

Haben die Parteien es denn zugelassen, dass Sie als Bundespräsident unabhängig waren, oder hat man versucht, sich einzumischen, sodass Sie sie abwehren mussten?
Solche Versuche habe ich nie erlebt und habe dazu auch keine Veranlassung gegeben!

Das glauben wir Ihnen ja nicht so ganz... Gab es nie Konflikte?
Nun, man kann schon auch in innere Konflikte geraten. Angefangen zum Beispiel mit Personalentscheidungen. Der Bundespräsident unterschreibt ja die Ernennungsurkunden für Bundesminister und hohe Beamte – obwohl er ja gar nicht derjenige ist, der sie auswählt. Einmal ist es sogar vorgekommen, dass ein Bundespräsident die Ernennung eines Ministers abgelehnt hat! Das war also sogar möglich – wenn auch die krasse Ausnahme. Insofern unterschreibt man als Bundespräsident in der Regel auch Ernennungsurkunden für Leute, die man noch aus ganz anderen Zusammenhängen kannte, vielleicht mit ihnen im Clinch war. Das kommt vor.

Man muss also manchmal auch Ernennungsurkunden für Personen unterschreiben, die man persönlich gar nicht schätzt, was dann im Einzelfall ziemlich unangenehm sein kann...
Ja, es geht beim Unterschreiben eben nur darum, ob die Ernennung in einem verfassungsmäßigen Sinne zu beanstanden ist. Persönliche Vorlieben und Meinungen dürfen dabei keine Rolle spielen. Auch beim Unterschreiben von Gesetzen geht es nur darum, dass der Bundespräsident bekundet, dass das Gesetz ordnungsgemäß zustande gekommen ist. Ob er sich selbst vielleicht ein anderes Gesetz gewünscht hätte, spielt dabei keine Rolle. Und auch die letztendlich verbindliche Entscheidung über die Verfassungsmäßigkeit liegt nicht beim Bundespräsidenten, sondern beim Bundesverfassungsgericht.

Und trotzdem ist das Unterschreiben von Urkunden und Gesetzen eine der wichtigsten Funktionen des Bundespräsidenten?
Immerhin kann man die Unterschrift verweigern, was aber nur sehr selten vorgekommen ist. Ich habe auch mal ein Gesetz nicht unterschrieben, aus Verfassungsgründen. Und Bundespräsident Johannes

Rau hat einmal das Zustandekommen eines Gesetzes ausdrücklich gerügt. Da ging es um das umstrittene Zuwanderungsgesetz, bei der Abstimmung hatte es einen Eklat im Bundesrat gegeben. Der Bundespräsident hat dann gesagt, er missbillige die Art und Weise des Zustandekommens, und er unterschreibe es jetzt nur mit dem ausdrücklichen Ziel, dass das Gesetz dem Bundesverfassungsgericht zur Prüfung zugeleitet wird. Damit hatte er damals übrigens auch vollkommen recht.

Dieses Recht, Gesetze zu unterschreiben und auch zu prüfen, ob sie zweifelsfrei verfassungsgemäß zustande gekommen sind – das ist aber doch wahrscheinlich nicht das, was diesen Job attraktiv macht, oder?
Über die Frage, ob das Amt attraktiv ist oder nicht, habe ich nicht nachgedacht, bevor ich dort hineingewählt wurde. Man strebt dieses Amt doch nicht an! Man kann aber der Überzeugung sein, dass es ein notwendiges Amt ist.

Sind wir als Demokratie denn inzwischen nicht so stabil, dass man den Bundespräsidenten als Aufpasser eigentlich gar nicht mehr so braucht?
Ich glaube schon, dass die Demokratie immer wieder der kritischen und heilenden Beobachtung bedarf. Nicht um aus uns allen Engel zu machen... Aber um darüber zu wachen, dass wir unsere Freiheit verantwortlich nutzen. Auch, um einer nachwachsenden Generation klarzumachen: Freiheit bewährt sich in der Verantwortung, die wir übernehmen. Diese Verantwortung ist für eine Bundeskanzlerin natürlich größer als für eine junge Abiturientin. Aber auch die Abiturientin wächst in etwas hinein, das auch sie angeht, sie steht da nicht außen vor. Daran muss immer wieder erinnert werden.

Der Bundespräsident wird nicht direkt vom Volk gewählt, was ihm Macht verleihen würde. Er darf Gesetze nur unterschreiben, aber nicht selbst machen. Kann der Bundespräsident denn trotzdem eine Form von Macht entfalten?
Nach unserer Verfassungsordnung ist das, was wir herkömmlich unter »Macht« verstehen, ja stark orientiert an den schlechten Erfahrungen aus der Weimarer Republik. Dort hatte der Reichspräsident am Ende

eine Macht, die dazu geführt hat, dass die Nationalsozialisten ans Ruder kamen. Der Reichspräsident hatte ganz zweifellos eine zu große Macht, das sollte bei der neuen Verfassung, beim Grundgesetz, unter keinen Umständen wiederholt werden. Es ist ja sogar damals über die Frage diskutiert worden, ob wir überhaupt einen Bundespräsidenten brauchen. Die Debatte ist dann aber sehr schnell abgestorben …

… weil man ihn doch braucht?
Weil es überparteilicher Instanzen bedarf. Zur freiheitlichen Demokratie gehört eben auf der einen Seite die Einsicht in die Notwendigkeit der Parteien und auf der anderen Seite die Überparteilichkeit. Das ist dringend notwendig! Und das muss der jeweilige Amtsinhaber dann auch entsprechend verkörpern.

Der Bundespräsident wird ja auch als der »würdevolle« Teil der Verfassung bezeichnet. Entgegen dem »mächtigen« Teil, also Parlament und Regierung. Der Bundespräsident soll also überparteilich sein, er soll würdevoll sein, und er soll repräsentieren …
Also »repräsentieren«, das ist ein kleines Wort für eine größere Sache!

Wie meinen Sie das?
Ach, repräsentieren, das klingt so, als würde man in erster Linie Gäste empfangen und bewirten. Nein, so ist es nicht! In erster Linie arbeitet man und denkt nach und bringt seine Gedanken in die öffentliche Diskussion ein.

Man ist also nicht nur dazu da, um Gäste zu bewirten – heißt das, dass man als Bundespräsident auch richtig Außenpolitik machen kann?
Also, ich hatte rund 56 Staatsbesuche im Ausland gemacht und dabei natürlich immer auch die deutsche Außenpolitik vertreten. Viele dieser Reisen habe ich ja auch gemeinsam mit dem jeweiligen Außenminister gemacht. Ich war mit Hans-Dietrich Genscher wirklich sehr eng und war an den aktuellen Diskussionen und Ergebnissen der Außenpolitik ganz unmittelbar beteiligt. Auch in den Gesprächen mit den Medien. Da wurde ich dann ja auch nach der deutschen Haltung zu diesem oder jenem Thema gefragt, und dann konnte ich doch nicht sagen: Liebe

Leute, dafür bin ich nicht zuständig! Selbstverständlich hab ich die Fragen immer alle beantwortet. Und selbstverständlich in meiner Tonlage und nicht »repräsentativ«! Die Außenpolitik war insgesamt sogar der überwiegende Teil meiner Tätigkeit als Bundespräsident.

Welche Rolle spielen in der Außenpolitik eigentlich persönliche Beziehungen? Kann man zum Beispiel hinter den Kulissen als Bundespräsident auch helfen?
Ja natürlich. Die Beziehungen zu ausländischen Politikern sind unterschiedlich eng. Meine persönlich engste Beziehung war zum Beispiel die zum damaligen Staatspräsidenten Vaclav Havel in Prag. Ein wunderbarer Mann! Und dem konnte ich auch freundschaftlich helfen in der Zeit des politischen Umbruchs, als er zunächst noch mit halbem Bein im Gefängnis saß.

Sie konnten ihm Tipps geben oder ihn beschützen?
Ach, da gibt's so Geschichten, die sind fast komisch... Er hat mich zum Beispiel mal angerufen und gesagt, ich soll ihm doch bitte einen vertrauenswürdigen Ingenieur schicken. Weil in seinem Büro noch lauter Abhörgeräte waren, und er brauchte jemanden, der die alle entdeckt und entfernt...

Was ist Ihrer Ansicht nach das wichtigste außenpolitische Thema heute und in Zukunft?
Die Welt ist in einem starken und ziemlich schwer durchschaubaren Veränderungsprozess. Amerika ist nach wie vor das mächtigste Land. Es ist eine wirkliche Nation, die vom Präsidenten und der politischen Führung tatsächlich angeführt wird. In Europa ist dieselbe Art von Nation im Rückgang begriffen, weil zugleich eine Europäische Union entsteht. Dieser Umwandlungsprozess in Europa wird uns noch lange beschäftigen.

Fragt sich nur, ob man mit diesem europäischen Zusammenwachsen die Menschen politisch genauso unmittelbar berühren kann wie etwa mit den Themen »Versöhnung nach dem Krieg« oder »deutsche Wiedervereinigung«.

Ja, das ist nicht leicht. Denn was wir vor allem zustande gebracht haben, den Binnenmarkt in Europa, der berührt zwar auch jeden Bürger in der einen oder anderen Weise, ist aber nicht jedem verständlich. Zum Beispiel spricht Europa in der Welthandelsorganisation WHO mit einer Stimme, das ist gut. Aber was die WHO und der europäische Vertreter dort tun und sagen, das ist für den normalen Bundesbürger im Alltag doch furchtbar weit entfernt...

... es berührt nicht die Herzen der Menschen ...
Und doch müssen wir sehen: Seit dem 1. Mai 2004 sind wir in einer Situation, wie es sie in der deutschen Geschichte nie zuvor gegeben hat. Wir haben ja neun Nachbarn. Nur die beiden Riesenreiche Russland und China haben mehr Nachbarn als wir. Und wir sind ein verhältnismäßig kleines Land, liegen aber in der Mitte Europas. Seit dem 1. Mai 2004 sind außer der Schweiz alle unsere Nachbarn Mitglieder der Europäischen Union. Und keiner hat mehr vor seinen Nachbarn Angst! Man hat Interessengegensätze und streitet sich darüber, aber es ist ein Frieden in diesem Europa entstanden, den es früher nie gegeben hat. Und das darf man niemals vergessen. Meine Kinder und Enkel mögen die Europäische Union für eine Selbstverständlichkeit halten. Aber das ist sie geschichtlich gesehen eben nicht. Und man muss das Bewusstsein dafür wachhalten, damit wir alle verantwortlich damit umgehen, was erreicht worden ist an Freiheit und Frieden.

... dass wir eines Tages mit Europafähnchen so winken wie mit Schwarz-Rot-Gold, ist trotzdem schwer vorstellbar ...
Vollkommen richtig. Aber ich sage ja nicht, dass Europa auf dem Wege dazu ist, eine Nation zu werden wie alte herkömmliche Nationen, wie Amerika. Aber Sie können in einer Welt der offenen Grenzen gar nicht anders als lernen, zusammen zu handeln. Europa muss weiter zusammenrücken, eine gemeinsame Stimme finden. Und das dauert eben alles. Das ist der Vorteil eines alten Mannes – man weiß: Es dauert, aber es kommt...

Es ist insgesamt schwerer geworden, sich für Politik zu begeistern. Eher scheint Politik immer langweiliger zu werden. Auch die politischen Reden, die heute gehalten werden, sind oft nicht gerade aufregend...

Ja, es gibt ja auch eine Tendenz, wonach die Bedeutung der Regierungsapparate gegenüber den Parlamenten gewachsen ist. Die großen Parlamentsdebatten sind immer mehr die Ausnahme geworden. Die letzte wirklich große Debatte, die wir noch im alten Westdeutschland geführt haben, war Anfang der siebziger Jahre, als es um die Entspannungspolitik ging, um den Moskauer Vertrag und den Warschauer Vertrag. Da ging es ja in Wirklichkeit um die Anerkennung der Strafen für den Zweiten Weltkrieg und um die Einsicht, dass man mit diesen ehemaligen Kriegsgegnern wieder in Kontakt kommen muss. Das haben nicht nur die vielen Millionen Heimatvertriebenen, sondern auch ungezählte Westdeutsche damals als etwas empfunden, was sie unmittelbar angeht. Da wurde man als Abgeordneter auf der Straße angesprochen, was man dazu im Parlament gesagt hatte. Aber die Themen heute, etwa die Frage der Europäischen Entscheidungen für einen besseren Wettbewerb im europäischen Markt und der Verhinderung von Kartelleinflüssen – das können wir als normale Menschen oft nicht genügend durchschauen und können uns dafür dann auch nicht recht erwärmen.

Sie selbst haben am 8. Mai 1985, zum Tag des Kriegsendes, eine der berühmtesten Reden überhaupt gehalten. War Ihnen damals eigentlich bewusst, welche Wirkung diese Rede haben würde, als Sie zum Mikrofon gingen?

Nein, überhaupt nicht. Ich gebe zu: Der Krieg, die deutsche Geschichte, war das zentrale Thema, um das mein Verstand und Herz kreisten. Es war das zentrale Thema meiner Generation. Ich war ja am ersten Kriegstag als Soldat in Polen einmarschiert usw., ich habe das alles miterlebt gehabt...

...Sie waren also innerlich bewegt, als Sie damals zum Mikrofon gingen...

Ganz gewiss. Es ging darum, dass wir Rechenschaft ablegen, ob wir Deutsche verstanden haben, wo wir herkommen. Diesem Ziel diente die Ansprache. Es hat dann vor allem auch im Ausland positive Reaktionen gegeben, mit denen ich so gar nicht gerechnet hätte. Es ging ja in erster Linie um Gedankengänge und eine Ansprache für mich und meine Landsleute.

Ist die Fähigkeit, gute Reden zu halten, das »Redenkönnen«, das wichtigste Instrument für einen Politiker?
Das wichtigste vielleicht nicht, aber ein Politiker sollte schon sagen können, was er auf dem Kasten hat! Und auf dem Herzen ...

Eine Rede ist also gut, wenn sie auch emotional ist?
Man sollte vor allem als Zuhörer niemals den Eindruck haben, hier wiederholt einer nur, was er schon immer sein ganzes Leben lang als sein Hobby oder seine Hauptrichtung betrachtet hat. Sondern es steht dem Amt gut an, wenn man über die laufenden Veränderungen spricht, mit denen man es zu tun hat, wenn man zu den wichtigen Fragen der Zeit etwas beiträgt.

Man hört häufig, dass es unter den Politikern heutzutage kaum noch mitreißende Redner gibt ...
Gelegentlich gibt es die Frage, ob die heutige Politikergeneration positiv verglichen werden kann mit ihren Vorgängern. Wahr ist, dass früher immer wieder wirklich sehr schwerwiegende Entscheidungen getroffen werden mussten. Bezogen auf Westdeutschland zum Beispiel, ob man unmittelbar nach dem Krieg der amerikanischen Forderung folgen sollte, wieder eine Bundeswehr aufzustellen. Oder, als anderes Beispiel: der Umgang mit der RAF. Oder die erste große Ölkrise – wie man damit umgehen sollte. Oder denken Sie an den deutschen Wiedervereinigungsprozess ... Heute hingegen scheint vieles leichter und ist möglicherweise doch oft schwer. Es ist vielleicht sogar schwerer geworden, die Dinge wirklich beim Namen zu nennen.

Zum Beispiel?
In einer Gesellschaft, der es im Vergleich zu früheren Zeiten materiell wirklich besser geht und bei der dennoch ein Gefühl sich ausbreitet, es ginge nicht gerecht zu – darüber kann man ja nicht einfach so hin-

weggehen! Oder die Frage, inwieweit Verhaltensfreiheit die Menschen untereinander zu Grobheit und Gewalt verführt anstatt zu einem verantwortlichen Miteinander. Den Höhen und Untiefen unserer Zeit auf die Spur zu kommen, ist schwer geworden.

Es ist heute also schwerer, gute Reden zu halten, weil die Themen sich dafür weniger gut eignen?
Darüber zu sprechen, was die Hauptaufgaben unserer Zeit sind, ist nach wie vor eine wichtige Aufgabe für Politiker. Gerade auch für den Bundespräsidenten, der ja unabhängig davon sein soll, was bei der nächsten Wahl populär ist. Wir haben zum Beispiel immer wieder die Schwierigkeit, dass Lösungen für Probleme erst langfristig zustande kommen. Damit meine ich: in einer längeren Zeit als der nächsten Legislaturperiode. Die Fraktionen in den Parlamenten sind aber nur für eine Periode gewählt und wollen dann wiedergewählt werden. Daher scheint es doch ihren Interessen zu widersprechen, an einem langfristigen Ziel zu arbeiten, das innerhalb einer Legislaturperiode noch keine Früchte abwirft. Die Politiker haben da die Versuchung, Mehrheiten zu bekommen, ich will nicht sagen: um jeden Preis, aber manchmal schon um einen zu billigen Preis.

Würden Sie jungen Leuten heute denn noch raten, Politiker zu werden?
Ja!

Warum?
Aus Freiheitsfreude! Die jungen Leute sollen die Freiheit benützen, um voranzuschreiten. Sie sollen die Freiheit gestalten und bewahren und dafür Verantwortung übernehmen.

Welche Eigenschaft braucht man dazu als Politiker vor allen Dingen?
Zur verantwortlichen Freiheit gehören Grundsätze, die unverrückbar sind. Das ist das Gewissen. Man kann sich orientieren nach Mehrheiten oder nach Interessen, und bei Interessenstreitigkeiten kann es auch Krach geben. Aber am Ende kommt man zu dem Punkt, da kann man sich nur nach seinem Gewissen entscheiden.

Was macht die Bundeskanzlerin den ganzen Tag?

Als Bundeskanzler muss man Frühaufsteher sein, ob man will oder nicht. Bei Frau Merkel zum Beispiel klingelt immer schon um sechs Uhr der Wecker. Spätestens um acht Uhr ist sie im Büro, meistens kommt sie schon gegen sieben. Ihr erster fester täglicher Termin ist die »Morgenlage« um 8.30 Uhr. Das machen alle Bundeskanzler so. Sie sitzen dann mit ihren engsten Mitarbeitern in ihrem Büro und bereiten sich auf den Tag vor. Sie besprechen also am Morgen die allgemeine Lage, daher der Begriff.

Die wichtigsten Mitarbeiter eines Kanzlers sind dabei nicht die Minister, wie man vielleicht denken könnte. Manche Minister kann ein Bundeskanzler sogar persönlich nicht mal leiden. Bei der Auswahl seines Kabinetts ist ein Bundeskanzler ja nicht frei, denn es müssen alle möglichen Wünsche berücksichtigt werden, und bei einer Koalitionsregierung sind natürlich auch Mitglieder der anderen Partei dabei, mit denen ist man sowieso schon nicht so enge. Die wahren Vertrauten eines Kanzlers sind andere Leute. Bei der Morgenlage, wie sie mit Kanzlerin Merkel stattfindet, sitzen meist folgende Mitarbeiter im Zimmer:

Die Büroleiterin: Mit ihr muss man sich gut stellen, wenn man was von der Kanzlerin will. Das hat Tradition, auch die Büroleiterinnen von Gerhard Schröder und Helmut Kohl waren sehr einflussreiche Frauen, an denen keiner vorbeikam. Und bisher waren es immer Frauen. Bei Kanzlerin Merkel ist es Beate Baumann, mit der sie sehr eng ist, auch wenn sich die beiden bis heute siezen.

Der Kanzleramtsminister: Das ist sozusagen der Chef des Hauses. Aktuell ist das Ronald Pofalla. Er leitet das Kanzleramt, vertritt die Kanzler bei Verhandlungen und sorgt dafür, dass »der Laden läuft«. Das heißt vor allem, er kümmert sich um eine gute Zusammenarbeit mit den Ministerien. Für die Topleute der verschiedenen Ministerien ist der Kanzleramtsminister extrem wichtig. Wie gut oder schlecht er seinen Job macht, hat Einfluss auf das gesamte Kabinett. Gut ist jemand, der Organisationstalent und diplomatisches Geschick hat, der zugänglich ist und trotzdem Autorität ausstrahlt und der Probleme und Konflikte »riecht«, noch bevor sie richtig entstehen. Eine äußerst einflussreiche Position – für jemanden, der gern im Hintergrund arbeitet und keinen Drang hat, selbst im Rampenlicht zu stehen. Dafür ist er auch derjenige, der sich mit den Geheimdiensten in einem abhörsicheren Raum des Kanzleramts treffen darf, um geheime Informationen aus aller Welt zu besprechen. Das ist gewissermaßen die Entschädigung dafür, dass man so wichtig ist, ohne dass einen außerhalb Berlins jemand kennt: Man ist ein stiller Mächtiger. Daraus kann aber durchaus auch eine prominente Karriere werden. Frank-Walter Steinmeier beispielsweise war Kanzleramtsminister und schaffte es später sogar zum SPD-Kanzlerkandidaten. Und auch Thomas de Maizière wurde vom Organisator hinter den Kulissen zum Innen- und danach zum Verteidigungsminister.

Der Regierungssprecher: Er spricht gegenüber der Presse für die Kanzler und versucht, ihre Sicht der Dinge der Öffentlichkeit möglichst positiv zu vermitteln. Fragt man den früheren Regierungssprecher von Frau Merkel, Ulrich Wilhelm, was das Wichtigste in seinem Job war, antwortet er: »Ich musste immer gut informiert sein.« Das ist durchaus nicht selbstverständlich. Es gab auch schon Regierungssprecher, die wussten nicht viel mehr als die Journalisten, weil die Kanzler sie nicht ins Vertrauen zogen. Besser ist es, wenn Regierungssprecher möglichst viel wissen – auch das, was die Kanzler öffentlich lieber nicht sagen. Regierungssprecher sollten allerdings die Journalisten auch nicht anlügen, um Unangenehmes zu verbergen. Wenn nämlich die Journalisten dem Regierungssprecher nicht mehr trauen, ist das letztlich schlecht für einen Kanzler. Insofern sitzen die Regierungssprecher immer ein bisschen zwischen den Stühlen. Zurzeit sitzt da Steffen Seibert.

Der Generalsekretär der Kanzlerpartei: Schließlich gehören die Kanzler ja auch einer Partei an und stehen nicht über Partei und Bundestag. Deshalb ist es wichtig, dass es da eine enge Verbindung gibt. Für Frau Merkel ist dieses Bindeglied derzeit der CDU-Generalsekretär Hermann Gröhe, mit dem sie auch persönlich »gut kann«, wie man so schön sagt.

Der Planungschef im Kanzleramt: Die Planungschefs überwachen alle längerfristigen Vorhaben der Kanzler, zum Beispiel Pläne für neue

Gesetze, und sollten dafür auch wissen, was andere wichtige Politiker (wie Minister oder Ministerpräsidenten) darüber denken, um frühzeitig Konflikte zu wittern. Ein Planungschef kümmert sich außerdem darum, wo und wie der Kanzler öffentlich auftritt; ihm unterstehen auch die Redenschreiber. Förmlich heißt dieser Job: »Leitung des Referats Politische Planung, Grundsatzfragen, Sonderaufgaben«. Frau Merkel hat ihn ihrer allerwichtigsten Vertrauten gegeben, Eva Christiansen, die zugleich ihre Medienberaterin ist. Sie macht das sehr still und erfolgreich hinter den Kulissen und ist dabei eine der einflussreichsten Personen im Kanzleramt, wahrscheinlich sogar die wichtigste Beraterin der Kanzlerin – auch wenn kaum ein Bürger sie kennt. Alle Kanzler hatten solche besonderen Bezugspersonen, die nur die Insider in Bonn oder Berlin kannten, manchmal auch fürchteten. In der Öffentlichkeit treten diese Schlüsselfiguren kaum auf. Frau Christiansen sieht man manchmal im Fernsehen, wenn sie ein paar Schritte hinter der Kanzlerin hergeht: eine zierliche blonde Frau mit freundlichem Lächeln, die man unterschätzen könnte – wenn man es nicht besser wüsste.

Von der Morgenlage bis tief in die Nacht

Als Erstes trägt in der Morgenlage immer der Regierungssprecher vor, was am Abend in den Fernsehnachrichten gesagt wurde und was die Morgenzeitungen schreiben, damit die Kanzlerin informiert ist über das, was in der Öffentlichkeit gesagt wird. Die Regierungssprecher müssen also mindestens genauso früh aufstehen wie die Kanzler, schließlich besteht ihre Aufgabe u. a. darin, bis 8.30 Uhr alle Zeitungen zu lesen und auszuwerten. Überhaupt haben die engen Mitarbeiter eines Kanzlers ähnlich viel Stress wie der Chef beziehungsweise die Chefin selbst. Keine Jobs für schwache Nerven!

In der Morgenlage werden auch die Termine des Tages besprochen, und was auf der Welt los ist. Wenn zum Beispiel in Amerika Wahlkampf ist, will auch ein deutscher Kanzler wissen, wer gerade die Nase vorn hat. Oder wenn die Weltraumorganisation NASA meldet, dass es Wasser auf dem Mars gibt, dann interessiert das auch im Berliner Kanzleramt. Die Morgenlage mit ihren Vertrauten ist einer der wenigen Termine, wo die Kanzler ehrlich reden können und auch zugeben dürfen, dass sie über irgendetwas wütend, unzufrieden oder unglücklich sind. Außerhalb dieser Runde muss man damit sehr vorsichtig sein, sonst steht's direkt in der Zeitung (»Merkel ist verzweifelt«). Nach der Morgenlage bearbeiten die Kanzler häufig Post und E-Mails. Kanzlerin Merkel bekommt jeden Tag rund 1500 Briefe und 1000 E-Mails. Die beantwortet sie natürlich nicht alle selbst. Anfragen, ob man sie treffen kann, werden vorsortiert. Wenn der Präsident von Senegal fragt, ob sie mit ihm zum Mittagessen geht, kümmert sich die Abteilung »Außenpolitik« darum. Will ein Journalist sie interviewen, dann landet die Anfrage erst mal beim Regierungssprecher. Als normaler Bürger kann man der Kanzlerin natürlich auch eine E-Mail schreiben und versuchen, sich mit ihr zu verabreden. Das ist allerdings schwierig; der Präsident von Senegal hat da bessere Chancen. Am ehesten begegnet man einem Kanzler noch in dessen Wahlkreis, bei Frau Merkel ist das Stralsund. Da hält sie Bürgersprechstunden ab, wie das jeder Bundestagsabgeordnete tut. Und einmal im Jahr gibt es in Berlin einen »Tag der offenen Tür«, an dem jeder Bürger ins Kanzleramt darf, und Frau Merkel ist auch da.

Auf ihrem großen Schreibtisch steht übrigens ein kleines Bild der russischen Zarin Katharina der Großen. Ich habe sie mal gefragt, warum – Antwort: »Weil sie eine tolle Frau war; sie hat viele Veränderungen in ihrem Land durchgesetzt und war sehr erfolgreich.« Das möchte Frau Merkel natürlich auch sein. Allerdings gibt es nur wenig, was ein Kanzler einfach so durchsetzen kann. Schon gar nicht in einer Großen Koalition. Da hatte es die russische Zarin bedeutend leichter...

Jeden Tag haben Bundeskanzler mindestens sieben bis zwölf Termine. Und darüber hinaus vergehen viele Stunden, in denen sie Akten bearbeiten oder telefonieren. Als Kanzler muss man viel telefonieren, und zwar mit Leuten in aller Welt. Oft sind dann Dolmetscher dabei beziehungsweise zugeschaltet. Man telefoniert also zu dritt. Der Dolmetscher-Job ist spannend – was man da alles so mitkriegt! Aber natürlich ist man zur Verschwiegenheit verpflichtet, sonst fliegt man gleich raus. Als Kanzler muss man jedenfalls jeden Tag wahnsinnig viel quasseln: entweder Reden halten, mehrere am Tag, im Bundestag oder bei anderen Veranstaltungen, zum Beispiel bei internationalen Konferenzen. Oder man muss mit zig Leuten diskutieren: mit unzufriedenen Parteifreunden, mit Gewerkschaftsfunktionären, mit Arbeitgeberverbänden oder mit den Politikern anderer Parteien. Diverse Staatsgäste kommen hinzu, das kann anstrengend werden. Deshalb sind Kanzler froh, wenn sie mal eine Stunde haben, in der sie einfach nur still nachdenken können. Dafür fehlt aber oft die Zeit. Frau Merkel macht das meist am Wochenende, wenn sie kocht oder in ihrem Ferienhaus im Garten arbeitet. Doch auch dann klingelt immer wieder das Telefon. Und ohne ihr Handy geht Frau Merkel sowieso nirgendwo hin. Sie muss immer erreichbar sein. Ihr Sprecher Seibert hat mal erzählt, wie eigentümlich es war, als er und die Kanzlerin während eines Staatsbesuchs in Seoul auf der Fahrt vom Flughafen zum Veranstaltungsort keinen Handy-Empfang hatten. Plötzlich blieb einem nichts anderes übrig als »tatenlos« aus dem Fenster zu schauen, ganz ohne News und Kommunikation. Das sei auch mal »ganz interessant« gewesen. Normalerweise simst die Kanzlerin ständig und ist auch ständig mit ihrem Smartphone an E-Mail und Nachrichtendienste gekoppelt. Sie ist ein regelrechter Handy-Junkie und tippt ihre SMS höchstselbst.

Natürlich ist man als Kanzler sehr viel auf Reisen. Pro Jahr kommen da locker dreißig Auslandsreisen in mindestens zwanzig Länder zusammen. Besonders wichtig sind natürlich internationale Gipfeltreffen, die ziehen sich oft ins Wochenende hinein. Häufig sind das Reisen durch unterschiedliche Zeitzonen. Während des langen Flugs werden Akten studiert und das jeweilige Treffen (zum Beispiel mit dem US-Präsidenten) besprochen und vorbereitet. Wenn die Kanzlerin dann aus dem Flieger springt, kann sie sich nicht erst mal im Hotel aufs Ohr hauen und den Jetlag überwinden, sondern muss sofort hellwach sein und wichtige Gespräche führen. Und dabei möglichst auch noch frisch aussehen. Das gelingt nicht immer – dunkle Augenringe gehören bei jedem Kanzlergesicht dazu. Wenn Angela Merkel nicht im Ausland unterwegs ist, sondern in Deutschland, fährt oder fliegt sie immer zurück nach Berlin, selbst wenn es spätnachts wird. Lieber schläft sie nur wenige Stunden, aber dann wenigstens zu Hause in ihrem eigenen Bett. So versucht sie, ein bisschen private Normalität in ihrem Leben zu bewahren.

Wegweiser für Staatsgäste und Tischordnung im Kabinett

Zu den regelmäßigen Aufgaben als Kanzler gehört der Empfang von Staatsgästen. Dabei gibt es genau vorgeschriebene Rituale, wer wo auf dem roten Teppich steht und wie man eine Militärformation abschreitet, wenn man jemanden »mit militärischen Ehren« empfängt. Wahrscheinlich finden Kanzler und Staatsgäste das selbst ein bisschen lästig, aber es gehört halt dazu. Da jedes Land ein eigenes Zeremoniell hat, muss die Kanzlerin aufpassen, dass sie und ihre Gäste nichts Falsches machen. Einer ihrer ersten Gäste als neue Kanzlerin war der Ministerpräsident von Singapur. Und der lief prompt an der deutschen Fahne vorbei, weil er nicht wusste, dass er dort eigentlich stehen bleiben sollte. Angela Merkel musste ihn hastig einholen, was im Fernsehen sehr lustig aussah. Seitdem geht sie immer ein bisschen schneller als ihre Gäste und zeigt ihnen so den Weg. Worauf man alles achten muss!

Jeden Mittwoch ist Kabinettssitzung. Vorher treffen sich die Kanzler mit ihrem Vizekanzler, derzeit also Philipp Rösler von der FDP. Auch Merkels Vorgänger Gerhard Schröder traf sich immer vorab mit Joschka Fischer von den Grünen, der damals sein Stellvertreter war. Das ist wichtig: Man kann ja nicht nur so vor sich hin regieren, sondern muss sich mit der eigenen Partei und dem Koalitionspartner abstimmen. Die Inhalte dieser Treffen unter vier Augen sind vertraulich. Nicht weniger wichtig sind die Treffen mit den Fraktionschefs, die den Kanzlern einen Eindruck davon vermitteln, wie die Stimmung in der eigenen Fraktion ist.

Ob eigene Partei oder Koalitionspartner: Man spricht sich sinnvollerweise ab, bevor man in die große Runde geht. Denn was am Kabinettstisch besprochen wird, bleibt fast nie geheim. Irgendwer tratscht immer, also erwähnt man dort besser nichts allzu Heikles. Am Kabinettstisch sitzen alle Minister und der Kanzler im Kreis. Früher hatte der Kanzler einen etwas größeren Stuhl, das hat Gerhard Schröder abgeschafft. Angela Merkel kann mit Hilfe einer Klingel notfalls für

Ruhe sorgen, aber in der Regel genügt ein strafender Blick, wenn zum Beispiel zwei Minister miteinander tuscheln, während sie redet. Bevor die Runde anfängt zu tagen, dürfen Fernsehkameras und Fotografen filmen. Das ist für alle Anwesenden eine wunderbare Gelegenheit, sich zu präsentieren. Man plaudert zum Beispiel betont angeregt mit einem Kollegen, mit dem man angeblich gerade Streit hat, um Harmonie zu demonstrieren. Da werden eifrig Hände geschüttelt oder Wangenküsse ausgetauscht. Zufall ist hier nichts. Und wenn die erfahrene Arbeitsministerin Ursula von der Leyen der frischgebackenen jungen Familienministerin Kristina Schröder mütterlich-überlegen die Schulter tätschelt, tut sie das auch nicht nur so. *Nichts* geschieht zufällig, wenn Kameras laufen!

Natürlich müssen Kanzler auch ordentlich essen. Das tun sie aber nie allein. Mittagessen werden in der Regel genutzt, um Gäste zu empfangen. Insofern kann ein Kanzler nie schweigend Kartoffelbrei in sich hineinschaufeln, sondern muss während der Mahlzeit weiter Politik machen und reden. Gegessen wird gerne im »Kanzlerwohnzimmer«, so heißt dieser Raum im Kanzleramt. Wer dorthin eingeladen wird, darf sich wichtig fühlen. Die Kanzlerwohnung ganz oben im achten Stock ist über eine versteckte Treppe direkt mit dem Kanzlerbüro eine Etage darunter verbunden. Eine Art Maisonette sozusagen. Über das Büro lässt sich dreierlei sagen: sehr groß, Riesenschreibtisch und tolle Aussicht. Pompös wirkt es trotzdem nicht, eher kühl und sachlich. Die Wohnung darüber ist rund 120 Quadratmeter groß und besteht im Wesentlichen aus einem großen Esszimmer, außerdem gibt es noch eine Einbauküche und ein kleines Schlafzimmer. Ein Kuschelsofa oder eine Krimskrams-Ecke sucht man vergeblich. Das ist alles sehr funktional gehalten, optisches »Highlight« ist ein Picasso an der Wand. Und ein Kinderzimmer gibt es in der offiziellen Kanzlerwohnung übrigens auch nicht – aber welches Kind würde da schon wohnen wollen?! Gerhard Schröder hat dort tatsächlich häufig übernachtet, weil seine Familie während seiner Amtszeit in Hannover blieb. Es soll auch gemütliche Rotwein-und-Zigarren-Runden dort gegeben haben. Muss sich trotzdem merkwürdig angefühlt haben, da oben im Kanzleramt, spätabends. Man blickt über das nächtliche Berlin (die Aussicht ist wirklich toll!), ist der mächtigste Mensch im Land und trotzdem ziemlich allein in diesem riesigen Amt. Die Mitarbeiter sind ja alle längst zu Hause. Frau Merkel hingegen wohnt mit ihrem Ehemann privat in Berlin, zentral in einer Altbauwohnung, die mit Sicherheit geräumiger und gemütlicher ist als das Domizil im Kanzleramt. Sie nutzt die Kanzlerwohnung insofern nur für berufliche Anlässe, etwa für »private« Abendessen mit wichtigen Menschen, zum Beispiel Wirtschaftsführern. Solche Runden sind in Wahrheit natürlich keineswegs »privat«, sondern Teil ihres Jobs. Wenn große Besuchsgruppen kommen, steht ein extragroßer Bankettsaal zur Verfügung. Der König von Saudi-Arabien zum Beispiel reist immer mit mindestens 100 Leuten an, lauter Prinzen und Gefolge. Für so viele Herren ist das Amtswohnzimmer dann doch zu klein.

Mit der Kanzlerin an der Käsetheke

Frau Merkel kocht übrigens gern selbst – nicht für Staatsgäste, aber für sich und ihren Mann. Wenn man den ganzen Tag reden und angestrengt nachdenken muss, kann Zwiebelschneiden sehr entspannend sein! Dafür geht sie durchaus auch mal selbst einkaufen. Das ist sehr lustig, denn dann hält ihre Wagenkolonne vor irgendeinem Berliner Supermarkt, sie springt mit zwei Bodyguards aus dem Auto und läuft mit Einkaufskorb durch die Regalreihen. Die anderen Supermarktbesucher wollen natürlich gern mit ihr fotografiert werden: Ich und die Kanzlerin an der Käsetheke – toller Schnappschuss! Die Kanzlerin isst übrigens gerne deftig, besonders gern Buletten, das hat sie mit ihren Vorgängern gemeinsam. Auch Schröder und Kohl hatten es nicht so mit »Chi-Chi«-Kram, was vielleicht auch daran liegt, dass man den als Kanzler ständig serviert bekommt. Trüffelflöckchen an Burgunderscheibchen etc. Was halt so serviert wird, bei offiziellen Essen; irgendwann kann man es nicht mehr sehen. Kohl mochte privat am liebsten Saumagen (klingt komisch, ist aber tatsächlich ganz lecker, eine Art würzige Sülze), Schröder liebte Currywurst, und auch Merkel hat überhaupt kein Problem damit, eine Grillwurst mit Brötchen auf der Hand zu verzehren, während man ihr gegenübersteht. Ihre selbstgemachten Rouladen sollen sehr gut sein, heißt es. Für gemütliche Kochabende bleibt allerdings selten Zeit. Am ehesten am Wochenende, in ihrer privaten Datscha in Brandenburg. Dort hat sie ihren Garten, dort kennt man sie seit Ewigkeiten und lässt sie in Ruhe. Ein normaler Kanzlertag endet aber häufig erst weit nach Mitternacht. Bei besonderen Ereignissen, zum Beispiel EU-Gipfeln, die sich bis tief in die Nacht ziehen, ist auch ein Kanzler Mensch. Man ist nach einer solch heftigen Tour überdreht und noch unter Strom, trinkt ein oder zwei Gläser Wein, um »runterzukommen«, und sucht die Geborgenheit im Kreis von Vertrauten, mit denen man die Erlebnisse verarbeitet. Da kann es passieren, dass die Kanzler mit ihren engsten Mitarbeitern noch bis vier Uhr morgens im Hotelzimmer zusammensitzen. Drei Stunden später hockt man schon wieder im Flieger und bereitet sich auf den nächsten Termin vor. Bei den vielen Euro-Krisengipfeln der letzten Jahre gab es solche extremen Anstrengungen sehr häufig. Und wenn man bedenkt, dass die Regierungschefs dann gerne mal acht Stunden am Stück in einem Raum sitzen und schwierige Diskussionen führen, bei denen es auf jedes Wort ankommt und keiner einen Fehler machen darf, hat man eine ungefähre Vorstellung von dem, was man als Spitzenmann oder -frau so zu leisten hat.

Das gilt nicht nur für die Kanzler. Die Finanzminister haben ähnlichen Stress. Sechzehn bis achtzehn Stunden Arbeit am Tag sind normal, damit kommt man locker auf eine 90- bis 100-Stunden-Woche. Für Privatleben ist eigentlich nie Zeit. Selbst im Urlaub sind Kanzler im Dienst, und natürlich könnte ein Bundeskanzler niemals Ferien in Australien oder auf den Malediven machen, um mal richtig abzuschalten. Denn man darf es nie sehr weit haben zum Büro. Schließlich könnte es ja einen Ministerrücktritt geben, oder irgendwo bricht Krieg aus oder, oder ... Deshalb bleiben Frau Merkel und ihr Mann in Europa und gehen in den Alpen wandern. Auch viele andere Spitzenpolitiker trauen sich nicht, weiter weg zu fahren. Mallorca, Toskana, Nordsee, Alpen. Das sind so die typischen Urlaubsgebiete für deutsche Politiker. Immer mit guter Flugverbindung nach Berlin. Schon verrückt: Man reist durch die halbe Welt, zu all den Staatsbesuchen und Gipfeln, aber eigentlich sieht man nichts. Man erlebt diese Länder nicht. Da ist es schon eine angenehme Abwechslung, wenn US-Präsident Bush Frau Merkel und ihren Mann auf seine Ferienfarm in Texas einlädt und ein Barbecue veranstaltet. Das ist wenigstens ein

Hauch von »echtem« Amerika. Umgekehrt fand es Bill Clinton super, mit Kanzler Schröder in einem kleinen Lokal im Prenzlauer Berg zu speisen, in dem sich normale Menschen aufhalten. Natürlich sind das auch Inszenierungen, streng abgeschirmt von Bodyguards; aber man darf den Politikern schon glauben, dass sie es genießen, mal nicht nur in Konferenzräumen, Regierungspalästen, Limousinen und Flugzeugen zu hocken.

Angela Merkel und ihr Mann urlauben manchmal auf Ischia, in einem ziemlich normalen Hotel, in dem dann natürlich der Ausnahmezustand herrscht. Auch Amtsvorgänger Schröder mochte Italien. Sein Vorgänger Helmut Kohl hingegen fuhr immer nur an den österreichischen Wolfgangsee, was selbst seiner Ehefrau Hannelore irgendwann nur noch furchtbar auf den Nerv ging. Aber mehr will man vielleicht auch gar nicht, wenn man sowieso schon dreißig aufwändige Auslandsreisen im Jahr absolviert. Da sind Flugzeuge und Hotels nicht mehr sehr attraktiv. Die deutschen Kanzler sind im Übrigen nicht so verwöhnt wie französische Präsidenten, die ein eigenes luxuriöses Domizil an der südfranzösischen Küste haben. Für die Sicherheitsbeamten wäre so ein festes Kanzler-Ferienhaus eine große Erleichterung. Und auch für die Kanzler ist es nicht angenehm, sogar im Urlaub von Fotografen »abgeschossen« zu werden: Frau Merkel im Badeanzug, Frau Merkel mit ihren (Stief-)Enkeln. Das will sie nicht, das kann man verstehen, und dass es trotzdem getan wird, ist ziemlich mies. Über dem Urlaubsdomizil von Kanzler Schröder flog sogar mal ein Ballon mit Kamera. Richtige Erholung kommt da nicht auf – dabei müsste es doch eigentlich im Interesse der Bürger liegen, dass ihre Regierungschefs hin und wieder mal richtig Kraft tanken können und völlig in Ruhe gelassen werden, und sei es nur für ein paar Tage. In diesem Punkt sind wir Deutschen aber nicht sehr großzügig. Eine feste Kanzler-Ferienvilla auf Sylt oder am Starnberger See würde wahrscheinlich für herbe Kritik sorgen.

Und verdient man bei dem ganzen Stress wenigstens ordentlich? Ja und nein. Die Kanzlerin bekommt nach Angaben des Kanzleramts rund 20 000 Euro monatlich. Davon zahlt sie natürlich Steuern. Wenn man das jetzt mal als Stundenlohn umrechnet, bei geschätzt 380 bis 400 Arbeitsstunden im Monat, kommt man auf einen Arbeitslohn von knapp 50 Euro (»brutto«, also vor Steuern!). Das ist zwar deutlich mehr als die 5 oder 15 Euro, die eine Friseurin oder ein Dachdecker verdient. Aber ein Fußballstar oder ein Top-Manager eines großen Konzerns kann über das Kanzlergehalt nur müde lächeln, da sind 250 000 Euro brutto nur »Peanuts«. Auch wenn man die Abgeordnetenbezüge hinzurechnet (da kommt man dann auf 300 000 im Jahr) und diverse »Extras« (kostenlose Verpflegung, Dienstwagen und Ähnliches), wird kein Spitzengehalt daraus. Dabei trägt ein Kanzler immerhin die Verantwortung für 80 Millionen Menschen, ist also auch ein Top-Manager! Mehr verdienen lässt sich nach der Amtszeit – mit hoch dotierten Vorträgen oder mit Lobbyisten-Jobs bei russischen Gaskonzernen.

Über eines aber können Kanzler nie klagen: über Langeweile. Jeder Tag ist anders, und ständig steht man unter Strom. Wahrscheinlich kommen Kanzler deshalb auch mit so wenig Schlaf aus, weil sie immer in einer »Extremsituation« sind und einen erhöhten Adrenalinspiegel haben.

Eine Frage des Vertrauens

Die »Vertrauensfrage« ist ein politisches Instrument, mit dem Kanzler in einer Krisensituation ihre Macht wiederherstellen können – oder auch nicht. Mit Hilfe der »Vertrauensfrage« kann der Kanzler feststellen, ob er sich noch der Mehrheit der Bundestagsabgeordneten sicher sein kann. Die Vertrauensfrage zu stellen, ist eine politische Extremsituation. Dem muss einiges vorausgegangen sein.

Wenn weniger als die Hälfte der Abgeordneten ihm das Vertrauen aussprechen, gibt es folgende Möglichkeiten:
- mit den Achseln zucken und einfach weiterregieren
- eine neue Mehrheit/ Koalition finden
- zurücktreten; dann muss der Bundestag einen neuen Kanzler wählen oder den Bundespräsidenten um die Auflösung des Bundestages bitten (dann gibt es Neuwahlen) oder einen »Gesetzgebungsnotstand« beim Bundespräsidenten beantragen, den der Bundestag genehmigen muss.

Bislang wurde in der Bundesrepublik die Vertrauensfrage fünfmal gestellt; zweimal kam es zu Neuwahlen.

Mit Hilfe der Vertrauensfrage kann ein Kanzler also testen, wie es um seine Regierungsmehrheit steht. Er darf die Vertrauensfrage auch zusammen mit einer Sachfrage stellen und auf diese Weise versuchen, die Abgeordneten zu einer Zustimmung zu bewegen. Oder zumindest kann er deutlich machen, wie wichtig ihm ein Thema ist. Das tat zum Beispiel Gerhard Schröder 2001, als er den Einsatz von Bundeswehrsoldaten in Afghanistan mit der Vertrauensfrage bündelte. Das brachte vor allem die Abgeordneten der Grünen in Schwierigkeiten, die für Kanzler Schröder waren, aber gegen den Militäreinsatz. Acht von ihnen teilten ihre Stimmen: vier für Schröder und Bundeswehr, vier dagegen. Die CDU/CSU, die in ihrer Mehrheit für einen Militäreinsatz war, lehnte es hingegen ab, bei der Gelegenheit den SPD-Kanzler abzunicken.

Da der Kanzler nicht direkt gewählt wird, muss nicht gleich das ganze Volk an die Urnen, wenn er oder sie keine Mehrheit findet – der Bundestag kann sich einfach einen neuen wählen. Die Abgeordneten sprechen ihm dafür ihr Misstrauen aus. Dieses »konstruktive Misstrauensvotum« ist sozusagen die Umkehrung der Vertrauensfrage. Allerdings muss das Misstrauensvotum »konstruktiv« sein (im Gegensatz zu *destruktiv – zerstörerisch*), es muss also zugleich ein neuer Kanzler gewählt werden. Man will damit verhindern, dass Deutschland in eine Regierungskrise gerät, weil weit und breit kein Kanzler in Sicht ist. Ein solches Misstrauensvotum gab es zum Beispiel am 1. Oktober 1982: Die FDP trennte sich vom Koalitionspartner SPD und lief zur CDU über, damit hatte der SPD-Kanzler Helmut Schmidt keine Mehrheit im Parlament mehr, und der Bundestag wählte den neuen CDU-Kanzler Helmut Kohl.

Manchmal stellen Kanzler die Vertrauensfrage aber auch nur, weil sie Neuwahlen wollen, obwohl sie eine Regierungsmehrheit haben und weiterregieren könnten: Helmut Kohl und Gerhard Schröder haben das getan. Im ersten Fall war Kanzler Helmut Kohl gerade erst durch das »konstruktive Misstrauensvotum« an die Macht gekommen; er wollte aber, dass »das Volk zustimmt«, und er rechnete zudem mit einem guten Wahlergebnis. Also stellte er die Vertrauensfrage. Es war im Voraus abgesprochen, dass sich alle CDU- und FDP-Abgeordneten enthalten, anstatt ihm das Vertrauen auszusprechen. Das Gleiche tat Gerhard Schröder 2005, wenn auch aus anderen Motiven. Er hatte tatsächlich große Mühe, sich seiner Leute sicher zu sein und zu regieren. Und so setzte er alles auf eine Karte und wollte Neuwahlen – in der Hoffnung, dass vielleicht doch mehr Bürger den bisherigen Kanzler behalten wollen, als eine neue Kanzlerin zu bekommen. Das hätte ihn innerhalb seiner Partei gestärkt. Allerdings verlor er die vorgezogene Wahl im Herbst 2005 knapp gegen Angela Merkel.

Misstrauensvoten können auch scheitern. Willy Brandt wurde 1972 das Vertrauen des Parlaments ausgesprochen, obwohl seine Gegner sicher waren, ihn stürzen zu können. Sein Konkurrent, der CDU-Mann Rainer Barzel, hätte rechnerisch eine Mehrheit haben müssen. Allerdings waren wohl vom Geheimdienst der DDR Bundestagsabgeordnete bestochen worden, damit sie für Brandt stimmten und Barzel stoppten. Denn der DDR-Führung war Brandt mit seiner Ostpolitik lieber als ein CDU-Mann. Außerdem hatte man mit Günter Guillaume schon einen DDR-Spion im Kanzleramt platziert und wollte keinen Regierungswechsel in Bonn.

Wie viel Ahnung hat ein Minister?

Wer das Gefühl hat, manche Minister verstünden nicht viel von ihrem »Fachgebiet«, liegt gar nicht so falsch. Sie sollen vor allem überzeugend reden und die Anliegen ihres Fachgebiets innerhalb der Regierung geschickt vertreten. Natürlich müssen sie auch Entscheidungen treffen und diese öffentlich erklären und rechtfertigen. Gänzlich ahnungslos sein dürfen sie also nicht. Doch die konkrete Sacharbeit wird hinter den Kulissen von anderen gemacht. Bundesministerien sind groß (sie haben bis zu 2000 Mitarbeiter), und es gibt derzeit vierzehn. Gesetzlich vorgeschrieben sind nur drei: das Bundesministerium der Verteidigung, der Justiz und der Finanzen. Klar: Man muss sich verteidigen können, man braucht Gesetze, und irgendwer muss das alles

bezahlen. Die übrigen Ministerien wurden mit der Zeit eingerichtet (und ändern sich auch mal). Im Moment gibt es folgende:
- Arbeit und Soziales (BMAS), meist »Arbeitsministerium« genannt
- Auswärtiges Amt (AA), auch »Außenministerium«
- Bildung und Forschung (BMBF), »Bildungsministerium«
- Ernährung, Landwirtschaft und Verbraucherschutz (BMELV), wird je nach Thema verkürzt zu »Ernährungsministerium«, »Landwirtschaftsministerium« oder »Verbraucherministerium«
- Familie, Senioren, Frauen und Jugend (BMFSFJ), »Familienministerium«
- Finanzen (BMF), »Finanzministerium«
- Gesundheit (BMG), »Gesundheitsministerium«
- Inneres (BMI), »Innenministerium«
- Justiz (BMJ), »Justizministerium«
- Umwelt, Naturschutz und Reaktorsicherheit (BMU), »Umweltministerium«
- Verkehr, Bau und Stadtentwicklung (BMVBS), »Verkehrsministerium«
- Verteidigung (BMVg), »Verteidigungsministerium«
- Wirtschaft und Technologie (BMWi), »Wirtschaftsministerium«; wird oft verwechselt mit dem »Finanzministerium«, ist aber nicht dasselbe – das Finanzministerium ist zuständig für die Finanzen der Bundesrepublik Deutschland, das Wirtschaftsministerium fördert die Entwicklung von Firmen (»die Wirtschaft«) in Deutschland, damit diese hoffentlich ihren Beitrag zur Finanzierung des Staates leisten
- Wirtschaftliche Zusammenarbeit und Entwicklung (BMZ), »Entwicklungshilfeministerium«.

Die manchmal etwas eigenartige Themenmischung innerhalb der Ministerien hat keinen speziellen Grund, sondern ist mit der Zeit entstanden und spiegelt wichtige gesellschaftliche Entwicklungen wider. Wenn ein neuer Bereich vergeben werden musste, hat man ihn eben dort angedockt, wo er am besten passte oder wo sich schon jemand mit dem Thema auskannte. Oder man installierte gleich ein neues Ministerium. Fünf Wochen nach dem Atom-GAU in Tschernobyl 1986 wurde das Bundesumweltministerium gegründet, das von 1994 bis 1998 übrigens Angela Merkel leitete. Ministerien können auch mal verkleinert oder zusammengelegt werden: So fusionierte man das 1949 gegründete Wirtschaftsministerium von 1971 bis 1972 mit dem Finanzministerium, danach wurde es wieder eigenständig und bekam 1998 vom Forschungsministerium den Bereich Technologie abgetreten. Dieses »Bundesministerium für Wirtschaft und Technologie« wurde von 2002 bis 2005 mit Teilen des bisherigen »Bundesministeriums für Arbeit und Sozialordnung« zusammengelegt zum Bundesministerium für Wirtschaft und Arbeit. Angela Merkel ließ die beiden Bereiche 2005 wieder trennen, sodass es nun (wieder) »Wirtschaft und Technologie« und »Arbeit und Soziales« gibt – und somit auch wieder zwei Ministerposten, die in der Koalitionsverhandlung zu besetzen waren. Was ein Vorteil ist: Wer viele Posten verteilen kann, kann viele Leute glücklich und dankbar machen. In einer Großen Koalition, wo zwei Parteien »beglückt« werden müssen, ist das wichtig.

Manche können zwar, wollen aber nicht

Der Kanzler (oder, im Moment, die Kanzlerin) gibt den grundsätzlichen Kurs vor; die Minister können dann eigenverantwortlich zusehen, wie sie das Ziel erreichen. Kanzler und Minister bilden zusammen das »Kabinett« beziehungsweise die Regierung.

Im Grundgesetz festgelegt ist das »Kollegialprinzip«: In wichtigen Streitfällen entscheidet die Regierung gemeinschaftlich, und alle Minister sollten sich kollegial verhalten und das Ergebnis vertreten, auch wenn es ihnen eigentlich nicht passt.

Die einzelnen Minister werden meist nach »Proporz« ernannt. Das bedeutet, die Parteien, die eine Wahl gewonnen haben, müssen sich irgendwie einigen, wie die Posten besetzt werden. Bei einer Koalition müssen beide Parteien ungefähr so vertreten sein, wie es ihrem Wahlergebnis entspricht. Doch das Proporz-Prinzip geht noch viel weiter. Denn auch innerhalb einer Partei gibt es mächtige Gruppen, die zufriedengestellt werden wollen. Mächtige Landesverbände wollen vertreten sein, linke und rechte Parteiflügel spielen eine Rolle. Außerdem ist es immer hilfreich, wenn Ostdeutsche und Frauen verteten sind. Die Verhältnisse (»Proportionen«) sollen gewahrt werden. Werden Ministerposten an Parteifreunde vom linken und vom rechten Lager vergeben, spricht man von »Flügelproporz«. Geht es hingegen darum, woher jemand kommt, dann ist es »Regionalproporz«. So kann man natürlich mehrere Fliegen mit einer Klappe schlagen, wenn man jemanden aus dem gewünschten Eckchen der Partei und der richtigen Gegend Deutschlands findet. Eine ostdeutsche Realo-Frau deckt zum Beispiel bei den Grünen schon mal viel ab.

Das alles führt dazu, dass ein Minister sich zwar möglicherweise für sein neues Fachgebiet interessiert und vielleicht sogar Ahnung davon hat – vielleicht aber auch nicht. Ein Minister kann ein Mitglied des Bundestags sein, also ein gewählter Abgeordneter. Das ist aber nicht zwingend erforderlich. Im Grunde könnte also jeder jederzeit Minister werden. Normalerweise werden aber erfahrene Parteimitglieder hier mit einem schönen Posten belohnt. Es fällt ihnen dann leichter, für ihre Vorhaben Unterstützung bei ihren Parteifreunden in der Fraktion zu finden.

Es kann aber auch mal jemand »Minister wider Willen« werden. Nach der Wahl 2005 war es beschlossene Sache, dass der damalige CSU-Chef und bayerische Ministerpräsident Edmund Stoiber ein extra für ihn zurechtgeschmiedetes Superministerium übernehmen sollte (das Ministerium für Wirtschaft und Technologie). Dann aber erklärte der SPD-Parteivorsitzende Franz Müntefering seinen Rücktritt. Das nahm Stoiber erleichtert zum Anlass, doch lieber in Bayern zu bleiben, weil sich »die Geschäftsgrundlage« geändert habe. Was aber wohl nur ein Vorwand war; eigentlich hatte Stoiber wohl längst das ungute Gefühl, dass eine Aufgabe am Kabinettstisch in Berlin nicht mit so viel Einfluss einhergehen würde wie sein Job als Ministerpräsident Bayerns. Seinem Wirtschaftsministerium hatten Aufgaben aus dem für Müntefering vorgesehenen Arbeitsministerium zugeschoben werden sollen, und das klappte nun nicht mehr. Jetzt musste schnell ein neuer CSU-Mann gefunden werden, um die delikate Proporz-Balance nicht zu stören. Und so wurde Michael Glos Minister für Wirtschaft und Technologie, obwohl es heißt, dass er dazu keine Lust hatte, sondern lieber Verteidigungsminister geworden wäre. Aber das Leben ist ja kein Ponyhof. 2005 trat er brav sein Amt als Bundeswirtschaftsminister an – im Februar 2009 bat er um seine Entlassung.

Und was machen die vielen »Sekretäre«?

Solche Geschichten sind ganz unterhaltsam, sachlich aber weniger problematisch, als man denkt. Denn ein Minister hat sowieso wenig Zeit, sich inhaltlich zu kümmern. Der Minister fährt rum, gibt Interviews, sitzt in Tagungen, führt Verhandlungen. Er muss sich darauf verlassen, dass ihn seine Mitarbeiter gut briefen, ihm die wichtigsten Fakten und Zusammenhänge darlegen. Der wichtigste Mitarbeiter ist der Staatssekretär, er leitet das Ministerium. Er ist zugleich Vertreter des Ministers, zum Beispiel bei Urlaub oder Krankheit.

Nun klingt der Begriff »Staatssekretär« nicht so toll, schon gar nicht für einen wichtigen Job. Deswegen forderte der ehemalige Minister Hans-Jürgen Wischnewski 1974 einen schmissigeren Titel. Daraufhin beschloss man, dass Außenminister Genscher seinen neuen Parlamentarischen Staatssekretär auch »Staatsminister« nennen darf. Das sollte vor allem im Ausland Eindruck machen, wo eine »secretary« oft nur eine Sekretärin ist. Andererseits: Der amerikanische Außenminister John Kerry führt die Bezeichnung »Secretary of State«, und der dänische Regierungschef ist offiziell ein »Staatsminister«.

Wie auch immer, jedenfalls dürfen sich Parlamentarische Staatssekretäre im Auswärtigen Amt und im Kanzleramt »Staatsminister« nennen und sich insofern ein bisschen toller fühlen als die anderen. Nicht zu verwechseln sind die Staatsminister im Kanzleramt mit dem Kanzleramtsminister. Er ist der oberste Behördenleiter und tatsächlich sehr viel mächtiger als jeder Staatssekretär. Von denen gibt es auch noch zwei Arten, die man unterscheiden muss: beamtete Staatssekretäre und Parlamentarische Staatssekretäre. Die beamteten Staatssekretäre sind die wichtigen, die dem Minister das Haus leiten und ihn direkt beraten, während die Parlamentarischen Staatssekretäre eine Art Schnittstelle zwischen Minister und Fraktion bilden sollen, im Grunde aber meist ohne großen Einfluss sind. Manchmal wird die Position auch zur Postenversorgung von geschätzten Parteikollegen genutzt. Die Parlamentarischen Staatssekretäre verlieren ihr Amt automatisch, wenn der Minister geht, weil sie keine Beamten sind. Sie sitzen zudem als Abgeordnete im Bundestag, manchmal sogar auf der Regierungsbank, wenn der Minister verhindert ist oder keine Lust hat. Vor allem sind die »Parlamentarischen« dafür zuständig, für ihren Minister die Fraktion bei Laune zu halten. Sie helfen dem Minister also dabei, seine Gesetzespläne mit den Abgeordneten im Bundestag abzusprechen, damit die auch brav mit Ja stimmen.

Wirklich mächtig sind hingegen die beamteten Staatssekretäre; sie gelten als die heimlichen Könige Berlins. Sie haben die meiste Ahnung und machen die meiste Arbeit, sie leiten für den Minister die Behörde. Auch sie sind politische Beamte, die ihren Job verlieren können, wenn sich der Wind dreht. Ein CDU-Minister will in der Regel verständlicherweise keinen SPD-Staatssekretär an der Spitze seines Ministeriums haben. Also müssen auch beamtete Sekretäre bei einem Regierungswechsel ihren Platz räumen. Beamtete Staatssekretäre können jederzeit in den einstweiligen Ruhestand versetzt werden. Dann erhalten sie gut 70 Prozent ihres bisherigen Gehalts als Übergangsgeld, allerdings höchstens drei Jahre lang, und danach eine Pension. Das ist bei den Parlamentarischen Staatssekretären nicht so. Entlassene Minister oder Staatssekretäre bekommen aber oft gut bezahlte neue Jobs bei internationalen Großkonzernen, zum Beispiel im Aufsichtsrat oder als Berater.

Die Staatssekretäre werden von den Abteilungsleitern darüber auf dem Laufenden gehalten, was in den verschiedenen »Referaten« los ist. So nennt man die Abteilungen in Behörden. Wer dort arbeitet, wird nicht gewählt und muss normalerweise bei einem Regierungswechsel auch nicht um den Job fürchten. Das mag auf den ersten Blick undemokratisch erscheinen, ist aber sinnvoll, weil man ja sonst alle vier Jahre viele tausend Stellen neu besetzen müsste und monatelang keiner wüsste, was zu tun ist. Solange die Mitarbeiter die Vorgaben der Chefs (also: der Minister und Staatssekretäre) befolgen, läuft der Laden. Trotzdem werden bei einem Regierungswechsel auch die Ministerien meist »umgestrichen«, das heißt, sie wechseln die politische Farbe. Auf die Schlüsselpositionen kommen dann Mitarbeiter mit dem Parteibuch des neuen Ministers. Manchmal kann es aber auch ganz geschickt sein, die Mitarbeiter des Vorgängers zu behalten. Sie mögen zwar einer anderen Partei angehören, sind aber so dankbar, dass sie ihren Job nicht wie befürchtet verlieren, dass sie auch dem neuen Minister gegenüber loyal sind. Im Außenministerium kann das ganz gut funktionieren, weil die Außenpolitik weit weniger »parteilich« ist als andere politische Bereiche.

Ein großes Ministerium kann bis zu 100 Referate haben – dann gibt es sogar mehrere Staatssekretäre, die sich die Arbeit teilen. Und was machen die nun den ganzen Tag? Dasselbe, was Chefs überall machen: Sie sitzen am Schreibtisch und lesen bergeweise dicke Akten. Sie entscheiden, was dem Minister auf den Schreibtisch gelegt wird. Zwischendurch sitzen sie in Sitzungen und besprechen das weitere Vorgehen mit den Mitarbeitern. Dann erklären sie dem Minister, was der wissen muss, und überlegen vielleicht auch, worauf er oder sie bei einer wichtigen Rede hinweisen oder womit er/sie sich profilieren könnte. Sie sprechen mit Leuten aus der Praxis, zum Beispiel mit Unternehmern, und überlegen, welche neuen Vorhaben der Minister anstoßen könnte. Sie führen für den Minister Verhandlungen. Sie achten darauf, dass das Ministerium innerhalb einer Regierungskoalition eine wichtige Rolle spielt und genug Geld bekommt. Sie sprechen auch mit Journalisten und sorgen dafür, dass der Minister möglichst gut dasteht. Und dann warten sie wieder darauf, dass ihnen neue Akten gebracht werden, in denen sie nachlesen können, dass alles so läuft wie besprochen. Manchmal ist ein Staatssekretär für den Minister ein so enger Vertrauter, dass die beiden ein ganzes politisches Leben eng zusammenarbeiten. Für Franz Müntefering zum Beispiel war Kajo Wasserhövel, sein Staatssekretär im Arbeitsministerium, derart wichtig, dass er ihn zum SPD-Generalsekretär machen wollte. Als die Partei dagegen war, schmiss Müntefering 2005 seinen Zweitjob als SPD-Chef hin.

Ein guter Staatssekretär oder Staatsminister macht seinem Vorgesetzten nicht das Rampenlicht streitig, sondern wirkt weitgehend lautlos im Verborgenen. Auch in einigen Bundesländern gibt es Staatssekretäre, die natürlich weniger verdienen und weniger zu sagen haben. Auf jeden Fall gehören die Staatssekretäre zum obersten Regierungspersonal, und um ihre Posten wird fast genauso geschachert wie um die Ministerposten.

Gesetze wecken Begehrlichkeiten

Es könnte so einfach sein. Politiker in Berlin überlegen sich, was sie machen wollen, zum Beispiel: »Das Müllrecycling soll verbessert werden.« Sie denken sich eine neue Wertstofftonne aus, in die die Bürger nicht nur wie bisher in den gelben Sack Joghurtbecher und Ähnliches schmeißen dürfen, sondern auch sperrige Abfälle wie Fahrradschläuche, Kleiderbügel oder verbrannte Kochtöpfe. Natürlich gibt es bereits ein Gesetz, das die Müllentsorgung in Deutschland regelt (es gibt zu fast allem schon ein Gesetz), aber das kann man ja neu formulieren und ergänzen. Damit handelt es sich »nur« um eine Gesetzesnovelle, die aber den gleichen Weg geht wie ein komplett neues Gesetz. Die Idee dazu kann ein Minister haben, ein Bundestagsabgeordneter oder auch ein Bundesland. Bürger können ebenfalls Gesetzesvorschläge einreichen, sogenannte Petitionen, die gegebenenfalls im Bundestag besprochen werden.

Nach Vorbereitung im jeweiligen Ministerium, in unserem Fall das Umweltschutzministerium, wird das Gesetz vom Kabinett beschlossen und in den Bundestag eingebracht. Dort wird es dann zum ersten Mal diskutiert, das ist die sogenannte »1. Lesung«. Danach wird es in den Ausschüssen beraten. Dort treten Experten auf, und gleichzeitig reden viele Lobbyisten auf die Abgeordneten ein, um ihnen klarzumachen, warum es gut oder schlecht ist, eine solche Tonne einzuführen, und wer dafür zuständig sein soll. Die Vertreter der privaten Entsorgungswirtschaft (z. B. Schrotthändler) haben da eine Menge Kritikpunkte, weil sie fürchten, dass die Kommunen ihnen lukrative Wertstoffe wegnehmen wollen. Da geht's um viel Geld. Bei Gesetzen geht es immer um viel Geld. Die einen wollen es haben, die anderen wollen es nicht ausgeben. Schließlich wird das Gesetz in überarbeiteter Form wieder in den Bundestag eingebracht (»2. Lesung«), dann vielleicht noch mal ein wenig verfeinert und schließlich in der »3. Lesung« verabschiedet. Allerdings kann es trotzdem wieder auftauchen, nämlich wenn es durch den Bundesrat muss, weil das Gesetz die Zustimmung der Länder braucht. Wie in unserem Müll-Beispiel. Erst wenn die Länder Ja zum neuen »Kreislaufwirtschaftsgesetz« sagen, kann der

Bundespräsident das Gesetz prüfen und unterschreiben – dann tritt es in Kraft und erscheint im Bundesgesetzblatt.

Damit muss aber immer noch nicht Schluss sein. Manchmal fühlt sich jemand dermaßen benachteiligt, dass er oder sie vor dem Bundesverfassungsgericht gegen das Gesetz klagt. Dann ist das Gesetz erst durch, wenn auch das Bundesverfassungsgericht keine Beanstandungen hat. Es bleibt aber noch eine Unwägbarkeit: Möglicherweise klagt jemand vor dem Europäischen Gerichtshof. Denn natürlich gibt es auch eine EU-Abfallrahmenrichtlinie; die einzelnen EU-Länder dürfen mit ihrem Müll nicht einfach verfahren, wie sie wollen.

Für dieses wie für alle Gesetzesvorhaben gilt: Im Laufe des Gesetzgebungsverfahrens gibt es am ursprünglichen Entwurf eine Menge Änderungen. Der frühere Fraktionschef der SPD, der inzwischen verstorbene Peter Struck, hat das einmal sehr prägnant formuliert: »Kein Gesetz kommt aus dem Parlament so heraus, wie es eingebracht worden ist.« Die Aussage ist zum geflügelten Wort geworden und wird im Berliner Politjargon »das Struck'sche Gesetz« genannt.

Zwischen Bürgerschutz und Volkserziehung

Manchmal ist die Entstehung eines Gesetzes geradezu absurd verwickelt. Zum Beispiel beim Nichtrauchergesetz. 3300 Menschen sterben in Deutschland alljährlich am Passivrauchen, 130 000 am Rauchen selbst. Das ist unbestritten. Und europaweit sind Rauchverbote sowieso schon üblich. Okay, könnte man denken, kein Problem. Die Regierung verbietet das Rauchen – und logischerweise auch den Verkauf von Zigaretten und Tabak. Andererseits: Rund 14 Milliarden Euro Tabaksteuer lässt man sich nur ungern entgehen. Ein absolutes Verbot ist also schon deshalb nicht drin. Außerdem: Rauchen ist seit Jahrhunderten erlaubt, genau wie Alkohol, der ebenfalls sehr schädlich ist, und die Leute wissen schließlich selbst, dass Rauchen der Gesundheit schadet. Ist es nicht ihr Bier, wenn sie qualmen? Manche rauchen ja auch nur hin und wieder. Und wenn man Tabakkonsum total verbietet, würde sich wahrscheinlich ein illegaler Schwarzmarkt bilden, und viele Raucher wandeln sich von braven Staatsbürgern zu Kriminellen, pflanzen vielleicht heimlich Tabak im Badezimmer an. Die organisierte Kriminalität wittert ein großes Geschäft, der Zigarettenverkauf wird zur einträglichen Einnahmequelle der Mafia. So lief es in Amerika während der Prohibition, als Alkohol verboten wurde. Und so läuft es heute noch bei den harten Drogen. Weshalb manche ja auch fordern, alle Drogen zu legalisieren, um genau diese Schwarzmärkte zu unterbinden und der weltweiten Drogenkriminalität ihre Basis zu entziehen. Dem stehen die massiven Gesundheitsgefahren bei harten Drogen entgegen. Bei Tabak jedenfalls entschied man: Ein Totalverbot ist keine Lösung. Also suchte man einen Kompromiss: Die Nichtraucher sollen geschützt werden, ohne dass man das Rauchen und den Tabak komplett verbietet. So weit, so gut.

Mehr als zwanzig Jahre lang debattierte man über den Nichtraucherschutz, und man wusste, dass zwischen 60 und 80 Prozent der Bevölkerung dafür sind. Doch nicht nur in Büros und öffentlichen Gebäuden sollte das Rauchen verboten werden, sondern auch in Gaststätten. Denn eine Selbstverpflichtung des Gaststättenverbandes hatte praktisch nichts genützt: Nur 800 von 240 000 Restaurants waren rauchfrei.

Deshalb sollte nun endlich ein bundesweites Rauchverbot für alle öffentlichen Räume beschlossen werden: Einkaufszentren, Schulen, Behörden, Flughäfen, Restaurants, Büros, Kneipen. Nur zu Hause oder draußen an der frischen Luft dürfte gequarzt werden. Das ist auf den ersten Blick schlüssig, weil gesundheitsfördernd. Aber: Die Restaurantbesitzer sehen das anders. Sie finden, dass es ihre Sache ist, ob in ihrer Gaststätte geraucht wird oder nicht. »Braucht ja keiner kommen, den es stört«, sagen sie. Und sie fürchten um ihre Umsätze: Viele Raucher gehen gerne aus, und wenn sie nicht rauchen dürfen, bleiben sie weg oder gehen früher nach Hause, anstatt noch eine neue Runde zu bestellen.

Die Politik ahnte, dass es nicht einfach würde mit den Rauchverboten. Der Gesetzentwurf wurde in eine kleine Arbeitsgruppe aus vier Abgeordneten und zwei Parlamentarischen Staatssekretären verwiesen und dort erst mal eine Weile zerredet. Ganz schnell lag da auch eine Liste mit Ausnahmevorschlägen auf dem Tisch. Sie stammte direkt von den Zigarettenherstellern selbst – wenn auch ohne Absenderangabe. Na ja, versuchen kann man es ja mal.

Es folgte, nach vielen Monaten Ausschussarbeit, die Feststellung des Bundesinnenministeriums: Die Bundesregierung könne Gaststätten sowieso keine Vorschriften machen – das sei nämlich Ländersache. Für den Gesundheitsschutz ist zwar der Bund zuständig, aber offenbar hört die Zuständigkeit vor der Kneipentür auf. So wollte das Innenministerium den Schwarzen Peter jemand anderem zuschieben – und bezog sich dabei auf ein Gutachten, das von der »Forschungsgesellschaft Gesundheit und Rauchen« im Auftrag der Tabakindustrie erstellt worden war. Gute Lobbyisten haben eben gute Drähte bis ganz nach oben!

Das Gesetzesvorhaben wurde also an die Regierungen der Bundesländer verwiesen, die zuständig für Gaststätten sind. Die Länder waren bei einem ersten Treffen auch recht gutwillig. Doch dann wurde die Tabaklobby erneut aktiv: Der Verband der Cigarettenindustrie (VdC) sponserte zum Beispiel eifrig und großzügig Sommerfeste von Ministerpräsidenten. Parallel schrieb der Zigarettenhersteller Reemtsma einen »Liberty Award« für freiheitliche Berichterstattung aus. Philip Morris wiederum lud zum »Parlamentarischen Abend« und British American Tobacco zu einer »Dialogveranstaltung«. Martina Pötschke-Langer vom Deutschen Krebsforschungszentrum in Heidelberg klagte: »In Deutschland hat die Tabaklobby bisher beste Arbeit geleistet.«

Natürlich ist es nicht so, dass Ministerpräsidenten wegen eines Sommerfestes gezielt und nachweislich Gesetze verzögern. Und natürlich darf Reemtsma im kulturellen Bereich stiften, und die preisgekrönten Dokumentationen beim »Liberty Award« waren auch sehr gut. Dennoch birgt eine solche Vermengung von Politik, Journalismus und Wirtschaft Gefahren. Am Ende wurden aber doch Nichtrauchergesetze erlassen – und zwar nicht nur eines, sondern gleich sechzehn verschiedene! Jedes Bundesland hat eigene Rauchverbote ausgesprochen, die zum Teil höchst unterschiedlich sind und zu verschiedenen Zeiten in Kraft traten.

Die Nichtrauchergesetze sind aber auch ein gutes Beispiel für den Grenzbereich zwischen Bürgerschutz und Volkserziehung. Ist der Qualm in einer Eckkneipe, in der auch der Wirt raucht, für Nichtraucher wirklich so schädlich, dass der Staat eingreifen muss? In den

USA gibt es viele solcher Gesetze, die eher Handlungsanweisungen für gute Bürger zu sein scheinen, so darf man etwa in der Öffentlichkeit keinen Alkohol trinken, nicht einmal bei einem Straßenfest oder einem Picknick. Wollen wir auch in Deutschland eine Gesellschaft, in der man im Karneval keine Bierflasche mehr in der Hand halten darf, wenn man sich den Rosenmontagszug ansieht? Andererseits haben sich Sicherheitsgurte, hier wie dort, erst durchgesetzt, nachdem sie Vorschrift wurden. »Freiwillig« tut der Mensch generell wenig, was er als Einschränkung empfindet – was übrigens viel ausssagt über die Natur des Menschen... Natürlich ist es für jeden Einzelnen gut, einen Unfall möglichst zu überleben – aber wäre unsere Gesellschaft nicht ein wenig freier, wenn jeder selbst entscheiden könnte, ob er sich anschnallt oder nicht? Andererseits: Entstehen durch die schweren Verletzungen ohne Sicherheitsgurte dem Gesundheitssystem nicht hohe Kosten, die wiederum alle tragen müssen? Konsequenterweise müssten dann aber doch auch Fahrradhelme oder Skihelme Pflicht werden (und das müsste übrigens auch kontrolliert werden... von einer Pistenpolizei?) Und was ist mit Süßigkeiten und Junkfood? Sehr ungesund! Wie wäre es mit Gewichtskontrollen? Herz-Kreislauf-Erkrankungen und Diabetes verursachen ebenfalls immense Kosten. Und was ist mit Aids? Kondompflicht für alle? Wer kontrolliert das? Natürlich ist das jetzt total überspitzt formuliert und nicht ganz ernst gemeint. Und ich will auch ganz sicher nicht für eine Aufhebung der Gurtpflicht plädieren! Aber wo fängt man an mit den Vorschriften, wo hört man auf? Das ist eine interessante Frage. Zumal Verbote immer auch gesellschaftliche Nebenwirkungen haben. Sie fördern nämlich das Denunziantentum. Kneipenbesitzer verpfeifen sich zum Beispiel gegenseitig bei den Ämtern, wenn sie mitkriegen, dass der Konkurrent gegenüber seine Gäste in einem Hinterzimmer heimlich doch rauchen lässt. In meiner Heimatstadt Köln hat das in einem beliebten Ausgehviertel die Atmosphäre zwischen den Kneipiers ziemlich vergiftet. Außerdem gibt es immer mehr Beschwerden von Anwohnern, weil so viele Raucher vor den Kneiptentüren stehen und Krach machen. Also wird jetzt bereits darüber nachgedacht, ein weiteres Verbot einzuführen (Gastronomen sollen dafür sorgen, dass ihre Gäste nicht vor der Tür stehen). Das kann uns nun alles sehr egal sein, der Nichtraucherschutz ist wichtiger als solche Nebenwirkungen. Sie sind aber typisch: Ein Verbot kommt eben selten allein, und jedes Verbot muss kontrolliert werden, was dann gerne aufmerksame Zeitgenossen übernehmen...

Weitaus gravierender als Diskussionen über Qualm, Gurte oder Helme sind die Einschnitte, die mit den vielfältigen »Anti-Terror-Maßnahmen« einhergingen. Dass Freiheit und Sicherheit zwei unterschiedliche Rechtsgüter sind, die in Konkurrenz zueinander stehen, wird in dem Zusammenhang besonders deutlich. Jeder Fluggast wird heutzutage wie ein potenzieller Terrorist behandelt. Eine Selbstverständlichkeit ist das nicht – es ist im Grunde eine Umkehr der Unschuldsvermutung, wenn Eltern beim Check-in belegen müssen, dass das Milchfläschchen ihres Babys unbedenklich ist, indem sie unter den aufmerksamen Augen des Security-Personals selbst einen Schluck davon nehmen. Noch bedenklicher ist, in welchem Ausmaß Daten gespeichert werden. Die Daten von Reisenden, von Internetnutzern, von Telefonaten... Gerade erst wurde enthüllt, in welchem Ausmaß der amerikanische Geheimdienst im Internet unterwegs ist und nicht nur er. Auch der deutsche Geheimdienst interessiert sich sehr für die Netzaktivitäten der Bürger. All das lässt sich natürlich mit Gefahrenabwehr begründen. Doch einer Gesellschaft sollte dabei schon klar sein, welche individuellen Freiheitsrechte die Mehrheit aufgibt, um eine terroristische Minderheit zu kontrollieren. Man kann zu dem Schluss kommen, dass dies angemessen ist angesichts der Bedrohung, die von einer bestimmten Gruppe für die Allgemeinheit ausgeht. Aber jeder sollte sich bewusst sein, was hier geschieht: Es geht immer aufs Neue um eine Abwägung zwischen Freiheit und Sicherheit.

Gutgemeintes mit Nebenwirkung

Oft stellt sich bei einem gut gemeinten Gesetz auch heraus, dass es gar nicht so gut wirkt wie erwartet beziehungsweise unschöne Nebenwirkungen hat. In dieser verzwickten Lage empfiehlt es sich, jene Frage zu stellen, die sich schon die alten Römer stellten: *Cui bono?* Wer profitiert? Es gibt fast immer eine Gruppe (häufig einen Wirtschaftszweig), der von einem neuen Gesetz besonders profitiert. Was nicht bedeutet, dass auf betrügerische Weise eine Verschwörung stattgefunden hat. Aber dass es Einfluss von Lobbyisten gab, das darf man getrost vermuten. Nehmen wir zum Beispiel das Gesetz zur Wärmedämmung. Ausgangslage waren die Europäischen Richtlinien zum CO_2-Ausstoß. Der muss gesenkt werden. Also sucht die Politik nach Mitteln und Wegen, um das zu erreichen. So weit, so gut. Nun machen sich Fachleute Gedanken und bekommen dafür viele Anregungen von außen. Wenn man Häuser besser isoliert, dann hilft das, Energie zu sparen und – weil Heizungen CO_2 ausstoßen – eben auch dieses umweltschädigende Abgas. In der Folge entstand die Energie-Einsparverordnung, ein höchst detailliertes Regelwerk zur Gebäudesanierung, das mittlerweile rund 1000 Seiten dick ist und große Aktivitäten nach sich zog: Seit den neunziger Jahren wurden hunderte Millionen Dämmplatten an deutsche Hausfassaden gepappt und diese vielen aufwändigen Sanierungen mit jeder Menge Steuergeld unterstützt. Inzwischen gibt es aber Studien, die die Sinnhaftigkeit dieser Maßnahmen schwer in Frage stellen. Angefangen damit, ob die Emissionen in Wohnhäusern überhaupt richtig gemessen werden, über die ungewollte Nebenwirkung, dass Häuser anfangen zu schimmeln, weil sie zu gut isoliert sind, bis hin zu der Frage, ob das Ganze ökonomisch überhaupt sinnvoll ist. Die Kosten, die Hausbesitzer und Mieter tragen, übersteigen die eingesparten Heizkosten offenbar bei Weitem. Prompt tauchte der Verdacht auf, dass die staatlich geförderte Wärmedämmung vor allem der Bauwirtschaft nutzt. Und dass es da auch Einflussnahme gibt. Die Vorgaben der Energie-Einsparverordnung werden nämlich vom Deutschen Institut für Normung verfasst. Der Fachbereichsleiter in dessen zuständigem Bauausschuss arbeitet gleichzeitig für einen Dämmstoffhersteller..., und der Verantwortliche für die Wärmedämmstoffe ist zugleich Leiter des Forschungsinstituts für Wärmeschutz, eines Lobby-Vereins der Dämmstoffindustrie. Hm. Da kann man sich natürlich so seinen Teil denken. Am Ende bleibt die Frage: Dient das Gesetz wirklich dem Klimaschutz – oder ist es eher eine Art Konjunkturprogramm für die Bauwirtschaft?

Ende 2012 trat wieder so ein gutgemeintes Zwittergesetz in Kraft, das Transplantationsgesetz. Ein schwieriges Thema, bei dem es um sehr persönliche und intime Entscheidungen geht. Das Problem an sich liegt auf der Hand: In Deutschland warten 12 000 Patienten auf Herz, Niere oder Leber. Jeden Tag sterben drei von ihnen, weil Organe fehlen. Die Angehörigen von Menschen, die gerade den Hirntod gestorben sind, um eine Organspende zu bitten, ist gleichwohl schwer – und in einem solchen Moment werden viele sagen: Nein, das will ich jetzt nicht, ich will mich in Ruhe verabschieden können. Deshalb soll sich jeder vorab entscheiden, ob er im Falle eines Falles seine Organe zur Verfügung stellen will. Nicht als Vorschrift, sondern freiwillig. Die Krankenkassen sollen ihre Versicherten regelmäßig abfragen. In vielen anderen Ländern hingegen gelten sogenannte Widerspruchsregelungen, das heißt, wer nicht spenden will, muss diesen »Widerspruch« rechtzeitig kundtun. Zu so viel Vorschrift beziehungsweise Lenkung konnte sich der Bundestag aktuell wieder nicht durchringen, zumal gerade im letzten Halbjahr 2012 etliche Organspendenskandale Schlagzeilen machten, das Thema also nicht besonders positiv besetzt war. Korruption oder gar krimineller Organhandel würde allerdings gar nicht erst auftreten, wenn es ausreichend Spenderorgane gäbe. Nur bei knapper, begehrter Ware entstehen Schwarz- und Graumärkte. Da schließt sich der Kreis.

Wenn man ein Gesetz erlassen will, gibt es also viel zu beachten:
1. Wenn man etwas verbieten will, fühlen sich viele Gruppen sofort benachteiligt und ungerecht behandelt.
2. Kein Gesetz wird beraten, ohne dass Lobbyisten versuchen, Einfluss zu nehmen.
3. Es gibt selten eine wirklich gerechte Regelung, die alle glücklich macht.
4. Wenn der Föderalismus ins Spiel kommt, wird es noch komplizierter.

Wer dafür ist, stimmt manchmal trotzdem dagegen

In der parlamentarischen Wirklichkeit ist es aber keineswegs so, dass eine Partei immer für ein Gesetz stimmt, nur weil sie das Gesetz befürwortet. Manchmal kommen taktische Manöver ins Spiel. So stimmte die CSU-Landesgruppe im Bundestag kurz vor der Landtagswahl in Bayern 2008 gegen eine Wiedereinführung der Pendlerpauschale. Dabei hatte sie sich doch monatelang dafür eingesetzt, es war ihr Hauptwahlkampfthema! Warum um Himmels willen sagten die Abgeordneten jetzt Nein? Weil der Gesetzesantrag dazu nicht von ihnen kam – sondern von Der Linken, sozusagen dem natürlichen Feind der CSU. Die Linke hatte einen Antrag zur Wiedereinführung der Pendlerpauschale gestellt, der präzise dem entsprach, was die CSU forderte.

Was sollte das? Die Linke lachte sich ins Fäustchen, denn mit ihrem Antrag trieb sie die Konservativen von der CSU vor sich her. Eigentlich hätte die CSU dem Gesetzesantrag der Linken im Bundestag zustimmen müssen – inhaltlich war er schließlich identisch mit ihrer Forderung. Doch natürlich wollte die CSU auf überhaupt gar keinen Fall gemeinsame Sache mit den Linken machen! Außerdem hätte sie sich damit gegen ihre beiden Koalitionspartner in der Bundesregierung gestellt (CDU und SPD). Also stimmten die Bayern gegen den Antrag, obwohl sie inhaltlich dafür waren. Natürlich schimpften die CSUler gewaltig (»durchsichtiges Manöver«), aber es half ihnen nichts: Am Ende mussten sie zähneknirschend etwas ablehnen, was sie eigentlich selbst wollen. Diesen Trick, einen Antrag im Parlament einzureichen, der exakt den Forderungen einer gegnerischen Partei entspricht, wenden parlamentarische Außenseiter öfter an. Damit kann man die anderen etablierten Parteien ärgern, man kann sie vorführen (»denen geht's ja gar nicht um die Inhalte«), man kann Unruhe in einer Koalition stiften, und man kann auf populäre Themen aufspringen. Auch Die Linke war schließlich im Wahlkampf und wollte den bayerischen Wählern zeigen: »Seht her, wir sind ja auch für eure Pendlerpauschale und würden gemeinsam mit der CSU für euch kämpfen, wenn die CSU uns nur ließe!«

Besonders bizarr war dabei noch, dass Die Linke für eine Pendlerpauschale stimmte, die ihrer eigenen Wählerzielgruppe kaum etwas bringt. Die Pauschale setzt nämlich voraus, dass man einen Arbeitsplatz hat und dort auch genug verdient, um überhaupt Steuern zu zahlen (denn wer ganz wenig verdient, zahlt ja keine Steuern). Auf den Kreis typischer Linkswähler (Arbeitslose, Hartz-IV-Empfänger, Minijobber, Rentner, Studenten) trifft das aber gar nicht zu. Denen nützt die Pauschale also überhaupt nichts. Kleinverdiener haben statistisch ebenfalls nur selten weite Wege zum Job. Sie wohnen oft nah an ihrem Arbeitsplatz: zum Beispiel der Fabrikarbeiter in der Wohnsiedlung nur wenige Kilometer vom Autowerk entfernt. Richtig profitieren von der Pendlerpauschale kann hingegen ein Bankmanager, der im vornehmen Königstein im Taunus wohnt und jeden Tag mit dem Mercedes nach Frankfurt fährt. Außerdem entlasten derartige Steuerpauschalen Besserverdiener grundsätzlich stärker: Wird das zu versteuernde Einkommen kleiner, weil man die Pendlerpauschale abziehen darf, spart jemand mit hohem Einkommen viel mehr Steuern als einer, der ohnehin schon wenig verdient. Das liegt daran, dass man prozentual umso mehr Steuern zahlt, je mehr man verdient – wie wir im ersten Kapitel (Seite 73 f.) schon gesehen haben.

Insgesamt ist die Pendlerpauschale also eine Steuererleichterung nicht für die »kleinen Leute«, sondern für Angestellte in der Mitte und weiter oben. Für diejenigen, die zum Beispiel ein Eigenheim im Grünen haben, statt in den Hochhäusern in den Innenstädten zu wohnen. Wie komisch, dass sich die sozialistische Linke ausgerechnet für die bürgerlichen Vorortbewohner stark macht … Aber es war eben Wahlkampf, da ist jeder Trick erlaubt, und bei den Wählern ist die Pendlerpauschale nun mal populär. Sie klingt bürgerfreundlich, und die wenigsten wissen, wem sie tatsächlich welchen Nutzen bringt. Jeder, der jemals auch nur wenige Euro durch die Pendlerpauschale bekommen hat, will sie zurückhaben – da ist es dem Einzelnen egal, wie sich ihre Kosten von 2,5 Milliarden Euro jährlich auf die Bevölkerung verteilten und wer am meisten davon hat.

Wer steht da in der Lobby?

Irgendwann ist es schließlich so weit: Ein neues Gesetz ist zur Welt gekommen. Es muss sich einfügen in die Hierarchie aus Verordnungen, Vorschriften, Gesetzen und Grundrechten. Denn unter Gesetzen gibt es natürlich auch noch eine Rangordnung. Die wichtigsten stehen im Grundgesetz, in der Verfassung also. Dort sind die Prinzipien des Staates festgeschrieben. Eine Verfassung ist nur sehr schwer zu ändern. Alle weiteren Gesetze müssen mit den Vorgaben im Grundgesetz in Einklang stehen. Darüber wacht das Bundesverfassungsgericht.

Auffällig ist die Vielzahl an Gesetzen in Deutschland, es gibt allein schon mehrere Tausende Bundesgesetze und Bundesrechtsverordnungen Dazu kommen noch Gesetze und Verordnungen der sechzehn Bundesländer. Nun könnte man argumentieren, es wäre doch viel besser, mal eine Schneise in diesen Dschungel zu schlagen. Alles viel einfacher machen. Aber viele Interessen führen eben auch zu viel Regelungsbedarf.

In der Politik versuchen Interessenvertreter aller Art, Einfluss auf die Abgeordneten zu nehmen. Früher standen sie dazu in der Lobby (der Vorhalle des Parlamentsgebäudes) herum und warteten auf Gesprächspartner – deswegen nennt man den Job heute noch »Lobby-Arbeit«. Im Grunde ist nichts dagegen einzuwenden, dass verschiedenste gesellschaftliche Gruppen mit Politikern reden und dabei auch ihre Fachkenntnisse zur Verfügung stellen. Und natürlich gibt es auch persönliche Beziehungen. Klar kennt der Abgeordnete der Grünen den Hersteller von Solarpaneelen in seinem Wahlkreis. Und man glaubt ja auch an die gleiche Sache, an die Segnungen der regenerativen Energie. Zugleich profitiert der Solarunternehmer natürlich enorm von den Subventionen, mit denen die Sonnenenergie gefördert wird. Was ist Lobbyismus, was ist zielgerichtetes politisches Verhalten des Abgeordneten aus eigener Überzeugung? Gar nicht immer so leicht zu trennen. Und Lobbyisten sind ja auch nicht nur die Pharmaindustrie oder Zigarettenhersteller. Lobbyisten sind auch Gruppen wie Greenpeace oder Amnesty International.

Was aber unbedingt vermieden werden soll, ist, dass Beziehungen gezielt zur Einflussnahme gepflegt werden. Deshalb müssen Abgeordnete beispielsweise Geschenke im Wert von über 150 Euro an Mitglieder der EU-Kommission melden. Darum kostet in einer Geschenkkiste Wein jede Flasche genau 149 Euro, macht zwölf nicht meldepflichtige Geschenke... So soll man das Gesetz selbstverständlich nicht auslegen, aber versucht wird das natürlich. Darum geht es übrigens auch im Strafprozess gegen Ex-Bundespräsident Christian Wulff: Er bekam ein Hotelzimmer bezahlt von einem befreundeten Filmproduzenten. Das kostete knapp 800 Euro. Die Staatsanwaltschaft will beweisen, dass sich Wulff aus Dankbarkeit später für ein Filmprojekt des Produzenten starkmachte. Wie dieser Prozess ausgeht, ist im Moment (Sommer 2013) noch offen. Man kann bezweifeln, dass die Zusammenhänge so simpel sind, dass ein Ministerpräsident wegen eines Hotelzimmers ein Filmprojekt fördert. Aber persönliche Freundschaften führen natürlich dazu, dass man sich über dies und jenes unterhält. Die Filmprojekte anderer Produzenten, die keine so guten persönlichen Kontakte pflegen, haben dann vielleicht schlechtere Chancen, politische Fürsprache – und damit gegebenenfalls auch finanzielle Förderung – zu finden. Strafbar ist das aber nicht. Bestechlichkeit setzt Leistung und Gegenleistung voraus. Insofern bewegt sich der Lobbyismus in Grauzonen. Gerne spricht man in diesem Zusammenhang von »politischer Landschaftspflege«. Anders formuliert: Beziehungen zu haben, ist nie verkehrt. Und kleine Geschenke erhalten die Freundschaft. Deshalb spenden Firmen Parteien gerne größere Summen für ihren Wahlkampf. Das dürfen sie auch im Rahmen der gesetzlichen Regelungen – aber wo verläuft die Grenze zur politischen Einflussnahme?

Der Dreisatz aus Nähe, Geld und Einfluss

Problematisch kann es zum Beispiel werden, wenn Abgeordnete zugleich im Aufsichtsrat eines Unternehmens sitzen. Das kommt oft vor und hat durchaus Vorteile, weil die Politiker dort direkt Einfluss auf die Wirtschaft nehmen können. Theoretisch. Praktisch ist es eher die Wirtschaft, die Einfluss auf die Politik nimmt. Etwa wenn besonders energieintensive Industrieunternehmen darauf drängen, sich an den Kosten der Energiewende weniger beteiligen zu müssen als andere. Da kann es natürlich von Vorteil sein, wenn man einen Politiker im Aufsichtsrat hat, dem man direkt vorrechnen kann, wie viele Arbeitsplätze gefährdet sind.

Politiker bekommen aber nicht nur für eine Tätigkeit im Aufsichtsrat Geld von der Industrie. VW beispielsweise soll Abgeordneten beziehungsweise Stadträten Geld gezahlt haben, ohne dass die dafür etwas Konkretes geleistet haben. Wofür haben sie also neben ihrer staatlichen Abgeordnetendiät noch Geld vom VW-Konzern bekommen? Selbst wenn es nie offen ausgesprochen wurde: Natürlich kann man vermuten, der Konzern erwartete dafür, dass diese Politiker im Sinne von VW handeln und nicht (nur) auf die Stimme ihres Gewissens hören. Allerdings ist VW auch ein Konzern, bei dem der Staat (nämlich das Land Niedersachsen) Mitaktionär ist. Die Verbindung zwischen Unternehmen und Politik ist hier also eh besonders eng. Was übrigens seit einiger Zeit im Visier der EU ist, weil Juristen das VW-Gesetz im Widerspruch zu Europarecht sehen. Derzeit wird eine diesbezügliche Klage der EU-Kommission gegen Deutschland verhandelt.

Direkte Zahlungen der Wirtschaft an Politiker werden oft unter dem Begriff »Beraterhonorar« verbucht. Beratung kann ja vieles sein, das muss man so genau nicht definieren. Ob es Schmiergeld ist oder tatsächlich eine Leistung erbracht wurde, die bezahlt wird, lässt sich letztlich schwer entscheiden. Manchmal könnte es auch Dankbarkeit sein für die Gunst, die einem ein Politiker in der Vergangenheit erwiesen hat. Viele Journalisten fanden es jedenfalls verdächtig, dass der Abgeordnete Helmut Kohl, nachdem er nicht mehr Kanzler war, 600 000 D-Mark (knapp 300 000 Euro) »Beraterhonorar« von dem Medienunternehmer Leo Kirch bekam. Leo Kirch gehörte der TV-Sender Sat1, und Helmut Kohl hat sich immer sehr fürs Privatfernsehen eingesetzt. Manche hatten deshalb den Verdacht, dass diese 600 000 Mark eine Art Dankeschön waren. Helmut Kohl hat das aber als »Verleumdung« zurückgewiesen. Dennoch: Zu viel Nähe zwischen Politik und Wirtschaft weckt Misstrauen. Daher lohnt es sich grundsätzlich immer, bei Beraterhonoraren und Ähnlichem näher hinzuschauen.

Über ein ähnliches Problem stolperte der frisch gekürte SPD-Kanzlerkandidat Peer Steinbrück, als herauskam, dass er mit Reden und Vorträgen in wenigen Jahren über eine Million Euro verdient hatte. Hinzu kamen Posten im Aufsichtsrat von großen Unternehmen. Mit einigen dieser Firmen hatte er auch schon zuvor als Finanzminister zu tun – und würde es als Kanzler gegebenenfalls wieder haben. Das ist legal, aber ein wenig unschicklich für einen Sozialdemokraten, denn nun stand er natürlich in dem Verdacht, Großunternehmen näher zu stehen als den »kleinen Leuten«, die ihn wählen sollen. Dummerweise waren es in einem Fall auch noch die Stadtwerke Bochum, die ihm bei einer Veranstaltung 25 000 Euro Rednerhonorar gezahlt hatten. Selbst wenn da nicht direkt Steuergelder flossen: Von Stadtwerken einer klammen Kommune in einer strukturschwachen Region erwartet man solche Großzügigkeit, noch dazu gegenüber einem sozialdemokratischen Politiker mit Ambitionen fürs Kanzleramt, nicht. Steinbrück hätte sich da wohl besser ferngehalten. Andererseits hat auch ein Politiker das Recht, Bücher zu schreiben, damit Geld zu verdienen und sich von Unternehmen dann auch bezahlen zu lassen, wenn er deren Veranstaltungen schmückt und dort aus seinem Buch liest. Steinbrück war zu der Zeit ja kein Regierungsmitglied, sondern nur einfacher Abgeordneter der Opposition. Und andere Abgeordnete haben andere Nebeneinkünfte, etwa wenn sie weiterhin als Rechtsanwälte tätig sind. Verboten ist das alles nicht. Aber Politiker sollen zumindest offenlegen, was sie tun und womit sie nebenher Geld verdienen. Das wäre bei vielen Journalisten übrigens auch eine gute Idee. Journalisten werden zwar nicht gewählt und stehen nicht im Staatsdienst. Aber sie erwecken gerne den Eindruck, über den Dingen zu stehen und »objektiv« zu berichten. Den meisten Zeitungslesern ist wahrscheinlich nicht bewusst, dass der positive Reisebericht über die schöne Malediveninsel von einem Reiseveranstalter gesponsert wurde. Und wer als Wirtschaftsjournalist regelmäßig über die Geschäftslage des Großkonzerns X berichtet, sollte sich nicht von ausgerechnet diesem Konzern dafür bezahlen lassen, dass er die Veranstaltung zum Firmenjubiläum moderiert. Das macht keinen guten Eindruck.

Ohne Fachleute geht es nicht, aber wer hat am Ende recht?

Die Einfallstüren für Lobbyisten sind vor allem dann groß, wenn die Themen besonders komplex sind. Politiker müssen in solchen Fällen zwangsläufig Fachleute zurate ziehen – Fachleute sind aber selten neutrale Wesen, die vom Himmel fallen, sondern häufig Spezialisten aus Unternehmen oder Verbänden. Je komplizierter etwas ist, desto sinnvoller erscheint es daher einerseits, auf die Fachleute zu hören. Es ist ja auch ihr gutes Recht, Politikern ihre Argumente vorzutragen und zum Beispiel Zahlen zu präsentieren. Andererseits: Wie sichert man am Ende die Neutralität der Entscheidung?

Eines der heißesten Themen der letzten Jahre war die Reform der Krankenversicherung, weil es da um viele hundert Milliarden Euro geht. Und tatsächlich haben sich rund um das zuständige Gesundheitsministerium in Berlin 430 Lobbyverbände niedergelassen, die versuchen, das jeweilige Interesse ihrer Auftraggeber durchzusetzen. In Berlin agieren, schätzt man, insgesamt rund 4500 Lobbyisten; in Brüssel sollen es sogar zwischen 10 000 und 25 000 sein. Dagegen ist die Zahl der Parlamentarier ein kleines Häufchen!

Dabei muss man unterscheiden zwischen grundsätzlicher Interessenvertretung, die meist durch Verbände wahrgenommen wird, und konkretem Lobbying. Wirtschaftsverbände vertreten gebündelt die Wünsche zahlreicher Mitglieder. Lobbyisten wollen im Normalfall nur punktuell ein Ziel erreichen. Als starke Lobbyisten gelten beispielsweise die vier Energieerzeuger E.On, RWE, Vattenfall und EnBW. Sie profitieren von hohen Preisen in ihren Versorgungsgebieten. Denn die Energiemärkte wurden zwar offiziell liberalisiert und für den Wettbewerb geöffnet – tatsächlich wartet man aber noch auf den großen Wettbewerb, der die Preise drücken soll. Die Energiekonzerne haben enge Verbindungen zur Politik, natürlich auch, weil Energiefragen für die gesamte Bevölkerung sehr wichtig sind. Manchmal kommt es da auch zu überraschenden neuen Interessenverbindungen: Die Atomwirtschaft zum Beispiel ist sehr angetan vom Klimaschutz. Ihr Argument: Wer den CO_2-Ausstoß reduzieren will, der sollte auf Atomkraft setzen, statt auf Kohle und Öl, denn Atomkraftwerke dampfen kein Kohlendioxid in die Luft. Also ist die Atomlobby höchst interessiert an Themen wie Erderwärmung, Ozonloch usw. Seit der Reaktorkatastrophe im japanischen Fukushima nutzt ihr das allerdings auch nicht mehr viel.

Selbst wenn eine Lobby in Berlin offen agiert, bleibt ihr Handeln in der breiten Öffentlichkeit meist unbemerkt. Wichtige Gespräche finden auf Sektempfängen und bei Dinnereinladungen statt; Drohungen werden nicht ausgesprochen, sondern nur angedeutet; Entgegenkommen wird signalisiert, aber nicht versprochen. So kann man nichts nachweisen und muss auch nichts melden.

Alle großen Firmen und Verbände haben mittlerweile Büros in Berlin. Und das hat seinen Sinn, denn formal und offiziell darf ja niemand Politik machen außer den Volksvertretern. Je unauffälliger und rechtzeitiger eine Lobby also tätig wird, desto größer ihre Chance, Erfolg zu haben, weil niemand sich offiziell distanzieren muss. Genau hier liegt aber das Problem, denn in der Demokratie ist größtmögliche Transparenz der Entscheidungsfindung gewünscht. Und allzuoft kann man nur etwas vermuten, aber nicht belegen. Zum Beispiel verhinderten in den Neunzigerjahren die damaligen Ministerpräsidenten Hans Eichel, Wolfgang Clement und Gerhard Schröder eine Arzneimittel-Positivliste, die viele Medikamente von der Erstattung durch die Krankenkassen ausgenommen hätte. In den von ihnen regierten Bundesländern lagen die Zentralen der Pharmakonzerne Bayer, Merck, Hoechst und Wellcome. Zufall? Vielleicht. Vielleicht auch nicht. Vielleicht hat die Pharma-Lobby angedeutet, dass genau in diesen Bundesländern Arbeitnehmer in der Pharma-Industrie entlassen werden müssten, wenn die Umsätze wegen dieser Liste zurückgehen. Vielleicht wussten die Ministerpräsidenten das auch von ganz allein, und die Pharma-Leute haben ihnen dazu nur noch die passenden Zahlen geliefert und die Argumente, warum dieses oder jenes Medikament willkürlich gestrichen wurde. Vielleicht.

Und auch wenn ein ehemaliger Wirtschaftsminister wie Wolfgang Clement nach dem Abgang aus der Politik einen schönen Job beim Energiekonzern RWE bekommt, kann man dagegen nichts sagen. Doch seine Partei, die SPD, wurde richtig wütend, als er 2008 in den hessischen Wahlkampf eingriff und öffentlich davon abriet, SPD zu wählen – weil die für eine falsche Energiepolitik stünde. Die hessische SPD war nämlich gegen Kohlekraftwerke und gegen Atomkraft. Und das muss jemand, der für den Energiekonzern RWE arbeitet, natürlich ablehnen. Als Clement deshalb vor seiner eigenen Partei warnte, wurde ihm Verrat vorgeworfen. Allerdings war Clement da nicht mehr aktiver Politiker, also nicht in Gesetzgebungsprozesse eingebunden. Clement trat übrigens 2008 nach Parteiordnungsverfahren gegen ihn aus der SPD aus.

Bleibt also die Frage: Wie soll man kontrollieren, ob jemand bei Abstimmungen seinem Gewissen folgt oder Gefälligkeiten erwidert? Die Lösung wäre eine Politik im luftleeren Raum, ohne Kontakt zur Außenwelt.

Lobbyisten mit gutem Gewissen

Eine Lobby muss sich übrigens nicht direkt an die Politiker wenden, sondern kann auch die Bürger selbst ansprechen und versuchen, sie zu beeinflussen. Das »Bürgerkonvent«, die »Initiative Neue Soziale Marktwirtschaft« (Vorsitzender des Kuratoriums: Wolfgang Clement) oder das »Konvent für Deutschland« beispielsweise schalten bergeweise Anzeigen, um »die Uneinsichtigkeit der Bevölkerung« zu bekämpfen. Arbeitslosenhilfe, Sozialhilfe usw. müssten reduziert werden. Die Initiative Neue Soziale Marktwirtschaft wird dabei von den Arbeitgebern der Metall-Industrie finanziert. Das wissen aber viele Leute nicht, sondern denken, das seien unabhängige Leute, die sich auskennen und immer wieder neue Studien veröffentlichen.

Überhaupt: Mit Studien und Experten ist das so eine Sache. Neutral sind sie eigentlich nie, obwohl sie so wirken. Wenn ein Ministerium ein neues Gesetz auf den Weg bringen will, dann beauftragt es dafür eben Experten, die eine Studie erstellen, mit der die jeweilige Meinung des Ministers fachmännisch unterstützt wird, zum Beispiel »Atomkraft ist gefährlich«. Es gibt natürlich auch Experten, die Atomkraft für ungefährlich halten, aber die würde ein Umweltminister, der selbst Atomkraftgegner ist, in diesem Fall nicht beauftragen. Auch die vielen Professoren, die als »Wirtschaftsweise« im Fernsehen auftreten, sind keineswegs von neutraler Weisheit umhüllt, sondern haben konkrete wirtschaftspolitische Ansichten, die zum Beispiel eher marktwirtschaftlich-liberal oder eher sozialdemokratisch sind. Das ist auch in Ordnung. Man sollte es nur wissen: Es gibt keine neutralen Experten.

In der Europäischen Union ist es übrigens nicht anders. Nirgendwo ist es für Interessengruppen, Verbände und große Unternehmen so wichtig, auf Gesetze Einfluss zu nehmen, wie in Brüssel. Denn diese Gesetze gelten dann ja gleich europaweit! Deshalb ist dort fast jeder Berufsstand mit irgendwelchen Lobbyisten vertreten. Vom Autobauer bis zum Kirmes-Schausteller. Wenn Daimler-Benz zum Beispiel verhindern will, dass in Europa für große Autos mehr Abgassteuer bezahlt werden muss, dann schickt der Konzern seine Leute nach Brüssel, wo sie mit möglichst vielen Abgeordneten essen gehen und ihnen dabei eindringlich erklären, warum ein solches Gesetz gar nicht gut wäre (für Daimler, für die Autobauer, für Europa und überhaupt). Ein geschickter Lobbyist wird natürlich nie sagen, dass es ihm nur um die eigenen Interessen geht. Nein! Es geht immer um das Wohl aller.

Ausdrücklich für das Allgemeinwohl setzen sich vor allem die NGOs ein, die *non-governmental organizations*; auf Deutsch: Nichtregierungsorganisationen. Sie genießen zum Teil einen exzellenten Ruf, und mancher fragt sich, warum wir nicht einfach von ADAC, Greenpeace, Amnesty International, dem Roten Kreuz oder Ärzte ohne Grenzen regiert werden, statt von SPD, CDU und Grünen. Die Antwort ist klar: Weil jeder dieser Verbände nur ein Kernziel kennt, für das er sich stark macht. Regierungspolitik besteht aber eben gerade daraus, verschiedene notwendige Maßnahmen aus den unterschiedlichsten Bereichen unter einen Hut zu bringen. So hat Ärzte ohne Grenzen sicher nichts gegen Umweltschutz, würde aber das Geld wohl eher in ein Krankenhaus investieren. Greenpeace hingegen ist wohl wenig begeistert vom alles überschattenden ADAC-Mobilitätswunsch; wenn es um umweltfreundliche Autos geht, könnten die beiden Clubs aber möglicherweise eine gemeinsame Basis finden. Amnesty setzt sich ein gegen Folter und für die Menschenwürde – sehr wichtige Ziele. Aber für den Alltag der Bürger hierzulande sind Krankenhäuser, Umgehungsstraßen und Benzinpreise auch wichtig.

Je kleiner der Club, desto größer der Einfluss

Weltweit gibt es über 7000 NGOs, Tendenz stark steigend. Eine international agierende NGO kann viele Millionen Dollar im Jahr umsetzen – Greenpeace beispielsweise hat mehr Geld zur Verfügung als das Umweltprogramm der Vereinten Nationen. Diese Summen stammen zum Teil auch aus staatlichen Mitteln. So übernehmen beispielsweise Großbritannien und die Europäische Union ein Viertel der jährlichen Kosten von etwa 160 Millionen Dollar für die Hungerhilfe-Organisation Oxfam.

Der wichtigste Kritikpunkt an derartigen Verbänden ist die fehlende Transparenz. Auch wenn Politik oft langsam geht und nicht immer alles so sauber funktioniert, wie es soll, sind doch eindeutige Kontrollmöglichkeiten vorgesehen. Das ist bei den NGOs nicht der

Fall. Und deshalb kommt es auch bei Organisationen, die doch eigentlich nur für das Gute stehen, immer wieder zu Spendenskandalen, weil erst viel zu spät auffällt, dass irgendein Vereinsvorsitzender Geld verschleudert hat. NGOs sind oft wichtige Ideengeber und können starken politischen Druck aufbauen. Demokratisch legitimiert (also gewählt) sind sie aber nicht; viele sind auch intern nicht demokratisch strukturiert, sondern werden hierarchisch geführt. Hinzu kommt oft eine inhaltliche Abhängigkeit von zahlungskräftigen Einzelspendern.

Interessante Einblicke in diesen Dschungel der Einflussnahme bietet die Clubtheorie des Wirtschafts-Nobelpreisträgers James M. Buchanan. Er sagt: Menschen treten nur so lange in »Clubs« ein, wie sie einen Vorteil davon haben. Wobei ein Club in seinem Sinne jede Form von Gruppe ist. Der ADAC beispielsweise bietet Pannenhilfe an, deswegen werden Autofahrer Mitglied. Die Bundesrepublik als »Club Deutschland« bietet ein immer noch recht stabiles Sozialsystem – wem das nicht gefällt, der wandert vielleicht nach Neuseeland aus. Der »Club Europäische Union« verspricht Handelsvorteile und politischen Schulterschluss für seine Mitgliedstaaten. Und wenn sich Entwicklungen zeigen, die vielen nicht gefallen, treten sie aus und gründen einen neuen, exklusiven Club, der ihre Interessen besser vertritt. Dabei gilt: Je kleiner eine Gruppe und je einheitlicher ihr Interesse, desto besser kann sie sich organisieren. Deshalb demonstrieren zum Beispiel Arbeitnehmer einer Branche für höhere Löhne, was von der jeweiligen Gewerkschaft organisiert wird. Aber es demonstrieren nie »die Arbeitslosen« oder »die Steuerzahler«, denn davon gibt es jeweils zu viele mit zu vielen unterschiedlichen Interessen. Grundsätzlich gilt also: Je konkreter die Ziele einer Interessengruppe, desto besser kann sie sich organisieren. Es gibt in Berlin zum Beispiel regelmäßig Demonstrationen von Bauern, die mit Traktoren vors Brandenburger Tor fahren. Aber hat man jemals schon mal eine Massendemonstration der »Verbraucher« oder der »Eltern« gesehen?

Kinderkriegen in der sozialen Hängematte?

Der Staat redet bei vielen Dingen mit, die auf den ersten Blick eher nach Privatsache aussehen. Zum Beispiel: Kinderkriegen. Warum eigentlich? An der Familienpolitik kann man exemplarisch zeigen, welche Schwierigkeiten sich ergeben, wenn die Politik Einfluss auf das Leben der Bürger nehmen will – mit besten Absichten, versteht sich. Warum will sich der Staat überhaupt ins Familienleben einmischen? Ist das nicht Privatsache? Das sieht die Politik nicht so, auch nicht die Unionsparteien, selbst wenn sie immer wieder betonen, dass Familien über ihre Geschicke selbst entscheiden sollten und der Staat sich nicht einzumischen habe. Tut er aber. Zum einen steht im Grundgesetz, dass der Staat Ehe und Familie besonders schützt. Dafür muss er dann auch etwas tun, und am besten »tut« der fürsorgliche Vater Staat etwas, indem er Geld in die Hand nimmt. Zum anderen zahlen die Kinder von heute übermorgen die Renten. Und da die Deutschen immer weniger Nachwuchs in die Welt setzen, sind die Renten in Gefahr. Das kann dem Staat nicht gleichgültig sein. Kindergeld und Elterngeld sollen also erstens für mehr Gerechtigkeit sorgen zwischen denen, die Kinder großziehen, und denen, die es nicht tun. Solche Finanzhilfen sollen zweitens aber auch Mut machen zum Kinderkriegen. Kinder zu bekommen darf (und kann) keine Pflicht werden, aber der Staat will durchaus signalisieren: Wir finden Kinder gut!

184 Euro pro Kopf und Monat kriegen Eltern derzeit für die ersten beiden Kinder, für das dritte gibt's 190 Euro, und ab dem vierten Kind sind es sogar 215 Euro. Bei zehn Kindern macht das satte 2063 Euro im Monat. Ohne auch nur aufzustehen! Klingt gut, aber: Bei zehn Kindern kommt man auch mit 2000 Euro kaum aus. Und: Was bringt das eigentlich der Gesellschaft insgesamt? Welche Ziele werden damit verfolgt?

Eingeführt wurde das Kindergeld 1936, also unter den Nazis. Damals gab es für Arbeiter und Angestellte, die weniger als 185 Reichsmark im Monat verdienten, ab dem fünften Kind zehn Reichsmark Zuschuss. Sinn der Sache war eindeutig, das Kinderkriegen sachlich wie symbolisch zu belohnen, denn die Nazis wollten die Welt erobern – und dafür brauchte der »Führer« Volk (und sei es als Kanonenfutter). Ab 1954 gab es auch in der Bundesrepublik Kindergeld und andere Unterstützungsmaßnahmen, zum Beispiel fuhren Kinder vielköpfiger Familien zum halben Preis mit der Bahn. Inzwischen werden etwa 189 Milliarden Euro jährlich für ehe- und familienbezogene Leistungen fällig. Das schließt Steuerersparnis durch »Ehegattensplitting« ebenso ein wie Kindergeld, Elterngeld, beitragsfreie Mitversicherung von Kindern in der Krankenkasse usw. Die Summen, die für »Familienpolitik« ausgegeben werden, sind stetig gestiegen. Die Geburtenrate ist trotzdem weiter gesunken und tut es immer noch. 1960 hatte jede Frau zwischen 15 und 45 im Schnitt noch 2,3 Kinder, heute sind es nur noch 1,3. So einfach scheint es also nicht zu sein mit dem Zusammenhang zwischen Geld und Kinderkriegen.

Kanzler Konrad Adenauer konnte Anfang der sechziger Jahre noch sagen: »Kinder kriegen die Leute immer« – das war allerdings auch deshalb so, weil es damals noch keine Antibabypille gab. Das Familienbild hat sich im Laufe der letzten fünfzig Jahre entscheidend verändert; für die Familienpolitik scheint es schwierig, hinterherzukommen. Direkt nach dem Krieg hatten die Frauen gezwungenermaßen viele Männerpositionen besetzt und oft auch eine eigene Arbeit ausgeübt. Die »Rückkehr zur Normalität« (Mann arbeitet, Frau bleibt zu Hause) konnte mit dem Kindergeld unterstützt werden. Und da Kinder teuer sind, kam der Staat damit auch seiner besonderen Fürsorgepflicht gegenüber Familien nach. Immerhin kostet ein Kind bis zur Volljährigkeit im Durchschnitt etwa 120 000 Euro (für Essen, größere Wohnung, Kleidung, Möbel, Ausbildung etc.). Dabei nutzt der Nachwuchs der gesamten Gesellschaft, die finanzielle und zeitliche Belastung bleibt aber bei den Eltern. Das soll ausgeglichen werden.

Inzwischen will die Familienpolitik aber mehr, nämlich nicht nur Kinder unterstützen, wenn sie bereits da sind, sondern die Bevölkerung auch animieren, überhaupt Kinder zu bekommen. Verlieben müssen sich die Leute schon selber, aber wenigstens sollen Eltern finanziell entlastet werden, damit sie sich nicht aus Geldgründen gegen Kinder entscheiden oder sich nur ein Kind zutrauen, obwohl sie eigentlich gern noch ein zweites hätten. Deshalb wurde die Familienförderung aufgestockt, direkt wie indirekt: Elterngeld, Kita-Anspruch, mehr Ganztagsschulen. Mindestens so hilfreich wären flexiblere Arbeitszeitmodelle in den Unternehmen, aber das kann die Politik nicht vorschreiben. Die Wirtschaft muss schon selbst erkennen, welch ein ökonomischer Irrsinn es ist, dass Frauen erst teuer ausgebildet werden, in Schulen, Universitäten und Betrieben, um genau dann, wenn sie besonders leistungsfähig wären, mehr oder weniger in der Versenkung zu verschwinden.

Das ist nüchtern betrachtet eine gewaltige Verschwendung. Ökonomen sprechen hier sogar von »verschwendeten Humanressourcen«, was zugegebenermaßen etwas skurril klingt, rein ökonomisch betrachtet aber zutrifft: Eine Juristin hat erst ewig studiert, hat dann im Beruf erfolgreich Fuß gefasst, war im Ausland, sammelt all die Erfahrungen, die man sammeln muss, um wirklich gut zu werden in seinem Job. Sie wird immer besser, ein großer Konzern wirbt sie an für seine Rechtsabteilung, sie steht mit Mitte dreißig »voll im Saft« und könnte genau jetzt durchstarten für eine große Karriere und ihrem Unternehmen überaus nützlich sein – und genau dann wird sie »auf den letzten Drücker« (mit Mitte oder gar Ende dreißig ist es biologisch nun mal allerhöchste Zeit) schwanger. Ihr Mann, auch ein Jurist, hat damit kein Problem. Sie schon. Er klettert die Karriereleiter weiter nach oben, wird Partner in einer großen Kanzlei, bringt seine Ausbildung und sein Wissen hundertprozentig ein. Sie nicht. Obwohl hoch qualifiziert und hochbegabt, steigt sie für drei Jahre ganz aus und macht danach nur noch einen Drei-Tage-Job in einer kleinen Kanzlei für Familienrecht. Was wahrlich keine Schande ist und ein sehr schönes Leben sein kann, vielleicht ist es unserer Beispieljuristin ja sogar recht so. Ökonomisch produktiv zu sein, ist auch nicht unbedingt ein Wert an sich, und Kinder können genauso viel oder sogar mehr Erfüllung bringen als der Beruf. Aber warum ist es nur sie, die zurücksteht? Vielleicht hatte sie ja sogar ein besseres Examen als ihr Mann – in jedem Fall aber liegt ihr Wissen, das sie sich jahrelang sehr engagiert erarbeitet hat, brach. Sie könnte mehr davon einbringen, wenn die Rahmenbedingungen andere wären. Eines Tages werden die niedrigen Geburtenraten und der damit über kurz oder lang einhergehende Fachkräftemangel ein radikales Umdenken in den Unternehmen vielleicht ohnehin erzwingen. Aber darauf mag man natürlich nicht warten, wenn man Gleichberechtigung als politisches Ziel postuliert, wie es eigentlich alle politischen Parteien mittlerweile tun.

»Herdprämien«, »Wegbleibprämien« und »Wahlfreiheit«

Problematisch ist, dass in der Familienpolitik gewollt oder ungewollt sehr unterschiedliche Anreize gesetzt werden. Einerseits sind Mütter heute arbeitsrechtlich viel besser geschützt. Es gibt nicht mehr nur ein paar Wochen Mutterschutz, sondern auch das Recht auf eine mehrjährige Elternzeit, in der nicht gekündigt werden darf. Das ist grundsätzlich natürlich gut so. Für Unternehmen, die nüchtern nach Kosten kalkulieren, bedeutet es aber: Frauen im gebärfähigen Alter sind ein noch größeres Risiko geworden. Gerade kleine Unternehmen können es oft nur schwer ausgleichen, wenn eine Mitarbeiterin lange aussetzt und vielleicht am Ende gar nicht wiederkommt, obwohl man ihr jahrelang den Platz frei gehalten hat. Da überlegt man lieber zweimal, bevor man eine Frau »im gebährfähigen Alter« einstellt. Die Chancen für Frauen am Arbeitsmarkt hat das nicht unbedingt verbessert. Widersprüchlich ist auch das Betreuungsgeld, auf das vor allem die CSU so viel Wert gelegt hat. Familien sollen Wahlfreiheit haben. Frauen, die sich entscheiden, nach der Geburt des Kindes zu Hause zu bleiben, sollen gegenüber berufstätigen Müttern nicht benachteiligt werden. Die berufstätigen Mütter werden vom Staat schließlich mit teuren Kita-Plätzen gefördert. An diesem Betreuungsgeld hat sich viel Kritik entzündet: Es sei eine »Herdprämie«, die Mütter vom Beruf fernhält beziehungsweise eine »Wegbleibprämie«, weil es jetzt zwar einen Rechtsanspruch auf Betreuungsplätze für unter 3-Jährige gibt, aber noch viel zu wenig Kita-Plätze. Insofern ist der Staat froh über jeden, der sein Kleinkind zu Hause behält. Außerdem ist zu befürchten, dass vor allem Familien, die sehr wenig Geld haben, ihre Kinder künftig lieber zu Hause behalten, um ihr Portemonnaie aufzustocken. Gerade diese Familien sind aber oft auch »bildungsferne Haushalte«, und gerade deren Kinder sollten besser so früh wie möglich von professionellen Pädagogen gefördert werden. Ökonomen nennen das »Fehlanreize«: Das Geld löst ein Verhalten aus, das so nicht gewünscht ist.

Der größte Widerspruch liegt aber woanders. Die Regierung sagt den Frauen einerseits: Wir unterstützen euch, wenn ihr aus dem Beruf aussteigt, um euch um den Nachwuchs zu kümmern. Auf der anderen Seite hat die unionsgeführte Bundesregierung 2008 die Unterhaltsansprüche nach einer Scheidung massiv gekürzt – und setzte damit ein genau gegenteiliges Signal, nämlich: Liebe Frauen, seht zu, dass ihr euch selbst versorgen könnt, wenn der Mann weg ist. Wie passt das zur Wahlfreiheit, zu Hause zu bleiben? Das passt nur, wenn die Ehen auch ein Leben lang halten. Dem Familienbild der CSU entspricht das zwar (und der Hoffnung aller Liebenden auch), aber die Scheidungsstatistik zeigt leider eine andere Realität. Und für Frauen, die der Familie zuliebe viele Jahre aus dem Job ausgestiegen sind, ist es verdammt schwer, plötzlich wieder eine gut dotierte Stelle zu finden, wenn die Familie zerbricht. Dieser Widerspruch ist inzwischen auch der CSU aufgefallen, weshalb sie das reformierte Unterhaltsrecht zugunsten der Ehefrauen wieder (zurück-)reformieren will. Fest steht: Das größte Armutsrisiko in unserer Gesellschaft tragen Alleinerziehende. Selbst gut Ausgebildete können nach einer Trennung einen krassen finanziellen Abstieg erleben, der sie unvermittelt in ein völlig anderes Leben am unteren Ende der Einkommensskala katapultiert. Aus konservativer Sicht kann man den gesellschaftlichen Wandel, der dahintersteht, beklagen. Früher wurden mehr Ehen »durchgehalten«, auch wenn sie nicht mehr glücklich waren, der Familienzusammenhalt war stärker, die Mobilität geringer, Großeltern damit häufiger in der Nähe usw. Aber es ist jetzt nun mal so, wie es ist. Wer die Gebärfreudigkeit erhöhen will, um es mal in der Ökonomensprache zu sagen, muss sich diesen Realitäten stellen. Das gilt nicht nur für die Politik, sondern für die Gesellschaft insgesamt.

Mitnahme-Effekte und Punktgewinne

Auch mit dem Elterngeld ist das so eine Sache. Seit 2007 können Mütter und Väter nach der Geburt bis zu 14 Monate zu Hause bleiben und erhalten, abhängig vom vorher erzielten Nettoeinkommen, monatlich bis zu 1800 Euro Lohnersatz vom Staat. Das ist mal eine Maßnahme! Kostet aber natürlich auch eine Menge. Die Milliarden ließen sich alternativ in den Ausbau von Kita-Plätzen und Ganztagsschulen stecken. Da das Elterngeld an Eltern gezahlt wird, die damit machen können, was sie wollen, fragt sich, wie groß die »Mitnahmeeffekte« sind. Heißt: Ich hätte das Kind auch so bekommen, aber nehme natürlich gerne noch das Geld vom Staat dazu. Berechnen lässt sich nicht, wie viele Kinder tatsächlich vor allem dank der Aussicht auf Elterngeld geboren werden. Ein deutlicher Anstieg der Geburtenstatistik ist bisher jedenfalls nicht zu verzeichnen. Und das Hauptproblem, nämlich Beruf und Familie während der gesamten Erziehungszeit von Kindern zu vereinbaren und die sehr berechtigte Angst vieler Frauen vorm Karriereknick, wird auch nicht gelöst, sondern nur zeitlich verschoben. Insofern: viel Geld, aber nicht viel mehr Kinder. Lohnt sich das Ganze also? In zweierlei Hinsicht hat es sich gelohnt: Erstens, dass viele Väter den Anreiz hatten, zu Hause zu bleiben, wenigstens zwei Monate, um finanziell die volle Elternzeit ausschöpfen zu können (nur dann gibt es ja 14 Monate Geld; wenn allein die Frau zu Hause bleibt, reduziert sich der Anspruch auf 12 Monate). Dass auch Väter beruflich kürzer treten, um sich um ihren Nachwuchs zu kümmern, ist inzwischen gesellschaftlich anerkannt, ja sogar erwünscht. Dazu hat das Elterngeld sicher beigetragen. Es ist noch gar nicht lange her, da wurden Väter, die der Kinder wegen eine Auszeit nahmen, angeguckt, als hätten sie nicht alle Tassen im Schrank. Ich erinnere mich, dass ein Bekannter von mir in den späten neunziger Jahren eine berufliche Pause einlegte, weil seine schwangere Freundin sinnvollerweise ihre Referendarzeit zu Ende machen wollte. Er bat seinen Arbeitgeber um ein Jahr Auszeit. Sein Chef (in einem großen Medienbetrieb wohlgemerkt) war fassungslos: »Ihnen ist ja wohl klar, dass dies das Ende Ihrer bislang steilen Karriere bedeutet!« So deutlich würde sich ein Personalchef dies heute nicht mehr zu sagen trauen. Das wäre politisch sehr unkorrekt. Engagierte Väter hingegen sind politisch erwünscht.

Der zweite große Vorteil des Elterngeldes ergab sich für die damalige Familienministerin Ursula von der Leyen. Ihr brachte der Einsatz für diese Maßnahme einen echten Punktgewinn. Die Einführung des Elterngeldes ist eng mit ihr persönlich verbunden, das hat ihr viel Profil gegeben. Hätte sie das Geld den Kommunen »geschenkt«, damit vor Ort mehr Kita-Plätze entstehen, hätte ihr das hingegen keiner groß gedankt; die Bevölkerung hätte das jedenfalls nicht mit ihr in Verbindung gebracht. Eine neue und intensiv diskutierte familienpolitische Maßnahme hingegen erregt viel Aufsehen. Auch das ist Politik...

Letztlich sind es sehr viele Faktoren, die die Geburtenrate eines Landes beeinflussen. In besonders armen Ländern ist sie besonders hoch, weil Eltern die Kinder zur sozialen Absicherung brauchen. Je höher der Grad der Industrialisierung, je höher der Bildungsgrad der Frauen, je mehr Wohlstand, umso weniger Kinder werden geboren. Was im Umkehrschluss natürlich nicht heißt: Die besonders niedrige Geburtenrate in Deutschland ist ein Zeichen dafür, dass die Menschen sich total sicher fühlen und deshalb keine Kinder mehr brauchen – also eigentlich alles prima im Sozialstaat Deutschland. Ein Stück Wahrheit liegt schon in dieser Interpretation. Aber wenn Frauen heute keine Kinder bekommen oder nur eines, und das erst sehr spät – dann lässt sich das schwerlich mit der Existenz der Pflegeversicherung begründen. Zumal innerhalb der westlichen Industriestaaten jene Länder, in denen viele Frauen arbeiten (die Frauenerwerbsquote also hoch ist), vielfach auch die höhere Geburtenrate aufweisen. In Ländern, in denen es Frauen erleichtert wird, als Mütter berufstätig zu bleiben, fällt ihnen offenbar auch die Entscheidung für Kinder leichter. In Skandinavien und in Frankreich etwa ist die Erwerbsquote der Frauen höher als bei uns, und es werden mehr Kinder geboren als in Deutschland. Es gibt da aber auch Gegenbeispiele und sich widersprechende Statistiken. Die höheren Geburtenraten in Frankreich sind zum Teil auch auf die hohen Geburtenraten in bestimmten gesellschaftlichen (Migranten-)Gruppen zurückzuführen. So ganz eindeutig sind diese Zusammenhänge also nicht, und oft spielen auch gesellschaftliche Traditionen und Ansichten eine nicht zu unterschätzende Rolle. In Frankreich werden Familien zwar stark gefördert, vor allem wenn sie mehr als ein Kind haben. Dass die Geburtenrate höher liegt, könnte aber auch damit zusammenhängen, dass es in Frankreich schon viel länger viel selbstverständlicher ist, dass Mütter weiter ihrem Beruf nachgehen. Den Begriff »Rabenmutter« kennt man dort gar nicht. Die Krippe *(la crèche)* gibt es schon lange, ähnlich wie in der DDR, während es in Westdeutschland bis weit in die späten neunziger Jahre hinein unüblich war, Kinder unter drei Jahren tagsüber abzugeben. »Krippen« waren gesellschaftlich negativ besetzt, bürgerlich verheiratete Mütter gaben ihre Babys nicht ab, schon gar nicht in staatliche Hände. Die DDR, in der der Staat auch aus politischen Gründen früh nach den Kleinsten griff, erschien abschreckend. Vor dem Hintergrund dieser Historie gibt es bis heute im Westen der Republik einen größeren Nachholbedarf an Krippenplätzen als in Ostdeutschland. Mütter, die aus Berlin nach Nordrhein-Westfalen umziehen, wissen ein Lied davon zu singen. Am Ende bleibt die Erkenntnis: Familienpolitik muss man wollen, und man kann damit verschiedene gesellschaftliche Anreize setzen. Aber als einfache Rechnung (mehr Geld = mehr Kinder) funktioniert sie nicht.

Nicht nur die Rente ist unsicher

»Die Rente ist sicher«, warb Arbeitsminister Norbert Blüm (CDU) in den Achtzigern. Das hat sich so leider als falsch erwiesen. Die heute ausgezahlten Renten sind die Beiträge der im Augenblick arbeitenden Bevölkerung – und deren Renten werden in Zukunft wieder von der nächsten Generation gezahlt. Die Rente ist insofern nur bedingt eine Versicherung, in der ich persönlich etwas für mich anspare. Sie ist eher eine sozialpolitische Steuer: Das, was ich heute einzahle, wird umgehend an die heutigen Rentner ausgezahlt. Eine halbwegs berechenbare Verzinsung wie bei privaten Lebensversicherungen findet so nicht statt. Ich kann nur hoffen, dass der Staat mir in der Zukunft eine ordentliche Rente zahlt. Das geht gut, solange es mehr Arbeitnehmer als Rentner gibt. Werden aber immer weniger Kinder geboren ... dann wackelt das Rentensystem. Und nicht nur das! Tatsächlich ist die Zahl derer, die Geld verdienen und Steuern und Sozialversicherungsbeiträge zahlen, stetig kleiner geworden im Vergleich zu denen, die nicht arbeiten, sondern vom Staat Geld bekommen, also Rentner, Arbeitslose, Sozialhilfeempfänger usw. Es wird deshalb immer schwerer, den Sozialstaat zu finanzieren. Den heutigen Rentnern sehr viel wegzunehmen, traut sich die Politik allerdings kaum. Sie sind mit Abstand die größte Wählergruppe, daher achten alle Politiker darauf, dass es den aktuellen Rentnern nicht zu schlecht geht. Nur wie lange funktioniert das noch? Den heutigen Politikern muss das theoretisch nicht wichtig sein; in zwanzig Jahren stehen sie selbst ja nicht mehr zur Wahl. Aber so verantwortungslos denken auch Politiker nicht – und die Probleme sind längst da. An allen Ecken und Enden fehlt spürbar Geld in den Kassen. Oder wird es vielleicht nur falsch verteilt?

Das gilt auch für das Gesundheitssystem – ein Riesenthema, das ich hier nur anreißen will, sonst sind wir in 300 Seiten immer noch bei Krankenversicherungen, Pharma-Lobby und Positivlisten. Ehrlich gesagt ist mir das Gesundheitsthema auch als Journalistin ausgesprochen unangenehm. Interviews mit Gesundheitsministern zu führen, ist quasi die Höchststrafe ... weil ich diese komplexen Strukturen selbst nicht gänzlich durchschaue, auch nicht als Volkswirtin, und es extrem schwierig finde, mich für diesen oder jenen Reformvorschlag zu erwärmen, weil er mir als besonders einleuchtend und erfolgversprechend erscheint. Beim Gesundheitssystem geht es einem wie manchmal beim Zusammenbau eines Ikea-Regals: Zieht man an der einen Seite eine Schraube an, passt auf der anderen Seite die Schraube nicht mehr ins Loch. Diese Undurchsichtigkeit hat allerdings System, und genau darauf möchte ich hinweisen, weil es typisch ist für politisches Handeln. Eindeutig liegt im Gesundheitsbereich ein sogenanntes Marktversagen vor. Es gibt keinen Markt, auf dem Angebot und Nachfrage für einen Ausgleich sorgen – weil es den Konsumenten (also den Patienten) unmöglich ist, zu entscheiden, welches Produkt sie kaufen wollen. Als Patientin vertraue ich dem Arzt. Dass der Arzt möglicherweise ökonomische Anreize hat, bestimmte Untersuchungen vorzunehmen, will ich lieber gar nicht wissen. Sicherheitshalber gehe ich vielleicht noch zu zwei weiteren Ärzten (und verursache damit entsprechende Kosten). Der Arzt wiederum muss der Pharma-Industrie vertrauen; er hat vielleicht gewisse Erfahrungswerte, dass diese oder jene Pille bei seinen Patienten besser wirkt, aber letztlich greift er auch nur ins Regal, nachdem er seine Diagnose gestellt hat. Und im Regal stehen die Medikamente, die ihm die Vertreter der Pharma-Industrie empfohlen haben. Und die Pharma-Lobby ist sehr gut darin, Empfehlungen auszusprechen. Die Ausgaben der Konzerne für Marketing sind immens. Dazwischen geschaltet sind dann auch noch die Apotheker, die eine eigene Gruppe im Gesamtsystem bilden. Der Patient ist der Letzte in der Kette, der irgendein eigenständiges Urteil fällen könnte.

Schaut man sich internationale Vergleiche an, kann man zu irritierenden Beobachtungen kommen. Warum sind die gleichen Medikamente im Ausland billiger als in Deutschland? Und warum haben die Franzosen ein geringeres Cholesterinproblem als die Deutschen, die Unmengen cholesterinsenkender Medikamente schlucken, cholesterinarme Margarine auf ihr Vollwertbrot streichen usw.? Der Franzose an und für sich schluckt weniger Cholesterinsenker, isst viel ungesundes Weißmehlbrot, schmiert fetten Käse darauf und trinkt dazu auch noch jede Menge Alkohol. Zur Strafe müssten die Franzosen häufiger an den einschlägigen cholesterinbedingten Herzerkrankungen sterben als die Deutschen. Tun sie aber nicht. Im Gegenteil.

Wie erklärt man das? Keine Ahnung! Es könnte am Rotwein liegen, heißt es, aber eine Empfehlung ist das natürlich nicht. Unabhängig davon fällt auf, dass der Cholesterin-Grenzwert in Deutschland in den letzten Jahrzehnten deutlich gesenkt wurde. Prompt gibt es viel mehr Patienten, die Medikamente nehmen müssen. Das nutzt ihnen allen hoffentlich auch. In jedem Fall nutzt es den Herstellern. Beurteilen kann man das als Patient nicht. Beurteilen kann man auch nicht die Preise, die man für ärztliche Behandlungen zahlt. Als Kassenpatient merkt man es eh nicht, mit Rezept in die Apotheke und gut. Als Privatpatient staunt man zwar manchmal – aber da das Geld ja erstattet wird, fragt man auch nicht groß nach. Ein normaler Markt, in dem der Verbraucher Preise und Produkte vergleicht, ist das offensichtlich nicht. Das Gesundheitssystem, das den sozialpolitischen Anspruch hat, allen Bürgern eine gleich gute medizinische Versorgung zukommen zu lassen, ist also massiv gelenkt. Vom Staat, von den Versicherungen, von Ärzten und von der Pharma-Industrie.

Minister müssen entscheiden, welche Medikamente sie auf die »Positivlisten« setzen, die von den Krankenkassen erstattet werden. Man ahnt, wie massiv auf solche Entscheidungen Einfluss genommen wird. Das Endergebnis ist, dass die Versicherungsbeiträge ständig steigen. Dem entkommt man auch nicht, wenn man sich privat versichert. Anfangs wird mit billigen Tarifen geworben, aber nach ein paar Jahren kommt das dicke Ende. Eine rein marktwirtschaftliche Lösung (jeder bekommt nur eine Minimalversorgung, und alles, was darüber hinausgeht, muss man selbst entscheiden und bezahlen) wäre insofern auch keine tolle Lösung. Dann wären wir nämlich sehr schnell wieder in einem System, in dem man das Einkommen der Menschen an ihren Zähnen erkennen kann. Wer wenig Geld hat, macht dann besser nicht den Mund auf.

Wie viel Risiko muten wir uns zu?

Grundsätzlich ist es ein schmaler Grat, *Ungerechtigkeit* ausgleichen zu wollen, *Ungleichheit* aber zuzulassen. Wo zieht man die Grenze? Wie viel Risiko muten wir dem Einzelnen zu? Und was bringen einzelne politische Maßnahmen? Denn sowohl die Familien- als auch die Sozialpolitik soll ja eigentlich für Angstfreiheit sorgen: Wenn in meinem Leben etwas richtig schiefgeht – oder wenn ich viele Kinder habe, was mich viel Zeit und Geld kostet –, dann teilt die Gesellschaft mit mir das Risiko. Tatsächlich aber nehmen Angst und Angsterkrankungen in Deutschland eher zu, obwohl die Ausgaben für den Sozialstaat gewachsen sind. Zugleich hören wir aber ständig: Der Sozialstaat ist so nicht mehr bezahlbar. Er muss, er soll, er wird reformiert werden. Nur wie? Da gibt es die verschiedensten Ideen und Modelle.

Oft diskutiert wird das sogenannte »Bürgergeld«. In der Theorie ist es ganz einfach. Jeder, vom Baby bis zum Greis, bekommt monatlich eine feste Summe, irgendwas zwischen 250 Euro (das wäre sehr wenig) bis 1800 Euro (das wäre eine ganze Menge). Alle anderen Sozialleistungen werden dafür gestrichen. Es gibt keine Rente, keine Sozialhilfe, kein Arbeitslosengeld, kein Kindergeld usw.

Die Befürworter sagen, das koste nicht etwa mehr als heute, sondern spare sogar Geld und Aufwand, immerhin zahlen derzeit knapp 40 verschiedene Behörden über 150 verschiedene Sozialleistungen aus. Die Gesamtsumme der Sozialleistungen liegt heute bei nahezu 800 Milliarden Euro. Wenn man das mal grob umrechnet, kommt man schon jetzt auf knapp 1000 Euro monatlich pro Bundesbürger. Der Gedanke, das einfach jedem auszuzahlen, ohne großen Verwaltungsaufwand, hat seinen Charme. Wer nicht (mehr) arbeitet, ist zumindest mit dem Nötigsten versorgt, und wer mehr will, soll gucken, wie er glücklich wird. Solche Modelle laufen unter unterschiedlichen Namen: »Bürgergeld«, »bedingungslose Grundsicherung«, »negative Einkommensteuer« oder »social flat«.

Meist soll bei der Gelegenheit auch gleich das Steuerrecht reformiert werden, ebenfalls zu einer einfachen Einheitssteuer von zum Beispiel 15 Prozent für alle und alles. Viele dieser Vorschläge gehen zurück auf den US-Ökonomen und Nobelpreisträger Milton Friedman. Inzwischen gibt es viele neue Varianten, auch solche, bei denen es doch eine Bedürftigkeitsprüfung gibt und nicht einfach jedem ohne Ansehen der Person Geld überwiesen wird. Interessant ist, dass solche Modelle über alle Parteien hinweg diskutiert werden, in der FDP genauso wie in der Linkspartei. Natürlich ist die Ausgestaltung dann jeweils eine andere.

Vorteil: In der Verwaltung würden massiv Kosten eingespart, weil man nicht mehr herausfinden müsste, wer wie bedürftig ist. Der Millionär bekäme die Grundsicherung genauso ausgezahlt wie der Arbeitslose. Und es gibt nicht mehr zig verschiedene Sozialleistungen, die alle mit großem Bürokratieaufwand verbunden sind. All das Behördenpersonal, das dann nicht mehr gebraucht wird! Nachteil: Es entsteht schnell ein Ungerechtigkeitsempfinden. Auch Millionäre bekommen ja jeden Monat 800 Euro Grundsicherung ausgezahlt – hallo? Echt jetzt? Ökonomisch wäre das zwar effizient, aber wie vermittelt man das politisch? Dass es das höhere Arbeitslosengeld seit den Agenda-Reformen nur noch maximal zwei Jahre gibt und danach nur noch das einheitliche niedrige Arbeitslosengeld II, wird schon jetzt von vielen als extrem bitter empfunden. Da hat man jahrelang so viel eingezahlt und wird am Ende nicht viel besser behandelt als andere, die viel weniger oder viel kürzer gezahlt haben! Damit ist man also beim gleichen Problem, das sich bei einer Einheitssteuer ergibt: Wie können Steuern möglichst gerecht sein? Immerhin gilt bei uns heute noch: Wer hohe Rentenbeiträge zahlt, kriegt später mehr Rente. Das finden die meisten Leute fair. Fragt sich nur, wie lange das noch hält. Mit der gesetzlichen Rente allein wird man in zwanzig Jahren wohl nicht mehr froh. Das war mal anders. Doch diese Sicherheit ist weg – auch wenn viele Bürger gern die Augen davor verschließen oder gar nicht wissen, wie sie sich dagegen absichern sollen. Eine zusätzliche private Rentenversicherung muss man sich erst mal leisten können. Schon heute gibt es erschreckend viele Senioren, die so wenig Rente haben, dass sie zusätzlich Sozialhilfe benötigen, und das, obwohl sie ihr Leben lang gearbeitet haben. Und immer mehr Rentner halten sich mit zusätzlichen Minijobs über Wasser, selbst wenn sie schon weit über 70 Jahre alt sind. Ihren »Ruhestand« hatten sie sich anders vorgestellt.

Wann lohnt es sich, arbeiten zu gehen?

Ein anderes Argument gegen die einheitliche Grundsicherung für alle: Wenn alle automatisch genug Geld zum Leben erhielten, dann ginge ja vielleicht keiner mehr arbeiten. Und wenn keiner mehr arbeitet, ist ganz schnell kein Geld mehr für die Auszahlung der Grundsicherung da! Zumindest die unangenehmen, schlecht bezahlten Jobs würde vielleicht wirklich keiner mehr machen. Schon heute ist es in unserem Sozialsystem so, dass es sich manchmal finanziell kaum lohnt, arbeiten zu gehen. Es gibt tatsächlich Fälle, wo Leute für 40 Stunden Arbeit die Woche nur 100 Euro mehr im Monat bekommen, als wenn sie zu Hause bleiben und von der Kombination aus Arbeitslosengeld, Kindergeld, Sozialhilfe und Wohngeld leben. Das ist dann die viel zitierte »soziale Hängematte«, weil manche Menschen sich mit dieser Situation gern arrangieren, statt einen Job zu suchen. Und da jeder innerhalb der Europäischen Union wohnen kann, wo er will, ist es sogar möglich, sich von den deutschen Sozialleistungen in Spanien die Sonne auf den Bauch scheinen zu lassen, statt daheim zu arbeiten. Dem entgegen steht, dass es nicht besonders angenehm ist, von einer geringen Grundsicherung zu leben, auch nicht unter Spaniens Sonne. Wer eine Chance sieht, seinen Lebensstandard deutlich zu erhöhen, wird das meist auch tun. Genau darin liegt die Crux: Man muss eine Grundsicherung finden, die ein menschenwürdiges Leben ermöglicht. Sie darf aber nicht so hoch sein, dass für große Bevölkerungsgruppen der Anreiz zur Jobsuche entfällt. Und so ist man beim Bürgergeld im Prinzip schnell bei genau dem gleichen Problem angelangt, das es schon bei den heute bestehenden Sozialleistungen gibt. Es gibt andererseits erstaunlich viele Menschen, die jeden Tag aus dem Haus gehen und arbeiten, obwohl sie sich wirtschaftlich kaum schlechter stellen würden, wenn sie zu Hause auf dem Sofa sitzen blieben. Das kann eine Gesellschaft nicht einfach so hinnehmen, damit muss sie sich befassen. Sei es, dass man dafür eintritt, die Löhne der Arbeitenden zu erhöhen. Sei es, dass man hinterfragt, wie viel die Nicht-Arbeitenden von der Allgemeinheit beziehen.

Auch deshalb wurden viele der Regelungen erlassen, die als »Hartz-Gesetze« oder »Agenda 2010« bekannt sind. Im Jahr 2003 setzte SPD-Kanzler Gerhard Schröder diese Reformen durch. Es war eine der größten Sozialstaatsreformen in der Bundesrepublik, und die Widerstände waren gewaltig. Plötzlich gab es hierzulande wieder Montagsdemonstrationen! Um es polemisch zu sagen: Helmut Kohl hatte sich das nicht getraut. Nun war es ausgerechnet ein Sozialdemokrat, der solche massiven Kürzungen rechtfertigen musste. Die Regelungen, mit denen Arbeitsmarkt und Sozialleistungen neu gestaltet wurden, entwarf eine Expertengruppe unter der Leitung von Peter Hartz, der damals ein wichtiger Manager beim VW-Konzern war. Darum nennt man sie »Hartz-Gesetze«. Das bekannteste betrifft die Sozialhilfe, die heute »Arbeitslosengeld II« heißt und meist »Hartz IV« genannt wird. Sie beträgt für jemanden, der alleine lebt, 382 Euro. Wenn man Kinder hat, kriegt man mehr, außerdem kommt noch Wohngeld hinzu. Eine Hartz-IV-Familie mit zwei Kindern kann so über 2000 Euro Zuschüsse im Monat erhalten. Aber mit vier Personen muss man damit sehr wohl jeden Cent umdrehen. Um den gleichen Betrag mit Arbeit einzunehmen, bräuchten die Eltern einen Monatslohn von mindestens 2800 Euro brutto; in sehr vielen Berufen verdient man deutlich weniger.

Wer »Hartz IV« bezieht, kann zu einem sogenannten »Ein-Euro-Job« verpflichtet werden, in dem man aber nicht etwa nur einen Euro Gehalt bekommt, sondern mindestens einen Euro pro Arbeitsstunde extra. Das soll ein neuer Start ins Arbeitsleben sein. Allerdings werden Ein-Euro-Jobber nur sehr selten zum vollen Lohn übernommen – lieber holt sich der Arbeitgeber einen neuen bezuschussten Hartz-IV-Empfänger, auch wenn er mit dem vorherigen zufrieden war.

Wenn trotz Arbeit das Geld nicht reicht

Weil es jetzt weniger Sozialhilfe gibt als früher, strengen manche Menschen sich tatsächlich mehr an, einen neuen Job zu finden, beziehungsweise akzeptieren auch Arbeiten, auf die sie eigentlich herzlich wenig Lust haben. Auch deshalb, meinen Wirtschaftsfachleute, seien die Arbeitslosenzahlen deutlich zurückgegangen. Das ist allerdings auch ein statistisches Phänomen. Der »Niedriglohnsektor« ist größer geworden. Und wer nicht arbeitslos gemeldet ist, weil er einen Job hat und sei der noch so mies bezahlt, der landet auch nicht in der Statistik. Ob man von dem Job leben kann, steht auf einem anderen Blatt. Viele brauchen zusätzlich staatliche Hilfe, sind aber statistisch keine Arbeitslosen mehr. Für eine Gesellschaft mit Anspruch auf soziale Gerechtigkeit und dem Glauben an das Leistungsprinzip ist das eine riskante Entwicklung: Wenn Menschen richtig viel arbeiten und trotzdem mit dem Geld vorne und hinten nicht auskommen – ist das gerecht? Was bleibt dann noch von dem marktwirtschaftlichen Versprechen »Wer sich anstrengt, wird belohnt«?

Die Arbeitgeber hingegen beklagen, dass sie nach wie vor nicht genug Möglichkeiten haben, Mitarbeiter schnell einzustellen, wenn viel zu tun ist, und leicht zu kündigen, wenn weniger Aufträge vorliegen. Wäre der Kündigungsschutz nicht so streng, würden sie mehr Leute einstellen, weil sie dann nicht fürchten müssten, die Mitarbeiter nicht mehr loszuwerden, wenn die Geschäfte später wieder schlechter laufen. So aber lassen sie lieber die vorhandenen Arbeitnehmer Überstunden machen. Also müsste es ihrer Meinung nach noch mehr Arbeitsmarktreform geben. Stattdessen behelfen sie sich mit Leiharbeitsfirmen und lagern das Problem damit aus. Eine immer größere Zahl von Arbeitnehmern, auch gut ausgebildeten, führen ein Nomadenleben als Zeitarbeiter. Ohne sichere Lebensplanung, ohne Bindung an eine Firma und Gewerkschaft. Hinzu kommt, dass es immer mehr Minijobs gibt, die sozialversicherungsfrei sind. Das heißt, man bekommt das ganze Gehalt ausgezahlt und muss davon keine Rentenbeiträge abführen. Dann gibt's später aber auch keine Rente – in zwanzig Jahren werden also vermutlich zahllose Minijobber Sozialhilfe oder Wohngeld benötigen. Die Putzfrau, die fleißig jede Woche zig Wohnungen reinigt und damit vielleicht sogar mehr verdient als eine gut ausgebildete Erzieherin, die den Nachwuchs dieser Wohnungseigentümer aufs Leben vorbereitet, bekommt ein Riesenproblem, wenn sie Mitte sechzig ist und nicht mehr die Kraft hat, acht Stunden am Tag den Staubsauger zu schwingen. Was dann?

Berufsziel: »Hartzvier«

Besonders schwer haben es Langzeitarbeitslose, die länger als ein Jahr keinen Job haben. Je länger man arbeitslos ist, desto schwieriger wird es, wieder Fuß zu fassen. Wer zehn Jahre nicht mehr gearbeitet hat, den will kaum ein Chef mehr haben, weil er nicht zu Unrecht vermutet, dass der Bewerber nicht mehr weiß, wie das ist, morgens aus dem Haus zur Arbeit zu gehen, und weil man vieles verlernt beziehungsweise den Anschluss an aktuelle Entwicklungen verpasst hat. Gerade diese Menschen sind mehrheitlich keineswegs glücklich über ihre Situation, im Gegenteil. Umfragen und wissenschaftliche Untersuchungen zeigen: Die meisten Bürger möchten gern Arbeit haben, einem Beruf nachgehen, Verantwortung übernehmen und nicht nur zu Hause herumsitzen. Ja, es gibt natürlich Jugendliche, die als Berufsziel »Hartzvier« angeben, weil sie es von zu Hause nicht anders kennen. Und es gibt natürlich auch Missbrauch bei den Sozialleistungen. Paare tun so, als würden sie nicht zusammenleben; höhere Töchter finden es ganz normal, Sozialleistungen abzurufen, obwohl ihre Eltern sie unterstützen könnten; aber was geht, geht halt, und man nimmt es mit. Der Mensch an und für sich neigt nicht dazu, auf Geschenke zu verzichten, sondern verhält sich häufig entsprechend der Anreize, die ihm geboten werden. Das ist normal. Zu glauben, man könnte Geld anbieten und nur diejenigen würden zugreifen, die es tatsächlich furchtbar dringend brauchen, weil sie überhaupt keine andere Chance hätten, sich zu versorgen, ist naiv. Also kommt es im Sozialstaatssystem vielleicht doch manchmal darauf an, Bedürftigkeiten kritisch zu prüfen. Mit entsprechendem Aufwand. Missbrauch von Sozialleistungen gibt es, keine Frage, und vieles bleibt unentdeckt. Aber die Bundesagentur für Arbeit hat errechnet, dass die Zahl der Betrugsfälle bei Hartz IV insgesamt nicht so hoch ist, wie manche meinen, die über die vielen »Sozialschmarotzer« schimpfen. Dazu zwei Zahlen: Beim Arbeitslosengeld II haben die Jobcenter im Jahre 2011 rund 60 Millionen Euro zu viel ausgezahlt, also Geld, das den Empfängern eigentlich nicht zustand. Das klingt nach viel. Aber: Insgesamt verwalteten die Jobcenter eine Summe von 12,3 Milliarden! Experten schätzen, dass die Missbrauchsquote bei Sozialleistungen insgesamt zwischen 3 und 5 Prozent liegt. Dass Deutschland ein einziges Abzockerparadies sei, kann man also nicht behaupten. Umgekehrt ist es aber auch nicht so, als lebten wir in einem völlig kaltherzigen Staat, der große Teile der Bevölkerung achselzuckend sich selbst überlässt.

Wer ist arm, wer ist reich?

Ende 2011 war fast jeder neunte Einwohner in Deutschland auf existenzsichernde Zahlungen des Staates angewiesen. Insgesamt bezogen 7,3 Millionen Menschen solche »Transferleistungen« vom Staat, den Steuerzahler hat das rund 42 Milliarden Euro gekostet. Mehr als 60 Prozent davon erhalten die knapp 5 Millionen Empfänger von Hartz IV, weitere knapp 25 Prozent entfallen auf 1,7 Millionen Sozialgeld-Zahlungen (das ist sozusagen Hartz IV für diejenigen, die nicht arbeitsfähig sind).

Dabei bedeutet »Armut« in Deutschland glücklicherweise etwas anderes als in Afrika. Bei uns muss niemand verhungern. Ein Maßstab für ein menschenwürdiges Leben ist das in unseren Breitengraden aber zu Recht nicht mehr. Essen oder Sterben kann in einem reichen Industrieland kein Kriterium sein. Als »arm« gilt ein Alleinstehender bei uns ab einem Netto-Einkommen unter 780 Euro/Monat. »Reich« ist man – je nach Definition – ab etwa 3200 Euro/Monat. Erstaunlich – die wenigsten mit diesem Netto-Einkommen würden sich selbst als »reich« bezeichnen, sondern nur als gut verdienend. Grundsätzlich sind »arm« oder »reich« relative Begriffe. Sie werden immer in Bezug zu anderen Größen gesetzt, etwa zum Durchschnittseinkommen oder zu politisch gesetzten Vergleichszahlen. Wird also zum Beispiel der Sozialhilfe-Satz erhöht, der als Maßstab für das Existenzminimum gilt, dann sind statistisch automatisch mehr Menschen »arm«, die bis dahin noch über dieser politisch definierten Armutsgrenze lagen.

Dabei scheint die »Durchlässigkeit« unserer Gesellschaft (wie groß sind die Chancen, nach oben zu kommen, unabhängig von der Herkunft) eher geringer zu werden. Die Sozialausgaben sind gestiegen, trotzdem ist die Frage, welchen sozialen Status man hat, heutzutage noch mehr eine private Frage (was können sich meine Eltern leisten) als vor zwanzig Jahren. Der Sozialstaat wälzt immer größere Geldsummen um, Sozialleistungen machen den größten Teil des staatlichen Budgets aus. Schaut man sich die Haushaltszahlen an, kann man nicht behaupten, der Sozialstaat sei abgebaut worden. Glücklicher oder »sozialer« ist die Gesellschaft aber anscheinend nicht geworden. Die naheliegende Vermutung ist: Das viele Geld wird nicht optimal eingesetzt. Darüber zu diskutieren, über wachsenden Wettbewerbsdruck, über die Folgen zerbrechender Familienstrukturen, über Chancengleichheit, über Integration, über Erwartungen an den Staat usw., ist wohl die größte sozialpolitische Herausforderung unserer Zeit. Politiker haben allerdings nur begrenzt Einfluss und Mittel, um darauf zu reagieren. Das traut sich nur keiner zu sagen, denn dann würde Politik hilflos wirken. Und das ist das Schlimmste, was Politiker tun können.

»Heute wird gestreikt« – wie mächtig sind die Gewerkschaften?

Gewerkschaften setzen sich für die Interessen der Arbeitnehmer ein – höhere Löhne, bessere Arbeitsbedingungen. Anders als bei Parteien sind die Ziele der Gewerkschaften begrenzt. Ihnen geht es nur um Arbeitsbedingungen in der jeweiligen Branche (zum Beispiel Bau, Erziehung und Wissenschaft, Polizei, Textil und Bekleidung). Umweltschutz, Bildungspolitik, Wehrpflicht – auch alles interessante Themen, aber unwichtig für die Gewerkschaft. Das hat klare Vorteile: Wer nicht noch alles Mögliche andere berücksichtigen muss, kann sein abgegrenztes Ziel viel besser und eindeutiger vertreten.

In den meisten Berufen gibt es »Tarifverträge« – das heißt, Arbeitgeber und Gewerkschaften vereinbaren ein bestimmtes Gehalt (einen

Tarif) für eine bestimmte Arbeit. Sie verhandeln das untereinander. Der Staat soll sich eigentlich raushalten. Mit etwas Verhandlungsgeschick oder Glück kann ein Mitarbeiter für sich selbst später sogar noch mehr rausholen.

Weniger als im Tarifvertrag festgelegt, darf eine Firma nicht zahlen – vorausgesetzt, sie gehört zur »Tarifgemeinschaft«, wird also vom Arbeitgeberverband mitvertreten. Wer das nicht will, kann aus dem Verband austreten. Das hat aber Nachteile. Denn die Gewerkschaften sind für Arbeitgeber zwar lästig, weil sie immer so viel fordern. Aber wenn man sich mal geeinigt hat, dann gilt es für alle. Die Alternative wäre, dass jeder Arbeitgeber mit jedem einzelnen Mitarbeiter einen eigenen Vertrag aushandelt. Das kostet unheimlich Zeit und Mühe, und theoretisch kann jederzeit eine Gruppe Mitarbeiter plötzlich streiken. Wenn man sich aber mit der Gewerkschaft geeinigt hat, dann herrscht zumindest so lange Ruhe für alle Beteiligten, bis ein neuer Tarifvertrag ausgehandelt wird.

Wenn Tarifverträge neu verhandelt werden, kommt es manchmal zu Arbeitsniederlegungen (Streiks), weil die Gewerkschaften zeigen müssen, wie wichtig ihre Mitglieder für eine Firma sind. Das ist aber geplant und kommt nicht plötzlich von einem Tag auf den anderen. Die Arbeitgeber können sich ein bisschen darauf einstellen. Die streikenden Arbeitnehmer bekommen als Gewerkschaftsmitglieder weiter ihr Gehalt, auch wenn sie nicht arbeiten. Dafür gibt es die »Streikkasse«. Ohne die könnten viele Arbeitnehmer es sich gar nicht leisten, ihre Interessen wirkungsvoll zu vertreten.

Sozialdemokraten und Gewerkschaften sind traditionell eng miteinander vernetzt. Auch Die Linke sieht sich als »Arbeiterpartei«. Gewerkschaften vertreten aber auch die Job-Interessen von Leuten, die ansonsten politisch nicht engagiert sind. Ein weiterer wichtiger Unterschied zu den Parteien: Die Gewerkschaftsmitglieder arbeiten in der Firma, von der sie Änderungen verlangen. Sie haben daher ein ureigenes Interesse daran, eine tragfähige Lösung zu finden. Denn nur wenn es ihrem Arbeitgeber weiterhin gut geht, können die gewünschten Lohnerhöhungen auch ausgezahlt werden. Die Ziele von Arbeitnehmervertretern sind meist konkreter als die Pläne von Parteistrategen.

Beamte dürfen sich organisieren, aber nicht streiken

Deswegen gibt es auch für jedes Berufsfeld einen eigenen Verband. Schließlich haben die Arbeiter der Metallindustrie ganz andere Probleme als Briefträger, Piloten, Köche oder Kellner. Viele Gewerkschaften sind Mitglied im Deutschen Gewerkschaftsbund (DGB), der sich als Dachverband grundsätzlich für Arbeitnehmer einsetzt. Die beiden größten Einzelgewerkschaften innerhalb des DGB sind die Industriegewerkschaft IG-Metall und die Dienstleistungsgewerkschaft Verdi. Bei Verdi sind auch Angestellte und Beamte des öffentlichen Dienstes organisiert. Ihr Arbeitgeber ist der Staat, zum Beispiel in den Kommunen. Auch Beamte haben das Recht, sich zu organisieren, sie dürfen allerdings nicht streiken. Für die Mitarbeiter des Staates gibt es neben Verdi auch noch den Deutschen Beamtenbund mit zahlreichen Einzelgewerkschaften, wie etwa der Polizeigewerkschaft.

In den vergangenen zwanzig Jahren haben die Gewerkschaften insgesamt stark an Mitgliedern verloren, nur etwa ein Viertel der Arbeitnehmer ist heute noch gewerkschaftlich organisiert. Allerdings profitieren auch Nicht-Mitglieder von den ausgehandelten Tarifverträgen, insofern sind viele Arbeitnehmer Trittbrettfahrer, ohne selbst Mitgliedsbeiträge zu zahlen. Eine Schwächung befürchten die großen Gewerkschaften auch dadurch, dass das Bundesarbeitsgericht 2010 die sogenannte Tarifeinheit aufgehoben hat. Das bis dahin gültige Prinzip »Ein Betrieb – ein Tarif« war damit ausgehebelt. Einzelgewerkschaften, in denen bestimmte Berufsgruppen organisiert sind, gewinnen deshalb an Macht. Beispiele für solche schlagkräftigen Kleingewerkschaften sind die Vertretungen der Piloten oder Lokführer. In seltener Einhelligkeit warnten der Deutsche Gewerkschaftsbund und die Arbeitgeberverbände angesichts dieser Veränderung vor einer Streikwelle, die auf Deutschland zurollen würde. Kunden der Lufthansa werden tatsächlich das Gefühl haben, dass mehr gestreikt wird als früher, zumal sie plötzlich lauter neue Berufe kennenlernen: Vorfeldmitarbeiter etwa, die ihren eigenen Arbeitskampf betreiben, genau wie Kabinenpersonal, Bodenpersonal und Piloten – und alle streiken auch noch abwechselnd. Insgesamt ist die Zahl der Streiktage pro deutschem Arbeitnehmer aber bisher nicht bedrohlich gestiegen. Und wenn große Unternehmen wie die Lufthansa oder die Bahn vor einer Spaltung ihrer Belegschaft warnen, muss man auf einen wichtigen Sachverhalt hinweisen: Sie selbst waren es, die lauter neue Tochtergesellschaften gründeten, um Mitarbeiter unterschiedlich entlohnen zu können. Die Zersplitterung der Tariflandschaft ist insofern auch von Arbeitgeberseite betrieben worden.

Löhne und Mindestlöhne – wie verdient man, was man verdient?

Ein großes Problem ist, dass es immer mehr Bereiche gibt, in denen gar keine Tarifverträge gelten. Viele Arbeitgeber haben sich eben doch aus der Tarifbindung verabschiedet – also gibt es in diesen Unternehmen auch keine Lohnuntergrenzen mehr. Deshalb ist die Diskussion über den Mindestlohn in den letzten Jahren so hochgekocht. Inzwischen ist sogar die CDU prinzipiell dafür, obwohl gesetzliche Mindestlöhne lange Zeit als marktwirtschaftliches Tabu galten, das Arbeitsplätze gefährdet und in die Verhandlungsfreiheit von Unternehmen und Gewerkschaften eingreift, in die »Autonomie der Tarifparteien«.

Wenn die Tarifparteien aber selbst nicht mehr für halbwegs faire Löhne sorgen (können), dann ruft das den Staat auf den Plan. Allein schon aus Eigeninteresse: Wenn immer mehr Arbeitnehmer staatliche Zuschüsse brauchen, um mit ihren Niedriglöhnen zu überleben, obwohl sie arbeiten, kostet das den Staat entsprechend. Die Unternehmen machen Gewinne auf Kosten der Allgemeinheit, weil sie die Löhne schön drücken können, denn für die Überlebensfähigkeit ihrer Arbeiter sorgt ja der Staat.

Das Hauptargument gegen einen Mindestlohn ist damit aber nicht vom Tisch: Ist er zu hoch, kostet das tatsächlich Arbeitsplätze. Wenn der Friseur nicht mehr 20 Euro, sondern 30 Euro für den Kurzhaarschnitt nimmt, kommt Tante Erna mit ihrer kleinen Rente nur noch alle drei Monate statt alle sechs Wochen, und irgendwann ist nicht mehr genug Kundschaft da, um zwei Friseurinnen im kleinen Salon an der Ecke zu bezahlen. Hier die richtige Balance zu finden, ist schwierig – denn der Staat muss gewissermaßen schlauer sein als der Markt, und das ist er selten. Man kann auch darüber streiten, ob es sinnvoll ist, einen Mindestlohn für alle Arbeitnehmer in ganz Deutschland festzulegen, oder ob man besser unterschiedliche Mindestlöhne nach Branchen und Regionen formuliert. Am Ende werden es dann auch wieder Gewerkschaften und Arbeitgebervertreter sein, die bei der Findung eines »richtigen« Mindestlohns beratend zur Seite stehen. Das ist sozusagen die Fortsetzung der Tarifverhandlungen mit anderen Mitteln.

Wenn Gewerkschaften und Arbeitgeber über die Höhe der Löhne diskutieren, beziehen sie sich meist nicht nur auf die Situation in bestimmten Unternehmen oder Branchen, sondern argumentieren auch volkswirtschaftlich. Die Arbeitgeberseite will natürlich möglichst niedrige Löhne. Sie begründet das mit drohenden Arbeitsplatzverlusten (wenn Arbeit zu teuer wird, müssen wir entlassen beziehungsweise rationalisieren, zum Beispiel mehr Maschinen einsetzen, ansonsten ist der Unternehmenserfolg gefährdet) und verweist auf den verschärften internationalen Wettbewerb, der in der Tat ökonomischen Druck erzeugt. Ausländische Unternehmen konkurrieren mit ihren billigeren Produkten, die sie mit billigeren Arbeitskräften hergestellt haben, um Marktanteile. Die Drohung, mit einzelnen Produktionszweigen abzuwandern, war vor dreißig Jahren noch nicht so durchschlagend wie heute.

Andererseits wäre aus Arbeitgebersicht eigentlich nie die richtige Zeit für Lohnerhöhungen. Immer ist die Lage irgendwie schlecht und der Wettbewerbsdruck groß. Wenn bestimmte Branchen oder Konzerne aber gleichzeitig große Gewinne einfahren, wirkt das nicht sonderlich überzeugend. Die Gewerkschaften wiederum argumentieren gerne mit der »Kaufkrafttheorie der Löhne« und liegen damit auf einer Linie mit Politikern von SPD und Linkspartei. Die Idee ist, dass höhere Löhne den Menschen mehr Kaufkraft verleihen, das wiederum kurbelt die Nachfrage an und nutzt letztlich wieder den Unternehmen. Im Prinzip stimmt das auch. Das Problem ist nur, dass die höhere Kaufkraft nicht notwendigerweise für inländische Produkte eingesetzt wird. Wer mehr verdient, fährt vielleicht in Urlaub, und dann wandert das schöne Geld ins Ausland. Oder kauft importierte Produkte, ein asiatisches Smartphone etwa – davon haben deutsche Unternehmen auch nichts. Wieder andere sparen ihr zusätzliches

Geld lieber, anstatt zu konsumieren. Der Nachfrage-Effekt wirkt also nur begrenzt. Die höheren Kosten durch höhere Löhne spüren die Unternehmen aber unmittelbar und in vollem Ausmaß.

Theorien stimmen oft nur in der Theorie

Leider ist das mit allen volkswirtschaftlichen Theorien und Modellen so: Sie »stimmen« nur unter speziellen Annahmen (zum Beispiel alle Arbeitnehmer kaufen im Inland), die es so in der Praxis meist nicht gibt. Derartige Differenzierungen sind aber für Politiker sehr unpraktisch. Deshalb argumentiert zum Beispiel der Linkspolitiker Oskar Lafontaine auch bei jeder Gelegenheit unverdrossen mit der Kaufkrafttheorie der Löhne, als sei sie tatsächlich eine naturwissenschaftliche Gesetzmäßigkeit. Auf der anderen Seite sind FDP-Politiker wie Guido Westerwelle glühende Fans der »Laffer-Kurve«. Was ist das nun wieder? Herr Laffer war ein amerikanischer Ökonom, der in den siebziger Jahren ein Modell entwickelte, mit dem er zeigte, dass niedrigere Steuersätze am Ende zu höheren Steuereinnahmen führen. Was zunächst paradox klingt, ist bei genauem Hinsehen durchaus einleuchtend: Wird dem privaten Wirtschaftssektor (Unternehmen und Verbraucher) zu viel Geld vom Staat weggenommen, dämpft das die wirtschaftliche Dynamik. Man hat ja weniger übrig zum Investieren oder Kaufen. Sehr hohe Steuersätze befördern außerdem Steuerflucht und Schwarzarbeit. Wenn der Staat also zu deftig zugreift, würgt er seine Wirtschaft ab, irgendwann sinken Unternehmensgewinne und Löhne, und schlussendlich nimmt der Staat weniger Steuern ein als vorher.

Das ist quasi wie in einem Geschäft: Sind die Preise zu hoch, kaufen die Leute weniger, der Umsatz sinkt. Es geht also immer darum, den »richtigen« Preis zu finden, und das gilt auch für den Staat: Er muss die »richtige« Steuerhöhe finden, die kann weder bei null noch bei 100 Prozent liegen. Laffer veranschaulichte das auf einer Kurve, bei der er Steuersätze zu Staatseinnahmen ins Verhältnis setzte. Bei manchen Steuern lässt sich das in der Praxis auch sehr gut beobachten, bei der Tabaksteuer etwa. Raucher sind zwar ziemlich hart im Nehmen (in der Ökonomie nennt man das »steuerunelastisch«); sie rauchen weiter, selbst wenn Zigaretten immer teurer werden. Irgendwann wird es dann aber auch den Rauchern zu viel. Sie weichen aus (kaufen zum Beispiel auf dem Schwarzmarkt), drehen selber oder rauchen tatsächlich weniger. 2005 musste der Bundesfinanzminister feststellen, dass die Einnahmen aus der Tabaksteuer gesunken waren, obwohl es vorher eine Steuererhöhung gegeben hatte.

Aus diesen Zusammenhängen nun aber abzuleiten, dass man Einkommensteuern oder Gewinnsteuern einfach munter senken kann und trotzdem genauso viel oder sogar mehr in der Staatskasse hat – das funktioniert auch wieder nicht. Der frühere US-Präsident Ronald Reagan war begeistert von der Laffer-Theorie und senkte Anfang der achtziger Jahre die Steuersätze drastisch. Musste dann aber erschreckt feststellen, dass die Steuereinnahmen ebenso drastisch einbrachen und er ein Finanzierungsproblem bekam. Die Wirkung von Steuersenkungen ist eben nicht so einfach vorherzusehen. Es kann zusätzliche konjunkturelle Faktoren geben; außerdem wirkt der Ankurbel-Effekt nur zum Teil und schon gar nicht sofort, sondern erst verzögert nach längerer Zeit. Und Zeit haben Politiker nun überhaupt nicht. Sie müssen ihre Staatsausgaben finanzieren, und wenn die Steuereinnahmen wegbrechen, bleibt nur eins: Ausgaben kürzen oder mehr Schulden machen.

Bei wem hat Deutschland Schulden – und wo liegt das Problem?

Etwa 2 Billionen Euro Schulden hat Deutschland. Gut 25 000 Euro pro Kopf, inklusive Rentner und Babys. Bundesfinanzminister Karl Schiller trat 1972 wegen zwei Milliarden Euro Neuverschuldung zurück. Heute sind mehrere hundert Euro neue Schulden pro Sekunde (!) ganz normal.

Letztlich ist es bei Staaten wie bei Privatpersonen: Sie machen Schulden, weil sie mehr ausgeben, als sie einnehmen. Und die Politik hat eine starke Tendenz, mehr auszugeben, als sie einnimmt. Die Gründe liegen auf der Hand: Mit Steuererhöhungen macht man sich beim Wähler unbeliebt, mit Geldzuwendungen hingegen beliebt. Ein sehr einfacher Zusammenhang, der genau so immer wieder wirkt, selbst wenn der Staat noch viele andere gute oder weniger gute Gründe hat, Geld auszugeben – aber am Ende geht es darum, wie die Bürger sich fühlen, wie zufrieden sie sind. Die negativen Wirkungen einer strengen Sparpolitik sind direkt fühlbar. Das kann man aktuell sehr krass in den (süd-)europäischen Krisenländern beobachten. Die negativen Folgen der Staatsverschuldung hingegen wirken indirekt und zeitversetzt.

Einen Großteil seiner Schulden macht Deutschland bei den eigenen Bürgern. Denen bietet der Staat »Bundesschatzbriefe« und »Kommunalobligationen« an, die ähnlich funktionieren wie ein Sparbuch. Man gibt der Bank Geld, kassiert Zinsen und kriegt nach einer bestimmten Zeit sein Geld wieder zurück. Problem dabei: Wenn der Staat die alten Bundesschatzbriefe auszahlen muss, ist das geliehene Geld längst ausgegeben. Was tun? Neues Geld borgen, mit dem man das alte zurückzahlt! Mittlerweile sind so hohe Schulden aufgelaufen, dass die alljährliche Neuverschuldung nicht einmal mehr reicht, um die Zinsen für die alten Schulden zu zahlen. Und ein Schuldenabbau scheint praktisch unmöglich. Würde Deutschland jedes Jahr 13 Milliarden Euro zurückzahlen (die erst mal irgendwoher kommen müssen), wären wir nach 100 Jahren immer noch nicht schuldenfrei. Wenn Politiker davon sprechen, dass sie »die Staatsverschuldung abbauen«, dann meinen sie damit also keineswegs, dass sie Schulden zurückzahlen. Sondern nur, dass sie weniger neue Schulden aufnehmen. Fairerweise muss man in diesem Zusammenhang aber auch sagen: Dass Deutschland hoch verschuldet ist, liegt auch daran, dass die Kosten für die Wiedervereinigung völlig unterschätzt wurden – sie mussten aber, nachdem man damit angefangen hatte, irgendwie bezahlt werden.

Etwa 60 Prozent der Kredite werden innerdeutsch aufgenommen. Davon zwei Drittel bei Banken, ein Drittel bei Unternehmen und Privatpersonen. Die übrigen 40 Prozent des Geldes kommen aus dem Ausland. Große Investoren kaufen zum Beispiel Staatsanleihen. Man kann aber auch als Privatperson einem ausländischen Staat Geld leihen, dann kauft man zum Beispiel über seine Bank Anleihen aus Norwegen. Die Zinsen für diese Leihgaben von Ausländern gehen logischerweise dann ebenfalls ins Ausland. Zinsen, die der deutsche Staat an deutsche Bürger oder Unternehmen zahlt, bleiben mit etwas Glück im Land und sorgen vielleicht dafür, dass die Firmen wachsen oder Privatleute sich mehr kaufen. Zinsen, die ins Ausland gehen, nützen dort, aber nicht hier.

Bei der Frage, wie nützlich Staatsverschuldung ist, wird oft der Brite John Maynard Keynes (1883–1946) ins Feld geführt, der davon ausging, je mehr investiert würde, desto mehr Gewinn würde am Ende herauskommen. Denn von dem geliehenen Geld baut der Staat vielleicht Straßen oder Krankenhäuser. Er beschäftigt und bezahlt also auch Arbeiter. Und das, was gebaut wird, nützt dann allen, und so können die Menschen mehr verdienen und schließlich mehr Steuern zahlen, mit denen schließlich die Schulden beglichen werden. Dumm nur, dass Politiker durchgängig lieber Geld ausgeben als sparen. Das hatte Keynes sich nicht so vorgestellt. Er war nämlich dafür, dass in den Zeiten, in denen die Wirtschaft gut läuft und der Staat viele Steuern einnimmt, gespart wird für die schlechten Zeiten. Nur in den schlechten Zeiten sollte der Staat Geld in die Wirtschaft pumpen und dafür notfalls Schulden machen. Die Konjunkturzyklen von schlechten und guten Zeiten wechseln sich in der Wirtschaft ja meistens ab, fast wie die Jahreszeiten.

Geld ausgeben, um die Wirtschaft anzukurbeln – klappt das?

In der Flaute, so Keynes, steuert der Staat gegen und gibt mehr Geld aus, und wenn die Konjunktur wieder brummt, hält er sich mit den Ausgaben zurück. So kam es dann aber nicht. Wie so oft bei schönen Theorien: In der Praxis werden sie über Bord geworfen beziehungsweise nur zum Teil angewandt. Wenn die Konjunktur brummte wurde weiterhin viel ausgegeben. Und der Ruf, »Wir müssen jetzt dringend den Haushalt konsolidieren« (also Sparen) erschallt meist genau dann, wenn die Zeit zum Sparen ungünstig ist, weil die Wirtschaft Unterstützung gut gebrauchen könnte und ein Staat, der genau dann seine Ausgaben zurückschraubt, die Wirtschaft womöglich noch mehr in die Rezession treibt. Dennoch ist der »Keynesianismus« auch heute unter Fachleuten durchaus beliebt. Gerade in der aktuellen europäischen Schuldenkrise warnen viele Ökonomen davor, dass die Krisenländer sich noch mehr »kaputtsparen«. Andere warnen davor, dass man Feuer nicht mit Feuer bekämpfen sollte, nach dem Motto: »Die hohen Schulden haben uns in die Krise getrieben, also machen wir jetzt erst recht noch mehr davon.« Doch die Staatsschulden stehen eben nicht nur auf dem Papier. Sie haben wirtschaftliche Folgen, die jeder Bürger spürt. Wenn der Staat sich viel Geld leiht, dann steigt der Preis für Geld, also die Zinsen. Das merkt jeder Bürger, der zum Beispiel ein Haus bauen will und dafür einen Kredit braucht, und jeder Unternehmer, der eine neue Maschine kaufen will und sich dafür Geld leihen möchte. Eine hohe Staatsverschuldung kann also die Wirtschaft bremsen, anstatt sie anzukurbeln. Außerdem engt die Verschuldung die finanziellen Spielräume des Staates ein. Selbst wenn er die Schulden nicht tilgt – die Kreditzinsen muss er zahlen. Auch in Deutschland geht bereits ein hoher Teil der Haushaltsbudgets für den Schuldendienst drauf. Viele Milliarden, die man schön für anderes ausgeben könnte.

Ebenso umstritten wie das Schuldenmachen selbst ist der Nutzen einer »Inflation«, wenn also das Preisniveau insgesamt steigt. Viele Fachleute halten eine leichte Inflation von 1 bis 3 Prozent für ganz gut – die Waren werden ein wenig teurer, dadurch verdienen die Händler ein wenig mehr, sodass sie wiederum ihren Mitarbeitern ein bisschen mehr bezahlen können – und nach einem Jahr geht alles wieder von vorne los. Mit ein bisschen Inflation seien die Bürger auch eher motiviert, ihr Geld auszugeben und die Wirtschaft zu beleben, statt es aufs Sparbuch zu legen, wo es bei Inflation ständig an Wert verliert. (Inflation heißt ja Geldentwertung: Man bekommt weniger für den gleichen Betrag. Für Sparer ist es ein schlechtes Geschäft, wenn die Inflation die Zinsen auffrisst.) Steigt die Inflation aber über 3 Prozent, gilt das unter Ökonomen als riskant, die Wirtschaft »überhitze« dann, die Löhne halten mit den Preissteigerungen nicht mehr mit, die Sparer werden zu sehr geschädigt, und die ganze schöne Idee, die Wirtschaft zu beleben, funktioniert nicht mehr. Die Zahl »Drei« gilt unter Volkswirten übrigens als magisch: 3 Prozent

Wachstum, 3 Prozent Inflation und 3 Prozent Arbeitslosigkeit seien Richtwerte für eine Wirtschaft, die sich im Gleichgewicht befindet, also stabil ist. Man spricht hier vom »magischen Dreieck«. Letztlich ist das aber auch nur eine Theorie unter vielen.

Könnte Deutschland pleitegehen?

Offiziell begrenzt wird das Schuldenmachen bei uns durch verschiedene deutsche Gesetze (»Schuldenbremse«) und durch die Regeln der Euro-Länder. Jedes Jahr muss in Deutschland ein neuer Finanzhaushalt aufgestellt werden, bei dem Einnahmen und Ausgaben gegenübergestellt werden. Das »Haushaltsdefizit«, also das Geld, das im laufenden Jahr fehlt, darf nach europäischer Vorgabe nicht höher sein als 3 Prozent des »Bruttoinlandsproduktes« (das ist der Wert aller in einem Jahr im Inland produzierten Güter und Dienstleistungen, abgekürzt BIP). Zugleich darf die Gesamtverschuldung nicht höher sein als 60 Prozent dieses Bruttoinlandsproduktes. Das sind die sogenannten Maastricht-Kriterien (bei einem Gipfeltreffen im holländischen Maastricht wurden sie 1992 beschlossen).

Das klingt alles gut. Nur gibt es reichlich Möglichkeiten, sich die ganze Sache schönzurechnen. Tatsächlich liegen die Schulden nämlich aufgrund aller möglichen Rechen- und Buchhaltungstricks eher bei 80 Prozent des BIP. Deswegen sind diese Vorschriften zwar eine Bremse, aber kein unüberwindliches Hindernis. Und so ist es auch zu erklären, dass Länder wie Griechenland, Italien oder Zypern jahrelang offiziell die Euro-Kriterien erfüllt haben. Und wenn es ganz dicke kommt, kann man sich ja auch über die Schuldengrenzen hinwegsetzen. Deutschland war 2002 eines der ersten Länder, das die neuen europäischen Defizitkriterien nicht einhielt und die Mahnungen aus Brüssel kühl lächelnd ignorierte. Spätestens da war klar, dass das mit den Verschuldungsverboten in Europa ganz so ernst nicht gemeint sein kann, Staaten zumindest nicht ernsthaft von anderen Staaten bestraft werden, wenn sie sich nicht an die Regeln halten. Damals schien das kein großes Problem zu sein, ein paar Jahre später hielt Deutschland die Kriterien ja auch wieder ein. Inzwischen haben wir in Europa allerdings eine dramatische Verschuldung mit gefährlichen Konsequenzen.

Übrigens haben fast alle Länder der Welt hohe Schulden. Die Entwicklungsländer in Afrika sowieso, aber auch die sogenannten Industrienationen wie Japan und die USA (jeweils um 10 Billiarden Euro), oder eben Deutschland. Aber die Zinsen zahlen sie immerhin sehr zuverlässig. Deshalb haben kein Staat und keine Bank ein Interesse daran, knallhart das geliehene Geld zurückzufordern. Denn wenn der erste Staat zugibt, eigentlich pleite zu sein, geraten auch die anderen ins Wanken, wie Dominosteine oder ein Kartenhaus. Vorerst scheint es besser, weiter voneinander Zinsen zu kassieren und zu hoffen, dass es irgendwie schon gut ausgehen wird.

Wenn Staaten allerdings so heftig verschuldet sind wie einige Euro- und viele Dritte-Welt-Länder, gelten sie als Risiko-Schuldner, sodass ihnen kaum noch einer Geld leihen will. Zumindest müssen sie dafür horrend hohe Zinsen zahlen. Das tun sie auch, denn sie brauchen das Geld, um überhaupt zahlungsfähig zu bleiben, also zum Beispiel wenigstens Polizei und Armee zu bezahlen. Doch vor lauter Schulden und Zinszahlungen bleibt ihnen überhaupt kein Spielraum mehr, Geld für anderes auszugeben. Hoffnungslos überschuldet zu sein, ist daher auch für Staaten keine gute Sache. Deswegen waren in den vergangenen Jahren alle so bemüht, Griechenland, Irland, Portugal, Spanien und Italien finanziell zu stabilisieren – koste es (fast), was es wolle. Denn die Kosten und Gefahren, die eine Staatspleite in der Europäischen Union oder der Euro-Zone mit sich brächte, sind zumindest beängstigend unbekannt. Also lieber noch ein bisschen dafür zahlen, dass alles so bleibt, wie es ist, als zu riskieren, dass es irgendwie, abrupt und unplanbar, anders wird.

Im Rahmen dieser hitzigen Diskussionen tauchte immer wieder die Behauptung auf, selbst Deutschland könnte über kurz oder lang pleitegehen. Und so abwegig ist der Gedanke nicht. Ein überschuldeter Staat kann sich vielleicht ein wenig länger durchmogeln als ein überschuldeter Privathaushalt – aber ewig geht das nicht. Die Bundesregierung hat während der in den USA ausgelösten Weltfinanzkrise im Herbst 2008 eine Garantie gegeben für die rund 1,6 Billionen Euro, die deutsche Sparer bei Banken liegen haben. Frau Merkel und der damalige Finanzminister Steinbrück traten vor die Presse und hielten gewissermaßen eine beruhigende Rede an die Nation. Tenor: »Macht euch keine Sorgen, wir haften, wenn alle Stricke reißen. Also werdet jetzt bloß nicht hysterisch und rennt zu euren Banken.« Das war die implizite Botschaft. Hat auch gewirkt, die deutschen Sparer behielten die Nerven. Aber die Summe, die insgesamt garantiert wurde, war unvorstellbar hoch! Seitdem sind diese Summen noch weiter gestiegen, weil andauernd irgendwas garantiert (= stabilisiert) werden soll und nicht mehr nur die deutschen Sparer beruhigt werden müssen.

Zwar sind es eben nur Garantien, die erst mal nichts kosten, aber was passiert, wenn der Staat das Geld tatsächlich auszahlen müsste – würde Deutschland dann pleitegehen? Man kann sich jedenfalls schlecht vorstellen, wie diese Summen tatsächlich garantiert (= gezahlt) werden sollten, wenn es zum Äußersten käme.

Im schlimmsten Fall hilft nur der radikale Neuanfang

Und Staatspleiten sind ja durchaus nicht nur ein theoretisches Gespenst. Es gab sie immer wieder. Ein Staat verschwindet zwar nicht wie eine Firma, die schließen muss, wenn sie bankrott ist. Aber auch ein Staat kann pleite sein, selbst wenn er weiterexistiert. Wie kommt es zur Pleite? Zunächst kann jeder Staat ziemlich viele Schulden machen. Doch selbst damit ist irgendwann Schluss – nur eben meist zu spät. Dann spricht sich international herum, dass man diesem Staat besser kein Geld mehr gibt, weil man es vermutlich nie wiedersieht, und auch die Zinsen nicht mehr gezahlt werden. Die sogenannten Rating-Agenturen tragen dazu ihren Teil bei.

Man hielt das ursprünglich für eine tolle Idee, einige internationale Agenturen zu haben, die Staatspapiere neutral bewerten und Anlegern damit helfen zu entscheiden, ob sie lieber diesem oder jenem Staat Geld leihen. Inzwischen gibt es aber nicht nur berechtigte Zweifel daran, wie neutral diese Agenturen tatsächlich sind und wie sinnvoll ihre Kriterien. Noch problematischer ist, dass eine Handvoll Agenturen und ihre Mitarbeiter über das Schicksal ganzer Staaten und damit von Millionen Menschen entscheiden können. Ein schlechtes Ranking kann die Abwärtsspirale nämlich enorm beschleunigen. Wenn ein Staat als derart pleitegefährdet gilt, dass ihm niemand mehr Geld leihen will, dann ist er nämlich ziemlich schnell tatsächlich endgültig pleite. Er kann seine Beamten nicht mehr bezahlen, die städtischen Krankenhäuser haben kein Geld mehr für Medikamente und Ärzte, die Müllabfuhr kommt nicht mehr, die Kanalisation wird nicht mehr repariert usw.

In seiner Not kann der Staat in dieser Situation nur noch selbst Geld drucken, doch dafür bekommt er zum Beispiel keine Waren aus dem Ausland, weil niemand mehr die Währung dieses Staates akzeptiert. Keiner glaubt mehr daran, dass dieser Staat noch aus den Miesen kommt. Argentinien ging das 2001 so, es erklärte sich bankrott und stellte alle Zahlungen an ausländische Gläubiger ein. Auch Deutschland war schon mal pleite, nämlich nach dem Ersten Weltkrieg, 1923, und dann gleich noch mal nach dem Zweiten Weltkrieg, 1948. Im Zweifelsfall hilft in dieser Lage nur noch ein radikaler Neuanfang mit neuer Währung, neuer Regierung, internationalem Entschuldungsprogramm. Bis sich der Staat erholt, vergehen viele Jahre, die für die Bürger nicht angenehm sind. Viele Menschen verlieren ihr Vermögen, das sie über Jahrzehnte angespart haben, viele verarmen.

Dass Deutschland in absehbarer Zeit ein drittes Mal pleitegeht, ist aber höchst unwahrscheinlich. Dafür sind wir heute zu reich – und es gibt auch keinen Krieg, der uns ruinieren könnte. Aber es wäre natürlich denkbar, dass der Euro ins Schlingern kommt und auch die Deutschen darunter leiden. Das versucht die Regierung zu vermeiden, notfalls auch, indem sie noch mehr Geld ausgibt, das sie eigentlich nicht hat.

Im Namen des Volkes: Politiker, Richter, Beamte

Über allen steht das Gesetz. Denn selbstverständlich müssen sich Politiker an Gesetze halten – und Richter ebenfalls. Damit die Arbeit im Parlament aber nicht andauernd böswillig durch unrichtige Strafanzeigen unterbrochen werden kann, gibt es für Abgeordnete die »politische Immunität«. Das heißt: Parlamentsmitglieder dürfen nicht während ihrer politischen Tätigkeit verhaftet werden. Damit soll verhindert werden, dass politische Gegner eine Partei im Parlament arbeitsunfähig machen, indem sie munter Strafanzeigen gegen deren Abgeordneten stellen. Die wären dann nur noch mit der Polizei beschäftigt und nicht mehr mit der Politik.

Das heißt aber nicht, dass Abgeordnete deshalb tun und lassen dürfen, was sie wollen. Sie müssen sich sehr wohl an alle Gesetze halten – sonst kann die Immunität aufgehoben werden, was im Falle strafbarer Handlungen beziehungsweise einem entsprechenden Verdacht auch schon vorgekommen ist. Die Immunität ist nur ein Schutz vor politisch motivierten Anzeigen.

Ausländische Regierungschefs und Diplomaten genießen diese Immunität ebenfalls, aber auch sie können für Fehlverhalten sehr wohl zur Verantwortung gezogen werden. Es ist schwieriger und dauert länger, geht aber. (Na ja, theoretisch jedenfalls. Faktisch sieht man in Berlin die schwarzen Limousinen der ausländischen Botschaften überall fröhlich im Halteverbot stehen.) Auch für Richter gibt es keine Sonderregelungen. Vor dem Gesetz stehen sie da wie jeder andere Bürger.

Trotzdem gibt es Richter, die Gesetze für ungültig erklären können: beim Verfassungsgericht. Ihre Aufgabe besteht darin, festzustellen, ob eine einzelne Vorschrift oder ein Gesetz in der vorliegenden Form zulässig ist. Allerdings erlässt das Verfassungsgericht im Falle eines negativen Urteils kein neues Gesetz, sondern sagt nur, dass dies oder jenes so nicht geht, und fordert die Politiker auf, es bitte schön besser hinzukriegen. Danach machen sich die Ausschüsse und Abgeordneten wieder brav an die Arbeit.

Wer hat also letztlich mehr zu sagen, Richter oder Politiker? Eindeutig die Politiker. Denn nur sie haben das Recht, Gesetze zu gestalten. Richter müssen im Sinne dieser Gesetze richten, ob das nun mit ihren persönlichen Wertvorstellungen übereinstimmt oder nicht. Und selbst Verfassungsrichter erteilen der Politik bestenfalls detaillierte Ratschläge, wie sie dafür sorgen können, dass das fragliche Gesetz verfassungsmäßig wird. Solche Entscheidungen kommen immer häufiger vor. Doch daran ist die Politik im Wesentlichen selbst schuld: Nur zu gerne verweist sie aufs Bundesverfassungsgericht, um zu begründen, warum dies nicht geht oder jenes gemacht werden muss.

In Deutschland gibt es eine Menge verschiedener Gerichte: Arbeitsgerichte, Finanzgerichte, Amtsgerichte, Sozialgerichte, Verwaltungsgerichte und Verfassungsgerichte. Die meisten Streitigkeiten kann man bei einem Gericht in der unmittelbaren Umgebung klären lassen. Wenn einer der beiden Prozessgegner mit dem Urteil nicht einverstanden ist, kann normalerweise Beschwerde eingelegt und die ganze Sache bei einem höherrangigen Gericht noch mal überprüft werden. Gerichte für verschiedene Themenbereiche gibt es natürlich vor allem deshalb, weil die Leute, die dort arbeiten, sich spezialisieren können und bis in komplexe Einzelaspekte etwas von ihrem Fachgebiet verstehen. Außerdem müssen die Gerichte unabhängig sein. Richter können nicht versetzt oder entlassen werden, nur weil jemandem ihre Arbeitsweise nicht passt. Anders als hohe Mitarbeiter in Ministerien verlieren selbst wichtige Richter deshalb ihren Posten nicht nach einer Bundestagswahl. Allerdings wird bei der Besetzung bestimmter Posten, zum Beispiel beim Bundesverfassungsgericht, darauf geachtet, dass an einem Gericht alle politischen Parteien vertreten sind. Insofern mischen sich die Parteien in die Besetzung von Richterämtern ein, obwohl die Judikative eigentlich vollkommen unabhängig sein soll.

Bis in die sechziger Jahre hinein waren alle Richter Beamte, ebenso wie Lehrer oder Polizisten. Auch Mitarbeiter von Staatsfirmen wie Post, Bahn, Telekom hatten früher Beamtenstatus. Heute gilt das nur noch für Leute mit »hoheitlichen Aufgaben«: Immer wenn der Staat als Staat auftritt und zum Beispiel Zoll oder Steuern kassieren will. Beamte sind unkündbar und müssen daher weder Bürger noch Vorgesetzte fürchten. Nachteil: Beamte sind auch dann unkündbar, wenn sie schlechte Arbeit leisten. Bei unmotivierten Lehrern zum Beispiel ein großes Problem. Beamte bekommen ein niedrigeres Gehalt als in einer vergleichbaren Position in einem privatwirtschaftlichen Unternehmen, aber ihr Arbeitsplatz ist sicher. Dafür müssen sie sich ihrem Dienstherrn gegenüber loyal verhalten, beispielsweise haben Beamte kein Streikrecht. Der Staat soll sich auf sie verlassen können, als Gegenleistung für diese Verlässlichkeit werden sie besonders geschützt.

Die große Regelwut: von Beschattungsabgabe bis Kloschüsselvorschrift

Gesetze, Gesetzeshüter und Gesetzeswächter sind natürlich wichtig, klar. Man braucht Regeln und Leute, die darauf achten, dass sie eingehalten werden. Aber müssen es so viele sein? In Deutschland gibt es eine regelrechte Regelwut. Regeln definieren die Maße für Treppenstufen und klären, unter welchen Bedingungen man eine offene Garage auf das eigene Grundstück bauen darf. Lustigerweise steht ausgerechnet im Wohnungsbau*erleichterungs*gesetz, welche Bestimmungen man dabei einzuhalten hat – und die sind von Bundesland zu Bundesland unterschiedlich. Mal muss man die Aufstellung der Open-Air-Garage nur melden, anderswo sind Unterlagen in dreifacher Ausfertigung nötig, und dazu eine Erklärung, warum nicht gleich noch eine Feuerschutzmauer errichtet wird.

Arbeits- und Mietverträge sind weitgehend vorgegeben, für Heizungen und Motoren gelten immer schärfere Bestimmungen, im Gaststättengesetz steht, was in Kneipen und Restaurants erlaubt ist, und wer jemals versucht hat, mit einer privaten Elterninitiative eine kleine Kita zu gründen, muss feststellen, dass man mit dem Projekt schon bei der Anbringung der Toiletten scheitern kann, weil der seitliche Abstand zwischen Kloschüssel und Wand nicht der gesetzlichen Norm entspricht. Für Markisen an Läden ist in Bayern eine »Beschattungsabgabe« fällig, weil öffentlicher Luftraum genutzt wird. Karotten sind laut EU kein Gemüse, sondern Obst, denn in manchen Ländern wird Marmelade mit Karottenstücken produziert. Und ein Amtsgericht hielt »lautes Stöhnen beim Sexualverkehr und dabei ausgestoßene Yippie-Rufe« zwischen 22 Uhr abends und 6 Uhr früh für »eine unzumutbare Belästigung der Nachbarn«.

Von manchen Regeln profitieren alle oder zumindest die meisten. Andere sind einfach nur absurd und lächerlich. Politologen und Ökonomen verweisen allerdings darauf, dass die Hauptursache für die Vorschriftenflut wir selbst sind. Weil wir ständig nach schärferen Gesetzen verlangen, wenn irgendwo ein Unfall passiert, ein Hund beißt, ein Baum stirbt oder vielleicht nur jemand übers Ohr gehauen wurde. Dabei sind wir Bürger durchaus inkonsequent. Tempo 30 hat jeder gern in seiner eigenen Straße, aber kaum einer hält sich gerne in anderen Straßen daran. Weil jeder von uns bestimmte Verbote gut findet und es für Politiker relativ leicht und kostengünstig ist, Verbote zu erlassen, gibt es am Ende immer mehr davon. Abgeschafft wird selten eines. Vor Kurzem wurde mal ein europaweites Gurkenkrümmungsgesetz außer Kraft gesetzt – das war ein großes Thema in allen Zeitungen, weil es einen solchen Seltenheitswert hat, dass eine Regel wieder abgeschafft wird! Die Gurkenkrümmungsnorm war allerdings auch über Jahre hinweg das Lieblingsbeispiel für absurde Regeln aus Europa. Man war's in Brüssel wohl leid, damit lächerlich gemacht zu werden.

Eines sollte man bei allem Frust über die Regelwut aber nicht vergessen: In anderen Ländern, zum Beispiel in den USA, gibt es zwar einerseits sehr viel weniger Vorschriften. Man kann dort ohne vergleichbar aufwendige Genehmigungen alle möglichen Geschäfte aufmachen. Aber wenn etwas schiefgeht, können Ex-Kunden tolle Klagen einreichen und vielleicht sogar Millionen kassieren. Deswegen steht auf amerikanischen Kaffeebechern »Caution: hot / Vorsicht: heiß«. Oder auf Mikrowellen-Geräten: »Vorsicht! Nicht zum Trocknen von Haustieren geeignet.« Ernsthaft! Das alles nur, um sich rechtlich abzusichern. Denn sonst steckt jemand seine nasse Katze in die Mikrowelle und verlangt anschließend Schmerzensgeld für den Verlust. Sicher ist hier in Deutschland vieles überregelt. Aber wenn die größere Freiheit dazu führt, dass vor allen möglichen und unmöglichen Dingen gewarnt werden muss, ist das auch Unfug. Es gibt zwar weniger Regeln, dafür höheren Verbraucherschutz, um fahrlässig arbeitende Unternehmen abzuschrecken. Letztlich kommt es am Ende fast auf das Gleiche heraus.

Warum aber sind nun zum Beispiel die Mieten gesetzlich geregelt? Mieten dürfen ja nicht unbegrenzt erhöht werden, und man darf nicht mir nichts dir nichts, aus der Wohnung geworfen werden. Der Grund: Bleibt jemand irgendwo lange wohnen, soll er als Mieter eine gewisse Verlässlichkeit in Bezug auf seine Kosten haben. Der Vermieter kann nicht einfach ankommen und sagen: »Zahl mir 500 im Monat mehr, oder du fliegst morgen raus.« Ein Dach über dem Kopf ist ein Grundbedürfnis und jeder Umzug aufwändig und teuer, deshalb sollen Menschen in diesem Bereich besonders geschützt werden. Aber auch der Vermieter soll gewisse Sicherheiten haben. Wenn die Wohnung leer steht, hat er laufende Kosten, aber keine Einnahmen. Deshalb gelten auch für den Mieter Kündigungsfristen, damit der Hausbesitzer die Chance hat, bis zum Auszug neue Mieter zu finden. Mehr Sicherheit, aber weniger Freiheit – auf diese Abwägung läuft es am Ende immer wieder hinaus. Beim Mietrecht zeigt sich aber auch, dass man dessen Regeln gut unterlaufen kann. Investoren haben sich als ziemlich geschickt erwiesen, Altmieter rauszuekeln, um danach endlich abreißen oder sanieren und danach viel teurer neu vermieten zu können. Denn bei Neumieten gilt die alte Begrenzung nicht mehr, und auch Sanierungskosten können auf die Miete umgelegt werden, mit teils horrenden Folgekosten für die Altmieter, die meist spätestens dann ausziehen müssen. Würde man die Möglichkeit zu Mieterhöhungen allerdings generell rigoros klein halten, wäre der Anreiz, neue Häuser zu bauen oder vergammelte zu sanieren, auch geringer. Auch hier muss der Staat abwägen.

Wie viel Markt, wie viel Staat?

Der Staat soll den Verbraucher aber nicht nur direkt schützen, durch entsprechende Regeln, sondern auch dafür sorgen, dass der marktwirtschaftliche Wettbewerb nicht zulasten der Verbraucher »verzerrt« wird, wie Ökonomen sagen. Manchmal klappt das besser, manchmal schlechter. Bei Strom und Gas gibt es eine Handvoll großer Unternehmer, die maßgeblich die Preise bestimmen. Und die gehen immer weiter nach oben. Die Gewinne dieser Unternehmen ebenfalls ... Der Verdacht liegt nahe, dass es beim Gas ein »Oligopol« gibt. Dies gleicht einem Monopol, mit dem Unterschied, dass es nicht bloß einen Anbieter gibt, sondern mehrere große, die Deutschland quasi aufgeteilt haben, sich aber gegenseitig keine Konkurrenz machen und auf diese Weise die Preise hochhalten können. Deshalb guckt das in Bonn beheimatete Bundeskartellamt und europaweit die EU-Kommission als Wettbewerbshüter in solchen Fällen genau hin. Oft vermutet werden auch Preisabsprachen zwischen großen Firmen, die gern alle gut verdienen wollen. Das Kartellamt soll daher ermitteln: Kostet Milch bei

Aldi, Lidl und Netto ungefähr das Gleiche, weil die drei ähnlich kalkulieren – oder weil sie es verbotenerweise verabredet haben? Das Kartellamt muss zudem manche Firmenzusammenschlüsse genehmigen, damit nicht die beiden größten Player fusionieren und dann alle Konkurrenten plattmachen können. Wenn also aus Spar und Edeka eine Firma wird oder die Chemieriesen Bayer und Schering gemeinsame Sache machen, muss das vom Staat abgenickt werden Kartellämter gibt es in den meisten Ländern, aber auch international. So verpasste zum Beispiel die EU-Kommission der Softwarefirma Microsoft Bußgelder in Höhe von insgesamt 1,68 Milliarden Euro, weil sie ihre »marktbeherrschende Stellung« ausgenutzt hatte. Der Staat greift also ein, um den Markt zu schützen und damit die Konsumenten vor zu hohen Preisen zu bewahren.

Manche Regeln ergeben sich auch, weil bestimmte Leistungen ohnehin nur der Staat erbringen kann. Sinnvollerweise darf nur er Geld drucken, Pässe ausstellen, Wahlen durchführen, Gefängnisstrafen verhängen, Grenzen kontrollieren. Hätten wir drei konkurrierende Münzprägeanstalten, dann würden die so viel Euros herstellen, wie sie lustig sind, und für fünfzig Cent das Stück unters Volk werfen. Nur: Die Euros wären dann nicht mehr viel wert, weil jeder Berge davon hat.

Mit Pässen ist es ähnlich: Könnte jeder Schlüsseldienst auch Ausweise ausstellen, wären sie vielleicht bunt und schön, aber sicher nicht einheitlich und einigermaßen fälschungssicher. Mit der *Durchführung* solcher Aufgaben werden durchaus Privatfirmen beauftragt, aber Angebot und Nachfrage darf nicht der Markt regeln, sondern sie müssen gerecht kontrolliert werden. Der Drucker darf am Personalausweis verdienen, aber nicht derjenige, der ihn an die Bürger ausgibt – sonst wäre bald ein günstiger Dreierpack zum Sonderpreis im Angebot. Polizei, Ordnungsämter, Gerichte und Verwaltungsstellen werden also staatlich geführt, weil das für den Bürger und das Gemeinwesen sinnvoll ist und es hier nicht um Profit gehen kann.

Schulen und Universitäten wiederum sind Mischformen. Der Staat schreibt für alle den Lehrplan vor und betreibt viele Schulen auch selbst, aber es gibt auch Privatschulen, die den Eltern versprechen, dass die Kinder dort nicht nur das offiziell vorgeschriebene Pensum lernen, sondern noch viel mehr oder besser oder zumindest in schöneren Räumen. Außerdem gibt es staatliche Unternehmen, die das Gleiche anbieten wie private: Schwimmbäder, Museen, Theater. Bei privaten Betreibern rechnen diese sich oft nur mühsam, und der Staat will sicherstellen – auch um den Preis von Subventionen (also Zuschüssen) –, dass allen Bürgern ein solches Kultur- und Freizeitangebot offensteht und dass es halbwegs bezahlbar bleibt. Den Eintrittspreis in ein schlichtes städtisches Schwimmbad können sich eben mehr Menschen leisten als die Tageskarte im Superspaßbad mit Wellnesslandschaft und Riesenrutsche. Und mit städtischen Theatern und Opernhäusern soll die Kultur gefördert werden, weil man ahnt: Die Zahl der Bürger, die regelmäßig ins Theater gehen und dafür zahlen, ist überschaubar. Also werden Kultureinrichtungen subventioniert, um eine entsprechende kulturelle Vielfalt zu erhalten. Dagegen gibt es wenige Widerstände. Jeder Einzelne zahlt dafür ja nicht bewusst, die Kulturausgaben fließen aus dem allgemeinen Steuertopf, und im Prinzip finden die meisten Bürger Kultur wichtig, selbst wenn sie persönlich diese Angebote gar nicht nutzen. Würde hingegen von jedem Steuerzahler explizit eine Theatersteuer erhoben, bei der man genau sieht, wie viel man für sein städtisches Theater zuzahlt, wäre das eventuell anders.

Wie gut ist der Staat als Unternehmer?

Dass früher auch Telefonie, Elektrizität, Gas und Wasser fest in Staatshand waren, hatte zunächst praktische Gründe: Es sind Angebote, die für die Bürger lebensnotwendig sind (die sogenannte Daseinsvorsorge) – und ihre Erstellung ist immens teuer. Es lohnt sich nicht, Deutschland mit zwei parallelen Schienennetzen zu überziehen, damit darauf zwei konkurrierende Eisenbahnen fahren können. Und es ist auch nicht sinnvoll, in einem Wohngebiet vier Wasserleitungen und acht Stromleitungen von entsprechend vielen Versorgungsunternehmen zu legen. All diese Leitungen müssen aber erst mal gelegt werden. Für private Unternehmen wären solche riesigen Infrastrukturmaßnahmen zu teuer. Bis sich ein Schienennetz rechnet, vergehen Jahrzehnte. Deshalb hat man lange Zeit gedacht, es wäre am besten, wenn der Staat die »Infrastruktur« baut (also Gleise verlegt, Telefonleitungen zieht usw.) und die Nutzung auch gleich selbst verkauft. Das hat einen großen Vorteil: Mit diesem Staatsmonopol kam richtig Geld in die Kasse, weil es keinen Preiswettbewerb gab. Wer telefonieren wollte, musste bis 1998 dafür zahlen, was die Telekom eben haben wollte. Und wenn nicht genug Geld eingenommen wurde, war das auch egal, weil die Verluste mit Steuergeldern ausgeglichen wurden. Irgendwann ist man aber daraufgekommen, dass auf einem Schienennetz Züge verschiedener Anbieter fahren können, dass ein Telefonnetz von mehreren Telefonfirmen benutzt werden kann und dass sich auch mehrere Versorger eine Gasleitung teilen können. Die »Infrastruktur« gehört weiter dem (ehemaligen) Staatsunternehmen, muss aber gegen eine Nutzungsgebühr auch der Konkurrenz zur Verfügung gestellt werden.

Vor allem in den achtziger und neunziger Jahren gab es eine regelrechte Privatisierungswelle, und die großen Staatsunternehmen wurden zu Aktiengesellschaften. Der Staat blieb aber meist größter Aktionär.

Befürworter der Privatisierung führen dafür mehrere Argumente ins Feld:
- Man kann einen ganzen Bereich verkaufen beziehungsweise Teile an die Börse bringen (wie bei Telekom oder Bahn), so kommt Geld in die Staatskasse.
- Wird ein Unternehmen nach privatwirtschaftlichen Richtlinien geführt, arbeitet es mutmaßlich profitabler und marktwirtschaftlicher. Das kommt den Kunden zugute (mehr Service, niedrigere Preise), und es fließt auch Geld in die Staatskasse (als Dividenden).
- Veränderungen und Verbesserungen lassen sich leichter gegenüber der Belegschaft durchsetzen. Die Mitarbeiter sind ja keine unkündbaren Beamten mehr, sondern Angestellte.

Die Privatisierung oder der Betrieb mit nicht-verbeamteten Mitarbeitern bringt nach Ansicht der Kritiker aber auch Nachteile:
- In privatisierten Unternehmen können Mitarbeiter streiken. So legte zum Beispiel ein Streik der Sicherheitskontrolle im Früh-

jahr 2013 den Flughafen Hamburg lahm. Der Betreiber des Flughafens durfte keine Ersatzmitarbeiter anheuern, um den Betrieb aufrecht zu erhalten, weil die »Sicherheit« eine »hoheitliche Aufgabe« der Bundespolizei ist – die aber auf private Dienstleister übertragen wurde. Für die Mitarbeiter ist es gut, dass sie streiken können, wenn sie sich schlecht bezahlt fühlen. Für die Kunden hingegen ergeben sich damit neue Unsicherheiten, die sie früher nicht kannten.

- Die Mitarbeiter in privaten Unternehmen dürfen zwar streiken, aber sie können auch entlassen werden. Die Arbeitsplatzsicherheit in Staatsunternehmen ist größer.
- Die Ex-Staatsunternehmen neigen häufig dazu, ihre Monopolstellung auch nach der Privatisierung zu verteidigen. Der erwünschte Wettbewerb entsteht so nicht.
- Ein privatisiertes Unternehmen muss betriebswirtschaftlich rechnen, also Kosten sparen. Das spüren dann auch die Kunden. Zum Beispiel wenn Postfilialen wegrationalisiert werden.
- Auch im Nicht-Unternehmensbereich hat der Staat immer mehr Beamtenstellen abgeschafft. Viele Lehrer etwa sind heute nur noch Angestellte, zum Teil nur mit Zeitverträgen. Sie fühlen sich dann aber unsicherer. Ursprünglich sollten Lehrer und Professoren auch deshalb Beamte sein, um sich unkündbar unabhängig zu fühlen und dem Staat gegenüber entsprechend freier und kritisch auftreten zu können. Wer um seinen Job bangen muss, hat dem staatlichen Arbeitgeber gegenüber eine schwächere Position, hat vielleicht auch eher Angst, schlecht bewertet zu werden. Aus Sicht von Eltern oder Schülern kann das aber natürlich auch ein Vorteil sein! Der Lehrerberuf wird damit insgesamt aber nicht unbedingt attraktiver.

Es ist noch nicht lange her, da war der deutsche Staat ein Großunternehmer: Strom, Wasser, Gas, Telefon, Post, Bahn, Lufthansa – das alles gehörte Deutschland (also uns allen). Aber waren wir damit zufrieden? Nein! Überall saßen unkündbare Beamte, die gerne mal im Zeitlupentempo ihre Arbeit verrichteten – und denen es egal war, ob sie Geld verschwendeten. War ja nicht ihr eigenes. Und Konkurrenz, sagt man, belebt das Geschäft. Deshalb sollten die Monopole fallen, die Kunden sollten mehr Auswahl bekommen, die Preise sinken. Einiges davon ist wahr geworden, anderes aber nicht.

Speziell das Telefonieren ist tatsächlich viel, viel billiger geworden – die vielen Wettbewerber haben einen Preiskampf begonnen, in dem die T-Com (früher Teil der Deutschen Bundespost) mithalten musste. Der Preisverfall liegt natürlich auch an technischen Entwicklungen und daran, dass die Baukosten für das Telefonnetz mittlerweile eingespielt sind. Ein nationales Ferngespräch, für das man Ende der neunziger Jahre noch 60 Pfennig (etwa 30 Cent) pro Minute zahlen musste, kostet heute bestenfalls noch einen Cent. Auch kann sich heute praktisch jeder ein Handy leisten. Das war am Anfang anders, damals konnten sich nur reiche Leute Handys und Autotelefone leisten, weil sie so teuer waren. Als 1990 das sogenannte C-Netz eingeführt wurde, kostete ein »Handy« (das damals noch Koffergröße hatte) rund 10 000 D-Mark. Schon bemerkenswert, wie sich Technik und Preise in den letzten 20 Jahren verändert haben...

Für die privatisierten Unternehmen ergaben sich allerdings durchaus Probleme, die man so nicht vorausgesehen hat. Die Telekom etwa übernahm nicht nur zigtausende Beamte, die sie nicht einfach auf die Straße setzen konnte, sondern auch zahlreiche Pensionsverpflichtungen für die ehemals beim Staat angestellten Mitarbeiter. Bis heute kann sie außerdem die Löhne nicht ganz so brutal drücken oder unbegrenzt Leute entlassen wie rein private Unternehmen; das ist von ihrem Großaktionär, dem Staat, politisch nicht gewollt. Tut sie es teilweise trotzdem, sind die Widerstände größer als bei privaten Konkurrenten, die neu anfangen und von vornherein weniger und billigere Mitarbeiter einstellen.

Wer profitiert, leidet manchmal aber auch

Der neue Konkurrenzdruck hat aber auch für die Kunden durchaus Nachteile. Weil der Wettbewerb auf dem Telefonmarkt besonders hart ist, sparen zum Beispiel alle Anbieter einschließlich Telekom beim Service. Bei Störfällen wird man schon mal wochenlang erfolglos von Hotline zu Hotline weitergereicht und von wenig geschulten Call-Center-Mitarbeitern vertröstet. Anderes Beispiel: Auch die Privatisierung der Lufthansa hat die Preise sinken lassen, aber dafür gibt es jetzt bei Kurzstreckenflügen nichts mehr zu essen, und die Sitzabstände wurden verringert (um mehr Leute an Bord zu pressen). Damit kann man ja noch leben. Aber der Druck, billig zu sein, könnte in privatisierten Branchen auch dazu verleiten, dass wichtige Infrastruktur-Elemente nicht mehr gut genug gepflegt oder Sicherheitsstandards ignoriert werden, um Kosten zu sparen. Als im Münsterland Strommasten umknickten und es tagelang keinen Strom gab, hieß es, der Energiekonzern RWE habe Geld gespart, statt die Masten ordentlich zu warten. RWE bestritt die Vorwürfe allerdings – die Masten seien wegen extremer Schneefälle umgeknickt; das wäre Pech gewesen und hätte auch einem Staatsunternehmen passieren können.

In manchen Bereichen – Bahn, Gasversorgung – ist es auch ziemlich schwierig, neue Firmen zu etablieren, also Wettbewerb herzustellen, weil das Geschäft finanziell so riskant ist. Also musste der Staat seinen neuen Konkurrenten auch noch Geld dazugeben, damit der Wettbewerb überhaupt erst mal in Gang kam. Den Strommarkt beherrschen immer noch einige wenige Großkonzerne, die sich die Regionen aufteilen (Vattenfall im Nordosten, EnBW im Süden etc.) Inzwischen sind zwar sehr viele kleinere Konkurrenten entstanden, aber sie haben mit Widrigkeiten zu kämpfen. Vielen Kunden ist es zu mühsam, wegen ein paar Euro zu wechseln, und immer wieder gehen solche Stromversorger plötzlich pleite, weil sie versucht haben, zu billig zu sein. Diese Unsicherheit bei unbekannten Stromanbietern wiederum macht den Kunden noch weniger Lust auf Wechsel.

Gegebenenfalls muss der Staat auch Vorschriften erlassen, damit die Kunden nach wie vor versorgt sind. Da sich zum Beispiel wegen der weiten Wege mit der Postzustellung auf dem platten Land absolut nichts verdienen lässt, mussten die neuen Postdienstleister gesetzlich verpflichtet werden, dort zum gleichen Kurs wie überall sonst auszutragen. So dürfen seit einiger Zeit auch Konkurrenten der Post Pakete und Päckchen zustellen. Und dennoch herrscht kein fairer Wettbewerb. Denn die Post nimmt keine Mehrwertsteuer, die Konkurrenten müssen das aber. Das bedeutet: Kassiert die Post einen Euro, kann sie den ganzen Euro behalten. Hermes, UPS und die Kurierdienste müssen von dem Euro gleich 19 Cent Mehrwertsteuer ans Finanzamt zahlen; es bleiben ihnen also nur 81 Cent für die gleiche Leistung. Sie müssen daher viel knapper kalkulieren (oder machen weniger Gewinn), wenn sie zum gleichen Preis anbieten wollen wie die Post. Und um Kunden von der Post wegzulocken, müssen sie sogar noch versuchen, billiger zu sein. Aber auch die Post und ihre Tochterfirma DHL stehen unter höherem Kostendruck. Früher kannte man seinen Boten noch persönlich, der im Traum nicht auf die Idee gekommen wäre, ein Päckchen einfach in den Hausflur zu knallen, statt in den 5. Stock zu steigen. Wenn die Boten heute manchmal weniger einsatzfreudig sind, kann man ihnen das aber nur schwer zum Vorwurf machen, denn sie stehen inzwischen unter einem ungeheuren Zeitdruck. Eigentlich erstaunlich, dass es trotzdem noch so viele Austräger gibt, die sich Mühe geben und die Nachbarn abklingeln, angesichts der Minilöhne, die sie erhalten.

Privatunternehmen müssen Produkte anbieten, die möglichst viele Leute zu diesem Preis auch wollen. Und der Kunde ist nun mal meist geizig. Bei den Managern großer Aktiengesellschaften kommt noch etwas hinzu: Sie bekommen Sonderzahlungen, wenn der Börsenkurs des Unternehmens steigt. Der Börsenkurs steigt aber nicht, weil ein Unternehmen neue Arbeitsplätze geschaffen oder die alten erhalten hat. Sondern wenn es seinen Gewinn erhöht. Und Gewinn erhöht man, indem man mehr verkauft oder die Kosten senkt. Am besten beides. Und Kosten kann man sparen, indem man Löhne drückt und Leute entlässt.

Andererseits: Wenn der Börsenkurs steigt, freut das wiederum alle, die Aktien haben. Also zum Beispiel auch Arbeitnehmer, die in eine Lebensversicherung einzahlen (die nämlich das Geld in Aktien anlegt). Insofern ist es schwierig, genau zu sagen, wo man selbst eigentlich steht und wovon man profitiert oder nicht.

Sollten wir uns Staatsunternehmen also wirklich zurückwünschen? In vielen Bereichen eher nicht. Denn Staatsunternehmen können ohne Konkurrenz gemütlich vor sich hin werkeln, und das ist im Zeitalter der Europäischen Union und des globalen Wettbewerbs kaum noch möglich. Wir müssten die Grenzen dichtmachen, um nur einen Anbieter zuzulassen und zu schützen. Das hat man in der DDR versucht – mit dem Ergebnis, dass in der DDR wahrscheinlich bis heute nur der Staatsratsvorsitzende ein Handy hätte.

Ist der Staat also ein schlechter Unternehmer? Meistens ja, weil ihm Konkurrenz und Gewinnstreben fehlen. Staatsunternehmen sind auch nur selten innovativ. Die Bereiche, die privatwirtschaftlich funktionieren, in denen man richtig Geld verdienen kann und Wettbewerb entsteht, sollten besser nicht in öffentlicher Hand sein, denn sonst zahlen die Kunden meist mehr, als sie müssten. Aber ein Naturgesetz ist das auch nicht. Auch schwant manchen Kommunen mittlerweile, dass sie ihr »Tafelsilber verscherbelt haben«, wie es so schön heißt, also lukrative Wirtschaftsbereiche aus der Hand gegeben haben, um einmalig Einnahmen durch den Verkaufserlös zu erzielen, die aber auch schnell ausgegeben waren. So manche Stadt wünschte sich, sie hätte noch die Einnahmen aus öffentlichen Unternehmen, zum Beispiel aus Stromwerken, die verkauft wurden, ohne dass danach tatsächlich Wettbewerb entstand und die Bürger wie gehofft von niedrigeren Preisen profitierten. Außerdem wäre unser Alltag ganz ohne Staatsunternehmen ärmer (weniger Parks, Opernhäuser, Bibliotheken). Und zu guter Letzt will der Staat in manchen Bereichen sicher sein, dass man nicht zu abhängig vom Ausland wird. Man muss Unternehmen dafür nicht verstaatlichen, aber die Politik kann darauf achten, dass Konzerne in bedeutsamen Industriebereichen wie Telekommunikation, Banken, Logistik, Post und Energie nicht zum Beispiel komplett von chinesischen Staatsfonds aufgekauft werden. Bei manchen Bereichen der öffentlichen Daseinsvorsorge, zum Beispiel beim Trinkwasser, ist noch lange nicht ausgemacht, dass private Unternehmen damit verantwortungsvoller und zuverlässiger umgehen als staatliche. Auch deshalb gibt es in der öffentlichen Diskussion inzwischen einen Trend, der sich von der Privatisierungsbegeisterung der achtziger und neunziger Jahre wieder abwendet.

Warum müssen sich Politiker anständiger verhalten als ihre Wähler?

Wer glaubt, zu wissen, was richtig für andere ist, muss natürlich mit gutem Beispiel vorangehen. Deshalb liegt die moralische Messlatte für Politiker – aber zum Beispiel auch für Lehrer und Pfarrer – höher.

Darüber stolpern sie immer wieder, von bizarren Entgleisungen über finanzielle Unsauberkeiten bis zu abgeschriebenen Doktorarbeiten oder gar öffentlichen Lügen.

Jeder muss sich an dem messen lassen, was er selbst predigt. Und speziell Politiker dürfen sich im Zeitalter von »Bürgerreportern« und YouTube-Videos keinen Moment der Schwäche oder Unaufmerksamkeit mehr leisten. Das gilt in dieser Intensität sicher nur noch für Showstars: Kaum steigt ein Filmsternchen ohne Unterhose aus dem Auto, geht das entsprechende Foto schon um die Welt. Mit dem Unterschied, dass sie genau das wollen, sonst würden sie ja ihre Slips nicht im Schrank liegen lassen. Politiker wollen auch, dass ständig viel über sie berichtet wird. Der Schuss kann manchmal allerdings schwer nach hinten losgehen.

2001 hatte der damalige Verteidigungsminister Rudolf Scharping (SPD) mit seiner neuen Freundin im Swimmingpool auf Mallorca für Fotografen posiert (Schlagzeile: »Minister total verliebt«) – während Bundeswehrsoldaten kurz davor standen, in einen gefährlichen Einsatz auf den Balkan (Mazedonien) geschickt zu werden. Das war schlechter Stil, fand auch seine Partei. Scharping ging dann sehr schnell auch politisch baden. Sein Verhalten war ungeschickt und unsensibel – es war aber wenigstens nicht heuchlerisch. Eine falsche Fassade ist bei einem Politiker noch viel schlimmer: »Wasser predigen, aber Wein trinken.« Etwa wenn ein stramm konservativer, katholischer Politiker gegen Frauen wettert, die abtreiben, weil er strikter Abtreibungsgegner ist – dann aber seine heimliche Geliebte dazu drängt, das gemeinsam gezeugte Kind abzutreiben, damit er keinen Ärger bekommt. Das ist ein besonders krasses (fiktives) Beispiel.

Es kam aber auch nicht gut an, dass der CSU-Politiker Horst Seehofer sich in Zeitschriften gerne mit seiner Ehefrau und den gemeinsamen Kindern fotografieren ließ und öffentlich betonte, wie wichtig traditionelle Familienwerte für ihn sind. Und dann stellte sich heraus, dass er heimlich seit Jahren eine Geliebte in Berlin hat, die nun ein Kind von ihm bekam. Dass sich ein Mensch neu verliebt, ist dabei nicht das Problem. Das Problem ist, dass man an dem gemessen wird, was man öffentlich vertritt. Deshalb wiegen solche Fehltritte bei konservativen Politikern schwerer. Auch da haben sich die

Zeiten allerdings geändert. Horst Seehofers Karriere ging weiter. Er wurde danach sogar bayerischer Ministerpräsident. Das war früher noch anders. 1993 musste der damalige Bundesfinanzminister Theo Waigel seine Ambitionen auf das Amt des Ministerpräsidenten aufgeben, weil bekannt wurde, dass er eine außereheliche Liebesbeziehung zu der prominenten Skiläuferin Irene Epple hatte. Ein »Ehebrecher« war in Bayern damals noch nicht vermittelbar. Und natürlich war es kein Zufall, dass die Geschichte gerade zu dem Zeitpunkt öffentlich wurde, als es parteiinterne Konkurrenz um das Amt gab. Dass Waigel Frau Epple liebte, wusste man inoffiziell schon seit Jahren. Insofern wurde Waigel da von den eigenen Leuten auch übel mitgespielt.

Skandale müssen nicht das Ende sein

In den rot-grünen Regierungsjahren hat sich aber auch in konservativen Kreisen das gesellschaftliche Klima geändert. Kanzler Schröder war mehrfach geschieden, sein Stellvertreter Joschka Fischer auch. Bei den Grünen trauten sich Politiker früher als in den anderen Parteien, ihre Homosexualität offen zu leben. Die meisten Wähler trugen es mit Fassung. Das hat Spuren hinterlassen. Nun traute man sich auch in konservativen Kreisen mehr. Die Bundeskanzlerin der konservativ-katholischen CDU/CSU ist geschieden, kinderlos, protestantisch. Und ihr Mann geht seinem eigenen Beruf als Wissenschaftler nach, statt sich wohltätigen Stiftungen zu widmen, wie »Politikergattinnen« das bis dahin immer getan hatten. Bei solchen gesellschaftspolitischen Themen kommt es aber nach wie vor sehr darauf an, wer was tut und wie die Bevölkerung darauf reagiert. Als SPD-Kandidat Peer Steinbrück frotzelte, eine Flasche italienischen Weißwein für 5 Euro würde er gar nicht erst trinken, kostete ihn das Sympathien. Bei einem FDP-Politiker hätte sich wohl kaum einer daran gestört.

Bei dem sehr populären Karl-Theodor zu Guttenberg wiederum sah es zunächst so aus, als könnte er sich trotz seiner über weite Strecken abgeschriebenen Doktorarbeit im Amt halten. Wissenschaftler und Journalisten waren einigermaßen fassungslos, als sie sahen, wie dreist der Minister seine Arbeit zusammengeschustert hatte. In der breiten Bevölkerung hingegen gab es große Sympathien für ihn, und viele fanden das mit dem Doktortitel auch nicht so wichtig. Der Anteil der Akademiker, die selbst im Schweiße ihres Angesichts eine ehrliche Doktorarbeit geschrieben haben, ist halt nicht so hoch. Anders wären die Reaktionen, wenn sich herausstellte, dass ein Arzt in Wahrheit gar kein »Doktor« ist. Die Empörung wäre da groß. Aber irgendeine Jura-Arbeit, hm ... Es dauerte, bis die Stimmung umschlug. Und hätte sich Guttenberg geschickter verhalten, würde er inzwischen vielleicht schon wieder ein Comeback feiern können.

Skandale müssen nämlich nicht das Ende der Karriere sein. Der Grünen-Politiker Cem Özdemir musste 2002 seine Parteiämter abgeben, weil ihm Unsauberkeiten bei einem privaten Darlehen vorgeworfen wurden; außerdem hatte er dienstlich erworbene Lufthansa-Meilen privat verflogen (was in vielen Privatunternehmen völlig üblich ist; schließlich steht es dem Mitarbeiter frei, ob er überhaupt eine Miles-and-More-Karte anlegt – aber in der Politik wird mit viel strengeren Maßstäben gemessen). Özdemir verschwand für einige Zeit in der Versenkung, bis Gras über die Sache gewachsen war, und arbeitete sich später über einen Parlamentarierjob in Brüssel wieder zurück in die deutsche Spitzenpolitik und steht da heute ohne den Makel der Vergangenheit. Einige Karrierejahre hat ihn das allerdings gekostet.

Das Spiel mit der »political non-correctness«

Heikel wird es auch, wenn Politiker »politisch Unkorrektes« sagen. Wir treiben es da zwar noch nicht ganz so weit wie die Amerikaner mit ihrer *political correctness,* die teils geradezu absurde Züge annimmt. Natürlich gibt es dafür in einem klassischen Einwanderungsland wie den USA auch gute Gründe. Es leben dort nun mal sehr viele Religionen und Ethnien zusammen. Und so sind die USA einerseits politisch viel christlich-protestantischer geprägt als wir, zugleich aber auch viel mehr bereit, »die Form zu wahren«, also im Sprachgebrauch betont korrekt zu sein. Ein fröhlich geschmettertes »Frohe Weihnachten« ist insofern absolut inkorrekt. Korrekt ist ein religionsneutrales »Happy holidays«. Die Amerikaner treiben es da sicher besonders weit – aber auch im deutschen Sprachgebrauch gibt es ja große Unterschiede zwischen dem, was ein Normalbürger von sich gibt, und dem, was in offizieller Sprache gesagt werden darf. Im normalen Umgangsdeutsch ist von »Türken« die Rede. Doch viele »Türken« sind ja keineswegs Ausländer, sondern deutsche Staatsbürger, zumindest aber Mitbürger, die fest hier leben, Steuern zahlen etc. Also sprechen wir im öffentlichen Raum zu Recht von »türkischstämmigen Mitbürgern« oder »Bürgern mit Migrationshintergrund«.

Populisten hingegen spielen gezielt damit, sich gerade in diesen Bereichen »unkorrekt« auszudrücken. Sie sind eine eigene politische Spezies, die in unterschiedlichen Abstufungen auftritt. Das können ganz normale Parteipolitiker sein, die sich bloß regelmäßig damit profilieren, dass sie auf die Pauke hauen und insofern auch ein bisschen den Hofnarren geben, was bei manchen Wählern gar nicht so schlecht ankommt.

Ein paar solcher »Unberechenbarer« schaden den etablierten Parteien auch nicht. Im Gegenteil: eine Partei braucht sogar den ein oder anderen der auch mal ausspricht, was andere nur denken. Dabei muss es gar nicht unbedingt um gesellschaftlich »Unkorrektes« gehen, es kann auch nur parteipolitisch »Unkorrektes« sein. Der schleswig-holsteinische Politiker Wolfgang Kubicki von der FDP zum Beispiel spielt diese Rolle mit schöner Regelmäßigkeit und erfreut sich deshalb großer Beliebtheit bei Journalisten und Talkshow-Moderatoren (und nicht nur bei ihnen). Seine politische Nicht-Korrektheit bezieht sich aber in der Regel auf die eigene Partei. Ist etwa der FDP-Chef schwach, ist Kubicki derjenige, der sich als Erster traut, das öffentlich zu sagen, wenn auch aus durchaus egoistischen Motiven (Kubicki hat als Landespolitiker damit eine bundesweite Bekanntheit erlangt). Populistische Ausfälle gegen einzelne Bevölkerungsgruppen, etwa gegen Migranten, sind hingegen nicht sein Stil. In diesen Grenzbereichen war hingegen sein (verstorbener) Parteifreund Jürgen W. Möllemann als Wahlkämpfer unterwegs, und auch manche CDU/CSU-Politiker fischen hier und da gerne mal »am rechten Rand«. Das mag man abstoßend finden und auch gefährlich, weil man solches Gedankengut (»zu viele Ausländer«, »zu viele Sozialschmarotzer«) damit salonfähig macht. Andererseits kann es gelingen, bestimmte Wähler einzubinden, die andernfalls womöglich zu den wirklich radikalen (außerparlamentarischen) Gruppen abwandern würden. In diesem Sinne meinen Parteistrategen, dass ein »dosierter« Populismus sogar eine demokratische Funktion haben kann. Für viele Demokraten war die Grenze allerdings überschritten, als die hessische CDU unter Roland Koch 1998/99 einen regelrechten Anti-Ausländer-Wahlkampf initiierte, aufgehängt an den Gesetzesplänen der neu gewählten rot-grünen Bundesregierung zur Reformierung des Staatsbürgerschaftsrechts (Rot-Grün wollte die Möglichkeit zur doppelten Staatsbürgerschaft erweitern, darüber wird übrigens bis heute debattiert). Über Zuwanderungsgesetze und Staatsbürgerschaft kann man natürlich eine kontroverse politische Diskussion führen, und es muss erlaubt sein, dabei unterschiedliche Meinungen zu vertreten, ohne direkt in die »rechte Ecke« gestellt zu werden. Die hessische CDU erweckte aber 1999 aus reinen Wahlkampfmotiven heraus den Eindruck, dass da quasi Millionen Menschen das Deutschtum gefährden würden, und starteten eine Unterschriftenaktion. An den CDU-Infoständen in Fußgängerzonen versammelten sich Bürger, die fragten, »wo man hier gegen Ausländer unterschreiben kann«. Da wurde auch CDU-Mitgliedern, die das miterlebten, mulmig. Zumal die rechtsradikale NPD die Unterschriftenaktionen der hessischen CDU lautstark unterstützte. Koch gewann damals die Landtagswahl. Nicht jedes Parteimitglied hat sich damit wohlgefühlt, einige CDU-Politiker haben die Kampagne sogar öffentlich scharf als »unverantwortlich« kritisiert. Auch von der katholischen Kirche gab es Kritik. Der Anti-Doppelpass-Wahlkampf von 1999 wurde von zahlreichen politischen Beobachtern und Analysten als höchst problematisch eingeordnet.

»Richtige« Populisten hingegen, die sich generell an den äußeren Rändern der politischen Landschaft bewegen, belassen es nicht bei einzelnen Wahlkampfsprüchen oder Kampagnen auf der Klaviatur der »political incorrectness«. Aus Vereinfachungen, Verallgemeinerungen und einem instinktsicheren Spiel mit Emotionen und Vorurteilen zimmern sie ein generelles politisches Programm. Das Grundschema ist dabei immer gleich: »Hier ist das Problem, dort sind die Schuldigen, und das ist die Lösung!« Die Schuldigen sind in der Regel Minderheiten (meist »Ausländer«) und natürlich die Politiker, »die da oben«. Typisch für Populisten ist, dass sie als Persönlichkeit oft eine gewisse Ausstrahlung haben. Zum Beispiel, dass sie überdurchschnittlich gut aussehen, wie der stets braun gebrannte österreichische Rechtspopulist Jörg Haider, der sehr charmant auftreten konnte. Mit ihren bewusst »politisch unkorrekten« Aussagen in ihrem Geschimpfe »auf die da oben« (wo sie eigentlich selbst hinwollen) nehmen sie für sich in Anspruch, die einzig Ehrlichen zu sein. Nach dem Motto: »Die anderen belügen euch ja nur, ich sag, wie es wirklich ist.« Diese Eigenwerbung folgt genau den Gesetzen, die jeder Werbefachmann benutzt, um Waschmittel oder Autos zu verkaufen: Wecke Aufmerksamkeit! Sei ungewöhnlich! Gib den Konsumenten das Gefühl, dass es ihnen sofort rundum wunderbar gehen wird, wenn sie das Produkt kaufen! Tatsächlich aber hat es noch kein Populist je geschafft, seine Glücksversprechen umzusetzen.

Wissen Journalisten mehr, als sie schreiben?

Journalisten und Reporter wissen oft mehr, als sie schreiben. Im Prinzip wollen Journalisten natürlich immer alles berichten, was sie wissen, und noch lieber enthüllen sie etwas, das kein anderer weiß. Was übrigens auch wirtschaftlich gut ist, denn eine Zeitung, die etwas Aufregendes berichtet, verkauft sich besser. Also muss es Gründe haben, wenn Journalisten etwas verschweigen:
- Sie wissen etwas, können es aber (noch) nicht beweisen.
- Sie würden mit der Veröffentlichung jemandem so schaden, dass sie das nicht verantworten wollen.
- Sie können mit der Nicht-Veröffentlichung jemanden dazu bewegen, ihnen noch wichtigere Informationen zuzuspielen (»Ich schreib nichts über dich, wenn du mir dafür mehr über diese andere Sache erzählst«).
- Sie wollen nicht das Vertrauen eines Informanten missbrauchen, weil sie versprochen haben, ihn nicht zu zitieren oder über eine bestimmte Sache nicht zu schreiben. Außerdem ist es meist besser, man pflegt einen Informanten und behält ihn, statt ihn für eine einzige Story zu opfern.

Wenn etwas nicht veröffentlicht wird, obwohl es viele Leute interessieren würde, handelt es sich oft um das Privatleben von Politikern. Oder es geht um Krisen, bei denen das Leben von Geiseln oder Entführungsopfern auf dem Spiel steht. Es wird dann zum Beispiel von der Polizei um ein »Nachrichtenmoratorium« gebeten. Die wichtigsten Chefredakteure werden zwar informiert, aber gebeten, dass sie in ihren Zeitungen oder Sendern (noch) nichts darüber berichten. Beispielsweise, als der Hamburger Multimillionär Jan Philipp Reemtsma entführt worden war. Er kam nach 33 Tagen gegen Zahlung von 30 Millionen D-Mark (rd. 15 Millionen Euro) frei – erst danach erfuhr die Öffentlichkeit davon. Kontakt zu den Entführern nahm man übrigens mit Hilfe von codierten Kleinanzeigen in einer Hamburger Tageszeitung auf. Und recherchiert wurde von Journalisten auch in der Nicht-Berichtsphase sehr wohl. So scheiterte beispielsweise eine Geldübergabe, weil erst einmal die Reporter abgeschüttelt werden mussten.

Auch bei Geiselnahmen im Ausland ist es üblich, dass nicht alles sofort gemeldet wird, damit das Außenministerium in Ruhe verhandeln kann.

Etwas anderes sind Meldungen über das Privatleben von Politikern. Es war zum Beispiel schon lange branchenbekannt, dass der Berliner Bürgermeister Klaus Wowereit (SPD) mit einem Mann zusammenlebte, bevor er sich zum Schwulsein öffentlich bekannte. Auch über seinen Hamburger Amtskollegen Ole von Beust (CDU) wusste man das in Politiker- und Journalistenkreisen. Aber niemand schrieb darüber. Weil es keinen Grund dafür gab. Solange sie sich nicht politisch erpressen lassen, ist es ihre Privatsache.

Und wieso wurde dieser Teil des Privaten schließlich doch bekannt? Der FDP-Politiker Guido Westerwelle besuchte irgendwann öffentliche Termine mit seinem Lebensgefährten. Aber erst nachdem andere vorangegangen waren. Der Berliner SPD-Spitzenmann Klaus Wowereit informierte offensiv die eigene Partei, um es hinter sich zu haben und nicht von Boulevardblättern unter Druck gesetzt zu werden. Er sagte am Ende einer öffentlichen Rede: »Und übrigens: Ich bin schwul – und das ist auch gut so.« Der frühere Hamburger Bürgermeister Ole von Beust wurde von seinem damaligen Koalitionspartner und Innensenator Ronald Schill damit bedroht, ihn zu outen;

Schill unterstellte ihm eine Affäre mit dem damaligen Justizsenator. Das empfand sogar die eher konservative *Bild*-Zeitung als »dreckige Homo-Erpressung im Rathaus«. Von Beust feuerte zwar Schill, bestätigte seine Homosexualität aber nicht. Das tat erst sein Vater wenig später in einem Interview (mutmaßlich nicht ohne vorherige Absprache mit seinem Sohn). Dies war auch ein Beispiel dafür, warum es gut sein kann, ein wenig öffentlicher zu leben, als man möchte, weil man dann nicht erpressbar ist oder kalt erwischt wird. Denn die Medien dürfen nicht ohne Grund über das Privatleben von Prominenten und Politikern berichten – aber so ein »Grund« lässt sich immer finden, wenn man einen sucht.

Wenn das Private politisch wird

Insidern ebenfalls längst bekannt war, dass Gerhard Schröder, damals Regierungschef in Niedersachsen, sich von seiner dritten Frau Hillu getrennt hatte und es eine neue Freundin gab – die 19 Jahre jüngere Doris Köpf, damals selbst *Focus*-Journalistin. Ob die Medien nicht früher berichteten, weil sie es nicht so wichtig fanden oder weil sie einen Gerichtsprozess fürchteten – wer weiß? Es gilt jedenfalls als »ungeschriebenes Gesetz«, nicht ohne Rücksprache über das Privatleben von Politikern zu berichten. Diese Regel weicht allerdings zunehmend auf – auch in dem Maße, in dem Politiker selbst mit ihrem Privatleben an die Öffentlichkeit gehen. Sehr ausführlich wurde zum Beispiel über das 2007 geborene uneheliche Kind des CSU-Ministers Horst Seehofer berichtet, der sich zum Zeitpunkt der Berichterstattung um den Posten des CSU-Chefs bewarb. Diese Babyberichte galten in der Medien- und Politikbranche als Tabubruch. Im Wesentlichen waren es nur *Bild* und *Bunte*, die selbst berichteten – aber alle anderen berichteten eifrig darüber, dass berichtet wurde! So kann man nämlich indirekt auch tratschen und dabei gleich noch so tun, als sei man ganz empört über das Getratsche der anderen. Ob der »Verrat« tatsächlich von politischen Gegnern Seehofers kam oder in Wahrheit eine Initiative der Geliebten war, die ihn nach all den heimlichen Jahren zu einem Bekenntnis zwingen wollte – wer weiß? Spätestens seit der Seehofer-Geschichte gilt das alte Gesetz jedenfalls nicht mehr ganz so strikt, dass

Privates privat bleibt. Dazu trägt auch das Internet bei. Selbst böswillige Lügen lassen sich anonym verbreiten, werden zum Gerücht, und es bleibt was hängen. Dagegen können sich die Betroffenen nur sehr schwer wehren. Als Bettina Wulff, Gattin des Ex-Bundespräsidenten, gegen solche Lügen über eine angebliche Rotlichtvergangenheit vorgehen wollte, sah sie am Ende keinen anderen Weg mehr, als selbst damit offensiv in die Öffentlichkeit zu gehen. Nachteil: Danach wussten noch mehr Leute, dass es solche Gerüchte überhaupt gegeben hatte, auch solche, die nie im Netz nach ihrem Namen gesucht hatten. Die geschriebenen und ungeschriebenen Gesetze der Presse werden insofern durch anonyme Blogger ausgehöhlt.

Oft hat ein Informant einen persönlichen Vorteil davon, dass er eine Nachricht auf dem Weg über Journalisten ans Tageslicht bringt. Das muss nicht heißen, dass sie deshalb nicht veröffentlicht werden darf. Aber Journalisten müssen sich dennoch immer fragen: Wer verrät mir welche Info wann warum? Denn meistens »enthüllen« Journalisten ja nicht von sich aus etwas, sondern es wird ihnen »offenbart«: von Leuten, die Bescheid wissen. Das kann ganz schön eklig sein, wenn Leute auspacken, nur um einem Konkurrenten zu schaden. Als Politikjournalist hat man es manchmal mit ziemlich intriganten Zeitgenossen zu tun. Aber selbst die genießen dann »Informantenschutz«, das heißt, man darf sie nicht verraten!

Seit Urzeiten: Bad news are good news

Vor allem wir Nachrichtenredakteure werden oft gefragt: »Warum sind die Nachrichten immer so negativ?« Wir bemühen uns aber redlich, in jeder Sendung auch Positives zu bringen. Ehrlich! Aber trotzdem ist an der Frage etwas dran. Zum einen sollen wir Journalisten ja kritisch sein und nicht eine Art Werbeagentur für Politiker, nach dem Motto: »Guten Abend, meine Damen und Herren, heute war die Kanzlerin wieder ganz toll!« Der Journalist Dagobert Lindlau hat dazu mal gesagt: »Der Ruf nach dem Positiven im Fernsehjournalismus ist ähnlich berechtigt wie die Forderung an einen Klempner, sich doch bitte nicht andauernd nur um die paar tropfenden Wasserhähne zu kümmern, sondern endlich auch um die Millionen, die einwandfrei funktionieren. Letzteres ist eben schlicht und einfach nicht sein Beruf.« Vielmehr ist es Aufgabe von Journalisten, die Machthaber und die Amtsträger zu kontrollieren – und das geht nur, wenn man Missstände anprangert. Außerdem ist das Negative oft spektakulärer und kommt auch deshalb leichter in die Nachrichten. Ein altes Beispiel dafür ist die Regel: »Hund beißt Mann« ist langweilig – »Mann beißt Hund« ist interessant. Unschön ist leider beides... So gilt eben: Flugzeugabstürze sind zwar schlimm, aber wäre es eine sendenswerte Nachricht, dass auch an diesem Tage wieder weltweit Tausende von Flugzeugen erfolgreich gestartet und gelandet sind? Oder könnte man eine Nachrichtensendung beginnen mit der Meldung »Alles normal in Berlin, keine besonderen Vorkommnisse«? Interessiert niemanden. Das war übrigens in der Menschheitsgeschichte schon immer so, seit Urzeiten. Man schickte Boten nicht unter Lebensgefahr los, damit sie verkünden, dass es nichts Neues gibt oder alles gut läuft. Sondern um zum Beispiel von einem Kriegsausbruch oder einer Naturkatastrophe zu berichten. Negative Nachrichten sind insofern auch häufiger, weil sie einen höheren Nutzwert haben: Dann wissen alle, Achtung, da ist was schiefgelaufen, da lauert Gefahr!

Letztlich gibt es eine Reihe bewährter, gängiger Kriterien, nach denen Journalisten Nachrichten auswählen:

- **Ein Ereignis muss neu sein!** Die News von gestern sind weniger interessant als die von heute. Zeitungen haben es da schwerer, die müssen ja erst mal gedruckt werden. Also lese ich in der Zeitung von heute, was gestern geschah. Das macht aber die Zeitung nicht uninteressanter. Eine gute Zeitung erzählt mir, warum etwas geschehen ist. So viele Einzelheiten kann man in einer Fernsehnachricht meistens nicht unterbringen. Außerdem veröffentlichen viele Zeitungen ihre Artikel längst auch online, also ganz aktuell.
- **Ein Ereignis ist ungewöhnlich!** Siehe »Mann beißt Hund«. Dabei ist oft auch das Ausmaß des Ungewöhnlichen wichtig. Ein kleines Hochwasser am Rhein wird kein großer Aufreger sein. Aber wenn halb Ostdeutschland unter Wasser steht, dann ist das natürlich ein Topthema.
- **Ein Ereignis ist wichtig!** Natürlich kann jeder anderer Meinung sein, was wichtig ist und was nicht. Aber sicher ist doch der Rücktritt

eines Bundeskanzlers für Deutschland ein bisschen wichtiger als die Frage, wer bei »Deutschland sucht den Superstar« ausgeschieden ist. Die »Relevanz«, also Bedeutung eines Ereignisses misst sich an vielen Kriterien: Wie wichtig ist es für uns hier in Deutschland, wie wichtig ist es für die Welt insgesamt?

- **Das Ereignis ist wirklich so passiert!** Damit ist gemeint, dass man wahrhaftig berichten muss. Das ist schwer, weil Journalisten auch oft belogen werden. Oder Dinge so kompliziert sind, dass es nicht nur eine klar erkennbare Wahrheit gibt, sondern mehrere Deutungsmöglichkeiten. Zum Beispiel, wer einen Krieg angefangen hat, oder wer die Schuld daran trägt, dass ein Politiker zurücktritt. Für Journalisten gilt daher die Zwei-Quellen-Regel: Mindestens zwei voneinander unabhängige und glaubwürdige Personen erzählen das Gleiche (zum Beispiel »Minister will zurücktreten«). Dann kann man einigermaßen sicher sein, dass nicht nur irgendjemand irgendwas behauptet.
- **Ein Ereignis geschieht in unserer Nähe!** Über einen Flugzeugabsturz in Deutschland wird größer und ausführlicher berichtet als über einen Flugzeugabsturz in China. Das ist halt weit weg und betrifft uns damit weniger. Der Begriff »Nähe« hat sich aber geändert. Früher hätte man gesagt: »Ob in China gerade ein Sack Reis umgefallen ist, interessiert hier niemanden.« Heute hängt die Welt wirtschaftlich so eng zusammen, dass die Reisernte in China uns durchaus betreffen kann. Wenn die Chinesen bei einer schlechten Ernte mehr Reis im Ausland kaufen müssen und die Preise für Reis daraufhin weltweit steigen, merken wir das bei uns im Supermarktregal schließlich auch. Über solche Zusammenhänge sollen Medien natürlich auch berichten.
- Beim Fernsehen kommt hinzu: **Von einem Ereignis muss es Bilder geben!** Sonst kann man nur sehr schlecht darüber berichten. Umgekehrt führt diese Regel dazu, dass manchmal über Dinge berichtet wird, die eigentlich gar nicht wirklich wichtig sind – aber es gibt so aufregende Bilder. Schwupps, taucht ein entsprechender Clip in den Nachrichten auf. Ist das schlecht? Kommt drauf an. Wenn man es entsprechend einordnet, kann es auch ganz schön sein, einen glücklichen Buckelwal im Fernsehen zu zeigen, der sich verirrt

hatte und den Weg zurück ins Meer fand. Der Wal wurde übrigens »Bucki« genannt und bewegte zwar nicht das Weltgeschehen, aber interessant war sein Schicksal trotzdem. Man guckt gerne hin und lernt nebenher auch noch etwas über Wale. Wenn aber im deutschen Fernsehen Bilder gezeigt werden, wie sich in Amerika ein Verbrecher mit der Polizei ein Wettrennen liefert und sein Auto schließlich gegen eine Wand kracht – tja. Das ist dann nur reißerisch-unterhaltsam, hat aber überhaupt keine inhaltliche Bedeutung für uns hier in Deutschland.

Gummistiefel-Termine und Agenda Surfing: die Macht der Medien

Die Presse wird oft als die »vierte Macht« im Staat bezeichnet. Die ersten drei Mächte sind die Gesetzgebung (Legislative/Parlament), die ausführenden Kräfte (Exekutive/Regierung) und die Rechtsprechung (Judikative/Gerichte). Eindeutig kommt der Presse eine besondere Kontrollfunktion zu. Journalisten informieren nicht nur, sie kritisieren auch und klären auf. Ein Skandal braucht eine Plattform. Selbst wenn der Journalist ihn nicht persönlich entdeckt hat, sondern die Infos nur zugesteckt bekam. Deshalb gilt in demokratischen Ländern auch die Pressefreiheit: Es darf nichts vor Veröffentlichung zensiert werden. Und Journalisten haben ein »Zeugnisverweigerungsrecht«: Sie müssen ihre Quellen und Informanten nicht preisgeben. Natürlich dürfen sie trotzdem nichts schreiben oder senden, was falsch ist. Das ist allerdings manchmal eher theoretisch. Denn natürlich wird auch Falsches geschrieben und gesendet... Weil die Autoren es nicht besser wussten oder weil sie es nicht besser wissen wollten. Journalisten sind schließlich auch nur Menschen wie alle anderen. Und auf dem Boulevard ist die verkaufsträchtige Story gern auch mal wichtiger als ihr Wahrheitsgehalt. Wenn ein Schaden entsteht, müssen sie dafür natürlich geradestehen und im schlimmsten Fall zahlen! Wie problematisch solche Zahlungen sind, kann für Verlage oder (private) Sender aber ein reines Rechenkalkül sein. Wenn ein tolles Foto die Auflage hochtreibt, obwohl es die Privatsphäre eines Menschen verletzt, dann sind die zusätzlichen Einnahmen durch die vielen verkauften Hefte manchmal höher als der Schadensersatz, der gezahlt werden muss.

Wie mächtig die Medien tatsächlich sind und wie Politiker sie manipulieren können, darüber streiten die Gelehrten. Beim sogenannten Agenda Setting geht es darum, welche Themen von der Öffentlichkeit als aktuell wichtig wahrgenommen werden. Einig sind sich Wissenschaftler darüber, dass die Medien keinen so großen Einfluss darauf haben, was das Publikum über einzelne Themen denkt, sehr wohl aber darauf, worüber es sich überhaupt Gedanken macht – also was von den Menschen als wichtig empfunden wird. Dabei hat das Fernsehen eher einen kurzfristigen »Scheinwerfer-Effekt«, Printmedien wirken langsamer, aber dauerhafter. Und natürlich beeinflussen sich Zeitungen, Fernsehen, Radio und Online-Medien gegenseitig: Um sich ihre Meinung zu bilden, lesen die Fernsehleute, was die Zeitungsleute schreiben und teils schon vorab online veröffentlichen. Und die Zeitungsleute gucken Fernsehen und sagen sich: Oho, wenn das Fernsehen so groß darüber berichtet, dann ist das ja wohl wirklich sehr wichtig. Neben den sehr schnell agierenden Online-Medien sind es außerdem nach wie vor die klassischen Nachrichtenagenturen, die eine große Rolle spielen. Ihre Dienste werden ausschließlich von Journalisten in Anspruch genommen, der normale Bürger »kauft« die Agenturnachrichten nicht. Bei Medienleuten genießen sie hohes Ansehen. Für uns in der *heute-journal*-Redaktion sind sie immer noch wichtiger als die meisten Online-Dienste. Auch für die Agenturen gilt dabei die »Zwei-Quellen-Regel«: Wenn zum Beispiel sowohl die Agentur dpa als auch die Agentur reuters unabhängig voneinander berichten, dass es bei einem Anschlag Tote gegeben hat, melden wir das in unserer Sendung. Die Meldung eines einzelnen Bloggers genügt uns da nicht.

Diese Mechanismen gegebenenfalls geschickt auszunutzen, nennt man »Agenda Setting« – so können Politiker, Unternehmen und Interessenverbände versuchen, über die Medien ein Thema, das ihnen wichtig ist, in das allgemeine Bewusstsein zu rücken. Sie reden zum Beispiel in diskreten Gesprächskreisen mit Journalisten darüber, sie laden Journalisten zu Pressekonferenzen ein, oder sie erwähnen das Thema ständig in Interviews. Diese Technik lässt sich auch verwenden, um Fragen auszuweichen, die man nicht so recht beantworten kann oder will – ein unangenehmes Thema wird dann von einem selbst gewählten neuen abgelöst. Ein geschicktes und wirkungsvolles Ablenkungsmanöver.

Mit dieser Technik kommt man auch in vielen beruflichen Situationen weit. Wenn man im Meeting eine Frage nicht beantworten kann, weicht man aus: »Das lässt sich so einfach nicht sagen, auf jeden Fall sollte man dabei aber bedenken…« Und dann schwafelt man so lange über irgendetwas halbwegs Sachverwandtes, bis alle vergessen haben, worum es eigentlich ging. Man nennt das »Agenda Cutting«. In Fernsehinterviews etwa im *heute-journal* ist das eine beliebte Technik. Der Politiker will dann seine Botschaft loswerden, egal, was er gefragt wird. Und gerne wird dabei auch Zeit geschunden, denn natürlich weiß ein Profi, dass in einer Nachrichtensendung nur wenige Minuten für ein Interview zur Verfügung stehen. Je länger er am Stück antwortet, umso weniger Zeit bleibt für weitere unangenehme Fragen. Ich stehe in solchen Situationen in unserem Nachrichtenstudio und sehe aus den Augenwinkeln auf einer großen Uhr, wie die Zeit abläuft. Dann bleibt mir manchmal nichts anderes übrig, als den Redefluss zu unterbrechen. Manche Zuschauer empfinden das dann als unhöflich. (»Warum unterbricht Frau Slomka den Herrn Minister?«) Sie sehen allerdings auch nicht wie ich diese große Uhr laufen…

Wenn Politiker ungeplante Ereignisse nutzen, um sich positiv darzustellen, zum Beispiel als schnelle Helfer bei einer Naturkatastrophe, dann heißt das ganz lässig »Agenda Surfing«. Man sollte Politikern dabei nicht unterstellen, dass sie Katastrophen nur ausnutzen. Aber politisch nützlich können solche Krisen trotzdem sein, weil man sich als Macher und Helfer zeigen kann. Beim Elbhochwasser 2002 marschierte Gerhard Schröder in Anglerstiefeln und Friesennerz kernig überflutete Straßen entlang – und holte sich so einen nicht zu unterschätzenden Sympathievorsprung für die folgende Bundestagswahl. Das war für ihn ein Vorteil, klar. Aber man stelle sich vor, er wäre nicht in die Hochwassergegend gekommen. Dann hätten die Leute gesagt: Der Kanzler kümmert sich nicht um uns. Grundsätzlich zeigen sich Politiker natürlich gerne »nah bei den Menschen« und kleiden sich bei solchen Auftritten auch zünftig, um zu belegen, dass sie nicht abgehoben sind, sondern wissen, wie es im wahren Leben aussieht. Deshalb sind Landwirtschaftsminister so oft zu sehen, wie sie auf der Landwirtschaftsmesse »Grüne Woche« in Würste beißen oder Wein trinken. Oder sie treten auf Bauernhöfen auf und lassen sich beim Wasserschöpfen, Mistschaufeln oder als Geburtshelfer für Lämmchen ablichten. Dabei tragen sie natürlich zünftige Jacken und Gummistiefel. Journalisten bezeichnen derartige Auftritte spöttisch als einen »Gummistiefel-Termin«.

Den ersten großen Auftritt dieser Art hatte der damalige Hamburger Polizeisenator Helmut Schmidt, der später Bundeskanzler wurde. Bei der schweren Sturmflut 1962 rief er beherzt über persönliche Kontakte Bundeswehrsoldaten zu Hilfe, obwohl er das eigentlich nicht durfte. Er selbst war ebenfalls vor Ort. Schmidt erwarb sich so den Ruf als »Macher«. Für Oppositionspolitiker ist es bei nationalen Katastrophen schwieriger, souverän aufzutreten, ohne sich den Vorwurf einzuhandeln, sie betrieben Wahlkampf. Aber auch Angela Merkel wollte sich bei der erneuten Flut im Wahlkampf-Sommer 2013 anscheinend von den sogenannten Gummistiefel-Terminen abgrenzen: Sie trug bei ihren Besuchen in den Hochwassergebieten nur robuste Halbschuhe und einen Parka, keine Gummistiefel, keinen Ostfriesennerz. Zufall war das vermutlich nicht. Sie wird sich schon überlegt haben, was sie anzieht…

Zeigen die Medien, was das Volk will?

Ähnlich beliebt wie Gummistiefel sind bei Politikern übrigens Fußballschuhe. Das allerdings nur bei männlichen Politikern, die auch einigermaßen schießen und dribbeln können. Aber selbstverständlich sucht auch Angela Merkel die Nähe zu Fußballspielern. Der Volkssport ist nun mal eine tolle Gelegenheit, sich volksnah zu zeigen. Als Merkel während der Fußball-WM 2006 groß im Bild zu sehen war, wie sie außer sich vor Freude über ein deutsches Tor aufsprang und laut jubelte, hat sie auf jeden Fall viele Sympathiepunkte gesammelt. Auch als sie im April 2008 mit tiefem Ausschnitt zur Eröffnung der Oper in Oslo erschien, gingen die Bilder um die Welt. Hatte sie sich absichtlich extra-weiblich gestylt, um ihr eher biederes Image aufzuhübschen, oder war es Zufall? Wie auch immer, ein paar Tage lang wurde über Merkels Kleiderwahl diskutiert, was sie sehr menschlich (und fraulich) wirken ließ.

Unklar ist allerdings, in welcher Richtung all diese Mechanismen funktionieren. Manche Forscher sind der Meinung, die Medien würden kontrollieren, mit welchen Themen sich ihre Leser/Zuschauer beschäftigen. Andere glauben, die Medieninhalte spiegelten die Themen wider, mit denen sich das Volk auseinandersetzt. Schließlich fragen sich Journalisten ständig, was ihre Leser oder Zuschauer interessiert, sie wollen ja gelesen und gesehen werden. Insofern beeinflussen Medien und Bevölkerung sich gegenseitig. Auch die Konsequenzen des Agenda Setting sind umstritten: Mehr Berichterstattung kann zu einer überdurchschnittlich schnellen und dann anhaltenden Konzentration auf das neue Thema führen – oder zu einer Übersättigung und desinteressiertem Abwinken. Auch als einzelner Politiker muss man durchaus aufpassen, dass man nicht »überdosiert«. Und sich nie darauf verlassen, dass ein bestimmtes Medium dauerhaft freundlich berichtet, weil man so gut miteinander kann. Christian Wulff hatte recht enge Kontakte zur mächtigen *Bild*-Zeitung und das lief lange gut. Beide profitierten eine Weile davon. *Bild* präsentierte die neue junge Frau in seinem Leben mit exklusiven Fotos (davon hatten die Zeitungsleute was) und berichtete sehr freundlich über das neue Glück anstatt ihm die Scheidung von der Ex-Frau vorzuwerfen (davon profitierte Wulff). Ein Deal auf Gegenseitigkeit. Deshalb aber auf Schonung zu hoffen, als es dann nicht mehr um schöne Fotos, sondern um politische Vorwürfe ging, wäre naiv. Am Ende war die *Bild*-Zeitung gegenüber Wulff besonders hart und trug zu seinem Sturz erheblich bei.

Der »Medienkanzler« und TV-freundliche Inszenierungskünstler Gerhard Schröder hat mal scherzhaft gesagt, zum Regieren brauche man nur *Bild, BamS (Bild am Sonntag)* und »Glotze«. Und da ist schon was dran. Denn das sind die Medien, die die meisten Menschen erreichen. Die *Bild*-Zeitung wird wahrscheinlich von über 10 Millionen Menschen gelesen. Eine Nachrichtensendung wie die *Tagesschau* um 20.00 Uhr schauen mindestens 5 Millionen Menschen, das *heute-journal* am späteren Abend im Schnitt zwischen 3 und 4 Millionen.

Die Doktoren für den richtigen Dreh

Echte Spezialisten im Agenda Setting sind die sogenannten »Spin Doctors«. Das sind PR-Fachleute, zum Beispiel die Pressesprecher der Politiker, deren Aufgabe darin besteht, eine bestimmte Politik gut zu verkaufen. Dabei geht es nicht nur darum, dass ein Thema überhaupt auftaucht, sondern auch, was inhaltlich dazu berichtet wird. In den USA gibt es bereits große PR-Agenturen, die sich auf das »Spinning« spezialisieren. In Deutschland ist der Begriff nicht so verbreitet, und das Ganze wird auch nicht so offenkundig betrieben, aber natürlich gibt es sie. Die engen Medienberater hoher Politiker sind alle Spin-Doktoren, auch wenn sie in Deutschland seltener ausdrücklich so genannt werden.

Man vermutet, dass die Bezeichnung »Spin Doctor« entweder auf *to spin a yarn* zurückgeht, was in etwa bedeutet: *einen vom Pferd erzählen*. Oder auf die amerikanischen Wahlkampfberater, die bei TV-Duellen hinter der Bühne in einem »spin alley« genannten Bereich versuchten, allem einen positiven Dreh (engl. *spin*) zu geben. Jedenfalls kümmern die politischen PR-Doktoren sich intensiv um ihre »Patienten«, also um Politiker und Themen, die sie der Öffentlichkeit in der »richtigen« Sichtweise präsentieren möchten. Wenn die Politik ein größeres Reformvorhaben plant, dann gibt es im Vorfeld zum Beispiel zahlreiche Hintergrundgespräche mit Journalisten, die von der Richtigkeit und Wichtigkeit dieser Pläne überzeugt werden sollen.

Ein berüchtigter amerikanischer Spin-Doktor war Karl Rove, der Berater des US-Präsidenten George W. Bush. Bush sagte nach seinem Wahlsieg 2004, Rove sei der »Architekt« dieses Sieges gewesen. Dazu gehörte zum Beispiel auch, dass Rove den Medienleuten geschickt einflüsterte, Gegenkandidat John Kerry sei wankelmütig und unehrlich. Auf Rove geht wohl auch die Geschichte zurück, dass Bushs Konkurrent ein Hochstapler sei. John Kerrys Heldengeschichten aus dem Vietnam-Krieg wären gar nicht wahr, seine Tapferkeits-Orden habe er zu Unrecht bekommen. Das ist zwar vermutlich alles reine Verleumdung, denn John Kerry war wohl in den siebziger Jahren tatsächlich ein tapferer Soldat im Vietman-Krieg. Im Gegensatz zu George Bush, der sich als junger Mann um den Militärdienst weitgehend gedrückt hatte. Davon hat sein Spin Doctor Karl Rove aber geschickt abgelenkt. Alle redeten nur noch darüber, was denn nun wirklich mit John Kerry in Vietnam gewesen ist. Nachweisen konnte man Rove das Ganze übrigens nie, aber kein Insider in Washington hat je daran gezweifelt, woher die Gerüchte über John Kerry kamen. Ja, US-Wahlkämpfe sind noch um einiges brutaler als die in Deutschland!

Hierzulande geben Politiker selten zu, dass es Spin Doktoren überhaupt gibt. Nur Kurt Beck sprach sogar öffentlich davon, als er sich im September 2008 nach seinem Rücktritt als SPD-Chef über den »Spin« beschwerte, den er in den Medien gesehen habe. Das sei der Grund für seinen Rücktritt gewesen. Als nämlich bekannt wurde, dass nicht Beck Kanzlerkandidat der SPD werden würde, sondern Frank-Walter Steinmeier, ging es auch um die Frage: Wessen Idee war das? Kurt Beck war der Ansicht, er habe seinem Parteifreund die Kandidatur großzügig angeboten (»Mach du das, du bist dafür besser geeignet«). Zumindest sollte das die öffentliche Darstellung sein. Doch im Fernsehen und im Nachrichtenmagazin *Der Spiegel* erschien eine andere Version: Steinmeier habe die Kanzlerkandidatur von Beck eingefordert (»Du kannst es nicht, lass mich das machen«). Beck war stinksauer über diese Berichte und meinte, dieser »Dreh« (Spin) käme von Spin-Doktoren aus dem Umfeld seiner Konkurrenten in der SPD.

Ein Spin Doctor ist im Grunde nichts anderes als der Leiter einer Werbeagentur in Sachen Politik. Jeder gute Redenschreiber hat den gleichen Job: eine verfahrene Situation klasse aussehen zu lassen. Wobei man den Einsatz dieser Mittel natürlich auch übertreiben kann. Am Nachmittag nach den Anschlägen auf das World Trade Center 2001 verschickte Jo Moore, Pressesprecherin der britischen Regierung, eine interne Mail an ihre Kollegen: »Heute ist ein guter Tag, um jede unangenehme Nachricht untergehen zu lassen, die wir rausschicken müssen.« Das war furchtbar zynisch und schadete der Regierung sehr, als es rauskam. Die Idee dahinter ist aber durchaus verbreitet. Ist die Öffentlichkeit mit einem großen Thema »beschäftigt«, lassen sich andere strittige Themen quasi unbemerkt durchsetzen. Beispiel: Im Juni 2012 verabschiedete der Bundestag vor ziemlich leeren Rängen ein neues Meldegesetz, nach dem Städte die Daten ihrer Einwohner an Firmen verkaufen dürfen. Natürlich ahnten die Parlamentarier, dass die meisten Bürger von der vielen Werbung in ihren Briefkästen eh schon die Nase voll haben und es nicht okay finden, wenn auch noch die Einwohnermeldeämter ihre Daten einfach so weitergeben. Doch niemand regte sich auf, denn die ganze Republik saß an dem Tag vorm Fernseher und verfolgte das EM-Halbfinale zwischen Deutschland und Italien. Der Trick hat letztlich aber doch nicht gut funktioniert. Es gab nachträglich einen Aufstand der Datenschützer, und die Bevölkerung fühlte sich noch mehr veräppelt, als sie die geschickte Terminierung erkannte. Das Meldegesetz kam am Ende in abgeänderter Form.

Polit-Sprech: Wie viel Wahrheit darf's denn sein?

Populisten haben auch deshalb Erfolg, weil viele Menschen sich von Politikern sowieso nur allumfassend belogen fühlen. Politiker trauen sich tatsächlich oft nicht, ehrlich zu sagen, was Sache ist. Weil sie nicht ganz zu Unrecht befürchten, dass ihnen diese Ehrlichkeit niemand dankt. Solange man in der Opposition ist, geht das noch sehr gut. Aber sobald man ein Regierungsamt innehat oder anstrebt (etwa als Kanzlerkandidat) wird das sehr schwierig, mit dem »Geradeaus-Sprechen«. Andererseits: Wenn Politik immer mehr verschwurbelt, wenn immer seltener Klartext gesprochen wird, dann fällt es auch immer schwerer, Menschen zu überzeugen.

Warum ist es so, dass meine Kollegen in der Regie nach aufgezeichneten Politikerinterviews oft sagen:»Weißt du, das Nachgespräch war das Interessanteste. Schade, dass man das nicht senden kann.« Das Nachgespräch ergibt sich dadurch, dass man Interviews aus Termingründen oft schon um 20.00 Uhr aufzeichnet, und so noch ein paar Minuten hat, in denen die Kollegen aus der Regie die technische Qualität der Aufzeichnung prüfen – und natürlich schweigt man sich in der Zeit nicht stur an, sondern redet noch ein bisschen weiter. Vorausgesetzt, beide sind nach dem Interview noch in Plauderlaune... Bei diesen Nachgesprächen jedenfalls ist der Politiker plötzlich wieder Mensch. Redet normal, der Duktus, ja selbst die Körperhaltung ist wie ausgewechselt. Es geht viel offenherziger zu – ohne dass dabei Geheimnisverrat begangen würde. Doch wenn ein solch zunächst nicht-öffentliches Gespräch dann plötzlich öffentlich wird, wie im *heute-journal* 2012 geschehen, als Horst Seehofer im Nachgespräch mit meinem Kollegen Claus Kleber ganz unverblümt über den CDU-Umweltminister Norbert Röttgen lästerte, ist das für das Publikum eine regelrechte Offenbarung. Dieses Nachgespräch wurde öffentlich, weil Claus Kleber den bayerischen Ministerpräsidenten darauf aufmerksam machte, dass ich kurz zuvor vor der Gesellschaft für Deutsche Sprache eine Rede gehalten hatte, in der ich ausdrücklich auf dieses Phänomen hinwies: dass die Nachgespräche oftmals aufschlussreicher seien als die Interviews selbst. Dieses Gespräch sei dafür ein typisches Beispiel, sagte Claus Kleber. Darauf rief Horst Seehofer fröhlich:»Das können Sie ruhig alles senden, wenn Sie wollen.« Was sich Claus Kleber und unsere *heute-journal*-Redaktion nicht zweimal sagen ließen! Prompt wurde eine Riesengeschichte daraus, die möglicherweise den unfreiwilligen Rücktritt von Norbert Röttgen befördert hat. Seehofer hatte ihm gewissermaßen den Rest gegeben – und hatte das wohl auch so eingeschätzt, dass der CDU-Kollege parteiintern bereits »zum Abschuss freigegeben war«, um es mal brutal auszudrücken. Einem Politfuchs wie Seehofer sollte man zumindest nicht unterstellen, dass er nicht wusste, was er tat, und nur aus Versehen solche Einblicke nachträglich gewährte. Für die Fernsehzuschauer war es aber auf jeden Fall sehr interessant, zu sehen, wie »anders« sich Politiker ausdrücken, wenn sie nicht »offiziell« sind.

Diese Erfahrung habe ich im Laufe der letzten fünfzehn Jahre, die ich beim Fernsehen arbeite, aber tatsächlich immer wieder gemacht. Dass viele von uns *inoffiziell* ganz anders sind. Nicht nur Politiker. Es ist ein generelles Phänomen im Fernsehen, dass die Protagonisten in natura häufig anders rüberkommen als auf dem Bildschirm. Übrigens gilt das offenbar auch für mich selbst, was einen dann auch nicht immer freut. Wenn Sie beim Kaufhof an der Käsetheke stehen und eine andere Kundin greift einem zwischen Appenzeller und Gouda in den Arm und sagt: »Also, Frau Slomka, in natura sehen Sie ja viel jünger und netter aus«, hält sich meine Begeisterung durchaus in Grenzen! Ich weiß selbst nur zu gut, dass es nicht leicht ist, vor einer Kamera – sprich: vor einem unsichtbaren Millionenpublikum – zu stehen, in einer Rolle, in der man unablässig auf der Hut sein muss, was man sagt, und dabei trotzdem total natürlich, authentisch und spontan wirken soll. Insofern will ich auch nicht wohlfeil lästern über das, meiner Beobachtung nach, zunehmende Unvermögen der politischen Klasse zur massenmedialen Kommunikation. Aber ich frage mich: Muss das so sein?

In Deutschland gibt es, so mein Eindruck, generell einen auffällig großen Unterschied zwischen privater und öffentlicher Sprache, größer als etwa im Angelsächsischen. Bei Politikern wirkt sich diese Diskrepanz besonders problematisch aus, denn das Publikum, mit dem sie via Massenmedien kommunizieren, unterscheidet nicht zwischen privatem und öffentlichem *Zuhören*. Jedenfalls nicht, wenn man mit der Chips-Tüte auf dem Fernsehsofa sitzt.

Und da geht es nicht nur um die berühmten und häufig zitierten Polit-Sprech-Euphemismen. Diese Standard-Vokabeln, die beschönigen und unliebsame Assoziationen vermeiden. Die vielen Arbeitskräfte etwa, die sich immer wieder darauf freuen, endlich freigesetzt zu werden. Blöd nur, wenn sie sich dann doch um eine »Anschlussverwendung« bemühen müssen, wie Philip Rösler von der FDP empfahl.

Pimp your thoughts!

Was mich immer wieder irritiert, ist diese antiemotionale, selbstdistanzierte und fremdwortlastige Gremiensprache. Politiker mögen, um beispielsweise SPD-Generalsekretärin Andrea Nahles zu zitieren, ein »durch institutionalisierte Kooperation begründetes Vertrauensnetz« schätzen. Vertrauen bei der Bevölkerung gewinnt man mit einer solchen Sprache eher nicht.

Ich persönlich bin der Überzeugung: Wer sich nicht klar ausdrückt, hat entweder keinen klaren Gedanken beziehungsweise die komplexe Materie selbst nicht richtig verstanden (das ist gern auch im Journalismus anzutreffen), will problematische Inhalte verschleiern oder Banales aufpumpen (neusprachlich hieße das: »pimp your thoughts«). Ein Phänomen, das übrigens auch in der akademischen Welt anzutreffen ist. Klar, jedes Fachpublikum hat nun mal seine eigenen Insider-Vokabeln und darf sie ja auch haben. Auch die elitäre Fachsprache hat ihre

Berechtigung und ihren Platz im deutschen Sprachraum. Die Frage ist nur, wie weit wir es hierzulande treiben mit diesen linguistischen Parallelgesellschaften. Warum hingegen hören die Leute dem aktuellen Bundespräsidenten Joachim Gauck so gerne zu? Was macht seine Rhetorik aus? Es sind nach meiner Beobachtung drei Dinge: Erstens, die Emotion, also die Verbindung des Emotionalen (Gefühl) mit dem Kognitiven (Verstand), was generell eine gute Idee ist, weil das Emotionale ja als Verstärker und Türöffner für das Sachlich-Inhaltliche wirken kann. Zweitens die Anekdote. Das Erzählen. Das Beispielhafte, das für das Allgemeine steht. Und drittens: Er verwendet fast durchgehend die Ich-Form. Er versteckt sich nie hinter dem selbstdistanzierten Neutrum »man«, das »man« so oft hört, sobald Menschen offiziell werden. Wohin man blickt und hört: Überall sind die »mans« unterwegs. Das »Ich« trauen sich viele nicht.

Beispielhaft war insofern ein Auftritt Gaucks direkt nach seiner Wahl in der ZDF-Sendung *Was nun?*: Da wurde ihm die Frage gestellt, warum Frau Merkel ihn nicht wollte. Heikle Frage, da kann man schnell was Falsches sagen. Seine Antwort: »*Ich* weiß es nicht. *Ich* kann ihr auch nicht hinter die Stirn schauen. *Wir* haben uns aber in die Augen gesehen. Und *ich* weiß: *Wir* können uns vertrauen.« Mit diesem Rhetorikstil, der allein durch die Wahl des Personalpronomens »ich« Offenheit vermittelt, schaffte er es im Laufe des Gesprächs sogar, noch unangenehmere Fragen zu umschiffen.

Wenn wir davon ausgehen, dass Glaubwürdigkeit die wichtigste Währung jedes Politikers ist, dann trauen sich Politiker, finde ich, viel zu selten, Emotionen zu formulieren. Beispiel Angela Merkel. Typisches Zitat von ihr: »Die Wiedervereinigung ist gelingbar und gelungen.« Da wünscht man sich fast Kohls blühende Landschaften zurück! Was eine sehr schöne Formulierung war, sehr plakativ, fast poetisch. Das Problem war nur: Sie kam von Kohl. Und: Die blühenden Landschaften entstanden nicht innerhalb von zwölf Monaten – und längere Zeiträume sind in unserer medialen Welt ja generell nicht vorgesehen.

Normal-Sprech oder Gremien-Sprech

Schlimmer wird diese krampfhafte Versachlichung, wenn es um Themen geht, die Angst machen. Wenn es um Leben und Tod geht. Als amerikanische Militärs in Afghanistan Dörfer bombardiert und dabei auch Frauen und Kinder getötet hatten, sagte der damals amtierende CDU-Verteidigungsminister Franz-Josef Jung in einem Fernsehinterview: »Bei Kampfhandlungen ist darauf zu achten, dass die Zivilbevölkerung nicht einbezogen wird, weil das kontraproduktiv ist.« Diese trockene Sprache lässt die Dinge vielleicht weniger blutig erscheinen, als sie sind. Aber sie überzeugt nicht. Kein Wunder, dass sein Nachfolger Karl-Theodor zu Guttenberg (CSU) allein dafür bejubelt wurde, dass er das Wort »Krieg« in den Mund nahm.

Die oft eigenartig entrückte Politikersprache findet sich übrigens nicht nur bei den etablierten Parteien. Auch das Wahlprogramm der Piraten ist in einem solchen Duktus geschrieben. Etwa beim Thema Urheberrecht, dem Kernthema der Partei: »Die Rückführung von Werken in den öffentlichen Raum ist daher nicht nur berechtigt, sondern im Sinne der Nachhaltigkeit der menschlichen Schöpfungsfähigkeiten von essenzieller Wichtigkeit.« Hilfe!

Was mich umtreibt: Die Selbstverständlichkeit, mit der dieser verkrampfte Gremienstil angewandt wird, eben nicht nur in verschrifteter Form, in Wahlprogrammen, sondern auch in Fernsehinterviews, im *heute-journal*, das dem Politiker doch eine gute Plattform zur politischen Kommunikation mit einem Millionenpublikum bietet. Doch diese Chance bleibt oft ungenutzt. Etwa wenn die ehemalige SPD-Gesundheitsministerin Ulla Schmidt auf meine Frage nach dem wichtigsten Punkt ihrer Reformpläne antwortete: »Das Kernstück des Risikostrukturausgleichs ist der Aufbau von Disease-Management-Programmen und die Einrichtung eines Risiko-Pools für besonders hohe Ausgaben.« Hallo?

Manchmal sind sich Minister wohl auch nicht sicher, ob sie selbst alles verstanden haben, was in ihrem Ministerium vor sich geht. Es geht vielfach um schwierige und hochkomplizierte Themen. Also halten sie sich lieber streng an das, was ihnen die Fachleute aufgeschrieben haben, um nur ja nichts Falsches zu sagen. Etwas Falsches zu sagen und dumm dazustehen, ist für einen Politiker nun mal tödlich. Und natürlich gibt es politische Bereiche, in denen unbedachte oder zu deutliche Aussagen tatsächlich schwerwiegende politische oder wirtschaftliche Folgen haben können. Ein Sponti-Spruch des Finanzministers, und die Börsenkurse brechen ein. Auch Außenminister müssen ihre Worte selbst dann sorgfältig abwägen, wenn sie zu einem inländischen Publikum sprechen. Denn die Vertreter des Auslands hören zu.

Ich glaube gar nicht, dass es immer um bewusste Verschleierungen und Beschönigungen geht, wenn Politiker in Polit-Sprech verfallen. Oft sind das eher Nachlässigkeiten – man hat sich den ganzen Tag mit Fachleuten unterhalten, und dann abends im TV-Interview umzuschalten und normal verständlich zu reden, fällt schwer. Man hat als Spitzenpolitiker wenig Kontakt mit Leuten, die sich nicht mit den gleichen Sachen auskennen. In den Ministerien werden die Minister von Fachleuten »gebrieft«, in Ausschüssen werden Experten angehört. Und so geht es den ganzen Tag weiter. Der Gesundheitsminister zum Beispiel redet ständig mit Vertretern der Pharma-Industrie und mit Ärzten. Bei dem dort verwendeten Fachvokabular wissen alle, worum es geht. Zum Beispiel »Kopfpauschale« oder »Gesundheitsfonds«. Monatelang haben Minister und Fachleute daran gearbeitet und darüber diskutiert. Dass andere Menschen keine Ahnung haben, was damit gemeint ist und wie das funktioniert, können sie sich offenbar nur noch schwer vorstellen.

Typisch ist zum Beispiel ein Schaltgespräch mit unserem CDU-Finanzminister zur Griechenland-Rettung zu dem Zeitpunkt, als Griechenland erstmals Antrag auf Finanzhilfe gestellt hatte. Meine Frage lautete: »Sie haben vor Kurzem noch gesagt: Wir Deutschen können nicht für Griechenlands Probleme zahlen. Aber genau das machen wir doch jetzt, oder?« Darauf Wolfgang Schäuble: »Nein, wir beteiligen uns gegebenenfalls, wenn ein glaubwürdiges Sanierungsprogramm mit dem IWF und der EZB und der Europäischen Kommission vereinbart ist, an einem Kredit der Euro-Gruppe für Griechenland durch die Kreditanstalt für Wiederaufbau.« IWF und EZB und KFW und Euro-Gruppe in einem Satz rauszudonnern – und davon auszugehen, dass jeder direkt weiß, wer da wer ist und welche Aufgaben übernimmt?

Es sind diese kleinen, alltäglichen, unspektakulären Sprachbarrieren, die mich beschäftigen.

In anderer Hinsicht bezeichnend ist es, wenn zum Beispiel Kurt Beck auf einem SPD-Parteitag sagt, man müsse darüber reden, »wie die soziale Dimension des Lebens realistisch und nicht nur illusionistisch in die Zukunft getragen werden könne«. Zu sagen: Wir müssen mal diskutieren, wie viel Sozialstaat wir uns noch leisten können – das würde wohl zu banal klingen. Möglicherweise sprach er aber auch deshalb so, weil er ein Jahr zuvor erfahren hatte, was man lostritt, wenn man als Sozialdemokrat von einem »Unterschichtenproblem« spricht, wobei er den Begriff übrigens eigentlich nur zitiert hatte.

An der Stelle muss ich mich als Medienvertreterin auch fragen, welchen Beitrag wir dazu leisten, dass Politiker so reden, wie sie reden. Nicht falsch verstehen: Der Begriff Unterschicht geht natürlich wirklich nicht. Und es ist bezeichnend, dass ich das jetzt selbst noch mal betonen muss! Auch ich sichere mich also ab, kaum dass ich öffentlich kommuniziere. Aber es ist schon so, dass die Medien sich auf jeden Satz, jedes Wort stürzen, das aus der glattgestrichenen Allgemeinsoße heraussticht. Reden nun Politiker deshalb so vorsichtig – oder ist es umgekehrt: Weil es so wenig authentische Sprache gibt, wird alles, was nach Klardeutsch klingt, quasi zur Sensation?

Am anderen Ende der Skala liegt das, was ich als Pseudo-Authentizität bezeichne. Wenn sich ein Politiker überlegt: Jetzt bin ich aber mal so richtig schön volksnah. Das geht dann gerne auch furchtbar schief. Etwa wenn der SPD-Parteivositzende Sigmar Gabriel im Dezember 2010 den Truppenbesuch des damaligen Verteidigungsministers Guttenberg nebst Gattin in Afghanistan so kommentierte: »Ich finde, da fehlt nur noch Daniela Katzenberger. Dann hätten auch die Soldaten etwas davon.«

Natürlich haben Politiker recht, wenn sie häufig sagen: »Es gibt leider keine einfachen Antworten in einer immer komplizierter werdenden Welt.« Das stimmt. Aber auch das Komplizierte verdient es, in eine klare Sprache gefasst zu werden. Das ist natürlich eine der vornehmsten Aufgaben von Journalisten. Wir sind in dieser Hinsicht Wanderer zwischen den Welten, Vermittler im Prozess der politischen

Kommunikation. Aber wir sind keine Dolmetscher. Politiker müssen sich schon selbst die Frage stellen, wie sie zum Volk sprechen.

Ich würde mir daher wünschen, dass sie häufiger mehr Kommunikation und Transparenz wagen. Mehr deutsche Sprache wagen. Mehr Klartext wagen.

Im Staatstheater: Wie wird Politik inszeniert?

Für Politiker ist es wichtig, ob die Presse positiv über sie berichtet und wie sie im Fernsehen »rüberkommen«. Schließlich erreicht man im Fernsehen auf einen Schlag ein Millionenpublikum. Bei Zeitungen ist das Publikum kleiner, aber Zeitungen haben eine große »Multiplikatorwirkung«. Natürlich beeinflussen sich die Medien auch gegenseitig. Fernsehjournalisten sind eifrige Zeitungsleser und Internetnutzer. Wenn wichtige »Leitmedien« wie die *Bild*-Zeitung, der *Spiegel*, die *Süddeutsche Zeitung* oder die *Frankfurter Allgemeine Zeitung* ein Thema »hochziehen«, wie es im Journalistenjargon heißt, dann beeinflusst das auch die Redaktion des ZDF-*heute-journals*. Umgekehrt schauen Printjournalisten Fernsehen und bleiben davon nicht unberührt (»Wenn die TV-Nachrichtensendungen das so groß fahren, dann steigen wir da auch noch stärker drauf ein«). Ein gut platziertes Interview in der *FAZ* wird aber vom Fernsehen und anderen Medien aufgegriffen, insofern können Politiker Themen sehr gut über eine Zeitung setzen, die nur 150 000 Leser hat, und am Ende damit trotzdem ein Millionenpublikum erreichen. Längst sind auch die Online-Medien dabei ein wichtiger Faktor geworden. Erst hat das Fernsehen die Zeitungen »alt« aussehen lassen, weil das Fernsehen (und erst recht das noch schnellere Radio) aktueller reagieren konnte; inzwischen sind die Online-Seiten den Fernsehleuten voraus. Mit rasch angesetzten »Sondersendungen« kann man versuchen gegenzuhalten; aber im Prinzip ist es so, dass sich Eilmeldungen im Internet schon verbreitet haben, bevor die nächste TV-Nachrichtenredaktion »auf Sendung geht«. Fernsehsendungen müssen sich insofern die gleiche Frage stellen, die sich Zeitungsredakteure schon lange stellen: Womit bieten wir größeren »Mehrwert«? Mehr Hintergrund, bessere Information, mehr Einordnung und beim Fernsehen auch: mehr Bilder. Da kommt dann erneut das Internet ins Spiel: Bei Revolutionen, Kriegen und Naturkatastrophen ist das Internet eine enorm wichtige Quelle geworden. Viele Videos, die wir zum Beispiel aus den Ländern der »Arabellion« oder aus dem Bürgerkriegsgebiet Syrien senden, empfangen wir über Plattformen wie YouTube, in die Bürger ihre teils heimlich gedrehten Aufnahmen einstellen. Sie zu überprüfen, ist dann wiederum eine journalistische Aufgabe, die sehr schwierig sein kann und viel Mühe macht.

Auch Politiker nutzen die »neuen Medien«, um ohne Umweg über die klassischen Medien mit der Bevölkerung zu kommunizieren. Sie twittern, sie facebooken usw. Und das kann auch wieder zu Meldungen führen, die von den anderen Medien aufgegriffen werden.

Ohne uns explizit abzusprechen, beeinflussen wir Journalisten uns also wechselseitig. Mit »Verschwörung« hat das nichts zu tun – man beobachtet sich gegenseitig, man liest und sieht sich, wie normale Bürger das auch tun, und natürlich schaukelt man sich da manchmal auch gegenseitig hoch. Eine beliebte Formulierung in Redaktionskonferenzen ist: »Wie können wir das Thema weiterdrehen?« Heißt: nach neuen Aspekten suchen, nach neuen Blickwinkeln, nach neuen Fakten. Das ist die legitime Aufgabe von Journalisten. Dass das gelegentlich zu komischen Übertreibungen und krampfhaft konstruierten »Weiterdrehs« führen kann, ist allerdings unübersehbar. Als der FDP-Politiker Rainer Brüderle einer Journalistin vom *Stern* bei einer spätabendlichen Unterhaltung am Rande eines Parteitags ungehörig blöd kam, in einem respektlosen Altherren-Jargon, löste das eine bundesweite Debatte über Sexismus im Allgemeinen und im Besonderen aus. So weit, so gut. Der Spruch von Herrn Brüderle über das Dekolleté der Kollegin war in der Tat daneben (sinngemäß: »Ihnen würde ein Dirndl auch gut stehen«) und ließ Herrn Brüderle in keinem guten Licht erscheinen. Dass die *Stern*-Reporterin darüber allerdings erst viel später schrieb, nämlich als Brüderle Spitzenkandidat seiner Partei wurde, offenbart einiges über die Arbeitsweise von Medien. Ein Thema ist eben erst dann ein Thema, wenn es ein Thema ist. Schräg wurde es, als Zeitungen und Fernsehsendungen in ihrer angestrengten Suche nach einem »Weiterdreh« anfingen, internationale Vergleiche über Sexismus anzustellen. Da wurden dann in »Europa«-Sendungen

Berichte anmoderiert unter der Fragestellung: »Wie unterschiedlich sexistisch sind die EU-Länder?« Damit kann man Sendezeit füllen, zumal wenn nicht so viel anderes los ist in der Welt. Und so wurde der Chauvi-Spruch des FDP-Politikers immer weiter »verwurstet« (auch so ein Journalisten-Sprech), bis sich schließlich eine neue »Sau« fand, »die durchs Dorf getrieben wurde«. Man muss mit dem Politiker Brüderle deshalb kein Mitleid haben. Er hat sich diese geballte Aufmerksamkeit durchaus »verdient«, aber so richtig verhältnismäßig war diese Generaldebatte irgendwann nicht mehr.

Nur: Wer sollte dem Einhalt gebieten? Journalisten verabreden sich untereinander nicht, auch wenn ihnen das immer wieder unterstellt wird. Es gibt zu viele von uns in zu vielen Medien – wir führen keine heimlichen Telefonkonferenzen, in denen wir beschließen, diesen oder jenen Politiker mal richtig fertigzumachen. So läuft das nicht. Deshalb können sich Medien umgekehrt auch nicht wechselseitig dazu anhalten, »freundlicher« oder »fairer« zu sein. Ganz selten nur gibt es solche geheimen Verabredungen – und die gehen auf massive politische beziehungsweise behördliche Intervention zurück, etwa wenn es um Leib und Leben entführter Staatsbürger geht, wie weiter oben geschildert.

Der Politiker als »Stimmenmaximierer«

Für Politiker kommt es derweil vor allem darauf an, Botschaften zu vermitteln und an ihrem persönlichen Image zu arbeiten. Was durchaus legitim ist. Politiker sind ihrer demokratischen Funktion nach »Stimmenmaximierer«, so wie Unternehmer »Gewinnmaximierer« sind. Mit dem kleinen Unterschied, dass Unternehmen Werbeagenturen beauftragen. Politiker können das auch – nur sollten die Werber keine Journalisten sein, die für »neutrale« Medien arbeiten. Bei der Frage, wie schwer es ist, als Politiker populär zu sein, gibt es gravierende Unterschiede, je nachdem, in welchem Fachgebiet man sich bewegt. Manche politischen Ämter sind medial dankbarer als andere. Außenminister zu sein, ist zum Beispiel vergleichsweise angenehm. Man redet diplomatisch, man ist für große und wichtige Dinge (Krieg und Frieden) zuständig, ohne selbst derjenige zu sein, der Soldaten ins Ausland schickt (das muss dann der Verteidigungsminister verteidigen), und man ist ständig zu sehen, wie einem andere berühmte und mächtige Menschen höflich und respektvoll die Hand schütteln. Man muss sich als Außenminister auch nicht unbeliebt machen, indem man Steuern erhöht oder im Bundestag rumschimpft – was anderen Ministern nicht erspart bleibt. Man vertritt die Bundesrepublik nur nach außen, was mit einem gewissen Solidaritätsgefühl der Bevölkerung einhergeht (»unser Mann in Moskau«). Außenminister ist also ein sehr »telegenes« Amt, und deshalb waren alle Amtsinhaber, von Genscher über Kinkel und Fischer bis Steinmeier, extrem beliebt in der Bevölkerung. Der aktuelle Außenminister Guido Westerwelle ist eine Ausnahme. Der Sprung von der »niederen« Politik in die »hohe« Diplomatie ist ihm nicht so gut gelungen wie seinen Amtsvorgängern. Was nicht heißt, dass die anderen weniger »niedere« innenpolitische Politik betrieben hätten. Sie taten es allerdings versteckter. Was der beliebte Genscher hinter den Kulissen parteipolitisch so alles veranstaltet hat, bekam die breite Bevölkerung gar nicht mit. Und Joschka Fischer, der ehemalige jugendliche Steinewerfer, »Arschloch«-Rufer und Turnschuh-Minister mutierte in seinem formvollendeten Dreiteiler so derart perfekt zum Diplomaten mit Sorgenfalten und ausgeprägtem Fremdwortvokabular, dass er selbst seinen eigenen Parteifreunden unheimlich wurde. Westerwelle hat diesen Spagat zwischen der Parteipolitik und dem scheinbar parteifernen Amt als höchstem Diplomaten der Republik nicht geschafft, und dass ihn seine eigene Partei als Parteichef abservierte, half natürlich auch nicht. In der Regel läuft es aber anders: Das Amt des Außenministers ist ein Garant für sehr gute Popularitätswerte.

Wie Angela Merkel zur »Miss World« wurde

Die meisten Bundeskanzler waren auf ihre Außenminister gelegentlich ein bisschen neidisch, stahlen ihnen daher auch gerne mal die Show und haben im Laufe der Zeit immer mehr außenpolitische Kompetenzen ins Kanzleramt gezogen. Gerade bei der wichtigen Europapolitik. Helmut Kohl ließ es sich nicht nehmen, die Konditionen der deutschen Wiedervereinigung gegenüber Russland und anderen europäischen Partnern zu formulieren, ohne sich mit dem Außenministerium abzusprechen. Als Kanzler Schröder den Amerikanern mitteilte, dass er »für ein Abenteuer im Irak nicht zu haben sei«, hatte er das vorher nicht mit seinem Außenminister Fischer geklärt. Angela Merkel wiederum hatte ein Händchen dafür, zur »Miss World« aufzusteigen, während ihre Außenminister verblassten. Den ironisch gemeinten Titel »Miss World« bekam sie von Journalisten verliehen, nachdem sie für Deutschland eine ganze Reihe großer internationaler Gipfeltreffen veranstaltet hatte. Das ging eine Weile tatsächlich Schlag auf Schlag, und ständig war sie mit den Mächtigen dieser Welt zu sehen, und alle lobten sie als exzellente Gastgeberin. Merkel und ihre Berater sorgten auch für schöne Fernsehbilder: Für ein Gipfeltreffen an der deutschen Ostsee wurde zum Beispiel ein XXL-Strandkorb hergestellt, der so breit war, dass acht Staats- und Regierungschefs nebeneinander reinpassten. Das war natürlich hübsch und auch lustig, und das Bild wurde in der ganzen Welt gezeigt, alle lachten und sahen nach guter Laune und einem erfolgreichen Gipfeltreffen aus. Und wer saß zufrieden lächelnd in der Mitte? Eine Frau. Angela Merkel.

In anderen politischen Ämtern ist es schwieriger, eine gute Figur zu machen. Vor allem in der Opposition gibt es nicht so viele schöne Bildertermine, bei denen man sich als »Macher« zeigen kann. Man »macht« ja eigentlich auch nichts, sondern meckert die meiste Zeit nur rum. Das ist wichtig in der Demokratie; doch damit Aufmerksamkeit zu erregen und gute Bilder zu produzieren, ist schwieriger, als wenn Kanzler Gummistiefel (oder festes Schuhwerk) anziehen und Flutopfer besuchen (wie im Juni 2013). Und Aufmerksamkeit ist das, was ein Politiker am dringendsten braucht. Man muss »wahrgenommen« werden. Aber die Wahrnehmung durchs Fernsehen kann sehr verzerrt sein. Denn viele Bilder werden inszeniert. Sehr wichtig ist zum Beispiel der Hintergrund, vor dem ein Politiker spricht. Als der schwarze US-Präsidentschaftskandidat Barack Obama bei seinen Wahlkampfauftritten Ansprachen hielt, standen hinter ihm immer viele weiße Fans und applaudierten. Zufall? Wohl kaum. Sein Wahlkampfteam hatte alle Beteiligten entsprechend angeordnet. Die Bildbotschaft lautet: Obama ist zwar schwarz, aber auch die Weißen finden ihn gut. Das ist wichtig in einem Land, in dem es nach wie vor viele Vorurteile wegen der Hautfarbe gibt.

Die Amerikaner sind eh federführend, wenn es um Showeffekte in der Politik geht. Kein Wunder. Sie sind ja auch federführend bei Kino und Fernsehserien. Amüsant fand ich im Frühsommer 2013, den Besuch des frisch gekürten neuen US-Außenministers John Kerry in Berlin zu beobachten. Dass er lang und breit erzählte, wie er seine Kindheit als Sohn eines US-Botschafters im Berlin der Nachkriegszeit erlebt hat und auch ein paar Sätze in Deutsch sagte – geschenkt. Man nimmt ihm gerne ab, dass er ein besonderes Verhältnis zu Deutschland hat, und die Art, wie er das »verkaufte«, war charmant und durchaus »vertrauensbildend«. Immerhin hätte er nach seinem Amtsantritt tatsächlich nicht so frühzeitig nach Deutschland reisen müssen. Da gibt's ja genug andere Länder. Insofern: Thank you for the compliments, Mr. Kerry! Drollig wurde es dann aber, seine Körpersprache zu beobachten. Irgendein Coach muss ihm eingebläut haben, dass er den globalen Führungsanspruch der USA dringend mit entsprechenden Gesten untermalen muss. In jeder, wirklich jeder vom Fernsehen abgefilmten Szene sah man Mr. Kerry mit ausgestrecktem Arm und Zeigefinger neben seinen Gesprächspartnern stehen, Marke »hier geht's lang«. Ich stand im *heute-journal*-Studio, während unser Korrespondentenbericht aus Berlin lief, und musste irgendwann lachen, weil das so auffällig penetrant wurde: die »aktive Gestik« des neuen amerikanischen Außenministers.

»Heißes Herz statt Hose voll«

Vom ehemaligen US-Präsidenten Clinton wird übrigens behauptet, dass er eine spezielle Art hatte, vor laufenden Kameras Hände zu schütteln. Er ergriff, so heißt es, rasch den Arm seines Gegenübers und drückte ihn herunter, sodass seine eigene Hand beim Handshake dominant »oben« war.

Aber auch deutsche Politiker nehmen Einfluss darauf, wie sie abgebildet werden. Sie lassen sich zum Beispiel ungern dabei filmen, wie sie eine Treppe heruntergehen oder im Aufzug »nach unten« fahren. Und von Kanzlerin Merkel heißt es, dass sie es nicht leiden kann, von der Seite gefilmt zu werden, weil sie das unvorteilhaft findet. Helmut Kohl wiederum unterstellte Fotografen und Kamerateams, dass sie ihn bewusst »von unten« abbildeten, was Menschen nicht nur dicker wirken lässt, sondern auch arrogant (»von oben herab«). Da dürfte allerdings ein gutes Stück Paranoia im Spiel gewesen sein, wie oft im Verhältnis zwischen Politik und Medien. Im täglichen Berliner Gewühl mit seiner ständigen Hektik sind Fotografen und Kamerateams oft schon froh, wenn sie überhaupt freie Sicht auf die politischen Protagonisten haben, und knipsen dann hastig, was das Zeug hält. Gestikuliert die Kanzlerin, wird noch eifriger geknipst, weil ein Bild in Bewegung besser ist als ein starres, langweiliges Bild. Mit gezielter Manipulation hat das wenig zu tun. »Interessante« Bilder sind am Ende häufig Zufallsprodukte. Dass sich Kameraleute auf den Boden werfen, weil sie einen Kanzler oder eine Kanzlerin von vornherein »dick« oder »arrogant« aussehen lassen wollen, dürfte eher die Ausnahme sein. Aber wenn man blöde Fotos von sich in der Presse sieht (ist mir selbst auch schon so gegangen), vermutet man schnell alle möglichen Absichten. Bei den Bildredakteuren, die aus der Flut von Fotos auswählen, mag das sogar zutreffen; die suchen halt nach einem »passenden« Foto, das eine Geschichte gut illustriert, auch wenn es völlig aus dem Zusammenhang gerissen ist. Diejenigen, die vor Ort dicht gedrängt nebeneinander stehen und filmen und fotografieren, machen sich darüber allerdings meist weniger Gedanken. Sie legen los, achten auf Licht und Mimik und Gestik und hoffen, dass irgendein »guter Schuss« dabei ist. Und das eine Bild, das entlarvend wirkt, ist meist durch Zufall entstanden, nicht durch bösartige Manipulation.

Auf der anderen Seite bemühen sich Politiker eifrig, »Bilder zu liefern«. Da werden Wahlplakate enthüllt, nur damit Kamerateams das ablichten. So stehen morgens in Berlin drei müde Spitzenpolitiker vor einem Plakat, das nirgendwo sonst in der Republik aufgestellt wird. Um sie herum stehen 50 Kamera- und Fotografenteams und ein paar Volontäre (Journalisten-Azubis), denen von ihrer Redaktion gesagt wurde: »Fahr da morgen früh mal hin und frag, wofür das Ding steht, damit wir einen O-Ton haben.« Keinen begeistert das sonderlich, aber in sämtlichen Nachrichtensendungen tauchen die Bilder von der Plakataktion auf, einschließlich der Politikerzitate.

Es gehören aber auch ganz persönliche Eigenschaften dazu, um im Fernsehen sympathisch zu wirken. Vor allem muss man gut reden können: eher kurze Sätze, eher prägnant, auch witzig sein hilft. Wenn der SPD-Politiker Franz Müntefering sagte: »Besser heißes Herz als Hose voll«, dann verstand jeder sofort, was er meinte. Sein parteiinterner Konkurrent Kurt Beck sprach bei Fernsehauftritten hingegen häufig sehr verschachtelt und etwas unverständlich – und dazu noch mit deutlichem rheinland-pfälzischem Dialekt, was nicht überall in der Republik gut ankommt.

Muss sich ein Politiker also verbiegen? Ein bisschen ja. Aber wenn er sich zu sehr verbiegt, merkt man ihm oder ihr das schnell an, weil alles so auswendig gelernt klingt, was aus dem Politikermund kommt.

Wie jemand wirklich ist, kann man im Fernsehen jedenfalls oft nur erahnen. Man sieht eben doch alles nur aus der Ferne! Es gibt tatsächlich Leute, und nicht nur Politiker, die wirken im Fernsehen supernett und lustig, haben immer ein flottes Sprüchlein auf den lächelnden Lippen. Doch hinter den Kulissen sind sie in Wahrheit gar nicht nett. Andere erscheinen auf dem Bildschirm blass und spröde oder streng, aber wenn man sie persönlich trifft, können das sehr freundliche und lockere Zeitgenossen sein, mit denen man lustig ein Bier trinkt. Sie blühen regelrecht auf, wenn die Fernsehkameras aus sind. Das sollte man immer im Hinterkopf behalten, wenn man über Menschen urteilt, die man nur vom Bildschirm »kennt«… egal, ob Politiker, Schauspieler, Musiker oder Moderatoren: Zwischen Image und Realität, zwischen Schein und Sein können gerade im Fernsehen Welten liegen.

Selbstdarstellung über Twitter & Co

Der eine geht geschickt mit den Medien um, der andere nicht – aber die Spielregeln im klassischen Geschäft (Radio, Print und TV) sind klar und allen bekannt. Inzwischen haben allerdings die sogenannten Neuen Medien ein weiteres Spielfeld eröffnet, auf dem Politiker mehr oder weniger geschickt agieren. Die Bundeskanzlerin meldet sich bereits seit 2006 mit einem wöchentlichen Video-Podcast direkt bei ihren Bürgern. Wobei das zwar einen persönlicheren Eindruck von ihr vermittelt, aber auch keinen direkten Dialog ermöglicht.

Inzwischen verfügen jedoch alle Parteien und viele Abgeordnete über Facebook-, YouTube- und Twitter-Konten, um ihre Botschaften direkt unters Volk zu bringen. Ohne Umweg und Filter sozusagen. Man kann damit eine »Mundpropaganda« starten, ohne von den lästigen »Gatekeepern« aufgehalten zu werden. Gatekeeper – Türhüter – wird die Funktion von Journalisten im Angelsächsischen auch genannt, weil sie entscheiden, was wichtig genug ist, um gedruckt oder gesendet zu werden. Meist sind solche »Twitter-Meldungen« allerdings nicht viel anders als klassische Pressemitteilungen, die per Fax und später per E-Mail in die Redaktionen kamen. Denn richtig »prominent« wird der Twitter-Kommentar eines Politikers oft erst, wenn die anderen Medien ihn aufgreifen. Neu ist aber, dass Politiker mit ihren Twitter-Accounts eigene Communitys pflegen, mit ihnen in direkten Dialog treten, auch mal scheinbar Nebensächliches und Persönliches thematisieren. Wenn sie das authentisch machen und nicht der Eindruck entsteht, dass Pressesprecher vorformulierte Statements absondern, kann das erfolgreich sein. Sich krampfhaft auf »jugendlich« und »modern« zu trimmen, kann aber auch schiefgehen. In jedem Fall haben die neuen Kommunikationsmöglichkeiten das politische und journalistische Geschäft beschleunigt und unberechenbarer gemacht.

Manchmal dringt auf diesem Wege zum Beispiel etwas live aus Sitzungen, was eigentlich noch hätte geheim bleiben sollen. So erfuhr man von der Wahl Joachim Gaucks zum Bundespräsidenten vorab durch die Twitter-Meldung eines Mitglieds der Bundesversammlung. Auch Fotos und Teilnehmerkommentare wurden verschickt. Risiko: Der Wahrheitsgehalt solcher Kurznachrichten ist schwerer erkennbar, oft nehmen Leser sie aber für bare Münze – nach dem Motto: Wenn's öffentlich ist, wird's schon stimmen.

Immer wieder wird inzwischen sogar ein Smartphone- oder zumindest ein Sendeverbot für wichtige politische Sitzungen diskutiert. Aber wer mal versucht hat, einer durchschnittlichen Schulklasse von knapp dreißig Kindern das SMS-Schreiben im Unterricht abzutrainieren, kann sich vorstellen, wie aussichtsreich diese Vorstöße sind.

Nachdem Barack Obama seinen ersten US-Wahlkampf auch mit Hilfe der sozialen Medien gewann, weil es seinen Unterstützern gelang, damit viele junge (Nicht-)Wähler zu mobilisieren, spielt das Internet in deutschen Wahlkämpfen eine größere Rolle. Politiker und Parteien können es sich jedenfalls nicht mehr leisten, das Netz zu ignorieren.

Insider-Vokabeln aus Berlin

Wer sich im politischen Berlin bewegt, also unter Politikern und Hauptstadtjournalisten, sollte ihre Sprache verstehen. Sie benutzen nämlich ein eigenes Vokabular, eine Art Slang. Manche Begriffe findet man dann in Zeitungen oder im Fernsehen wieder. Gut, wenn man gleich weiß, worum es geht! Zugleich kann man dabei eine Menge darüber erfahren, wie Politik wirklich funktioniert!

Alphatier Der Begriff stammt aus der Tierwelt. Alpha ist der erste Buchstabe des griechischen Alphabets – das Alphatier ist der Anführer einer Herde. Häufig männlich, es gibt aber auch weibliche Alphatiere, zum Beispiel die Leitstute einer Pferdeherde. Das Alphatier will führen und schafft es, seinen Willen durchzusetzen. Ein Alphatier duldet keine Nebenbuhler. In der Politik ist es meistens unmöglich, die Karriereleiter weit hochzukommen, wenn man kein Alphatier ist. Dabei scheint es ein Alphatier-Gen zu geben. Manche Menschen sind von klein auf Anführer, im Kindergarten, in der Fußballmannschaft oder bei der Wahl zum Klassensprecher. Fast immer spürt die Mehrheit der Klasse instinktiv sehr schnell, wer überhaupt dafür in Frage kommt und wer nicht. Als typisches Alphatier galt Ex-Kanzler Gerhard Schröder, ein lautstarker Anführer und ziemlicher Macho. Aber auch Frau Merkel ist ein Alphatier, das knallhart seinen Willen durchsetzt und Macht ausübt; sie tut das allerdings in einem anderen Stil, weniger direkt, weniger laut, aber deshalb nicht weniger entschlossen, wenn's drauf ankommt. Interessant ist auch, dass manche Politiker ausdrücklich behaupten, sie seien keine Alphatiere, weil sie dafür angeblich nicht genug Machtwillen und Ehrgeiz hätten. Komischerweise haben das ausgerechnet Politiker wie Horst Seehofer und Christian

Wulff gesagt, von denen man eigentlich genau das Gegenteil annahm, nämlich dass sie sogar extrem ehrgeizig sind. Tun sie vielleicht nur so harmlos? In der Tierwelt kommt es durchaus vor, dass sich zum Beispiel Schimpansen scheinbar zurückhaltend in der Gruppe unterordnen, um im richtigen Moment doch zuzuschlagen und die Führungsposition zu beanspruchen. Jedes Alphatier muss wissen: Zeigt es Schwäche und verliert das Vertrauen der Herde, dann wird es verjagt. Übrigens: Auch unter Journalisten gibt es Alphatiere. Von denen schreiben die Betatiere dann gerne ab.

Agenda-Politik Hat nichts mit »Agenda Setting« zu tun, sondern bezeichnet alle politischen Maßnahmen, die im Zusammenhang mit der Agenda 2010 standen. Das waren Reformen auf dem Arbeitsmarkt und in der Sozialpolitik, die von SPD-Bundeskanzler Schröder und seinen Anhängern durchgesetzt wurden. Sie waren in der SPD sehr umstritten. Die Partei leidet immer noch an der ungeliebten Agenda-Politik. Für Schröder wurde sie am Ende zum Desaster, weil der Eindruck entstand, ausgerechnet ein Sozialdemokrat würde arme Menschen noch ärmer machen. Die meisten Wirtschaftsexperten sind heute der Ansicht, dass die Agenda-Politik richtig war und dem Land insgesamt geholfen hat. Aber da gehen die politischen Meinungen, wie oben ausgeführt, weit auseinander. Und diejenigen, die jetzt weniger Geld haben, können daran natürlich überhaupt nichts gut finden.

Anden-Pakt So heißt eine Clique männlicher CDU-Politiker. 1979, also als junge, noch unbekannte Politiker, machten sie eine gemeinsame politische Reise nach Südamerika. Die Anden sind die längste Gebirgskette der Erde und reichen von Venezuela über Kolumbien, Ecuador, Peru, Bolivien und Argentinien bis Chile. Damals haben die jungen Männer sich auf der Reise so gut verstanden, dass sie beschlossen, weiterhin in Kontakt zu bleiben, sich gegenseitig zu helfen und nie gegeneinander zu kämpfen. Dieser Pakt ist ein Beispiel für Karriere-Netzwerke: Man kennt sich seit Langem und hilft sich. Lange Zeit war der Anden-Pakt fast eine Geheimgesellschaft, man traf sich unter Ausschluss der Öffentlichkeit. Mitglieder sind zum Beispiel der vormalige hessische Ministerpräsident Roland Koch und der ehemalige Bundesverteidigungsminister Franz-Josef Jung, auch Ex-Bundespräsident Christian Wulff gehörte dazu. Auffällig: Von den hoffnungsvollen Anden-Paktern ist in der großen Politik keiner mehr übrig. Sie sahen sich als Konkurrenten zu Merkel – aber die ist sie allesamt losgeworden.

Angie (englisch ausgesprochen: Ändschi). Spitzname von Angela Merkel, den ihre Parteikollegen ihr gegeben haben. Bei Parteitagen (also den großen Konferenzen der Partei) und Wahlkampfauftritten wurde sogar häufig der alte Rocksong »Angie« von den Rolling Stones gespielt, wenn Angela Merkel die Halle betrat. Das ist also »ihr Lied«, das Stimmung machen soll, so wie bei Boxern persönliche Songs erklingen, wenn sie vor einem Kampf in die Halle kommen. Von Leuten, die Angela Merkel nicht mögen, wird »Angie« aber auch bewusst respektlos verwendet, das klingt dann nach »Mädchen«.

Autorisieren Zeitungsinterviews mit Politikern werden »autorisiert«, bevor sie veröffentlicht werden. Während des Gesprächs lässt der fragende Journalist ein Aufnahmegerät mitlaufen, danach setzt er sich hin und verschriftet das, wobei natürlich auch vieles gekürzt wird, damit der Artikel nicht uferlos lang wird oder sich schlecht liest, weil es zahlreiche »Ähs« und »Öhs« gibt, Wiederholungen und nicht zu Ende geführte Sätze, wie das eben so ist in mündlichen Gesprächen. Der Politiker beziehungsweise sein Pressesprecher bekommt diese Schriftform dann zugeschickt, um sie zu autorisieren. Eigentlich heißt das: sie abzusegnen (»Ja, das habe ich wirklich so gesagt«), was dann auch eine Absicherung für den Journalisten ist. Schließlich kann es bei der Niederschrift auch zu Missverständnissen kommen, oder der Journalist hat Antworten sinnentstellend gekürzt. Dagegen soll sich der Politiker noch wehren können, bevor das Interview an die Öffentlichkeit geht. Er kann während des mündlichen Gesprächs auch freier reden, wenn er weiß, dass es noch die Möglichkeit zur Korrektur gibt. Leider hat diese durchaus sinnvolle Praxis dazu geführt, dass viele Interviews von den Politikern und ihren Büros regelrecht umgeschrieben werden, bis sie mit dem ursprünglichen Gespräch kaum noch etwas zu tun haben, sondern glatt und langweilig geworden sind.

Basis-Arbeit So nennen Politiker es, wenn sie sich mit einfachen Parteimitgliedern treffen, zum Beispiel im Ortsverein oder Ortsverband ihrer Partei in ihrem Wahlkreis. Das ist die kleinste, unterste Organisationseinheit einer Partei. Die Politiker versuchen dort »unten« die Basis von den Entscheidungen »oben« in Berlin zu überzeugen und zugleich herauszufinden, was »die Basis« gut findet und was nicht. Schließlich müssen die »unten« später bei Parteitagen zustimmen, wenn wichtige Beschlüsse gefasst werden. Also muss man als hoher Politiker die Stimmung kennen und, wenn nötig, beeinflussen.

BPK Abkürzung für Bundespressekonferenz. Das ist sozusagen der Verein, in dem alle Berliner Parlamentskorrespondenten Mitglied sind. Sie haben sich auch deshalb zusammengeschlossen, um gegenüber der Politik stärker zu sein. So lädt die BPK auch Politiker zu Pressekonferenzen ein – und dann darf nicht der Politiker entscheiden, welche Fragen er beantwortet, sondern die Journalisten führen bei diesen Konferenzen Regie. »Das hat den Vorteil, dass kein Frager benachteiligt wird, dass nach Reihenfolge der Meldung aufgerufen wird, dass die Pressekonferenzen erst zu Ende sind, wenn die letzte Frage gestellt ist, dass kritische und unbequeme Fragen gestellt werden können und beantwortet werden müssen«, erklärte Werner Gößling, acht Jahre lang Vorsitzender der Bundespressekonferenz. Umgekehrt halten sich aber auch die Journalisten in der BPK an gewisse Benimmregeln, und nicht jeder darf einfach so Mitglied werden. Den Konferenzraum der BPK sieht man übrigens oft im Fernsehen, wenn davon die Rede ist, dass ein Politiker »vor die Berliner Presse getreten ist«: Dort sitzen die Berliner Journalisten und schreiben eifrig in ihre Notizbücher, während vorne an einem breiten Tisch der Politiker sitzt und davor die Fotografen. Die Bundespressekonferenz veranstaltet übrigens auch den berühmten Bundespresseball, bei dem einmal im Jahr Politiker und Journalisten miteinander tanzen und feiern und tratschen, ohne dass am nächsten Tag gleich alles in der Zeitung steht. So ein Betriebsausflug muss halt auch mal sein …

Büchsenspanner In früheren Jahrhunderten nannte man Gewehre »Büchsen«. Sie mussten vorbereitet (gespannt) werden, bevor man damit schießen konnte. Das haben bei der Jagd die Jagdburschen für die adligen hohen Herren erledigt. Auf die Politik bezogen bedeutet diese Bezeichnung, dass Parteichefs es anderen überlassen, Informationen gezielt zu streuen oder Gegner scharf zu beschießen, während sie sich selbst scheinbar vornehm zurückhalten. Der Gegner kann übrigens auch aus der eigenen Partei stammen. Die Büchsenspanner zielen vor allem auf die Medien, in denen sie ihre Sicht der Dinge unterbringen möchten. Gerne auch aus dem Hinterhalt, indem sie zum Beispiel heimlich Gerüchte streuen oder jemanden schlechtmachen (zum Beispiel »Unter uns gesagt: Er trinkt ja sehr viel Rotwein und kennt die Aktenlage häufig nicht«). Im extremsten Fall organisieren Büchsenspanner eine regelrechte Treibjagd, bis der Gegner »tot« ist (jedenfalls im übertragenen Sinne).

Durchstechen Eine Information »durchstechen« heißt, dass man Vertrauliches gezielt weitergibt – häufig, um jemandem zu schaden. Später will es dann keiner gewesen sein, und es sieht fast wie ein Versehen aus, dass die Öffentlichkeit davon erfahren hat. Aber tatsächlich steckte Taktik dahinter. Eine Ministerin äußert sich zum Beispiel am Kabinettstisch, und einen Tag später steht in der Zeitung, was sie gesagt hat, dabei war das nie für die Öffentlichkeit vorgesehen. Wenn viel durchgestochen wird, ist das meist ein Zeichen dafür, dass in einer Regierung oder einer Partei reichlich Streit und Misstrauen herrschen. Wer sich gut versteht, hält dicht!

Einfärben In der Regel vergehen einige Jahre, bis es einen Regierungswechsel gibt und eine andere Partei an die Macht kommt. Die CDU hat zum Beispiel mit Helmut Kohl sechzehn Jahre lang regiert. In dieser Zeit wurden in den Ministerien alle wichtigen Posten mit Mitarbeitern und Beamten besetzt, die der CDU nahestanden, also »schwarz« waren. Nach dem Machtwechsel zu Rot-Grün trafen die neuen Minister in allen Ministerien sowie im Kanzleramt auf lauter CDU-und FDP-Leute. Die mögen fachlich gut gewesen sein, kamen aber halt aus der »falschen« Partei. Für einen Minister ist es jedenfalls schwierig, den Mitarbeitern seines Vorgängers zu vertrauen (obwohl es das auch immer wieder gibt, vor allem wenn es sich um gute, erfahrene Fachleute handelt). Also versucht in der Regel jeder Minister, möglichst viele Mitarbeiter auszutauschen gegen Leute aus seiner eigenen Partei. Er »färbt« das Haus um: Aus schwarz macht er rot oder umgekehrt. Das nennt man Einfärben. Im Beamtenjargon bezeichnet man es auch als »reinrassig besetzen«, was aber ein eher übler Begriff ist. Natürlich dauert das Einfärben einige Zeit. Man kann ja nicht alle Leute von heute auf morgen rauswerfen. Und nach dem nächsten Machtwechsel geht das Ganze von vorne los…

Einflüsterer Sind ähnlich wie Büchsenspanner Leute aus der zweiten Reihe, die die Medien mit Informationen füttern, ihnen also etwas »zuflüstern«, um Stimmung zu machen. Damit Politiker gut oder schlecht wirken oder damit über ein bestimmtes Thema viel berichtet wird. Über Schröders Agenda 2010 wurde zum Beispiel im Vorfeld viel geflüstert, so wussten alle Journalisten: Da kommt was Großes. Weil Medien immer scharf auf Informationen sind, die ihnen im vertraulichen »Flüsterton« zugeraunt werden, womöglich noch mit dem Zusatz »Aber sag nicht, von wem du es hast«, ist die Chance groß, dass das Einflüstern klappt. Mit dem Begriff Einflüsterer können aber auch Leute gemeint sein, die einem Politiker nahestehen und ihn beeinflussen, ihm also etwas »einflüstern«. Wahlkampfmanager zum Beispiel sind wichtige Einflüsterer. Aber auch Lobbyisten aus der Wirtschaft sind Einflüsterer, die den ganzen Tag in Berlin unterwegs sind, um Politiker zu beeinflussen. Das tun sie diskret und leise – im Flüsterton eben. Insofern wird in Berlin ständig geflüstert.

Einpeitscher Der Begriff kommt ursprünglich aus dem englischen Parlamentarismus. »Whips« (Peitschen) nennt man im Unterhaus die Mitarbeiter der Fraktionsführer. Sie sorgen dafür, dass die Abgeordneten-Herde zusammenbleibt, damit bei wichtigen Abstimmungen keiner abweicht. Manchmal hilft im Konfliktfall gutes Zureden, damit sich auch ein Hinterbänkler ernst genommen fühlt. Manchmal muss man aber knallhart sein und drohen, also »die Peitsche schwingen«. Die Aufgabe des Einpeitschers haben im deutschen Bundestag die Parlamentarischen Geschäftsführer der Parteien. Sie sind direkt nach dem Fraktionschef die wichtigsten Männer und Frauen im Parlamentsbetrieb, sorgen für Geschlossenheit und bestimmen auch über Tagesordnungen und Rednerlisten. Einfache Abgeordnete müssen sich also mit ihnen gut stellen, sonst kommen sie nicht zum Zuge. Umgekehrt müssen die Parlamentarischen Geschäftsführer aber auch ein Ohr haben für die Sorgen und Vorbehalte der Abgeordneten, damit zum Beispiel ein Bundeskanzler erfährt, was seine Leute im Parlament wirklich über ihn denken.

Fundis gegen Realos Was bei anderen Parteien der »rechte« und »linke« Parteiflügel sind, waren bei den Grünen »Fundis und Realos«. Sie lieferten sich in den achtziger und neunziger Jahren geradezu legendäre Kämpfe. Auf der einen Seite die linken Fundamentalisten (»Fundis«), die auf keinen Fall ihre politischen Ideale für Kompromisse verraten wollten. Auf der anderen Seite die pragmatischen Realos, die der Ansicht waren, dass es klüger ist, seine Ideale der Realität anzupassen. Während die Fundis sich also schwer damit taten, überhaupt bei einer Regierung mitzumachen, weil sie Angst hatten, sich dafür verbiegen zu müssen, fanden die Realos, dass gerade das Mitregieren eine Chance ist, um Dinge zu verändern. Der größte Realo von allen war Joschka Fischer, der so realistisch war, dass sich manche fragten, ob er überhaupt Ideale hatte. Einer seiner Gegenspieler war Jürgen Trittin. Der war zwar nie ein echter Fundi, wurde aber so verrechnet, wenn es um die Besetzung von Posten ging. Vor allem war Trittin immer Fischers persönlicher Konkurrent. Heute spielt der Kampf zwischen Fundis und Realos inhaltlich nicht mehr eine solch große Rolle bei den Grünen, obwohl immer noch darauf geachtet wird, dass es zwei Parteichefs gibt, einen von jeder Richtung. Und dabei immer mindestens eine Frau (zum Beispiel die Fundi Claudia Roth)! Fundis und Realos gibt es übrigens auch bei der Partei Die Linke. Der Linken stehen vermutlich all die Kämpfe noch bevor, die die Grünen bereits hinter sich gebracht haben. Spätestens wenn man irgendwo mitregiert, kann man nämlich gar nicht mehr so richtig voll Fundi sein.

Gerüchteküche Damit ist Tratsch gemeint, nur dass politischer Tratsch meist nicht so harmlos ist wie der Tratsch, den sich Nachbarn oder Kollegen erzählen. Immerhin geht es dabei um Leute, die dieses Land regieren oder regieren wollen. Gerüchte sind wie Salz in der Suppe: Ohne wäre sie fad, doch ist das Salz erst mal drin im Topf, kriegt man es nicht mehr raus. In der Berliner Gerüchteküche kocht und dampft es immer, weil ständig irgendwer irgendwas über irgendwen erzählt. Köche gibt es in der Gerüchteküche unüberschaubar viele. Das Kochen von Gerüchten, der Polit-Tratsch, macht Spaß und kann sehr informativ sein. Wenn die Gerüchteküche allerdings »brodelt«, wird es für die betroffenen Politiker gefährlich. Dann ist schwer was los in der Politik, die Ereignisse überschlagen sich, und die »Meute« ist im Jagdfieber. Es werden alle möglichen Informationen ausgetauscht, die sich zum Teil widersprechen, zum Teil gezielt falsch sind, zum Teil aber auch wahr. Zum Beispiel kocht die Gerüchteküche meist wie verrückt kurz vor möglichen Rücktritten – wie zuletzt denen von Guttenberg oder Annette Schavan.

Giftliste Manchmal müssen sich Politiker entscheiden, etwas sehr Unpopuläres zu tun. Das machen sie sinnvollerweise direkt nach einer Wahl, wenn sie der Wähler dafür nicht gleich bestrafen kann, indem er sein Kreuzchen bei einer anderen Partei macht. Die Politiker beschließen also, dass sie Steuern erhöhen müssen oder »Leistungen kürzen«. Damit sind Subventionen für Unternehmen oder Sozialhilfen für Bürger gemeint, also Geld, das der Staat auszahlt. Die einzelnen Maßnahmen werden dann auf einer »Giftliste« veröffentlicht. Sie heißt so, weil alles, was darauf steht, die Bürger »giftig« macht und Politikern schaden kann.

Girls Camp Als »Mädchenlager« wird leicht spöttisch Angela Merkels engster Beraterstab bezeichnet, der überwiegend aus Frauen besteht. Zu diesen Vertrauten zählen insbesondere ihre Medienberaterin Eva Christiansen und ihre Büroleiterin Beate Baumann. Sie gehören beide zu den einflussreichsten Frauen in der Politik, die aber völlig unerkannt über die Straße gehen können. Dass Angela Merkel so eng mit einer Reihe Frauen zusammenarbeitet, fanden manche Männer in der CDU anfangs sehr beunruhigend. Sie fühlten sich ausgeschlossen. »Girls Camp« war insofern nicht nett, sondern eher kritisch gemeint.

Hausmacht Ein Politiker hat in seiner Partei eine »Hausmacht«, wenn er gut »verdrahtet« ist. Das heißt: Er kennt unheimlich viele Leute gut, er wird von sehr vielen Parteimitgliedern loyal unterstützt und kann sich auf sie im Krisenfall verlassen. Umgekehrt verdanken sie ihm natürlich auch einiges und erhoffen sich von ihm die Durchsetzung ihrer gemeinsamen Ziele und Ansichten. Eine Hausmacht muss man sich aufbauen, die erwirbt man sich nicht über Nacht. Wer keine eigene Hausmacht hat, für den ist es schwer, sich in der Partei durchzusetzen. Deshalb gibt es auch nur selten erfolgreiche Quereinsteiger oder parteilose Minister.

Hinterbänkler Das sind Abgeordnete, die im Bundestag in den hinteren Reihen sitzen, auf einfacheren Stühlen, ohne eigene Tische. Offiziell herrscht im Bundestag zwar freie Platzwahl, aber in den vorderen, komfortableren Reihen sitzen die wichtigen Parteipolitiker, zum

Beispiel die Fraktionschefs. Die sind bei Debatten im Fernsehen zu sehen. Die Hinterbänkler sieht man kaum. Sie sind der Öffentlichkeit eher unbekannt und in der Partei vergleichsweise unwichtig. Doch Vorsicht! Hinterbänkler können sehr unangenehm werden, wenn sie um ihren Sitz im Parlament fürchten, weil die Politik der ranghöheren Politiker nicht erfolgreich ist. Dann setzen sie ihre Parteichefs unter Druck, verweigern sich bei Abstimmungen und Ähnliches. Manchmal sind sie auch so unglücklich mit ihrem Unbekanntsein, dass sie irgendwelche komischen Sachen sagen, nur um von den Medien beachtet zu werden. Das kann peinlich für alle werden. Zum Beispiel schlug mal jemand vor, Mallorca zu kaufen und zum siebzehnten deutschen Bundesland zu erklären. Die Journalisten amüsieren sich und drucken es, die Leser lesen es und amüsieren sich, und vielleicht merken sie sich dabei ja sogar den Namen des Politikers, der das gefordert hat. (Es war der CSU-Politiker Dionys Jobst im Jahr 1993.) Oder auch nicht.

Hintergrund Wenn ein Parlamentskorrespondent sagt: »Ich hab heut Abend einen Hintergrund«, dann meint er damit nicht seine Wohnzimmertapete, sondern ein vertrauliches Treffen mit Kollegen. Politische Journalisten tun sich zusammen und gründen sogenannte Hintergrundkreise. Sie treffen sich regelmäßig und laden zu ihren Treffen Politiker ein. Man verspricht sich gegenseitig, dass alles, was in diesem Kreis besprochen wird, vertraulich bleibt, also nicht in der Zeitung erscheint oder im Fernsehen erzählt wird. Der Politiker kann dann viel offener reden und Sachen sagen, die er sonst nicht sagen würde. Um diese Kreise wird immer eine ziemliche Geheimniskrämerei gemacht, und sie haben ulkige Namen, zum Beispiel »U 30« (weil die Mitglieder bei der Gründung des Kreises noch alle unter 30 Jahren waren) oder »Wohnzimmer« (weil die Treffen immer in den privaten Wohnzimmern der Mitglieder stattfinden, was ungewöhnlich ist). Die meisten Kreise tagen möglichst unbeobachtet in Hinterzimmern von Kneipen. Früher in Bonn hat das mit den Vertraulichkeiten zwischen Politikern und Journalisten sehr gut geklappt, da wurde in den »Hintergründen« tatsächlich ausgepackt und Brisantes erzählt. Die Journalisten wussten dann unheimlich viel, durften es aber nicht schreiben. In Berlin hat sich das geändert. In den »Hintergründen« wird nicht mehr so viel »Geheimes« erzählt, und so haben sie für die journalistische Arbeit etwas an Bedeutung verloren.

Junge Wilde So nannte man in den neunziger Jahren eine Gruppe von jüngeren CDU-Politikern, die weniger konservativ waren und sich auch mal trauten, gegen den mächtigen Parteichef Helmut Kohl aufzumucken. Was ihnen nicht geschadet hat: So wurden die Medien aufmerksam, und sie wurden prominent. Aus einigen Jungen Wilden wurden später Ministerpräsidenten: Peter Müller im Saarland zum Beispiel, Roland Koch in Hessen oder Christian Wulff in Niedersachsen.

K-Frage Abkürzung für die »Kanzlerkandidaten-Frage«, also die Frage, wer sich vor Bundestagswahlen in einer großen Partei durchsetzt und zum Kanzlerkandidaten gekürt wird. Meist konkurrieren darum mehrere Alphatiere. Man versucht übrigens, diese Entscheidung möglichst lange hinauszuzögern. Denn sobald einer offiziell Kandidat ist, wird er vom politischen Gegner in seine Einzelteile zerlegt und bei jeder Gelegenheit scharf angegriffen. Auch kann der Gegner dann seine Wahlkampftaktik auf den Kandidaten abstellen, weil er nun weiß, mit wem er es zu tun hat. Das ist wie mit der Mannschaftsaufstellung im Fußball. Die bleibt ja auch möglichst lang geheim. Die K-Frage stellt sich in der Regel nur Oppositionsparteien. Wer bereits Bundeskanzler ist, wird normalerweise auch Spitzenkandidat im nächsten Wahlkampf.

Kabinettsdisziplin Wer im Kabinett sitzt, gehört zur Regierung und muss die Regierungspolitik auch mitverantworten und kann nicht ständig dagegen stänkern. Das wäre unglaubwürdig. Als Minister am Kabinettstisch muss man mit anderen Ministern Kompromisse schließen, man muss mit dem Finanzminister um Geld verhandeln, kurzum: Man muss realistisch sein und eine gewisse Loyalität gegenüber dem Regierungschef zeigen. Das ist die Kabinettsdisziplin. Für einen Kanzler kann es insofern ein kluger Schachzug sein, einen starken Landespolitiker nach Berlin zu holen, an den Kabinettstisch, um ihn damit zu schwächen. »In die Kabinettsdisziplin einbinden«, nennt man das. Er oder sie kann danach nicht mehr »gegen Berlin« wettern oder lauter Sachen fordern, die nicht bezahlbar sind. Der frühere Ministerpräsident Edmund Stoiber hat das 2005 sehr schnell gemerkt und ist hastig zurück nach Bayern geflüchtet. Zuletzt hat der damalige SPD-Chef Kurt Beck es vorgezogen, Ministerpräsident in Mainz zu bleiben, statt in der Großen Koalition unter Angela Merkel Wirtschaftsminister oder Ähnliches zu werden.

Käseglocke Das sind ja diese Dinger aus Glas, unter denen man Käse luftdicht frisch hält, ohne dass es in der Küche riecht. Mit der »Berliner Käseglocke« meint man, dass Politiker und Journalisten in Berlin wie unter einer Glasglocke quasi luftdicht abgeschlossen aufeinander hocken und die Welt außerhalb kaum noch wahrnehmen. Dass viele Menschen in Deutschland sich überhaupt nicht dafür interessieren, welchen Halbsatz welcher Politiker zu welchem Medienvertreter gesagt hat, können sie sich schwer vorstellen, denn genau das ist ihre Welt. Dort verliert man gerne mal das Gefühl für die Außenwelt. Die Insider kreisen um sich selbst und spielen miteinander ein eigenes Spiel. Ein Spiel, bei dem es um Taktik und Raffinesse geht, um Andeutungen und Wortspiele, und darum, wer am meisten weiß und wer wen am besten kennt. Kluge Köpfe treffen dort aufeinander, die das Weltgeschehen analysieren und sich kenntnisreiche Streitgespräche mit schnellen Wortwechseln liefern. Wer da intellektuell und sprachlich nicht mithalten kann, wird schnell belächelt. Das ist ein bisschen grausam und macht Provinzpolitikern oftmals richtig Angst. Andererseits: Wer das große Rad drehen will, auf der Weltbühne agieren, eine Nation regieren, der muss sich auch in der Berliner Käseglocke zurechtfinden, sonst wird das nix. Alternativ wird auch vom (abgehobenen) »Berliner Raumschiff« gesprochen.

Kettenhunde loslassen Kettenhunde sind bekanntlich aggressive Hunde, die an einer Kette gehalten werden, bis man sie loslässt, damit sie jemanden beißen. Ein Politiker »lässt seine Kettenhunde los«, wenn mit seiner Billigung Parteikollegen lospoltern und über politische Gegner öffentlich böse Sachen sagen. Sie bellen und beißen sozusagen im Auftrag ihres Herrn. Solche Kettenhunde werden manchmal auch als »Wadenbeißer« bezeichnet. Das Herrchen (oder Frauchen) selbst knurrt zufrieden und bleibt während der Keilerei vornehm im Hintergrund.

Koch und Kellner Das ist ein Spruch von Kanzler Gerhard Schröder, mit dem er sein Verhältnis zu seinem Koalitionspartner und Außenminister Joschka Fischer klärte: Er, Schröder, sei der Koch (der bestimmt, was gegessen wird), und der Außenminister sei nur der Kellner (der das Gericht serviert). Er bezog das auch auf die Außenpolitik, in der herrscht nämlich Konkurrenz zwischen Außenministerium und Kanzleramt. Eine Konkurrenz, bei der ein Außenminister meist den Kürzeren zieht. Joschka Fischer, genauso ein Alphatier wie Gerhard Schröder, war über den demütigenden Spruch des Kanzlers natürlich stinksauer. Zumal er wusste, dass Schröder recht hatte: Der Kanzler ist der Mächtigere von beiden.

Mädchen Angela Merkel wurde von Kohl in ihrer Anfangsphase als Ministerin als »das Mädchen« bezeichnet. Tja. Später hat dieses »Mädchen« das Startsignal zu seiner innerparteilichen Entmachtung gegeben. Heute sitzt Merkel im Kanzleramt und wird in der Berliner Politszene »Mutti« genannt. Was durchaus nicht so respektlos gemeint sein muss, wie es vielleicht klingt. Mutti hat schließlich schon manche der quengeligen kleinen Jungs abgestraft oder gar vor die Tür gesetzt. Über Ex-Bundesumweltminister Röttgen hieß es nach dessen Rausschmiss: »Aus Muttis Klügstem wurde Muttis Dümmster.« Daraus kann man die Lehre ziehen: Unterschätze niemals anfänglich blass wirkende Politiker. Das scheinbar naive Mädchen aus dem Osten mit Rüschenbluse und Topfhaarschnitt ist heute die mächtigste Frau der Republik – und landet regelmäßig auf den ersten Plätzen der mächtigsten Frauen der Welt.

Männerfreundschaften Spätestens seitdem Angela Merkel als erste Frau Kanzlerin geworden ist, sind die sogenannten Männerfreundschaften ein bisschen aus der Mode gekommen. Eine berühmte Männerfreundschaft gab es in den achtziger Jahren zwischen CDU-Chef Helmut Kohl und CSU-Chef Franz Josef Strauß. Sie konnten sich auf den Tod nicht ausstehen und inszenierten deshalb stundenlange Spaziergänge, auf denen sie sich angeblich »unter Männern« aussprachen, zum Wohle ihrer Parteien. Da sah man die beiden starken Männer der Union in Freizeitkleidung nebeneinander hergehen und sich scheinbar prächtig unterhalten. Es wurde dabei viel gelacht und Schultern geklopft. Zumindest, solange die Kamera dabei war. Die beiden behaupteten, dass sie eine »Männerfreundschaft« hätten, in der man sich natürlich auch mal haut und boxt, also Konflikte aushält (was Frauen in ihren Freundschaften angeblich nicht so gut können). In Wahrheit wusste längst jeder, dass die zwei Spitzenpolitiker erbitterte Konkurrenten waren. Eine andere Männerfreundschaft war die zwischen den SPD-Politikern Gerhard Schröder und Oskar Lafontaine. Auch sie gingen spazieren und ließen sich zusammen mit ihren Frauen auf einem schönen Aussichtsplatz fotografieren, ebenfalls in Freizeitkleidung und kumpelig lachend. Zwischen sie passe angeblich »kein Blatt Papier«, versicherten sie, so eng seien sie miteinander. Tatsächlich waren sie damals schon Feinde. Die Idee war, dass Schröder Kanzlerkandidat ist, weil er mehr Wähler überzeugt, und Lafontaine Parteichef, weil die Sozialdemokraten ihn lieber mögen. Lafontaine bekam nach der Wahl den zweitwichtigsten Posten im Kabinett – er wurde unter Schröder Finanzminister. Nach kurzer Zeit warf er aber das Handtuch, verließ auch die Partei und stieß damit alle Sozialdemokraten, die ihn so gern gemocht hatten, böse vor den Kopf. Manche meinen, dass Oskar Lafontaine Jahre später nur deshalb eine neue Partei gegründet hat, weil er sich an Schröder persönlich rächen wollte. Letztlich schadete er damit nicht mehr Schröder, sondern der ganzen SPD, deren Chef er selbst mal war. Lafontaine versicherte natürlich, dass er das nur aus politischer Überzeugung tue. So oder so: Von Männerfreundschaften in der Politik ist meist nicht viel zu halten.

Mehrheiten »organisieren« Das ist die wichtigste Aufgabe jedes Politikers. Und insbesondere ist es eine ständige Aufgabe für die Einpeitscher der Regierungsparteien. Sie müssen zusammen mit den Fraktionschefs dafür sorgen, dass bei Abstimmungen über Gesetze genug Abgeordnete anwesend sind und zustimmen. Das kann manchmal ziemlich schwierig sein, denn Abgeordnete sind nicht nur Stimmvieh, die zu allem brav Ja sagen. Manchmal muss man innerhalb einer Koalition auch Deals machen: »Ihr stimmt bei Gesetz X zu, weil das für unsere Partei wichtig ist, und dafür bekommt ihr im Gegenzug demnächst das Gesetz Y, das ihr euch so wünscht, da machen wir dann mit.«

Meute Herablassend gemeinter Begriff für Journalisten, die in Berlin politischen Informationen oder auch nur Gerüchten hinterherjagen.

Neue Mitte Wahlkampfslogan der SPD im Bundestagswahlkampf 1998, den sie gewann – so wie vorher der sozialdemokratische Brite

Tony Blair die jahrzehntelange Vorherrschaft der britischen Konservativen beendet hatte. Schröder hat ihm das ein bisschen nachgemacht. In England hieß das »der dritte Weg«, *the third way*. Blair meinte damit eine politische Richtung, die weder kapitalistisch noch sozialistisch sein sollte. Als Spitzenkandidat der britischen Labour-Partei (übersetzt: Arbeiter-Partei) bewegte er seine Partei damit weg von sehr linken, sozialistischen Positionen auf einen dritten Weg. In eine Neue Mitte sozusagen. Mitte klingt immer gut, Mittelweg (dritter Weg) auch: von allen Seiten das Beste, etwas Neues, aber nichts Extremes. Die meisten Menschen sehen sich gerne in der Mitte. Auch SPD-Spitzenkandidat Gerhard Schröder drückte seine Partei politisch mehr nach rechts, also mehr in Richtung Mitte, und machte sie damit für bürgerliche, konservativere Wähler wählbar. Er tat das vor allem aus der Überzeugung, dass Wahlen »in der Mitte« gewonnen werden. Dass man also nur erfolgreich sein kann, wenn man nicht nur für linke Wähler, sondern für alle wählbar ist. In der Neuen Mitte sollten die Sozialdemokraten etwas marktwirtschaftlicher und reformfreudiger werden und sich stärker am Gedanken der Leistungsgesellschaft orientieren. Heute ist bei der SPD von der Neuen Mitte keine Rede mehr. Tony Blair wiederum hat in Großbritannien einen Nachahmer bei der konservativen Partei gefunden. Der heutige Premierminister David Cameron schob seine konservative Partei deutlich nach links. Mehr zur Mitte also.

O-Ton Abkürzung für »Original-Ton«, ein aufgenommenes Statement in Fernsehen oder Radio, wie ein direktes Zitat in einem Zeitungsartikel. Um die O-Töne herum textet der Journalist seinen Bericht beziehungsweise belegt, garniert oder würzt ihn mit den Aussagen von Politikern, Experten, Bürgern, Zeitzeugen etc., die gegebenenfalls auch als O-Töne zu Wort kommen. Üblicherweise wird in einem Fernseh- oder Radiobericht abgewogen zwischen den O-Tönen (man hört jemanden original reden) und den Texten, Erklärungen und Kommentaren, die der Journalist spricht. O-Töne sind zum einen authentische Dokumente (»So hat der das wirklich gesagt«), zum anderen wirken sie belebend und sind deshalb auch ein stilistisches Mittel, um einen Bericht abwechslungsreich zu gestalten.

Pakete schnüren Wenn ein politischer Kompromiss gefunden werden muss, dann macht man das häufig, in dem man »ein Paket schnürt«. Das ist natürlich nicht wörtlich gemeint, niemand hantiert mit Kartons und Paketschnur. Sondern im übertragenen Sinne: Man verbindet zum Beispiel zwei Gesetzesvorhaben miteinander. Man macht an einer Stelle ein Zugeständnis und bekommt dafür an anderer Stelle eine Gegenleistung. Beide Parteien bekommen damit etwas, und beide müssen zugleich etwas akzeptieren, was ihnen nicht gefällt. Über beides wird gleichzeitig abgestimmt, man stimmt also für ein »Paket«, und so kommen Gesetze durch, die einzeln nicht akzeptiert worden wären, weil es dafür keine Mehrheit gegeben hätte.

Parteifreund In der Politik nennt man ironisch gern folgende Steigerung: »Freund, Feind, Parteifreund«. Also: Die Parteifreunde heißen nur Freunde, sind in Wahrheit aber oft die schlimmsten Feinde. Innerhalb einer Partei gibt es nun mal Konkurrenz um die wichtigsten Posten. Während man mit Gegnern anderer Parteien offen streitet und konkurriert, muss man das innerhalb einer Partei anders machen: verdeckt und die Form wahrend. Man kann zu einem Parteikollegen nicht öffentlich sagen: Du bist ein Idiot, ich kann das alles besser! Damit würde man der gesamten Partei schaden, sozusagen die eigene Familie beleidigen, und nach außen wirken wie ein zerstrittener Haufen. Also wird nicht offen gekämpft, sondern es wird intrigiert. Manchmal fallen sich dann auch Leute in den Rücken, die sich zugleich öffentlich den Anschein geben, bestens miteinander zu können. Parteifreunde sind in der Regel nun mal keine echten privaten Freunde, sondern in erster Linie Arbeitskollegen. Und bei denen hört die Freundschaft bekanntlich auch schnell auf, wenn es darum geht, wer eine Gehaltserhöhung bekommt oder wer seinen Job verliert. In welcher Tonlage manchmal innerparteilich geredet wird, wurde zum Beispiel überdeutlich, als der ehemalige baden-württembergische CDU-Ministerpräsident Stefan Mappus einen Deal mit dem Energiekonzern EnBW einfädeln wollte. Bei diesem Geschäft wurde er von einem guten Freund beraten, dem damaligen Deutschland-Chef der Investmentbank Morgan Stanley. Die E-Mails, die zwischen den beiden und Dritten hin- und hergingen, wurden später öffentlich. Darin finden sich Sprüche wie »Mappus kann Angela mit seinen Truppen töten«. Der Bankchef meinte damit, dass der Ministerpräsident mit seiner Landes-CDU eine gewichtige Anzahl von Delegierten auf dem Bundesparteitag stellt, also großen Einfluss auf die Bundespolitik und die Kanzlerin hat. Auch wenn das die Worte des Banker-Freundes waren und nicht Mappus' eigene – ungefähr so geht es durchaus zu, wenn »Parteifreunde« übereinander reden.

Manche Politiker behaupten, dass es in der Politik überhaupt keine Freundschaften gibt. Andere sind auch privat mit »Parteifreunden« befreundet – oder sogar mit Mitgliedern anderer Parteien. Man kann sich nämlich durchaus mögen, auch wenn man politisch unterschiedliche Meinungen vertritt! So wohnten in Bonn zum Beispiel ein Grüner (Cem Özdemir) und ein FDP-Politiker (Mehmet Gürcan Daimagüler) zusammen in einer WG. Und die Brüder Bernhard Vogel (CDU) und Hans-Joachim Vogel (SPD) machten in gegnerischen Parteien Karriere, ohne dass daran der Familienfrieden zerbrach.

Salon-Sozi Spöttisch gemeinter Begriff für einen sozialistischen oder sozialdemokratischen Politiker, der gern besonders radikal linke Positionen vertritt, zugleich aber auch in der High Society eine gute Figur macht, sich also in den schicken Wohnzimmern (»Salons«) gut situierter Leute wohlfühlt, dort mühelos mit Unternehmern und Managern plaudert, ganz selbstverständlich genauso teure Anzüge trägt wie sie und Champagner trinkt. Manche finden, dass das nicht zusammenpasst, und nennen solche Politiker deshalb »Salon-Sozi«. Als die Linkspartei-Politikerin Sahra Wagenknecht, die besonders überzeugt kommunistisch auftritt und ständig die Ungerechtigkeiten des Kapitalismus anprangert, dabei »ertappt« wurde, wie sie in einem französischen Luxusrestaurant Hummer verzehrte, hatte sie allerdings eine schlagfertige Antwort parat: »Ich kämpfe für eine Gesellschaft, in der alle Menschen Hummer essen können.« Ach so. Na dann. Die Fotos waren ihr trotzdem so unangenehm, dass sie sie gelöscht haben wollte.

Schwergewicht Leute, die etwas zu sagen haben, die wichtig und einflussreich sind. Mit ihrem Körpergewicht hat der Begriff nichts zu tun, auch kleine, dünne Menschen können politische Schwergewichte sein.

Seeheimer Kreis In jeder Partei und vor allem in den großen Volksparteien gibt es verschiedene Flügel und Gruppen. Leute, die sich nahestehen und eine ähnliche Auffassung haben, kleine Vereine innerhalb des großen Vereins sozusagen. In der SPD gibt es seit vielen Jahrzehnten eine Gruppe Parlamentarier, die sich »Seeheimer Kreis« nennen. Sie sind eher rechts, also konservativer als andere SPDler, und achten zum Beispiel darauf, dass die Sozialdemokraten vom linken Parteiflügel die Realitäten der Marktwirtschaft nicht ganz aus den Augen verlieren. Wie jeder Verein pflegen die Seeheimer bestimmte Rituale, man trifft sich in bestimmten Kneipen, macht jeden Sommer ein Spargelessen und Ähnliches. Es gibt noch andere solcher Cliquen innerhalb der SPD, zum Beispiel die »Netzwerker«, zu denen sich eher jüngere SPDler zusammengeschlossen haben, und die »Parlamentarische Linke«. Der Name »Seeheimer Kreis« kommt daher, dass sie in den späten siebziger Jahren regelmäßig in einem Gebäude in dem hessischen Ort Seeheim tagten.

Seilschaft Der Begriff stammt eigentlich aus dem Klettersport und bezeichnet Bergsteiger, die zur Sicherheit mit einem Seil verbunden sind – jeder hilft dem anderen. In Wirtschaft oder Politik werden persönliche Beziehungen oft »Seilschaft« genannt. Grundlage solcher Netzwerke kann Sympathie sein, in der Regel geht es aber um ein gemeinsames Interesse, nämlich das Interesse, nach oben zu kommen. Meist handelt es sich um Gruppen von Leuten, die sich irgendwann angefreundet haben und sich seitdem helfen, ihre Karrieren voranzutreiben. Wie am Berg kann eine Seilschaft auch in der Politik riskant sein, denn wenn einer strauchelt, wird es für alle gefährlich. In der Politik werden Seilschaften heikel, sobald sie öffentlich werden, zum Beispiel im Zuge eines Skandals. Sie funktionieren also am besten, solange sie sich im Stillen die Hände reichen.

Sommerloch Das Sommerloch ist ein Problem für Journalisten und eine Chance für unbekannte Hinterbänkler. Während der Parlamentsferien im Sommer gibt es nur wenige innenpolitische Nachrichten. Es gibt keine Parlamentsdebatten, keine Kabinettssitzungen, keine Parteitage. Der ganze Bereich »Innenpolitik« ist leer: ein Loch eben! Zeitungen und Fernsehsender möchten aber nicht nur über andere Länder berichten, sondern auch über Innenpolitik, und überlegen angestrengt, wie sie die nachrichtenarme Sommerloch-Zeit überbrücken können. Zum Beispiel mit Sommerinterviews. Dafür reisen Journalisten an die Urlaubsorte von Politikern, die auf diese Weise bequem die Chance haben, sich bürgernah darzustellen und ausführlicher als sonst zu Wort zu kommen. Das nutzt also beiden, dem Politiker und den Medien. Manchmal kann man das Sommerloch auch mit dem Ungeheuer von Loch Ness füllen, das immer dann auftaucht, wenn auf der Welt sonst nichts los ist. Oder mit Krokodilen, die angeblich im Rhein gesichtet wurden. Oder mit Forderungen nach einer Ehe auf Zeit, die alle sieben Jahre automatisch geschieden wird (das war ein Vorschlag der bayerischen Politikerin Gabriele Pauli). Manchmal leiden deutsche Politiker aber auch unter den Sommerlöchern in anderen Länder: Nach deutschenfeindlichen Sprüchen des italienischen Tourismus-Staatssekretärs sah sich Kanzler Schröder 2003 gezwungen, den eigenen Italien-Urlaub abzusagen. Mit schönem Dank ans Sommerloch!

Sponti Mit Spontaneität hat das nur bedingt zu tun. Nicht jeder Sponti ist tatsächlich auch ein spontaner Mensch! Der Begriff kommt aus den siebziger Jahren. Einige der sogenannten Achtundsechziger wurden Spontis genannt, weil sie darauf setzten, dass sich das Volk »spontan« und »massenhaft« zu einer linken Revolution versammeln würde. Wegen dieser Spontaneität würde man keine Partei brauchen, um den Kommunismus einzuführen. Bekannt wurden die Spontis vor allem durch ihre lustig-absurden Sponti-Sprüche, mit denen sie auf sich aufmerksam machten, zum Beispiel: »Gestern standen wir noch vor einem Abgrund. Heute sind wir schon einen großen Schritt weiter.« Rückblickend wurde der Begriff »Spontis« dann verallgemeinert und meint Leute, die damals an Demos und Straßenkämpfen teilnahmen. Die Achtundsechziger sind heute Senioren; aber als sie jung waren, haben sie Westdeutschland tatsächlich schwer aufgemischt, mit Studentenrevolten, wilden Wohngemeinschaften usw. Sie waren für mehr Freiheit, wollten das Spießertum der fünfziger Jahre beenden und warfen ihren Eltern vor, sich nicht ehrlich mit der Nazi-Vergangenheit auseinanderzusetzen. Deshalb waren sie sehr links, viele träumten vom kommunistischen Paradies, auf jeden Fall wollten sie die Welt verbessern. Die Achtundsechziger waren ein bisschen so wie heute die Globalisierungsgegner. Nur dass Deutschland damals nicht ansatzweise so liberal war wie heute und der Protest der jungen Leute insofern richtig riskant war. Die Straßenkämpfe damals waren tatsächlich Revolten und nicht nur Ritual. Auf den Studentenführer Rudi Dutschke wurde sogar ein Attentat verübt. Aus einigen Spontis wurden später Terroristen der RAF, die noch bis in die achtziger Jahre hinein Politiker ermordete. Andere Achtundsechziger hingegen wurden selbst Politiker. Der Ex-Sponti Joschka Fischer zum Beispiel schaffte es bis zum Außenminister. Auch wenn »Sponti« hier jetzt eher lustig klingt: Die Achtundsechziger haben in unserer Gesellschaft insgesamt zu einem spürbaren Wandel beigetragen, etwa zu größeren persönlichen Freiheiten, weniger Autoritätsgläubigkeit, einer weniger strengen Kindererziehung, mehr Gleichberechtigung von Frauen etc. Große Protestbewegungen hinterlassen immer Spuren, auch bei jenen, die sie erbittert bekämpften. Andererseits findet auch nicht jeder den angestoßenen gesellschaftlichen Wandel nur segensreich.

Störfeuer Immer wenn man denkt, jetzt ist Ruhe in der Partei (oder Koalition), kommt wieder einer um die Ecke und äußert laute Kritik oder fordert etwas, womit Verhandlungen erschwert werden. Das ist lästig, das ist störend – ein Störfeuer eben. Solche Störfeuer verhindern zum Beispiel, dass ein politischer Kompromiss geschlossen werden kann. Dahinter stehen oft Machtkämpfe: Die Störenfriede wollen verhindern, dass bestimmte Leute Erfolg haben. Hinter dem angeblichen Störfeuer können aber auch ernsthafte inhaltliche Bedenken stehen. »Jetzt muss Schluss sein mit den ewigen Störfeuern«, ist insofern auch eine beliebte Parole, um Kritiker abzuwürgen. Damit erweckt man den Eindruck, die »Störer« würden der ganzen Partei schaden oder einer anderen großen Sache und sollten deshalb besser still sein.

Testballon steigen lassen Man lässt einen Testballon steigen, um zu sehen, wie der Wind steht. Auf die Politik bezogen heißt das: Man will ausprobieren, wie eine Meinung, ein Thema, eine Person, eine Idee oder eine Strategie ankommt. Dafür sucht man sich ein paar Journalisten und setzt die Sache in Umlauf. Mal sehen, wie die Reaktionen ausfallen. Was sagen Parteifreunde dazu, was sagt der politische Gegner dazu, was schreiben die einflussreichsten Journalisten in ihren Kommentaren? Wichtig ist, dass das Thema zunächst nicht »zu groß gefahren wird« und man ein bisschen vage bleibt. Schließlich soll es ja nur ein Test sein. Kommt etwas gut an, dann lohnt es sich, daraus zum Beispiel ein richtiges Wahlkampfthema zu machen oder ein konkretes Gesetzesvorhaben auf den Weg zu bringen.

Unter drei »Unter drei« ist eine Verabredung, die Politiker und Journalisten miteinander treffen können. Wenn der Politiker sagt: »Wir reden unter drei«, dann heißt das so viel wie: »Ich erzähl euch das jetzt nur, wenn ihr versprecht, dass ihr es nicht weitererzählt. Wenn ihr euch nicht daran haltet, erzähl ich euch nie wieder was!« »Unter drei« bedeutet, dass man kein Wort schreiben oder senden darf über das, was man da erzählt bekommt. Die Info ist nur für den Hinterkopf gedacht, um eine Situation besser einschätzen zu können, aber nicht für die Öffentlichkeit. »Unter drei« wird zum Beispiel oft in Hintergrundkreisen geredet. Eine andere Verabredung lautet »Unter zwei«. Dann darf man alles schreiben oder im Radio erzählen, man darf nur nicht verraten, von wem man es hat. In diesen Fällen wird gerne auf sogenannte Regierungskreise verwiesen, oder der Journalist sagt, »wie ich aus dem Ministerium erfahren habe«, ohne Namen zu nennen. Das macht ein Politiker, wenn er zwar will, dass Dinge geschrieben werden, aber nicht als die Quelle dafür genannt werden möchte. Schließlich gibt es noch die Sprachregel »Unter eins«. Das ist der Normalfall, so geht es in jeder Pressekonferenz zu – außer es wird anders angekündigt. Alles, was gesagt wird, ist offen gesagt und darf so auch berichtet werden.

Die Bezeichnungen gehen zurück auf Paragraf 16 der Statuten der 1949 gegründeten Bundespressekonferenz (BPK), der Organisation der rund 900 bundespolitischen Korrespondenten in Berlin und Bonn. Die Mitteilungen auf den Pressekonferenzen erfolgen unter 1. zu beliebiger Verwendung, oder unter 2. zur Verwertung ohne Quelle und ohne Nennung des Auskunftgebenden, oder unter 3. vertraulich. Diese Trennung in eins, zwei, drei wurde schon im Ersten Weltkrieg verwendet, als es darum ging, die Journalisten über den Kriegsverlauf zu informieren. Sie hat Vor- und Nachteile. Einerseits ist es ja gut, wenn man »Geheimnisse« erfährt. Man sieht dann manches mit anderen Augen und weiß, was wirklich los ist hinter den Kulissen. Andererseits werden Journalisten mit solchen Vertraulichkeiten auch manipuliert. Denn unter dem Siegel der Verschwiegenheit kann man ihnen natürlich auch alles Mögliche erzählen, um sich selbst in ein gutes Licht zu setzen und die Meinung des Journalisten zu beeinflussen. Außerdem ist es als Journalist blöd, wenn man über vieles Bescheid weiß, aber nichts davon den Wählern erzählen darf. Dann ist man selbst zwar schlau, aber die Bürger bleiben ahnungslos. Und zu guter Letzt darf man nicht vergessen, dass dieses »Wir reden jetzt mal vertraulich« auch eine eigentümliche Form von Nähe schafft. Es schmeichelt natürlich ein bisschen, wenn ein wichtiger Politiker mit einem ein Glas Wein trinkt und einen ins Vertrauen zieht. Doch Nähe und Eitelkeit sind gefährliche Gefühle. Als Journalist sollte man sich von ihnen fernhalten.

Zurückrudern Wenn Politiker etwas gesagt oder getan haben, was ihnen heftige Kritik einbringt, dann müssen sie abwägen, ob sie trotzdem bei ihrer Haltung bleiben, oder ob es klüger ist, nachzugeben. In diesem Fall korrigieren sie sich in den darauffolgenden Tagen: Sie seien »falsch verstanden« worden, sie hätten sich »missverständlich ausgedrückt«, man könne das natürlich auch »in abgeschwächter Form« durchdenken usw. Im Politjargon nennt man das »Zurückrudern«. Man rudert sozusagen ans sichere Ufer zurück, nachdem man sich zu weit vorgewagt hat. Das ist zwar immer ein bisschen peinlich für den Zurückruderer, aber letztlich besser, als mit einem leckgeschlagenen Kahn unterzugehen.

Europa – Harmoniesuche im Konzert der Nationen

Muss man als guter Demokrat für den Euro sein?

Nö. Müssen tut man gar nichts. Den Euro einfach zum Tabu zu erklären, damit unangenehme Diskussionen gar nicht erst aufkommen, kann nicht die Lösung sein. Zwar sind laut aktuellen Umfragen immer noch über 60 Prozent der Deutschen für den Euro, aber die anderen 40 Prozent, die dagegen sind oder keine Meinung haben (»weiß nicht«), sind ganz schön viele. Man wird sie nur schwerlich überzeugen, indem man Entscheidungen als »alternativlos« bezeichnet, um heikle Debatten abzublocken. Es ist im Übrigen keineswegs so, als sei jeder, der den Euro in Frage stellt, auch gegen Europa. Viele Euro-Gegner argumentieren genau umgekehrt: Sie befürchten, dass die gemeinsame Währung der EU schadet. Auch mir macht es Sorgen, wenn ich sehe, dass auf griechischen Straßen deutsche Fahnen verbrannt werden. Führt die Euro-Krise zu einem neuen Nationalismus in Europa, zu einer neuen Deutschfeindlichkeit? Treibt uns die gemeinsame Währung eher auseinander, als dass sie uns zusammenhält? Es sind jedenfalls keine angenehmen Zeiten, in denen wir Europäer im Moment leben, und vielleicht sind es sogar gefährliche Zeiten, die rückblickend im Geschichtsbuch ein großes Kapitel bekommen könnten unter der Überschrift: »Der Zusammenbruch der Europäischen Union«. Bei dieser Vorstellung stehen mir allerdings die Haare zu Berge – weil ich überzeugte Europäerin bin, wie man so schön sagt. Das will ich hier ganz ausdrücklich voranstellen – Journalisten sollen natürlich möglichst distanziert und unparteiisch über Themen berichten, und das wird hoffentlich auch in diesem Kapitel so sein. Aber Journalisten sind keine neutralen Wesen, die objektiv über den Dingen stehen. Als Buchautoren schon mal gar nicht. Insofern sei klipp und klar gesagt: Ich bin für Europa und die EU. Und ich glaube auch, dass viel dafür spricht, den Euro zu behalten.

Grundsätzlich sehe ich die europäische Integration als einen Wert an sich, als etwas so Wichtiges und Gutes, dass ich dafür auch nicht jeden Cent umdrehen und alles nur nach »Effizienz-Kriterien« bewerten würde wie ein Controller. Es gibt ja diesen schönen Witz darüber, wie Unternehmensberater die Wirtschaftlichkeit eines Orchesters analysieren und als Erstes die Frage stellen: Wozu braucht ihr denn zehn Geigen, reicht nicht auch eine? Das Europäische Konzert ist vielleicht kein Liebhaberprojekt für Effizienz-Fanatiker. Ob die europäische Idee bei Ökonomen immer bestens aufgehoben ist, kann man deshalb durchaus bezweifeln – und das sage ich, obwohl ich selbst Volkswirtin bin. Natürlich kann man ein solches politisches Projekt nicht gegen jede wirtschaftliche Vernunft durchpeitschen, koste es, was es wolle. Aber die Wahrheit liegt meist im Graubereich und ist eben nicht schwarz oder weiß. Das gilt auch für den Euro, seine Segnungen und seine Probleme. Als die Einführung des Euro vorbereitet wurde, Mitte der neunziger Jahre, war ich gerade in der Schlussphase meines Studiums. Viele Finanzwissenschaftler warnten damals vor dem Euro-Konstrukt, damit haben wir Studenten uns lang und breit beschäftigt. Und man muss aus heutiger Perspektive leider sagen: Die Skeptiker haben in vielen Teilen recht behalten. Erst sah es ja so aus, als würde alles super laufen, der Euro wurde sogar zu einer richtig starken Währung (und ist es übrigens insgesamt immer noch!). Aber jetzt in der Krise bewahrheiten sich viele Warnungen.

Die interessante Frage ist, ob das im Umkehrschluss heißt, dass man die Probleme am besten löst, indem man das Kind mit dem Bade ausschüttet, also die Zeit zurückdreht, als sei nichts gewesen. Ich persönlich glaube, dass das ein Fehler wäre. Entscheidungen rückgängig zu machen, ist schwerer, als etwas neu einzuführen. Heiraten ist leichter, als sich wieder scheiden zu lassen, das hinterlässt Wunden. Und die wenigsten heiraten später denselben Partner noch mal. Ist der Euro erst mal tot, stirbt weit mehr als eine Währung. Trotzdem sollte man sich mit der Frage, ob es nicht besser wäre, den Euro wieder abzuschaffen, ernsthaft beschäftigen, und das versuche ich im Verlauf dieses Europateils auch – in den Grenzen eines Buches, das keine volkswirtschaftliche Abhandlung für ein Fachpublikum sein soll.

Mir geht es darum, Argumente gegenüberzustellen und die wichtigsten Probleme anzureißen. Probleme gibt es gerade reichlich, und doch bin ich überzeugt, dass wir Europa nicht nur aus aktuellem Frust heraus betrachten sollten. Auch wenn die europäische Politik tatsächlich manchmal sehr frustrierend sein kann.

Meine erste richtige Anstellung als frischgebackene Journalistin Ende der neunziger Jahre war ein Korrespondentenposten in Brüssel, damals für das Fernsehen der Deutschen Welle. Ich bin dort mit großer Euphorie hingekommen – schließlich hatte ich ein besonderes Interesse für Europa, hatte mich in meinem Studium intensiv mit der EU beschäftigt und es während eines Auslandsjahrs an einer englischen Uni sehr genossen, mit vielen europäischen Kommilitonen gemeinsam zu studieren (und zu feiern). Mich musste die EU also nicht überzeugen, ich war schon voll dabei. Und ich dachte auch, dass ich eine Menge wüsste über die Arbeitsweise der europäischen Institutionen.

Meine ersten Monate in Brüssel waren dann allerdings ernüchternd. Will sagen: Ich verstand erst mal nur Bahnhof. Klar, wenn man sich an einem neuen Arbeitsplatz einrichtet, muss man erst mal viel lernen. Aber dass ich bei den Pressekonferenzen im Gebäude der Europäischen Kommission so wenig verstehen würde, damit hatte ich nicht gerechnet. Das war mir zuvor als journalistischem Neuling in Bonn nicht so gegangen. In Brüssel hingegen kam es mir anfangs vor, als sei ich in China: Keine Ahnung, worüber die da reden.

Die vielsprachigen Fachbegriffe und Abkürzungen flogen hin und her. Ich hatte das Gefühl, in einem Geheimclub gelandet zu sein, der eigene Sprachregeln und Rituale hat, die ich zunächst überhaupt nicht durchschaute. Auch wirkte die Europäische Kommission auf mich wie eine Festung, in die man schwer eindringen kann. Damals handelte es sich allerdings noch um die berüchtigte »Santer-Kommission«, die später in einem Korruptionsskandal unterging, den ich als Brüsseler Korrespondentin noch ein Stück begleiten konnte. Dass wir damals heimlich mit der Kamera filmen mussten, weil wir keine Drehgenehmigung für die Flure im Kommissionsgebäude bekommen hatten, trug auch nicht gerade zu meinem Vertrauen in diese Institution bei. Es dauerte lange, bis ich mich besser zurechtfand und dann auch die schönen Seiten genießen konnte: das Zusammensein mit europäischen Kollegen; das »Europa-Gefühl«, das in Brüssel aufkommt; die spannenden Gipfel, bei denen es um wegweisende Entscheidungen geht, die das Schicksal des ganzen Kontinents lenken. Und so wuchs mein Verständnis dafür, mit welchen Mechanismen dieses »Europa« versucht, die vielen Mitgliedsstaaten unter einen Hut zu bekommen, und dass das zwangsläufig kompliziert ist.

Am Ende blieb für mich die Erkenntnis: Die EU ist nicht nur eine großartige Idee, sondern auch eine Institution, an der festzuhalten sich lohnt. Aber: sie hat ein gewaltiges »Transparenz-Defizit«. Sie vermag es noch viel weniger als nationale Regierungen, den Bürgern klarzumachen, wie sie entscheidet, wie sie »funktioniert«. Das ist fatal. Das Gefühl, dass da ein Koloss entstanden ist, der über eine unüberschaubare Zahl von Regeln in undurchschaubaren Prozessen entscheidet, gegen die man sich als Einzelner kaum wehren kann, führt zu Misstrauen und kalter Entfremdung.

Hinzu kommt der Eindruck, dass innerhalb dieses Kolosses noch viel mehr Interessenpolitik betrieben und Geld verschwendet wird als auf nationaler Ebene. Das stimmt so zwar nicht, aber die Frage, wo das alles hinführt und ob Europa an seiner eigenen Größe irgendwann regelrecht erstickt, muss gestellt werden. Wenn Politik nicht mehr vermittelbar ist, wenn der einzelne Wähler den Eindruck hat, nicht mal mehr ein Sandkorn im Getriebe zu sein, dann geht das auf Dauer nicht gut.

Dass das Europa-Parlament heute viel mehr Rechte hat als früher, ist natürlich extrem wichtig. Aber es scheint mir realitätsfern, zu glauben, dass deshalb die Europa-Wahlen auch von den Bürgern in naher Zukunft als viel wichtiger empfunden werden und wir künftig alle gespannt den Debatten in Straßburg folgen. Schon in Deutschland kennt man nur eine überschaubare Zahl von Bundestagsabgeordneten, und die meisten Parlamentsdebatten werden unter ferner liefen geführt.

Wenn überhaupt Auszüge aus den Europa-Debatten in unseren Hauptnachrichtensendungen gezeigt werden, dann sind es in der Regel die deutschsprachigen Parlamentarier, die zu Wort kommen. Und das sind dann auch immer dieselben drei, vier Gesichter. Was Franzosen oder Engländer im europäischen Plenum gesagt haben – who cares? Das kann man sehr bedauern, aber es wird auch nicht besser, wenn man ein Ideal propagiert, das zum jetzigen Zeitpunkt nicht realistisch ist. Wir sind nicht die Vereinigten Staaten von Amerika, in denen eine Sprache gesprochen wird und ein Nationalgefühl vorherrscht, das tief in der Gründungszeit des neuen amerikanischen Kontinents wurzelt.

Vielleicht ist das in 100 Jahren anders, und ohne Visionen würde Geschichte auf der Stelle treten. Vor 70 Jahren hat man sich auch nicht vorstellen können, dass auf den Trümmerfeldern des Zweiten Weltkrieges eine Europäische Union entstehen würde, in der so eng zusammengearbeitet wird, wie das heute der Fall ist. Aber bis auf Weiteres ist das geschichtsträchtige Europa immer noch ein Bund von Nationalstaaten, die sich wiederum in Regionen aufteilen, deren kulturelle und emotionale Bedeutung viel ausgeprägter ist als in einem US-County oder -District.

Heißt das also, die EU ist ein auf Sand gebautes Kunstprodukt? Nein! Die EU zu gründen, war eine der besten Ideen, die europäische Politiker je hatten. In diesem Punkt kann man ruhig idealistisch sein, ohne zu romantisieren. Und ich bin überzeugt: Man sollte an die europäische Idee glauben. Wenn in Griechenland deutsche Fahnen brennen, ist das zwar ein heftiger Ausbruch ungezügelter Wut und Sündenbocksuche – aber daran ist keineswegs die Mehrheit der Griechen beteiligt. Die Wütenden genießen immer viel mehr Medienaufmerksamkeit als die Besonnenen, das sollte man nicht vergessen. Und Stimmungen ändern sich schnell. Vor noch gar nicht so langer Zeit haben die Griechen »Otto Rehakles« gefeiert für die gewonnene Fußball-EM (denn Otto Rehagel war ja Trainer des griechischen Nationalteams), und das Deutsche klang unheimlich gut in griechischen Ohren.

Wohin uns die aktuelle Krise führt, ist schwer vorhersehbar. Aber was auf dem Spiel steht, das sollte man sich schon vor Augen führen, bevor man sich leichtfertig abwendet oder zentrale Bestandteile dieses Projekts für gescheitert erklärt. Die Vorstellung, dass es später im Geschichtsbuch tatsächlich heißt: »Leider haben nationale Ressentiments und kurzfristiges Denken dazu geführt, dass die europäische Idee scheiterte«, wäre für mich jedenfalls sehr bitter.

Krieg und Frieden: die Anfänge der EU

Der große französische Schriftsteller und Abgeordnete Victor Hugo hatte schon 1849 einen Anti-Kriegs-Kongress prophezeit: »Der Tag wird kommen, an dem ein Krieg zwischen Paris und London, zwischen Petersburg und Berlin, zwischen Wien und Turin unmöglich erscheinen wird.« Welch ein Visionär! Es folgten noch zwei Weltkriege, die den Kontinent halb ausgelöscht haben, und das Verhältnis zwischen Frankreich und Deutschland wurde noch 100 Jahre lang als »Erbfeindschaft« beschrieben.

Feindseligkeiten und blutige kriegerische Auseinandersetzung waren der Normalzustand in Europa. Meine Eltern und Großeltern haben das noch miterlebt. Nicht lange her also. Die letzten 60 Jahre? Eine unfassbar lange Zeit des Friedens und des Wohlstands. Nichts davon ist selbstverständlich, wir empfinden es nur so: Ferien auf Mallorca, die Tochter studiert in Maastricht, Grenzen gibt es nicht mehr, und selbst die Engländer finden uns »Krauts« seit dem Fußball-Sommermärchen gar nicht mehr so übel. Kein Jugendlicher, der heute mit dem Rucksack durch Europa reist, macht sich groß Gedanken, wie toll das ist, ganz Europa so selbstverständlich als Freundesland wahrzunehmen. Und kann sich irgendeiner von uns vorstellen, dass wir gegen die Franzosen jemals wieder Krieg führen könnten? Natürlich nicht. Das erscheint unmöglich. Victor Hugos Vision ist Realität geworden.

Um jetzt mal ein bisschen pathetisch zu werden: Ich kann mich daran immer wieder begeistern. Aber brauchte man dafür die EU? Ein paar Friedensverträge und ein bisschen Schüleraustausch hätten es doch vielleicht auch getan? Vielleicht. Aber ein paar Friedensverträge, ein paar Allianzen, diverse »Staatenbünde« und kulturellen Austausch gab es in früheren Jahrhunderten schon. Getragen hat das nie. Die EU hat viel mehr gemacht, als nur auf dem Papier festzuhalten, dass man künftig mal netter zueinander ist. Sie hat Nähe geschaffen. Abhängigkeiten. Gemeinsamkeiten. Ökonomische Vorteile, die keiner mehr aufgeben will. Politische Prozesse, aus denen man nicht einfach aussteigt.

Natürlich spielte dabei der Kalte Krieg eine sehr große Rolle: Einen gemeinsamen Feind zu haben (Sowjetunion und Ostblock), das verbindet. Aber die europäische Integration hat dieses Gefühl in institutionelle Verbindlichkeiten gegossen. Europa ist heute weit mehr als nur ein (unverbindlicher) Staatenbund. Man hat eine »supranationale« Zusammenarbeit begründet, die es in dieser freiwilligen Form vorher zwischen Nationalstaaten noch nie gab. (Supranational heißt überstaatlich. Man hat Ziele, die über die Interessen der einzelnen Staaten hinausgehen, und gibt dafür auch eigene Souveränität ab. Konkret: Die EU kann Regeln erlassen, an die sich alle ihre Mitglieder halten müssen. Sie ist den einzelnen Staaten übergeordnet und damit mehr als die Summe ihrer Einzelteile.) Heute ist die EU eine »Wirtschafts- und Währungsunion«, einschließlich gemeinsamer Währung. Wenn man bedenkt, dass es vor sechs Jahrzehnten mit ein bisschen Bergbau anfing, ist das eine ziemlich atemberaubende Entwicklung.

Von Anfang an spielten dabei wirtschaftliche Interessen eine entscheidende Rolle. Neben der Friedensvision und dem Wunsch, gegenüber dem feindlichen Ostblock näher zusammenzurücken, ging es vor allem ums Geld. Im Grenzgebiet Deutschland/Frankreich wurde viel Bergbau betrieben, Kohle wurde gefördert und Stahl geschmolzen. Nach dem Zweiten Weltkrieg schlug der französische Außenminister Robert Schuman den Deutschen vor, Produktion, Vermarktung und Verkauf gemeinsam zu organisieren. Am 9. Mai 1950 lud er alle anderen westeuropäischen Länder ein, ebenfalls mitzumachen. Italien, die Niederlande, Belgien und Luxemburg waren dabei; 1951 gründeten die sechs die Europäische Gemeinschaft für Kohle und Stahl – auch »Montanunion« genannt (Montanindustrie ist ein anderes Wort für Bergbau). 1957 gründeten die Mitgliedstaaten der Montanunion eine größere und schon viel ehrgeiziger angelegte Europäische Wirtschaftsgemeinschaft, kurz EWG. In den »Römischen Verträgen« vereinbarten sie eine Zusammenarbeit in der Verkehrs-, Landwirtschafts- und Sozialpolitik. Außerdem wollten sie den Handel untereinander vereinfachen, indem sie die Zölle abschafften und die Wechselkurse zwischen den verschiedenen Währungen stabilisierten. Und sie gründeten die »Euratom«, um gemeinsam von fossilen Brennstoffen auf Atomenergie umzusteigen, was man damals noch für eine geniale Sache hielt.

Das Nachkriegs-»Wirtschaftswunder« war voll in Fahrt, und den EWG-Staaten ging es stetig besser. Das war ja auch der Sinn der Sache gewesen. Weil man vermutete, bei wirtschaftlicher Stabilität würden die Staaten friedfertiger miteinander umgehen, war man sehr offen für Neuzugänge, und das Interesse war in der Tat groß: 1973 kamen Dänemark, Großbritannien und Irland dazu; 1981 Griechenland; 1986 Portugal und Spanien; 1995 Finnland, Schweden, Österreich. 1993 wurde die EWG umbenannt in EG (Europäische Gemeinschaft), und aus der Wirtschafts- wurde (auch) eine Wertegemeinschaft. Aus EG, Montanunion und Euratom wurde schließlich 1993 die Europäische Union.

Neben der wirtschaftlichen Säule, der Keimzelle der EU, entstanden weitere Säulen der gemeinsamen europäischen Politik: die »Gemeinsame Außen- und Sicherheitspolitik« (GASP) und die »Polizeiliche und justizielle Zusammenarbeit in Strafsachen« (PJZS). Friedlich zusammenzuarbeiten, als politischer Akteur in der Weltpolitik wichtiger zu sein, als jeder europäische Einzelstaat es sein kann, und auch noch wirtschaftlich zu profitieren – das machte die EU sehr attraktiv. Nach dem Zusammenbruch des Ostblocks meldeten sich rasch viele Bewerber, die sehr gerne zum europäischen Club dazugehören wollten. 2004 und 2007 wurden eine Reihe osteuropäischer Staaten und die (griechische) Republik Zypern in die EU aufgenommen. Im Juli 2013 wurde Kroatien aufgenommen. Damit besteht die Europäische Union jetzt aus 28 Mitgliedern.

Wer es genau wissen will: Belgien (BE), Bulgarien (BG), Dänemark (DK), Deutschland (DE), Estland (EE), Finnland (FI), Frankreich (FR), Griechenland (GR), Irland (IE), Italien (IT), Kroatien (HR), Lettland (LV), Litauen (LT), Luxemburg (LU), Malta (MT), Niederlande (NL), Österreich (AT), Polen (PL), Portugal (PT), Rumänien (RO), Schweden (SE), Slowakei (SK), Slowenien (SI), Spanien (ES), Tschechien (CZ), Ungarn (HU), Vereinigtes Königreich (England+Wales+Schottland+Nordirland) (GB), Republik Zypern (CY).

Die beiden wichtigsten Nicht-EU-Mitglieder in Europa sind die

Schweiz und Norwegen. Insgesamt gehören der EU rund eine halbe Milliarde Menschen an. Das sind zwar nicht einmal halb so viele wie die Einwohner Chinas (1,3 Milliarden), aber immerhin fast doppelt so viel wie die Einwohnerzahl der USA (315 Millionen).

Was ist eigentlich »europäisch«?

Auch die Türkei bewirbt sich um eine Mitgliedschaft. Schon 1963 meldete sie ihr Interesse an, und es gab ein erstes Abkommen. Bislang waren die Bemühungen jedoch vergeblich; während zig andere Länder an ihr vorbeigezogen sind, steht die Türkei weiterhin vor der Tür. Man muss kein stolzer Osmane sein, um nachzuvollziehen, dass man das aus türkischer Sicht ziemlich beleidigend finden kann und die zum Trost eingerichtete »privilegierte Partnerschaft« mittlerweile als einen eher ironischen Begriff sieht. Es gibt gute Gründe für und gegen eine Aufnahme der Türkei, die zugleich viel darüber aussagen, was wir unter »europäisch« verstehen – und das ist eben nicht so klar definiert.

Argumente für einen Beitritt:
- Die Türkei ist eine wichtige Macht im Nahen Osten, sie würde der EU weltpolitisch ein größeres geostrategisches Gewicht verleihen.
- Solange die Türkei hofft, über kurz oder lang doch noch in die EU einzutreten, orientiert sie sich an Europa und bemüht sich um demokratische und soziale Reformen, die den Vorstellungen der EU entsprechen. Verliert sie das Interesse an Europa, dann wird sie sich eher der islamisch-arabischen Welt zuwenden. Das könnte weitreichende, für Europa eher ungünstige Folgen haben, denn sie ist aufgrund ihrer Lage ein wichtiger Brückenkopf in den Nahen Osten.
- Die EU betont ihre kulturelle Vielfalt, Religionsfreiheit gehört zu ihren Grundwerten, und es leben mittlerweile rund 44 Millionen (6 Prozent) Menschen muslimischen Glaubens in Europa. Vor diesem Hintergrund passt die Türkei zu Europa und könnte sogar ein Vorbild für andere muslimische Länder sein, die sich mit Freiheitsrechten und Sozialreformen sehr schwertun. Auch wenn der Islam in der Türkei erstarkt, ist sie immer noch ein laizistischer Staat, in dem Staat und Religion getrennt sind.

- Die Türkei ist ein attraktiver Markt; aktuell erlebt sie einen Wirtschaftsboom und ist besser durch die internationale Finanzkrise gekommen als viele EU-Länder. Wenn sie zur EU gehört, wird es noch mehr Handel und engere wirtschaftliche Beziehungen geben, wovon alle profitieren.
- Die Befürchtung, dass nach einem Beitritt viele arme Türken in die EU einwandern, kann kein Argument sein. Es wandern derzeit auch viele arme Rumänen und Bulgaren ein, und in ehemaligen Kolonialländern wie Frankreich leben viele Einwanderer aus den Maghreb-Staaten und in Großbritannien viele Bürger des Commonwealth, zum Beispiel zahlreiche Inder und Pakistani.

Argumente gegen einen Beitritt:
- Die Türkei gehört geografisch nicht zu Europa, sondern größtenteils zu Asien. Und die EU sollte an ihren Außengrenzen nicht bis an Syrien, Iran und Irak heranreichen. Das geht »zu weit«.
- Trotz vieler Reformen ist sie immer noch ein Land, in dem die demokratischen und rechtsstaatlichen Maßstäbe der EU nicht verwirklicht sind, etwa im Bereich Justiz, Menschenrechte, Gleichberechtigung von Mann und Frau, Presse- und Meinungsfreiheit. Wie eklatant diese Defizite sind, wurde gerade überdeutlich sichtbar bei den Protesten gegen den autoritären Regierungsstil von Ministerpräsident Erdogan. Die heftige Reaktion der Staatsgewalt auf ihre Kritiker, von brutalem Polizeieinsatz über Einschüchterung der Medien bis hin zu einer massiven Verhaftungswelle, die sich mit rechtsstaatlichen Prinzipien in keiner Weise vereinbaren lässt, hat europaweit Bestürzung ausgelöst.
- Der Islam passt nicht zur christlich-jüdischen Kultur des europäischen »Abendlandes«. Die Türkei ist aber ein islamisches Land und hat inzwischen auch eine ausdrücklich islamische Regierung. Das war in den sechziger Jahren, als das Land begann, sich für eine Mitgliedschaft zu interessieren, noch anders. Es galt im Sinne von Atatürk (1881–1938, Gründer der modernen Republik Türkei) eine besonders strikte Trennung von Staat und Religion, viel strenger als bei uns. Kopftücher waren in sämtlichen staatlichen Institutionen verboten. Inzwischen wird dieses Verbot gelockert, an Universitä-

ten zum Beispiel dürfen sie jetzt getragen werden. Die größere Freiheit für gläubige Muslime geht allerdings mit Bestrebungen einher, die Freiheiten aller Bürger einzuschränken. Dass die Regierung Erdogan zum Beispiel den Alkoholausschank verbieten will, wird von vielen Türken als Einmischung in ihr persönliches Leben und als Islamisierung durch die Hintertür empfunden.

- Wenn auch für alle Türken die Freizügigkeit in der EU gilt, werden aus den armen Regionen des Landes sehr viele Menschen in die westlichen EU-Länder strömen, darunter vermutlich besonders viele nach Deutschland, weil hier ja bereits viele Türken und türkische Kurden leben.
- Die Türkei wäre mit knapp 80 Millionen Menschen auf Anhieb einer der größten und damit auch einflussreichsten Mitgliedstaaten. Das könnte die EU stärker verändern, als ihr lieb ist, außerdem sehr viel kosten und Entscheidungen noch mehr erschweren.
- Die Türkei hat ein bis heute ungelöstes Minderheitenproblem mit den Kurden, die zudem nicht nur auf türkischem Boden leben, sondern auch in Irak und Syrien. Die Kurden fühlen sich unterdrückt und wünschen sich einen eigenen, autonomen Kurdenstaat. Diese Problematik würde in die EU hineingetragen.
- Die Türkei ist bereits NATO-Mitglied, aus sicherheitspolitischen Gründen braucht man sie nicht auch noch als Mitglied in der EU.

Als die Protestwelle gegen die Regierung Erdogan im Juni 2013 ihren Anfang nahm, sagte der türkische Staatspräsident Abdullah Gül einen sehr markanten Satz: »Demokratie bedeutet nicht nur, Wahlen zu haben.« Abgesehen davon, dass sich Gül damit von seinem Parteifreund Erdogan ein gutes Stück distanzierte, beschrieb er damit in wenigen Worten präzise das Demokratieverständnis der Europäischen Union: Demokratie heißt eben nicht nur, dass man sich alle paar Jahre zur Wahl stellt und danach nur noch für seine eigenen Anhänger Politik macht, während sich der Rest des Volkes gefälligst ruhig zu verhalten hat. So ist das in Europa nicht gemeint mit der Herrschaft der Mehrheit. Die Minderheit verliert ihre demokratischen Rechte, einschließlich des Rechts auf Kritik nicht, nur weil sie bei einer Wahl unterlegen war. Nach unserem Demokratieverständnis ist eine Regierung auch für diejenigen zuständig, die sie nicht gewählt haben; sie hat die Pflicht, sich um alle Bürger zu kümmern, und muss mit ihren politischen Gegnern rechtsstaatlich korrekt umgehen. Auch bei uns in Deutschland sind Demonstrationen schon aus dem Ruder gelaufen, man denke nur an den überzogenen Polizeieinsatz bei den Protesten gegen »Stuttgart 21«. Auch dort wurden Wasserwerfer eingesetzt, und es gab viele Verletzte. Und auch dort stellte sich heraus, dass nicht »Chaoten« und »Randalierer« unterwegs waren, wie es die damalige baden-württembergische Landesregierung darstellte, sondern das schwäbische Bürgertum. Am Ende stürzte die Landesregierung über diese Ereignisse, und es gab eine Volksabstimmung (interessanterweise mit einem anderen Ergebnis, als es sich die Gegner erhofft hatten). Es wurden allerdings keine Sanitäter gezielt mit Tränengas beschossen oder Anwälte verhaftet. Und die Berichterstattung in den Medien war extrem kritisch. Darin liegen zentrale Unterschiede zu den Vorgängen in der Türkei. Dass dort aus einer zunächst lokalen Demonstration gegen ein einzelnes Bauvorhaben in Istanbul (eine Art türkisches Stuttgart 21) eine landesweite Protestbewegung wurde, in der sich mittlerweile ganz unterschiedliche Bevölkerungsgruppen aus unterschiedlichen Motiven zusammenfinden, zeigt außerdem sehr deutlich, wie tief gespalten die türkische Gesellschaft ist. Da geht es nicht nur um ein Bauprojekt, da geht es um die grundsätzliche Ausrichtung des gesamten Staatswesens. Die Gegner eines EU-Beitritts der Türkei sehen sich durch diese Ereignisse in ihrer ablehnenden Haltung natürlich bestätigt. Die Befürworter allerdings auch. Sie meinen: Ein Abbruch der Beitrittsverhandlungen wäre genau der falsche Weg. Denn gerade die Proteste zeigten, dass es in der Türkei eine starke demokratisch gesinnte Zivilgesellschaft gibt, die auf ihre Rechte pocht, und diese Kräfte gelte es zu stärken, anstatt sich von dem Land abzuwenden.

Auf nach Schengen!

Eine fast logische Konsequenz aus dem Zusammenwachsen der EU war der Wunsch nach vereinfachten Grenzüberquerungen. Der entsprechende Vertrag wurde 1985 im luxemburgischen Dörfchen Schengen unterschrieben. Deshalb heißt er »Schengener Abkommen«. Der Vertrag regelt, wie wir frei durch Europa reisen können, ohne lästige Passkontrollen. Am Anfang vereinbarten Deutschland, Frankreich, Belgien, die Niederlande und Luxemburg einen Fahndungsverbund nach Straftätern und zugleich den Wegfall der Grenzkontrollen untereinander. Das war der »Schengener Raum«, in dem nur bei der Ein- oder Ausreise kontrolliert wird. Wer in einem der Schengen-Länder polizeilich gesucht wird, kann also entweder nur bei einer zufälligen Kontrolle geschnappt werden – nicht aber an den Grenzen zwischen den Schengen-Staaten. Weil nun jedoch allen beteiligten Ländern dieselbe Fahndungsliste zur Verfügung steht, kann ein in Deutschland gesuchter Schmuggler zum Beispiel schon bei der Einreise aus einem Nicht-Schengen-Land nach Frankreich gefasst werden. Denn an den Grenzen zu »Drittländern« sowie an den Flughäfen wird ja weiter kontrolliert.

Am »Schengener Abkommen« nehmen mittlerweile 22 EU-Staaten sowie Island, Norwegen und die Schweiz teil. Immer wieder gibt es jedoch Kritik, dass die polizeiliche Zusammenarbeit noch nicht gut genug klappt. Dass die Polen aber immer noch in dem Ruf stehen, deutsche Autos zu klauen, ist nur noch ein sich hartnäckig haltendes Vorurteil. Dass an der Grenze zu Polen mehr Autos und landwirtschaftliche Maschinen gestohlen werden, liegt nicht daran, dass »der Pole« klaut. Es sind professionelle internationale Banden, die über Osteuropa die Diebesware weiterverschiffen, nach Russland, in die Ukraine, sogar bis in den Nahen Osten. Insgesamt ist die Zahl der Autodiebstähle in den letzten zwanzig Jahren in Europa aber gesunken – übrigens auch in Polen.

Kritisiert wird außerdem, dass einzelne Länder es mit ihren Pflichten im Schengen-Raum, zum Beispiel bei der Kontrolle von Flüchtlingen, nicht so genau nehmen. Viele Flüchtlinge aus Afrika versuchen illegal, also ohne Aufenthaltsgenehmigung, nach Europa einzureisen. Vereinbart ist, dass sich darum die Länder kümmern, die diese Flüchtlinge zuerst betreten. Das sind im Süden vor allem Italien und Spanien, denn viele Flüchtlinge kommen von Afrika übers Mittelmeer und landen dann erst mal in Italien. Deutschland ist bei dieser Regelung fein raus, denn wir haben keine so leicht erreichbaren Außengrenzen. Wir haben es eher mit illegalen Einwanderern aus Russland oder der Ukraine zu tun. Eigentlich müssten sich die Italiener mit ihren Außengrenzen im Meer um jeden einzelnen Flüchtling kümmern und dafür sorgen, dass er gegebenenfalls zurückgeschickt wird. Sie machen sich oft aber gar nicht erst die Mühe, jeden einzelnen Flüchtling zu befragen und gegebenenfalls abzuweisen, sondern lassen die Leute zum Beispiel einfach weiter nach Deutschland reisen. Denn die Insel Lampedusa, die eigentlich eine Ferieninsel sein soll, quillt längst über vor lauter Flüchtlingen aus Afrika. Damit ist Italien zunehmend überfordert und verlangt von den anderen EU-Ländern mehr Hilfe. Wie es weitergehen soll, wird seit etlichen Jahren diskutiert. Zuletzt hat das Europäische Parlament eine Neufassung der Schengen-Regeln verabschiedet. Damit wird es den Mitgliedsstaaten erleichtert, kurzfristig doch wieder Grenzkontrollen durchzuführen, in sogenannten »Notfällen«. Wie diese Notfälle definiert sind, ist allerdings nicht ganz klar umrissen. Was eine »schwerwiegende Bedrohung der öffentlichen Ordnung oder inneren Sicherheit« ist, wie der Gesetzestext es formuliert, ist letztlich Interpretationssache. Kritiker befürchten, dass die Freizügigkeit innerhalb des Schengen-Raums damit wieder eingeschränkt wird, ohne damit das Flüchtlingsproblem lösen zu können.

Maastricht, Nizza, Lissabon:
weitere Stationen der Europareise

In der Entwicklung der EU blieb es nicht beim Schengen-Abkommen. Wichtige Verträge gingen voraus, und viele weitere folgten; Verträge werden in der EU gern nach dem Ort benannt, in dem sie unterschrieben wurden. Im »Vertrag von Paris« wurde 1951 die Montanunion (Kohle und Stahl) vereinbart, der erste Vorläufer der EU. In den »Römischen Verträgen« gründete man 1957 die Europäische Wirtschaftsgemeinschaft (EWG) und die Euratom. Im »Vertrag von Maastricht« wurde 1992 die Europäische Union gegründet. Der »Vertrag von Amsterdam« sollte 1997 dafür sorgen, dass die EU nach der für 2004 geplanten Osterweiterung handlungsfähig bleibt. Die Zahl der Mitglieder wurde damals ja beinah verdoppelt, und damit konnte man nicht einfach so weitermachen wie bisher. Daher wurden zum

Beispiel die Befugnisse des Europäischen Parlaments deutlich erweitert, um die EU demokratischer zu machen. Als Reform reichte das aber nicht, und so gab es drei Jahre später schon einen neuen Vertrag: Im »Vertrag von Nizza« wurden Ende 2000 mehrere Änderungen beschlossen. Die wichtigste: Für die Entscheidungen im Ministerrat ist keine Einstimmigkeit mehr nötig, sondern nur noch eine »qualifizierte Mehrheit«. Heißt: Ein einzelnes Land kann nicht alles blockieren, aber man braucht doch mehr als nur 50 Prozent aller Stimmen. In einigen Fällen müssen es sogar zwei Drittel aller Stimmen sein, und manchmal muss die Stimmenmehrheit auch mindestens eine bestimmte Anzahl von EU-Bürgern vertreten. Das ist wichtig, weil manche Kleinstaaten bei den Abstimmungen im Rat mehr Gewicht haben, als ihnen aufgrund ihrer geringen Bevölkerungszahlen eigentlich zustünde. Die Kleinen werden in der EU immer ein bisschen bevorteilt, damit sie sich nicht überrollt fühlen von Großmächten wie Frankreich oder Deutschland. 2004 nahm man sich Großes vor: Die Regierungen unterzeichneten einen Vertrag für eine Europäische Verfassung, geschichtsträchtig wieder mal in Rom. Die EU sollte eine einheitliche Struktur bekommen (bis dahin bestand sie ja nur aus lauter Einzelverträgen), eine Grundrechtcharta, außerdem sollte sie demokratischer und handlungsfähiger werden, dafür waren diverse Reformen vorgesehen, zum Beispiel eine Stärkung des Europäischen Parlaments. Aus all dem wurde allerdings nichts. In mehreren Ländern wurden Volksabstimmungen über die Verfassung abgehalten, die scheiterten. Damit hatte man nicht gerechnet. Vor allem der französische Präsident rieb sich die Augen – er hatte freiwillig eine Volksabstimmung abhalten lassen, um die besondere Bedeutung der neuen europäischen Verfassung zu unterstreichen, und war fest davon ausgegangen, dass es damit keine Probleme geben würde. Nach diesem Denkzettel verordneten sich die Europäer erst mal eine offizielle »Denkpause«. 2007 hatte man lange genug gedacht, es wurde der »Vertrag von Lissabon« unterschrieben. In ihm finden sich viele Regelungen der gescheiterten Verfassung wieder. Er ist aber nur ein Vertrag, keine richtige Verfassung. Dummerweise war auch dafür eine Volksabstimmung erforderlich, nämlich in Irland. Prompt passierte dasselbe wie bei der Abstimmung über die Europäische Verfassung: Viele Iren waren misstrauisch Europa gegenüber, viele wussten gar nicht, worum es ging, und in Irland waren zudem gerade sehr viele Bürger sehr genervt von ihrer eigenen Regierung. Also gab es wieder einen Denkzettel – die Iren stimmten gegen den neuen EU-Vertrag. Dasselbe hatten sie 2001 schon mal getan, damals gegen den Vertrag von Nizza; daraufhin hatten die Iren 2002 noch mal abstimmen müssen, da klappte es dann mit dem Ja. Genauso löste man das Problem auch diesmal: Die Iren mussten so lange wählen, bis das gewünschte Ergebnis herauskam, am Ende immerhin eine Zustimmung von knapp 70 Prozent. 2009 konnte der Lissabon-Vertrag in Kraft treten. Ein Prozedere mit Beigeschmack. Dabei sind die Iren gar nicht mal schlecht weggekommen in dem Vertrag – dass sie sich mit der Zustimmung so schwertaten, ist eher ein Beispiel dafür, dass ein Volk nicht immer »rational« abstimmt. Europa ist wohl selbst für die sogenannte Schwarmintelligenz manchmal zu sperrig und zu abstrakt ...

Wer ist Mr. oder Mrs. Europa?

»Europa? Wen soll ich denn da anrufen?«, hat angeblich der ehemalige amerikanische Außenminister Henry Kissinger gefragt. Und da liegt er nicht ganz falsch. Denn eine richtige Europa-Regierung, die automatisch für alle spricht, gibt es ja nicht. Also kann es auch keinen Regierungschef geben, ob der nun Präsident oder Kanzler hieße. Wer mit Europa verhandeln will, muss also im Zweifelsfall zuerst die drei wichtigsten Einzelstaaten anrufen, sprich: das Telefon in Berlin, Paris und London klingeln lassen. Aber da sind durchaus auch noch andere interessante Ansprechpartner. Einen Europa-Präsidenten gibt es nämlich sehr wohl!

Lange Zeit wurde der nicht gewählt, sondern die Regierungschefs aller Mitgliedsstaaten kamen reihum für je sechs Monate dran – Anfang 2007 war zum Beispiel die deutsche Kanzlerin Angela Merkel »Vorsitzende des Europäischen Rates«, weil Deutschland turnusgemäß die »Ratspräsidentschaft« innehatte. Mit dem Vertrag von Lissabon (seit 2009 in Kraft) wurde das Amt ersetzt durch den **Präsidenten des Europäischen Rates**, der von den anderen Ratsmitgliedern (den Staats- und Regierungschefs) für je zweieinhalb Jahre gewählt wird.

Das ist eine halbe EU-Wahlperiode, also nicht wirklich lang, aber immerhin mehr als nur sechs Monate, und man kann einmal wiedergewählt werden. Dafür muss sich der Präsident dann auch nur um Europa kümmern und darf nicht nebenher noch ein nationales Amt innehaben. Das kann ein hübscher Posten sein für einen ehemaligen oder scheidenden nationalen Regierungschef. Als Erster für diesen neuen Job wurde Herman Van Rompuy gewählt, der dafür sein Amt als belgischer Regierungschef aufgab. 2012 wurde er als Ratspräsident wiedergewählt, somit endet seine Amtszeit Ende 2014.

Das Europäische Parlament hat auf diese Postenvergabe übrigens keinen Einfluss, der Ratspräsident hat also keine größere demokratische Legitimation. Zu seinen wichtigsten Aufgaben gehört es, die europäischen Gipfel vorzubereiten. Dabei entwickelte sich Van Rompuy in der Euro-Krise zu einem veritablen Krisenmanager, der zwischen den Staaten geschickt und leise vermittelte und sich erstaunlich nützlich machte. Das hatte man dem blassen Technokraten aus Belgien gar nicht so zugetraut.

Unklar ist, inwieweit sich der Ratspräsident und der **Präsident der Europäischen Kommission** in die Quere kommen können. Den Kommissionspräsidenten gibt es ja ebenfalls, er ist sogar für fünf Jahre gewählt – und zwar vom Europäischen Parlament (also den Abgeordneten der Mitgliedsstaaten), was ihm eine größere Legitimation verleiht. Seit 2004 ist der ehemalige Ministerpräsident Portugals, José Manuel Barroso, Amtsinhaber. Er wurde 2009 wiedergewählt, seine Amtszeit endet also ebenfalls 2014. Allerdings könnte er theoretisch erneut gewählt werden, Van Rompuy nicht. Der Kommissionspräsident hat großen Einfluss auf die Entwicklung der EU, und auch er vertritt sie nach außen. Lange Zeit war er sogar das einzige gesamteuropäische Gesicht, das man kannte.

Dass es in der EU ein eigentümlich konkurrierendes Nebeneinander von »hohen Posten« gibt, zeigte sich sehr augenfällig, als die EU 2012 den Friedensnobelpreis verliehen bekam. Da standen dann gleich drei Männer nebeneinander: der Ratspräsident, der Kommissionspräsident und der Präsident des Europäischen Parlaments.

Daneben gibt es inzwischen auch noch einen »Außenminister« der Europäischen Union, den die Amerikaner anrufen könnten, wenn sie mit Europa telefonieren wollen. Sein offizieller Titel ist in typischer EU-Manier klangvoll und länglich: **Hoher Vertreter der Europäischen Union für Außen- und Sicherheitspolitik**, die Amtszeit beträgt fünf Jahre. Während der Ratspräsident gewissermaßen der Vorsitzende der Staats- und Regierungschefs ist, ist der Hohe Vertreter sozusagen der Vorsitzende der europäischen Außenminister. Das klingt aber besser, als es ist. Die Machtfülle ist in beiden Ämtern sehr überschaubar.

Bei der Wahl von Ratspräsident und Hohem Vertreter kam übrigens auch mal wieder das Proporz-Prinzip zum Tragen, das in Europa mindestens so wichtig ist wie in der deutschen Politik: Da die Mehrheit der europäischen Regierungschefs zum Zeitpunkt der Ämtervergabe konservativ war, sollte ein konservativer Politiker Ratspräsident werden; die Wahl fiel auf den Christdemokraten Van Rompuy. Zum »Ausgleich« sollte der Hohe Vertreter ein Sozialdemokrat werden, außerdem sollte er aus einem großen Land kommen, wenn der Ratspräsident aus einem kleinen Land kommt. Doppel-Proporz also.

Man nahm die britische Labour-Politikerin Catherine Ashton, und alle waren zufrieden. Zunächst. Dann aber doch nicht mehr, jedenfalls nicht mit Ashton. Zwischendurch gab es sogar das Gerücht, sie würde vorzeitig abgelöst. 2011 ätzte der belgische Außenminister: »Wir können damit leben, dass manche schneller reagieren als Ashton. Aber nur unter der Bedingung, dass sie beweist, dass sie mittel- und langfristig an sehr wichtigen Themen (…) arbeitet. Aber auch das habe ich nicht gesehen.« In die gleiche Kerbe haute Italiens Staatspräsident: »Wir stehen vor einem unbefriedigenden Zustand der EU, was die internationale Politik betrifft. Wir durchleben Ereignisse mit unbekannten Folgen in Nordafrika und dem Nahen Osten, und angesichts dessen drückt die EU keine gemeinsame Position aus.«

Mrs. Ashton gilt als schwache europäische »Außenministerin«. Das mag auch an ihr selbst liegen. Proporz-Kandidaten sind halt selten die tollsten. Aber wenn die Europäer selbst nicht »mit einer Stimme sprechen« – wie soll dann ihre Hohe Vertreterin kraftvoll auftreten? Sie muss es ja allen recht machen, und darin liegt das Grundproblem in Europa. Oder wenn man es positiver formulieren will: die größte Herausforderung.

Wie wird Europa regiert?

Tatsächlich ist die Zahl der verschiedenen Ämter, Räte und Kommissionen groß und die Machtverteilung in der EU unübersichtlich. Die wichtigsten Institutionen im Überblick:
- Der **Europäische Rat** besteht aus den Staats- und Regierungschefs aller Mitgliedsstaaten. Außerdem nehmen Ratspräsident, Kommissionspräsident und Hoher Vertreter an den Sitzungen teil, haben aber kein Stimmrecht. Seit einiger Zeit darf der Präsident des EU-Parlaments zu Beginn der Treffen dabei sein und eine Rede halten, um die Position des Parlaments zu vertreten. Danach muss er allerdings den Saal verlassen. Wenn es nicht einen speziellen Gipfel in einem der Mitgliedstaaten gibt, trifft man sich in Brüssel, mindestens viermal im Jahr. Gemeinsam haben die 28 nationalen Regierungen die »Richtlinienkompetenz« in Europa, das heißt, sie legen gemeinsam fest, was die Europäische Union als Nächstes tun soll, oder handeln aus, wie ein bestimmtes Ziel erreicht werden kann. Sie sind sozusagen das Machtzentrum der EU, vor allem in der Außenpolitik und wenn es darum geht, zu entscheiden, ob man noch enger zusammenrückt, also die »Integration vorantreibt«, wie es so schön heißt. Die Staats- und Regierungschefs müssen bei den meisten wichtigen Entscheidungen bislang noch einstimmig beschließen, sich also alle einig sein. Das kann mühsam sein, und manchmal geht's auch nur im Schneckentempo voran, weil wir inzwischen so viele sind in der EU. Außerdem haben dadurch kleine Länder einen Vorteil, denn ihre Regierungschefs dürfen sich querstellen und einen gemeinsamen Plan ablehnen. Und dann können sie von den Regierungschefs großer Länder, die für viel mehr EU-Bürger sprechen, auch nicht gezwungen werden, Ja zu sagen. Die Abstimmungsregeln sollten mit dem neuen Verfassungsvertrag geändert werden, zum Beispiel sollte dieses sogenannte Veto entfallen. Aber vorerst bleibt noch alles beim Alten... weil ja alle, auch die Kleinsten, einstimmig und freiwillig darauf verzichten müssten. Nur bei Personalfragen (zum Beispiel, wen die Staats- und Regierungschefs als Kommissionspräsidenten vorschlagen) gilt inzwischen die qualifizierte Mehrheit statt der Einstimmigkeitsregel.

»Qualifiziert« bedeutet bislang, dass die Stimmen kompliziert gewichtet werden. Ab 2014 ist das einfacher geregelt: Es müssen mindestens 55 Prozent der Ratsmitglieder dafür sein (das wären 16 von 28 Mitgliedstaaten), und zugleich müssen sie mindestens 65 Prozent der EU-Bevölkerung repräsentieren. So soll es erleichtert werden, Entscheidungen zu treffen. Die großen Länder haben dadurch etwas an Einfluss gewonnen, weil es ihnen natürlich leichterfällt, einen genügend großen Teil der EU-Bevölkerung für eine Mehrheit zusammenzubekommen.

- Leicht zu verwechseln mit dem Europäischen Rat ist der »Rat der Europäischen Union«. Er wird auch **Ministerrat** genannt, trifft ebenfalls in Brüssel zusammen und besteht aus den Fachministern der einzelnen Staaten beziehungsweise deren Vertretern. Hier können zahlreiche Gesetze beschlossen werden, dabei kommt dann aber auch das Europäische Parlament ins Spiel. In den einzelnen Ministerrunden geht es immer um deren jeweilige Fachthemen, also zum Beispiel um Landwirtschaft im sogenannten Agrarrat, in dem die Landwirtschaftsminister zusammensitzen. Seit dem Vertrag von Lissabon werden im Normalfall Mehrheitsentscheidungen getroffen (mit qualifizierter Mehrheit, nur bei sehr heiklen Themen, zum Beispiel in der Außenpolitik, gilt auch im Ministerrat die Einstimmigkeitsregel). Die Minister sind zwar offiziell für die Gesetzgebung zuständig, zusammen mit dem Parlament, aber sie treffen wichtige Entscheidungen natürlich in Absprache mit ihren jeweiligen Regierungschefs. Zugleich müssen die Minister auch für deren Gipfel viel Vorarbeit leisten, damit nur noch einige zentrale strittige Punkte »übrig bleiben«, die dann von den Staats- und Regierungschefs in mühsamen langen Sitzungen geklärt werden. Viele andere Fragen werden hingegen schon im Vorfeld von den Fachministern »weggearbeitet« und müssen dann von oben nur noch abgesegnet werden.
- Die einzige vom Volk direkt gewählte EU-Institution ist das **Europäische Parlament,** das zwölfmal im Jahr für vier Tage in Straßburg zusammentritt. Die Ausschüsse und Fraktionen tagen allerdings in Brüssel, und das Generalsekretariat hat seinen Sitz in Luxemburg. Insofern kurven die Abgeordneten ziemlich viel durch die

Gegend, was immer wieder als Geld- und Zeitverschwendung kritisiert wird. Die unterschiedlichen Standorte stammen noch aus der Anfangszeit der EU, damals sollten eben mehrere Länder wichtige Gebäude bekommen. Das Europäische Parlament entspricht in etwa dem Bundestag – hier sitzen von den Bürgern gewählte Abgeordnete aus verschiedenen Parteien. Mit dem Beitritt Kroatiens im Sommer 2013 wurde die Anzahl von 754 auf 766 aufgestockt – aber bei der Europawahl 2014 werden nur noch 751 Sitze vergeben werden, da dies laut Vertrag von Lissabon die maximale Abgeordnetenzahl ist. Wie viele Abgeordnete ein Land hierherschicken kann, richtet sich nach der Bevölkerungszahl, Deutschland wird ab 2014 voraussichtlich drei Sitze weniger belegen als bisher. Auch Österreich und elf weitere Länder verlieren jeweils einen Sitz. Diese Verteilung beschloss das Europäische Parlament im März 2013.
Während der Ministerrat die Staaten vertritt, ist das Parlament die Bürgervertretung in der EU. Die Abgeordneten gruppieren sich in Fraktionen wie im Bundestag – also nicht nach ihrer Staatenzugehörigkeit, sondern nach ihren Parteien. In der Fraktion der Sozialdemokraten sitzen zum Beispiel die deutschen SPD-Abgeordneten zusammen mit den Labour-Politikern aus Großbritannien, den Sozialisten aus Frankreich usw. Die Fraktionen heißen allerdings etwas anders als bei uns im Bundestag. Die sozialdemokratische Fraktion etwa heißt »Progressive Allianz der Sozialdemokraten im Europäischen Parlament«. Die Fraktion der Christdemokraten heißt »Fraktion der Europäischen Volkspartei«. Bis Mitte 2009 wurden die Bezüge der EU-Abgeordneten von ihren Heimatländern festgesetzt und unterschieden sich erheblich. Inzwischen bekommen alle dasselbe: 7956,87 Euro brutto im Monat, das sind 38,5 Prozent der Bezüge eines Richters am Europäischen Gerichtshof (und weil die Abgeordneten sehr wenig Steuern zahlen müssen, bleiben davon netto 6200,72 Euro). Dazu kommt eine pauschale monatliche Spesenerstattung von rund 4200 Euro – egal, wie viele Kosten tatsächlich angefallen sind. Das klingt ungerecht, ist aber durchaus sinnvoll, weil die Abrechnung vieler hundert Einzelbelege viel zeitaufwändiger (und damit teurer) wäre, als einfach alle über einen Kamm zu scheren. Außerdem dürfen Abgeordnete noch für

höchstens 19709 Euro/Monat Mitarbeiter beschäftigen. Alles in allem ist ein Sitz im EU-Parlament also ein gut dotierter Posten. Größter Kritikpunkt: Das Gehalt steigt automatisch und von der Öffentlichkeit weitgehend unbemerkt, wenn die Richterbesoldung angepasst wird. Und darüber entscheiden die Regierungen.
Ministerrat und Parlament teilen sich die Gesetzgebungsaufgaben und kontrollieren einander gegenseitig. Können sie sich nicht einigen, wird ein Vermittlungsausschuss gebildet. Das Europäische Parlament kann außerdem die Europäische Kommission (siehe unten) stürzen, ihr also das Misstrauen aussprechen. Und es wählt zudem den Kommissionspräsidenten, einen entsprechenden Personalvorschlag machen allerdings die Staats- und Regierungschefs. Eines der wichtigsten Rechte des Parlaments ist es, den EU-Haushalt abzusegnen, also den Finanzplan. Deshalb hat das Europäische Parlament inzwischen mehr Macht, als viele EU-Bürger vermuten.

- Die **Europäische Kommission** in Brüssel ist dafür zuständig, dass sich alle an die gemeinsamen Regeln halten, sie darf Länder ermahnen und (theoretisch) sogar bestrafen – und sie hat die wichtige Aufgabe, dem Ministerrat und dem Europäischen Parlament Vorschläge zu unterbreiten. Die dürfen sich nämlich nicht irgendwelche Gesetze ausdenken, sondern können nur auf Anregung der Kommission tätig werden. Das ist ihr sogenanntes »Initiativrecht«, auf das sie auch ziemlich stolz ist. Die Mitglieder der Europäischen Kommission heißen Kommissare und stammen zwar aus den einzelnen Mitgliedstaaten, sollen aber nicht im Dienste ihrer Heimat handeln, sondern nur im übergeordneten Interesse Europas. Ihr Job besteht also darin, sich als Europäer zu fühlen, nicht als Deutsche oder Schweden oder Griechen. Aber so ganz will man sich darauf wohl nicht verlassen. Es gibt nämlich exakt so viele Kommissare wie Mitgliedsländer, das heißt: Jedes Land kann einen Platz besetzen. Die Kommissare werden von den nationalen Regierungen vorgeschlagen, müssen aber vom Europäischen Parlament bestätigt werden. Einer von ihnen ist jeweils »Kommissionspräsident« und hat viel Einfluss im Gesamtgetriebe der EU. Die EU-Kommission ist sozusagen der »Maschinenraum« der EU. Wenn von »Brüssel« die Rede ist, ist meistens die Kommission gemeint. Hier entstehen neue Pläne und Ideen, hier wird Geld verteilt, und hier wird überwacht, ob sich alle EU-Staaten, aber auch Unternehmen und Verbände, an die Regeln halten. Der Wettbewerbskommissar etwa legt sich regelmäßig mit großen Konzernen an, die gegen das europäische Wettbewerbsrecht verstoßen, zum Beispiel heimlich Preisabsprachen treffen. Die Kommission übernimmt in der EU viele Aufgaben, die auf nationaler Ebene von Regierung und Verwaltung übernommen werden. Insofern ist sie gewissermaßen die »Exekutive« der EU.

- Der **Europäische Gerichtshof** ist das höchste Gericht in Europa. Hier können sogar die Gesetze einzelner Länder für ungültig erklärt werden, wenn sie EU-Vorschriften widersprechen.
- Der **Europäische Rechnungshof** prüft Einnahmen und Ausgaben der EU sowie den geplanten »Haushalt«, in dem steht, wie viel Geld in Zukunft wofür ausgegeben werden soll. Im Gegensatz zu den einzelnen Staaten darf die EU übrigens keine Schulden machen.
- Die **Europäische Zentralbank** (EZB) bestimmt die Geldpolitik in den Euro-Ländern. Dabei geht es vor allem darum, durch die Senkung oder Erhöhung von Zinsen die Preise und damit den Geldwert stabil zu halten. Im Zuge der Euro-Krise ist sie allerdings auch als Staaten- und Bankenretterin aktiv geworden, was eigentlich so nicht vorgesehen war und hoch umstritten ist.
- Nicht zu verwechseln mit dem mächtigen Europäischen Rat der Staats- und Regierungschefs ist der **Europarat,** der im Europapalast in Straßburg sein Domizil hat. Seine Aufgabe besteht darin, einen engeren Zusammenschluss der Mitglieder zu fördern. In seinem »Ministerkomitee« sitzen die Außenminister, in der »Parlamentarischen Versammlung des Europarats« Mitglieder der Landesparlamente, also zum Beispiel des Bundestags. Auch Vertreter außereuropäischer Länder wie Japan, Kanada, Mexiko oder den USA gibt es. Wirklich zu sagen hat der Europarat allerdings nichts, hier werden vor allem grundsätzliche Diskussionen geführt. Der Europarat beschäftigt sich viel mit Menschenrechten und gilt deshalb auch als das »Gewissen Europas«. Beispielsweise hat er in der sogenannten CIA-Affäre festgestellt, dass die USA bei ihrem Anti-Terror-Kampf mutmaßliche Terroristen bei Verhören foltern ließ.

Wer hat mehr zu sagen – die nationalen Regierungen oder »Brüssel«?

Die stärkste Macht können die europäischen Regierungen ausüben, wenn sie *gemeinsam* auftreten. Das ist auch so gewollt: Einigkeit macht stark. Auch wenn diese vielleicht nicht immer gewollt, sondern manchmal erzwungen ist. Die europaweit wichtigsten Vorgaben macht der Europäische Rat (in dem alle Regierungschefs sitzen): Er legt die grundsätzliche Marschrichtung fest. Und der Rat der Europäischen Union (in dem die jeweiligen Fachminister aller Staaten sitzen) ist das wichtigste gesetzgebende EU-Gremium. Somit stammen die entscheidenden Stimmen immer direkt aus den aktuellen nationalen Regierungen. Aber: Wenn die sich erst einmal geeinigt haben, wacht die Europäische Kommission darüber, dass die Absprachen in Zukunft auch eingehalten werden! Wenn eine EU-Richtlinie ergeht, hat sie im Normalfall Vorrang vor landesspezifischen Wünschen. Heißt: EU-Recht wird meist als wichtiger angesehen als Bundes- oder Landesrecht. Außerdem macht die EU-Kommission immer wieder neue Vorschläge für neue Gesetze beziehungsweise Richtlinien, mit denen sich die Regierungen dann befassen müssen, diese Vorgaben können nicht ignoriert werden. Insofern hat auch die Kommission eine Menge zu sagen.

Das Europa-Parlament hat noch am wenigsten zu melden, obwohl die Parlamentarier inzwischen viel mehr Mitspracherechte haben. Das ist auch deshalb nötig, weil die Zahl der Mehrheitsentscheidungen im Ministerrat zugenommen hat. Was wiederum bedeuten kann, dass Länder überstimmt werden und damit auch deren Parlamente, die ja eigentlich für Gesetzgebung zuständig sind. Dieses »Demokratiedefizit« (siehe unten) soll dadurch ausgeglichen werden, dass das Europa-Parlament mehr mitreden darf, wenn die EU-Kommission und die europäischen Regierungen gemeinsam neue Europa-Gesetze machen.

Insofern haben die nationalen Regierungen gemeinsam mehr zu sagen als das EU-Parlament, die EU insgesamt wiederum ist aber mächtiger als eine einzelne nationale Regierung. Der gewachsene Einfluss der EU ist jedoch äußerst umstritten. Zumal sich die Frage stellt, über wie viel Macht die nationalen Parlamente noch verfügen, also zum Beispiel der deutsche Bundestag. Denn im Sinne der Gewaltenteilung sollen die Exekutive (Regierung) und der Gesetzgeber (Parlament) zwar eng zusammenarbeiten, aber nicht identisch sein. Doch in der EU haben die nationalen Regierungen zugleich die größte gesetzgeberische Macht. Die von den Bürgern direkt gewählten Abgeordneten im Europa-Parlament spielen zwar einen wichtigen Part, ihre Rolle ist aber nicht zu vergleichen mit der zentralen demokratischen Funktion der Abgeordneten in den nationalen Parlamenten. Außerdem wird in der EU auch gern mal »über Bande« gespielt, wie beim Billard: Nehmen wir mal an, ein Umweltschutzgesetz scheitert in Deutschland am Widerstand des Wirtschaftsministers, weil es für Firmen teuer würde. Dann übernehmen die Umweltfreunde in Brüssel, dort wird das Gesetz von dem Ministerrat abgesegnet, in dem alle europäischen Umweltminister sitzen (und keine lästigen Wirtschaftsminister). So kann das Gesetz am Ende über Brüssel doch durchgedrückt werden. Wegen der wechselnden Besetzung des Ministerrats mit den jeweiligen Fachleuten entfällt häufiger die Kontrolle durch andere Ressorts. Man sitzt ja nicht gemeinsam am Tisch wie das Bundeskabinett in Berlin. Auch werden manchmal aus mehreren unterschiedlichen Vorhaben Pakete geschnürt: Wenn das eine Land hier zustimmt, erklärt sich das andere mit etwas anderem einverstanden. So werden gleich zwei oder mehr Gesetze erlassen, die einzeln keine Chance hätten.

Tatsächlich werden jedes Jahr zig Gesetze und Richtlinien in Brüssel beschlossen. Werden wir also zunehmend aus Brüssel regiert? Wie hoch der EU-Anteil an unseren Gesetzen ist, ist umstritten. Eine Zeit lang stand die beeindruckende Zahl 80 im Raum: 80 Prozent unserer Gesetze kämen aus Brüssel, hieß es. Das stimmt so aber nicht. Experten haben mal nachgerechnet, wie viele Gesetze der Bundestag tatsächlich beschließt, die nicht in Deutschland selbst ausgedacht wurden, sondern auf EU-Initiativen zurückgehen beziehungsweise als EU-Recht in deutschen Gesetzen verankert werden müssen. Heraus kam, dass dieser Anteil nur ungefähr ein Drittel ausmacht. Aber immerhin – und es sind viele wichtige Dinge, die auf europäischer Ebene geregelt werden.

Brüssel als Abschiebegleis?

Insofern sollte Brüssel eigentlich ein attraktiver Standort für Politiker sein. Ist es auch – allerdings hat man manchmal den Eindruck, dass die Mitgliedsländer durchaus nicht ihre wichtigsten und prominentesten Köpfe nach Brüssel schicken. Böse Zungen behaupten sogar, dass Brüssel ein Abstellgleis für Ausrangierte ist. Der frühere bayerische Ministerpräsident Edmund Stoiber hat jetzt zum Beispiel einen Job in Europa, das war sozusagen sein Trostpreis, als ihn die CSU-Parteikollegen als Ministerpräsidenten nicht mehr haben wollten. »Nach Brüssel wegloben« ist jedenfalls ein typischer Spott in Berlin, wenn man jemanden loswerden will und ihm einen scheinbar prestigeträchtigen Job bei der EU verschafft. Wirklich begehrt unter Spitzenpolitikern ist in Europa eigentlich nur die Aufgabe als Kommissionspräsident oder der neue Job des EU-Außenministers, dafür hätte sich sogar Joschka Fischer interessiert. Trotzdem: Insgesamt ist Europa für Politiker über die Jahre attraktiver geworden.

Die Beteiligung bei Europawahlen ist in Deutschland zwar noch immer deutlich geringer als bei einer Bundestagswahl, dennoch werden die europäischen Abgeordneten vom Volk bestimmt. Das Europa-Parlament ist also durchaus kein Abschiebebahnhof für Frührentner. Und gerade viele junge Politiker, die es noch weit bringen wollen, betrachten die Europapolitik als Sprungbrett, weil die Konkurrenz dort nicht ganz so groß ist. Die FDP-Europa-Abgeordnete Silvana Koch-Mehrin war über ihren Brüssel-Job sogar ein richtiger Promi geworden.

Insgesamt gibt es unter den Europa-Abgeordneten allerdings nicht sehr viele bekannte Gesichter und Namen. Der Grüne Daniel Cohn-Bendit gehört dazu und auch ein gewisser Graf Lambsdorff – der heißt jedoch Alexander mit Vornamen und entpuppt sich bei näherem Hinsehen als Neffe des FDP-Urgesteins Otto Graf Lambsdorff. Dann kennt man vielleicht Martin Schulz von der SPD, der über seinen Posten als Präsident des Europäischen Parlaments häufiger zu Wort kommt. Und die sehr Interessierten werden noch Elmar Brok kennen, der für die CDU im EU-Parlament sitzt. Aber das war's dann auch schon mit den bekannten Namen und Gesichtern.

Der Eindruck, dass die »besseren« Politiker nach Berlin streben, entsteht auch dadurch, dass über die Europapolitik verhältnismäßig wenig berichtet wird. Was dazu führt, dass man die Akteure kaum kennt, weswegen wiederum weniger berichtet wird, weswegen sie unbekannt bleiben, weswegen die Europa-Jobs nicht so attraktiv sind für Leute mit Ehrgeiz und Machtanspruch. Da schließt sich der Kreis. Wer hoch hinaus will, der bleibt eben doch besser in der Bundespolitik oder wechselt irgendwann von Brüssel nach Berlin.

Warum hat die EU ein Demokratiedefizit?

Das viel beklagte Demokratiedefizit auf europäischer Ebene liegt in den Strukturen der EU begründet: wer über was entscheidet und wie entschieden wird. Hier lohnt es sich, etwas weiter auszuholen: Immer wieder ist ja von einem »Kerneuropa« die Rede, das »voranschreiten« soll. Die anderen können dann später noch einsteigen, wenn sie wollen. Man spricht in diesem Zusammenhang auch vom »Europa der zwei Geschwindigkeiten«. Das kann in Einzelfällen gut funktionieren – beim Euro war das so. Da macht ja zum Beispiel Großbritannien nicht mit, niemand wollte die Inselbewohner dazu zwingen, aber warum hätten die Briten die anderen aufhalten sollen? Auch beim Schengen-Abkommen haben nicht von Anfang an alle mitgemacht. Oft ist die EU ja wie gelähmt, weil sich die vielen Teilnehmer nicht einigen können oder wollen. Warum also sollen nicht einige schon mal loslegen, und die anderen kommen später nach, wenn sie sich das Neue lange genug angesehen und für gut oder schlecht erachtet haben? Oft bewegt sich die Gemeinschaft langsamer, als dem Einzelnen lieb ist. Andererseits: Wenn sich immer sofort kleine Grüppchen bilden, die beispielsweise im Umweltschutz oder bei der Terrorbekämpfung neue Wege gehen, führt das zu einer Zersplitterung, die die EU eher wieder schwächt und ihr den inneren Zusammenhalt nimmt. Der Mittelweg, den man jetzt zu gehen versucht, ist eine noch weiter gehende Reform des Abstimmungsrechts: Statt Einstimmigkeit sollen deutliche (qualifizierte) Mehrheiten reichen. Man kommt dann schneller voran.

Das »Demokratiedefizit« der EU wird dadurch allerdings nicht verringert, sondern eher noch verschärft. Denn durch die neuen Abstimmungsregeln können Mitgliedsländer häufiger überstimmt werden – und damit die Bevölkerung, die sie vertreten.

Hinzu kommt, dass die meisten EU-Institutionen ja ohnehin nicht direkt vom Volk gewählt werden, sondern aus Vertretern der nationalen Regierungen bestehen oder von diesen bestimmt werden. Und im einzigen vom Volk direkt gewählten Gremium, dem Europäischen Parlament, repräsentiert ein Abgeordneter aus Malta derzeit nur 76 000 Bürger, einer aus Deutschland hingegen 826 000. Eigentlich ungerecht. Damit kann man sich zumindest als Deutscher nicht angemessen vertreten fühlen.

Noch gravierender ist, dass das Europäische Parlament weit davon entfernt ist, über eine vergleichbare Macht zu verfügen, wie sie in Deutschland der Bundestag hat. Die (Kontroll-)Rechte des EU-Parlaments sind zwar gestärkt worden, »um das Demokratiedefizit abzubauen« (anfangs war es noch nicht mal von den Bürgern gewählt, sondern ein kleines Beratergremium). Inzwischen hat es auch weitreichende Befugnisse bei der Verabschiedung europäischer Gesetze. Es kann allerdings nur mitentscheiden und keine eigenen Gesetze auf den Weg bringen. Auch wählt es keine europäische Regierung, wie der Bundestag den Kanzler. Zwar kann es die EU-Kommission abwählen, dann müssen die nationalen Regierungen eine neue Kommission zusammenstellen. Trotzdem ist die gesamte EU bislang nicht so konstruiert, dass das Europäische Parlament die wichtigste und entscheidende Instanz sein kann. Das behalten sich die nationalen Regierungen vor. Sie sind zwar selbst alle demokratisch gewählt, doch viele ihrer Europa-Entscheidungen finden hinter verschlossenen Türen und im Zuge undurchsichtiger Deals statt. Der Bürger hat nicht das Gefühl, auf europäischer Ebene allzu viel Einfluss nehmen zu können, höchstens indirekt, über Empörung und schlechte Umfragewerte: Dann traut sich ein Regierungschef nicht, ein in seiner Heimat unerwünschtes Ergebnis mit nach Hause zu bringen, erst recht nicht, wenn er vor Wahlen steht.

Die nationalen Parlamente kritisieren ebenfalls, dass sie nicht genügend in europäische Entscheidungen eingebunden werden. Wird ihnen nämlich ein europäischer Vertrag vor den Bug geknallt, den sie gefälligst zu ratifizieren (also parlamentarisch abzusegnen) haben, ist es für die Parlamentarier schwer, das abzulehnen. Die Parlamentsmehrheit würde ihren Regierungschef damit übel vorführen, das überlegt man sich gut. In manchen EU-Ländern gibt es allerdings Volksabstimmungen über die EU-Verträge und insofern viel mehr direkten Einfluss der Bürger. Zu »vernünftigen« Ergebnissen muss das aber nicht unbedingt führen und kann durchaus »undemokratisch« sein, weil ein kleines Land mit kleiner Bevölkerung die ganze EU aufhält. Letztlich kann man als Regierung bei europäischen Entscheidungen auch überstimmt werden – von den anderen Regierungen. Das ist zwar im Prinzip auch ein demokratischer Vorgang, für die Bürger aber nicht so nachvollziehbar wie eine Abstimmungsniederlage in einem nationalen Parlament. Zumal ein Bundeskanzler, der im Bundestag bei wichtigen Beschlüssen keine Mehrheiten mehr findet, über kurz oder lang auch nicht mehr Bundeskanzler ist. Diese demokratische Verankerung fehlt auf EU-Ebene. Und solange viele EU-Bürger das Gefühl haben, dass über ihre Köpfe hinweg nach verwirrenden Regeln sehr viel entschieden wird, das ihr Leben unmittelbar betrifft, fällt es der EU schwer, so viel Vertrauen und Zustimmung zu gewinnen, wie sie gerne hätte.

Warum ist ausgerechnet Brüssel die Hauptstadt Europas?

Eine offizielle »Hauptstadt« Europas gibt es nicht, weil es ja gar keinen Europastaat gibt. Dennoch sagt man oft, »Brüssel hat das so entschieden«, wenn die Europapolitik gemeint ist. Genauso wie »Berlin« eben für die Bundespolitik steht. Allerdings kommen viele wichtige Entscheidungen auch aus Straßburg, denn dort sitzt der Europäische Gerichtshof für Menschenrechte – hier kann sich im Grunde jeder Bürger über alles beschweren, was ihm nicht passt. Jährlich werden über 40 000 Klagen eingereicht. Und auch der Europarat hat hier seinen Hauptsitz.

Die belgische Hauptstadt Brüssel jedoch ist Heimat der meisten EU-Gremien (Europäischer Rat, Europäische Kommission, Ministerrat, Ausschüsse des Europäischen Parlaments) und damit sozusagen die faktische Hauptstadt Europas. Dazu kam es eher zufällig. Denn niemand hatte einen besseren, mehrheitsfähigen Vorschlag.

Entscheidend war wohl wieder mal der Proporz: Brüssel gehörte zu keinem der drei großen EU-Gründerstaaten Deutschland, Frankreich, Italien. Es war sozusagen neutraler als Paris, Rom oder damals noch Bonn. Außerdem war Brüssel mehrsprachig (Deutsch, Französisch, Niederländisch; außerdem Flämisch sowie regionale Dialekte) und lag schön mittig im damaligen Westeuropa. Ein wunderbarer Kompromiss also – typisch Europa. Typisch auch, dass einige Gremien woanders ihren Platz fanden, was wieder das Ergebnis politischer Proporz-Entscheidungen war. Dieser Verteilung konnten alle zustimmen, sie tut keinem zu sehr weh, und gibt jedem etwas – aber erkennbar sinnvoll ist sie nicht. Doch bevor man sich darüber mokiert, sollte man ein Experiment machen: Wie lange braucht eine Abteilung in einer beliebigen Firma oder Verwaltung von nur zehn Mitarbeitern, um beim internen Umzug in den Westflügel des Gebäudes die neuen Zimmer – vier auf jeder Seite des Flurs, davon je ein Zweierbüro – so zu planen, dass alle total zufrieden sind, jeder Einzelne der zehn?! Viel Spaß dabei... Schnell ahnt man, wie es bei den Europäischen Gipfeln zugeht und dass sich das Gestreite und Gemurkse nicht immer ganz verhindern lässt.

Wer seinen EU-Frust loswerden will, kann das übrigens beim Europa-Ombudsmann, sogar online (www.ombudsman.europa.eu/home/de/default.htm) – ihm schreiben 20 000 Menschen im Jahr! Deswegen hat der Beschwerdebeauftragte mehrere Mitarbeiter, die tatsächlich allen diesen Anfragen nachgehen.

Konkrete Verbesserungsvorschläge werden ebenfalls gern genommen. Wie beim Bundestag kann man auch in Europa eine Petition einreichen, am einfachsten online (www.europarl.europa.eu/aboutparliament/de/00533cec74/Petitions.html).

Der EU-Haushalt: Wie viel netto darf's denn sein?

Die EU kann keine eigenen Steuern erheben, sie finanziert sich hauptsächlich über ihre Mitgliedsbeiträge. Es gibt einen jährlichen Haushalt, der aber in einen siebenjährigen EU-Haushaltsplan eingebettet ist, und diesen Finanzplan legen die Staats- und Regierungschefs auf einem großen Haushaltsgipfel fest. Der geht üblicherweise mit besonders langen Verhandlungsnächten einher, denn dabei geht's für jeden um die eigene Kasse, und beim Geld werden die nationalen Interessen natürlich besonders intensiv vertreten! Die Vorarbeit machen die Kommission und die Fachminister, aber wenn es dann ums Eingemachte geht, setzen sich die Chefs zusammen. Das EU-Parlament muss allerdings auch noch zustimmen – was schiefgehen kann. Im März 2013 hatten sich die Staats- und Regierungschefs in mühevoller Kleinarbeit und nach zähem Ringen auf den nächsten Finanzplan bis 2020 geeinigt. Das Parlament lehnte den schönen Plan aber ab, also musste neu verhandelt werden.

Insgesamt ist für den Zeitrahmen von 2014 bis 2020 eine Gesamtsumme von höchstens 960 Milliarden Euro vorgesehen. Das klingt erst mal sehr viel. Pro Jahr sind es aber nur rund 140 Milliarden – »Peanuts« im Vergleich zu den nationalen Budgets. Der deutsche Bundeshaushalt etwa (und der bezieht sich ja nur auf den Bund – Bundesländer und Kommunen haben zusätzlich eigene Haushalte) betrug 2013 rund 300 Milliarden Euro. Also doppelt so viel wie der gesamte EU-Haushalt für 28 Staaten. Der deutsche Nettobeitrag zum EU-Haushalt beträgt rund neun Milliarden. Mit anderen Worten: So wahnsinnig teuer, wie gern behauptet, ist die EU-Mitgliedschaft gar nicht.

Übrigens ist es auch nicht ganz richtig, wenn immer wieder gesagt wird, dass Deutschland der größte Nettozahler sei. In absoluten Zahlen stimmt das zwar, wir sind ja auch das bevölkerungsreichste Land. Bezogen auf die Wirtschaftsleistung liegen wir aber nicht an erster Stelle. Da hatten 2011 die Italiener (ausgerechnet!) netto einen höheren Anteil nach Brüssel überwiesen. Netto meint: Man hat mehr gezahlt, als an Subventionen und Ähnlichem aus Brüssel zurückkam. Zunächst geht nämlich alles in einen Topf, dann wird verteilt, und erst danach sieht man, wie viel man »netto« gezahlt hat. Oder empfangen – Länder wie Polen, Litauen oder Ungarn gehören regelmäßig zu den Netto-Empfängern. Das liegt vor allem daran, dass sie am meisten von den EU-Ausgaben profitieren, was auch so gewollt ist – es wird ja bewusst Geld von den reichen auf die ärmeren Länder umverteilt.

Dazu dienen unter anderem zwei große Ausgabenposten mit den klangvollen Namen »Strukturfonds« und »Kohäsionsfonds«. Als ich

Ende der neunziger Jahre als Korrespondentin in Brüssel arbeitete, standen wir mit mehreren Kollegen in einer Kaffeepause zusammen und machten einem portugiesischen Korrespondenten ein Kompliment zu seiner offensichtlich brandneuen schicken Lederjacke. »Ja, Dank an den Kohäsionsfond!«, antwortete der. War natürlich ein Witz – eine Anspielung auf die Subventionen, die Portugal aus Brüssel bekommt. Wirtschaftlich schwächere Länder werden mit solchen Fonds unterstützt, vor allem wenn sie neu beigetreten sind. Früher waren das vor allem die südlichen Länder, inzwischen sind die Osteuropäer hinzugekommen.

Außerdem machen die Agrarsubventionen einen großen Teil des EU-Budgets aus. Wer also viel Landwirtschaft hat, bekommt auch mehr aus dem gemeinsamen Topf. Dass es bei dem Run auf die Subventionstöpfe nicht immer ganz sauber zugeht, kann man sich denken. Regelmäßig machen kuriose Beispiele Schlagzeilen. Die doppelt und dreifach gezählten Schafe in Griechenland werden hier gern genannt. Aber auch in deutschen Landen ist man ganz gut im Zugriff auf EU-Töpfe: Im flachen Mecklenburg-Vorpommern wurde zum Beispiel von der EU ein Raum für Höhentraining gefördert (mit schlappen 700 000 Euro).

Wie hoch ist der Butterberg – und wo plätschert der Milchsee?

Peinliche Absurdität: Während in Afrika viele hunderttausend Menschen an Hunger starben, ließ die EU tonnenweise Lebensmittel produzieren, die keiner brauchte. Die entsprechenden Bilder hat wohl jeder noch im Kopf. Inzwischen ist damit glücklicherweise Schluss. Das hat sich allerdings noch nicht überall herumgesprochen, sodass viele Menschen die EU immer noch als grandiose Verschwendungsmaschine ansehen. Wie kam es überhaupt dazu? Nach dem Zweiten Weltkrieg waren in Europa die Lebensmittel knapp und die Menschen arm. Vor allem die Bauern verdienten viel zu wenig. Deshalb kam die damalige EWG auf die Idee zu helfen: Es gab Zuschüsse, wenn man seinen Hof modernisierte. So sollten mehr Nahrungsmittel zu geringeren Kosten hergestellt werden können. Und das klappte. Es klappte nur leider viel zu gut. Denn damit die Bauern besser planen konnten, garantierte ihnen die Europäische Wirtschaftsgemeinschaft feste Preise. Gedacht war das so, dass man die Differenz zwischen dem niedrigeren »Marktpreis« und dem europäischen »Garantiepreis« ausgleicht. Der Preis auf den Weltmärkten war niedriger, weil auf anderen Kontinenten die Bauern billiger produzierten. Auch vor dieser Konkurrenz sollten die europäischen Bauern geschützt werden. Und deshalb, die Bauern sind ja nicht dumm, fabrizierten sie eifrig riesige Mengen Milch, Butter, Getreide und Fleisch. Denn je mehr sie herstellten, desto mehr Geld bekamen sie aus Brüssel. Nach Jahren des Mangels herrschte nun unfassbarer Überfluss. Aber versprochen ist versprochen, und so musste die EU die überschüssigen Lebensmittel selbst aufkaufen. In gigantischen Kühlhäusern stapelten sich Butterpäckchen bis unter die Decke, »Milchseen« stauten sich, in Großlagern faulten Tomaten und Orangen vor sich hin – und der ganze Wahnsinn wurde bezahlt von Steuergeldern der Mitgliedstaaten.

1985 saß Europa schließlich auf einem Überschuss von 16 Millionen Tonnen Getreide, einer Million Tonnen Butter, 870 000 Tonnen Rindfleisch und 520 000 Tonnen Magermilchpulver. Hätte man das nicht verschenken können? In Afrika herrschte damals großer Hunger, es war aber technisch fast unmöglich (und wäre astronomisch teuer gewesen), die Lebensmittel von hier nach dort zu schaffen. Und es wäre letztlich auch nicht gut gewesen, denn damit hätte man wiederum den afrikanischen Bauern jede Chance genommen, ihre wenigen Waren noch zu verkaufen, angesichts der Geschenkeladungen aus Europa. Mit den Agrarsubventionen und Einfuhrzöllen wurde die billigere Konkurrenz aus Entwicklungs- und Schwellenländern aber auch schön vom europäischen Markt ferngehalten; für diesen »Protektionismus« ist die EU immer wieder scharf kritisiert worden. In den letzten zehn Jahren wurden die Exporthilfen allerdings massiv abgebaut und der Markt für Entwicklungsländer geöffnet.

Erst 2007 waren die Milchseen vollständig trockengelegt und der Butterberg abgeschmolzen. Dafür wurde vorher unter anderem jahrelang »Weihnachtsbutter« unters Volk gebracht. Maximal vier Päckchen pro Familie kosteten im Dezember bis zu 70 Pfennig (rd. 35 Cent) weniger als sonst.

Aber die EU konnte die Subventionen nicht komplett einstellen und den Bauern die Lebensgrundlage wieder entziehen. Man wollte auch nicht, dass Europa keinen ausreichenden eigenen Nahrungsmittelnachschub hat. Außerdem gehören Bauernhöfe zum Landschaftsbild und zur europäischen Lebensart dazu. Es wäre ja auch etwas traurig, wenn es in Europa Kühe nur noch im Zoo gäbe. Den Bauern wird jetzt eher eine Art direktes Gehalt gezahlt, und nicht eine Subvention pro Liter Milch, egal, wie viel sie produzieren. Außerdem ging man dazu über, die Produktion der einzelnen Betriebe zu begrenzen. Es wurde Geld dafür bezahlt, vorhandene Felder brachliegen zu lassen, statt dort Vieh zu halten oder Getreide anzubauen. Aber auch dabei gilt weiter das Prinzip: Wer viel hat (einen großen Hof), dem wird viel gegeben. Prinz Charles zum Beispiel ist als Großgrundbesitzer mit seinen Ländereien ein großer Subventionsempfänger in der EU. Und sogar der Fürst von Monaco bekommt Agrarsubventionen. Nicht ganz im Sinne des Erfinders ist auch, dass Golfclubs und Reitvereine Landwirtschaftssubventionen beziehen (weil zu ihnen nun mal größere Flächen gehören, dass da nur Gras wächst, spielt keine Rolle). Die EU-Kommission will solche fehlgeleiteten Subventionen zwar abschaffen – doch das ist nicht so einfach. Genau genommen gibt es in der Politik, ob in Brüssel oder Berlin, nichts Schwierigeres, als Subventionen zu kürzen! Denn dann wird irgendwem etwas weggenommen, und das gibt immer Ärger.

Aber zumindest gibt es keine abstrusen Milchseen mehr. Und insgesamt bekommen Europas Bauern weniger staatliche Subventionen als US-amerikanische Bauern. Ganz allgemein bleibt die Erkenntnis, dass die Agrarpolitik der vergangenen Jahrzehnte eindrücklich demonstriert, dass weder freie, ungeregelte Märkte Schwierigkeiten »von sich aus« lösen, noch politische Steuerungsmaßnahmen automatisch zum gewünschten Ziel führen.

Ökonomen gehen davon aus, dass angesichts des weltweiten Bevölkerungswachstums der Bedarf an Agrarprodukten künftig steigen wird und damit auch die Weltmarktpreise für Weizen etc. Umso weniger subventionsbedürftig werden dann europäische Bauern sein, so die hoffnungsvolle Prognose. Ein Gutes hatte die Landwirtschaftspolitik immerhin: Auf keinem anderen Gebiet hat Europa von Anfang an so eng zusammengearbeitet. Die Agrarpolitik macht auch heute den größten Teil des EU-Haushalts aus; sie ist insofern immer noch das Kernstück der Europapolitik, zu dem im Laufe der Jahre immer mehr Bereiche hinzukamen.

Mal ganz pragmatisch: Wo liegen die Vor- und Nachteile der Europäischen Union?

Die EU hat offenbar einiges zu bieten, sonst würden nicht so viele Länder danach drängeln, Mitglieder im Club werden zu dürfen. Und bisher ist noch nie ein Land ausgetreten. Inzwischen sind die meisten europäischen Länder in der EU. Die wichtigste Ausnahme ist wohl die Schweiz, die zwar mitten in Europa liegt, trotzdem nicht mitmachen will. Aber immerhin: Das »Schengener Abkommen« haben auch die Schweizer 2005 unterzeichnet. Die Freizügigkeit im Schengener Raum ist ein Vorteil, den man als Bürger sehr direkt empfindet. Wer sich daran erinnert, wie man früher zur Urlaubszeit im heißen Pkw stundenlang vor dem Schlagbaum warten musste, ist dankbar dafür, heute ohne irgendwelche Kontrollen kreuz und quer durch Europa kurven zu können. Außerdem nützen solche Reise-Erleichterungen nicht nur Privatleuten, sondern auch Firmen, deren Lastwagen mit Waren so ebenfalls schneller und damit billiger ans Ziel kommen.

Daran zeigen sich gleich zwei Dinge. Erstens: Die meisten europäischen Fortschritte nützen der Wirtschaft. Zweitens: Die EU ist als durchlässiges, offenes System gedacht. Sogar Staaten, die nicht in der Union sind, können bei Einzelmaßnahmen gern mitmachen, wenn das vorteilhaft erscheint. Dass die Schweiz bereit war, die Grenzkontrollen einzustellen, verdeutlicht zugleich, wie groß das politische Vertrauen in die EU mittlerweile ist. Denn die Schweizer wollen natürlich keine Verbrecher, Drogenhändler oder Terroristen bei sich im Land haben. Um das zu vermeiden, hatten sie bisher selbst die Einreisenden kontrolliert. Nun setzen sie darauf, dass von den anderen Ländern an den europäischen Außengrenzen so genau geprüft wird, dass sie sich keine Sorgen machen müssen, wer zum Beispiel in Ungarn über die Grenzen kommt und dann weiter in die Schweiz fährt.

Bei vielen Vorteilen, die die EU mit sich bringt, zeigt sich der Nutzen für Einzelpersonen im Alltäglichen – und kommt dann oft eher unspektakulär daher. Man nimmt vieles schnell als selbstverständlich. Etwa, dass man für den Spanien-Urlaub kein Geld mehr tauschen muss. Oder wenn Überweisungen innerhalb Europas billiger werden. Oder wenn man viel einfacher als noch vor zwanzig Jahren mal ein paar Jahre in Spanien oder Finnland arbeiten kann. Konkret bietet die EU vor allem wirtschaftliche Vorteile, aber auch zunehmend politische und soziale.

- Weil die Grenzen fielen und es keine Zölle mehr gibt, entstand ein riesiger gemeinsamer Marktplatz, auf dem gerade deutsche Firmen viele Waren anbieten und verkaufen. Die EU ist – in Gestalt der anderen Mitgliedstaaten – unser wichtigster Handelspartner.
- Jeder kann innerhalb der EU leben und arbeiten, wo er will. Noch vor zwanzig Jahren war es viel schwieriger, ins Ausland zu gehen – und wenn man nur mal ein Semester anderswo studieren oder ein Praktikum machen wollte, lohnten sich Aufwand und Kosten kaum. Wer heute in anderen EU-Staaten einen besseren Job findet als zu Hause, kann relativ problemlos auswandern und behält dabei auch seine Sozialversicherungsansprüche. Bei der Anerkennung von Berufsabschlüssen hakt es in der Praxis an vielen Stellen allerdings nach wie vor.
- Alle EU-Staaten haben sich auf gemeinsame Werte verpflichtet, dazu gehört Rechtsstaatlichkeit oder auch die Achtung der Menschenwürde. In der EU wurde zum Beispiel überall die Todesstrafe abgeschafft. Die Teilnehmerstaaten kontrollieren sich gegenseitig. Gemeinsame Moral vereint, auch das hat zum Frieden in Europa beigetragen.
- Eine europäische Allianz hat weltweit viel größere wirtschaftliche Macht. Einzeln könnten die Staaten gegen große Konkurrenten wie Indien oder China schlechter bestehen. Als EU hat man zum Beispiel bei großen internationalen Konferenzen mehr Gewicht, etwa wenn es um internationales Handelsrecht geht. Das zeigte sich zu-

letzt beim neuen Freihandelsabkommen zwischen den USA und der EU. Mit einzelnen Staaten ein solches Abkommen abzuschließen, hätte die Amerikaner kaum interessiert. Außerdem werden steuerliche Vergünstigungen für Firmen innerhalb der EU angeboten. Damit sie ihre Produktionsstätten nicht in Billiglohnländern wie China oder Bangladesch bauen, sondern, wenn nicht in Deutschland, dann wenigstens in Slowenien oder Bulgarien. Besser als nichts.
- Insgesamt ist der Lebensstandard in der EU gestiegen, auch weil schwächere Regionen unterstützt werden. Länder wie Portugal, Spanien oder Irland haben sich durch die EU von armen zu wohlhabenden Ländern entwickelt – zumindest ging bis vor Kurzem die Wohlstandskurve in diesen Ländern nach oben, was wiederum auch uns Deutschen nutzte. Denn man hat besser reiche als arme Nachbarn. Reiche Nachbarn sind politisch stabiler, und sie kaufen mehr – gerne bei uns. Dass Portugal, Spanien oder Griechenland jetzt wieder zu Sorgenländern werden, geht deshalb auch uns alle an.
- Für uns speziell gilt, dass Deutschland nach dem Zweiten Weltkrieg durch die EU wieder in die europäische Zivilisation zurückgeholt wurde – die EU war insofern auch ein großes Versöhnungsprojekt. Und es ist überhaupt keine Selbstverständlichkeit, dass unsere Nachbarn, allen voran die Franzosen, so klug waren, uns die Hand zu reichen und uns wieder wohlhabend werden zu lassen, statt die Deutschen aus Rache mit massiven Entschädigungszahlungen zu bestrafen, wie nach dem Ersten Weltkrieg. Das deutsche Wirtschaftswunder war auch ein europäisches Wunder. Darüber achselzuckend hinwegzugehen, nach dem Motto »Jetzt ist aber auch mal gut, immer diese Kriegsgeschichten«, wird der Sache nicht gerecht.
- Die EU ist mittlerweile die größte Handelsmacht der Welt und kann daher zum Beispiel beim weltweiten Umweltschutz oder Arbeitnehmerrechten Druck machen. Gleiches gilt in außenpolitischen Fragen. Allerdings tut sich die EU gerade hier sehr schwer, weil bisher selten alle Mitgliedstaaten einer Meinung waren, etwa bei der Frage, ob man bei einem Militäreinsatz mitmacht oder nicht.
- Auch EU-intern ist es leichter, grenzüberschreitenden Umweltproblemen (zum Beispiel Luft- oder Wasserverschmutzung) auf die

Spur zu kommen und sie gemeinsam zu bekämpfen. Verschmutzte Luft hält sich nun mal nicht an nationale Grenzen; gerade der Umweltschutz ist deshalb besonders geeignet für gemeinsame Regeln auf einem Kontinent.
- Die EU will für mehr Wettbewerb sorgen. Durch den Euro lassen sich Preise gut vergleichen, und wenn ein Händler sieht, dass eine Ware in Spanien viel billiger ist als in Deutschland, kauft er sie halt dort. Das senkt insgesamt die Preise und ist somit gut für Verbraucher. Die EU-Kommission in Brüssel achtet auch darauf, dass sich große Unternehmen nicht heimlich absprechen oder Monopole entstehen.
- Die Zusammenarbeit bei der Verbrechensbekämpfung und bei der Verhinderung von Terroranschlägen erweist sich als sinnvoll, weil Planung und Vorbereitung ja nicht am Tatort erfolgen müssen, sondern möglicherweise grenzüberschreitend ablaufen. Terroristen in Köln können sich leicht mit Terroristen in Spanien verständigen und gemeinsam etwas planen. Also muss auch die europäische Polizei grenzüberschreitend zusammenarbeiten.
- Die Flugsicherheit wurde durch einheitliche Standards erhöht. Zugleich sanken durch Konkurrenz die Preise: Weil in Europa die Märkte geöffnet wurden, konnten die Billigfluglinien entstehen, mit denen sich viele Bürger heute Flugreisen leisten können, die früher den Besserverdienenden vorbehalten waren. In meiner Kindheit war es überhaupt nicht üblich, »in den Urlaub zu fliegen«. Man packte sein Auto, einschließlich Thermoskanne und hart gekochten Eiern und fuhr zig Stunden über die Autobahn, mit länglichen Aufenthalten »an den Grenzen«. Last minute nach Mallorca? Gab es damals noch nicht. Klingt für Jugendliche heute wie eine antike Sage – ist aber sooo lange noch gar nicht her (ehrlich nicht!).
- Auch schön: besserer Verbraucherschutz durch strengere Regeln für Hersteller. Einheitliche Richtlinien zur Lebensmittelqualität. Einheitlicher Tierschutz.
- Und: Wer sich in seinem Heimatland ungerecht behandelt fühlt, kann vor dem Europäischen Gerichtshof klagen – so setzen sich mit der Zeit EU-weit Standards durch.

Und welche Nachteile hat die EU?
- Sie ist oft langsam und unbeweglich. Meist kann man sich nur auf den »kleinsten gemeinsamen Nenner« verständigen. Denn bei allen wichtigen Entscheidungen müssen deutliche Mehrheiten erzielt werden. Das heißt: Wenn eine Maßnahme richtig und wichtig wäre, aber einigen nationalen Einzelinteressen nicht in den Kram passt, ist sie in Europa nicht durchsetzbar.
- Alle Waren, die in einem EU-Land erlaubt sind, dürfen überall verkauft werden. Etwa gentechnisch veränderte Lebensmittel. Dagegen könnte die deutsche Regierung nichts machen, selbst wenn sie wollte.
- Bei einem gemeinsamen Binnenmarkt, in dem Waren munter kreuz und quer transportiert werden, häufig über verschiedenste Zwischenhändler, ist es schwerer, kriminellen Machenschaften auf die Spur zu kommen. Das merkt man bei Lebensmittelskandalen: Wer hat das Pferdefleisch ins Rinderhack gemischt, das dann falsch deklariert in halb Europa vertrieben wurde?
- Die Osterweiterung der EU war zwar sehr sinnvoll, um nach dem Zusammenbruch des Ostblocks Frieden in Europa zu schaffen. Den ehemaligen Ostblock-Ländern bot die EU eine wichtige Orientierung, um Demokratie und Marktwirtschaft zu entwickeln. Die Osterweiterung eröffnete auch neue Märkte, auf denen deutsche Unternehmen Waren verkaufen und produzieren können. Die Länder brauchen aber zugleich noch längere Zeit hohe finanzielle Zuschüsse von der EU. Geld, das zumindest kurzfristig anderswo fehlt.
- Durch die neue Bewegungsfreiheit im erweiterten Europa entsteht auch eine sogenannte Billigkonkurrenz. Einerseits finden wir es prima, dass es preiswerte Putzfrauen aus Polen bei uns gibt. Andererseits schimpfen deutsche Handwerker, wenn ihnen die Ehemänner dieser Putzfrauen als Fliesenleger Aufträge wegschnappen. So hat vieles zwei Seiten...
- Konzerne können innerhalb der EU leichter fusionieren und damit viel Marktmacht entwickeln oder Preisabsprachen treffen. Das ist zwar verboten, kommt aber immer wieder vor.
- Bei aller polizeilichen Zusammenarbeit und Kontrolle der Außengrenzen: Fachleute warnen, dass die Kriminalität in der EU doch

steigen könnte. Denn bei den zahlreichen Kontrollen früher sei für Kriminelle die Wahrscheinlichkeit, an einer Grenze erwischt zu werden, eben doch höher gewesen.
- Oft erlässt die EU Richtlinien, und wie die einzelnen Länder das vorgegebene Ziel im Einzelnen erreichen, entscheiden die nationalen Regierungen. Das führt dann zu einem lustigen Regelchaos, weil zwar EU-weit ungefähr das Gleiche gilt, aber eben nicht genau das Gleiche.
- Obwohl regionale und lokale Unterschiede geschützt werden sollen, führt die immer stärkere wirtschaftliche Vernetzung dazu, dass kulturelle Eigenheiten auf der Strecke bleiben, zum Beispiel lokale Dialekte oder Lebensmittelspezialitäten. Das ist aber ein weltweites Phänomen im Zeitalter der Globalisierung. Der EU allein kann man daran keine »Schuld« geben.
- Als Bürger hat man leicht das Gefühl, dass die EU über unsere Köpfe hinweg entscheidet. Dass da lauter unbekannte Leute in unbekannten Gremien sitzen, die Dinge entscheiden, nach denen wir uns dann richten müssen. Das wird als Einmischung empfunden. Diese »Bürgerferne« zeigt sich auch am relativen Desinteresse der EU-Bürger an den Wahlen zum Europäischen Parlament.
- Immer wieder geht es auch um die Frage, wie viel »Fremdheit« wir (und alle anderen EU-Bürger) ertragen und erfahren wollen. Fast zwanzig Jahre lang wurden Gastarbeiter nach Deutschland gelockt. Dann versuchte man, sie wieder loszuwerden. Jetzt stehen unsere Grenzen jedem EU-Ausländer offen. Das hat uns einerseits näher zusammengebracht. Dass auch die Italiener mal »Gastarbeiter« waren, kann man sich heute gar nicht mehr vorstellen! (Wer sonst hätte uns beigebracht, wie man ordentlichen Kaffee kocht und dass man da keine Sahne aus Plastikbechern reinkippt, sondern Cappuccinoschaum.) Vielleicht werden uns die Rumänen und Bulgaren irgendwann genauso vertraut sein. Den ehemaligen DDR-Bürgern sind diese Länder auch schon bekannter als den Westdeutschen. Derzeit sorgen die Armutsflüchtlinge, die aus einigen südosteuropäischen Regionen kommen, aber eher für Ressentiments. Die Europäische Union versucht dabei, zwei divergierende Interessen unter einen Hut zu bringen: Die eigenen Bürger sollen sich innerhalb

der EU frei bewegen können; wer in Slowenien keinen Job findet, findet vielleicht einen in Finnland. Tatsächlich ist Finnland ein beliebtes Ziel für deutsche Ärzte, die mit den Arbeitsbedingungen an deutschen Kliniken nicht mehr zufrieden sind. Deutsche Arbeitgeber wiederum sind froh über Spargelstecher oder Weinleser aus Polen, Tschechien oder Ungarn. Unter deutschen Arbeitslosen finden sich nämlich nur wenige, die diese harte, schwierige und mäßig bezahlte Arbeit zufriedenstellend machen. Die Freizügigkeit ist also ein Vorteil. Zugleich versucht man, Nicht-EU-Ausländer fernzuhalten. Nur noch Asylanten, denen in der Heimat der Tod droht, dürfen herkommen – keine sogenannten Wirtschaftsflüchtlinge mehr, die sich »nur« einen höheren Lebensstandard erhoffen. Irgendwann wird man aber vielleicht auch wieder Gastarbeiter aus Nicht-EU-Ländern brauchen. Wenn nämlich auch die Polen keinen Spargel mehr stechen mögen, weil sie bessere Jobs im eigenen Land finden. Vielleicht stechen dann per Billigairline eingereiste Arbeiter aus Malaysia den deutschen Spargel – oder es gibt eben nur noch sehr teuren Spargel im Luxusrestaurant.

Was hat uns der Euro bisher gebracht?

Der Euro als gemeinsame Währung wurde im Jahr 1999 auf dem Papier und drei Jahre später, 2002, als Bargeld eingeführt. Mit ihm zahlen kann man mittlerweile in 18 EU-Staaten sowie in 10 Nicht-EU-Staaten. Die neue Währung ist insofern ein typisches EU-Projekt: Einerseits machen nicht alle EU-Staaten mit (und werden dazu auch nicht gezwungen), andererseits können sich auch Nicht-EU-Länder dem Euro-Raum anschließen, wenn sie sich an die entsprechenden Regeln halten.

In diesen Ländern gilt derzeit (2013) der Euro: Belgien, Deutschland, Estland, Finnland, Frankreich, Griechenland, Irland, Italien, Luxemburg, Malta, Niederlande, Österreich, Portugal, Slowakei, Slowenien, Spanien und die Republik Zypern. Neben diesen 17 EU-Ländern nutzen noch folgende Nicht-EU-Länder den Euro als offizielle Währung: Andorra, Kosovo, Mayotte, Monaco, Montenegro, San Marino, Saint-Barthélemy, Saint-Pierre und Miquelon, Vatikanstaat.

Schon lange vor der Einführung der gemeinsamen Währung waren innerhalb der EU die Zölle abgeschafft worden – ein enormer Vorteil für alle EU-Mitglieder. Denn Zölle wirken wie Preiserhöhungen, sie machen ausländische Produkte teurer. Inländische Hersteller werden damit vor ausländischer Konkurrenz geschützt. Dass innerhalb der EU zollfrei gehandelt werden kann, kam nicht nur den Verbrauchern zugute, sondern auch den Exportunternehmen – und Deutschland ist eine Exportnation, die viele Waren ins Ausland verkauft. Zölle waren also (seit 1968) bereits abgeschafft, aber das Wechselkursrisiko und die Kosten für den Geldtausch blieben. Verkaufte ein französisches Unternehmen beispielsweise Rotwein in Deutschland, so wusste es nie genau, wie viel Geld es dafür am Ende gibt, weil der Wert von D-Mark und Franc ständig schwankte. Das Problem versuchte man später mit festen Wechselkursen zu lösen. Das System fester Wechselkurse, bei denen für jede Währung festgelegt wurde, was sie in den anderen Währungen kostet, war gewissermaßen ein Vorläufer für den Euro. Das Gegenstück dazu ist ein freies Wechselkurssystem, in dem sich der Preis (wie viel D-Mark kostet ein Franc?) täglich am Markt neu bildet. Doch auch in einem festen Wechselkurssystem kassieren die Banken für den Umtausch Gebühren, und es gibt noch Preisunterschiede, wie man als Urlauber leicht feststellen konnte: Die eine Wechselkursstube machte ein besseres Angebot als die andere. Sehr nervig, das zu vergleichen, um einen guten Deal zu machen. Das alles entfällt, wenn man eine gemeinsame Währung hat. Der Handel der Euro-Länder untereinander lässt sich so besser kalkulieren und verursacht weniger Kosten – das belebt das Geschäft. Der Handel in der Euro-Zone wuchs.

Doch nicht nur Unternehmen profitieren von der gemeinsamen Währung. Auch als Privatmensch ist es angenehm, nicht mehr gegen Gebühren Geld tauschen und Wechselkurse vergleichen zu müssen, sondern einfach drauflos zu reisen. Vor allem ist die lästige Umrechnerei (»Wie viel ist das jetzt in Mark?«) entfallen. Dadurch sind die Euro-Länder einander auch *gefühlt* nähergerückt. Man kommt sich nicht mehr ganz so fremd vor in Portugal, Frankreich oder Finnland.

So wurde die Abstraktion EU deutlich fassbarer. Weil sich in Euro die Preise europaweit leichter vergleichen lassen, ist auch der Konkurrenzdruck gestiegen. Ein bekanntes Beispiel dafür ist der »Euro-Import« von Autos. Kauft man einen Neuwagen nicht beim Händler um die Ecke, sondern zum Beispiel in den Niederlanden, kann man mehrere tausend Euro sparen. Das haben inzwischen auch die Autohändler mitbekommen, die zumindest auf Nachfrage lieber den Preis senken, als gar kein Auto zu verkaufen. Das ist gut für alle (außer für die heimischen Autoverkäufer, die ihre Preise senken mussten).

Ein erheblicher Vorteil des Euro ist darüber hinaus, dass man gegenüber dem Rest der Welt eine große gemeinsame Währung hat. Bis dahin hat die Welt in Dollar gerechnet. Inzwischen hat der Euro ganz schön aufgeholt; er ist selbst zu einer Weltwährung geworden, neben dem Dollar und dem japanischen Yen. In Zeiten der Globalisierung, in denen weltweit intensiv Handel getrieben wird, ist diese Entwicklung nicht hoch genug einzuschätzen. Und als privater Reisender kommt man inzwischen sogar fast überall in der Welt mit dem Euro irgendwie weiter, wenn man gerade keine Landeswährung in der Tasche hat. Früher halfen da nur Dollars. Eine Währung, die für einen großen Währungsraum steht, ist auch weniger anfällig für Spekulationen. Das mag einem in der aktuellen Krise anders erscheinen, weil ständig von Spekulanten die Rede ist – gegen den gesamten Euro zu wetten, ist aber trotzdem viel schwieriger als gegen eine einzelne Landeswährung. Letzteres hat es in der Vergangenheit oft gegeben, teils mit spektakulären Folgen. Der berühmte Investor George Soros zum Beispiel hat Anfang der neunziger Jahre auf einen Schlag eine ganze Milliarde damit verdient, dass er im großen Stil auf eine Abwertung des britischen Pfunds setzte. Einfach beschrieben funktionierte das so: Soros war der Ansicht, dass der Wechselkurs des Pfunds (also sein Preis gegenüber anderen Währungen) höher lag als die tatsächliche Kaufkraft der britischen Währung. Soros und seine Mitspieler liehen sich Milliarden Pfund und tauschten sie in D-Mark und französische Franc um. Sie erhöhten damit gewissermaßen die Nachfrage nach diesen Währungen und senkten zugleich die Nachfrage nach dem Pfund. Die britische Notenbank versuchte gegenzusteuern, indem sie das Zinsniveau anhob, das Pfund also künstlich verteuerte. Das hielt sie aber nicht lange durch und musste schließlich doch aus dem europäischen Währungsverbund aussteigen und eine Abwertung hinnehmen. Damit waren prompt die geliehenen Devisenbestände (zum Beispiel D-Mark), die Soros angehäuft hatte, mehr wert. Er konnte sie wieder in Pfund umtauschen, bekam dafür entsprechend mehr Pfund als vorher, und so blieb ihm nach der Rückzahlung seiner geliehenen Pfund ein ordentliches Sümmchen und die Erkenntnis, das man eine einzelne Notenbank in die Knie zwingen kann. Euro-Gegner sehen aber genau darin ein Argument für ihre Skepsis: Früher wurde nur gegen einzelne Währungen gewettet, heute kann die Wette gegen einzelne Staaten das ganze Euro-System ins Wanken bringen.

Ist der Euro ein »Teuro«?

Immer wieder wurde über den Euro gesagt, er sei ein »Teuro«. Dahinter steht das Gefühl, dass seit seiner Einführung alles teurer geworden sei. Ökonomen sprechen hier allerdings von einer nur »gefühlten Inflation« und begründen das wie folgt: In manchen Bereichen gab es tatsächlich unmittelbar nach der Einführung erhebliche Preissteigerungen, vor allem in der Gastronomie. Das heißt, wenn eine Currywurst mit Pommes vorher fünf Mark kostete, wurde nicht korrekt auf 2,56 Euro umgerechnet, sondern es standen nun drei Euro auf der Karte, manchmal auch drei fünfzig. Den Kunden, die noch in D-Mark »fühlten«, fiel das nicht auf. Ein schöner »Mitnahmeeffekt«, den der Currybuden-Besitzer sich gönnte. Erst wenn man umrechnete, merkte man, wie unverschämt teuer manche Restaurants geworden waren. In besonders krassen Fällen überklebten Wirte auf ihrer Speisekarte einfach die Währung DM mit einem Euro-Zeichen.

Hinzu kommt, dass die Güter, die tatsächlich teurer wurden, meist in bar bezahlt werden (etwa die Currywurst); da spürt man dann Preisschübe besonders deutlich. Tatsächlich lag die Preissteigerung direkt nach der Euro-Einführung insgesamt nur bei 2,3 Prozent, was normal ist. 2002 war die Steigerung in Deutschland sogar etwas niedriger als 2001. Und heute liegt sie ziemlich konstant unter 2 Prozent – viel niedriger als in den neunziger Jahren. Seit Einführung des Euro ist das Preisniveau insgesamt also stabiler als zu D-Mark-Zeiten. Das liegt daran, dass die »Inflation« in Warenkörben gemessen wird. Während einige Waren oder Dienstleistungen teurer wurden, sanken in anderen Bereichen die Preise. Elektronische Geräte etwa oder das Telefonieren sind viel preiswerter geworden, Autos und Urlaubsreisen ebenfalls. Auch die Wohnungsmieten sind in Deutschland über viele Jahre nur sehr moderat gestiegen (erst in letzter Zeit steigen sie in vielen Großstädten wieder stark an).

Auf der anderen Seite wurden die Löhne und Gehälter hierzulande in den letzten zehn Jahren kaum erhöht. Das hat Deutschland zwar sehr wettbewerbsfähig gemacht und gilt als ein Grund dafür, dass wir heute nicht solche massiven Wirtschaftsprobleme haben wie andere Euro-Länder. Aber es bedeutet für den Einzelnen, dass er jede Preissteigerung schmerzlicher spürt.

Wenn heute bei vielen Deutschen noch ein Teuro-Gefühl herrscht, dann liegt das aber auch daran, dass in der Erinnerung das D-Mark-Preisniveau von 2001 quasi »eingefroren« ist. Beim Vergleichsrechnen stehen also immer noch der DM-Preis für eine Currywurst im Jahr 2001 neben dem Euro-Preis knapp zehn Jahre später – aber auch in Mark müsste man heute mehr zahlen, das wird gern vergessen.

Dass in Deutschland die Wehmut nach der alten D-Mark noch relativ stark ausgeprägt ist, liegt außerdem daran, dass wir Deutschen so einfach umrechnen können. Während andere Länder richtig kompliziert rechnen müssten, um noch zu wissen, wie hoch der Preis in ihrer alten nationalen Währung gewesen wäre, brauchen wir ja einfach nur zu verdoppeln. Für alle, die noch mit dem D-Mark-Gefühl aufgewachsen sind, bleibt es also leicht, weiterhin in D-Mark zu rechnen. Deshalb hatte man es hierzulande schwerer, sich an den Euro zu gewöhnen. Ganz abgesehen davon, dass wir Deutsche sehr stolz auf unsere starke D-Mark waren. Nach dem Zweiten Weltkrieg blieb ja auch nicht mehr so viel anderes, worauf man noch stolz sein konnte: die Fußballnationalmannschaft und die D-Mark. Wobei der Bundesbankpräsident deutlich mehr Respekt genoss als die (meisten) Bundestrainer.

Was spricht gegen den Euro?

Schon als der Euro eingeführt wurde, warnten Ökonomen: Eine gemeinsame Währung funktioniert nur, wenn sich die Mitglieder auch an gemeinsame Regeln für ihre Wirtschafts- und Finanzpolitik halten, am besten alle wirtschaftlich ähnlich stark sind. Denn die Währung eines Landes ist immer auch ein Ausdruck dafür, wie es dem Land wirtschaftlich geht: wie wettbewerbsfähig seine Produkte sind, wie hoch die Staatsverschuldung, wie stabil das Preisniveau ist usw. Und sie hängt ab von der Geldpolitik der Notenbank. In einem Land mit hoher Inflation müsste die Notenbank die Leitzinsen erhöhen, Geld also »teurer« machen, um den Wert des Geldes stabil zu halten. Einem anderen Land, das gerade im Konjunkturtief ist, würden höhere Zinsen aber Probleme bereiten. Eine gemeinsame Geldpolitik für viele Länder zu betreiben, wenn die wirtschaftliche Situation dieser Länder sehr unterschiedlich ist, erweist sich offenbar als schwirig.

Manche Länder, zum Beispiel Italien, hatten vor dem Euro lange Zeit eine hohe Inflation. Das heißt, alles wurde teurer, aber auch die Löhne stiegen – das Geld ist dann immer weniger wert. Eine Portion Spaghetti kostete irgendwann viele tausend Lira. Wer Urlaub in Italien machte, merkte das, wenn er D-Mark in Lira umtauschte: Da kriegte man dann gleich 1000 Lira für eine Mark! Der Wechselkurs der Lira war also entsprechend niedrig, sie war gegenüber der D-Mark viel weniger wert.

Das hing auch damit zusammen, dass die deutsche Bundesbank stets sehr unabhängig war und (bis heute) streng auf den Geldwert achtet. Der deutsche Staat konnte sich deshalb auch nicht mit Hilfe seiner Bundesbank leicht verschulden, anders als das in anderen europäischen Ländern damals üblich war. Dort haben die Notenbanken gerne geholfen, indem sie Geld »druckten«. Ist eine größere Geldmenge im Umlauf, erhöht das die Inflation. Macht ein Staat viele Schulden, ist Inflation hilfreich. Denn auch das Zurückzahlen der Schulden »kostet« weniger, wenn das Geld im Wert sinkt.

Solange es unterschiedliche Währungen mit unterschiedlichen Wechselkursen gab, konnte es den Deutschen noch relativ egal sein, wie hoch Staatsverschuldung, Zinsen und Inflation in anderen Ländern waren. Die D-Mark blieb stark. Der Exportwirtschaft gefiel das zwar weniger gut – deutsche Produkte waren für das Ausland teuer. Andererseits konnte man im Ausland billiger einkaufen. Und: Es floss viel Kapital nach Deutschland, weil Anlagen in D-Mark hoch verzinst und damit lukrativ waren. In den neunziger Jahren, als Deutschland die Wiedervereinigung finanzieren musste, stieg durch die höheren Staatsausgaben die Inflationsrate an, die Bundesbank steuerte mit hohen Leitzinsen dagegen, und prompt floss mehr Geld nach Deutschland. Eine Notenbank kann aber auch den umgekehrten Weg gehen: Wenn sie eng mit der Regierung verbandelt ist, senkt sie die Leitzinsen (den Preis für Geld) und hilft damit, die Staatsverschuldung zu erleichtern. Das hat Auswirkungen auf den Wechselkurs, er sinkt. Man bekommt weniger Zinsen, wenn man Anleihen in der Währung dieses Landes kauft, das Interesse geht zurück, die Währung wird international weniger nachgefragt, der Wechselkurs (der Preis für diese Währung) geht runter. Alternativ kann eine Notenbank die Währung explizit »abwerten«, wenn ihr Kurs gegenüber anderen Währungen festgelegt ist (in einem System fester Wechselkurse).

Ökonomen könnten dazu jetzt noch zig weitere Erklärungen anführen, aber am einfachsten ist die Daumenregel: Hohe Staatsverschuldung und hohe Inflation führen zu einem niedrigeren Wert der Währung. Das kann »von allein« passieren, auf freien Devisenmärkten, das kann aber auch die Notenbank so entscheiden, indem sie die Währung abwertet. Eine Abwertung oder ein Kursverlust kann durchaus Vorteile haben. Die Exportwirtschaft tut sich leichter, das Land wird wettbewerbsfähiger, obwohl es so ein hohes Preisniveau hat. Die Schulden, die man bei ausländischen Gläubigern hat, werden auch noch gleich mitentwertet.

Blöd nur, dass man dann auf Dauer auch nicht mehr so leicht ausländische Kreditgeber findet. Insofern hat alles mal wieder zwei Seiten. Seine Wirtschaft anzukurbeln, indem man die Währung abwertet, ist eben kein Allheilmittel. Trotzdem ist es für den Euro problematisch, dass es keine Abwertung einzelner Währungen mehr gibt. Ein Land kann sich auf diese Weise nicht mehr wettbewerbsfähiger machen. Im Euro-Raum können die nationalen Notenbanken nicht mehr im Auftrag ihrer Regierungen tätig werden. Es gibt nur noch die gemeinsame Notenbank EZB, die genauso unabhängig sein soll, wie es die Deutsche Bundesbank war, und das heißt: Sie soll nicht am Zinsniveau oder am Wechselkurs schrauben oder gar Geld drucken, um die Staatsverschuldung zu erleichtern, sondern strikt darauf achten, dass das Preisniveau in Europa und der Wert des Euro stabil bleiben.

Eben deshalb war eigentlich von vornherein klar: Wenn der Euro eine stabile, »harte« Währung sein soll, dann müssen alle Euro-Länder vernünftig haushalten, und es muss eine unabhängige Geldpolitik der Europäischen Notenbank geben. Als größtes Problem wurde die Staatsverschuldung erkannt: Verschulden sich Staaten extrem hoch, müssen sie immer höhere Zinsen auf den Kapitalmärkten zahlen. Denn die Kreditgeber (Banken, Investoren, Privatleute) verlangen einen immer höheren Risikoaufschlag – je höher jemand verschuldet ist, desto höher ist ja das Risiko, dass man sein Geld nicht wiedersieht.

Sind Staaten bei einer gemeinsamen Währung sehr unterschiedlich hoch verschuldet, würde das eigentlich zu Lasten der gut haushaltenden Länder gehen. Sie tragen die Risiken der Schuldensünder mit, denn sie müssten dann auch höhere Schuldzinsen zahlen, obwohl sie doch so »brav« sind. Das sollte aber in Europa verhindert werden. Deshalb gibt es bisher keine gemeinsame europäische Anleihe, also keine gemeinsamen Schuldpapiere, die alle zusammen ausgeben, sogenannte Eurobonds. Sie sind in der Krise zwar in der Diskussion, werden aber bislang von Deutschland und anderen Mitgliedsländern abgelehnt.

Um das Problem in den Griff zu bekommen, wurden die »Stabilitätskriterien« aufgestellt (sogenannte Maastricht-Kriterien). Preisniveau, Zinsen und Wechselkurse mussten einigermaßen stabil sein, bevor man dem Euro beitreten durfte. Staatsverschuldung und jährliche Neuverschuldung dürfen bestimmte Obergrenzen nicht überschreiten, auch nach der Euro-Einführung gilt das. Alle sollten sich daran halten. Haben sie aber nicht. Und genau davor hatten Ökonomen frühzeitig gewarnt: Es ist extrem schwer, anderen Staaten vorzuschreiben, wie sie haushalten sollen. Es ist in der internationalen Politik generell sehr schwer, andere Staaten zu disziplinieren, wenn sie sich nicht an Regeln halten. Tatsächlich wurde in der EU bis heute keine einzige Strafe verhängt, wenn ein Land sich nicht an die Schuldengrenzen hielt – was übrigens auch Deutschland nicht getan hat. Papier ist eben geduldig. Und nun hat man den Salat.

Wie bekam der Euro die Krise?

Zunächst gilt festzuhalten: Nicht der Euro an sich ist in der Krise, sondern einzelne Euro-Länder und ihre Banken – das allerdings birgt Gefahren für die gesamte Währung. Zugleich hat der Euro selbst dazu beigetragen, dass sich einige Länder zu hoch verschuldeten, und er macht es ihnen auch schwerer, wieder auf die Beine zu kommen. Diese Zusammenhänge sind ziemlich kompliziert – die wesentlichen Punkte kann man aber verdeutlichen. Für die Krise kamen mehrere Ursachen zusammen: zu hohe Schulden, zu riskante Bankengeschäfte und aufgewühlte, verunsicherte Finanzmärkte.

Die Probleme begannen nämlich bereits mit der Weltfinanzkrise 2007/2008. Die ging eigentlich von den USA aus. Sehr verkürzt gesagt, hatte es dort so viele so niedrige Hauskaufkredite gegeben, dass sich reihenweise Leute höher verschuldeten, als es angesichts ihrer finanziellen Möglichkeiten vernünftig war. Amerikaner kauften sogar Häuser, ohne überhaupt über Eigenkapital zu verfügen – Kredite waren ja so verlockend billig. Politisch war es auch gewollt, dass »jede Oma ihr klein Häuschen hat«, um es salopp zu sagen. Auf Dauer ging das aber nicht gut. Kredite konnten nicht getilgt werden; als die Zinsen wieder stiegen, war das eigene Häuschen plötzlich nicht mehr bezahlbar.

Zugleich hatten viele Bankhäuser atemberaubend wilde Geschäfte mit solchen »Ramschkrediten« gemacht, sie zigfach kombiniert, neu »verpackt«, weiterverkauft und dabei verschleiert, welch riskante und eigentümliche Konstruktionen viele ihrer Finanzprodukte waren. Die trugen gerne ebenso eigentümliche Namen, und kaum jemand konnte noch erkennen, was sich dahinter verbarg. Was aber unter anderen deutsche Landesbanken nicht daran hinderte, am großen Rad mitdrehen zu wollen und gerne solche Papiere aus den USA zu kaufen. In der Fachzeitung *Financial Times Deutschland* erschien dazu schon im August 2007 ein wunderbarer Artikel, der das Finanzgebaren der öffentlich-rechtlichen Landesbanken mit der Muppets-Show verglich, in der sich Miss Piggy & Co plötzlich in einem Raumschiff wiederfanden: Genauso unwissend wie »Schweine im Weltall« hätten die staatlich beaufsichtigten Institute agiert, bei ihrem Versuch, »global players« zu sein. Und US-amerikanische Journalisten wunderten sich darüber, wie spielerisch Investmentbanker an der New Yorker Wallstreet ihre Ramschpapiere nach Deutschland verticken konnten, mit dem Hinweis »Oh, you know, these guys in Düsseldorf buy anything«. Mit »these guys in Düsseldorf« war die WestLB gemeint. Die WestLB gibt es mittlerweile nicht mehr, was ein schönes Beispiel dafür ist, dass staatlich kontrollierte Unternehmen oder Banken gegenüber den »Verwerfungen der Märkte« keineswegs besser aufgestellt sind als privatwirtschaftliche. Genau genommen hat es die Landesbanken in Deutschland durch die Finanzkrise sogar am schlimmsten getroffen. In ihren Aufsichtsräten traf sich offenbar eine geballte Inkompetenz.

2007 platzte die amerikanische Immobilienblase. Es wurde offensichtlich, in welch großem Stil auf Sand gebaut worden war. Eine Reihe Finanzunternehmen, die sich auf Immobilienkredite spezialisiert hatten, gingen pleite. Die Zinsen für Immobilien stiegen sprunghaft an, zugleich schwächelte die US-Wirtschaft. Viele Banken mussten feststellen, dass sie viel zu viele Papiere hielten, die auf Immobilienkrediten basierten und die nun nichts mehr wert waren. Im September 2008 erreichte die Krise ihren Höhepunkt, als die US-Investmentbank Lehman Brothers pleiteging. Dass ein großes Traditionshaus einfach verschwindet und der Staat nicht hilft (die US-Regierung hatte eine Rettung abgelehnt), löste einen Schock aus – vor allem in der Bankenwelt.

Das Problem dabei ist, dass Banken keine normalen Unternehmen sind. Sie sind eng miteinander verbunden, und ihr Wohl und Wehe hat Auswirkungen auf die gesamte Wirtschaft. Geht zum Beispiel ein einzelner Maschinenhersteller pleite, ist das bitter für die Menschen in einer Region, die ihre Arbeitsplätze verlieren, und es ist auch bitter für die Zulieferbetriebe, die sich um ein Großunternehmen herumgruppieren. Aber es gibt keine dramatischen landesweiten oder gar weltweiten Folgewirkungen. Das war bei der Pleite der Lehman-Bank anders. Nicht nur, dass zahlreiche Anleger weltweit (darunter übrigens auch ganz normale deutsche Sparer) viel Geld verloren, weil sie Lehman-Zertifikate besaßen, die nun nichts mehr wert waren. Hinzu kam, dass die Banken plötzlich untereinander keinen Kredithandel mehr betrieben, weil jeder jedem misstraute. Auch Spekulanten fragten sich, wer wohl als Nächster pleitegehen würde, und verschärften damit das Problem. Das Kreditgeschäft brach regelrecht ein – ohne Kredite und funktionierenden Bankenhandel kann aber eine Volkswirtschaft nicht funktionieren.

Zu allem Überfluss geriet noch das riesige US-Unternehmen AIG, der weltgrößte Versicherer, unter Druck. Was geschehen wäre, wenn auch AIG pleitegegangen wäre, mag man sich ungern ausmalen. Die US-Regierung jedenfalls wollte das nicht riskieren und rettete den Versicherungsgiganten. Das gesamte Finanzsystem stand vor einem Kollaps, die Wirtschaft brach ein – nicht nur in den USA. Die Krise sprang auf Europa über. Auch in Deutschland schrumpfte das Bruttoinlandsprodukt dramatisch, und Banken, die zu hohe Risiken eingegangen waren und faule Finanzpapiere hielten, standen vor dem Aus.

Im Herbst 2008 blickten die Bundeskanzlerin und ihr damaliger Finanzminister Peer Steinbrück in einen Abgrund. Sie befürchteten, dass die Deutschen anfangen würden, ihre Sparkonten leer zu räumen, aus lauter Angst, dass es ihnen sonst genauso gehen könnte wie den Kunden der Lehman-Bank. Also traten Merkel und Steinbrück vor die Presse und garantierten, dass notfalls der Staat für alle Spareinlagen haften würde, niemand brauche sich Sorgen zu machen. Ob der deutsche Staat das tatsächlich hätte leisten können, weiß man nicht. Glücklicherweise behielten die deutschen Sparer aber die Nerven, es gab keinen »Bankenrun«. Dafür begann die Zeit der Bankenrettung. Der Schock über die Folgen der Lehman-Pleite saß allen Regierungen so in den Knochen, dass sie bereit waren, den Banken zu helfen, notfalls zähneknirschend und mit geballter Faust in der Tasche. Der damalige Bundesfinanzminister Peer Steinbrück sagte dazu: »Wenn es brennt, muss die Feuerwehr löschen, auch wenn es Brandstiftung war.«

Bankenkrise und Schuldenkrise

Damit begann aber auch der zweite Teil der Krise: Während Deutschland es sich noch ganz gut leisten konnte, seine Banken zu unterstützen, brachte das andere europäische Länder zunehmend in die Bredouille, weil sie eh schon hoch verschuldet waren. Das war umso schlimmer, als im Zuge der weltweiten Finanzkrise auch die Wirtschaft in Europa einbrach und es zur Rezession kam (die Wirtschaft also schrumpfte). Außerdem waren die Finanzmärkte seit 2007 in Unruhe. Plötzlich wurde viel genauer hingesehen, wer welche Papiere besaß. Auch bei Staatsanleihen, also jenen Papieren, mit denen sich Staaten verschulden. Sie wurden von den Banken in der Krise gern gekauft, weil Staatsanleihen als relativ sicher galten, im Vergleich zu dem ganzen anderen Mist, den man vorher so eifrig angehäuft hatte.

Doch plötzlich wurde offensichtlich, dass man mit Staatsanleihen auch falsch liegen kann: Im Herbst 2009 offenbarte Griechenland, dass sein Haushaltsloch doppelt so groß war wie ursprünglich behauptet. Außerdem zeigte sich, wie extrem überschuldet das Land insgesamt war. Das Vertrauen in griechische Staatsanleihen schwand rapide. Im Frühjahr 2010 bat Griechenland die anderen Europäer offiziell um Hilfe, um einen Staatsbankrott abzuwenden. Seitdem wird Griechenland mit immer neuen Rettungspaketen gestützt.

Dass die Staatsanleihen des Pleitekandidaten Griechenland inzwischen kaum noch etwas wert sind, brachte wiederum zahlreiche Banken in Schwierigkeiten, weil sie viele griechische Anleihen besaßen, deren Wert drastisch gesunken war. Schon wieder Ramsch im Banktresor! Prompt mussten wieder neue Banken gerettet werden. So hängt alles mit allem zusammen ...

Ein gutes Beispiel dafür ist auch Zypern. Die Insel geriet zwar vor allem dadurch in die Krise, dass sie von ihrem aufgeblähten und auch unseriösen Finanzsektor lebte – eine Steueroase im Mittelmeer. Das ist grundsätzlich ein Problem, wenn ein Land so abhängig ist von einem einzigen (halbseidenen) Wirtschaftszweig. Geht diese Branche in die Knie, geht das ganze Land in die Knie. Das hätte aber durchaus noch weiter gut gehen können, wenn nicht Griechenland so massiv in die Krise geraten wäre. Als dem notleidenden Griechenland von den anderen Europäern schließlich sogar ein Teil seiner Schulden erlassen wurde, verloren griechische Staatsanleihen erst recht an Wert. Das traf die zyprischen Banken ziemlich brutal und offenbar auch ziemlich überraschend. Sie hatten jede Menge griechischer Papiere und waren nicht gegen die Verluste abgesichert. Der zyprische Staat musste einspringen und schaffte das nicht. So nahm das Unheil auf Zypern seinen Lauf. Einerseits selbstverschuldet, zugleich war Zypern auch »Opfer« der griechischen Krise.

Angst vor Domino-Effekten

Wären nur Griechenland und Zypern Sorgenländer, ließe sich die Lage noch ganz gut im Griff behalten. Leider sind aber noch einige andere und größere Euro-Länder krisengeschüttelt – aus durchaus unterschiedlichen Gründen. Griechenland hat über seine Verhältnisse gelebt und verfügt über kein funktionierendes Staatssystem. Es fehlt zum Beispiel an Finanzämtern, die systematisch Steuern eintreiben. Die reichen Griechen haben ihre Vermögen sowieso lieber ins Ausland gebracht. Der Staat schafft es seit Jahrzehnten nicht, genügend Geld einzunehmen. Auch war seine Verschuldung schon bei Eintritt in den Euro viel zu hoch, doch die Zahlen wurden frisiert, um eine Aufnahme zu erreichen.

Krisenländer wie Spanien oder Irland hingegen haben andere Probleme: Ihre Regierungen hielten sich sehr wohl an die Verschuldungsvorgaben der EU und haben auch nicht unseriös gewirtschaftet wie die Griechen. Zum Verhängnis wurde ihnen, dass sie genau wie die USA in eine Immobilienkrise gerieten. Es war viel zu viel gebaut worden, mit anfangs viel zu niedrigen Krediten, bis die Immobilienblase platzte. In Irland ging dabei auch noch das ganze Bankensystem in die Knie. Die Krise in beiden Ländern zeigt aber auch: Es gab offenbar zu viele zu billige Kredite. Der Staat hatte sich zwar an die Haushaltsregeln der EU gehalten, doch Unternehmen und Privatleute hatten sich zu hoch verschuldet beziehungsweise waren zu riskante Geschäfte eingegangen.

Woran liegt es, dass so viel billiges Geld floss? Da kommt wieder der Euro ins Spiel. Gerade für jene Länder, die wirtschaftlich schwächer waren, weniger wettbewerbsfähig, war der Euro zunächst ein großer Vorteil. Sie kamen leichter an Geld. Es gibt zwar keine gemeinsamen Eurobonds, aber trotzdem ist die Mitgliedschaft in einem Club mit gutem Ruf einiges wert. Sie zahlten für Kredite niedrigere Zinsen, als sie in Peseten oder Drachmen hätten zahlen müssen. Das war zunächst prima und kurbelte das Wachstum in diesen Ländern an. Leider macht »billiges« Geld immer auch anfällig für unvernünftige Ausgaben. In Griechenland war es der Staat, der sich munter verschuldete, in Spanien wurden eifrig Häuser gebaut usw.

Hinzu kam, dass sich auf den internationalen Kapitalmärkten plötzlich ein großes Misstrauen gegen ganze Staaten entwickelte, und das gleich reihenweise. Wirtschaft war immer schon zu einem Großteil Psychologie. Doch früher beschränkten sich Mutmaßungen über die wirtschaftliche Verfassung einzelner europäischer Staaten auf Spekulationen über einzelne Währungen. Heutzutage wird darauf gewettet, ob ein Staat pleitegeht und/oder aus dem Euro austritt. Damit gewinnen Krisen eine andere Dimension und stellen alle Beteiligten vor bisher ungeahnte Herausforderungen!

Man kann das beklagen, und es gibt viele gute Gründe, sich über »wild gewordene Finanzmärkte« und »Raubtierkapitalismus« Gedanken zu machen. Handeln Spekulanten überhaupt noch »rational«, müsste man ihnen nicht eher und energischer Einhalt gebieten? Und ist es sinnvoll, dass eine Handvoll Rating-Agenturen festlegt, wie kreditwürdig ein Staat ist?

Eines muss man dabei allerdings nüchtern feststellen: Wenn Spekulanten anfangen, auf die Pleite eines Staates zu spekulieren, dann geschieht das in der Regel nicht aus dem luftleeren Raum heraus. Irgendwas ist dann auch tatsächlich faul im Staate – er ist angreifbar geworden – siehe Griechenland.

Wie sinnvoll ist die Euro-Rettung?

Mit der Frage nach dem Für und Wider der Euro-Rettungsmaßnahmen gehen gleich mehrere schwierige Themen einher! Man kann erstens in Frage stellen, wie die konkreten Rettungsmaßnahmen in Europa ablaufen, also darüber debattieren, ob es nicht bessere Varianten gäbe. Man kann zweitens darüber diskutieren, ob es nicht besser wäre, wenn einzelne Staaten gleich aus dem Euro austreten und/oder pleitegehen würden. Und man kann drittens die Frage stellen, ob man den Euro nicht vielleicht am besten sowieso ganz aufgibt.

Das ist ziemlich viel Stoff!

Und, um es direkt vorweg zu sagen: Es gibt keine eindeutigen, einfachen Antworten. Vieles findet man erst heraus, indem man es tut – mit all den Risiken, die damit einhergehen.

Zunächst zu den Rettungsmaßnahmen selbst: Seit 2010 schleppen sich die Europäer von einem Rettungspaket zum nächsten. Erst ging es nur um Griechenland, dabei merkte man schnell, dass ein bisschen Hilfe nicht reicht, und inzwischen wurde ein großer Euro-Rettungsschirm aufgespannt, unter den theoretisch jedes Krisenland schlüpfen kann. Dieser neue ständige Rettungsschirm (abgekürzt: ESM) wird nicht mehr nur ad hoc aufgespannt, sondern schwebt ständig über dem Euro-Raum. Er wird von den Euro-Ländern gemeinsam finanziert, sein Grundkapital liegt bei 700 Milliarden Euro. Überwiegend sind das Bürgschaften und Garantien. Es ist also nicht so, als hätten die Mitglieder tatsächlich 700 Milliarden eingezahlt. Vereinfacht gesagt: Sie tun nur so als ob, sie bürgten für diese Summe. In der Hoffnung, dass allein das die Finanzmärkte beruhigt und den Krisenländern Luft zum Atmen verschafft. Dass es ihnen damit erleichtert wird, sich auf den Finanzmärkten selbst Kredite zu bezahlbaren Zinsen zu holen. Hinter ihnen steht ja der mächtige ESM, das macht sie kreditwürdiger.

Nach diesem Prinzip soll auch die sogenannte Bazooka funktionieren, die der EZB-Chef Mario Draghi 2012 in Stellung brachte. »Bazooka« hieß eine schwere amerikanische Panzerabwehrwaffe im Zweiten Weltkrieg, daher der Name. Das schwere (Abwehr-)Geschütz der europäischen Zentralbank besteht darin, dass Herr Draghi verkündete, man werde unbegrenzt europäische Staatsanleihen aufkaufen, koste es, was es wolle. Dabei verwendete er einen Trick. Eigentlich darf die EZB nicht direkt von den Ländern Anleihen kaufen, ihnen also direkt Kredit geben. Aber das tut sie formell auch nicht. Sie kauft »nur« jene Papiere, die bereits auf dem Markt sind und zum Beispiel von den Geschäftsbanken gehandelt werden (»Geschäftsbanken« sind all jene Banken, die keine Notenbanken sind, also die normalen Banken und Sparkassen).

Indirekt finanziert die EZB damit aber trotzdem Staaten. Weshalb der Chef der Deutschen Bundesbank auch die Hände überm Kopf zusammenschlug: Wo bleibt die Unabhängigkeit der Notenbank? Wie lassen sich Inflationsgefahren eindämmen, wenn die EZB so viel Geld auf den Markt wirft? Er konnte sich mit seiner Skepsis aber nicht gegen die anderen europäischen Notenbanker durchsetzen. Sie sitzen gemeinsam in einem Gremium, und dort musste sich der Bundesbank-Chef der Mehrheitsmeinung beugen. Herr Draghi zog sein Bazooka-Ding durch – und zunächst auch mit Erfolg. Die Finanzmärkte zeigten sich beeindruckt: Wow! Das ist mal eine Ansage! Bisher ist auch die Inflation in Europa nicht in die Höhe geschnellt. Trotzdem dürfen sich die Geister scheiden: Hat Draghi tatsächlich zur Euro-Rettung beigetragen – oder hat er langfristig das Vertrauen in die Unabhängigkeit der EZB und damit in die Stabilität des Euro untergraben? Werden sich die Krisenländer berappeln, oder gehen einige irgendwann doch pleite und mit ihnen womöglich die EZB, die sich bis Oberkante Unterlippe mit riskanten Staatspapieren eingedeckt hat?

Darin liegt das Hauptrisiko aller Euro-Rettungsmaßnahmen, für die europäische Zentralbank wie für die Staaten: Das kann alles gut gehen, wenn die Krise irgendwann wieder vorbei ist. Deutschland verdient sogar an der Krise, weil es Zinsen bekommt für die Kredite, die es Krisenländern gewährt. Griechenland zum Beispiel zahlt uns Zinsen, denn es bekommt seine Hilfen durchaus nicht zum Nulltarif! Daran verdienen die helfenden Staaten und die Notenbanken. Sollten die Krisenländer aber trotz all der Hilfe pleitegehen, dann ist das Geld für diese Kredite und Bürgschaften futsch. Das kennt man aus der Privatwirtschaft: Geht ein Unternehmen tatsächlich pleite, bleibt für die Gläubiger nicht mehr viel. Man kann noch die Stühle aus dem Büro tragen, beziehungsweise wir könnten vielleicht die deutsche Flagge über Kreta hissen, aber das hilft uns auch nicht weiter. Das Problem ist also nicht in erster Linie das Geld, das tatsächlich in Krisenländer geflossen ist – denn so furchtbar viel ist das bisher noch gar nicht. Es sind vor allem die »Ausfall-Risiken«, die mit diesen Rettungsmaßnahmen einhergehen, die besorgniserregend sind.

Wut auf deutsche »Spardiktate«

Hinzu kommt ein politisches Problem: Die Geberländer, allen voran Deutschland, wollen unbedingt vermeiden, dass Krisenländer den Eindruck gewinnen: »Ach, ist ja alles nicht so wild, uns wird doch geholfen; also müssen wir uns auch nicht groß ändern, läuft ja.« Damit diese Sorglosigkeit nicht entsteht, werden mit den Rettungsmaßnahmen strenge Auflagen verbunden. Die Länder müssen sparen und sich reformieren.

Griechenland zum Beispiel hat einen riesigen Beamtenapparat, den es nun abbauen soll. Klingt vernünftig – aber Beamte einfach so rausschmeißen kann auch der griechische Staat nicht. Und ihnen die Bezüge radikal zu kürzen, ist für den einzelnen griechischen Staatsangestellten hart. In Griechenland leben ganze Großfamilien davon, dass wenigstens einer »beim Staat schafft«. Und da wurde auch hier und da betrogen, etwa wenn eine Witwenrente weiterlief, obwohl die Witwe mittlerweile schon gestorben war. Andere Familienmitglieder haben dann weiterkassiert. Wenn ein Land es nicht schafft, eine funktionierende Rentenversicherung aufzubauen, ist das aus der Perspektive des Einzelnen ein naheliegendes Verhalten. Oder wenn der Staat nicht genug einnimmt, um die Ärzte in städtischen Kliniken halbwegs anständig zu bezahlen, liegt es auch nahe, dass sich Korruption ausbreitet. So kann es in Griechenland Hochschwangeren passieren, dass sie vor dem Kreißsaal erst mal um eine inoffizielle »Gebühr« gebeten werden, sprich: Man muss erst mal bestechen. Das ist schon ziemlich krass und lässt erahnen, wie es in einem maroden Staatswesen im Alltag so zugeht. Unser deutsches Gesundheitssystem hat auch gewaltige Probleme – aber dass man Ärzte bestechen muss, damit sie einen überhaupt behandeln? Unvorstellbar!

Dass in den Krisenländern andererseits vielfach zu hohe Löhne (bezogen auf die Produktivität) gezahlt wurden, dass auch Staatsbedienstete zum Teil höher entlohnt wurden als die Beamten im reichen Deutschland, dass zu wenig Steuern eingenommen wurden usw. – das stimmt zwar alles. Aber all das über Nacht zu ändern, ist unmöglich.

Auch in Deutschland stürzte seinerzeit die Regierung Schröder über die Hartz-IV-Reformen, weil sie hart waren und Massenproteste auslösten.

Gerhard Schröder konnte damals die Verantwortung auch nicht auf andere abwälzen. In der Euro-Krise geht das hingegen schon – die Regierungen der Krisenländer verweisen auf »Europa« und vor allem auf das mächtige Deutschland, das ihnen diese harten Auflagen »diktiere«.

In Deutschland wiederum wäre es den Wählern nicht vermittelbar, Geld ans Ausland zu verleihen, ohne solche Bedingungen zu stellen. Also bleibt der deutsche Finanzminister oder die deutsche Kanzlerin bei Verhandlungen betont hart, um die deutschen Steuerzahler zu beruhigen. Die Regierungschefs der Krisenländer ihrerseits gehen am Ende der Verhandlungen in Brüssel nach Hause und sagen: »Wir konnten nicht anders, tut uns leid, aber Deutschland hätte uns sonst keine Kredite gewährt.« Das sorgt natürlich nicht für Deutschfreundlichkeit.

Hinzu kommt die Gefahr, dass die Krisenländer sich tatsächlich »totsparen«, wie viele Kritiker befürchten. Gerade wenn es einem schlecht geht, können harte Sparmaßnahmen die Wirtschaft noch weiter nach unten ziehen. Langfristig helfen Reformen und vernünftiges Haushalten, aber auf dem Höhepunkt einer Krise verschlimmert das Sparen die Situation noch. Die Alternative – noch mehr Schulden zu machen, also Schulden mit Schulden zu bekämpfen – kann's aber auch nicht sein. Das Vertrauen der Finanzmärkte würde damit jedenfalls nicht zurückgewonnen. Und darauf kommt es ja entscheidend an, wenn man nicht bankrott gehen will. Alles in allem ein schlimmes Dilemma, das die Stimmung in Europa vergiftet und sich schwer lösen lässt.

Wären Staatspleiten besser?

Wäre es unter diesen Umständen nicht vielleicht doch besser, Länder wie Griechenland oder Zypern träten aus dem Euro aus? Wobei Euro-Austritt und Staatspleite nicht notwendigerweise identisch sind. Aber um es nicht noch komplizierter zu machen, nehmen wir an, dass Pleite und Euro-Austritt Hand in Hand gehen – was auch ein durchaus wahrscheinliches Szenario wäre.

Zunächst muss man sich fragen: Wie soll so ein Rausschmiss oder Austritt überhaupt vonstatten gehen? Rein rechtlich kann die EU einem Euro-Land die Mitgliedschaft im Währungsclub nicht kündigen. Auch gibt es kein Verfahren dafür, wie ein Staat freiwillig austreten könnte. Genauso wenig ist ein ordentliches Insolvenzverfahren für Staaten vorgesehen. Sie sind pleite, wenn sie zahlungsunfähig sind. Die anderen EU-Länder müssten ein Krisenland also »fallen lassen«, ihm nicht helfen, bis es keine Kredite mehr auf den internationalen Kapitalmärkten bekommt, die Zinsen für Altschulden nicht mehr zahlen kann und schließlich erschöpft die Hand hebt: »Nichts geht mehr – wir sind pleite.«

Aber so weit will man es bei keinem Euro-Land kommen lassen. Sogar Zypern, so heißt es, sei »systemrelevant«. Da konnte man sich in der Tat die Augen reiben. Echt jetzt? Diese kleine Insel, noch nicht mal eine ganze Insel, sondern nur eine halbe (denn nur die griechische Republik Zypern gehört ja zur EU), soll die Weltwährung Euro gefährden? Denn genau das bedeutet ja die Einordnung als »systemrelevant«: Man ist so wichtig, dass der eigene Untergang alle anderen mit in den Abgrund reißen würde! Zypern hat bestenfalls die Wirtschaftskraft einer mittelgroßen deutschen Stadt. Wie schwach ist die europäische Währung, wenn sie nicht mal eine Zypern-Pleite verkraften würde?

Klare Antwort: Natürlich hätte der Euro einen Austritt Zyperns beziehungsweise eine Staatspleite Zyperns verkraftet. Und weil das alle wussten, wurde mit Zypern so besonders hart verhandelt, als es um Hilfe bat. Man konnte ein Exempel statuieren. Alle (kleinen) Länder mit einem »fragwürdigen Geschäftsmodell« – sprich: alle Steueroasen – wussten von da an, wem die Stunde geschlagen hat. Der Regierungschef von Malta kehrte kreidebleich vom europäischen Zypern-Gipfel im März 2013 zurück, und sogar die bis dahin sehr selbstbewussten Luxemburger mit ihrem enorm großen Bankenplatz wurden plötzlich kleinlauter.

Außerdem wurden erstmals die Bankkunden an einer Staatsrettung beteiligt: Wer mehr als 100 000 Euro bei zyprischen Banken angelegt hatte, musste einen Teil abschreiben, wurde also regelrecht enteignet. Das werden Steuerzahler aber auch, die für Banken- oder Staatenrettungen aufkommen. Die werden genauso wenig gefragt, ob ihnen das gefällt. Insofern mag es gerecht erscheinen, dass nun auch Anleger bluten mussten. Damit hatte man zugleich den Banken ein Signal gesetzt: Vorsicht, verlasst euch nicht zu sehr darauf, dass die Staaten eure Kunden schützen, wenn ihr in die Knie geht. Für Zyprer, die jahrelang Geld eingezahlt hatten, um für ihr Alter vorzusorgen, ist das allerdings bitter. Es waren ja nicht nur reiche Russen, die ihr Geld in Zypern angelegt hatten, um Steuern zu sparen oder Geschäfte zu verschleiern.

Zudem löste das Zypern-Modell allgemein Nervosität aus: Wie sicher sind Spareinlagen unter diesen Bedingungen überhaupt noch? Dass Banken und Staaten pleitegehen können, daran war man in Europa nicht mehr gewöhnt. Dieses Schreckgespenst der Vergangenheit kehrt nun zurück.

Unterm Strich war Zypern aber kein »systemrelevantes« Problem. Bei Griechenland sieht das etwas anders aus. Zwar ist auch die Wirtschaftskraft Griechenlands überschaubar. Aber das allein ist noch kein Kriterium. Die Griechen waren die Ersten, die so heftig in die Krise gerieten, dass eine Staatspleite faktisch vor der Tür stand; die Aufregung darüber war entsprechend groß. Staatsbankrott eines EU-Landes? Das hatte man nicht für möglich gehalten. Und Griechenland ist auch mehr als nur eine halbe Insel. Hätten die anderen Euro-Länder die Griechen fallen lassen, wäre das ein Signal gewesen, dass der Euro »umkehrbar« ist. Und prompt, so die Befürchtung, würden die Finanzmärkte spekulieren, wer als Nächstes austreten müsste: Portugal? Spanien? Italien? Das Vertrauen in den Zusammenhalt der Euro-Länder könnte zusammenbrechen, und dadurch ein Land nach dem anderen ins Taumeln geraten. Wie Dominosteine.

Diese Befürchtung muss man nicht teilen, es gibt auch andere Meinungen: Griechenland könnte von einem Euro-Austritt profitieren, mit der Rückkehr zur Drachme könnte es seine Währung abwerten und damit wieder wettbewerbsfähig werden, anstatt weiter unter dem Euro-Spardiktat zu leiden. Fragt sich nur, wie wettbewerbsfähig Griechenland tatsächlich mit der Drachme wäre. So wahnsinnig viele Exportgüter hat das Land ja nicht. Oliven? Schafskäse? Urlaubsinseln? Das ist jetzt natürlich überspitzt formuliert. Griechenland hat natürlich noch mehr zu bieten, seine Mittelmeerlage, seine Häfen, auch

Bodenschätze. Aber alles in allem: Zum Exportmeister würden die Griechen vermutlich auch nach einer Abwertung nicht aufsteigen.

Bislang jedenfalls haben die Griechen immer viel mehr Waren importiert, als sie eigene Produkte im Ausland verkaufen konnten. Um Waren zu importieren, müssten sie aber weiter in Euro zahlen. Oder in Dollar. In jedem Fall in einer Währung, die sehr viel teurer wäre als die Drachme, und zu Preisen, die sich das Pleiteland nicht leisten könnte. Rohstoffe zu importieren, zum Beispiel Öl, würde furchtbar teuer. Viele andere Industrieprodukte, die Griechenland selbst nicht herstellt, auch. Da brennt das Licht im Hotel auf Naxos auch nicht mehr lange. Ganz so einfach funktioniert die Rechnung »Abwerten gleich wettbewerbsfähig werden« also nicht.

Seine Schulden wäre Griechenland auch nicht los – sie würden sogar steigen, weil sie in Euro gerechnet werden, nicht in der billigen Drachme. Anders wäre es bei einem Staatsbankrott, wenn Griechenland nicht nur zur Drachme zurückkehrt, sondern auch noch die Hände hebt und einen Offenbarungseid leistet. Dann würden alle Gläubiger (vor allem die Deutschen) herbe Verluste erleiden. Griechenland wäre seine Schulden zwar erst mal los (»Sorry, zahlungsunfähig«), aber es würde auch auf Jahre hinaus kaum noch Geld von irgendwem geliehen bekommen. Die griechischen Banken gingen im übrigen auch pleite – mit all den Folgen, die das für eine Wirtschaft hat. Insgesamt würde das griechische Problem jedenfalls nicht »verschwinden«, dem europäischen Nachbarland müsste weiterhin geholfen werden, wenn es aus dem Euro austritt oder gar den Bankrott erklärt.

Die Frage ist, ob das teurer oder billiger wäre, und ob Griechenland auf Dauer mit einem »Zurück auf Los« nicht vielleicht doch besser gedient wäre. Das ist auch ein Stück Glaubensfrage – genau wie die Frage, ob man an den Euro insgesamt glaubt oder nicht.

Deutschland ist auch Krisengewinnler

Immerhin kann man feststellen, dass Deutschland in der Euro-Krise nicht nur gezahlt, sondern auch profitiert hat: Nicht nur, weil wir Zinsen für unsere Kredite an andere Euro-Länder kassieren. Der größte Vorteil besteht bisher darin, dass Deutschland in der Krise erst recht als »sicherer Hafen« gilt und damit sehr attraktiv für ausländische Anleger ist. Dem Bundesfinanzminister werden deutsche Staatsanleihen regelrecht aus der Hand gerissen. Je mehr Krise anderswo herrscht, umso leichter ist es für Deutschland, Kredite zu bekommen und seine eigene Staatsverschuldung zu finanzieren.

Aber bleibt das so? Die Risiken der Euro-Rettung, die vielen Bürgschaften und Kredite, könnten auch Deutschland in den Abgrund reißen. Also ist das ganze Euro-Projekt vielleicht doch auf Sand gebaut? Ging es uns mit der D-Mark nicht besser? Ja, sagen die Euro-Skeptiker. Wir haben auch zu D-Mark-Zeiten exportiert, wir hatten eine sichere Währung, wir mussten andere Staaten nicht retten, und wir wurden nicht wegen irgendwelcher Spardiktate gehasst. Das sind durchaus gute Argumente!

Dem gegenüber stehen aber eine Reihe mindestens so starker Gegenargumente: All die Vorteile, die der Euro-Raum bietet, wären hinfällig. Es gäbe wieder ein Wechselkurs-Risiko und entsprechende Umtauschkosten, der innereuropäische Handel würde vermutlich deutlich zurückgehen, der Vorteil des großen gemeinsamen Währungsraums in einer globalisierten Welt ginge flöten, Europa wäre für Investoren weniger attraktiv, das Preisniveau in Europa würde wieder ansteigen, die D-Mark massiv aufgewertet, deutsche Exporte wären damit schlagartig viel teurer.

Die Welt ist in den letzten zehn Jahren nicht stehen geblieben, die weltweite Konkurrenz stärker geworden. Es ist insofern auch etwas leichtfertig, darauf zu verweisen, dass es »früher mit der D-Mark doch auch klappte«. Das stimmt, aber früher ist eben nicht heute. Wer eine teure Währung hat, muss an anderer Stelle sparen, um wettbewerbsfähig zu bleiben, zum Beispiel bei den Löhnen. Die Auswirkungen auf die deutsche Wirtschaft könnten schlimm sein, schlimmer als jedes Rettungspaket für Griechen oder Portugiesen. Als Kreditgeber würde Deutschland bei einem Ende des Euro außerdem herbe Verluste erleiden. Das Geld wäre entweder ganz weg, oder es würde durch die Schwäche der anderen Währungen und höhere Inflationsraten in Europa faktisch entwertet.

Noch schwerer könnte am Ende aber wiegen, dass sich in ganz Europa das Gefühl breitmacht, mit seinem wichtigsten und ehrgeizigsten Projekt gescheitert zu sein. Ist das nur Gefühlsduselei? Darüber kann man streiten. Ich persönlich glaube, dass die europäische Depression nach einem Scheitern des Euro noch viel größer wäre als jetzt, bei aller Krisenangst und trotz des Ärgers über deutsche Spardiktate. Und ist der Euro erst gescheitert, dann kommt er auch so bald nicht wieder. Das war's erst einmal mit der Vertiefung der europäischen Integration!

Man muss sich also entscheiden, welches Risiko man für größer hält: die Risiken der Euro-Rettung oder die Risiken des Euro-Untergangs. Es gibt da keine absoluten Wahrheiten. Es gibt nur den Blick in die Kristallkugel. Ich glaube, dass mit dem Ende des Euro eine massive Vertrauenskrise in die EU insgesamt einhergehen würde. Selbst wenn ein paar Länder als kleiner Euro-Club weitermachen würden, wäre das Projekt insgesamt schwer beschädigt.

Ganz am Anfang hätte man die Chance gehabt, es so zu machen: Nur ein Kerneuropa mit gemeinsamer Währung vorangehen lassen und den Eintritt neuer Mitglieder viel strenger überwachen. Es lief aber nun mal anders. Jetzt ist eine große Währungsfamilie entstanden – sie zerbrechen zu lassen, erscheint mir ökonomisch und politisch riskanter, als den Laden zusammenzuhalten. So oder so: Man kann nur hoffen, dass die Sache glimpflich ausgeht und aus den Schocks dieser Jahre Lehren gezogen werden.

Für die europäischen Politiker ist dieses hektische Krisenmanagement enormer Stress. Auch sie können nicht wissen, ob sie wirklich das Richtige tun. Eine gemeinsame europäische Währung hat es vorher in vergleichbarer Form nie gegeben; damit ist es schwierig, aus anderen historischen Währungskrisen Schlüsse zu ziehen. Sich Rat bei Wissenschaftlern zu holen, ist zwar sinnvoll – aber die Wissenschaftler sind sich uneins. Und selbst wenn der deutsche Finanzminister sich ganz sicher wäre, dass er mit dieser oder jener Meinung richtigliegt, kann er seine Sicht trotzdem nicht einfach durchdrücken, sondern muss Kompromisse mit den anderen europäischen Kollegen finden. Ein Gipfel jagt den nächsten, die Finanzmärkte reagieren oft unberechenbar, und keiner hat eine Kristallkugel. Man möchte ungern in der Haut derjenigen stecken, die in diesen Zeiten Verantwortung tragen – für einen ganzen Kontinent.

Insider-Vokabeln aus Brüssel

Bad Bank Der Begriff tauchte in der weltweiten Finanzkrise ab 2007 auf, als auch in Deutschland Banken gefährlich ins Wanken gerieten. Inzwischen ist Bad Bank ein fester Bestandteil des europaweiten Polit-Sprech-Vokabulars. Gerät eine Bank ins Schleudern, gibt es zwei Möglichkeiten: Man lässt sie pleite gehen – das hat sich seit der Pleite der amerikanischen Investmentbank Lehman Brothers aber als höchst riskant erwiesen, und der Schreck über die weltweiten Folgen sitzt tief. Also dachte man sich eine andere Variante aus. Man macht aus einer Bank zwei Banken und verfährt dabei nach dem Aschenbrödel-Prinzip: die Guten ins Töpfchen, die Schlechten ins Kröpfchen. Gut ist alles, womit die Bank in Zukunft hoffentlich weiter Erfolg haben kann, ihr gesunder Geschäftsbereich also. Schlecht ist alles, womit sie nur noch Verluste macht: Finanzpapiere, die nichts mehr wert sind, Kredite, die sie vermutlich nie zurückgezahlt bekommt, der ganze kranke Ramsch, der ihr so gefährlich über den Kopf wuchs. Der wird ausgelagert in die Bad Bank. Für die haftet dann der Staat. Das ist zwar ärgerlich, aber, so das Argument, immer noch besser als eine landesweite oder europaweite Bankenkrise zu bekommen, weil alle hysterisch auf die Pleite einer Einzelbank reagieren.
Bail out Als der Euro eingeführt wurde, wurde fest versprochen und sogar vertraglich festgelegt, dass es in der EU kein Bail-out geben würde. Ha! Zu viel versprochen! »To bail out« sagt man im Englischen, wenn man jemanden auf Kaution aus dem Gefängnis holt, im übertragenen Sinne heißt das auch »jemandem aus der Patsche helfen«. Bezogen auf die EU ist damit gemeint, dass Staaten, die eine unsolide Haushaltspolitik betreiben, sich nicht darauf verlassen dürfen, dass die anderen Staaten ihnen aus der Patsche helfen, also ihre Schulden mit übernehmen (»vergemeinschaften«). Ganz ausdrücklich ist das sogar verboten. Jeder muss selbstverantwortlich handeln. Tja. So steht's auf dem Papier. Gemacht wird es jetzt trotzdem, auch wenn es offiziell nicht so genannt werden darf.
Beichtstuhl Ein Begriff aus der europäischen Diplomatie. Bei EU-Gipfeln versucht natürlich jedes Land, seine eigenen Interessen durch-

zusetzen, deshalb gibt es immer ein großes Geschacher. Einer muss dabei als Verhandlungsführer agieren. Früher war das der Regierungschef, der gerade die Ratspräsidentschaft innehatte und das Treffen als Gastgeber organisierte. Inzwischen hat diese Aufgabe der ständige Ratspräsident übernommen, und auch der Kommissionspräsident mischt mit. Sie müssen herausfinden, wo mögliche Kompromisse liegen. Dazu werden vertrauliche Gespräche mit jedem einzelnen Staats- und Regierungschef geführt. Sie werden dafür »im Beichtstuhl ins Gebet genommen«. Der Ratspräsident fordert sie auf, unter vier Augen so ehrlich zu sein wie in der Kirche die Katholiken gegenüber dem Pfarrer, wenn sie beichten. Natürlich muss man dann auch vertrauenswürdig auftreten, also ein »ehrlicher Makler« sein (auch so ein Begriff aus der internationalen Diplomatie). Nur so kann man rauskriegen, wo eine Regierung bereit ist, anderen Ländern vielleicht doch ein bisschen mehr entgegenzukommen, obwohl sie öffentlich so tut, als sei ihre Schmerzgrenze bereits erreicht und kein weiterer Kompromiss möglich. Der Beichtstuhl ist in dem Fall allerdings nur ein Bürozimmer, man geht nicht gemeinsam in die Kirche. Obwohl ein paar Gebete bei manchen Gipfeln vielleicht helfen würden.

Blauer Brief In der Schule bekommt man bekanntlich einen blauen Brief, wenn man so schlechte Noten hat, dass man versetzungsgefährdet ist. Darüber sollen die Eltern rechtzeitig informiert werden. Früher wurde diese Mitteilung auf amtlichem bläulichem Briefpapier verfasst, deshalb heißt das so. Im Brüssel-Jargon ist damit gemeint, dass ein Land eine Warnung von der EU-Kommission bekommt, wenn es zu viele Schulden macht. Weil befürchtet wird, dass es die gemeinsamen Obergrenzen für die Verschuldung nicht einhält, die sogenannten Maastricht-Kriterien. Wer dagegen verstößt, bekommt erst aus Brüssel eine Warnung (eben den blauen Brief), und wenn sich die Lage nicht bessert, kann notfalls auch eine Geldstrafe verhängt werden. Was passieren soll, wenn ein Land sich um diese Warnungen nicht kümmert, sondern weiter zu hohe Schulden macht, ist allerdings nicht geregelt.

Briten-Rabatt »I want my money back«, schimpfte einst Margaret Thatcher, die legendäre britische Regierungschefin, bei einem EU-Gipfel 1984. Sie soll sogar mit der Handtasche auf den Konferenztisch geschlagen haben. Thatcher fand, dass die Briten zu viel in den EU-Haushalt einzahlen. Ein großer Teil des Budgets geht für Agrarsubventionen drauf, und die britische Landwirtschaft war damals vergleichsweise klein. Das fand Thatcher ungerecht, und so handelte sie beinhart einen dauerhaften Rabatt für Großbritannien heraus, der auch heute noch gilt. Die Briten sind zwar auch Nettozahler (das heißt, sie zahlen mehr nach Brüssel, als an sie zurückfließt), aber der Betrag ist kleiner, als er es nach regulärer Berechnung wäre. Die anderen Länder haben sich damals darauf zähneknirschend eingelassen, um zu verhindern, dass Großbritannien aus Protest andere europäische Politikbereiche blockiert, wie es das zuvor einige Jahre lang getan hatte. Bis heute ist das Verhältnis der Briten zur EU distanziert, beim Euro machen sie nicht mit und haben auch immer mal wieder mit Austritt aus der EU gedroht.

Doppelte Mehrheit In vielen Politikbereichen der EU gilt mittlerweile das Prinzip der doppelten Mehrheit. Heißt: Eine Entscheidung ist angenommen, wenn sie erstens von 55 Prozent der Mitgliedstaaten unterstützt wird, und zweitens diese Staaten mindestens 65 Prozent der gesamten EU-Bevölkerung repräsentieren. Das ist zwar eine ziemlich hohe Hürde, aber immer noch leichter zu erreichen als Einstimmigkeit, die nach wie vor bei vielen Beschlüssen erforderlich ist, etwa wenn es um die Aufnahme neuer Mitglieder geht.

EFSF/ESM Siehe **Fazilität**

Eurobonds Staaten verschulden sich, indem sie Staatsanleihen anbieten, in der Hoffnung, dass die jemand haben will und dafür Geld auf den Tisch legt. Staatsanleihen sind Wertpapiere, die der Staat herausgibt und die an der Börse gehandelt werden wie Aktien. Staatsaktien sozusagen. Deutsche Staatsanleihen gehen in letzter Zeit weg wie warme Semmeln, weil die Bundesrepublik bei Kapitalanlegern ein hohes Vertrauen genießt. Gilt ein Staat hingegen als Pleitekandidat, fällt es ihm schwer, noch Interessenten zu finden. Er muss dann sehr hohe Zinsen zahlen, als Ausgleich für das »Ausfall-Risiko«, das der Kreditgeber eingeht, sprich: das Risiko, sein Geld nie wiederzusehen. Haften hingegen alle europäischen Staaten für diese Kredite, sinken die Risiko-Zinsen. Eurobonds gehen noch einen Schritt weiter: Sie sind gemeinsame europäische Staatsanleihen. Die anderen

Europäer bürgen also nicht nur für einen einzelnen Schuldenstaat, wie beim Rettungsschirm. Sondern alle geben zusammen ein Papier (Bond) heraus, das dann einen durchschnittlichen Zinssatz hat. Kauft man solche Eurobonds, leiht man damit nicht mehr nur zum Beispiel Griechenland Geld, sondern der ganzen Euro-Zone. Die »schlechten« Schuldner, die hohe Zinsen zahlen müssten, wenn sie mit eigenen nationalen Anleihen Kreditgeber suchen, »verstecken« sich sozusagen in dem gemeinsamen Papier. Deshalb wird das von Deutschland bisher auch abgelehnt.

Eurokraten Rund 35 000 Beamte arbeiten für die europäische Bürokratie und werden spaßeshalber Eurokraten genannt. Den Beamten in der Kommission wird nachgesagt, dass sie sich selbst als die eigentlich Mächtigen in Brüssel ansehen, weil sie oft viel länger im Amt sind als ihre Chefs, die Kommissare, die immer nur ein paar Jahre bleiben. Diesen Beamten sei es sozusagen »egal, wer unter ihnen regiert«.

Europa à la carte Nicht alle Mitglieder machen alle Entwicklungen auf dem Weg zu mehr Integration mit. Die Briten etwa haben ihr eigenes Süppchen gekocht, als sie »Nein danke« zum Euro sagten. Europa à la carte heißt gewissermaßen, dass man sich nur das raussucht, was einem passt, wie auf einer Speisekarte. Das klingt eher negativ, nach Rosinenpickerei. Man kann es aber auch positiver formulieren, dann spricht man vom »Europa der zwei Geschwindigkeiten«. Einige Länder gehen dynamisch voraus, andere warten erst mal ab. Vielleicht wäre es beim Euro besser gewesen, wenn der ein oder andere nicht so schnell die volle Menükarte angeboten bekommen hätte.

Euro-Zone Alle Länder, die den Euro als gemeinsame Währung eingeführt haben, gehören zur Euro-Zone beziehungsweise zum Euro-Raum im engeren Sinne. Derzeit sind das 18 Länder.

Familienbild Bei jedem internationalen Gipfeltreffen stellen sich die Staats- und Regierungschefs für das sogenannte Familienbild auf. Vorher wird genau festgelegt, wer wo steht. Am Ende sind dann alle auf einem Foto zu sehen. Das erinnert einen daran, wie bei echten Familientreffen (zum Beispiel bei Hochzeiten oder runden Geburtstagen) die Onkel und Tanten und Cousins vom Fotografen hin und her dirigiert werden, bis sie alle aufs Bild passen.

Fazilität Der Begriff kommt von dem englischen *facility*, das man sowohl mit *Möglichkeit* als auch mit *Einrichtung* übersetzen kann. Man kennt das vom »Facility Manager«, dem neudeutschen Begriff für Hausmeister und Hausverwalter. In der Finanzwelt beschreibt »Fazilität« unterschiedliche Techniken, Kredite einzuräumen. Der Begriff wird vielfältig verwendet. Meist geht es dabei um Kredite, die die Europäische Zentralbank kurzfristig an private Geschäftsbanken vergibt. Dass in Nachrichtensendungen plötzlich von Fazilität die Rede war, hat damit zu tun, dass im Zuge der Euro-Krise 2010 die *European Financial Stability Facility* eingerichtet wurde: die Europäische Finanzstabilisierungsfazilität (EFSF). Hinter diesem Wortungetüm verbirgt sich eine provisorische Institution, die den Europäischen Rettungsschirm verwaltet. Weil es schnell gehen musste, wurde erst mal nur ein Provisorium eingerichtet. Da ging es zunächst nur um Griechenland, aber rasch wurde klar, dass das Provisorium nicht reichen würde. Die EFSF wurde im Sommer 2013 vom dauerhaften »Euro-Stabilitätsmechanismus« (ESM) abgelöst, der im Prinzip das Gleiche macht. Nämlich überschuldeten Euro-Mitgliedstaaten mit Krediten und Bürgschaften zu helfen, damit sie nicht zahlungsunfähig werden. Entweder gibt's also direkt Geld oder aber eine Bürgschaft, mit der sich diese Staaten dann auf dem normalen Kapitalmarkt leichter Geld beschaffen können. Zum Nulltarif ist das aber nicht zu haben. Staaten, die unter den Rettungsschirm kriechen wollen, müssen sich verpflichten, ihre Finanzprobleme in den Griff zu bekommen, indem sie entsprechende Reformen einleiten und sich strenge Sparprogramme auferlegen.

Festung Europa Je mehr die Grenzen im Inneren der EU fielen, desto höher hat sie ihre Außengrenzen gezogen, sich also gegenüber dem Nicht-EU-Ausland abgeschottet. Wenn die Grenzen im Inneren nur noch auf dem Papier bestehen, aber nicht mehr ernsthaft kontrolliert werden, müssen natürlich die Außengrenzen umso schärfer bewacht werden, damit Straftäter, Terroristen, Schmuggler, illegale Einwanderer nicht in die EU kommen. Von der »Festung Europa« wird vor allem im Zusammenhang mit den Flüchtlingen aus Afrika gesprochen, die über die Mittelmeerländer versuchen, in die europäische »Burg« hineinzukommen. Kritisiert wird, dass die europäische Festung sich ihnen gegenüber menschenunwürdig verhält. Die betroffenen EU-Länder wiederum, etwa Italien, vor dessen Insel Lampedusa regelmäßig viele Flüchtlingsboote stranden, fühlen sich von den anderen Europäern nicht genug unterstützt.

Finalität Der Begriff kommt von *Finis*, lateinisch: *das Ziel*. In Europa ist damit gemeint: Wo soll's hingehen mit der EU? Wie soll sie am Ende aussehen, in welchen Grenzen soll sie liegen? Soll sie ein Gebilde werden wie die Vereinigten Staaten von Amerika, oder viel weniger? Dazu gibt es sehr unterschiedliche Ansichten, deshalb wird immer wieder über die »Finalität Europas« diskutiert. Das klingt mit Fremdwort immerhin viel besser als die schlichte Frage: »Wohin soll die Reise führen?«

Fiskalunion Eine mögliche Antwort auf die Frage, wohin es mit der EU gehen soll, ist die Fiskalunion. Befürworter glauben, dass nur in einer solchen Fiskalunion eine gemeinsame Währung auf Dauer funktionieren kann und dass sie weniger kostet als immer neue Rettungspakete. Kritiker befürchten, dass die EU zu einer »Transferunion« würde, bei der die reichen Länder permanent die armen alimentieren. Außerdem halten sie nichts davon, zentrale Hoheitsrechte der Staaten abzugeben. Denn in einer echten Fiskalunion würde auch die Finanzpolitik der EU-Länder gemeinschaftlich gemacht, also Steuern erhoben, Ausgaben festgelegt; es gäbe eine Art gesamteuropäischen Finanzminister. Man kann da in der Theorie unterschiedlich weit gehen. Eine vollständige Fiskalunion würde bedeuten, dass die EU tatsächlich wie ein Bundesstaat funktionierte, zwar föderal, aber mit einer echten Regierung und eigenen Steuern, im Grunde wie die Bundesregierung. Eine abgeschwächte Form der Fiskalunion würde nur einen bestimmten Steuerbetrag automatisch nach Brüssel abführen, zum Beispiel 10 Prozent des nationalen Steueraufkommens. Damit könnten schwächere Länder unterstützt werden. Gleichzeitig hätte Brüssel mehr Rechte, in die nationalen Haushalte einzugreifen, zum Beispiel das von einem Land vorgelegte Budget abzulehnen. Ansatzweise ist das bereits im »Fiskalpakt« vorgesehen, auf den sich 25 der damals noch 27 Mitgliedsländer im Dezember 2011 geeinigt haben. Darin verpflichten sie sich, ausgeglichene Haushalte anzustreben. Wer dagegen verstößt, soll automatisch bestraft werden.

Gipfel Treffen der Staats- und Regierungschefs, der jeweils mächtigsten Politiker also (das sind die Kanzler, Premierminister oder Ministerpräsidenten, also die Regierungschefs; in Frankreich ist es der Staatspräsident, also der Staatschef). Man sagt auch, dass es Treffen »auf höchster Ebene« sind, daher der Vergleich mit Bergen.

Haircut Hat natürlich nichts mit Friseur zu tun, sondern ist der englische Begriff für »Schuldenschnitt«. Heißt vereinfacht gesagt, dass einem Land ein Teil seiner Schulden erlassen wird, damit es eine Chance hat, wieder auf die Beine zu kommen.

Kopenhagener Kriterien Die EU liebt es, wichtige Regelwerke und Entscheidungen nicht nach ihren Inhalten zu benennen, sondern nach dem Ort, an dem sie auf Gipfeltreffen verabschiedet wurden: Römische Verträge, Amsterdamer Vertrag, Schengener Abkommen usw. Die Kopenhagener Kriterien bestimmen, wer überhaupt Mitglied in der EU werden darf. Vor einem Beitritt muss das Bewerberland tausende europäische Vorschriften in nationales Recht umsetzen, den sogenannten Acquis communautaire. Außerdem muss der Bewerber belegen, dass er hinreichend demokratisch und hinreichend marktwirtschaftlich ist und im Übrigen die anderen Mitglieder mit seinem Beitritt nicht überfordert, also nicht zu viele Probleme in die EU hineinträgt und überhaupt europäisch genug ist (darüber wird ja in Bezug auf den Beitrittswunsch der Türkei debattiert).

Lange Nächte Bei fast jedem Gipfeltreffen, bei dem es um schwierige Entscheidungen geht und Kompromisse gefunden werden müssen, gibt es mindestens eine lange Nacht. Da wird nicht gefeiert, sondern die Staats- und Regierungschefs verhandeln bis in die frühen Morgenstunden miteinander, während draußen vor der Tür die Journalisten warten. Dabei geht es drinnen hoch her. Legendäre Schreiereien hat es da durchaus schon gegeben. Diese langen Nächte sind brutal, man braucht Sitzfleisch, eine stabile Blase und viel gute Berater, die vor den Türen eifrig Zettel schreiben und entgegennehmen, um ihre Politiker zu briefen (»Achtung, Falle – die Spanier bluffen«/ »Nein, auf keinen Fall dürfen wir bei Punkt 23b zustimmen«). Irgendwann in den frühen Morgenstunden kommen die Politiker völlig übermüdet herausgetorkelt. Letztlich geht es dabei um zweierlei: Zum einen sind diese langen Nächte ein Kräftemessen – wer hält am längsten durch? Man kann seine Gegner auch müde verhandeln! Zum anderen ist das Ganze auch ein Ritual fürs Volk: Die jeweils eigene Bevölkerung soll das Gefühl haben, ihr Regierungschef hätte wirklich alles gegeben und knallhart im Interesse seines Landes verhandelt. Was er dann auch tatsächlich getan hat, bis hin zur totalen körperlichen Erschöpfung.

Lissabon Ist natürlich die Hauptstadt von Portugal. Im Euro-ABC ist damit aber der Vertrag von Lissabon aus dem Jahr 2007 gemeint – und die ganzen Reformbemühungen, die darin festgehalten wurden. »Lissabon« ist sozusagen zum Ersatzbegriff für »neue Verfassung für Europa« geworden.

Maastricht-Kriterien In der niederländischen Stadt Maastricht haben die EU-Länder 1992 nach einer langen Gipfelnacht einen Vertrag geschlossen, in dem sie festlegten, wie sie es künftig mit dem Geld halten. Ursprünglich waren die Maastricht-Kriterien nur zur Vorbereitung auf den Euro gedacht; Länder mussten sie erfüllen, um überhaupt mitmachen zu dürfen. 1996 wurden sie auch in den »Stabilitäts- und Wachstumspakt« aufgenommen, der für alle Euro-Länder nach Einführung der gemeinsamen Währung gilt. Schon damals, lange vor der Schuldenkrise, war also allen Beteiligten klar, dass es schlecht wäre, wenn die einen brav sparsam sind und ordentlich haushalten, während die anderen die Kohle raushauen – und am Ende müssten alle für die Schulden aufkommen. Erst recht bei einer gemeinsamen Währung. In Maastricht wurde festgelegt, dass es eine Obergrenze gibt für neue Schulden (nämlich 3 Prozent des Bruttoinlandsprodukts) und eine Obergrenze für den insgesamt angewachsenen Schuldenberg (60 Prozent des BIP). Wer dagegen verstößt, wird erst ermahnt und dann bestraft. Theoretisch jedenfalls. Bislang wurde noch über kein einziges Land tatsächlich eine Geldstrafe verhängt.

Moral Hazard Wenn man sich darauf verlässt, dass einem die anderen schon irgendwie helfen, wenn man in Schwierigkeiten kommt (siehe Bail out), senkt das Moral und Disziplin. Man wird risikofreudiger und gibt sich weniger Mühe im Umgang mit seinem Geld – wenn's schiefgeht, springen ja Mami und Papi ein und zahlen mir die Miete. Bei den aktuellen Rettungspaketen für überschuldete Staaten ist deshalb oft vom »Moral Hazard«-Problem die Rede.

Nationale Tickets Wenn es heißt, dass hohe Beamte in der EU auf

»nationalen Tickets laufen«, dann ist damit gemeint, dass die Mitgliedsländer untereinander aushandeln, wer welche Posten besetzt. Eifersüchtig wachen die Regierungen nämlich darüber, dass ihre jeweiligen Landsleute bei der Besetzung der Brüsseler Spitzenjobs nicht zu kurz kommen.

Poolbilder Hat nichts mit Swimmingpool zu tun! *Pool* heißt auf Englisch auch Zusammenschluss. Bei internationalen Großereignissen wie Gipfeltreffen darf nicht jeder Fernsehsender jeder Nation seine eigenen Bilder drehen. Die Bilder werden vielmehr »gepoolt«: Einige Kamerateams werden stellvertretend für alle ausgewählt, und die filmen dann, wie sich die Staats- und Regierungschefs im Konferenzraum begrüßen oder sich zum Gruppenbild aufstellen. Dieses Filmmaterial wird später an alle anderen interessierten Fernsehsender weitergegeben, sozusagen vervielfältigt. Deshalb sieht man im Fernsehen überall die gleichen Bilder! Einerseits wird das natürlich aus praktischen Gründen gemacht, weil sonst hunderte Kamerateams kreuz und quer durch einen Raum laufen und nicht nur die Politiker, sondern auch sich gegenseitig stören würden. Andererseits bedeutet das »Poolen« von Bildern, dass die Bilder natürlich besser zu kontrollieren sind, als das bei solchen Gipfeltreffen eh schon der Fall ist. Da wird wenig dem Zufall überlassen, Politik wird inszeniert. Wenn man dann auch noch genau weiß, wann wie viele Kamerateams anwesend sind und dass alle Stationen das Gleiche senden, hilft das bei solchen Inszenierungen natürlich sehr.

Rettungsschirm Die Gesamtheit aller Maßnahmen, mit denen in den letzten Jahren verschiedenen Euro-Ländern (und ihren Banken) gemeinschaftlich geholfen wurde. Angefangen von einzelnen Rettungspaketen in Form von Krediten und Bürgschaften für Griechenland bis hin zum neu eingerichteten Europäischen Stabilitätsmechanismus ESM (siehe oben, unter Fazilität).

Sherpa Sherpas heißen die Einheimischen im Himalaya, die Bergsteigern helfen, weil sie sich in den Bergen gut auskennen und ihnen auch noch das Gepäck auf den Mount Everest tragen. Die politischen Sherpas sind wichtige Mitarbeiter der Regierungschefs, in Deutschland also des Kanzleramts, die für ihre Chefs die europäischen Gipfeltreffen vorbereiten. Eine Heidenarbeit, die viel Fachwissen und Verhandlungssicherheit voraussetzt. Verhandeln die europäischen Sherpas miteinander, ist das fast wie ein Minigipfel. Schließlich soll so viel wie möglich schon weggearbeitet sein, deshalb treffen sich vor Gipfeln schon die Fachminister. Wenn die Staats- und Regierungschefs am Ende zusammenkommen, soll es nur noch eine überschaubare Zahl von strittigen Punkten geben, sonst gäbe es nicht nur eine lange Nacht, sondern gleich einen langen Monat. Manchmal müssen die Sherpas auch auf unpolitische Kleinigkeiten achten. Der Sherpa von Helmut Kohl zum Beispiel hatte dafür zu sorgen, dass am großen Konferenztisch, um den alle Teilnehmer bei solchen Gipfeln sitzen, der Stuhl für Herrn Kohl breit genug war, damit er mit seiner Körperfülle bequem hineinpasste und sich nicht peinlich reinquetschen musste – was womöglich von irgendwelchen Fernsehleuten auch noch gefilmt worden wäre.

Systemrelevant Banken oder Staaten werden als systemrelevant bezeichnet, wenn man befürchtet, dass ihr Bankrott so viele andere mit in den Abgrund reißt, dass eine unbeherrschbare Krisensituation entsteht. Wie bei Dominosteinen: Fällt der eine, fallen alle. Eine Variante davon ist der Begriff »too big to fail«: Ein Bankkonzern zum Beispiel ist zu groß, zu wichtig, zu vernetzt, als dass man ihn pleitegehen lassen könnte. Ist man also erst mal so richtig groß geworden, wird einem auch geholfen. Das ist ein bisschen wie bei privaten Schuldnern: Je höher der Kredit, desto freundlicher wird man vom Bankberater behandelt. Inzwischen ist »systemrelevant« aber ein ziemlich beliebiger Begriff geworden. Mittlerweile scheint jede Bank und jedes europäische Land systemrelevant zu sein.

Troika Der Begriff *Troika* kommt ursprünglich aus dem Russischen und bezeichnete ein Gespann mit drei Zugpferden. Im übertragenen Sinne geht es bei einer Troika also um eine Dreiergruppe wichtiger (Führungs-)Personen oder Institutionen. In der EU gab und gibt es ziemlich viele Troikas. In jüngerer Zeit ist damit meist die Krisen-Troika gemeint: Vertreter der Europäischen Kommission, der Europäischen Zentralbank und des Internationalen Währungsfonds treten gegenüber den Schuldenländern wie eine Prüfungskommission auf. Wie kommt ihr mit euren Reformen voran, wie geht ihr mit dem Geld um, das wir euch geliehen haben, haltet ihr auch alle Vorgaben der Rettungspakete ein?

Weißbuch In ein Weißbuch schreibt die Europäische Kommission Ideen, Argumente, Beobachtungen und Hintergrundfakten, um Vorschläge zu machen, wie die EU in einem bestimmten Bereich besser vorankommen könnte. Sind die Regierungen damit einverstanden, dann kann das Weißbuch Grundlage für konkrete Maßnahmen und verbindliche Regeln werden. Beispiel: das Weißbuch von 1985 über die »Vollendung des Binnenmarktes«. Ein Weißbuch ist nicht zu verwechseln mit einer Blaupause. Wenn Politiker etwas als Blaupause empfehlen (oder davor warnen, etwas zur Blaupause zu machen), dann geht es um Entscheidungen oder Abläufe, die erst mal nur in einem Einzelfall galten, aber Modellcharakter für ähnliche Situationen haben könnten. Beispiel: Als in der Zypernkrise erstmals die Bankkunden zur Kasse gebeten wurden, wurde debattiert, ob das eine Blaupause für die Rettung anderer Pleitestaaten sein könnte.

Weltpolitik – wenn alles mit allem zusammenhängt

Fluch und Segen der Globalisierung

Pfeffer aus Indien, Stoffe aus Asien – Welthandel gibt es schon lange. So gesehen waren bereits die alten Römer »globalisiert«. Aber durch Telefon, Luftfracht, Internet usw. ist die Welt im 21. Jahrhundert natürlich noch viel enger zusammengerückt. Und wie so oft im Leben: Die Medaille hat zwei Seiten. Ungeheure Möglichkeiten, aber auch weitreichende Gefahren. Gewinner und Verlierer.

Weltweiter Handel und eine den Globus umspannende Vernetzung haben sich in den letzten zwanzig Jahren extrem intensiviert – in allen Lebensbereichen. Vor 300 Jahren konnte man der beste Fußballer der Welt sein. Das wussten aber nur ein paar Jungs aus der Nachbarschaft. Heute kann man, wenn man gut spielt und noch besser aussieht, zu einem millionenschweren Weltstar wie David Beckham werden, der in Japan genauso bejubelt wird wie in England. Folglich gibt es heute auch mehr Leute, die bereit sind, für solch einen Spieler viel Geld zu zahlen. Früher war sein Markt lokal oder bestenfalls regional, heute ist er international beziehungsweise global.

Und was für Menschen gilt, trifft auf Waren erst recht zu: Wenn sie weltweit verkäuflich sind, steigen die Preise für Topprodukte (weil mehr Leute sie kaufen wollen), und zugleich fallen die Preise für Standardgut (weil es davon mehr als genug gibt). Mit »Globalisierung« bezeichnet man dieses weltweite »globale« Zusammenwachsen der Handelsmöglichkeiten und des Austausches – auch von gemeinsamen Erlebnissen und Interessen (selbst sogenannte Globalisierungsgegner sind natürlich globalisiert und verständigen sich weltweit). Fernsehserien und Musiker werden überall gesehen und gehört und prägen die

Weltsicht bis in entfernte Winkel der Erde. Weltberühmte Persönlichkeiten und Ereignisse gab's natürlich früher auch schon; die Beatles kannte man in den sechziger Jahren ja nicht nur in England. Doch Informationsaustausch und Kommunikationsdichte sind inzwischen viel umfassender und meinen tatsächlich die ganze Welt.

Wirtschaftlich führt der weltweite Austausch von Waren, Arbeitskräften und Kapital manchmal zu bizarren Reisewegen. Als in mehreren ostdeutschen Kitas gleichzeitig Kinder erkrankten, stellte sich heraus, dass sie verdorbene Erdbeeren aus China gegessen hatten. Dabei wachsen Erdbeeren doch auch bei uns! Warum müssen sie um die halbe Welt transportiert werden? Darin liegt der Unterschied zur Globalisierung der alten Römer: Sie holten sich aus fernen Ländern Waren, die sie zu Hause nicht bekamen. Die Globalisierung heute ist längst nicht mehr nur Handel, sondern Arbeitsteilung. Heute rechnet es sich, ein T-Shirt in Deutschland entwerfen zu lassen, es dann aber in Niedriglohnländern wie China, Taiwan oder Vietnam zu produzieren. Das ist so billig, dass es sich sogar noch auszahlt, die fertige Ware per Schiff oder Flugzeug um die halbe Welt zu schaffen. Umgekehrt heißt das auch: Eine Jeans in Deutschland zu nähen, ist wirtschaftlich nicht mehr sinnvoll. Dienstleistungen lassen sich dagegen schwerer ins ferne Ausland verlagern. Aber auch das gibt es zunehmend. In den Callcentern britischer oder amerikanischer Firmen arbeiten zum Beispiel sehr viele Inder – und zwar in Indien. Die Telefonverbindungen werden dorthin umgeleitet. Da viele Inder hervorragend Englisch sprechen, besteht hier keine Sprachbarriere.

Das alles hat gute und schlechte Seiten – je nach Perspektive. Einerseits bekommen unterentwickelte Länder eine Chance auf dem Weltmarkt. Das kann dazu führen, dass auch die Löhne in diesen Niedriglohnländern steigen. Chinas Arbeiter zum Beispiel sind längst nicht mehr so günstig zu haben wie noch vor zehn Jahren. Und China will auch nicht mehr nur die »verlängerte Werkbank« des reichen Westens sein. Immer häufiger gibt es auch in China Streiks und Proteste der Arbeiterschaft gegen schlechte Arbeitsbedingungen. Solange sich die Proteste gegen ausländische Firmen richten, die in China produzieren, lässt die chinesische Regierung das auch zu. Derzeit können Hersteller auf andere Niedriglohnländer ausweichen, aber wer weiß, vielleicht ist irgendwann in ferner Zukunft auch damit Schluss ... (Woher dann wohl die billigen Klamotten kommen werden?) Zugleich verlieren immer mehr Menschen in »Hochlohnländern« wie Deutschland ihre Jobs. Dann können sie zwar billiger T-Shirts kaufen als vorher, aber dafür sind mehr Menschen arbeitslos. Und die weltweite Konkurrenz drückt auch hierzulande auf die Löhne. Sie sind zwar immer noch sehr hoch im Vergleich zu dem, was Menschen in Bangladesch pro Arbeitstag verdienen. Aber dass es in Deutschland in den letzten Jahren wenig Lohnerhöhungen gab und schlecht ausgebildete Menschen große Schwierigkeiten haben, überhaupt Arbeit zu finden, hat mit eben diesem Wettbewerbsdruck der Globalisierung zu tun.

Moderne Sklaven an der verlängerten Werkbank

Das Billiglohn-Phänomen gab es übrigens zu Zeiten der alten Römer oder alten Ägypter auch schon: etwa bei den Sklaven, ohne deren Arbeit keine Pyramiden entstanden wären. Mit dem Unterschied, dass man sich damals diesen Nulllohnsektor praktischerweise ins eigene Land holte. Arbeitssklaven und Menschenhandel gibt es heute leider auch noch. Nur wie soll man im Einzelnen wissen, unter welchen Bedingungen das T-Shirt entstand, das bei uns im Laden liegt? Und wie sollen wir Firmen in Asien dazu zwingen, ihre Arbeiter keine giftigen Gase einatmen zu lassen?

Direkt kann man das als Konsument natürlich nicht. Aber wir können deutsche oder internationale Firmen anprangern, wenn sie in fernen Ländern unter menschenunwürdigen Bedingungen produzieren lassen. Wir können also versuchen, unsere Sozialstandards zu exportieren und eine Weltöffentlichkeit herzustellen, die es nicht einfach hinnimmt, dass in Bangladesch Näherinnen verbrennen, weil in den Fabriken dort selbst minimalste Brandschutzbestimmungen nicht eingehalten werden. Und wir können von unseren Politikern verlangen, dass sie Druck ausüben. An solchen weltweiten Arbeitsstandards arbeitet zum Beispiel die Internationale Arbeitsorganisation der Vereinten Nationen. Vor dem Hintergrund einer Reihe verheerender Unfälle in Fabriken in Bangladesch hat die EU mit Strafmaßnahmen gedroht, wenn die Sicherheitsstandards in Bangladesch nicht verbessert werden. Solche Strafen könnten zum Beispiel erhöhte Zölle sein. Drei Dutzend internationale Handelskonzerne der Textilbranche haben außerdem ein sogenanntes Bangladesch-Abkommen unterzeichnet, in dem sie sich verpflichten, für bessere Arbeitsbedingungen zu sorgen. Papier ist allerdings geduldig. Und sobald sich der Scheinwerfer der Weltöffentlichkeit wieder wegdreht, lässt der Druck nach, tatsächlich etwas zu verändern.

Bessere Arbeitsbedingungen wünscht sich die Näherin in Bangladesch natürlich auch. Zugleich findet sie ihren Billigjob aber keine schlechte Sache. Aus ihrer Perspektive ist es viel besser, nur eine Handvoll Dollar zu verdienen, als zu hungern oder für noch weniger Lohn auf einem Reisfeld zu arbeiten. Viele südostasiatische Länder, die früher extrem arm waren, haben dank der Globalisierung stark aufgeholt, viele Menschen dort können sich jetzt ein Leben leisten, wie es für sie noch vor zwanzig Jahren undenkbar gewesen wäre. Die aus unserer Sicht empörend niedrigen Löhne sind ihre Chance, von der Globalisierung zu profitieren.

Ähnlich ist es in Osteuropa: Als der finnische Handyhersteller Nokia sein Werk von Bochum nach Rumänien verlegte, war das für die Menschen in Bochum furchtbar und ungerecht, denn sie hatten immer gut gearbeitet und sich sogar auf niedrigere Löhne eingelassen. In Rumänien hingegen freute man sich: endlich Arbeitsplätze! Viele Rumänen sind ärmer als jeder Arbeitslose bei uns. Und sind natürlich glücklich, wenn Firmen aus dem Westen kommen. Des einen Leid ist des anderen Freud.

In den Produktionsländern kann sich durch solche ausländischen Werke der Bedarf an gut ausgebildeten Mitarbeitern erhöhen, sodass die Menschen dort die Chance bekommen, Karriere zu machen. Eröffnet Nokia beispielsweise in Rumänien ein neues Werk, entstehen dadurch nicht nur Jobs am Fließband, sondern auch im Management.

Gute und schlechte Heuschrecken

Nicht nur Produzenten arbeiten global, sondern auch Investoren. Kapital lässt sich ja noch viel leichter globalisieren als Waren und Dienstleistungen. Im schlechten Fall kaufen Investoren zum Beispiel eine mittelgroße deutsche Firma auf, zerschlagen sie in Einzelteile, kündigen dem Großteil der Belegschaft und verkaufen die »verschlankte« Firma mit Gewinn. Der frühere SPD-Vorsitzende Franz Müntefering nannte solche Investoren »Heuschrecken«, weil sie wie eine biblische Heuschreckenplage übers Land zögen und alles kahl fräßen. Altbundeskanzler Helmut Schmidt spricht, wegen der Gier der Investoren, von »Raubtier-Kapitalismus«. Aber auch dieses Phänomen hat mehrere Seiten. Zum einen werden solche Investments auch von deutschen Kapitalanlegern getätigt, es sind keineswegs immer ausländische oder »internationale« Heuschrecken. Und sie sind auch nicht immer räuberisch. Viele Firmen würde es ohne solch »externes« Kapital gar nicht mehr geben. Ein ausländischer Investor kann die letzte Rettung sein, auch wenn die Firma am Ende nicht mehr so aussieht wie vorher. Und auch Existenzgründer sind häufig auf »Private Equity« (privates Kapital) angewiesen, vor allem dann, wenn sie unternehmerische Ideen verfolgen, für die es keine staatliche Förderung gibt. Vater Staat hat nämlich sehr eigene Vorstellungen davon, welche Branchen förderungswürdig sind und welche nicht. Technologie und Internet sind da gerade sehr »in«. Wer hingegen in klassischen Bereichen, etwa im Einzelhandel, ein neues Unternehmen gründen will, hat es schwer, Kredite von staatlichen Förderbanken zu bekommen.

Manchmal wird ein Unternehmen durch private Investoren sogar viel größer, als es vorher war. So pumpte der russische Milliardär Roman Abramowitsch über 600 Millionen Euro in den britischen Fußballverein FC Chelsea – das ist natürlich klasse für Club und Fans. Für andere Vereine weniger. Abramowitsch hat in der Champions League gewissermaßen die Preise verdorben. Natürlich ist dieses finanzielle Engagement ein Extrembeispiel und beileibe kein typisches. Trotzdem: Wenn eine deutsche Firma dringend Geld braucht, um weitermachen zu können, dann konnte sie früher nur zur Sparkasse gehen und versuchen, einen Kredit zu kriegen. Heute hat sie viel mehr Möglichkeiten. Schlimm sind die Ausschlachter-Heuschrecken, die nur schnell Kasse machen wollen und Unternehmen kaufen, ohne tatsächlich Interesse an Geschäft und Belegschaft zu haben. Leider erkennt man das oft erst im Nachhinein. Übrigens: Auch als Privatbürger kann man im Ausland Kapital investieren, zum Beispiel Mikrokredite an afrikanische Unternehmerinnen vergeben. Oder Anteile an einer südamerikanischen Firma kaufen und hoffen, dass sie Gewinne macht, an denen man beteiligt wird. Globaler Kapitalverkehr ist eben nicht nur das, was »böse« Finanzgiganten betreiben ...

Pioniere müsst ihr sein!

In einer globalisierten Welt kommt es jedenfalls noch mehr auf Preisunterschiede an. Bildung wird unter diesen Bedingungen in Hochlohnländern immer wichtiger. Noch vor fünfzig Jahren gab es Arbeit für die meisten – heutzutage kann ein Hauptschulabschluss zum schwer überwindbaren Hindernis in der Lebensplanung werden, und selbst ein mittelmäßiges Abi gilt bereits als Karrierekiller für Topjobs. Leute, die wenig wissen und wenig können, gibt's anderswo billiger. Je besser die Ausbildung, desto größer die Chance, zu den Globalisierungsgewinnern zu gehören und nicht zu den Globalisierungsverlierern. Das gilt nicht nur für den Einzelnen, sondern für ganze Staaten. Wenn Jeans »made in Germany« keine Chance haben und sogar das Autobauen in Deutschland schwieriger wird, dann müssen wir neue Produkte entwickeln, die es anderswo noch nicht gibt, also smarter sein, kreativer sein – bevor wir dann wieder kopiert werden (zum Beispiel von den Chinesen). In der Volkswirtschaft spricht man hier von »Pionierunternehmen« und »schöpferischer Zerstörung«. Die Begriffe gehen auf den österreichischen Ökonomen Josef Schumpeter (1883–1950) zurück. Er beschreibt wirtschaftliche Entwicklung als einen Kreislauf, in dem einige vorangehen mit neuen Ideen und Produkten, bis diese schließlich nicht mehr neu sind, kopiert werden und es so viel Konkurrenz gibt, dass die Gewinnmöglichkeiten für den ursprünglichen Pionier zurückgehen und schließlich ganz zerstört werden. Dann muss er sich etwas Neues einfallen lassen. Auch die Industrialisierung war sozusagen eine Pionierleistung.

Manche ehemalige Entwicklungsländer überspringen heute ein paar Entwicklungsstufen. Sie steigen von der reinen Landwirtschaft ins Computerzeitalter ein, ohne den Umweg über die Industrialisierung zu nehmen. In Afrika etwa sieht man längst überall Mobiltelefone. Den Zwischenschritt über den mühsamen Ausbau von Telefonleitungen für Festanschlüsse lassen die Afrikaner gewissermaßen aus. Oder Indien: In den achtziger Jahren war Indien eines der weltgrößten Hungergebiete. Außer Kleinbauern und einer sehr kleinen, reichen Elite gab es dort nicht viel. Heute kommen von dort exzellente Softwarespezialisten und Webdesigner. Die Bevölkerung Indiens ist zwar insgesamt immer noch extrem arm im Vergleich zu uns. Aber die Inder machen uns zugleich auch Konkurrenz, und die Mittelschicht ist dort stark gewachsen. Erfolgreich sind vor allem jene Inder, die eine gute Schulbildung durchlaufen haben.

Ähnliches gilt für China. In den besten Schulen des Landes sprechen die Kinder mit 13 Jahren schon perfekt Englisch, sie pauken rund um die Uhr und werden auf Erfolg gedrillt. Mit solchen Kindern international zu konkurrieren, ist anstrengend. Insofern haben auch unsere Schulkinder so etwas wie Globalisierungsstress ...

Doch was den vielen toll ausgebildeten Chinesen noch fehlt, sind Kreativität und Selbstständigkeit. Weil sie nie aufmucken durften, haben sie weniger Mut, eigene Ideen zu entwickeln und Kritik zu üben, wenn sie sehen, dass etwas schiefläuft. Kritische Mitarbeiter tragen aber zum Erfolg von Unternehmen (und Staaten) erheblich bei. Auf der anderen Seite profitiert China wirtschaftlich davon, dass es sich keine lästige Demokratie leistet. Ein neuer Industriepark oder Flughafen wird einfach hochgezogen, ob dafür ganze Dörfer plattgemacht werden, interessiert nicht. Bei uns undenkbar!

Tatsächlich sind große Bauprojekte in Deutschland nur noch schwer durchsetzbar, wie manche Politiker und Bauherren entnervt feststellen. Die lästigen Wutbürger haben aber auch kreative Ideen: Der Umweltschutz ist für Deutschland zu einem profitablen internationalen Geschäft geworden. Mit der Entwicklung von Solarzellen beispielsweise sind deutsche Unternehmer steinreich geworden. Inzwischen ist das aber wieder vorbei: In der chinesischen Mongolei werden billigere Solarzellen gebaut – Ende des Pionierzyklus.

Auch die Umwelt ist globalisiert

Überhaupt lassen sich am Thema Umwelt die Vor- und Nachteile der Globalisierung gut illustrieren. Durch die starke Konkurrenz über den Preis kann sich Umweltverschmutzung für ein Unternehmen und ganze Länder heute noch mehr »rechnen« als früher schon. Für den Warentransport wird zum Beispiel viel Treibstoff verbraucht. Und spätestens wenn Lebensmittel wie Fleisch oder Birnen um die halbe Welt transportiert werden, weil sie dann doch tatsächlich immer noch billiger sind als vom Bauern um die Ecke, ist das ökologisch verrückt. Auf der anderen Seite kann in der globalisierten Welt auch das Thema Umweltschutz schneller exportiert werden. Bei uns hat es Jahrhunderte gedauert, bis man erkannte, welche Folgen es hat, Industriegase ungehemmt in die Luft zu blasen und Flüsse zu vergiften.

Heute gründen sich schon in Entwicklungsländern Umweltschutzgruppen, deren Aktivisten international unterstützt werden, etwa beim Kampf gegen die Abholzung von Regenwäldern. Selbst in der Umweltsünder-Republik China macht sich langsam der Umweltschutzgedanke breit. Den Smog in chinesischen Großstädten riechen und sehen sogar die Parteikader, und was es mit Smog auf sich hat und was man dagegen tun kann, müssen sie nicht erst langsam lernen – ein Blick ins Internet, und man hat die ganze Bandbreite entsprechender Informationen.

Deutschland genießt übrigens den Ruf, das »grünste Land der Welt« zu sein – kein Staat sorge in gleichem Maß durch politische Bestimmungen für automatischen Umweltschutz, urteilte jedenfalls das US-Politmagazin *Newsweek* 2008. Dabei sei es vor allem gelungen, die Industrie zu überzeugen, dass sich naturfreundliches Verhalten letztlich auszahle. Andere Länder davon zu überzeugen, ist allerdings nicht so leicht.

Mittlerweile hat China die USA bei den Emissionen überholt – das heißt, chinesische Fabriken blasen mehr Dreck in die Luft als amerikanische. Aber die Chinesen argumentieren, dass erstens pro Einwohner ihr Schaden immer noch geringer sei als der pro Einwohner in den USA (was logisch ist: China hat ja auch viel mehr Einwohner). Außerdem hätten die etablierten Industriestaaten die Umwelt lange verpestet und damit eine Menge Geld verdient – warum sollen die neuen Konkurrenten diese Chance nicht bekommen?

Sehr prägnant formulierte das der Präsident von Ecuador: »Wenn ihr westlichen Industrieländer wollt, dass wir unseren Regenwald nicht abholzen, dann zahlt auch dafür. Schließlich habt ihr euch jahrhundertelang entwickelt, ohne Rücksicht auf die Umwelt zu nehmen.«

Das ist zwar schlüssig argumentiert, macht unsere Welt aber nicht besser.

Wie kann also eine Lösung aussehen? Sicher wäre es ungerecht, südamerikanischen, asiatischen und afrikanischen Staaten jetzt den wirtschaftlichen Aufschwung quasi zu verbieten, weil sie genauso hohe Umweltstandards erfüllen sollen wie wir. Es ist aber zugleich zwingend notwendig, den Klimaschutz voranzutreiben; unter den Folgen weltweiter Umweltverschmutzung leiden sonst alle.

Deshalb werden diverse Ansätze verfolgt:
- Forschen, was das Zeug hält: Schadstofffilter, neue Energiequellen, Einsparlösungen.
- Schadstoffausstoß in Europa und den USA drastisch senken (auch dazu braucht man neue technische Erfindungen).
- Schadstoffausstoß im Rest der Welt begrenzen, notfalls gegen Ausgleichszahlungen beziehungsweise Handel mit Verschmutzungsrechten. Dafür wird eine Gesamtmenge an Schadstoffausstoß festgelegt und auf die verschiedenen Länder verteilt. Länder, die weniger ausstoßen, als sie dürfen, können ihre überschüssigen Verschmutzungsrechte an jene Länder verkaufen, die mehr ausstoßen, als ihnen eigentlich erlaubt wäre.
- Umwelttechnik in Entwicklungsländern fördern. In Afrika zum Beispiel könnte man Solarenergie weit besser nutzen als bisher! Fachleute haben sogar ausgerechnet, dass man mit afrikanischer Sonnenwärme genug Strom für die ganze Welt erzeugen könnte – unklar ist nur, was es kostet und wie man ihn zum Zielort bringt.
- Weil die Erderwärmung vielleicht zu bremsen, aber nicht zu stoppen ist, müssen auch Sicherheitsmaßnahmen vorbereitet werden: Deiche und Dämme höher ziehen, Uferbefestigungen anlegen etc.

Immerhin wird versucht, das Umweltproblem international anzugehen. Das riesige China mit an Bord zu holen, ist dabei die größte Herausforderung. Wenn wir uns allerdings Sorgen machen, was aus der Umwelt wird, sobald erst mal eine Milliarde Chinesen Auto fahren statt Fahrrad, müssen wir fairerweise sagen: Wir wollen ja auch, dass die Chinesen unsere Autos kaufen. Ein chinesischer Wirtschaftsprofessor hat zu mir mal gesagt: »Ihr verkauft uns eure Autos. Und siehe da: Wir fahren sie auch!«

Langeweile im Global Village

Als ein Nachteil der Globalisierung wird oft die zunehmende Vereinheitlichung empfunden. Wenn man weltweit verkaufen will, dann am besten überall das gleiche Zeug. Verschiedene Produkte für die einzelnen Länder herzustellen, ist viel teurer, als der ganzen Welt die gleichen Shirts, Schuhe und Jeans anzudrehen. Dabei verhalten auch wir Kunden uns im »Superkapitalismus« oft widersprüchlich. Wir beklagen die ewig gleichen Einkaufszentren und Innenstädte. Wir bedauern es, wenn kleine originelle Läden schließen. Aber wir kaufen selbst im Billigmarkt außerhalb der Stadt oder im Internet ein und tragen damit zu genau dieser Entwicklung bei. Das führt zu einer Verdrängung der Regionalkultur. Wenn überall McDonald's und Starbucks eröffnen, haben es kleine, inhabergeführte Cafés schwerer. Ähnliches gilt für den kulturellen Austausch: Die TV-Sendung *Wer wird Millionär?* läuft in über hundert Ländern – auf Showideen aus Nigeria oder dem Sudan wartet man jedoch vergebens. Und überall auf der Welt fanden sich zum Beispiel beinah zeitgleich diese bunten, gelochten Plastiklatschen. Wirklich überall! Das ist total langweilig, lieber würde man doch an seinem Urlaubsort mehr »Einheimisches« sehen, statt weltweit überall das Gleiche.

Auf dem Weltmarkt werden damit multinationale Unternehmen außerdem immer wichtiger und stärker. Das kann dazu führen, dass große Unternehmen so mächtig werden wie kleine Staaten. Bill Gates zum Beispiel, der reichste Mann der Welt, hat eine wohltätige Stiftung, die jedes Jahr mehr Geld ausgeben kann als die Weltgesundheitsorganisation der Vereinten Nationen! Es ist natürlich schön, dass Gates so großzügig ist – aber es macht ihn auch sehr mächtig. Wie er sein Geld einsetzt, entscheidet er allein, als »wohlmeinender Diktator« sozusagen. Demokratisch kontrolliert ist das nicht.

Auf der anderen Seite ist unsere eigene Welt auch bunter geworden. Wir profitieren von der Globalisierung ja nicht nur, weil wir uns

Dinge leisten können, die viel, viel teurer wären, wenn sie in Deutschland produziert würden: Computer, Handys, MP3-Player, Kleidung, Autos... Viele Produkte sind heute auch viel schneller weltweit erhältlich. Schnurlose Telefone zum Beispiel konnte man Ende der achtziger Jahre in Deutschland noch nicht kaufen, in den USA aber schon. Heute werden viele technische Geräte weltweit praktisch zeitgleich auf den Markt gebracht. Und dass wir in jedem deutschen Supermarkt thailändischen Basmatireis, nepalesische Gewürzpaste und chinesischen Jasmintee kaufen können, macht ja durchaus Spaß und eröffnet uns neue Geschmackserlebnisse. Außerdem ist es manchmal nicht schlecht, dass so viele Produkte weltweit vertrieben werden. Es macht die Welt zwar etwas langweiliger, ja, aber man fühlt sich auch überall sicherer, weil so viel Vertrautes da ist. Am ersten Tag in Peking muss man dann nicht gleich Walpenisse oder Seegurke kosten, sondern kann sich erst mal im Tempel des goldenen M einen vertrauten Burger holen.

Reisen und Auslandsaufenthalte sind sowieso viel einfacher geworden. Im Internet kann man sich schon vorher überall auf der Welt seine Schlafstätte buchen. Früher reiste man los und hatte nur vage Vorstellungen, wie es in Ecuador aussieht, ein paar Fotos im Reiseführer, vielleicht eine Doku im Fernsehen – sehr viel mehr hatte man vorher nicht gesehen. Und wo wir wohl unterkommen werden? Heute kann man sich selbst entlegene Weltregionen schon lang und breit vorher ansehen, Videos anklicken, Blogs lesen, Hotelkritiken durchforsten... Abenteuerlustige haben es langsam schwer, überhaupt noch irgendwo ins Unbekannte vorzustoßen! Entsprechend lässig sind junge Leute heute weltweit unterwegs. Klappen in Panama ihren Laptop auf und finden das ganz normal. In China zu studieren, war in den achtziger Jahren noch sehr ungewöhnlich und schwierig. Heute geht das ziemlich leicht (vorausgesetzt, man lernt Chinesisch). Manchmal muss ich ein bisschen lächeln, wenn ich daran zurückdenke, wie ich mit 18 Jahren das erste Mal geflogen bin, und dann gleich nach Amerika! Wow! Das erste Mal echte Palmen am Strand gesehen! Und die großen Schlitten, mit denen die Amis damals noch herumkurvten! Heute finden viele 18-Jährige Amerika ungefähr so exotisch wie Wanne-Eickel. Gut, das ist jetzt vielleicht ein bisschen übertrieben. Aber in Köln dürfte es nicht wenige Jugendliche geben, die schon zweimal in Costa Rica waren, aber noch nie in Sachsen-Anhalt. So wächst die Welt eben zusammen.

Waschnüsse und Inka-Reis

Generell führt die enge weltweite Vernetzung dazu, dass uns wirtschaftliche Faktoren anderswo viel direkter betreffen. Wenn zum Beispiel US-Banken pleitegehen, geraten ganz schnell auch deutsche Banken in Schieflage, die in amerikanische Firmen oder Finanzpapiere investiert haben. Alles hängt mit allem zusammen und kann quer über den Globus unerwünschte Nebenwirkungen haben. In europäischen Bioläden beispielsweise sind indische »Waschnüsse« in Mode gekommen. Das sind Nüsse, die man statt Waschpulver benutzen kann. Die Wäsche wird damit (angeblich) genauso sauber wie mit Persil & Co, aber ganz natürlich und ohne Chemie. So weit so gut. Problem: Weil die umweltbewussten Europäer so viele Waschnüsse kaufen, sind sie in Indien knapp und deshalb teurer geworden. Arme indische Frauen haben jetzt Probleme, die Nüsse zu bezahlen, mit denen sie bislang billig ihre Wäsche wuschen. Überspitzt gesagt: In indischen Slums ist es jetzt schmutziger geworden, weil wir ökologisch sauber sein wollen.

Ein ähnliches Problem gab es beim sogenannten »Inka-Reis« Quinoa. Die kleinen Körnchen sind einfach anzubauen und sehr gesund. Die NASA verkündete sogar, das »neue Getreide« (das biologisch übrigens gar kein Getreide ist) eigne sich bestens für die Ernährung auf Raumstationen oder in Space-Kolonien. Begeistert begannen Nordamerikaner und Europäer, Quinoa zu kaufen – anfangs teuer im Reformhaus, und auch in der Hoffnung, dass die Quinoa-Bauern daran verdienen. Gesundes essen und dabei auch noch Gutes tun – wer will das nicht! Doch was geschah? Der Weltmarktpreis stieg. Gut für die Quinoa-Farmer! Aber schlecht für deren direkte Nachbarn – im armen Bolivien oder Peru konnten sich die Menschen nun keinen gesunden »Inka-Reis« mehr leisten, sondern mussten auf billigere Industrie-Lebensmittel ausweichen. Inzwischen ist der Inka-Reis dort sogar teurer als Hühnchen. So unerwartet und widersprüchlich können die Folgen eines gut gemeinten Trends sein.

Es ist im Übrigen auch nicht leicht, weltweit Qualitätsstandards zu überprüfen und aufrechtzuerhalten. So ist zum Beispiel aus China Kinderspielzeug nach Europa geraten, in dem gesundheitsgefährdende Schadstoffe verarbeitet waren. Und ebenfalls in China kam es 2008 zu einem weiteren gefährlichen Skandal. Dort wurde ein Stoff namens »Melamin« ins Milchpulver gemischt. Vorteil für den Hersteller: Das Zeug täuscht einen höheren Eiweißgehalt vor – das Milchpulver kann somit teurer verkauft werden. Allerdings handelt es sich bei Melamin um ein Nervengift. Binnen Kurzem landeten knapp 300 000 Kleinkinder mit Vergiftungserscheinungen im Krankenhaus, einige starben, die übrigen erlitten Nierenschäden.

Nun könnte man hartherzig sagen: Pech für die Chinesen. Aber die Konsequenzen reichen bis nach Europa und sogar bis nach Deutschland. Betroffen war nämlich auch der Schweizer Konzern Nestlé. In Hongkong wurden in einem Nestlé-Milchprodukt ebenfalls geringe Rückstände des Giftes gefunden. Das war zwar kein Babyprodukt, sondern Milch für Erwachsene, und die Melamin-Spuren waren so minimal, dass sie niemanden gefährden konnten. Trotzdem war die Sache erst mal schlecht fürs Nestlé-Image – und zwar weltweit, da die Firma ja global auftritt. Globale Firmen bekommen eben sofort auch ein globales Imageproblem, selbst wenn es nur um Milch in Hongkong geht. Noch näher an zu Hause waren die chinesischen Milchbonbons, die eine niederländische Firma in einen Asia-Shop nach Baden-Württemberg importierte: Auch sie enthielten Melamin.

Glücklicherweise kam es dadurch nicht zu Vergiftungen – aber theoretisch hätte auch ein Stuttgarter Schulkind aufgrund der Profitgier eines chinesischen Milchpulverfabrikanten krank werden können.

Wenn die Frikadelle wiehert

Nun ist es natürlich nicht so, als seien es nur die Chinesen, die voller Gier jede Moral und Vorsicht vergessen. Bereits 1985 mischten österreichische Winzer das Frostschutzmittel Glykol in ihre Weine, um sie süßer schmecken zu lassen. In Deutschland wurde 2006 tonnenweise Gammelfleisch neu verpackt und verkauft oder zu Dönern verbraten. 2008 kam heraus, dass italienische Firmen einen »höllischen Cocktail« anrührten, der als »Frankenstein-Wein« bekannt wurde: Salzsäure und krebserregende Düngemittel wurden mit Traubensaft gemischt, was die Herstellungskosten um satte 90 Prozent senkte. 2013 lauteten die Schlagzeilen: »Geiz isst Gaul« – in Tiefkühlhack war Pferdefleisch untergemischt worden. Das war zwar nicht gesundheitsgefährdend, aber trotzdem dreister Betrug. Eines zeigen die Beispiele auf alle Fälle deutlich: Freie Märkte sind gut und schön und bringen große Produktvielfalt aus aller Welt – doch ohne strenge Kontrollen und Strafen geht es nicht. 2009 wurden drei der Chinesen, die für das Melamin in der Babynahrung verantwortlich waren, sogar zum Tode verurteilt, zwei sind bereits hingerichtet worden. Das ist aus europäischer Sicht natürlich auch keine zufriedenstellende Lösung!

Wie schwierig aber Kontrollen sind, zeigte sich etwa 2013, als herauskam, dass Freiland- und Bio-Hühner in viel größerer Zahl als zugelassen in Ställe beziehungsweise Gehege gepfercht wurden. Eine solche Tierquälerei erwartet man natürlich nicht, wenn man Eier von »glücklichen« Hühnern kauft. Die Grünen-Politikerin Renate Künast forderte daraufhin: »Wir müssen einen Weg finden, (die Hühner) zu zählen.« Das zeigt allerdings auch eine gewisse Machtlosigkeit von Staat und Verbrauchern gegenüber dem Gewinnstreben einzelner Unternehmer. Wie soll es möglich sein, täglich oder auch nur regelmäßig alle Hühner auf allen Höfen Deutschlands zu zählen? Das geht bestenfalls durch die Androhung regelmäßiger unangekündigter Stichproben. Die kosten allerdings auch.

Durch den enger verzahnten Welthandel wird es jedenfalls immer schwieriger, Kontrollen durchzuführen und Handelswege nachzuvollziehen. Das wurde auch im Sommer 2011 deutlich, als in Norddeutschland zahlreiche EHEC-Infektionen auftraten. Man vermutete eine Ansteckung durch Tomaten, Gurken oder rohes Gemüse. Aber woher kam das Gemüse, das die Erkrankten gegessen hatten? Es dauerte Wochen, Gurken, Tomaten usw. quer durch Europa zurückzuverfolgen. Am Ende waren es mit hoher Wahrscheinlichkeit Sprossen aus ägyptischen Bockshornkleesamen. Wenn man sich vor Augen hält, welche Massen an Produkten weltweit gehandelt werden und über welch verschlungene Handelswege sie zu uns kommen, kann man sich manchmal beinahe wundern, dass nicht noch viel mehr Giftiges auf unseren Tellern landet.

Die Anti-Globalisierungs-Bewegung

»Die Globalisierung an sich ist weder gut noch schlecht.« Der Satz stammt von einem prominenten Globalisierungs*kritiker*, dem amerikanischen Wirtschaftswissenschaftler und Nobelpreisträger Joseph E. Stiglitz. Er setzt sich mit den »Schatten der Globalisierung« auseinander (so heißt eines seiner Bücher), moniert vor allem die Übermacht der Industriestaaten und ihrer Finanzinstitutionen. Sie würden dem Welthandel ihre Bedingungen aufzwingen und damit Ausbeutung und Verelendung in den ärmeren Regionen der Welt verursachen oder zumindest verstärken. Dabei hat er besonders Institutionen wie den Internationalen Währungsfond (IWF) und die Weltbank im Auge, die Kredite an Entwicklungsländer vergeben. Dabei, so Stiglitz, würden sie einen dogmatischen Kapitalismus verfolgen, der vor allem den Interessen der Finanzmärkt dient und nicht den Interessen der Menschen in unterentwickelten Ländern. Stiglitz ist Globalisierungskritiker, aber kein Globalisierungsgegner. Er ist nämlich durchaus für Freihandel und Marktwirtschaft.

Kurzer Einschub: IWF und Weltbank sind zwei internationale Institutionen, die bereits 1944 gegründet wurden, vor dem Hintergrund des Zweiten Weltkrieges und der massiven Zerstörung, die er angerichtet hatte. Wobei es den Gründern damals vor allem um den Aufbau eines stabilen weltweiten Währungssystems ging und darum, Ländern zu helfen, die in Zahlungsschwierigkeiten geraten. Beide sind Sonderorganisationen der Vereinten Nationen. Dem IWF gehören heute 188 Mitgliedstaaten an, also beinah die ganze Welt. Die Mitglieder zahlen Kapital ein, ähnlich wie in eine Versicherung, und können dafür Hilfe abrufen, wenn sie in Not geraten. Im Grunde sind beide Institutionen so etwas wie eine globale Förderbank. Allerdings eine Bank, die sehr genaue Vorstellungen davon hat, wie sich ihre Kunden zu verhalten haben, wenn sie Kredite haben wollen. Genau daran setzt die Kritik der Globalisierungsgegner an.

Die ebenfalls sehr bekannt gewordene Gruppe Attac wiederum konzentrierte sich in ihren Anfängen auf die Forderung nach einer Finanzmarktsteuer. Der Name Attac kommt aus dem Französischen und ist die Abkürzung für »Vereinigung zur Besteuerung von Finanztransaktionen im Interesse der BürgerInnen«. Auch Attac sucht also nach Instrumenten, marktwirtschaftliche Strukturen gerechter zu machen und Auswüchse einzudämmen, sie fordert aber nicht die »Abschaffung« der Finanzmärkte. Andere Gruppen sind radikaler und kritisieren das »kapitalistische System« an und für sich.

Die meisten Globalisierungsgegner aber wollen die Globalisierung durchaus nicht »abschaffen« (wie auch?). Insofern ist der Begriff »Globalisierungsgegner« etwas unglücklich. Unschön ist auch, dass einzelne Gruppen die gesamte Bewegung in Verruf bringen, weil sie sich bei internationalen Gipfeltreffen regelmäßig Straßenschlachten mit der Polizei liefern. Die Globalisierungsgegner mit Steinewerfern und Spinnern gleichzusetzen, wäre allerdings so, als würde man Fußballfans mit Hooligans verwechseln. Globalisierungskritiker sind Menschen, denen es nicht gleichgültig ist, dass wir mit gutem Gewissen die Segnungen der sozialen Marktwirtschaft genießen, während anderswo asoziale Verhältnisse herrschen, von denen wir wiederum profitieren.

Auch wenn man sich der manchmal diffus formulierten und teils radikalen Kapitalismuskritik mancher Anti-Globalisierungsgruppen nicht anschließen mag, legt diese Bewegung doch den Finger in die richtige Wunde. Diese Wunde zu schließen, ist allerdings schwer, und über die richtigen Heilmittel kann man streiten. Über die Finanzmarktsteuer zum Beispiel, wie Attac sie propagiert, gehen die Meinungen auseinander. Dieser Steuervorschlag wurde schon in den siebziger Jahren von dem US-Wissenschaftler James Tobin entwickelt. Die Idee ist bestechend: Auf jede Transaktion am Finanzmarkt, zum Beispiel Kauf- oder Verkauf eines Wertpapiers oder einer Währung, wird eine Steuer erhoben. Im Prinzip wie die Mehrwertsteuer für Waren und Dienstleistungen. Damit, so die Hoffnung, würden sich die Börsengeschäfte »verlangsamen« (und vernünftiger werden), weil hektisches Hin- und Herverkaufen jedes Mal kostet. Außerdem fiele auf hohe Spekulationsgewinne eine hohe Steuer an, so hätten dann wenigstens auch die Staaten und ihre Bürger etwas davon. Während diese Idee lange Zeit als »linke Anti-Marktwirtschafts-Politik« links liegen gelassen wurde, wird sie inzwischen auch von vielen Regierungen für gut gehalten. Die EU-Kommission hat einen entsprechenden

Vorschlag ausgearbeitet, Länder wie Deutschland und Frankreich sind dafür. Großbritannien allerdings nicht, es fürchtet um seinen Finanzplatz in London.

Und genau hier liegt das Hauptargument gegen eine solche Finanztransaktionssteuer: Wenn sie nicht global erhoben wird, haben die Händler an den Finanzmärkten reichlich Ausweichmöglichkeiten. Dann handelt man eben nicht mehr über die Frankfurter oder Londoner Börse, sondern geht nach Singapur. Oder nach New York – die USA lehnen eine solche Steuer nämlich ebenfalls entschieden ab.

Cashew aus Mosambik und Rosen aus Äthiopien

Immerhin: Die Globalisierungskritik verhallt nicht gänzlich ungehört. Auch nicht die Kritik von klugen Köpfen wie Stiglitz an der Kreditpolitik der Weltfinanzinstitutionen. Sogar beim IWF dämmert es inzwischen manchen, dass in der Vergangenheit Fehler gemacht wurden. Zum Beispiel Anfang der 1990er Jahre im afrikanischen Mosambik. IWF und Weltbank als Kreditgeber des hochverschuldeten Landes verlangten, dass Mosambik den Export seiner Cashewnüsse komplett freigibt. Bis dahin hatte es für die Nüsse strenge Ausfuhrbeschränkungen gegeben, was natürlich nicht zum Marktliberalismus passte, den der IWF als besten Weg zu mehr Entwicklung sieht. Das Problem war, dass Mosambik die Nüsse nicht nur in großem Stil anpflanzte, sondern auch in eigenen Produktionsstätten weiterverarbeitete. Als der Export quasi über Nacht freigegeben war, wurden die rohen Cashewnüsse auf den Weltmärkten gierig aufgekauft. Für die verarbeitende Industrie in Mosambik erwies sich das aber als Katastrophe. Die Betriebe konnten nicht mit Cashew-Fabriken in Indien konkurrieren. Dort wurden die mosambikanischen Nüsse viel billiger verarbeitet.

Außerdem wurden die indischen Cashew-Betriebe staatlich subventioniert, während die mosambikanischen Firmen gerade erst vollständig privatisiert worden waren. Ein ganzer Industriezweig, der wichtigste des Landes, brach zusammen. Die Verluste, die damit entstanden, insbesondere die Verluste an Arbeitsplätzen, wurden durch die etwas höheren Einkünfte der mosambikanischen Cashew-Bauern nicht ausgeglichen. Die radikale Freigabe war zwar marktwirtschaftlich gedacht, hatte für das Land aber schlimme Folgen. Das heißt im Umkehrschluss nicht, dass das kriegszerstörte Mosambik besser hohe Mauern um sich gezogen und weiterhin sozialistische Planwirtschaft betrieben hätte. Aber es war falsch, Mosambik die Liberalisierung so radikal und schnell von außen aufzuzwingen, ohne die Folgen und Nebenwirkungen einzelner Maßnahmen zu bedenken.

Sich dem Weltmarkt komplett zu öffnen, ist für Entwicklungsländer nicht immer die richtige Strategie. Etwas Abschottung und eine vorsichtige, gelenkte Entwicklung können besser funktionieren, auch wenn das nicht der reinen marktwirtschaftlichen Lehre entspricht. Aber mit »reinen Lehren« ist das ja eh so eine Sache …

Zu welchen Ungerechtigkeiten der Welthandel führen kann, zeigt sich etwa auch bei der industriellen Fischwirtschaft: Wir freuen uns in Europa darüber, billige Fischstäbchen und Fish-Burger zu essen. So preisgünstig ist Fisch bei uns aber nur, weil er massenhaft von riesigen Schiffen gefangen wird. Diese Überfischung führt dazu, dass viele afrikanische Fischer kaum noch Fisch in der Nähe ihrer Küsten finden. Viele Senegalesen zum Beispiel sind aus langer Tradition sehr gute Seeleute, hervorragende Segler. Aber als Fischer können sie ihre Familien kaum noch ernähren. Und was tun die Seeleute aus Senegal? Sie besteigen ihre Schiffe und versuchen, nach Europa zu fliehen. Den Fischstäbchen hinterher, sozusagen.

Ein anderes Thema, auf das Globalisierungskritiker hinweisen, ist das »Landgrabbing« in großen Teilen Afrikas. Großkonzerne kaufen riesige Ländereien, zum Beispiel, um Biosprit anzubauen (mit dem wir dann unsere schadstoffarmen Autos fahren). Einheimische Kleinbauern werden dabei häufig brutal vertrieben.

Andererseits bieten diese Agrargroßbetriebe auch Arbeitsplätze, meist allerdings zu Hungerlöhnen. In Äthiopien habe ich aber auch beobachten können, dass dort inzwischen viele ausländische Agrarkonzerne Rosen anbauen (jene preiswerten Rosen, die bei uns zum Muttertag verkauft werden) und sich damit gegenseitig Konkurrenz machen; deshalb müssen sie den Arbeitern mittlerweile bessere Löhne bieten, um genügend Arbeitskräfte zu bekommen.

Wohin diese Entwicklung führt, lässt sich schwer abschätzen. Aber mir klingt noch die Aussage eines indischen Großinvestors in den

Ohren: »Was ist besser? Hier zu investieren – oder einmal im Jahr zu Weihnachten einen barmherzigen Zwanzig-Dollar-Scheck auszustellen, weil man mal wieder eine Spendengala mit hungrigen Afrikanern gesehen hat?« Interessanterweise sind es vor allem Inder und Chinesen, die auf dem afrikanischen Kontinent als Geschäftsleute unterwegs sind; sie bauen Straßen, schließen Rohstoffverträge ab und sichern sich den Zugriff auf Afrikas Bodenschätze. Chinesische Staatskonzerne sind ganz vorne mit dabei. Sie sind sozusagen die neuen »Kolonialherren«. Ob sie die Entwicklung Afrikas vorantreiben oder den Kontinent nur ausbeuten, wird sich zeigen. Skeptiker werden Letzteres befürchten. Großdemonstrationen deutscher Globalisierungsgegner vor der chinesischen Botschaft in Berlin hat man allerdings noch keine gesehen.

Ist die Welt ärmer oder reicher geworden?

Globalisierungsbefürworter weisen darauf hin, dass das weltweite Bruttoeinkommen in den letzten zwanzig Jahren nicht gesunken, sondern stark gestiegen ist. Nun sind solche Vergleiche immer mit großer Vorsicht zu genießen. Das »Welteinkommen« kann auch wachsen, weil nur einige wenige viel reicher geworden sind. Dann ist das Durchschnittseinkommen insgesamt zwar gestiegen, aber die Kluft zwischen Arm und Reich zugleich noch größer geworden.

Aufschlussreicher ist da ein Vergleich der Weltbank. Sie hat die internationale Armutsgrenze herangezogen, die bei 1,25 Dollar Kaufkraft pro Tag liegt. Wer mit weniger auskommen muss, gilt im internationalen Maßstab als »extrem arm«. Die Anzahl dieser Menschen ist in den letzten dreißig Jahren zurückgegangen. Anfang der Achtziger waren knapp zwei Milliarden Menschen extrem arm, heute sind es etwa 1,3 Milliarden. Zugleich ist in diesem Zeitraum die Weltbevölkerung gewaltig gewachsen. Es sind Massen von Menschen hinzugekommen, vor allem in Entwicklungs- und Schwellenländern, wo die Geburtenraten hoch sind. Trotzdem ist die Zahl der Armen gesunken. 1981 lebten noch über 50 Prozent der Weltbevölkerung in extremer Armut, inzwischen sind es »nur« noch rund 20 Prozent.

Das muss uns jetzt aber wahrlich nicht froh stimmen, denn schließlich leben immer noch über eine Milliarde Menschen in nackter Not. Außerdem ist die Zahl der etwas weniger Armen, die 1,5 oder zwei Dollar haben, nicht gesunken, sondern gestiegen. Da sieht das Bild schon gleich anders aus! Dabei lassen sich Trends erkennen: Asien hat sich viel besser entwickelt als Afrika. Dass der weltweite Anteil der extrem Armen abgenommen hat, liegt vor allem daran, dass das riesige China so rasant vorangekommen ist. Aber auch in vielen südostasiatischen Ländern stieg der Lebensstandard. Das spricht prinzipiell dafür, dass Handel, Eigeninitiative und Wirtschaftsreformen bei gleichzeitig langsamer und vorsichtiger Öffnung nach außen keine ganz schlechten Maßnahmen sind.

Erste, Zweite, Dritte Welt

Es ist interessant, die Einkommen in Deutschland ins Verhältnis zum Rest der Welt zu setzen. In Deutschland hat ein Privathaushalt (in dem mehrere Menschen leben können) durchschnittlich 2700 Euro netto monatlich zur Verfügung. Im weltweiten Maßstab belegt man damit einen Spitzenplatz und gehört zu dem 1 Prozent der Reichsten. Solche Vergleiche »hinken« zwar immer, etwa weil die unterschiedliche Kaufkraft nicht ausreichend berücksichtigt wird – aber sie machen dennoch konkret greifbar, wie extrem unterschiedlich die Lebensverhältnisse auf unserem Globus sind.

Lange Zeit gab es die Einteilung in »Erste, Zweite und Dritte Welt«. Die Begriffe entstanden zu Zeiten des Kalten Krieges und bezogen sich ursprünglich gar nicht auf Reichtum, sondern auf Blockzugehörigkeiten. Zur »Ersten Welt« gehörten die im westlichen Bündnis zusammengeschlossenen, marktwirtschaftlichen Industrieländer, also USA, Kanada, Westeuropa. Zur »Zweiten Welt« zählten die sozialistischen Staaten des Ostblocks – dieser Begriff hat sich also erledigt. Die »Dritte Welt« war ursprünglich der nicht zu Ostblock oder NATO gehörende dritte »Block« aus afrikanischen und asiatischen Staaten. Da dies zugleich überwiegend arme Länder waren, wurde der Begriff »Dritte Welt« auch zu einem Synonym für Entwicklungsländer.

Heute spricht man weniger von Erster oder Dritter Welt, sondern von Industrieländern, Entwicklungsländern und Schwellenländern, die gewissermaßen »dazwischen« liegen. Länder wie Brasilien, Südafrika, Thailand oder Indien. Auch China wird noch als Schwellenland bezeichnet – allerdings eines, das schon mit breiter Schulter im Türrahmen steht. Russland wurde Ende der neunziger Jahre im Club der G8 aufgenommen, der Gruppe der acht führenden Industrienationen der Welt. Ursprünglich waren es nur die G7: USA, Deutschland, Japan, Großbritannien, Kanada, Frankreich, Italien. Man traf sich seit den siebziger Jahren zu informellen Gesprächen, die nicht zu konkreten Verträgen führen sollten, sondern dazu dienten, sich im kleinen Kreis über aktuelle Wirtschaftsthemen auszutauschen und abzustimmen, insbesondere über währungspolitische Fragen. Mittlerweile sind daraus jährliche Weltwirtschaftsgipfel geworden, die mit intimen Kaminrunden nur noch wenig zu tun haben und sich häufig mit aktuellen weltpolitischen Themen statt mit reinen Wirtschaftsfragen beschäftigen.

Ob die G8 in ihrer Zusammensetzung heute tatsächlich noch die größten Volkswirtschaften der Welt repräsentieren, lässt sich außerdem in Frage stellen. Eigentlich müssten dann auch China, Brasilien und Indien mit am Tisch sitzen. Und warum eigentlich nur Italien und nicht auch Spanien? Die EU als gesamteuropäische Vertretung hat inzwischen immerhin eine Art »Beisitz« bei den G8-Gipfeln. Letztlich ist das eine historisch gewachsene Gruppe, in der sich die größten der hochentwickelten und hochindustrialisierten Länder zusammengeschlossen haben. Die First Class der Ersten Welt sozusagen.

Warum sind die Afrikaner am ärmsten dran?

Wenn die G8 die First Class der Ersten Welt sind, dann sind die Afrikaner, um im Bild zu bleiben, noch nicht mal in die Holzklasse eingestiegen. Wobei mit »Afrika« vor allem Subsahara-Afrika gemeint ist, also jener Teil des Kontinents, der früher mit dem (rassistischen) Begriff »Schwarzafrika« bezeichnet wurde. Es gibt einige wenige Ausnahmen; die Republik Südafrika zum Beispiel steht besser da, aber insgesamt ist es erschütternd zu sehen, dass sich die Ärmsten der Armen nach wie vor in Afrika ballen. Von Entwicklungsschüben wie in Asien und Süd- und Mittelamerika ist der Kontinent noch weit entfernt; keines der Länder dort hat eine Wirtschaftskraft erlangt, die es zum »Player« auf globaler Bühne befähigen würde. Die meisten Hungerländer liegen nach wie vor in Afrika.

Dafür gibt es leider zahlreiche Ursachen, die entsprechend schwer zu bekämpfen sind. Zuallererst sind natürlich die nachhaltigen Verwüstungen zu nennen, die die lange Kolonialzeit auf dem Kontinent hinterlassen hat: die massive Ausbeutung von Menschen und Böden und künstliche Grenzziehungen, ohne Rücksicht auf ethnische Zugehörigkeiten und Stammesgebiete, die es bis heute schwer machen, nationale Zivilgesellschaften zu entwickeln.

Man kann natürlich auch noch weiter zurückgehen in die Menschheitsgeschichte und die Frage stellen, warum die Afrikaner schon vor Jahrhunderten so »unterentwickelt« waren, als die europäischen und amerikanischen Kolonialherren einfielen. Warum haben die Europäer Afrika erobert und nicht umgekehrt? Mit dieser hochinteressanten Frage hat sich der US-amerikanische Evolutionsbiologe Jared Diamond befasst. Er vertritt die These, dass ein wichtiges Hemmnis für die Entwicklung sesshafter, arbeitsteiliger Gesellschaften der Mangel an Nutzpflanzen und domestizierbaren Tieren gewesen sei[3].

Zu prähistorischen Zeiten fand sich in großen Teilen des afrikanischen Kontinents kein Tier, das sich für die Menschen als nützliches Haustier verwenden ließ. Beispiel: Anders als eurasische Esel und Pferde lassen sich afrikanische Zebras nicht zähmen. Den indischen Elefanten kann man dressieren, den afrikanischen nicht. Dieser klimatisch bedingte Mangel an nützlichen Tieren und anbaubaren Kulturpflanzen habe weitreichende Folgen gehabt. Wer kein Zugtier hat, kann auch keine Güter in großer Zahl über große Strecken transportieren und hat damit auch kaum Anreiz für die Erfindung des Rads. Tier- und Pflanzenwelt zwangen die Menschen zum Nomadentum. Ackerbau und Vorratsbildung sind aber Voraussetzung für den Übergang von der Jagd- zur Agrargesellschaft, die sesshaft wird und damit

---

3 Jared Diamond: Arm und Reich – die Schicksale menschlicher Gesellschaften; Frankfurt a. M. 2006, Fischer Taschenbuchverlag

eine andere gesellschaftliche Entwicklung nimmt: Handel und Austausch mit anderen Siedlungen, die Entwicklung der Schrift, die Entwicklung berittener Armeen usw. usf. All das war für die Afrikaner von Anfang an schwerer, weil sie andere klimatische Bedingungen vorfanden als Europäer oder Asiaten.

Nun mag der Blick zurück einiges erklären, er hilft aber nicht bei der Frage: Was nun?

Afrika, mahnen Experten, hat nur dann eine echte Chance, wenn es seine Infrastruktur entwickelt, allen voran sein völlig unterentwickeltes Straßennetz sowie Flugverbindungen und Häfen. Daran hapert es bis heute gewaltig, was jeden Handelsverkehr hemmt. Am Aufbau solcher Strukturen waren die Kolonialmächte in den langen Jahren ihrer Regentschaft nie interessiert – geschweige denn am Aufbau demokratischer Institutionen. Und die afrikanischen Herrscher, die ihnen unmittelbar folgten oder von ihnen installiert wurden, zeigten dafür meist ebenfalls wenig Begeisterung. Viele führten das weiter, was die Kolonialherren so lange Zeit vorgemacht hatten: Eine absolute Herrschaft zu errichten, sich gegen innere und äußere Feinde zu verteidigen, das Volk ebenso paternalistisch wie willkürlich zu unterdrücken und die eigenen Pfründen zu sichern.

Entsprechend gering ist oft die Erwartungshaltung der Regierten gegenüber den Regenten: Dass Regierungen einem »Gemeinwohl« zu dienen haben und danach beurteilt, kritisiert und kontrolliert werden, ist eine Vorstellung, die vielen Afrikanern und Afrikanerinnen fremd ist. Man erwartet »von oben« nicht viel Gutes und sieht zu, wie man alleine klarkommt. »Die Nation« ist oft kein Bezugspunkt, sondern ein Konstrukt, das mit den Lebenswelten und Bindungen der Menschen wenig zu tun hat. Was zählt, ist das Überleben der Familie, des Clans. Das sogenannte Nation Building ist in weiten Teilen Afrikas bis heute nicht gelungen.

Aber angesichts dieser komplexen Probleme darf auch nicht vergessen werden, dass die meisten afrikanischen Staaten erst seit rund fünfzig Jahren unabhängig sind. Das ist keine lange Zeit, nach teils Jahrhunderten der Unterdrückung. Und auch die Brutalität der Konflikte, mit denen Afrika die Welt immer wieder erschüttert, ist sehr relativ, wenn wir uns die Grausamkeit ansehen, die sich vor nicht allzu langer Zeit in unserem eigenen Land abgespielt hat. Das Grauen ist weiß Gott keine afrikanische Spezialität. Ein »Herz der Finsternis« schlug auch im Europa des 20. Jahrhunderts. Und angesichts der Ereignisse im ehemaligen Jugoslawien vor gerade mal fünfzehn Jahren darf man getrost vermuten, dass dieses Herz in unseren Breitengraden nach wie vor schlägt.

Warum ist es so schwierig, in armen Ländern Gutes zu tun?

Die vielschichtigen Probleme, mit denen sich die internationale Entwicklungshilfe gerade in Afrika konfrontiert sieht, sind schon lange zu einem hoch umstrittenen Thema geworden. Inzwischen melden sich selbstbewusste afrikanische Wirtschaftswissenschaftler zu Wort, die den Industrieländern sogar provokant entgegenrufen: »Lasst uns endlich mit eurer Hilfe in Ruhe!«, wie zum Beispiel der junge kenianische Wirtschaftsexperte James Shikwati. Den Ländern, die am meisten Entwicklungshilfe-Gelder empfangen haben, gehe es besonders schlecht, klagt Shikwati. Ähnlich äußert sich der südafrikanische Wirtschaftswissenschaftler Themba Sono, der die »Politik der Sammelbüchse« kritisiert und Afrikaner als Opfer einer Hilfe sieht, die den Kontinent letztlich nur rekolonialisiere, weil Afrika »wie ein Baby« behandelt werde. Afrikanische Kritiker weisen darauf hin, wie sehr es das Geschäft schlechter Regierungen erleichtere, wenn sie sich darauf verlassen können, dass im Notfall Hilfe von außen kommt. So wie sich auch die Bevölkerung mancherorts regelrecht darauf spezialisiert habe, mit geeigneten Projekten (»Wir bauen einen Brunnen«) Entwicklungshilfe zu akquirieren. Die Hilfe werde damit zu einem eigenen Wirtschaftszweig, was ja nicht Sinn der Sache sein kann.

Gerade in Äthiopien, bemängeln Kritiker, sei die Erwartungshaltung an »Hilfe von oben« beziehungsweise Hilfe von außen besonders hoch. Früher waren es Kaiser und Feudalherren, dann der marxistische Staat, heute ist es eben die internationale Hilfe.

Umgekehrt, so das ernüchternde Fazit zahlreicher Beobachter, würden sich Entwicklungshilfe-Organisationen und -behörden auf den afrikanischen Hunger verlassen, der ihre eigenen Jobs sichere. Das ist natürlich harsche Kritik! Neben der Abhängigkeit, die in Empfängerländern entsteht, wenn sie sich auf Hilfe von außen zu sehr verlassen, wird vor allem die massive Korruption seitens einheimischer Regierungen und ihrer Bürokratien beklagt, in deren Kanälen Milliarden an Entwicklungsgeldern versickern. Oft versickern sie auch in den Taschen von Warlords, die Hilfstransporte nur gegen Wegzoll in Notstandsgebiete ziehen lassen. Kritisiert wird außerdem der Konkurrenzdruck der Hilfsorganisationen untereinander bei der Spendenakquise, sodass von einer regelrechten »Entwicklungshilfe-Industrie« die Rede ist. Und immer wieder wird auf die negativen, wenn nicht gar zerstörerischen Folgewirkungen manch gut gemeinter Aktionen und Projekte hingewiesen. Kaum ein Bereich der internationalen Politik ist jedenfalls so komplex wie die Entwicklungsökonomie. Schlicht gesagt: Gutes zu tun, ist verdammt schwer!

Geschenke können mehr schaden als nutzen

Zumal so manche Organisationen und Aktivisten unterwegs sind, deren Hilfeleistungen nicht professionell durchdacht sind. Manchmal sind es ganz einfache Zusammenhänge, die vor Augen führen können, welche Fehler gemacht wurden. Wer zum Beispiel Getreide oder die in Europa eher ungeliebten Hühnerflügel verschenkt, zerstört damit die einheimischen Märkte. Welcher afrikanische Kleinbauer kann mit dem »Preis« von Geschenken mithalten? Wer mit milden Gaben konkurrieren muss, für den lohnt sich das Geschäft schon bald nicht mehr. Anderes Beispiel: Schulen zu bauen, ist prinzipiell immer eine gute Idee – nur sollte man dann dafür Sorge tragen, dass es genügend ausgebildete Lehrer gibt, die dort unterrichten, und das nicht nur einen Sommer lang. Auch Traktoren zu schenken, mag zunächst eine willkommene Gabe sein – doch muss es dann vor Ort auch Menschen geben, die diese Traktoren reparieren können; sonst stehen sie irgendwann nur noch auf dürren Feldern herum und verrotten. Das sind plakativ einfache Beispiele, Zusammenhänge, die jeder professionell arbeitenden Hilfsorganisation wohl bewusst sind. Und doch sind solche »guten Gaben« bis heute leider keineswegs die Ausnahme. Vor allem bei akuten Katastrophen, wenn Hilfsbereite spontan anfangen zu sammeln. Nach dem großen Tsunami 2004 in Südostasien etwa tauchten Helfer auf, die in diesen tropischen Gebieten allen Ernstes europäische Wintermäntel und Wollpullover verteilen wollten.

Häufig sind es auch Prominente, die etwas tun wollen. Es gibt ja unendlich viele Bilder von westlichen Stars und Sternchen, umringt von afrikanischen Kindern. Das ist fast eine Art »Genrebild« geworden. Die ehrliche Anteilnahme möchte ich niemandem absprechen. Und Prominenz kann tatsächlich Aufmerksamkeit auf Notstände richten und damit hilfreich wirken. Für Hilfsorganisationen sind bekannte Gesichter als »Werbeträger« zur Spendenakquise geradezu unverzichtbar geworden. Doch gelegentlich kann man sich schon fragen, ob es allen Prominenten, die nach Afrika geflogen werden, tatsächlich nur darum geht, armen Menschen zu helfen, oder ob nicht auch genauso dem eigenen Image geholfen werden soll. Zumindest könnten sich prominente Protagonisten wohl die Mühe machen, die Ursachen der jeweils beklagten Not zu hinterfragen: Ist da tatsächlich nur eine Dürre vom Himmel gefallen? Oder ist die Katastrophe hausgemacht? Werden Helfer womöglich regelrecht manipuliert? Auch wenn man daraus nicht die Konsequenz ziehen mag, Hilfe einzustellen, kann man solche Zusammenhänge trotzdem benennen, statt sie stillschweigend zu übergehen. Sich gänzlich »unpolitisch« zu gerieren, nach dem Motto: »Von Politik verstehe ich nichts, ich will nur den einfachen Menschen helfen« – das ist dann doch etwas zu einfach.

Wer Entwicklungshilfe leistet, muss sich also vielen schwierigen Fragen stellen. Dazu gehört auch die grundlegende Frage, ob man mit Entwicklungshilfe nicht nur Notleidenden helfen, sondern zugleich politischen Druck auf Regierungen ausüben kann. Kann man gute Regierungsführung und die Einhaltung von Menschenrechten mit Entwicklungshilfe »erkaufen«? Wenn man nach fünf Jahrzehnten internationaler Entwicklungshilfe zu dem Schluss kommt, dass man das nicht kann, muss man andererseits nach den Konsequenzen dieser Einsicht fragen. Soll man hungernde Menschen sich selbst überlassen, nur weil sie das Pech haben, von korrupten, brutalen Regierungen beherrscht zu werden, die alle Aufforderungen zu »good governance« (guter Regierungsführung) ignorieren? Oder soll man weiterhin den Menschen helfen, wohl wissend, dass damit auch Regimen und Kriegsherren geholfen wird, die diese Not mit verursachen?

Und wie viel Einfluss haben westliche Geberländer heute überhaupt noch, angesichts neuer Investoren wie der Chinesen, die inzwischen praktisch überall in Afrika Geld investieren, ohne lästige Fragen nach Demokratie und Menschenrechten zu stellen?

Zu viel Hilfe oder zu wenig?

Schlussendlich wird der westlichen »Entwicklungshilfe-Industrie« vorgeworfen, dass all die Milliarden der letzten Jahrzehnte wenig gebracht hätten. Die Armut ist jedenfalls weiter gewachsen. Über die Gründe wird gestritten. Die einen meinen, dass nicht genug geholfen wurde. Verglichen mit den nationalen Budgets der Industrieländer sind die Etats für Entwicklungshilfe tatsächlich durchweg bescheiden. In Deutschland etwa macht die staatliche Entwicklungshilfe gerade mal 0,4 Prozent des Bruttonationaleinkommens aus. Die These, dass vom Guten zu wenig getan wird, halten andere für eine Mär. Richard Dowden etwa, britischer Journalist und Direktor der *Royal African Society*, sagt, dass allein Afrika in den letzten fünfzig Jahren etwa eine Billion Dollar Hilfsgelder erhalten habe, und vergleicht das mit dem US-Marshall-Plan für Europa nach dem Zweiten Weltkrieg. Die Marshall-Hilfe betrug damals 13 Milliarden Dollar, aufs heutige Preisniveau umgerechnet entspricht das etwa 15 Milliarden Dollar. Doch obwohl Afrika deutlich mehr »Marshall-Hilfe« erhielt, habe das nicht geholfen. Wenn man sich allerdings ansieht, wie viele hunderte Milliarden heutzutage für finanzkrisengeschüttelte Banken oder einzelne Länder zur Verfügung gestellt werden (wenn auch nur als Bürgschaften), kommen einem die tausend Milliarden Afrikahilfe auch wieder nicht so viel vor.

Wie sinnvoll solche Vergleiche überhaupt sind, sei dahingestellt. Auf jeden Fall aber ist der Anteil, den internationale Gelder in vielen afrikanischen Staatshaushalten ausmachen, sehr hoch, oft mehr als die Hälfte des nationalen Budgets. Insofern, sagen Kritiker, sei nicht zu wenig, sondern grundsätzlich falsch geholfen worden.

Das wirft natürlich sofort die Frage auf: Was ist denn richtig, was ist falsch? »Hilfe zur Selbsthilfe« und »Nachhaltigkeit« sind hier zentrale Schlagworte – sie zu formulieren, ist allerdings bei Weitem einfacher, als sie umzusetzen. So wird immer wieder darauf hingewiesen, wie absurd es sei, afrikanischen Ländern einerseits Entwicklungsgelder zu überweisen, während man gleichzeitig die hoch subventionierten europäischen und US-amerikanischen Märkte gegen ihre landwirtschaftlichen Produkte abschottet. Dient Entwicklungshilfe also vor allem dazu, »unser« Gewissen zu beruhigen, während wir gleichzeitig sorgfältig auf unseren Vorteil achten, anstatt diesen Ländern tatsächlich Chancen zur Teilhabe an den globalen Handelsströmen einzuräumen? Doch warum ist es asiatischen Ländern gelungen, von der Globalisierung zu profitieren und die alten Industrieländer sogar in Bedrängnis zu bringen? Letztlich bleibt vor allem eine andere, grundsätzliche Frage: Kann man Länder überhaupt »von außen« entwickeln? Daran darf man zumindest Zweifel hegen. Wenn sich mit Geld allein Armut abschaffen ließe, müsste ein großer Teil unseres Planeten anders aussehen.

Wenn Hilfe missbraucht wird

Wie sinnvoll Hilfe in Kriegsgebieten ist, darüber gab es schon vor 150 Jahren einen grundsätzlichen Disput: zwischen Henri Dunant, dem Schweizer Gründer des Internationalen Roten Kreuzes, und der weltberühmten britischen Krankenschwester Florence Nightingale, die in Kriegslazaretten gearbeitet hatte und später maßgeblich zur Reform der Gesundheitsfürsorge in England beitrug. Beide, die Britin und der Schweizer, waren von dem, was sie auf Schlachtfeldern gesehen hatten, gleichermaßen erschüttert. Sie kamen aber zu völlig unterschiedlichen Schlüssen. Dunant bewunderte Nightingale. Deshalb wollte er auch, dass sie ihn bei seinem Plan unterstützte, eine neutrale medizinische Hilfsorganisation zu gründen, um das Leid der Soldaten zu lindern. Anstatt begeistert zuzustimmen, wehrte Florence Nightingale entsetzt ab. Ihr Argument: So würden Kriege nur verlängert, weil die Regierungen ihre Fürsorgepflicht für die eigenen Soldaten damit auf Dritte abwälzen könnten. Die private neutrale Hilfe würde somit den Kriegsherren helfen. Wenn Kriege weniger kosteten, würden sie auch länger geführt, und am Ende würden noch mehr Soldaten sterben, als wenn ein Krieg schnell »ausblutet«. Zwei Moralisten mit großem humanitärem Engagement – und dann zwei so unterschiedliche Sichtweisen!

Die niederländische Journalistin Linda Polman[4], die über viele Jahre die Arbeit von Hilfsorganisationen in afrikanischen Kriegsgebieten beobachtet hat, beschreibt anhand verschiedener Konfliktregionen, wie westliche Hilfe pervertiert und manipuliert werden kann. Auch sie kommt heute zu dem Schluss, dass ausländische Hilfe Kriege verlängern und damit das Leid letztlich sogar verschlimmern könne. Humanitäre Hilfe, so Polman, werde damit selbst zu einer Kriegswaffe. So wie umgekehrt Hungerkatastrophen oft nicht vom Himmel fallen, sondern »hausgemacht« sind.

An der großen Hungersnot in Äthiopien etwa, die 1985 das berühmte »Live Aid Concert« auslöste, war nicht nur das Wetter schuld (»biblische Dürre«), sondern mindestens genauso die damalige äthiopische Regierung mit ihrer marxistischen Landwirtschaftspolitik und ihrem Feldzug gegen aufständische Gebiete. Die Regierung in Addis Abeba wollte die rebellischen nördlichen Provinzen »trockenlegen«. Regierungssoldaten riegelten Dörfer ab, wüteten mancherorts aufs Schlimmste, vergewaltigten, töteten, verbrannten Felder und Vieh. Handelswege brachen zusammen, sodass die unter Ernteausfällen leidenden Gegenden keine Nahrungsmittel aus anderen Landesteilen beziehen konnten. Auch plante die Regierung, große Teile der Bevölkerung aus dem aufständischen Norden in den kontrollierten Süden zu treiben. Am Ende halfen internationale Organisationen dem äthiopischen Regime dabei, ein gigantisches Umsiedlungsprogramm durchzuführen. Bei diesen Deportationen starben Zigtausende. Als die französische Organisation Ärzte ohne Grenzen es wagte, dagegen zu protestieren und auch die Rolle der Hilfsorganisationen in Frage zu stellen, wurde sie von der äthiopischen Regierung des Landes verwiesen.

Von den politischen Hintergründen der äthiopischen Not war jedoch keine Rede, als die Popstars der achtziger Jahre dazu aufriefen, den hungernden Äthiopiern zu helfen. Dieser Teil der Geschichte wurde praktisch komplett ausgeblendet, während der berühmte Hilfs-

---

4 Linda Polman: Die Mitleidsindustrie Freiburg; 2012, Herder Verlag

song »Do they know it's Christmas?« die Hitparaden stürmte. Der Titel dieses Songs war übrigens auch etwas eigenartig. Äthiopien ist ein sehr christlich geprägtes Land. Man durfte also getrost davon ausgehen, dass die Äthiopier sehr genau wussten, dass Weihnachten ist.

Der »Ressourcenfluch«

Dass reichhaltige Bodenschätze für ein Land mehr Fluch als Segen sein können, zeigt sich in vielen Entwicklungsländern, insbesondere in Afrika, geradezu beispielhaft, fast wie aus einem volkswirtschaftlichen Lehrbuch. Wenn eine Regierung unmittelbarer Profiteur einer großen Einkommensquelle ist, die von ihr auch zentral verwaltet und kontrolliert wird, ist sie nicht auf ein diversifiziertes, also vielfältiges Wirtschaftsleben angewiesen. Es ist, wenn man so will, egal, ob das Land andere einkommensstarke Wirtschaftszweige entwickelt. Ob zum Beispiel genug Ingenieure und Wissenschaftler ausgebildet werden, die neue Techniken entwickeln und die Produktivität des Landes vorantreiben. Damit ist auch der Anreiz, in den Bildungssektor zu investieren, entsprechend geringer.

Eine Regierung, die große Rohstoffvorkommen ausbeuten kann, sei es Öl, Gold oder Diamanten, anstatt auf die Wertschöpfung ihres Volkes angewiesen zu sein, ist auch nicht abhängig von Steuerzahlern, die gepflegt werden wollen und denen gegenüber man begründen muss, was mit ihrem Geld gemacht wird. Wie grundlegend das für die Entwicklung demokratisch-parlamentarischer Strukturen sein kann, zeigt ein kurzer Blick ins Geschichtsbuch: Schon die britische Magna Charta 1215 und später die Bill of Rights 1689 wurden auf Druck des steuerzahlenden englischen Adels beziehungsweise Bürgertums verfasst. Ohne deren Geld konnte der König seine Kriege nicht finanzieren. Besonders prägnant formulierte es die amerikanische Unabhängigkeitsbewegung im 18. Jahrhundert: »No taxation without representation« – wir zahlen keine Steuern, wenn wir nicht mitbestimmen dürfen, wofür das Geld ausgegeben wird. Wer zahlt, will mitreden. Oder wie es so schön heißt: Wer zahlt, bestellt. Eigenes Einkommen macht selbstbewusst. »Verdien du erst mal dein eigenes Geld! Solange du deine Füße unter unseren Tisch stellst...«, bekommen ja auch deutsche Jugendliche seit Generationen von ihren Eltern zu hören. Im europäischen Zeitalter der Aufklärung war das Selbstbewusstsein des wohlhabenden Bürgertums ein entscheidender Faktor für die Veränderung der politischen Machtverhältnisse.

Natürlich sollte man die Macht des Ökonomischen nicht überbewerten und uns Menschen nicht die Fähigkeit absprechen, Ideale jenseits finanzieller Interessen zu verfolgen. Fraglos können auch einzelne herausragende Persönlichkeiten, weitsichtige politische Figuren, die es auf der Weltbühne immer wieder gegeben hat, das Schicksal eines Landes im positiven Sinne verändern und prägen. Insgesamt gibt es sehr viele Faktoren, die die Geschicke menschlicher Gesellschaften und Nationen beeinflussen. Und doch bestimmt nicht nur die Politik die wirtschaftlichen Verhältnisse eines Landes, sondern haben umgekehrt wirtschaftliche Faktoren einen enormen Einfluss auf die jeweiligen politischen Verhältnisse.

Es ist jedenfalls auffällig, dass es jenen Ländern, die im internationalen Vergleich über geringere Rohstoffvorkommen verfügen, meist besser geht als den Hütern großer Schätze. In Europa etwa gibt es viel weniger Bodenschätze als in Afrika. »Ressourcenfluch« nennen Ökonomen dieses scheinbar paradoxe Phänomen. Dieser Fluch trifft vor allem Länder, die zum Zeitpunkt der Entdeckung ihrer Schätze keine demokratischen Strukturen haben und nicht industrialisiert sind. Ein gutes Gegenbeispiel dafür ist Norwegen: Das Land ist mit seinen reichen Ölvorkommen klug umgegangen, ohne Korruption und ohne sich auf diese Einkommensquelle allein zu verlassen. Aber Norwegen war auch bereits ein Industrieland mit stabilen demokratischen Verhältnissen und breiter Mittelschicht, als Mitte der siebziger Jahre die Ölquellen vor seiner Küste entdeckt wurden.

Warum sind gerade die reichen Länder oft so arm?

Als Paradebeispiele für diesen Ressourcenfluch gelten hingegen die Golfstaaten. Saudi-Arabien etwa verließ sich jahrzehntelang vollständig auf seinen Reichtum an Öl und Erdgas, alimentiert bis heute eine große Oberschicht (mit einer geradezu absurd hohen Zahl von »Prinzen«), lässt noch immer den Großteil anstrengender Arbeiten von

Millionen Gastarbeitern erledigen und schloss obendrein die Hälfte der Bevölkerung, die Frauen, vom intellektuellen und wirtschaftlichen Leben komplett aus. Das ändert sich mittlerweile. Inzwischen dürfen auch saudi-arabische Frauen zur Schule gehen und berufstätig sein, vorausgesetzt, am Arbeitsplatz wird die strikte Geschlechtertrennung eingehalten. Solche Einschränkungen gehen allerdings mit volkswirtschaftlichen Kosten einher. Salopp gesagt: Wer Frauen das Autofahren verbietet, muss sich das leisten können! Und wie lange der Wüstenstaat sein spezielles Gesellschafts- und Wirtschaftssystem noch finanzieren kann, weiß keiner. Öl ist eine endliche Ressource. Die hohen Arbeitslosenraten in Saudi-Arabien, das ohne nennenswerte Industrie seiner Bevölkerung abseits der Petro-Dollars wenig zu bieten hat, sind ein deutliches Alarmzeichen. Auch deshalb versuchen Emirate wie Dubai oder Katar seit geraumer Zeit, zusätzliche Einkommensquellen zu erschließen, zum Beispiel den Tourismus. Dass dies wiederum zu Übertreibungen und Spekulationsgeschäften führte und Dubai von der jüngsten Finanzkrise hart getroffen wurde, bestätigt, wie verletzlich Volkswirtschaften sind, die nicht auf breitem Grund stehen, sondern auf einige wenige Wirtschaftszweige setzen.

Solange die Erlöse aus einer Ressource wie Öl direkt an die Regierung fließen, bieten sich enorme Möglichkeiten der Bereicherung, was entsprechende Begehrlichkeiten weckt. Umgekehrt ist politische Macht dann gleichbedeutend mit großem Reichtum, an dem auch nur diejenigen teilhaben können, die zur Einflusssphäre der Regierenden gehören. Wer sich hingegen von der Politik fernhält oder gar zur Opposition gehört, hat geringe Chancen auf Wohlstand. Die Bereitschaft, Macht zu teilen, oder zu akzeptieren, dass man die Macht im Zuge demokratischer Prozesse auch wieder verliert, wird damit naturgemäß stark reduziert. Auch aus dem deutschen Kanzleramt wird man nicht gern vertrieben. Der Auszug geht aber hierzulande nicht mit einer ökonomischen Katastrophe für eine ganze Gesellschaftsschicht einher. Und Ex-Kanzler können bei uns sogar besser verdienen als amtierende Kanzler; eine ordentliche staatliche Pension gibt es obendrauf. Wenn das Kanzleramt hingegen so etwas wie Onkel Dagoberts Geld-Swimmingpool wäre, ein Paradies, aus dem man mitsamt Familie und einer tausendköpfigen Clique brutal vertrieben würde, wäre die Auszugsbereitschaft vermutlich deutlich geringer ausgeprägt. Regierungen, die unmittelbar über eine Quelle großen Reichtums verfügen, haben insofern nicht nur einen starken Anreiz, Einkünfte zu verschleiern, sondern sind auch extrem daran interessiert, an ihrer politischen Macht um jeden Preis festzuhalten, notfalls mit Gewalt.

Insgesamt steigt in einer solchen Bodenschatz-Volkswirtschaft die Wahrscheinlichkeit, dass Geld verschwendet wird (man hat ja genug), dass andere Wirtschaftszweige vernachlässigt werden, dass die Korruption blüht und das Land autoritär regiert wird. Und es steigt die Wahrscheinlichkeit, dass es zu kriegerischen Auseinandersetzungen kommt. Schätze wecken Begehrlichkeiten, und sie können Kriege enorm befeuern, weil genug Mittel da sind, um Waffen zu finanzieren, – und weil es so viele »Spieler« außerhalb des Landes gibt, die eigene wirtschaftliche Interessen verfolgen. Gäbe es im Kongo zum Beispiel nur Urwald und sonst nichts, die Geschichte dieses Landes wäre vermutlich weniger blutig verlaufen, und den Menschen dort würde es vielleicht nicht so elend ergehen, wie das bis heute der Fall ist. Stattdessen sind die bedauernswerten Kongolesen mit ihren reichen Bodenschätzen seit Jahrhunderten Spielball ausländischer Interessen und Schauplatz brutaler räuberischer Feldzüge.

Solange politische Macht gleichbedeutend mit extremem Reichtum ist, bleibt auch die Rolle der Opposition als Regierungsalternative häufig fragwürdig. Sollte doch einmal die Opposition an die Regierung kommen, ist die Wahrscheinlichkeit hoch, dass die neuen Machthaber erst mal ihren ökonomischen Nachholbedarf stillen und sich ihrerseits bereichern. Schließlich haben die anderen das auch jahrzehntelang getan – »und jetzt sind wir endlich an der Reihe«. Eine Opposition, die einen solchen Kreislauf durchbricht, müsste schon sehr edel gesinnt sein. Moralische Helden finden sich weltweit jedoch leider selten.

Machtpolitik: Gleichgewicht des Schreckens und »Balance of Power«

Es gibt unterschiedliche Blickwinkel, unter denen man die internationale Politik betrachten kann. Man kann sich auf die extrem ungleichen wirtschaftlichen und sozialen Verhältnisse auf der Welt konzentrieren, so wie es auch die Globalisierungskritiker tun. Solche Ansätze gibt es schon lange, in den siebziger Jahren wurden sie von Wissenschaftlern als »dependency theories« bezeichnet. Bei diesen »Abhängigkeitstheorien« ging und geht es um die Frage, wie und warum der arme Süden vom reichen Norden abhängt. Der Begriff »Nord-Süd-Konflikt« ist mittlerweile etwas aus der Mode gekommen, weil es nicht mehr nur um Nord und Süd geht. Aber die Grundfrage ist die gleiche geblieben: Wie kann die Welt gerechter und besser werden? Ein moralischer Ansatz also, der übrigens auch beinhaltet, dass man nicht gleichgültig zusehen mag, wenn in anderen Regionen der Welt blutige Bürgerkriege geführt werden, mit schlimmsten Menschenrechtsverletzungen. Oder wenn Völker von brutalen Diktatoren unterdrückt werden. Der Wunsch zu helfen kann sogar ein Motiv sein, um selbst zur Waffe zu greifen. Damit verbindet sich dann der Begriff der »humanitären Intervention« – man greift aus Mitmenschlichkeit in einen Konflikt ein, notfalls mit Gewalt.

Parallel zu diesem moralischen Blickwinkel gibt es in der Politikwissenschaft eine Betrachtungsweise, die als »systemischer« oder auch »neorealistischer« Ansatz bezeichnet wird. Prägend für diese »realistische« Denkschule waren US-Politologen wie Hans Joachim Morgenthau oder Kenneth Waltz sowie der frühere US-Außenminister Henry Kissinger. Sie beschäftigen sich nicht mit Moral, sondern ausschließlich mit Macht und der Frage, wie sie entsteht. Die Welt betrachten die Anhänger dieser Denkschule als ein System von Nationalstaaten, in dem im Prinzip Anarchie herrscht. Denn es gibt kein Weltgesetz, an das sich alle halten, keine Weltpolizei, kein Weltgericht. Jeder Staat ist sich selbst am nächsten und handelt aus nationalen Interessen heraus: die eigene Sicherheit, der Einfluss auf andere, der Zugang zu Rohstoffen und Handelswegen (zum Beispiel Zugang zum Meer).

Die Staaten stehen im Wettbewerb zueinander. Bei der Betrachtung der Weltgeschichte kommt man dabei zu dem Schluss, dass Staaten immer wieder nach einem »Gleichgewicht der Kräfte« streben, nach einer »Balance of Power«. Wird in einer Region ein Staat übermächtig, dann bilden sich Gegengewichte. Macht- und Gegenmacht bestimmen die internationale Politik.

Realpolitik – ein nüchterner Blick auf die Welt

Das ist natürlich eine ausgesprochen kühle Betrachtungsweise. Aber sie ist ungemein faszinierend, weil man damit nicht nur vergangene und aktuelle Entwicklungen sehr gut analysieren kann, sondern sich auch erstaunlich gute Zukunftsprognosen formulieren lassen. An der Entwicklung der letzten zwanzig Jahre lässt sich das gut zeigen. In extremer Form herrschte auch im Kalten Krieg von den 1950er bis in die 1990er Jahre eine Balance of Power: Ost gegen West. Die Sowjetunion und der Ostblock auf der einen Seite, die USA und Westeuropa auf der anderen. Dank Atomwaffen auf beiden Seiten war das ein »Gleichgewicht des Schreckens«.

Aus neorealistischer Sicht war das zwar auch nicht schön, aber doch ziemlich stabil. Dieses Kräftegleichgewicht war so dominant, dass es die gesamte Weltpolitik beherrschte, weit über USA, Sowjetunion und Europa hinaus. Die Welt teilte sich praktisch in zwei Pole – deshalb spricht man in der Wissenschaft von einem »bipolaren System«. Nach dem Zusammenbruch der Sowjetunion blieben nur noch die USA als Supermacht zurück, damit war das internationale System plötzlich »unipolar«. Die Neorealisten haben damals, Anfang der neunziger Jahre, schon klar vorausgesagt: Das wird nicht so bleiben. Es wird sich Gegenmacht bilden. Die USA werden an Macht verlieren. Es werden sich mehrere Machtzentren herauskristallisieren. Das internationale System wird »multipolar« werden. Und genau so ist es gekommen.

Die Theoretiker konnten damals noch nicht wissen, dass es die Terroranschläge vom elften September geben würde und dass die USA in Kriege gegen Irak und in Afghanistan ziehen würden, die sie militärisch und finanziell erschöpft haben. Sie sagten lediglich voraus, dass sich die USA auf Dauer übernehmen würden, dass jede Weltmacht irgendwann einen Niedergang erlebt und dass sich Gegenmacht bilden wird. Damit haben sie recht behalten.

Die USA sind zwar nicht im Niedergang, aber sie haben sich übernommen, sind geschwächt und ziehen sich von ihrer Rolle als Weltpolizei zunehmend zurück. Derweil hat China an Macht und Einfluss enorm zugelegt, sodass manche sogar schon vom »chinesischen Jahrhundert« sprechen. Auch Russland ist wieder erstarkt. Darüber hinaus treten die Staaten Süd- und Mittelamerikas, allen voran Brasilien, selbstbewusster auf die Weltbühne. Auch Europa hat zugelegt, durch die Integration der ehemaligen Ostblock-Staaten sind Territorium und Bevölkerung der Europäischen Union größer geworden, und trotz aktueller Krise belegt die EU mit ihrer Wirtschaftskraft in der Weltrangliste immer noch den Topplatz neben den USA.

Spiel der Kräfte

Was macht Staaten oder Staatengemeinschaften mächtig? Ganz vorneweg ist das nach wie vor die militärische Stärke. Auch die schiere Größe und die Bevölkerungszahl sind wichtige Faktoren. Größe allein macht es aber nicht: Australien zum Beispiel ist sehr groß, aber in der Weltpolitik sehr unbedeutend (die »Aussies« mögen mir verzeihen). Dann ist natürlich die Wirtschaftskraft ein entscheidendes Kriterium, dazu gehört auch, ob man über wichtige Rohstoffe verfügt, die andere Länder dringend haben wollen. Die Macht Russlands etwa basiert auch auf seinen großen Gasvorkommen, die wir in Europa brauchen. Amerika wiederum hat mit dem Dollar nach wie vor die weltweite Leitwährung, die in den Devisendepots zahlreicher Länder lagert. Etwa bei den Chinesen, deren Zentralbank über enorme Dollarbestände verfügt und die deshalb kein Interesse daran haben, dass der Dollar plötzlich extrem schwach wird. Und schließlich kann auch der kulturelle Einfluss eines Staates ein Zeichen seiner Macht sein. Die angelsächsische Kultur, mit ihrer Musik und ihren (Hollywood-)Filmen ist überall auf der Welt stark vertreten, Englisch ist nach wie vor Weltsprache.

Vor dem Hintergrund dieser Faktoren betrachten die Neorealisten die Weltpolitik als ein Spiel der Kräfte. Und stellen dann zum Beispiel nüchtern fest, dass Frankreich 2011 nicht nur aus humanitären Gründen einen internationalen Militäreinsatz in Libyen vorantrieb, um den Aufständischen dort zu helfen – dass Muammar al-Gaddafi ein übler Diktator war, hatte Franzosen, Amerikaner und den Rest der Welt in den vierzig Jahren zuvor nicht gestört. Natürlich ging es auch um Libyens Ölquellen. Unter einem moralischen Blickwinkel mag man es heuchlerisch finden, dass Aufständischen (nur) dann geholfen wird, wenn sie etwas zu bieten haben. Neorealisten sehen das nüchtern – sie bewerten das nicht, sondern stellen es lediglich fest, um das Verhalten von Staaten zu erklären.

In Deutschland kommt eine solch nüchtern-realistische Beschreibung von »Realpolitik« meist aber nicht gut an. Nachdem wir zwei Weltkriege angezettelt haben, hat sich bei uns eine eher moralische Sichtweise auf die internationale Politik etabliert. Was keineswegs verkehrt ist, manchmal aber zu eigentümlichen Reaktionen führt. Diese Erfahrung musste Ex-Bundespräsident Horst Köhler machen, als er im Mai 2010 in einem Interview mit dem Deutschlandfunk sagte: Eine Exportnation wie die Bundesrepublik müsse wissen, »dass notfalls auch militärischer Einsatz notwendig ist, um unsere Interessen zu wahren, zum Beispiel freie Handelswege«. Ein Sturm der Entrüstung brach los – Militär für wirtschaftliche Interessen einzusetzen? Das geht ja gar nicht! Am Ende war die Empörung über dieses Interview wohl sogar der Auslöser für Horst Köhler, als Bundespräsident zurückzutreten.

Tatsächlich hatte er aber eigentlich nur eine schlichte Tatsache beschrieben: Ein Großteil unseres Exports geht über Seewege. Die Bundesmarine sichert am Horn von Afrika die internationale Schifffahrt vor den Angriffen somalischer Piraten, und da wird auch scharf geschossen. Sie sichert also diesen wichtigen Handelsweg und damit deutsche Wirtschaftsinteressen militärisch ab. Nur so laut und deutlich sagen sollte man das als deutscher Politiker wohl besser nicht...

Einflusssphären und Stellvertreterkriege

Betrachtet man die Welt als ein Spiel der Kräfte zwischen Macht und Gegenmacht, lassen sich viele Konflikte und ihre Folgewirkungen besser verstehen. Wie schon gesagt: Für Idealisten ist das hartes Holz, weil das unendliche Leid, das Kriege über Menschen bringt, dabei aus dem Blickfeld gerät. Die Welt erscheint vielmehr wie ein Schachbrett – sehr abstrakt und damit auch zynisch. Leider aber auch realistisch.

Zwei Beispiele: Als der frühere US-Präsident George Bush in den Krieg gegen den irakischen Diktator Saddam Hussein zog, begründete er das nicht nur mit den Massenvernichtungswaffen, über die Hussein angeblich verfügen würde. Er sprach auch davon, dass Amerika Demokratie und Frieden in die Welt tragen wolle. (Man konnte ihm durchaus abnehmen, dass er selbst daran glaubte – seinem Beraterstab allerdings weniger.) Saddam Hussein war ohne Frage ein furchtbarer Diktator, der mit Giftgas gegen aufständische Minderheiten vorgegangen war und Nachbarländer überfallen hatte. Er war aber auch ein Gegengewicht zu den Mullahs im Iran. Beide Länder hielten sich gegenseitig in Schach. Keiner schaffte es, zur regionalen »Hegemonialmacht« aufzusteigen, also zu einem Staat, der so mächtig ist, dass er eine ganze Region dominiert.

Es hat grauenhafte Kriege zwischen Iran und Irak gegeben – wobei es übrigens nie der Iran war, der zuerst angriff. Tatsächlich hat Iran in seiner jahrhundertelangen Geschichte noch nie selbst ein anderes Land überfallen, es war stets umgekehrt. Iran hat sich immer wieder gegen ausländische Angreifer verteidigen müssen. Das ist ein durchaus interessanter Aspekt, wenn man heute den Iran und seinen – im Juni 2013 abgewählten – Präsidenten Ahmadinedschad (»der Verrückte in Teheran«, wie ihn die *Bild*-Zeitung nannte) als einen aggressiven Staat betrachtet, der die Welt mit seinen Atomwaffenbestrebungen bedroht. Das kleine Israel hat tatsächlich gute Gründe, sich von Iran gehasst und bedroht zu fühlen. Trotzdem sollte man nicht ganz außer Acht lassen, dass der Iran selbst aus seiner Geschichte heraus ein hohes Sicherheitsbedürfnis hat.

Mit dem Krieg der USA gegen den Irak ist nun allerdings eine neue Situation entstanden: Die USA haben den Feind ihres Feindes massiv geschwächt. Der Iran, der Amerika seit der Machtübernahme der Mullahs als »Todfeind« bezeichnet, war für Washington eigentlich ein größeres Problem als Saddam Husseins Irak. Aus kühler neorealistischer Perspektive war es insofern ein grober Fehler, Saddam Hussein zu stürzen. Der Irak ist seitdem instabil und geschwächt. Der Iran konnte dadurch seine Macht in der Region ausweiten und großen Einfluss auf die Politik im Irak nehmen. Hätte sich George Bush die Landkarte des Nahen Ostens unter einem streng »realistischen« Blickwinkel angesehen, hätte er diese Machtverschiebung nicht riskieren dürfen. Vermutlich dachten er und seine Berater allerdings genau umgekehrt: Wenn wir den Irak »erobern«, können wir mehr Druck auf Iran ausüben. Das ist allerdings ziemlich schief gelaufen.

Kriege als Schauplatz ausländischer Interessen

Ein weiteres Beispiel ist Syrien Die sogenannte »Arabellion« mit ihren Volksaufständen gegen die Diktatoren in zahlreichen arabischen Ländern, angefangen 2010 in Tunesien, dann weiter über Ägypten bis Syrien, war zunächst eine Entwicklung, die in diesen Ländern selbst losbrach und den Rest der Welt ziemlich überraschte. Seitdem sich die politische Landkarte im Nahen Osten damit radikal verändert hat, greifen aber auch ausländische Mächte in die Geschehnisse in diesen Ländern ein. Der Bürgerkrieg in Syrien zeigt das sehr prägnant. Dort stehen sich mittlerweile die unterschiedlichsten Interessen und Gruppen gegenüber: Die Aufständischen werden unterstützt von islamistisch-extremistischen Terrorgruppen, deren Kämpfer aus diversen arabischen Ländern kommen. Das Terror-Netzwerk al-Qaida ist längst ein multinationales »Unternehmen«, das an jedem Konflikt gerne teilnimmt, mit dem sich der Einfluss des extremen Islamismus vergrößern lässt.

Auf der Seite der Aufständischen steht auch der Staat Saudi-Arabien. Reich und einflussreich dank seiner Ölquellen. Dass Osama Bin Laden und die Terroristen des elften September aus Saudi-Arabien stammten, dass dieses Land eine extremistische religiöse Strömung vertritt und weltweit fördert, hat die USA bislang übrigens nicht davon abgehalten, »gute Beziehungen« zu den Saudis zu pflegen. Bemerkenswert, wenn man bedenkt, wie viel mehr Saudi-Arabien mit dem elften September zu tun hatte als Saddam Husseins Irak.

Auf der Seite der Aufständischen steht auch »der Westen«, also die USA und Europa. Insgesamt also eine eigenartige Allianz, die eigentlich nicht zusammenpasst. Vor allem wenn man bedenkt, dass die Christen in Syrien den Sturz des Assad-Regimes fürchten wie der Teufel das Weihwasser. Trotzdem stehen die christlichen USA und das christliche Europa gegen Diktator Assad. Weil man eine Freiheitsbewegung unterstützen will, aber vor allem, weil Syrien unter Assad immer ein Verbündeter Irans und ein mächtiger Feind Israels war.

Iran wiederum unterstützt das syrische Regime vor allem deshalb, weil Syrien die Hisbollah unterstützt. Denn die Hisbollah ist eine (Terror-)Gruppe, die derselben Religion angehört wie die Mullahs in Teheran, nämlich den Schiiten. Die muslimische Welt teilt sich ja im Wesentlichen in die Untergruppen der Schiiten und der Sunniten, die sich eher feindlich gesonnen sind (so wie es früher Katholiken und Evangelen waren). Saudi-Arabien ist sunnitisch und unterstützt die Aufständischen. Die sunnitische Türkei übrigens auch. Iran ist schiitisch und unterstützt das Assad-Regime (das selbst auch zu einer schiitischen Glaubensgruppe gehört, den Alawiten). Die schiitische Hisbollah wiederum hat sich im Libanon direkt an der Grenze zu Israel postiert – sie ist sozusagen der militärische Vorposten der Israel-Feinde. Unterstützt wurden sie seit jeher von Syriens Diktator Assad. Für Iran ist das strategisch wichtig, so kann es Israel direkt an seiner Grenze militärisch bedrohen.

So treffen sich hier lauter »Interessenvertreter« aus lauter unterschiedlichen Gründen. Nicht zu vergessen: Russland. Syrien gehörte zu Zeiten des Ost-West-Konflikts zur sowjetischen Einflusszone; es gibt also eine lange Tradition der Kooperation, zu der auch gehört, dass Syrien ein wichtiger Abnehmer der russischen Rüstungsindustrie ist. Hinzu kommen geopolitische Interessen. Russland hat keinen eigenen Zugang zum Mittelmeer und damit zum Nahen Osten. Seine Marine nutzt syrische Häfen. Für das große Spiel in der Weltpolitik ist das ein wichtiger strategischer Aspekt.

Kurz zusammengefasst: Für den syrischen Diktator Assad sind vor allem Iran und Russland. Für die Aufständischen sind vor allem

Saudi-Arabien, die Türkei, der Westen und islamistische Terrorgruppen. Wozu all die komplizierten Ausführungen, wer welchen Plan verfolgt? Weil es in der internationalen Politik immer um vielfältige Interessen geht und die Situation niemals, wirklich niemals, schwarz oder weiß ist.

Mit Blick auf Syrien kann einen das in tiefe Depression stürzen. Schon jetzt (Sommer 2013) sind dort über 70 000 Menschen gestorben. Und egal, wer am Ende »gewinnt«: Es wird im Grunde nur Verlierer geben. Die syrische Stadt Aleppo war einmal eine der schönsten Städte der Welt, ein Weltkulturerbe, eine lebendige, quirlige Handelsstadt. Als eine der Frontstädte dieses Krieges wird sie bald in Schutt und Asche liegen. Syrien wird vermutlich dem gleichen Schicksal entgegengehen wie der Libanon, wo 15 Jahre lang ein Bürgerkrieg herrschte, der bis heute nicht wirklich beendet ist.

Hätte man das syrische Drama verhindern können? Schwer zu beantworten. Ganz am Anfang, als der Aufstand gegen Assad losbrach, hätte es vielleicht noch Möglichkeiten gegeben. Der Assad-Clan ist eine brutale Herrschaftsclique, der Vater von Bashar al-Assad war ein Massenmörder. All die netten Bilder in bunten Blättern, in denen die ach so westlich aussehende schöne Ehefrau des Diktators von naiven Boulevardjournalisten präsentiert wurde wie ein Fotomodell, konnten darüber nie hinwegtäuschen. Der Aufstand der syrischen Opposition war in jeder Hinsicht berechtigt. Auf der anderen Seite war Assad ein relativ »berechenbarer« Diktator, ähnlich wie Saddam Hussein. Seine Herrschaft war nach innen brutal, dabei aber vergleichsweise »unreligiös«. Christliche und jüdische Minderheiten in Syrien standen unter seinem Schutz, der Islamismus war nicht seine Sache. Damaskus war eine westlich geprägte Stadt, mit zahlreichen Clubs und Restaurants, in denen die (wohlhabende) Jugend Syriens einen relativ freien Lebensstil pflegte. Israel fühlte sich von Syrien zwar immer bedroht – aber diese Bedrohung dürfte unter islamistischen Gruppen noch gewaltig zunehmen, sollten sie am Ende in diesem Krieg siegen. Ob Israel also an Sicherheit gewinnt, wenn Assad stürzt, ist mehr als fraglich.

Am besten wäre es vielleicht gewesen, wenn die internationale Gemeinschaft gleich am Anfang so massiven Druck auf Assad ausgeübt hätte, dass er sich gezwungenermaßen mit der Opposition an einen Tisch gesetzt und ernsthaft über politische Reformen verhandelt hätte. Wenn er darauf verzichtet hätte, Demonstrationen blutig niederzuschlagen, und stattdessen die Oppositionsgruppen geschickt in seine Regierung eingebunden hätte, etwa mit einer All-Parteien-Allianz. Das hat er nicht getan, und es hat ihn auch niemand ernstlich dazu angehalten. Denn dafür hätten all die anderen Mächte mit ihren jeweiligen Interessen und Perspektiven an einem Strang ziehen müssen. Genau das ist in der internationalen Politik aber höchst selten der Fall. Diese Erkenntnis ist bitter. Aber sie entspricht leider auch genau dem, worauf die »Neorealisten« verweisen, wenn sie Weltpolitik betrachten: Es geht nicht um Moral, sondern um Macht und strategische Interessen.

Stehen wir am Beginn eines chinesischen Jahrhunderts?

Die Volksrepublik China bezeichnet sich selbst als »gelenkte Demokratie«. Das soll heißen, dass sich die Volksherrschaft im Parteiwillen ausdrückt – die Partei weiß, was gut ist fürs Volk, und hat deshalb auch immer recht. Wer sich gegen die Partei stellt, ist insofern automatisch jemand, der sich gegen das ganze Volk stellt. Allerdings ist die Volksrepublik China formal kein Einparteienstaat; es gibt neben der großen Kommunistischen Partei noch diverse kleine Parteien, ähnlich den Blockparteien in der ehemaligen DDR. Diese Parteien werden zwar als »demokratisch« bezeichnet, doch das entspricht nicht unserer westlichen Definition von Demokratie, denn sie dürfen nicht als Opposition zur Regierung und zur Kommunistischen Partei auftreten.

Die Delegierten in Chinas Nationalem Volkskongress sind zum großen Teil ernannte Parteifunktionäre, die kaum Kontakt zum Volk haben. Da es keine direkte Wahl zum Nationalen Volkskongress gibt, sondern allenfalls eine Zustimmung zu einer von oben festgelegten Liste, gibt es auch keinen Druck auf die Abgeordneten, wirklich etwas für das Wahlvolk zu tun. Die meisten der insgesamt fast 3000 Delegierten sehen die Ernennung zum Volksvertreter mehr als Prestige und nicht als Job. Ihnen reicht es, wenn sie einmal im Jahr Regierungsvorlagen absegnen dürfen.

Die Kommunistische Partei hat dabei absolute Macht. Wer Kritik äußert, lebt gefährlich und kann schnell ins Gefängnis oder ins Arbeitslager wandern oder auch »nur« von lokalen Polizeigruppen zusammengeschlagen werden. Wie zum Beispiel der Regimekritiker und Künstler Ai Weiwei. Er wurde wegen angeblicher »Wirtschaftsdelikte« in Haft genommen und kam erst aufgrund internationaler Proteste und unter strengen Auflagen frei. Ein Sprecher des chinesischen Außenministeriums erklärte allen Ernstes: »Provokante Menschen wie Ai Weiwei muss man im Zaum halten.«

Allerdings gibt es auch in China kleine Ansätze zu mehr Demokratie. In Dörfern zum Beispiel werden die Dorfleiter inzwischen in geheimen Wahlen bestimmt. Es gibt auch die Möglichkeit, Petitionen an die Regierung in Peking einzureichen, um sich über Ungerechtigkeiten (zum Beispiel Korruption) in der Provinz zu beschweren. Tatsächlich scheinen die Provinzen der Kontrolle Pekings teils regelrecht zu entgleiten. Die Korruption in den Parteikadern auf lokaler Ebene ist massiv.

Ich selbst habe diese Erfahrung gemacht, als ich in Peking einen alten Mann vor dem Gebäude des Petitionsausschusses traf. Er wollte unbedingt, dass wir ihn mit Kamera interviewen – »Ihr seid meine einzige Chance«. Sein Haus war von Bulldozern einfach niedergerissen worden, weil der lokale Parteichef mit einer Immobilienfirma unter einer Decke steckte. Als ich ihn darauf hinwies, dass es gefährlich für ihn sein könnte, mit westlichen Journalisten zu sprechen, lächelte er mich nur müde an: »Weißt du, Kindchen, ich habe Mao und seine Kulturrevolution überlebt. Ich bin über 80 Jahre alt. Ich habe nichts mehr zu verlieren, und ich weiß über Gefahr mehr, als du in deinem Leben hoffentlich jemals erfahren wirst. Bitte interviewt mich, und bitte kommt mit mir nach Hause und seht an, was mir und meiner Frau widerfahren ist.«

Das haben wir schließlich auch getan, mit all der Angst, die man als Journalist hat, wenn man »Dissidenten« interviewt. Nicht Angst um uns selbst, uns würde notfalls die deutsche Botschaft helfen, aber Angst um unseren Gesprächspartner. Als wir in dem Heimatort des alten Mannes, rund 80 Kilometer von Peking entfernt, gedreht hatten, bekamen wir es aber auch selbst mit der Angst zu tun: Wir wurden von mehreren Autos der chinesischen Stasi umringt (die übrigens gerne im schwarzen deutschen Audi oder VW unterwegs ist) und stundenlang festgehalten. Das ging glimpflich aus, auch für unseren alten Mann, dem wir über einen chinesischen Menschenrechtsanwalt am Ende sogar zu einer neuen Wohnung als Entschädigung verhelfen konnten.

Aber dieses ungute Gefühl, in einem rechtsfreien Raum zu sein, ziemlich schutzlos ausgeliefert, während ich mit meinen Kollegen in unserem Auto kauerte – das werde ich so schnell nicht vergessen. Der alte chinesische Herr war noch der Mutigste von uns allen und kläffte die örtlichen Parteikader, die drohend neben unserem Wagen standen, wütend an.

Einer ARD-Kollegin ist es vor Kurzem weitaus schlimmer ergangen. Sie und ihr Team wurden bei einer ähnlichen Geschichte fast zusammengeschlagen, mit Baseballschlägern trommelte man auf ihr Auto, wobei schwer zu erkennen war, wer diesen Mob gegen sie organisiert hatte. Die örtliche Polizei, zu der sie sich schließlich flüchtete, hielt sie dann »zur Sicherheit« auch gleich noch mal einige Stunden fest. Der Bundesaußenminister hat danach Protest eingelegt gegen die Behandlung deutscher Korrespondenten. Für die Führung in Peking sind solche Geschichten eigentlich blamabel. Zugleich wirken sie als nützliche Abschreckung und Verunsicherung. Das Gefühl, unter unberechenbaren Umständen zu arbeiten, hat bei den ausländischen Journalisten in China zugenommen.

Gucci und Prada statt Mao-Kittel

Die Regierung in Peking weiß andererseits aber durchaus, welche Missstände in den Provinzen herrschen und dass die Korruption ein gewaltiges Problem ist, das die wirtschaftliche Entwicklung hemmt und die politische Stabilität gefährdet. Die Führungsleute der Kommunistischen Partei Chinas sind alles andere als dumm. Aber sie sind nicht so allmächtig, wie es nach außen oft erscheint. China ist ein Riesenreich, mit vielen sozialen Spannungen und ethnischen Gruppen. Es ist durchaus nicht so, als habe Peking dies alles im Griff.

Das erklärt auch, wieso Todesurteile gegen korrupte Provinzgouverneure verhängt werden – ein verzweifelter Versuch Pekings, ein Exempel zu statuieren und die Provinzen zu disziplinieren. Von der Vorstellung, den Problemen des Landes mit mehr politischer Freiheit, gar Parteienvielfalt und Pressefreiheit zu begegnen, ist man in Peking allerdings weit entfernt. Hier herrscht ein diktatorisches System. Es steht zwar Demokratie drauf, aber es ist keine Demokratie drin. Während der Olympischen Spiele 2008 wurden in Peking zwei alte Damen (79 und 77 Jahre) festgenommen und zu Arbeitslager verurteilt, weil sie eine »illegale Protestaktion« planten: Sie wollten in einem Park ein Plakat hochhalten, um sich über ihre Enteignung zu beschweren.

Zugleich ist China aber kein wirklich kommunistisches Land mehr, denn es gibt wirtschaftliche Freiheiten. Man darf kapitalistisch wirtschaften und Privateigentum besitzen. Unternehmertum, Reichtum und Erfolg sind erlaubt, was früher undenkbar gewesen wäre. Die Partei mischt zwar im Wirtschaftsleben überall mit, und wer politisch opponiert, wird niemals wirtschaftlich erfolgreich sein dürfen, aber sie lässt Marktwirtschaft zu. Die in vieler Hinsicht sogar viel freier und kapitalistischer ist als bei uns. Wer das Millionenheer der chinesischen Wanderarbeiter brutal ausbeuten will, kann das im kommunistischen China ziemlich ungestört tun. Es herrschen Zustände wie bei uns in der Frühzeit der Industrialisierung. Jeder Kommunist müsste darüber eigentlich verzweifeln. Der frühere chinesische Führer Deng Xiaoping, der die marktwirtschaftlichen Reformen einführte, hat dazu jedoch gesagt: »Lasst einige zuerst reich werden.« Wie lange die übrigen Chinesen diese extremen Unterschiede akzeptieren, wird man sehen.

Kritische Chinesen hoffen, dass mit dem Erstarken einer bürgerlichen Mittelschicht auch ein größeres politisches Selbstbewusstsein der Bürger einhergehen wird. Bislang ist das aber nur eine Hoffnung. Dissidenten wie Ai Weiwei sind eine kleine Minderheit. Der Nobelpreisträger Liu Xiaobo sitzt immer noch im Gefängnis: ein Schriftsteller, der es wagte, Kritik zu üben, ohne dabei je einen Aufstand anzuzetteln oder gewalttätig zu werden. Doch Kritik genügt, um von der Bildfläche zu verschwinden.

Aber, und das ist die andere Seite der Medaille: Es ist China gelungen, mit seiner marktwirtschaftlichen Öffnung in den letzten zwanzig Jahren 300 Millionen Menschen aus extremster Armut zu holen. Es gibt in China keine Hungerkatastrophen mehr. Das allein ist eine enorme Leistung, die man nicht gering schätzen sollte. Und wer Peking in den siebziger oder achtziger Jahren gesehen hat und heute dorthin zurückkehrt, reibt sich die Augen: westliche Autos statt Fahrräder, Gucci- und Prada-Läden statt grauem Mao-Einheitskittel. Ein lebendiges Nachtleben mit stylishen Restaurants und Clubs. Gerade unter den jungen, besser Ausgebildeten mit guten Chancen sind viele deshalb auch sehr zufrieden mit ihrem Leben, das so offensichtlich besser ist als das ihrer Eltern. Es verwundert insofern nicht, dass sich viele junge Chinesen zurzeit mehr für Klamotten und Aktienkurse als für Wahlrecht interessieren.

Eine blutige Revolution in diesem Riesenreich mit über 1,3 Milliarden Menschen könnte aber auch schreckliche Folgen haben, mit vielen Toten und schweren Unruhen auf dem ganzen asiatischen Kontinent. Viele Chinesen fürchten tatsächlich nichts mehr als Zerfall und Chaos und stehen der Demokratie nach westlichem Muster schon deshalb eher skeptisch gegenüber. In jedem Fall ist China nicht mehr nur ein Riesenland mit unglaublich vielen Einwohnern, sondern auch wirtschaftlich und militärisch eine Großmacht geworden, mit der zu rechnen ist, in jeder Hinsicht. Das gilt auch für den Fall, dass dieser Riese ins Wanken gerät. Eine platzende chinesische Immobilienblase mit nachfolgender Bankenkrise würde uns genauso treffen wie die US-amerikanische Finanzkrise 2008.

Das »semi-autoritäre« System in Russland

Lange Zeit war die Sowjetunion ein ebenso diktatorisches Riesenreich wie China. Von 1922 bis 1991 bildete die »UdSSR« (Union der Sozialistischen Sowjetrepubliken) den Mittelpunkt des »Ostblocks«. Die UdSSR erstreckte sich von Russland, den baltischen Staaten und anderen osteuropäische Gebieten über den Kaukasus (damit bezeichnet man Territorien Russlands, Georgiens, Armeniens und Aserbaidschans) bis nach Zentralasien. Die UdSSR war der größte Staat der Erde.

»Sowjet« ist das russische Wort für »Rat« und war die Bezeichnung für basisdemokratische Verwaltungsorgane. Die 1936 von Stalin eingeführten »Sowjets« hatten aber in Wahrheit nichts zu sagen. Mit der Basisdemokratie war es im Kommunismus generell nicht weit her – aber der Begriff an sich klingt immer gut. Die UdSSR schloss mit den anderen Ländern des Ostblocks (Polen, DDR, Tschechoslowakei, Ungarn und Bulgarien) den »Warschauer Pakt« – als Gegenstück zur westlichen NATO. Zeitweise waren auch Rumänien und Albanien dabei; Jugoslawien wurde oft dazugerechnet, war offiziell jedoch nie Mitglied. 1991 brach die Sowjetunion zusammen. Das heutige Russland hat aber nach wie vor starken Einfluss auf viele der ehemaligen Sowjetrepubliken, die sich als »Gemeinschaft Unabhängiger Staaten« zusammengeschlossen haben. Russland allein ist dabei immer noch der flächengrößte Staat der Erde. Es verfügt über große Mengen Rohstoffe, insbesondere über Erdgas.

Nach Jahren der demokratischen Öffnung ist Russland unter dem ehemaligen KGB-Mann Wladimir Putin wieder zu einem autokratischen Regierungssystem zurückgekehrt. Trotzdem ist Russland verglichen mit China deutlich demokratischer. Die Opposition hat es dort zwar schwer, sie ist aber nicht verboten. Kritische Zeitungsartikel sind durchaus möglich, wenn auch riskant. Wie viel Freiheit möglich ist, bestimmt der Kreml. Als eine Moskauer Zeitung vor Jahren über die Ehe Wladimir Putins spekulierte (übrigens zu Recht, wie man inzwischen weiß), wurde sie kurzerhand zugemacht. Trotzdem: Nicht jeder, der etwas Vorlautes sagt, landet gleich in einem Arbeitslager. Die Freiheitsgrade sind größer als in China. Der demokratische »Spaß« hört aber auch schnell auf. Als die regierungskritische Frauen-Punk-Band Pussy Riots in einer der wichtigsten Kirchen in Moskau 41 Sekunden lang mit einem »Punk-Gebet« den Altarraum stürmte, war es vorbei mit der Toleranz des Kremls. Drei Mitglieder von Pussy Riot wurden verhaftet, zwei landeten trotz weitreichender internationaler Proteste im Straflager – wie zu Stalins Zeiten.

In einem sibirischen Straflager sitzt auch schon seit Jahren Michail Chodorkowsky. Ein ehemals steinreicher Unternehmer, der Putin politische Konkurrenz machte. Gegen ihn wurden Gerichtsverfahren geführt, die nicht nur von seinen Anwälten als »Scheinprozesse« bezeichnet werden.

Und 2006 wurde die mutige russische Journalistin Anna Politkowskaja ermordet, die über Korruption in Regierungskreisen recherchierte und über Präsident Putin sowie den Krieg Russlands in Tschetschenien berichtete. Putin hat zwar immer wieder versichert, dass die Regierung damit nichts zu tun hatte und man ihre Mörder verfolgen werde – aber selbst wenn Anna Politkowsjkaja tatsächlich nicht direkt von Regierungsleuten, sondern von der russischen oder tschetschenischen Mafia ermordet wurde, so zeigt das trotzdem, wie gefährlich man in Russland als lautstarker kritischer Geist lebt und dass die Verflechtungen zwischen Regierung, Geheimdienst und kriminellen Gruppen eng sind.

Bezeichnend war auch die Art und Weise, wie Putin mit seinem Parteifreund Dimitri Medwedjew die Ämter tauschte: Erst war Putin Präsident, als eine dritte Amtszeit verfassungsrechtlich nicht möglich war, übernahm Medwedew dieses Amt, Putin wurde Ministerpräsident, danach wurde der Spieß wieder umgedreht. In Russland gibt es dazu einen schönen Witz: Putin und Medwedjew sind im Restaurant. Putin bestellt ein Steak. Die Kellnerin fragt: »Und die Beilage?« Antwort Putin: »Die Beilage nimmt auch ein Steak.«

Das alles lässt den Spruch von Ex-Bundeskanzler Gerhard Schröder, dass Putin »ein lupenreiner Demokrat« sei, fast schon lustig erscheinen, wenn die Verhältnisse nicht so traurig wären. Ein lupenreiner Demokrat ist Putin ganz sicher nicht. Aber: Er ist demokratisch gewählt. Auch nach Ansicht internationaler Beobachter sind die Präsidentschaftswahlen in Russland alles in allem ordentlich abgelaufen. Es gab Einschüchterungen, es gab eine Übermacht der Regierung in den Medien, es wurden Putin-Wähler busweise zu den Urnen gekarrt. Aber offensichtliche Wahlfälschungen wie in einer Diktatur gab es nicht. Und es gab Alternativen, es stand nicht nur eine Partei zur Wahl wie zu Sowjetzeiten. Ich war bei den letzten Wahlen 2012 selbst in Moskau und habe vor Wahllokalen Interviews mit russischen Bürgern geführt, die dort in der Schlange warteten. Es gab querbeet unterschiedliche Stimmen, auch regierungskritische. Niemand hat uns am Filmen gehindert, und die Moskauer, mit denen ich mich dort unterhielt, wirkten trotz der offensichtlichen freiheitlichen Einschränkungen, die es in Russland gibt, nicht verängstigt, sondern äußerten sich relativ offen über ihre politische Haltung. In unserer Live-Sendung am Roten Platz, immerhin ein zentraler politischer Ort für den Kreml, konnten wir auch einen der führenden russischen Oppositionellen interviewen, der seine Wut und Enttäuschung über den Ausgang der Wahl formulierte, ohne dass er oder wir ein Problem bekamen. Das wäre zu Sowjetzeiten undenkbar gewesen und wäre heute noch in Peking so nicht möglich.

Zugleich war auffällig, wie Putin & Co jubelnde Massen aus der Provinz zur zentralen Wahlparty in Moskau herankarrten. Moskau ist insgesamt eine eher Putin-kritische Stadt; da gab es nicht so viel Jubel. Die große Feier mit begeisterten Anhängern, bei der Putin sich auch noch fernsehgerecht eine Träne der Rührung ins Knopfloch schob, war insofern wunderbare Sowjetpropaganda der alten Schule.

Unterm Strich ist Russland ein »semi-autoritärer« Staat, der Demokratie zulässt, aber nur in Grenzen, die der Kreml definiert. Wer sich der Regierung in den Weg stellt, erfährt diese Grenzen auch recht schnell, nur viel subtiler, als das in China der Fall ist. Demonstranten werden festgenommen, ausländische politische Stiftungen bekommen Besuch von der russischen Staatsgewalt usw. Das ist dann nicht so offensichtlich wie in China, wo Regimekritiker vor aller Welt zusammengeschlagen und ins Gefängnis gesteckt werden. Aber ein freies Land ist Russland wahrlich nicht. Zugleich ist es aber ein weltpolitisch höchst einflussreicher, selbstbewusster Staat, der seine Rohstoffvorkommen und seine schiere Größe machtpolitisch geschickt einzusetzen weiß. In der internationalen Politik verhält sich Russland dabei aber durchaus rational und berechenbar. Und nicht jede Position, die vom Kreml vertreten wird, verdient es, mit antirussischem Reflex sofort für »finster« gehalten zu werden. Russland hat so manches Mal auch erleben müssen, dass seine Interessen vom Westen ignoriert werden. Auch Russland ist ein Land, das über die Jahrhunderte immer wieder von ausländischen Mächten (zum Beispiel mongolischen Horden) überfallen wurde. Solche Erfahrungen graben sich in eine Volksseele ein. Dass es für die Russen schmerzlich war zu sehen, wie sich der Einfluss des Westens nach dem Zusammenbruch der Sowjetunion bis an seine direkten Grenzen ausbreitete, sollte man nicht unterschätzen.

Zuletzt war im Zusammenhang mit dem Syrien-Krieg in deutschen Medien immer wieder zu hören, es liege an den Russen, dass man den Aufständischen nicht helfen könne. Das klang ein bisschen so, als gäbe es eine Allianz der Guten, die in ihren besten mitmenschlichen Absichten leider durch den bösen Kreml gehindert wird. So einfach ist es aber nicht. Die Warnung Russlands, dass ein Sturz des Assad-Regimes in Syrien die Lage der Menschen dort nicht automatisch besser macht und den Krieg auch nicht automatisch beendet, ist nicht so falsch. Natürlich sagen die Russen das aus ihrer eigenen Interessenlage heraus. Aber eine eigene Interessenlage hat der Westen auch.

Wohin treibt Amerika?

Das Verhältnis zwischen den USA und großen Teilen der restlichen Welt hat sich seit einigen Jahren deutlich gebessert. Die Regierung von Präsident George W. Bush hatte am Ende ihrer Amtszeit nicht nur sich selbst, sondern die ganze amerikanische Nation in Verruf gebracht. Das Land war moralisch und ökonomisch heruntergewirtschaftet. Die Kriege in Irak und Afghanistan haben mehr US-Bürger das Leben gekostet als die Terror-Anschläge vom elften September. Die finanziellen Belastungen dieser Kriege und die Steuervergünstigungen für Großunternehmen und Besserverdienende haben das Land in eine hohe Verschuldung getrieben. Die Skandale um Folterungen in Gefängnissen im Irak und im Anti-Terror-Gefangenenlager Guantanamo hatten das Ansehen der USA als Rechtsstaat mit moralischem Anspruch nachhaltig zerstört. Auch innerhalb Amerikas: Die nationale Solidarität nach dem elften September war einer tiefen Verunsicherung gewichen.

Die psychologische Wucht dieser Anschläge darf man dabei nicht unterschätzen. Die USA hatten einen furchtbaren Bürgerkrieg im 19. Jahrhundert erlebt, sie hatten an (Welt-)Kriegen außerhalb ihres Staatsgebiets teilgenommen – aber auf eigenem Boden so massiv von außen angegriffen zu werden, das hatte es seit Pearl Habor nicht mehr gegeben.

Mein früherer *heute-journal*-Kollege Wolf von Lojewski, der am 11. September 2001 unsere Sendung moderierte, sagte damals: »Jemand hat heute Amerika den Krieg erklärt. Wir wissen nur noch nicht, wer.« Besser konnte man es an diesem Tag nicht ausdrücken. Es war eine Kriegserklärung, und sie kam von einer bis dahin noch unbekannten »Macht«, die bestenfalls Geheimdiensten ein Begriff war. Am elften September selbst war noch nicht mal bekannt, dass al-Qaida dahintersteckte.

Als in New York das World Trade Center zusammenbrach und zeitgleich ein Flugzeug auf das Pentagon (das US-Verteidigungsministerium) stürzte, war das für die amerikanische Nation eine völlig neue Erfahrung und ein tiefes Trauma. Auch in Europa wären diese Anschläge ein Einschnitt gewesen, ein extremes folgenreiches Erlebnis. Trotzdem gibt es einen psychologischen Unterschied: Europa ist durch die Jahrhunderte seiner Geschichte daran »gewöhnt« von außen angegriffen, überfallen und in Schutt und Asche gelegt zu werden. Für jede Generation ist das zwar immer wieder ein neuer Horror, aber es gibt so etwas wie ein kollektives historisches Gedächtnis. Das Gefühl, »unangreifbar« zu sein, gibt es auf dem europäischen Kontinent insofern nicht. Man hatte immer schon feindliche Nachbarn (insbesondere Deutschland, als die Nation, die die größten Kriege verursacht und zugleich darunter bitter gelitten hat). Für die Amerikaner kam diese Erfahrung im wahrsten Sinne des Wortes aus heiterem Himmel.

Die Reaktion darauf war, in dem leidenschaftlichen Streben, die internationalen Machtverhältnisse und die Würde einer stolzen Nation wiederherzustellen und den islamistischen Terror im Keim zu ersticken, heftig und leider unklug. Anstatt Osama Bin Laden und sein Terrorgefolge nüchtern als mörderische Bande zu verfolgen und dabei die Weltgemeinschaft hinter sich zu scharen, suchte die US-Regierung nach nationalstaatlichen Antworten, notfalls im Alleingang. Beim Militäreinsatz in Afghanistan war ein großer Teil der Staatengemeinschaft den USA noch gefolgt, schließlich waren die dort herrschenden Taliban Gastgeber Osama Bin Ladens und selbst ein islamistisches Terrorregime. Beim Krieg gegen den Irak bröckelte diese internationale Solidarität.

Am Ende war die Welt nicht sicherer, und aus der ursprünglich noch halbwegs überschaubaren al-Qaida-Gruppe ist längst ein Netzwerk geworden, das jenseits aller Staatsgrenzen agiert. Al-Qaida ist heute nur noch ein Überbegriff, dem sich jeder eigenständig agierende »Privatterrorist« anschließen kann. Und die USA erschienen vielen Deutschen und Franzosen nicht mehr als die große befreundete Nation, an der man sich orientiert, sondern unverständlich und feindselig. Dass von radikalen Bekloppten, die es leider immer gibt, auf amerikanischen Straßen französischer Rotwein ausgekippt wurde und »French Fries« (= französische Fritten, der amerikanische Begriff für Pommes Frites) allen Ernstes in »Freedom Fries« umbenannt wurden, sorgte für Kopfschütteln und Entfremdung. Auch innerhalb der USA hatte der Radikalismus der Bush-Regierung für Zerwürfnisse und Spaltung gesorgt. Die Nation war mit sich selbst in Unfrieden. Eine Erfahrung, die man zuletzt in den 1970er Jahren während des Vietnamkriegs gemacht hatte. Plötzlich stand wieder die Frage im Raum: Wer sind wir eigentlich, wofür stehen wir, warum hasst man uns so?

Ein Traum wurde wahr

Vor diesem Hintergrund war gerade bei der jüngeren Generation der Wunsch nach einem Neuanfang groß, als am 4. November 2008 Barack Obama gewählt wurde. Der erste schwarze Präsident der USA. Ein tiefer Einschnitt in der Geschichte dieses Landes.

Viele Millionen Menschen hatten Tränen in den Augen, als Barack Obama nach seinem Wahlsieg vor seine jubelnden Anhänger trat. Er versprach, ein ganz neuer Typ Politiker zu sein. »Yes we can« – wir schaffen es – war sein Wahlkampfslogan gewesen, nun riefen die Massen: »Yes we did« – wir haben es geschafft! Tatsächlich hatte Obama schon zu diesem Zeitpunkt Ungeheuerliches erreicht: Es war gerade mal fünfzig Jahre her, dass der afroamerikanische Bürgerrechtler Martin Luther King jene weltberühmte Rede hielt, in der er von seinem Traum sprach: »I have a dream«, rief er – »ich habe einen Traum, dass meine schwarzen Kinder eines Tages zusammen mit weißen Kindern werden spielen können!« Damals in Amerika noch undenkbar.

Noch in den fünfziger Jahren mussten Afroamerikaner im Bus hinten einsteigen und ihren Platz frei machen, wenn Weiße kamen. Verliebte sich ein schwarzer Mann in eine weiße Frau, machte er sich strafbar. Die Zeit der Sklaverei war zwar vorbei, aber die der Rassendiskriminierung noch lange nicht – und das ist leider bis heute so, auch wenn Schwarz und Weiß vor dem Gesetz gleichgestellt sind.

Wegen dieses unterschwelligen Rassismus waren viele skeptisch, ob es Obama tatsächlich gelingen würde, auch von genügend weißen Amerikanern gewählt zu werden. Gerade Afroamerikaner zweifelten daran, sie trauten ihren weißen Mitbürgern das nicht zu. Doch Obama hat es geschafft. Nun spielen schwarze Kinder im Garten des Weißen Hauses, und viele Afroamerikaner haben zum ersten Mal das Gefühl: Jetzt kann ich meinen Kindern sagen, dass auch sie alles erreichen können in diesem Land. In der Nacht seines Wahlsieges war zum Beispiel in den Straßen Harlems zu hören: »Erst heute sind die Ketten (der Sklaverei) wirklich gesprengt worden.« Mittlerweile hat Obama sogar seine zweite Präsidentenwahl gewonnen, 2012 bestätigte ihn das Volk in seinem Amt.

Obama war nicht nur Hoffnungsträger der Afroamerikaner. Er war auch der Liebling der Jungwähler. Ein wichtiger Teil des Wahlkampfs fand im Internet statt. Viele Erstwähler sind nur seinetwegen überhaupt zur Wahl gegangen, ansonsten wären sie achselzuckend zu Hause geblieben. Doch Barack Obama hatte sie begeistert wie ein Popstar. Nicht nur die Amerikaner, die halbe Welt erhoffte sich von Obama, dass er die Wirtschaftskrise des hoch verschuldeten Landes in den Griff bekommt, die Sozialpolitik Amerikas radikal ändert, den Irak-Krieg auf kluge Weise beendet, den Afghanistan-Krieg gewinnt, den Terrorismus bekämpft, ohne sich dabei neue Feinde zu machen, den ewigen Nahost-Konflikt löst, die Welt insgesamt versöhnt, die Meinungen anderer Länder respektiert, den Klimaschutz maßgeblich vorantreibt usw. usf.

Doch Obama ist kein Magier und keine Heilsgestalt; er kann nicht wie Jesus in der Bibel übers Wasser gehen (wie er selbst einmal anmerkte). Dass er all diese Erwartungen nicht erfüllt hat, ist nicht wirklich überraschend. Auch Obama, der brillante Rhetoriker, kam schnell in der Realpolitik an. Er bekam es mit der Weltfinanzkrise zu tun, mit der Arabellion und machtbewussten Chinesen. In der Innenpolitik verlor seine demokratische Partei die Mehrheit im Parlament, was seine Handlungsspielräume stark einschränkt.

Die neue Außenpolitik Washingtons

Den Europäern gegenüber verhält sich Obama eher kühl und sachlich, es gibt andere Weltregionen, die ihn strategisch viel mehr interessieren. Angesichts der Konkurrenz zum starken China blicken die USA nicht mehr nach Berlin, sondern auf den pazifisch-asiatischen Raum. Washington und Peking rüsten ihre Seestreitkräfte im Pazifik auf, im Südchinesischen Meer, durch das eine der weltweit wichtigsten Handelsrouten verläuft. Über sie werden Güter von Europa und dem Nahen Osten (Öl!) nicht nur nach Asien transportiert, sondern auch zur Westküste der USA.

Obama ist zweifellos ein Präsident, der große politische Ambitionen hatte und einen ungewöhnlichen und in vieler Hinsicht sehr überzeugenden und sympathischen Lebenslauf. Ein Politiker mit multinationaler Herkunft, Sohn einer Amerikanerin und eines Afrikaners. Er war als Sozialarbeiter tätig, hat im Ausland gelebt und erfolgreich an einer Elite-Universität studiert, ohne selbst zur gesellschaftlichen Elite des Landes zu gehören. Was für ein Unterschied zu seinem Vorgänger George Bush, der nur Karriere machte, weil er einer Politdynastie entspross, der von mäßigem Intellekt war, begleitet von einem mäßigen Interesse und Verständnis für die Welt außerhalb Amerikas. Doch auch Obama ist bislang nur ein normaler Präsident, der mit zahlreichen Schwierigkeiten kämpft, innenpolitisch eher schwach ist, zumindest weit davon entfernt, ein Heilsbringer zu sein.

Deutet man seine außenpolitischen Handlungen und Statements richtig, dann ist er auch ein Präsident, der das weltpolitische Engagement Amerikas deutlich zurückfahren will und von den Europäern mehr militärische Eigenständigkeit fordert. Die Truppen aus Irak hat er bereits zurückgeholt, aus Afghanistan ziehen sich die Amerikaner ebenfalls zurück. Statt Kampfflugzeugen setzt Obama lieber unbemannte Drohnen ein, um gezielt Terroristen zu töten (wobei auch dabei Zivilisten ums Leben kommen). Geheimdienstliche Operationen erscheinen ihm nützlicher als Kampfeinsätze; dass er dabei in völkerrechtlichen Grauzonen agiert, nimmt er hin. Die nationalen Interessen Amerikas definiert dieser Präsident durch und durch »realpolitisch«: Was nutzt uns – und wer nutzt uns? Dazu passt der »Prism«-Skandal, der im Sommer 2013 für Schlagzeilen sorgte. Ein Insider enthüllte, in welchem Ausmaß der amerikanische Geheimdienst Daten im Internet durchforstet und dabei mit Großkonzernen wie Microsoft, Google oder Facebook zusammenarbeitet. Dieses geheime Programm wurde bereits von der Bush-Regierung gestartet, unter Obama aber weitergeführt. Und er begründet solche umstrittenen Maßnahmen nicht anders als sein Vorgänger, nämlich mit »der Sicherheit des amerikanischen Volkes«. Auch das hat für Ernüchterung gesorgt. Insofern ist Barack Obama in den ersten fünf Jahren seiner Amtszeit nicht nur im Zeitraffer gealtert, wie alle Politiker, die höchste Regierungsämter bekleiden. Er ist nicht nur in kürzester Zeit ergraut, er ist auch entzaubert. Ein Schicksal, das er allerdings mit den anderen Mächtigen dieser Welt teilt, mit dem Unterschied, dass die Erwartungen, die er geweckt hatte, ungewöhnlich hoch waren.

Stärkt die UNO tatsächlich den Weltfrieden?

Sind die Vereinten Nationen (engl.: United Nations Organization, kurz UNO) die wichtigste politische Institution der Welt? Oder nur ein »Papiertiger«, in dem viel geredet, aber wenig erreicht wird? Auch darüber gehen, mal wieder, die Meinungen auseinander.

Immerhin hat die UNO große Ziele: den Weltfrieden zu erhalten oder zu schaffen, nicht mehr und nicht weniger. Sie wurde direkt nach dem Ende des Zweiten Weltkriegs 1945 in San Francisco gegründet und steht »allen friedliebenden Staaten« offen. Wobei das bei der Aufnahme nicht wirklich überprüft wird – jede Menge Mitglieder sind ja durchaus nicht so friedliebend. Die Bundesrepublik und die DDR wurden 1973 Mitglieder. Heute sind 193 Staaten dabei. Das sind beinahe alle Staaten der Welt. Nur der Vatikan und einige Länder, die nicht allgemein anerkannt werden, machen nicht mit.

Somit hat die UNO ihr wichtigstes Etappenziel schon erreicht: praktisch alle Staaten der Welt an einen Verhandlungstisch zu bringen. Das ist schon mal eine große Sache und war gerade in der Zeit des Kalten Krieges zwischen Ost und West nicht selbstverständlich.

Zugleich zeigt sich hier der größte Nachteil: So viele Mitglieder können sich selten auf etwas einigen. Außerdem hat die UNO nur so lange etwas zu sagen, wie alle mitmachen. Die UNO kann nicht besser oder friedlicher sein als ihre 193 Mitglieder. Sie ist keine Weltregierung und keine Weltpolizei. Selbst ihre beliebten Blauhelmtruppen muss sich die UNO jedes Mal mühsam bei den Mitgliedstaaten zusammenbetteln. Ein eigenes Heer hat sie nicht und auch kein Gefängnis, in das man die Bösewichte dieser Welt einfach so einsperren könnte. Allerdings betreibt die UNO mit den Kriegsverbrecher-Tribunalen in Den Haag inzwischen ein bisschen so etwas wie »Weltgericht«, vor dem Kriegsverbrecher angeklagt und auch wirklich bestraft (also zum Beispiel inhaftiert) werden können.

Wenn sich die Mehrheit der Staaten, insbesondere die Mehrheit der Großmächte, einig ist, kann die UNO helfen, Friedensverhandlungen zu führen, oder sogar in einen Krieg eingreifen. Deswegen ist die UNO einerseits sehr mächtig, andererseits aber nahezu machtlos. Sie ist ein Instrument, das die Mitgliedstaaten nutzen können, wenn sie wollen. Und sie ist eine moralische Instanz. Die Charta (Satzung) der Vereinten Nationen ist die wichtigste Quelle des Völkerrechts. Sie verbietet Angriffskriege und Menschenrechtsverletzungen (»Verbrechen gegen die Menschlichkeit«). Die UNO setzt sich ein für Frieden, gerechtere Verteilung von Reichtum, Klimaschutz und andere hehre Ziele. Und verkörpert dabei auch eine Form von Weltöffentlichkeit. Von der UNO angeprangert zu werden, ist für einen Staat zumindest nicht angenehm.

Vor allem aber ist die UNO die weltweit wichtigste »multilaterale« Organisation. Multilateral heißt wörtlich »vielseitig« (im Lateinischen ist *latus* die *Seite*) und bedeutet, dass mehrere Staaten kooperativ Diplomatie betreiben, also höflich und formell gleichberechtigt miteinander umgehen, selbst wenn ihnen gerade nicht danach zumute ist und auch wenn sie unterschiedlich mächtig sind. Als »bilateral« (»zweiseitig«) bezeichnet man Vereinbarungen zwischen nur zwei Staaten oder zum Beispiel einem Staat und einer Organisation (wie die Verträge zwischen Schweiz und EU). »Unilateral« (»einseitig«) ist, wenn ein Staat ohne Rücksicht auf andere handelt.

Wenn es die Vereinten Nationen nicht schon gäbe, müsste man sie erfinden! Weil sie ein ständig verfügbares multilaterales Forum sind. Sie bieten eine diplomatische Arbeitsplattform, sie dienen als Frühwarnsystem (»Achtung, hier läuft was schief – es droht Krieg oder Hunger«), und sie bieten die größte Legitimation für friedenspolitische Einsätze, seien es Blauhelme, die den Frieden in einer Weltregion bewahren sollen, oder gar ein Kriegseinsatz im Namen der UNO. Mit einem »Mandat der Vereinten Nationen« ist ein solcher Einsatz ganz anders zu rechtfertigen, als wenn nur ein Staat oder einige wenige einen Militäreinsatz beschließen, ohne das von der Weltorganisation absegnen zu lassen.

Um den Frieden weltweit zu sichern, verfolgt die UNO mehrere Wege. Die wichtigsten sind:
- das Lösen von auftretenden Konflikten auf diplomatischem Wege (statt durch Krieg);
- vorbeugende Diplomatie, um Streitigkeiten gar nicht erst eskalieren zu lassen;
- die Herstellung oder Sicherung von Frieden durch die UNO-Blauhelmtruppen (sie müssen von allen Beteiligten beauftragt werden und strikt neutral handeln);
- das Erreichen besserer Lebensbedingungen weltweit, dazu gehört auch die Einhaltung der Menschenrechte, denen sich die UNO ausdrücklich verschreibt.

Die UNO unterscheidet sich deutlich von einer Organisation wie der Europäischen Union oder der NATO. Sie ist keine »überstaatliche« Organisation wie die EU, und sie ist auch kein enger militärischer Verbund wie die NATO, die einen Pakt geschlossen hat, in der alle Mitglieder automatisch für einen einstehen, sollte es einen Angriff von außen geben. Das Ausmaß der Selbstverpflichtung bei der UNO hält sich in Grenzen, und mit der Mitgliedschaft werden keine zentralen Souveränitätsrechte an eine höhere Ebene abgegeben.

Finanziert wird die UNO durch Beiträge der Mitgliedstaaten. Die ärmsten zahlen knapp 20 000 Dollar im Jahr, die USA rund 500 Millionen. 47 Staaten leisten 99 Prozent der Beiträge; die drei größten Zahler sind die USA, Japan und Deutschland. Deutschland überwies im Jahr 2010 beispielsweise 170 Millionen Dollar Mitgliedsbeitrag, dazu kamen Gelder für angegliederte Organisationen und Programme. Am meisten aber zahlen die USA, offiziell über 20 Prozent des UN-Haushalts, wegen etlicher Sonderzahlungen sind es noch deutlich mehr. Das führt immer wieder zu Streit und Vorwürfen seitens amerikanischer Politiker. Wenn die USA von der UNO kritisiert werden, reagieren sie schnell beleidigt, nach dem Motto: »Wir zahlen euch doch nicht das viele Geld, damit ihr ausgerechnet uns anmeckert.«

Wie andere Großmächte sind aber auch die USA der Ansicht, dass die UNO nützlich sein kann, zum Beispiel um gemeinsam den Iran dafür zu bestrafen, dass er an einer eigenen Atombombe bastelt. Wenn die UNO hingegen aus Sicht der mächtigen USA nicht nützlich, sondern lästig ist, dann ist auch schnell Schluss mit der UNO-Sympathie. Als sich zum Beispiel die Mehrheit der UNO-Staaten gegen den Einmarsch der USA im Irak aussprach und der damalige UN-Generalsekretär Kofi Annan sogar erklärte, ein solcher Einmarsch ohne UN-Mandat sei »illegal«, da kochte die US-Regierung vor Wut. Präsident Bush zischte Kofi Annan an, dass die UNO »irrelevant« sei. Etwas Schlimmeres hätte er dem UN-Generalsekretär nicht an den Kopf werfen können. Inzwischen hat bei den USA aber wieder ein Umdenken begonnen. Washington besinnt sich darauf, dass man gemeinsam doch oft stärker ist und es von Vorteil sein kann, mit den anderen in der UNO zusammenzuarbeiten, statt die Weltorganisation zu ignorieren. Das wird die USA allerdings sicher nicht daran hindern, über kurz oder lang doch wieder darüber zu klagen, dass die UNO zu viel Geld von Amerika bekomme. Die anderen Staaten verhalten sich nicht viel anders: Ist die UNO den eigenen Interessen nützlich, wird sie geschätzt und gelobt, steht sie den eigenen Interessen entgegen, wird sie kritisiert und ignoriert.

Von Generalversammlung bis UNICEF: Wie die UNO funktioniert

Die Vereinten Nationen haben wie jede große Organisation zahlreiche Gremien, Abteilungen, Räte, Gruppen. Die wichtigsten Instanzen sind:
- Der **Sicherheitsrat,** das mächtigste Gremium und das einzige, das über Krieg und Frieden entscheiden kann. Im Sicherheitsrat sit-

zen die Länder, die nach dem Zweiten Weltkrieg die größten und mächtigsten Länder der Welt waren und Atomwaffen hatten: USA, Russland (früher: Sowjetunion), China, England und Frankreich. Das sind die fünf ständigen Mitglieder des Sicherheitsrats. Sie müssen alle fünf zustimmen, sonst kann der Rat keine Entscheidung treffen. Im UN-Jargon in New York nennt man sie die P5, die »permanenten Fünf«. Jedes dieser fünf Länder hat ein Vetorecht: Stimmt es nicht zu, ist der Vorschlag im Papierkorb. Es gibt außerdem noch zehn weitere Mitglieder des Sicherheitsrats, die wechseln aber regelmäßig und heißen deshalb »nichtständige« Mitglieder. Wirklich wichtig sind jedoch nur die ständigen Mitglieder, die fünf Großmächte also. Ohne oder gegen die P5 können weder wirtschaftliche Sanktionen verhängt noch Friedenssoldaten irgendwohin geschickt werden. Sie müssen sich also einig sein. Was sie nur sehr selten sind. Aber das ist nicht die Schuld der UNO, sondern spiegelt die Interessen und Machtverhältnisse in der Welt wider. Dafür, dass im Sicherheitsrat nur Frankreich und Großbritannien sitzen, anstatt EU oder zumindest Deutschland als mächtigem europäischem Staat, gibt es heute keine guten Gründen mehr. Diese Regelung stammt eben noch aus der Zeit kurz nach dem Zweiten Weltkrieg, als Frankreich und Großbritannien zu den »Siegermächten« gehörten. Und jetzt wollen sich Franzosen und Briten dieses Privileg natürlich nicht mehr wegnehmen lassen. Besser wäre es, wenn Europa einen gemeinsamen ständigen Sitz im Sicherheitsrat hätte. Doch dazu müssten die Europäer erst mal untereinander einiger sein – und davon sind sie im Moment noch weit entfernt. Gerade bei dieser Frage zeigt sich, dass die Welt (auch die europäische Welt) letztlich immer noch eine Welt der Nationalstaaten ist.

- Die **Generalversammlung**, in der alle Staaten vertreten sind und jeder Staat eine Stimme hat. Der kleine Inselstaat Palau mit 20 000 Einwohnern hat dort das gleiche Gewicht wie China mit 1,3 Milliarden Einwohnern. Jeder darf sich dort also gleich wichtig fühlen. Das klingt demokratisch und spricht für die Legitimität der Weltorganisation. Und in der Tat: Sitz und Stimme in der Generalversammlung sind es, die eine Mitgliedschaft in diesem größten Club der Welt sehr attraktiv machen. Mit dem tatsächlichen Spiel der

Kräfte im internationalen System hat das aber wenig zu tun. Die Fidschi-Inseln mögen in der Generalversammlung ruhig genauso viel Gewicht haben wie die USA. Zu sagen haben die Fidschis in der UNO trotzdem nichts. Über die wirklich entscheidenden Dinge, nämlich Krieg oder Frieden, entscheiden die Großmächte im Sicherheitsrat. Muss man das beklagen? Nur wenn man ein sehr idealistisches Weltbild als Beurteilungsmaßstab anlegt. Dann kann man auch auf die Idee kommen, die UNO sollte eine Art Weltregierung sein, mit dem Generalsekretär als wohlmeinendem Präsidenten. Zu einer realistischen Einschätzung der friedenspolitischen Möglichkeiten und Grenzen der UNO wird man damit aber nicht kommen. Die Generalversammlung hält einmal im Jahr ein Treffen ab, bei dem alle Staatenführer große Reden schwingen können und sich so richtig die Meinung sagen dürfen, was ausgesprochen spannend sein kann.

Außerdem betreibt die Generalversammlung (also alle Staaten zusammen) zahllose Einzelprogramme, von Flüchtlingshilfe über Umweltschutz bis Aids-Bekämpfung. Zur UNO gehören nämlich noch eine Menge weiterer Organisationen mit »UN« am Anfang: das Kinderhilfswerk UNICEF, die Flüchtlingshilfe UNHCR, das Umweltprogramm UNEP, die Kulturschützer UNESCO. Auch das Welternährungsprogramm (World Food Programme) gehört zur UNO, auch wenn kein UN davorsteht.

Dass die UNO eben wegen ihrer Gleichberechtigung der Staaten in diesen Unterorganisationen ein »zahnloser Tiger« sein kann, zeigt sich, wenn man sich die Zusammensetzung der UNO-Menschenrechtskommission ansieht. Da finden sich dann so ungemein menschenrechtsfreundliche Staaten wie Saudi-Arabien, Nigeria, Kuba, Sudan...

- Der **Generalsekretär**: Er (bisher waren es nur Männer) ist das einzige bekannte Gesicht der Vereinten Nationen. Er kann als Diplomat bei internationalen Konflikten sehr hilfreich sein und gilt als derjenige, der das Weltgewissen hochhält, also auf Armut und Ungerechtigkeit und Kriegsgefahren hinweist. Der Generalsekretär wird vom Sicherheitsrat ausgewählt, er muss also die Zustimmung aller ständigen Mitglieder (der Großmächte) haben. Und dann

muss auch noch die Generalversammlung zustimmen. Zurzeit hat der Südkoreaner Ban Ki Moon das Amt inne, sein Vorgänger war Kofi Annan aus Ghana.
- Der **Wirtschafts- und Sozialrat**. Zu seinen Aufgaben gehört allgemein die »Hebung des Lebensstandards in der Welt«, weshalb auch viele Entwicklungsländer in ihm vertreten sind.
- Der **Internationale Gerichtshof**; hier können Staaten ihre Streitigkeiten völkerrechtlich klären lassen. Der Internationale Gerichtshof ist das einzige UNO-Hauptorgan, das nicht in New York sitzt, sondern im niederländischen Den Haag. Die UNO-Staaten unterwerfen sich nur freiwillig der Rechtsprechung des IGH. Das heißt, sie müssen seine Zuständigkeit in konkreten Streitfällen ausdrücklich anerkennen. Wenn vom IGH Urteile gefällt wurden, bezogen sie sich meistens auf eher harmlose Grenzstreitigkeiten, bei denen es für die streitenden Staaten vorteilhaft war, vor Gericht einen Ausgleich zu finden. Es haben Staaten aber auch immer wieder Urteile ignoriert. Ein »Weltgericht«, das Strafen verhängen und durchsetzen kann, ist der IGH nicht. Doch immerhin gibt es eine solche ständige juristische Institution. Wichtiger als seine nicht sehr zahlreichen Urteile sind seine Rechtsgutachten zum Völkerrecht. Das Völkerrecht ist so kontinuierlich weiterentwickelt worden und damit auch der Grundgedanke, dass sich Staaten überhaupt an ein gemeinsames Recht halten sollen, was ja keine Selbstverständlichkeit und oft nur ein Lippenbekenntnis ist.
- Außerdem sitzt in Den Haag auch noch das **UN-Kriegsverbrechertribunal**, vor dem ehemalige Diktatoren und Kriegsherren angeklagt werden können, wie zum Beispiel der frühere serbische Präsident Slobodan Milošević.
- Mit diesen Sondertribunalen (zum Beispiel zu Kriegsverbrechen in Ex-Jugoslawien oder in Ruanda) nicht zu verwechseln, ist der **Internationale Strafgerichtshof**. Er wurde erst 1998 gegründet und ist keine direkte UNO-Organisation, auch wenn er in Zusammenarbeit mit den Vereinten Nationen entstanden ist. Neben einer Reihe anderer Staaten (u. a. China und Russland) haben sich die USA dem Statut des Internationalen Strafgerichtshofs nicht unterworfen. Sie vertreten die Ansicht, dass amerikanische Staatsbürger (zum Bei-

spiel einzelne US-Soldaten) nur von amerikanischen Gerichten verurteilt werden sollten, sonst könnten sie schnell zum juristischen Spielball machtpolitischer Interessen anderer Länder werden. Für eine Supermacht, die in vielen Teilen der Welt militärisch aktiv ist, im »Anti-Terror-Kampf« oder auch bei »humanitären Interventionen«, ist das Risiko hoch, ständig verklagt zu werden. Der bislang aufsehenerregendste Rechtsakt des Gerichtshofs war, dass erstmals von einem Gericht auf der Grundlage des Völkerrechts ein Haftbefehl gegen ein amtierendes Staatsoberhaupt erlassen wurde, nämlich gegen den sudanesischen Staatschef Baschir wegen Verbrechen gegen die Menschlichkeit. Festgenommen wurde er bisher allerdings nicht.

Sanktionen und Blauhelme:
Wie viel Druck kann die UNO machen?

Um ihr wichtigstes Ziel zu verfolgen, den Weltfrieden, haben die Vereinten Nationen unterschiedlich starke Druckmittel zur Verfügung. Meist geht es los mit »ins Gewissen reden«, also öffentlicher Empörung und stillem diplomatischem Druck hinter den Kulissen. Dann kommen wirtschaftliche Sanktionen (»Sanktion« heißt Strafe). Das bedeutet, es wird ein Handels-»Embargo« verhängt – bestimmte Waren aus dem betroffenen Land sollen von den übrigen UNO-Ländern nicht mehr gekauft und sie sollen auch nicht mehr dorthin geliefert werden. Meist geht es dabei um ein Waffenembargo. Es können aber auch weitergehende Sanktionen verhängt werden, bis hin zu einem vollständigen Embargo, bei dem der gesamte Handel mit dem Land zum Erliegen kommen soll, auch Ausreiseverbote für Regierungsmitglieder verhängt und Konten im Ausland eingefroren werden.

Über den Erfolg solcher Embargos wird immer wieder gestritten. Man trifft damit vor allem die normale Bevölkerung eines Landes, was an sich natürlich schon hart ist. Was kann der kleine Basarverkäufer in Teheran dafür, dass seine Regierung ein Atomprogramm verfolgt? Dahinter steckt aber die Hoffnung, dass eine Regierung über die wachsende Unzufriedenheit ihrer Bevölkerung unter Druck gerät und ihr Interesse, die Sanktionen zu lockern, so groß wird, dass sie zu Zugeständnissen bereit ist. Das kann allerdings dauern, und exakt messen lassen sich solche Wirkungen nicht. Denkbar ist auch, dass die Regierung die notleidende Bevölkerung unter Druck von außen sogar noch mehr hinter sich schart, nach dem Motto: »Seht, wie böse das Ausland ist, wir müssen als Nation zusammenstehen.«

Es gibt aber Beispiele für Wirtschaftssanktionen, die als durchaus erfolgreich gewertet werden. So wurde auf diese Weise die rassistische Apartheid-Regierung in Südafrika seit 1977 boykottiert, bis der Freiheitskämpfer Nelson Mandela 1990 aus dem Gefängnis entlassen wurde und 1994 ein politischer Umbau begann.

Allerdings werden solche Wirtschaftssanktionen oft heimlich unterlaufen, weil die »bösen« Staaten für die begehrten Güter sehr gut zahlen und es genügend Interessenten gibt, die gerne über verschlungene Pfade daran verdienen. An Waffen hat es kriegerischen Staaten jedenfalls noch nie gefehlt.

Die härteste Form der Sanktion ist, wenn die UNO (das heißt: der UNO-Sicherheitsrat) sich entschließt, sogar einen Krieg gegen ein Land zu führen. Auch wenn dann keine eigenen UN-Truppen losmarschieren, kann die UNO einen solchen Einsatz »absegnen«. So lief es zum Beispiel 1992 im afrikanischen Somalia. Die Amerikaner sind im Auftrag der UNO dorthin geflogen, um den schrecklichen Bürgerkrieg im Auftrag der Vereinten Nationen zu beenden. Ohne Erfolg. Bis heute befinden sich weite Teile des Landes in der Hand von Kriegsherren, radikalen Clans und Piraten.

Unterhalb eines Kriegseinsatzes gibt es noch eine Reihe anderer nützlicher Instrumente, die die UNO einsetzen kann. Sie kann zum Beispiel Wahlen überwachen, um sicherzustellen, dass sie demokratisch ablaufen. Das muss der betreffende Staat dann aber selbst wollen, um der eigenen Bevölkerung und aller Welt zu zeigen: Seht her, wir wollen jetzt wirklich demokratisch sein. Überhaupt sind die Chancen auf Erfolg am größten, wenn die betroffenen Staaten zustimmen. Dann können auch sogenannte Blauhelm-Missionen sehr hilfreich sein. »Blauhelme« heißen diese Soldaten, weil sie im Einsatz einen hellblauen Helm tragen, die Farbe der UNO. Diese Truppen setzen sich aus Soldaten unterschiedlicher Länder zusammen; es sind also tatsächlich internationale Truppen. Die UNO hat kein ständiges Heer an Blauhelmen, sondern muss für jeden einzelnen Einsatz Soldaten anwerben, das heißt, dass der UNO-Generalsekretär bei den Regierungen der UN-Mitgliedsländer »Klinken putzen geht« und um Unterstützung bittet. Nicht selten sind es kleine, arme Länder, die Soldaten stellen, weil das ganz gut bezahlt wird. Das kleine Nepal zum Beispiel stellt häufig Blauhelme zur Verfügung. Dass die Blauhelme nicht unbedingt Elitetruppen sind und es ziemlich schwierig ist, Soldaten aus unterschiedlichen Ländern unter ein gemeinsames Kommando zu bringen, kann man sich vorstellen. Weshalb bei echten Kriegseinsätzen in der Regel keine Blauhelme am Start sind, sondern nationale Truppen, zum Beispiel die US-Marines, die in solchen Fällen unter US- oder NATO-Kommando stehen und dabei auch keine blauen Helme auf dem Kopf haben. Die UNO hat für solche Militäreinsätze dann nur ein Mandat gegeben.

Peace Keeping und Peace Enforcement

Aber auch die »echten« Blauhelme haben viele Einsätze gehabt, sogar unter Beteiligung von Bundeswehrsoldaten, und sie waren dabei auch immer wieder durchaus erfolgreich. Hilfreich ist es zum Beispiel, Blauhelme an einer Grenze zu postieren, damit sie ein Friedensabkommen überwachen. Sie können zwar nicht schießen und den Frieden erzwingen, wenn eine der Streitparteien das Abkommen bricht, aber die ganze Welt weiß dann davon – und weiß auch, wer das Abkommen gebrochen hat. Als neutrale »Puffer« sind die Blauhelme zum Beispiel schon seit 1974 auf den Golanhöhen zwischen Israel und Syrien stationiert. Beide Staaten haben dem zugestimmt und finden das durchaus hilfreich, auch wenn der Nahostkonflikt insgesamt damit in keiner Weise gelöst ist. Aber wie heißt es so schön? »Kleinvieh macht auch Mist.« Das gilt sogar in der internationalen Politik.

Die Blauhelme können also einfach nur Beobachter sein und zum Beispiel überprüfen, ob eine Armee tatsächlich abzieht und Friedensabkommen eingehalten werden. Das ist das sogenannte Peace Keeping, also »Friedenserhaltung«. Wenn Blauhelmsoldaten selbst kämpfen, um Konfliktparteien gewaltsam zu trennen, nennt man das Peace Enforcement, also »Friedenerzwingung«. Das wurde erstmals im

Kongo in den fünfziger Jahren praktiziert, dann in den Neunzigern in Somalia und auf dem Balkan. Außerdem hat der UNO-Sicherheitsrat einhellig friedenserzwingende Maßnahmen legitimiert beim irakisch-kuwaitischen Krieg 1990.

Viele der in den neunziger Jahren neu formierten Blauhelm-Einsätze hatten sehr komplexe Aufgaben, die Polizeiarbeit mit einschlossen und bei denen der Übergang von Peace Keeping zu Peace Enforcement fließend ist. Leider gehen solche Peace Enforcements in der Praxis oft schief, weil es den Blauhelmen dann nicht mehr gelingt, als neutral und unparteiisch wahrgenommen zu werden. Ihr Eingreifen wird von der einen oder von allen Seiten als ungerecht empfunden, und sie geraten zwischen alle Fronten.

Grundsätzlich kann die UNO nur handeln, wenn sich die Großmächte im Sicherheitsrat und die Mehrheit ihrer Mitglieder einig sind, und wenn auch genügend Länder bereit sind, dafür Geld auszugeben oder sogar das Leben eigener Soldaten zu riskieren. Man kann das gar nicht oft genug betonen. Den Vereinten Nationen geht es insofern ein bisschen wie einem Staat: Alle schimpfen auf die UNO und fragen sich dabei gar nicht, auf wen sie da eigentlich schimpfen. Wer ist denn »der Staat«? Alle Steuerzahler, alle Staatsbürger! Und wer sind »die Vereinten Nationen«? Alle Nationen dieser Welt. Oder, wie der ehemalige Generalsekretär Kofi Annan einmal sagte: »Ich habe bei allem, was ich tue, 192 Herren.«

Der Sicherheitsrat: mächtiges Gremium mit Blümchentapete

Übrigens sieht der berühmte Versammlungsraum des stolzen Weltsicherheitsrat in Wirklichkeit ziemlich altmodisch und renovierungsbedürftig aus, als sei da seit den fünfziger Jahren nicht mal die Tapete erneuert worden. Genau genommen hat der Wandbehang mit seinen bräunlichen Ornamenten den ästhetischen Charme einer Blümchentapete in Gelsenkirchen. Der Raum ist eher klein und muffig, wenig beeindruckend und ziemlich düster, mit verkratzten Holzbänken auf der Zuschauertribüne. Trotzdem war dieser Raum immer wieder Schauplatz aufregender Sitzungen, die in die Geschichtsbücher eingegangen sind. Denn es ist der Ort, an dem sich die Mächtigen der

Welt an einem Tisch gegenübersitzen und sich gegebenenfalls auch erstaunlich direkt und undiplomatisch die Meinung sagen – was ungemütlich werden kann. Zum Beispiel 2003, als sich Amerika um die Zustimmung der UNO zum Irak-Krieg bemühte. Washington war es nämlich durchaus nicht egal, ob der Rest der Welt dafür oder dagegen war. Man wollte den Segen der UNO haben. So wie es zwölf Jahre zuvor gewesen war. 1990 war ja schon mal eine gemeinsame Truppe unter Führung der USA gegen den Irak in den Krieg gezogen, nachdem der irakische Diktator Saddam Hussein seinen kleinen Nachbarn Kuwait überfallen hatte. Damals war sich die Welt einig gewesen, dass es gut wäre, wenn die USA den Kuwaitern helfen und Saddam Hussein in seine Schranken weisen würden. Selbst Russland war damals dafür, und so stimmte der UNO-Sicherheitsrat dem Krieg zu. Doch nun hatte sich die Situation geändert. Die meisten Länder fanden zwar sehr wohl, dass der irakische Diktator Saddam Hussein ein übler Genosse war. Aber sie glaubten nicht, dass der Irak tatsächlich Atomwaffen hatte, und sie waren auch nicht der Ansicht, dass ein Krieg gegen Hussein die Welt sicherer machen würde. Colin Powell, damals Außenminister der USA, saß deshalb am 5. Februar 2003 im Sicherheitsrat wie ein Staubsaugervertreter und versuchte, die Kriegspläne seines Landes anzupreisen und die anderen Staaten davon zu überzeugen. Er projizierte Bilder mit einem altmodischen Overhead-Projektor auf eine Leinwand, auf der man angebliche geheime Waffenlager des Iraks sah, und zitierte aus angeblichen Abhörprotokollen der Geheimdienste. Mir ist das sehr eindrücklich in Erinnerung, weil ich damals selbst auf der Pressetribüne saß und die ganze Vorstellung mit Kollegen aus aller Welt atemlos verfolgte. Am meisten beeindruckt hat mich damals, wie »klein« das alles wirkte. Fast ein bisschen wie im Besprechungsraum eines mittelständischen Unternehmens. Man sitzt am Konferenztisch, einer hantiert mit einer sehr mittelmäßigen Powerpoint-Präsentation, malt mit Leuchtstift ein paar Kreuzchen, und die anderen rollen mit den Augen.

Von der Pressetribüne aus konnte man auch gut beobachten, wie unwohl Colin Powell sich dabei fühlte, wie verkrampft er war. Und man konnte ebenfalls sehen, wie unwohl sich die anderen Außenminister fühlten. Der damalige deutsche Außenminister Joschka Fischer hatte seine Stirn noch mehr in Falten gelegt als sonst. Der Franzose Dominique de Villepin klackerte ständig mit seinem Kugelschreiber und schüttelte immer wieder den Kopf. Eine Woche später, bei der nächsten Sicherheitsratssitzung, hielt der französische Außenminister dann eine flammende und in ihrer leidenschaftlichen Dramatik sehr französische Rede gegen diesen Krieg, die von der Beobachtertribüne mit lautem Applaus bedacht wurde, was im Sicherheitsrat sonst absolut unüblich ist. Jahre später stellte sich heraus, dass die »Beweise« von Colin Powell tatsächlich keine waren, sondern bloß falsche Behauptungen. Powell selbst sprach im Nachhinein davon, dass diese Stunde im Sicherheitsrat der »Schandfleck« seiner Karriere gewesen sei. Ein Auftritt, den er gern ungeschehen machen würde. Die internationalen Beziehungen sind damals auf einen Tiefpunkt gesunken: Auf der einen Seite standen die USA und Großbritannien, auf der anderen Seite Russland, China und große Teile Westeuropas, allen voran Deutschland und Frankreich. Viele Osteuropäer wiederum stellten sich an die Seite Amerikas, aus Abneigung gegenüber Russland und in der Hoffnung, dass das mächtige Amerika ihnen die willfährige Zustimmung danken würde. All das hat der Welt nicht gutgetan. Es hat dem Ansehen der USA geschadet und die Europäer auseinanderdividiert.

Die Schuld der UNO war das aber nicht. Immerhin bot sie einen Raum, in dem man noch miteinander redete und diskutierte und versuchte, sein Handeln zu rechtfertigen. Dabei kann die UNO aber nie besser sein als die Summe ihrer Teile. Sie erhebt zwar zu Recht diesen Anspruch, als ständige Aufforderung an die Weltgemeinschaft, sich zu bessern. Am Ende des Tages ist sie jedoch nur ein Spiegelbild eben dieser Welt, mit allem Guten und allem Schlechten, was unser nationalstaatlich strukturierter Globus zu bieten hat.

Ärger mit Washington und Moskau

»... und Kofi will das auch!« – für einen deutschen Bundeskanzler war dies jahrelang das beste Argument, um zögernde Bundestagsabgeordnete davon zu überzeugen, deutsche Soldaten in Friedenseinsätze zu schicken. Kofi Annan war von 1997 bis 2006 Generalsekretär der Vereinten Nationen. Der Diplomat aus Ghana war sehr populär und ein viel bekannteres Gesicht als sein Nachfolger, der aktuell amtierende Südkoreaner Ban Ki Moon. Aber auch Ban Ki Moon genießt Ansehen, schließlich repräsentiert er die Vereinten Nationen und damit »eine gute Sache«.

Wir Deutsche haben ein besonderes Verhältnis zu übergeordneten, moralischen Instanzen, bei denen wir Neutralität und höhere Weisheit vermuten. Das gilt fürs Bundesverfassungsgericht genauso wie für den UNO-Generalsekretär, vor allem wenn der ein so freundlicher Mensch ist wie Kofi Annan, der sich in Deutschland fast den Status eines säkularen Beinah-Papstes erworben hatte. Uns Deutsche stört es auch nicht so sehr, dass das Macht- und Kraftzentrum der Vereinten Nationen der Sicherheitsrat ist und dort Entscheidungen an einem Tisch getroffen werden, an dem deutsche Regierungen keinen festen Platz haben. Das Bemühen der Bundesregierung um einen ständigen Sitz im Sicherheitsrat stößt in der deutschen Öffentlichkeit jedenfalls auf mäßiges Interesse. Dass der Sicherheitsrat ein Direktorium der Großmächte ist, in dem die Siegermächte des Zweiten Weltkriegs sitzen, ist vielen gar nicht bewusst. Der grundsätzlichen Sympathie für die UNO und ihren Generalsekretär tut das keinen Abbruch.

In anderen Ländern wird diese deutsche Befindlichkeit schwer verstanden. Für einen Amerikaner gibt es kein Gremium, das eine höhere Legitimität (sprich: Rechtmäßigkeit) haben könnte als der US-Kongress. Und Franzosen oder Chinesen haben auch von jeher kein Problem damit, von »nationalen Interessen« zu sprechen und die Frage zu stellen: Was nutzt uns das? Was kostet uns das? Deutsche Außenpolitiker haben diese Fragen zwar auch immer gestellt. Alle bisherigen Außenminister waren Realpolitiker. Nur wird die Realpolitik in Deutschland anders kommuniziert. Und so erklärt es sich auch, dass in den USA seit Jahrzehnten mit Anti-UNO-Parolen Wahlkampf gemacht wird, während kein deutscher Politiker auf die Idee käme, auf Stimmenfang zu gehen, indem er gegen den Friedensnobelpreisträger Kofi Annan oder seinen Nachfolger Ban Ki Moon wettert.

Tatsächlich gerät der UN-Generalsekretär immer wieder in die Kritik. So wird zum Beispiel schon bemängelt, wie die Kandidatenauswahl für das Amt des Generalsekretärs abläuft. Sie sei undemokratisch, und am Ende werde es immer nur ein »blasser Technokrat« als »Kompromisskandidat«. Bei der letzten Generalsekretärswahl gab es den Vorschlag, Bill Clinton zu nehmen, das wäre doch mal endlich ein echtes Kaliber! Dem kann man nur entgegenhalten: Nein, der amerikanische Ex-Präsident Bill Clinton wäre keine gute Wahl gewesen. In einer von den USA dominierten Organisation wäre er sogar völlig fehl am Platz. Um von allen anderen nicht als Interessenvertreter Amerikas wahrgenommen zu werden, müsste er derart auf Abstand zu der jeweiligen Regierung in Washington gehen, dass er praktisch zum Gegenspieler würde. Außerdem ist nicht jeder Amerikaner Bill-Clinton-Fan. Er wird dort auch als Parteipolitiker wahrgenommen. Ein Kompromisskandidat ist für die UNO viel geeigneter. Ein Mann oder eine Frau, gegen den/die zunächst niemand etwas einzuwenden hat, auch und erst recht nicht die mächtigen USA. Denn nur dann hat der Kandidat überhaupt eine Chance, sich zu entwickeln. Ärger mit Washington bekommt er über kurz oder lang von ganz alleine.

Der »unmögliche Job« des UNO-Generalsekretärs

Kofi Annan zum Beispiel war ursprünglich der Kandidat der Amerikaner, sie hatten seine Wahl stark betrieben. Der Mann aus Ghana wurde als »blasser Technokrat« und »Mann Amerikas« beschrieben. Jahre später galt Kofi Annan als einer der charismatischsten Generalsekretäre überhaupt. Hätte er sich 2006 allerdings um eine dritte Amtszeit bemüht, wäre er ausgerechnet am Veto seiner Ex-Freunde, der Amerikaner, gescheitert. Während des Irak-Kriegs gab es so scharf ausgetragene Konflikte zwischen ihm und der US-Regierung, dass man in Washington von Kofi die Nase gründlich voll hatte. So oder so ähnlich ist es bisher jedem Generalsekretär ergangen, wobei die jeweiligen Spielräume des Amtsinhabers künftig noch schwerer abzuschätzen sind als in der Vergangenheit.

Zu Zeiten des Ost-West-Konflikts, in einem strikt »bipolaren« internationalen System, mit zwei Machtblöcken, musste er »nur« den Spagat zwischen Washington und Moskau schaffen. Das war schon schwer genug. Der allererste UN-Generalsekretär, der Norweger Trygve Lie, war daran komplett gescheitert. Er musste in seiner zweiten Amtszeit vorzeitig aufgeben, weil er gegen den Willen der Sowjetunion nicht mehr agieren konnte. Trygve Lie war es denn auch, der den berühmten Satz prägte, das Amt des Generalsekretärs sei ein »unmöglicher Job«. Nach dem Ende des Ost-West-Konflikts erlebte die UNO einen vorübergehenden Frühling, mit einem sprunghaften Anstieg von Friedensmissionen und Blauhelm-Einsätzen bis hin zum ersten Peace-Enforcement-Einsatz seit 1950, im irakisch-kuwaitischen Konflikt 1990. Plötzlich schien es möglich, dass nicht mehr nur UNO-Blauhelme als Puffer zwischen zwei sich streitenden Ländern stehen und Friedensabkommen überwachen, sondern dass die UNO selbst einen Krieg führt, weil eines seiner Mitgliedsländer (Irak) ein anderes überfallen hat (Kuwait). Es waren zwar nicht UNO-Blauhelme, die dann gegen irakische Soldaten zu Felde zogen, sondern vor allem amerikanische Truppen. Aber die UNO hatte zugestimmt. Weder die Chinesen noch die Russen hatten ein Veto eingelegt. Das weckte hohe Erwartungen. Die Enttäuschung folgte auf den Fuß. In den Jahren danach wurde klar: Die UNO kann keine echte Weltpolizei sein, die überall Frieden schafft.

Hilflos bei Massakern

Eines der dunkelsten Kapitel in der Geschichte der Organisation war ihre Untätigkeit beim Völkermord in Ruanda 1994. Warum hatte die UNO tatenlos zugesehen? Vor allem deshalb, weil erst kurz zuvor die nackten Leichen amerikanischer Soldaten durch die Straßen Mogadischus gezerrt worden waren. Der Somalia-Einsatz, den der UN-Generalsekretär Boutros-Ghali entschieden vorangetrieben hatte, wurde daraufhin abgebrochen. Und kein amerikanischer Präsident hätte wenige Monate später Soldaten nach Ruanda geschickt. Ohne die Amerikaner ging aber nichts Mitte der neunziger Jahre. Das beginnt sich heute allerdings zu ändern. Das internationale System ist viel »multipolarer« als noch vor zehn Jahren. Es gibt nicht mehr nur zwei Blöcke, wie im Kalten Krieg, und die USA sind nicht mehr jene alles beherrschende Supermacht wie noch vor zehn Jahren.

Das Phänomen wechselnder Allianzen ließ sich im zweiten Krieg gegen den Irak 2003 gut beobachten, als Deutschland und Frankreich sich den USA verweigerten. »Für ein Abenteuer stehen wir nicht zur Verfügung«, hatte Bundeskanzler Gerhard Schröder damals gesagt. Auch mehren sich Konflikte, in denen einzelne Staaten militärisch eingreifen, wie zum Beispiel Frankreich 2013 im afrikanischen Mali, ohne dass die USA mit im Boot waren.

Dem UNO-Generalsekretär kann diese internationale Entwicklung insgesamt größere Spielräume eröffnen, zugleich macht es die Bedingungen seines Amtes komplexer und unberechenbarer. Eines wird sich hingegen nicht ändern: Immer wieder wird der UNO-Generalsekretär als Sündenbock herhalten müssen. Das ist fester Teil seiner »Job-Description«! Das war so in Somalia, in Ruanda oder beim Massaker von Srebrenica. »Die UNO hat die bosnischen Muslime nicht beschützt« – so heißt es. Es stimmt zwar, dass damals auch die UN-Friedenstruppen vor Ort furchtbar versagt haben, als sie einfach zusahen, wie die Serben bosnische Muslime abführten und massakrierten. Trotzdem: Die UNO ist bei Krieg und Frieden keine eigenständige Organisation. Alles steht und fällt mit dem Sicherheitsrat und damit mit den Großmächten. Die ständigen Mitglieder des Sicherheitsrats konnten sich damals nicht darauf einigen, massiv militärisch gegen die Serben vorzugehen. Insbesondere Frankreich und Russland zögerten. Ein UNO-Generalsekretär hat aber nun mal keine eigenen Truppen, die er einfach so in Gang setzen kann.

Gute Dienste als der unsichtbare Dritte

Ein »unmöglicher Job« also – und doch ein Job voller Möglichkeiten, insbesondere im Bereich der stillen Diplomatie. Für die bekommt man allerdings keinen lauten Applaus und manchmal noch nicht mal einen Eintrag in die Geschichtsbücher. In Geschichtsbüchern findet sich jedenfalls fast nichts über die Rolle, die der birmesische UNO-Generalsekretär U Thant in der Kuba-Krise 1962 spielte, als die Welt so nah am atomaren Abgrund stand wie nie zuvor oder danach. Der »blasse« U Thant, an den sich heute kaum jemand erinnert, trug hinter den Kulissen damals sehr viel dazu bei, dass Washington und Moskau überhaupt ins Gespräch kamen. Die Situation war dramatisch, beide Seiten wollten sie entschärfen; doch wer hätte zuerst zum Telefonhörer greifen können, ohne das Gesicht zu verlieren? In solchen Situationen ist ein neutraler Dritter von unschätzbarem Wert.

In der Diplomatensprache nennt man das »Third Party Methods«. Das können einfach nur hilfreiche Dienste (»good offices«) sein, etwa eine Mitteilung zu überbringen, wenn zwei Länder nicht direkt miteinander reden können. Die höchste Stufe diplomatischen Engagements ist die Vermittlung (»mediation«). Dann schlägt der Generalsekretär sogar von ihm selbst verfasste Friedensabkommen vor. Je intensiver der Generalsekretär eingreift, desto höher ist allerdings sein eigenes persönliches Risiko. Und sei es das Risiko, selbst das Gesicht zu verlieren.

Am erfolgreichsten war er über die Jahrzehnte hinweg insofern immer wieder mit den einfachen »guten Diensten«: Dialoge in Gang setzen, diskret Kontakte herstellen, inoffizielle Botschaften überreichen, als Gastgeber zur Verfügung stehen. Der Generalsekretär kann aber auch darüber hinausgehen, er kann Ratschläge geben und eigene Kompromissvorschläge ausarbeiten. All das setzt voraus, dass er erstens als neutral und integer wahrgenommen wird und zweitens die Konfliktparteien an Hilfe interessiert sind. Sei es, dass sie kampfesmüde sind. Sei es, dass sie es selbst mit der Angst zu tun bekommen, angesichts der Gefahr einer weiteren Eskalation. Sei es, dass ein regionaler Konflikt entschärft werden soll, bevor er größeren Mächten Probleme bereitet. Gerade während des Ost-West-Konflikts war das häufig der Fall. Es gab viele Konflikte in Asien oder Afrika, bei denen die streitenden Länder zur Einflusssphäre der einen oder der anderen Supermacht gehörten. Und Moskau oder Washington dann Sorge hatten, dass sie als jeweilige Schutzmächte in gefährliche Stellvertreterkriege hineingezogen wurden

Immer wieder besteht der besondere Verdienst des Generalsekretärs darin, ein gesichtswahrendes Nachgeben zu ermöglichen. 1954 zum Beispiel haben die Chinesen die Freilassung amerikanischer Spione als Geburtstagsgeschenk an den »hochgeschätzten« UNO-Generalsekretär Dag Hammarskjöld verpackt. Für den Schweden Hammarskjöld, der höchstselbst in Peking interveniert hatte, war dieses »Geburtstagsgeschenk« nicht nur ein persönlicher Durchbruch (auch er galt vorher als blasser Beamter). Es war auch ein Durchbruch für das Amt des UNO-Generalsekretärs, denn plötzlich erkannte die

Weltgemeinschaft, welch politisches Potenzial dieser Akteur hat. Wie ungemein nützlich es sein kann, wenn er nicht nur »Sekretär«, sondern aktiver Diplomat ist.

Die Grenzen des Amtes

In der Folge begann Hammarskjöld die Grenzen seines Amtes und der UNO als Ganzes auszudehnen. Der Schwede war nicht nur ein charismatischer Intellektueller (der nebenbei Gedichte schrieb), sondern auch ein äußerst ehrgeiziger Visionär. So ehrgeizig und hoffnungsvoll, dass er 1960 im Kongo den ersten Blauhelm-Einsatz der Vereinten Nationen initiierte, der heute wohl unter den neuen Begriff »humanitäre Intervention« fallen würde. Erstmals griff die UNO dort in einen Bürgerkrieg ein. Und scheiterte kläglich. Dag Hammarskjöld selbst kostete der Einsatz sogar das Leben. Dass es bei seinem mysteriösen Flugzeugabsturz über dem Kongo mit rechten Dingen zuging, wird bis heute bezweifelt.

Immer noch aktuell sind die Protokolle von Hammarskjölds flehentlichen, ja verzweifelten Klagen über unklare Mandate, mangelnde Unterstützung und widerstreitende Interessen der Großmächte. In diesem Spannungsraum werden sich auch künftige Generalsekretäre bewegen, und sie werden es immer häufiger mit innerstaatlichen Konflikten zu tun bekommen, mit denen sich die UNO in der Vergangenheit durchweg schwertat.

Ein wichtiger Aspekt kommt dabei hinzu, der im vergangenen Jahrhundert kaum eine Rolle spielte: die massive Bedrohung des Weltfriedens durch nichtstaatliche Akteure wie das Terrornetzwerk al-Qaida. Bisher hat die Weltgemeinschaft keine Mittel und Wege gefunden, darauf zu reagieren. Mit wem soll sie in Kontakt treten? Wen soll sie sanktionieren? Al-Qaida gehört nicht zu einem bestimmten Land. Osama Bin Laden hatte keinen Botschafter bei der UNO akkreditiert, den man empört einbestellen und mit einem Handelsembargo bedrohen konnte. Man kann natürlich darüber streiten, ob ein Osama Bin Laden überhaupt jemals ein Gesprächspartner hätte sein können. Doch sollten wir irgendwann an einen Punkt kommen, an dem der Albtraum einer Erpressung durch Nuklear-Terrorismus real zu werden droht – dann wird man womöglich einen »supranationalen« Akteur brauchen, der in der Lage ist, mit solchen »transnationalen« Gruppen zu kommunizieren. Ein gewählter Regierungschef eines einzelnen Staates kann das nicht sein. Ein UNO-Generalsekretär, der die Weltgemeinschaft personifiziert, *könnte* es zumindest sein.

Weltpolitik mit Waffen

In der alten indischen Sprache Sanskrit bedeutet Krieg »Wunsch nach mehr Kühen«. Eine hübsche Umschreibung für eines der Hauptmotive kriegerischer Angriffe. »Wollt ihr den totalen Krieg?«, schrie Reichspropagandaminister Joseph Goebbels 1943 im Berliner Sportpalast, und die Massen jubelten ihm zu. Das wäre heutzutage natürlich völlig undenkbar. Kriege gibt es aber nach wie vor. Sie werden allerdings anders kommuniziert. In Deutschland tut man sich mit dem Begriff »Krieg« besonders schwer. Es hat lange gedauert, bis deutsche Politiker das Wort Afghanistan-*Krieg* in den Mund nahmen. Aber auch in den meisten anderen Ländern wird lieber von »militärischen Einsätzen« gesprochen. Selbst Diktatoren werden lieber in Kriege »hineingezogen«, »müssen auf Bedrohungen reagieren« oder »Rechte unseres Volkes durchsetzen«. Dass einer ganz offenherzig sagt: »So, wir ziehen jetzt los und greifen an, weil wir mehr Kühe/Land/Ölquellen wollen«, kommt in der Regel nicht vor. Am deutlichsten sind noch die Dschihadisten, die ihren Heiligen Krieg zwar auch als Verteidigung des Islam gegen jüdisch-christlichen Imperialismus sehen, dabei aber auch recht unverhohlen erklären, dass sie »die Ungläubigen« auslöschen und das Schwert des Islam in die Welt tragen wollen.

Die Grenzen zwischen bewaffnetem Konflikt und Krieg sind fließend. Vom Krieg spricht man, wenn Kämpfe über einen längeren Zeitraum gehen, organisiert sind und viele Menschen betreffen. Konfliktforscher nennen hier zum Beispiel mehr als 1000 Tote im Jahr, was aber letztlich auch ein willkürliches Kriterium ist.

Es gibt Kriege zwischen Staaten (internationale Kriege) und Kriege innerhalb eines Staates zwischen verschiedenen Bevölkerungsgruppen (Bürgerkriege). Eine spezielle Kriegsform ist der Krieg nach innen als Staatsterror, wenn eine Regierung Krieg gegen ihr eigenes Volk führt. Das hat Hitler in Deutschland getan, als er Millionen Deutsche in Konzentrationslagern töten ließ (die deutschen Juden waren ja genauso Deutsche wie die deutschen Christen). Neuerdings gibt es auch noch den »Krieg gegen den Terror« als Antwort auf den »Heiligen Krieg«. Ob das ein richtiger Krieg ist oder nicht, darüber wird gestritten.

In früheren Jahrhunderten wurde vor einem Krieg immerhin noch höchst formell eine Kriegserklärung ausgesprochen (»Ab morgen wird geschossen«), es gab klare Fronten, die Feldherren von einem Hügel aus beobachten konnten wie ein Fußballspiel, und am Ende schlossen die Gegner einen Friedensvertrag, bei dem dann im Zweifelsfall einer der Gewinner war. Das ist schon lange nicht mehr so. Inzwischen wird einfach mitten in der Nacht angegriffen. Oft sind Kriege aber auch heute noch vorhersehbar, sie brechen nicht gänzlich überraschend aus. Jedenfalls dann nicht, wenn große demokratische Staaten involviert sind. Vorher gibt es Ultimaten, UN-Beschlüsse etc. Das Fernsehen ist schon da, bevor die erste Rakete einschlägt. Eines ist aber beim Alten geblieben: Schluss ist meistens erst, wenn einer am Boden liegt. Oder beide nicht mehr können. »Erschöpfung« ist einer der Hauptgründe, die Kriegsparteien an den Verhandlungstisch zurückbringen. Was leider auch bedeutet, dass erst mal sehr viel Blut geflossen sein muss, bis sich die Erkenntnis durchsetzt, dass es für keinen mehr etwas zu gewinnen gibt. Erst dann hat die Diplomatie wieder eine Chance. Umso wichtiger ist es, dass aus einem Konflikt gar nicht erst ein Krieg wird. Ganz am Anfang sind die Chancen, die Waffengewalt einzudämmen, noch relativ groß. Sind erst mal sehr viele Menschen gestorben, ist es schwer, überhaupt jemals wieder friedlich miteinander umzugehen.

Es gibt ein internationales »Kriegsrecht«, das regeln soll, was im Krieg erlaubt ist und was nicht: die sogenannte Haager Landkriegsordnung und die Genfer Konvention. Zum Beispiel steht darin, wie man Kriegsgefangene behandelt; man darf gegnerische Soldaten nicht einfach verhungern lassen, und die siegreichen Soldaten dürfen keine Frauen vergewaltigen (was sie aber häufig trotzdem tun). Ausdrücklich heißt es: »Die Staaten haben kein unbegrenztes Recht in der Wahl der Mittel zur Schädigung des Feindes.« Damit unterstellt man allerdings zugleich automatisch, dass manche Mittel schon irgendwie okay seien. Und logischerweise ist derjenige im Vorteil, der sich nicht an diese Regeln hält. Insofern steht das Kriegsrecht meist nur auf dem Papier. Erst wenn man den Krieg verliert, so wie der frühere Präsident Serbiens Slobodan Milošević (der »Schlächter vom Balkan«), kann man heutzutage dafür wegen »Verbrechen gegen die Menschlichkeit« vor Gericht gestellt werden. Aber ob das den nächsten derartigen Massenmörder abschreckt, ist zumindest fraglich.

Immerhin wurden früher noch gewisse Minimalregeln eingehalten. Das Rote Kreuz zum Beispiel wurde als neutrale Organisation, die beiden Seiten hilft, anerkannt. In den Kriegen heute, in denen oft nichtstaatliche Akteure kämpfen, ist auch das häufig nicht mehr der Fall, und Mitarbeiter von Hilfsorganisationen werden beschossen oder entführt. Das gilt auch für Kriegsberichterstatter, deren Job auf den Schlachtfeldern dieser Welt noch gefährlicher geworden ist.

Warum werden heute (noch) so viele Kriege geführt?

Die weltweit häufigsten Kriege sind Bürgerkriege, bei denen sich verschiedene Volksgruppen bekämpfen. Sie sind meist besonders blutig und schrecklich, weil jeder gegen jeden kämpft, und das an jeder Hausecke. Außerdem kommt oft ethnischer, rassistischer oder religiöser Hass hinzu, der heftiger sein kann als der Hass, den »reguläre« Soldaten empfinden, wenn sie gegen Soldaten anderer Länder kämpfen (müssen).

Im afrikanischen Ruanda zum Beispiel wurden 1994 beim innerstaatlichen Krieg, den die Hutus gegen die Tutsis führten, innerhalb weniger Wochen eine Million Menschen niedergemetzelt. Da die Opfer hauptsächlich Tutsis waren, spricht man bei einer so großen Opferzahl auch von »Völkermord«, weil ein ganzes Volk beziehungsweise eine Volksgruppe beinah ausgelöscht wurde. Bei Bürgerkriegen spielen Rassismus oder religiöser Hass zwar eine große Rolle, doch oft liegen die eigentlichen Kriegsursachen oder -motive woanders. Wenn es einem Land zum Beispiel wirtschaftlich schlecht geht, wird gern nach Schuldigen gesucht. Die findet man dann in einer ethnischen Minderheit, und so waren plötzlich die Tutsis schuld an der Armut Ruandas. Oder es geht um die Frage, wer in dem Land das Sagen hat. Tutsis und Hutus unterscheiden sich ethnisch kaum voneinander, viele Ruander sind gar nicht zuzuordnen, sie haben auch keine unterschiedliche Religion oder unterschiedliche Stammesgebiete. Sie lebten vorher völlig friedlich nicht nur nebeneinander, sondern miteinander. Während der Massaker brachten sich aber auch Hutus gegenseitig um, es haben sogar Söhne ihre Väter erschlagen. Ein Grund dafür ist, dass es in Ruanda eine gewaltige Überbevölkerung gab: zu viele Menschen auf zu wenig Land. Der Bürgerkrieg war also auch eine »gute Gelegenheit«, mit allen abzurechnen, die einem im Wege standen.

Bei Kriegen zwischen Staaten geht es meist um Streitigkeiten über Grenzverläufe und wem was gehört. Um Land wird vor allem dann Krieg geführt, wenn es dort Bodenschätze gibt. Schließlich will jeder gerne Ölquellen haben oder einen Zugang zum Meer, um Schifffahrt betreiben zu können. Und die wenigsten Ländergrenzen sind so uralt, dass sie von niemandem in Frage gestellt werden. Irgendwer kann eigentlich immer behaupten, er sei schon früher mal da gewesen.

Darüber streiten zum Beispiel Israelis und Palästinenser: Wem gehört das Heilige Land nun wirklich? Wessen Vorfahren waren zuerst da? Manchmal wird in solchen Streitfragen sogar mit antiken Knochenfunden argumentiert. Tatsächlich gehen aber auch die meisten scheinbar innerstaatlichen Konflikte auf Grenzziehungen zurück, die Jahrhunderte zuvor künstlich vorgenommen wurden, ohne Rücksicht auf ethnische Zugehörigkeiten und Stammesgebiete. In Afrika ist das so, wo die Kolonialherren Grenzen zogen. Und auch die vielen Konflikte im Kaukasus hängen mit der Sowjetisierung zusammen, als von Moskau aus Regionen willkürlich aufgeteilt und ganze Völkergruppen deportiert wurden.

Die häufigsten zivilen Streitigkeiten, die in Deutschland vor Gericht kommen, sind übrigens Nachbarschaftsstreitigkeiten. Wenn man sich schon innerhalb eines Landes derart verbissen über Maschendrahtzäune streitet, versteht man, wie schnell ein Streit zwischen Ländern ausbrechen kann. Und wer jemals eine blutige Schulhof-Prügelei beobachtet hat, weiß auch, wie schnell sich Menschen plötzlich aufführen wie Tiere. Oder noch schlimmer. Tiere fressen sich gegenseitig, aber in der Regel foltern sie nicht.

Die meisten Kriege bemerken wir allerdings gar nicht. Es sind Bürgerkriege oder Streitigkeiten zwischen zwei Kleinstaaten. Bis zu fünfzig derartige Kriege werden momentan weltweit geführt. Manchmal werden sie von Regierungen nur angezettelt, um die hungrige Bevölkerung davon abzulenken, wie schlecht sie regiert wird. Diese Kriege finden meist in Gegenden statt, die weit weg von Deutschland sind, viele in Afrika. Insofern stellen sie keine direkte militärische Gefahr für uns dar. Dass dort Krieg ist, merken wir erst, wenn viele Flüchtlinge vor unserer Haustür stehen, die mit allen Mitteln versuchen, aus ihrer Heimat zu entkommen, notfalls in einer Nussschale über das Mittelmeer. Sie haben nichts mehr zu verlieren – denn sie haben schon alles verloren. Es kommen aber nicht nur Hungrige, es kommen auch Hasserfüllte, die auf die Ungerechtigkeiten in ihren Heimatländern aufmerksam machen wollen. Den Bombenanschlag auf den Marathonlauf in Boston 2013 haben zwei eingewanderte Tschetschenen verübt. Tschetschenien war Teil einer der Sowjetrepubliken. Nach dem Zusammenbruch der UdSSR wurden dort seit Mitte der 1990er Jahre blutige Kriege geführt, zunächst als Unabhängigkeitskrieg gegen Moskau beziehungsweise von Moskau gegen die tschetschenischen Sezessionisten (»Abtrünnigen«). Später wurde daraus ein islamistischer Dschihad.

Ob Flüchtlinge oder Attentäter oder andere Verzweifelte, wie etwa die PKK-Anhänger, die sich in den 1990er Jahren auf deutschen Autobahnen selbst verbrannten – die Konflikte in anderen Teilen der Welt können uns offensichtlich nicht gleichgültig sein. Denn auch wenn der Konfliktherd weit weg ist, kann er trotzdem bis vor unsere Haustür getragen werden.

Insgesamt kann man zu dem Schluss kommen, dass bei Ausbruch von Kriegen auch die politische Verfassung von Staaten eine große Rolle spielt. Demokratische, freiheitliche Staaten, so die Vermutung, ziehen seltener in den Krieg. Das stimmt – und stimmt auch wieder nicht. Tatsächlich ist es so, dass freiheitliche Demokratien in der Regel nicht gegeneinander Krieg führen. Vor allem dann nicht, wenn sie zu einem gemeinsamen Kulturraum gehören und eng miteinander verflochten sind, so wie die Mitgliedsländer der EU. Fachleute sprechen vom »Phänomen des demokratischen Friedens«. Das heißt aber nicht, dass Demokratien generell friedlicher sind. Sie führen durchaus Kriege – aber nicht gegeneinander, sondern gegen andere, nichtdemokratische Staaten. Diese Kriege müssen demokratisch gewählte Regierungen gegenüber ihrer Bevölkerung allerdings gut begründen. Und Regierungen, die wiedergewählt werden wollen, können ihr Volk nicht grenzenlos belasten. »Bis zum letzten Blutstropfen« zu kämpfen, bekommt man in einer Demokratie kaum durchgesetzt.

Von den Weltkriegen zum Ost-West-Konflikt

Zwei Kriege der Neuzeit haben praktisch alle Länder und Kontinente gleichzeitig betroffen und werden deshalb »Weltkriege« genannt. Und beide gingen von Deutschland aus. Der Erste Weltkrieg wurde von 1914 bis 1918 in Europa, dem Nahen Osten, Afrika und Ostasien geführt. Die USA verbündeten sich am Ende mit den Deutschland-Gegnern. Der Erste Weltkrieg kostete 9 Millionen Menschen das Leben. Österreich-Ungarn hatte am 28. Juli 1914 dem Land Serbien den Krieg erklärt. Russland eilte den Serben zu Hilfe; Deutschland unterstützte als Bündnispartner Österreich. Das war auch von vornherein so geplant gewesen – Deutschland wollte in den Krieg ziehen. Es fühlte sich von Feinden umzingelt und strotzte zugleich vor Nationalismus und Großmannssucht. Deutschland und Österreich wollten im Zuge dieses Krieges gemeinsam andere Länder besiegen und sich einverleiben. Doch sie verloren den Krieg und wurden im französischen Ort Versailles von den Siegern dazu verdonnert, den angerichteten Schaden zu bezahlen.

Das schaffte Deutschland aber nicht – die Reparationszahlungen schwächten die Wirtschaft. Und das Gefühl, so entwürdigend kleingemacht worden zu sein, saß bei den Menschen tief. Man kann da wieder einmal die alte außenpolitische Lehre erkennen: Gewinnen ist schön – doch demütige den Verlierer nicht zu sehr, sonst sinnt er auf Rache.

Für den Aufstieg Adolf Hitlers in Deutschland gab es viele Gründe. Rassismus, Nationalismus, Judenhass und Kriegslust kann man selbstverständlich nicht nur mit wirtschaftlichen Faktoren erklären. Doch Wirtschaftsmisere und die »Schmach« des Versailler Vertrages trugen dazu bei, dass die Weimarer Republik unstabil, unfriedlich und unzufrieden war. Von der Weltwirtschaftskrise wäre Deutschland auch ohne Reparationszahlungen getroffen worden. Aber man konnte in Deutschland die Ursachen für Inflation und hohe Arbeitslosigkeit den feindlichen Mächten und ihren Geldforderungen zuschreiben.

Nach dem Aufstieg Adolf Hitlers folgte bald darauf der Zweite Weltkrieg (1939–1945), den wieder Deutschland begann und erneut verlor. Es war der erste Krieg, in dem alle drei der sogenannten ABC-Waffen eingesetzt wurden (A = Atombomben, B = biologische Kampfstoffe, zum Beispiel Krankheitserreger, C = chemische Waffen wie Giftgas). Im Zweiten Weltkrieg starben fast 60 Millionen Menschen, und zwar nicht nur Soldaten, sondern vor allem Zivilisten. Zusätzlich zu den Kriegsopfern wurden Juden, Roma, Sinti, Homosexuelle, »Asoziale« und politische Hitler-Gegner in den Konzentrationslagern umgebracht.

Am Ende war halb Europa verwüstet, Deutschland besonders. Erstmals setzte sich danach die Erkenntnis durch, dass ein solcher »totaler« Krieg mit modernen Kriegswaffen bis hin zu den Atombomben, die die Amerikaner auf Deutschlands Verbündeten Japan warfen, eine solch totale Zerstörung mit sich führt, dass man keinen dritten Weltkrieg mehr riskieren darf. Der angerichtete Schaden übersteigt jeden denkbaren »Nutzen« (zum Beispiel einen Zugewinn an Land), den ein solcher Krieg der Großmächte bringen könnte.

Der Kalte Krieg und seine Stellvertreter

Der Weltkonflikt, der nach 1945 entstand, eskalierte auch aufgrund dieser Kosten-Nutzen-Rechnung nicht zum Krieg, sondern wurde bis etwa 1990 nur als »Kalter Krieg« zwischen »Westen« und »Osten« geführt. Es gab allerdings »Stellvertreterkriege«. Denn in den Zeiten des Ost-West-Konflikts waren ja fast alle Länder irgendwohin zugeordnet. Die einen sympathisierten mit den USA, die anderen standen der Sowjetunion näher. Die ganze Welt war in Einflusssphären unterteilt. Und wenn außerhalb Europas zwei Länder oder Bevölkerungsgruppen gegeneinander kämpften, hatten immer die Sowjets und die Amerikaner ihre Finger im Spiel. Beispiel Afghanistan: Dort war 1979 die Sowjetunion einmarschiert, um der damals kommunistischen afghanischen Regierung gegen Aufständische zu helfen. Prompt wurden diese Aufständischen, die Mudschaheddin, von den Amerikanern mit Waffen ausgerüstet. Die Amerikaner kämpften also nicht selbst, sondern halfen den Gegnern der Sowjetunion. Getreu dem Motto: »Der Feind meines Feindes ist mein Freund.« Noch prägnanter ist der Spruch: »Er ist zwar ein Hurensohn, aber er ist unser Hurensohn« (der Satz wird dem früheren US-Präsidenten Roosevelt zugeschrieben, der damit den Diktator Nicaraguas meinte). In Afghanistan waren die Taliban »unsere Hurensöhne«, und so kommt es, dass die Taliban heute mit alten amerikanischen Waffen gegen amerikanische Soldaten kämpfen.

In der Zeit des Ost-West-Konflikts fiel zwar kein Schuss zwischen amerikanischen und russischen Soldaten, aber es wurde gewaltig aufgerüstet – jeder baute immer neue Atomraketen und entwickelte vor allem ein System, das sicherstellte, dass man nach einem »Erstschlag« noch einen »Zweitschlag« würde verüben können. Heißt also: Selbst wenn eine Atombombe von der gegnerischen Seite schon im Anflug ist, kann man selbst noch zurückschlagen. Wenn du mich vernichten willst, wirst du selbst vernichtet. Für die Europäer war das beängstigend, schließlich wären vor allem sie zum Schauplatz atomarer Angriffe geworden. In diesem Zusammenhang ist häufig von »taktischen« und »strategischen« Atomwaffen die Rede. Heutzutage mag man sich damit weniger beschäftigen, in den achtziger und neunziger Jahren waren das aber sehr geläufige Begriffe. Vereinfacht gesagt, handelt es sich bei den »taktischen« Waffen um nukleare Sprengkörper, die (angeblich) gezielt eingesetzt werden können und nur eine begrenzte Wirkung haben, ähnlich also wie konventionelle (nicht-nukleare) Waffen. Man beschießt ein bestimmtes Ziel, zum Beispiel ein Gebäude, eine Gefechtsstellung und Ähnliches. »Strategische Waffen« hingegen machen, grob gesagt, alles platt. Ganze Landstriche werden damit nuklear verseucht. Sie lassen sich deshalb nicht »taktisch« einsetzen, sondern dienen ausschließlich der Strategie der Abschreckung: Sie sind in ihrer Wirkung so furchtbar, dass sie gar nicht erst zum

Einsatz kommen sollten. Letztlich sind das aber ziemlich theoretische Unterschiede. Ob sich Atomwaffen tatsächlich »taktisch« einsetzen lassen, ist noch nie ausprobiert worden. Und man möchte es auch lieber nicht auf einen Versuch ankommen lassen. Die Atombomben auf die japanischen Städte Hiroshima und Nagasaki im Zweiten Weltkrieg waren jedenfalls nicht taktisch, sondern einfach nur grauenhaft.

Am Ende hat dieses Gleichgewicht des Schreckens zwar alle in Schach gehalten. Ein erstrebenswertes Friedensmodell kann das allerdings nicht sein. Es gab immer die Gefahr eines Fehlalarms, bei dem einer versehentlich »auf den roten Knopf« drückt, weil er fälschlicherweise einen Angriff vermutet. Solche Situationen, in denen die Welt tatsächlich am Rande des Abgrunds stand, hat es gegeben. Dass kein Dritter Weltkrieg ausbrach, haben wir unter anderem einem russischen Kommandeur zu verdanken, der einen solchen Fehlalarm erlebte und eigentlich Raketen hätte abschießen müssen. Aber der Mann hatte das »Bauchgefühl«, dass etwas nicht stimmen konnte. Auch wenn solche Geschichten erst viel später herauskamen, hatten die Menschen in Europa in dieser Zeit selbst auch das »Bauchgefühl«, dass es Irrsinn ist, auf einem Kontinent zu leben, der mit Atomraketen so vollgespickt ist wie ein Nadelkissen. Ein hochgefährliches »Gleichgewicht« also, ganz abgesehen von den vielen Nebenkriegsschauplätzen, auf denen sich die Supermächte indirekt mit konventionellen (nicht-atomaren) Waffen »austobten«.

Besser in einer Allianz sein oder neutral bleiben?

Damit nicht jeder Einzelne bis an die Zähne bewaffnet sein muss, um sich zu verteidigen, liegt es nahe, sich mit anderen zu verbünden, also Allianzen zu schmieden. Vor allem, wenn zur Allianz ein besonders starker Verbündeter gehört, unter dessen Schutzschirm man kriechen kann. 1949 gründeten die USA, Großbritannien, Frankreich, Belgien, Dänemark, Island, Italien, Kanada, Luxemburg, die Niederlande, Norwegen und Portugal die NATO (für North Atlantic Treaty Organization, deutsch: Nordatlantikvertrag-Organisation). 1955 trat auch Westdeutschland bei. Für den Fall des bewaffneten Angriffs auf eines der Mitglieder sieht der Vertrag eine kollektive Selbstverteidigung durch die übrigen Mitgliedstaaten vor. Also alle für einen. Wer einen von uns angreift, greift automatisch uns alle an. Das östliche Gegenstück dazu war der »Warschauer Pakt«.

Nach dem Ende des Kalten Krieges und dem Zusammenbruch der Sowjetunion kamen etliche ehemalige Ostblockstaaten zur NATO hinzu (u. a. Tschechien, Polen, Ungarn, Kroatien, Albanien). Russland ist allerdings nicht der NATO beigetreten und sieht sich durchaus provoziert durch ein Bündnis, das bis an seine Landesgrenzen heranreicht.

Statt einer Allianz beizutreten, kann man sich zu einem neutralen Staat erklären, auf eine große Armee verzichten, allen zeigen, wie friedlich man ist, und sich aus allen Streitigkeiten heraushalten. Auf den ersten Blick verlockend – doch das hat sich in der Geschichte als ziemlich aussichtslos erwiesen. Neutralität kann man sich nur leisten, wenn man sehr sicher ist, dass man von niemandem überfallen wird. Wie die kleine Schweiz zum Beispiel. Aber das funktioniert nur deshalb, weil alle es nützlich fanden, dass es auf der Welt wenigstens einen hübschen, sauberen Platz in zentraler Lage gibt, an dem man Reichtümer lagern und notfalls ins Asyl flüchten kann. Die Schweiz liegt günstig, sie war wegen der vielen Berge in früheren Jahrhunderten eher schwer zu erobern und hat deshalb in ihrer Geschichte nicht die vielen leidvollen Kriegserfahrungen anderer europäischer Staaten machen müssen.

Heutzutage wäre sie natürlich trotzdem leicht zu erobern. Aber wozu? Sie hat keine nennenswerten Bodenschätze. Ihre Banken sind hilfreich für alle Bösewichte dieser Welt. Und außerdem ist die Schweiz auch ein Trittbrettfahrer: Sie hat sich bei aller Neutralität insgeheim natürlich darauf verlassen, dass irgendwer ihr zu Hilfe kommen würde. Im Zweifelsfall die NATO, schließlich liegt die Schweiz mitten in Europa, da hätte man nicht einfach die Russen einmarschieren lassen. Insofern konnte die Schweiz ihre Neutralität unbesorgt pflegen. Für alle anderen gilt: Besser, man kann mögliche Angreifer abschrecken.

Die Welt ist nicht friedlicher geworden

Mittlerweile ist der Ostblock zerfallen. Mit Michail Gorbatschow begann Ende der Achtziger die Politik von »Perestroika« (Umbau) und »Glasnost« (Offenheit). Er erlaubte der eigenen Bevölkerung mehr Freiheiten und war an einer Entspannung des Verhältnisses zum Westen interessiert. Seine Politik der Öffnung erwuchs nicht nur aus Überzeugung, sondern auch weil er merkte, dass er sich die riesigen Militärausgaben nicht mehr leisten konnte. Der Afghanistan-Krieg hatte die Sowjetunion erschöpft. Das teure Wettrüsten gegen den Westen konnte sie mit dem unterlegenen sozialistischen Wirtschaftsmodell kaum noch finanzieren; sie war beinah bankrott. Am Ende dieser Entwicklung standen radikale Abrüstungsverträge, die Moskau und Washington unterschrieben, und schließlich die deutsche Wiedervereinigung und das Ende der Sowjetunion.

Danach begann in den Neunzigern eine Zeit der Entspannung, in der sich eigentlich alle rundum ziemlich gut verstanden. Manche meinten schon, von nun an werde die Welt für immer friedlicher sein, und es würde keine großen Konflikte mehr geben. Es war zwischenzeitig sogar von einem »Ende der Geschichte« die Rede. Doch die Geschichte ist weitergegangen, und sie ist nach wie vor eine Geschichte von Konflikten. Unser Verhältnis zu Russland ist wieder schlechter geworden, und es wird weltweit auch wieder aufgerüstet, vor allem, um Handelswege abzusichern. Wirtschaftliche Ressourcen dienen vielfach als Machtmittel. So droht zum Beispiel Russland immer wieder mal mit der Einstellung von Öl- und Erdgaslieferungen, um andere in Schach zu halten.

Aber auch »heiße« Kriege werden immer noch geführt, auch auf dem europäischen Kontinent. Die Balkankriege sind noch in naher Erinnerung. Für uns Deutsche war das eine eindrückliche Erfahrung, dass die netten Jugoslawen, bei denen man so gerne Urlaub machte oder daheim im Restaurant ein »Chivapchichi« bestellte, plötzlich so brutal übereinander herfielen. Der Lack der Zivilisation ist offenbar dünn, auch in Mitteleuropa.

Und 1999 zogen Bundeswehrsoldaten im Kosovo erstmals in einen bewaffneten Auslandseinsatz. Ich war damals Parlamentskorrespondentin, als die Entscheidung für diesen Einsatz fiel, und wir fragten auf einer Pressekonferenz den damaligen Verteidigungsminister Rudolf Scharping, was denn passieren würde, wenn ein deutscher Soldat in diesem Einsatz sterben würde. Das schien seinerzeit noch etwas Unvorstellbares zu sein. Scharping antwortete: »Dann stehen Herr Schröder und ich am Flughafen und nehmen den Sarg entgegen.« Da wurde es totenstill im Raum. Keiner sagte mehr was. Allen war mulmig zumute. Tote Bundeswehrsoldaten? Das war bis dahin nicht vorgesehen gewesen. Der »Kalte Krieg« sollte ja niemals zu einem heißen Krieg werden, und wenn, würde er vermutlich nicht mit konventionellen Waffen ausgetragen.

Die wenigsten jungen Männer, die sich bei der Bundeswehr für ein paar Jahre »verpflichteten«, rechneten damit, tatsächlich kämpfen zu müssen. Das ist inzwischen völlig anders. Deutsche Soldaten sterben wieder, vor allem in Afghanistan. Es gibt wieder deutsche Kriegswitwen und schwer Traumatisierte, die zurückkehren und die Bilder nicht vergessen können, die sie im Kopf haben, von schreienden sterbenden Kameraden oder zerfetzten Leichen. Der Großteil der deutschen Gesellschaft möchte das eigentlich lieber gar nicht wissen. Auf die eigene Armee stolz zu sein, ist uns nach dem Zweiten Weltkrieg gründlich ausgetrieben wurden, aus wahrlich guten Gründen. Die nun vorherrschende tiefe Abneigung gegen alles Militärische führt aber auch dazu, dass wir »unsere« Männer und Frauen in Uniform ziemlich allein lassen mit ihrem Job und dem Horror, der damit einhergehen kann.

Der jüngste zwischenstaatliche Krieg, der quasi direkt vor unserer Haustür lag, brach im August 2008 in Georgien aus. Georgien liegt zwar nicht in Europa, sondern in Vorderasien, aber direkt hinter der Türkei. So weit weg ist das also nicht. Formal ging es um die Unabhängigkeit der Regionen Südossetien und Abchasien. Beides sind Regionen, die zu Georgien gehören, so wie Bayern oder Hessen Regionen sind, die zu Deutschland gehören. Der Unterschied ist allerdings, dass sich Bayern und Hessen selbstverständlich deutsch fühlen. Die Südosseten und die Abchasier fühlen sich mehrheitlich aber keineswegs georgisch und wollen auch gar nicht zu Georgien gehören, sondern lieber selbstständig sein. Unterstützt wurden sie dabei immer schon von Russland. Nicht weil die russische Regierung so ein wahnsinnig großes Herz für die Südosseten hat, sondern weil sie ewig schon im Streit liegt mit Georgien. Die georgische Regierung behauptete nun, die Bürger in den beiden Provinzen hätten sich vom Mutterland abspalten wollen. Außerdem hätten Südosseten und Abchasier georgische Mitbürger, die auch in diesen Provinzen leben, aus Hass attackiert. Um das zu verhindern, schickte man Soldaten. Russland unterstützte derweil die aufständischen Südosseten und Abchasier und erkannte die Landstriche als eigenständige Staaten an. Das heizte den Konflikt weiter an.

Die Georgier warfen den Russen vor, sie würden sich einmischen und georgische Bürger aus den Provinzen vertreiben. Die Russen wiederum hielten der georgischen Regierung vor, sie würde Südosseten schikanieren, sogar töten, und ossetische Siedlungen beschießen. Wer recht hatte, ist immer noch nicht ganz klar. Wahrscheinlich liegt die Wahrheit irgendwo in der Mitte. Jedenfalls fielen schließlich russische Bomben auf Georgien, und es rollten Panzer. Prompt meldete sich der amerikanische Präsident Bush zu Wort, der einen neuen Kalten Krieg mit Russland fürchtete und Moskau scharf kritisierte. Für Europa wiederum ist die Gegend wichtig, weil dort Ölleitungen verlaufen, über die wir beliefert werden. So schnell kann's gehen mit den Kriegsausbrüchen.

Gefährlich sind diese Situationen vor allem deshalb, weil Kriege sich immer leicht über den ursprünglichen Konfliktherd hinaus ausbreiten. Soldaten zerstören ein bis dahin unbeteiligtes Dorf, die Verwandten der Getöteten schlagen sich auf die Seite des Widerstands und verstecken sich in Grenzregionen, der Krieg rückt an die Nachbarländer heran. Ein Land gibt Finanzhilfe, um zum Beispiel Rohstofflieferungen nicht zu gefährden, ein anderes zahlt daraufhin Unterstützung an die Gegenseite, um genau diese Rohstofflieferungen zu stören... Unterschiedliche Interessen mischen mit, die Kämpfe weiten sich aus, immer mehr Gruppen kämpfen mit, und irgendwann brennt eine ganze Region. Wenn dann auch noch andere große Länder direkt hineingezogen werden, wird es richtig brenzlig. Man spricht in einem solchen Fall von der »Internationalisierung« eines Konflikts. Sehr deutlich spüren Nachbarländer das dann auch durch die Flüchtlingsströme, die bei ihnen landen. Spätestens wenn in den Grenzgebieten plötzlich zigtausende »Ausländer« unter erbärmlichen Bedingungen in Zeltstädten hausen, ist der Konflikt im Nachbarland angekommen. Es dauert dann nicht mehr lange, bis sich einzelne Konfliktparteien dort Rückzugsräume schaffen (es kommen eben nicht nur flüchtige Frauen und Kinder) und die ersten Raketen aus dem benachbarten Kriegsland einschlagen. Neutral verhalten sich angrenzende Länder in solchen Konflikten eh selten. Die Türkei erlebt das alles gerade exemplarisch beim Bürgerkrieg im benachbarten Syrien.

Der Dauerkonflikt im Nahen Osten

Ein »ewiger« und immer wieder neu aufflackernder Krisenherd ist der Streit um das Heilige Land. Der Nahe Osten ist eine Region am Mittelmeer, die Israel und die sogenannten Palästinensergebiete sowie die angrenzenden arabischen Länder Ägypten, Libanon, Jordanien und Syrien umfasst. Mit dem Begriff »Palästinensergebiete« sind zwei Gebiete gemeint: erstens der schmale »Gaza-Streifen«, sandig, staubig und nur 14 Kilometer breit, aber mit direktem Zugang zum Meer und deshalb strategisch bedeutsam. Zweitens das »Westjordanland«, in dem aber nicht nur Palästinenser leben, sondern auch jüdische Siedlungen liegen. Es gibt also nicht nur zwei voneinander räumlich getrennte (und unterschiedlich regierte) Palästinensergebiete. Darüber hinaus ist eines dieser Gebiete, das Westjordanland, auch noch in sich zerstückelt. Zwischen dem Gaza-Streifen und dem Westjordanland liegt der jüdische Staat Israel. Israel ist in der Fläche nur ungefähr so groß wie Hessen und hat 7 Millionen Einwohner. Weil es von feindlichen arabischen Nachbarn umzingelt ist, hat sich Israel seit seiner Staatsgründung 1948 aber so massiv bewaffnet, einschließlich Atombombe (auch wenn das offiziell nie bestätigt wurde), dass es als starke Militärmacht gilt, obwohl es so ein kleines Land ist.

Man spricht vom Nahen Osten, weil diese Region zwar größtenteils zum asiatischen Kontinent gehört, aber im Gegensatz zum Fernen Osten (China, Japan usw.) ganz nah an Europa liegt. Im Angelsächsischen spricht man übrigens nicht vom Nahen Osten, sondern vom Mittleren Osten (Middle East), gemeint ist aber dasselbe. Von Europa aus sind es nur vier Stunden im Flieger, schon ist man da. Der Nahostkonflikt spielt sich also tatsächlich ziemlich nah vor unserer Haustür ab. Auch das ist ein Grund, warum uns dieses Thema nicht egal sein kann. Aber es gibt noch viele andere Gründe.

In Nachrichtensendungen fällt es uns allerdings immer schwerer, die Zuschauer dafür noch zu interessieren. Das Publikum ist kriegsmüde geworden und wendet sich entnervt ab. Das liegt weniger an Kaltherzigkeit, sondern eher an dem Gefühl, dass dieser Konflikt sowieso ewig weitergeht, man eh nichts tun kann und die Beteiligten selbst auch kein rechtes Interesse daran haben, ihn jemals zu beenden. Außerdem scheint es in Deutschland einen wachsenden Widerwillen zu geben, eine besondere Solidarität mit Israel und eine besondere Verantwortung für den israelisch-palästinensischen Konflikt zu empfinden. Kritik an Israel ist sogar ein bisschen »schick« geworden, so wie es ja immer »schick« ist, sogenannte Tabus zu brechen.

Israel-Kritik ist kein Tabu

Dazu ist allerdings zu sagen: Es ist keineswegs verboten, israelische Verhaltensweisen in Frage zu stellen. Es geht um eine Grundsolidarität mit dem Staat Israel als solchem, nicht um Kritikverbote, die niemand verhängt hat. Die Israelis selbst jedenfalls nicht. Sie sind im Gegenteil eher ziemlich »robust« in ihrer Diskussionskultur, was vielen Deutschen jedoch nicht so bewusst ist, weil sie eher selten mit Israelis zusammentreffen. Die hiesigen Debatten werden überwiegend unter (christlichen und jüdischen) Deutschen geführt und das meist im »politischen Raum«, und damit unter dem Radar der political correctness, unter dem jedes Wort sorgfältig abgewogen sein sollte.

Wer hingegen mit Israelis, die selbst in der Region leben, über den Nahost-Konflikt diskutiert, kann eine überraschend große Offenheit erfahren und bemerkt auch gewaltige Meinungsunterschiede in der Bevölkerung und in der israelischen Politik. Selbst sogenannte »Hardliner« reagieren im direkten Gespräch durchaus entspannt auf kritische Fragen. Sie parieren sie scharf, aber sie halten es keineswegs für einen Tabubruch, dass man sich als Deutscher solche Fragen zu stellen wagt. Insofern sollte auch hierzulande nicht der Eindruck erweckt werden, es gebe Denk- und Meinungsverbote, sobald es um Israel geht, und es sei dann irgendwie mutig oder progressiv, dagegen zu »verstoßen« und den Israelis jetzt mal so richtig den Marsch zu blasen. Den blasen sie sich schon selbst. Israel ist ein demokratisches Land mit Streitkultur, das einzige wirklich demokratische und liberale Land im gesamten Nahen Osten. Über Friedenspolitik und Palästinenserfrage wird in Israel selbst heftig debattiert.

Was allerdings wahr ist: Deutschland hat eine besondere Verantwortung gegenüber dem Staat Israel. Es ist für uns nicht angenehm, immer wieder auf den Holocaust hingewiesen zu werden, das Ganze ist so schrecklich und unfassbar, dass man es gerne vergessen würde – haben die Großeltern gemacht, weshalb sollten wir uns noch schuldig fühlen? So denken inzwischen leider viele, doch sie denken falsch. Eine Nation, die sechs Millionen Juden vernichtet hat, kann nicht wenige Jahrzehnte später so tun, als sei das ein Fall fürs Geschichtsbuch, und der jüdische Staat habe heute keine besonderen Ansprüche mehr gegenüber Deutschland. Nicht nur weil immer noch Täter und Opfer leben, es sich also keineswegs um ferne Historie handelt, sondern weil die Folgen bis heute so gravierend sind. Das ist damit gemeint, wenn es heißt, der Schutz Israels sei »deutsche Staatsräson« (also ein nicht in Frage stehendes Handlungsprinzip).

Denn natürlich geht die Gründung des Staates Israel auf die Erfahrung des Holocaust zurück. Eine religiöse Minderheit, die über Jahrhunderte ausgegrenzt und verfolgt wurde und schließlich die Erfahrung einer industriellen Vernichtung gemacht hat, musste sich fragen, wie sie selbst für ihre Sicherheit sorgen kann. Wo sie einen Ort findet, an dem sie sich selbst verteidigen kann, anstatt auf duldende Regierungen angewiesen zu sein oder auf Nachbarn, die einen im Notfall verstecken.

Bis zur Gründung des Staates Israel waren die Juden immer nur religiöse Minderheiten in den Ländern, in denen sie als Staatsbürger lebten. Deutsche Juden wurden von ihren eigenen Landsleuten verfolgt. Es lag nahe, daraus den Schluss zu ziehen, dass es gefährlich ist, nur einer Religionsgemeinschaft anzugehören, und dass es sicherer wäre, auch eine damit einhergehende eigene Nationalität zu haben. Also nicht mehr nur deutscher, polnischer oder holländischer Jude zu sein, sondern ein Israeli. Mit eigenem Staatsgebiet und eigener Armee.

Streit ums Heilige Land

Genauso nahe lag es, dass dieses Staatsgebiet im Heiligen Land liegen würde, dort, wo schon die Bibel das Volk Israels verortete. Städte wie Bethlehem, Jerusalem oder Nazareth sind aber nicht nur den Juden, sondern auch Christen und Muslimen heilig. Jerusalem hat für alle drei Religionen eine gleichermaßen herausragende Bedeutung. Deshalb ist dieser Streit um Land zugleich ein Streit zwischen Religionszugehörigkeiten, und das macht die ganze Sache noch komplizierter.

In den späten dreißiger Jahren des letzten Jahrhunderts, mit Beginn der Judenverfolgung in Deutschland, zogen immer mehr Juden nach Israel, in das »gelobte Land ihrer Väter«. Schon in der Antike hatte es jüdische Königreiche auf dem Gebiet des heutigen Israels gegeben. Nach dem Ende des Zweiten Weltkriegs kamen die Überlebenden der Konzentrationslager hinzu. Aber auch viele amerikanische Juden, darunter solche, die keine eigene Verfolgung erlebt hatten, wanderten nach Israel aus, weil sie an die »zionistische Idee« glaubten, an die Idee eines eigenen, sicheren Judenstaates. (»Zion« ist ein althebräischer Begriff, der auf eine antike Trutzburg zurückgeht und zum Symbol des »Wohnsitzes Jahwes« wurde, also dem Sitz Gottes.)

Das Gebiet hieß damals noch nicht Israel, sondern Palästina. Dieses Palästina war ein britisches »Mandatsgebiet«, was noch auf den Ersten Weltkrieg zurückging. Schon in diesem Mandat hatten sich die Briten verpflichtet, jüdische Einwanderung zu ermöglichen. Die Briten überließen den Juden nun sozusagen das von ihnen bislang verwaltete Land. In Europa und Amerika stieß das prinzipiell auf große Zustimmung. Ganz anders sah es jedoch in der arabischen Welt aus. Denn Palästina, das biblische Land der Juden, war ja nicht leer, sondern wurde auch von vielen Arabern bewohnt: von den Palästinensern. Zuvor hatten Palästinenser und Juden dort noch weitgehend friedlich nebeneinander hergelebt. Doch als immer mehr Juden aus aller Welt einwanderten und schließlich ein eigener jüdischer Staat gegründet werden sollte, änderte sich das.

Es gab zunehmend Unruhen zwischen dem arabischen und jüdischen Teil der Bevölkerung. 1947 beschäftigte sich die UNO mit dem Problem. Der damalige UN-Generalsekretär hatte das Gefühl, dass die Großmächte sich bei der Frage hätten einigen können. Niemand hatte wirklich ein Interesse an einem größeren Konflikt in der Region. Die UN-Generalversammlung sprach sich mehrheitlich für eine Teilung Palästinas aus, in einen jüdischen und einen arabischen Staat. Doch dazu kam es nicht. Die jüdische Seite war dafür durchaus zu haben, aber die arabischen Staaten lehnten den Plan entschieden ab. Auch die USA und Großbritannien konnten sich dafür nicht erwärmen. Der UN-Sicherheitsrat blieb untätig, anstatt den Beschluss der Generalversammlung durchzusetzen.

Rückblickend kann man wohl sagen, dass damals von allen Beteiligten eine große Chance verpasst wurde. Das »Zwei-Staaten-Modell«, von dem heute noch ständig geredet wird, hätte 1947 vielleicht durchgesetzt werden können. Stattdessen wurde 1948 der Staat Israel gegründet, und schon bald darauf kam es zu ersten kriegerischen Auseinandersetzungen zwischen Israel und den arabischen Nachbarstaaten – und zu den Vertreibungen von Palästinensern. So ist es bis heute: ein Kampf um Land, ein massives Flüchtlingsproblem, viel religiöser Hass und die prekäre Lage eines kleinen Staates, der von großen Feinden umzingelt ist.

Prekär ist auch die Lage der Palästinenser. Sie sind im Grunde bis heute ein Volk auf der Flucht. Millionen Palästinenser leben in Lagern in den arabischen Nachbarländern Libanon, Jordanien und Syrien, wo sie übrigens auch nicht wirklich willkommen sind. Die Frage, was mit all diesen Menschen auf Dauer geschehen soll, ist mindestens so schwierig zu beantworten wie die Frage, wer welche Landgebiete bekommt und was aus der gemeinsamen heiligen Stadt Jerusalem wird. Immer wieder geht es bei Friedensverhandlungen um diese Streitpunkte.

Inzwischen gibt es zwar ein »palästinensisches Autonomiegebiet« (eben Gaza und Westjordanland), aber immer noch keinen richtigen Palästinenserstaat. Woran die Palästinenser eine große Mitschuld tragen. Ihre bisherigen Versuche, einen eigenen Staat zu führen, waren nicht erfolgreich, sondern eher chaotisch. Die Führungsgruppe um den früheren Palästinenserpräsident Arafat war hochkorrupt. Dass zum Beispiel europäische Hilfsgelder für den Staatsaufbau lieber für Waffenkäufe missbraucht wurden, kam bei den Geldgebern nicht gut an. Außerdem sind die Palästinenser untereinander extrem zerstritten. Auf der einen Seite stehen die Anhänger der gemäßigten Palästinenserpartei »Fatah«, die im Westjordanland regiert. Sie hasst Israel zwar auch, ist aber bereit zu einer friedlichen Lösung. Ihr derzeitiger Führer Mahmud Abbas ist ein moderater Mann, den auch die Israelis schätzen. Er hat nur leider keine starke Position in seinem eigenen Volk. Auf der anderen Seite stehen die radikalen islamistischen Palästinenser, die Israel schlichtweg auslöschen wollen. Das sind die Anhänger der terroristischen »Hamas«, die im Gaza-Streifen regiert und von dort regelmäßig Raketen auf Israel abfeuert. Aber auch untereinander kommt es immer wieder zu blutigen Fehden zwischen Hamas und Fatah.

Außerdem gibt es noch die »Hisbollah« im Libanon. Das sind zwar keine Palästinenser, aber auch radikale arabische Israel-Hasser, die im Auftrag und mit Unterstützung von Syrien und Iran gegen Israel agieren. Kurzum: Die Situation Israels ist ein ständiger Kampf, und alle Seiten sind sich nicht nur in herzlicher Abneigung, sondern auch in tiefem Misstrauen verbunden. Die Israelis haben die Erfahrung gemacht, dass getroffene Abmachungen von der arabisch-palästinensischen Seite immer wieder gebrochen wurden. Für die palästinensische Seite sind die stetig weiter wachsenden jüdischen Siedlungen in ihren Gebieten eine permanente Provokation, die im Übrigen Fakten schafft: Wenn es irgendwann tatsächlich in einem Friedensabkommen wieder um die Frage geht, wer welches Land bekommt und welche Gebiete gegeneinander getauscht werden, haben die Israelis ein immer größeres Pfund in der Tasche.

Vergebliche Friedenshoffnungen

Es hat im Laufe der Zeit durchaus sehr vielversprechende Versuche gegeben, Frieden zu finden. Zum Beispiel haben sich Israel und Ägypten nach erbitterten Kriegen ausgesöhnt und führten seitdem relativ gute Beziehungen miteinander. Den damaligen ägyptischen Präsidenten Anwar as-Sadat, ein sehr charismatischer und friedenswilliger Mann, kostete die Aussöhnung mit Israel allerdings das Leben. Er wurde 1981 von islamistischen Attentätern ermordet. Die gab es damals schon... Zu anderen Ländern wie Syrien oder dem Iran hat Israel hingegen überhaupt keine diplomatischen Kontakte, denn diese Länder erkennen den Staat Israel nicht an. Er existiert für sie sozusagen gar nicht.

Auch den Palästinensern selbst hatte sich Israel eine Zeit lang angenähert. Es gab große Hoffnung auf einen echten Frieden. Der israelische Ministerpräsident Yitzhak Rabin und Palästinenserführer Yassir Arafat bekamen 1994 sogar gemeinsam den Friedensnobelpreis. Das waren zwei Männer, die ihr Leben lang Krieg gegeneinander geführt hatten, Rabin als Soldat, Arafat als Terrorist. Nun reichten sie sich die Hände. Ein hoffnungsvoller Moment. Doch dann wurde der israelische Ministerpräsident Rabin ermordet. Und zwar nicht etwa von einem Araber, sondern von einem fanatischen Israeli, der ihm Verrat an den Juden vorwarf. Ob Attentate oder Raketenbeschuss: Wann immer die Zeichen auf Frieden stehen, radikalisieren sich die Gegner eines Friedens und versuchen ihn zu sabotieren. Weshalb man in der Region sagt: Nichts ist gefährlicher als Friedensverhandlungen. Die Wahrscheinlichkeit für Anschläge ist genau dann besonders groß.

Letztlich scheiterten bisher alle Friedenspläne daran, dass Palästinenser und Israelis sich nicht über den Weg trauen. Praktisch jeder von ihnen, Israeli wie Palästinenser, hat Angehörige oder Freunde in diesem Konflikt verloren. Die Verluste sind auf beiden Seiten schmerzlich. Gibt es also keine Lösung? Man kann ein bisschen mutlos werden, wenn man sich die letzten sechzig Jahre ansieht. Denn um die Frage »Wer war zuerst da?«, streiten sich Araber und Juden tatsächlich bis aufs Blut. Im Internet findet man zum Beispiel Foren, in denen jüdische und arabische Jugendliche ernsthaft über prähistorische, also zehntausende Jahre alte Knochenfunde und Tonscherben debattieren, um sich gegenseitig zu beweisen, dass in Wahrheit ihre Vorfahren als Allererste im Heiligen Land siedelten. Immerhin diskutieren sie noch miteinander. Gerade unter jungen Israelis und Palästinensern findet sich der weitverbreitete Wunsch, dass das alles irgendwann vorbei sein soll. Zumal man gar nicht so wenig gemeinsam hat, nach Jahrzehnten in einer gemeinsamen Region. Es gibt hoffnungsvolle Friedensprojekte, in denen junge Israelis und Palästinenser zusammengeführt werden, die dann zum Beispiel überrascht feststellen: Ihr esst ja das Gleiche wie wir! Auch die Israelis sind »Orientalen« geworden, man ist sich in vielen alltäglichen Lebensbereichen nicht unähnlich. Das alles ändert aber bislang leider nichts an den großen politischen Problemen.

All das ist verfahren und kompliziert genug. Hinzu kommt aber, dass im Nahostkonflikt so viele andere Parteien und Staaten ihre Finger im Spiel haben. Als es noch den weltweiten Ost-West-Konflikt gab, standen sich dort stellvertretend auch USA und die Sowjetunion gegenüber: Die Amerikaner halfen Israel, die Sowjets unterstützten die Araber. Das hat den Konflikt jahrzehntelang noch mehr aufgeheizt, und beide Supermächte lieferten jede Menge Waffen in die Gegend.

Die unglückliche Lage der Palästinenser, die vor allem im Gaza-Streifen wie in einem »Freiluftgefängnis mit Meeresblick« hausen, ist außerdem ein Argument für islamistische Terroristen, mit dem sie ihre Anschläge auf die westliche, jüdisch-christliche Welt zu rechtfertigen versuchen. Auch deshalb geht der Nahostkonflikt uns alle an, und auch deshalb ist die ganze Welt gefordert, gerade in dieser explosiven Gegend den Frieden zu fördern. Die Region ist ein »Pulverfass«, sämtliche Länder dort sind bis an die Zähne bewaffnet und mit großen Mächten verbandelt. Der Iran strebt darüber hinaus noch danach, eine Atommacht zu werden. Mit anderen Worten: Sich beim Stichwort »Nahost-Konflikt« entnervt abzuwenden oder gleichgültig zurückzulehnen, ist leider nicht möglich.

Junge Männer als Risikofaktor

Was macht Staaten oder Regionen überhaupt kriegsanfälliger oder, umgekehrt, friedlicher als andere? Eine Reihe Faktoren lassen sich aufzählen: Je gerechter es in einer Region zugeht, je weniger Armut und Hunger es gibt, desto geringer das kriegerische Potenzial. Zufriedene, satte Menschen sind weit weniger an Krieg interessiert als unzufriedene. Historische Erblasten (zum Beispiel künstliche Grenzziehungen) spielen eine große Rolle, wenn damit ethnische Konflikte einhergehen. Auch Erziehung und Kultur sind nicht zu unterschätzen. Wer in der Schule schon als Kind gesagt bekommt, gegen wen man am besten Krieg führen sollte, der glaubt das auch. Wem aber schon in jungen Jahren die Schrecken des Krieges vor Augen geführt und Frieden gepredigt wurde, der überlegt es sich als Erwachsener vielleicht doch zweimal, bevor er einen Waffengang riskiert.

Auch demografische Strukturen können eine Gesellschaft kriegsanfälliger, gewalttätiger machen als andere. Ein interessantes Phänomen dabei ist der »Youth Bulge«, wie ihn Soziologen nennen. Unter einem solchen »Youth Bulge« (Jugendüberschuss) leiden Gesellschaften, wenn sie aufgrund hoher Geburtenraten einen sehr hohen Anteil junger Menschen haben, die für sich keine Perspektive finden. Besonders problematisch ist ein hoher Anteil junger Männer. In Gesellschaften, in denen Familien lieber Jungs als Mädchen bekommen, weil Männer mehr »wert« sind, ist das häufig der Fall. (In China zum Beispiel ist das auch ein großes Problem. Wegen der strengen Ein-Kind-Politik treiben viele Frauen ab, wenn sie wissen, dass sie mit einem Mädchen schwanger sind.)

Es gibt dann sehr viele junge Männer, die keinen Job und keinen gesellschaftlichen Status finden – und auch keine Frau. Sei es, weil es nicht genug Frauen gibt, sei es, weil sie sich eine Heirat nicht leisten können und Beziehungen ohne Heirat wegen der herrschenden Sexualmoral nicht erlaubt sind. Diese zornigen, in vieler Hinsicht frustrierten, testosterongesteuerten jungen Männer sind anfällig für chauvinistische Parolen und Gewalt. Krieg kann eine »Ehre« herstellen, die man für sich andernfalls nicht findet. Der »Youth Bulge« ist nur einer von vielen Aspekten, der aber etwa mit Blick auf die Länder im Nahen

Osten, die zugleich die Hauptherkunftsländer islamistischer Terroristen sind, ein nicht zu unterschätzender Faktor sein könnte.

Wie human sind humanitäre Interventionen?

Demokratien versuchen ihre Kriege meistens mit »humanitären« beziehungsweise »friedlichen« Gründen zu rechtfertigen. Mögliche Begründungen sind: Ein »unschuldiger« Staat wurde von einem anderen überfallen, in einem Staat werden schlimmste Gräueltaten verübt, oder von einem Staat geht eine Bedrohung für den Weltfrieden aus. Der Krieg soll meist also dem Frieden oder den Menschenrechten dienen, sonst wird er von den Wählern schwer akzeptiert. Die »humanitäre Intervention«, also ein Krieg im Dienste der Menschlichkeit, ist dabei ein ziemlich neues Phänomen. Bisher hat es solche Einsätze nur gegeben, wenn die Amerikaner bereit waren, voranzugehen oder zumindest mitzumachen. Bei solchen Einsätzen berufen sich diejenigen, die in einen ausländischen Konflikt eingreifen, aufs Völkerrecht der UN-Charta und legen auch Wert auf die (moralische) Unterstützung der Staatengemeinschaft.

Im afrikanischen Somalia beispielsweise tobte in den neunziger Jahren ein furchtbarer Bürgerkrieg. Es gab keine funktionierende Regierung, verschiedene Stämme brachten sich gegenseitig um, es herrschte eine große Hungersnot. Hunderttausende Menschen starben. Der UNO-Generalsekretär zeigte den Amerikanern Bilder von sterbenden Kindern und appellierte an das Weltgewissen und die »Weltpolizei« USA. Ob es tatsächlich nur humanitäre Motive waren, die die US-Regierung schließlich zu einem Einsatz bewogen, ist allerdings umstritten. Somalia hat Erdölquellen, und die Lage des Landes am Horn von Afrika macht es geopolitisch nicht ganz uninteressant. Trotzdem: Die Risiken des Einsatzes waren hoch; dort das Leben eigener Soldaten zu riskieren, war mit ein paar Ölquellen nicht zu begründen. Strategisch schien das afrikanische Land damals, direkt nach dem Ende des Ost-West-Konflikts, auch nicht sonderlich wichtig. Man kann schon sagen, dass zu jenem Zeitpunkt die Hoffnung groß war, solche Konflikte eindämmen und Menschen helfen zu können. Insofern verfolgte die Supermacht USA in Somalia wohl tatsächlich überwiegend idealistische Motive. Hinzu kam, dass der damalige US-Präsident George Bush (senior) innenpolitisch geschwächt war. Er hatte große Reden über die »neue Weltordnung« gehalten, denen aber wenige Taten gefolgt waren. Die UNO mit ihrem kleinen Blauhelm-Kontingent vor Ort wurde von den somalischen Kriegsherren vorgeführt, die Bilder der Hungernden gingen um die Welt – kurzum: Der Druck wuchs, dass die Supermacht dem nicht mehr länger tatenlos zusehen, sondern eingreifen sollte. Für Präsident Bush schien dies keine schlechte Gelegenheit, seine eigene politische Position daheim zu stärken.

Meistens finden humanitäre Interventionen nicht nur aus völlig selbstlosen Motiven statt. Realistisch betrachtet kommen immer eine Reihe von Umständen und Beweggründen hinzu. Immerhin riskiert man das Leben der eigenen Soldaten. Gerade Demokratien müssen sich das gut überlegen. Ginge es nur um Menschlichkeit, müsste die halbe Welt ständig in der anderen Hälfte der Welt unterwegs sein, angesichts der vielen Krisenherde, Hungergebiete, Menschenrechtsverletzungen und Flüchtlingsströme. Es gibt offensichtlich Gründe dafür, dass in bestimmte Konflikte eingegriffen wird und in andere nicht. Dazu gehören: eine hohe Aufmerksamkeit der Weltöffentlichkeit, strategische und ökonomische Gründe, die konkrete Risikoabwägung, historische Hintergründe (zum Beispiel aus Kolonialzeiten) und innenpolitische Beweggründe

Die USA schickten damals dann Soldaten, Panzer und Hubschrauber für eine »humanitäre Intervention im Namen der Vereinten Nationen« nach Somalia. Die meisten Staaten waren Amerika dankbar, vor allem die Europäer, die selbst nicht bereit waren, irgendetwas zu riskieren, um Afrikanern in der somalischen Wüste das Leben zu retten. Leider ging diese humanitäre Intervention furchtbar schief. Die amerikanischen Truppen gerieten zwischen alle Fronten, sie wurden aus dem Hinterhalt bekämpft und terrorisiert, und schließlich gingen Fernsehbilder um die Welt, die zeigten, wie ein toter, nackter amerikanischer Soldat von johlenden Somalis durch staubige Straßen geschleift wurde. Da fragten sich selbst die Amerikaner: »Was tun wir da eigentlich? Sollen die doch ihren Mist alleine lösen!« Und so zogen die US-Truppen wieder ab. Somalia geht es bis heute schlecht. Den Amerikanern kann man das kaum vorwerfen. Sie hatten es wenigstens versucht.

Das Risiko zu scheitern ist groß

Aber in Bürgerkriege einzugreifen, ist immer verdammt schwierig und gefährlich – und geht häufig schief. Die eingreifenden Truppen werden nicht als neutrale Helfer wahrgenommen, sondern selbst als Kriegspartei. Es gibt in solchen Kriegen keine klaren Frontverläufe, sondern meist Guerillataktiken mit Häuser-, Dschungel- oder Wüstenkämpfen, die für ausländische Armeen schwer zu führen sind. Die geografischen und kulturellen Eigenheiten des Landes werden unterschätzt, die ausländischen Soldaten sind schnell überfordert, und ihre Motivation, sich in einem fremden Konflikt ohne eigene emotionale Kriegsmotive grenzenlos aufzuopfern, ist verständlicherweise schneller erschöpft. Das Gleiche gilt für die Bevölkerung zu Hause, die das aus der Ferne beobachtet.

Dass die Taliban in Afghanistan in den 1990er Jahren ein furchtbares Terrorregime errichtet hatten, war bekannt. Auch wie sehr Frauen in Afghanistan unter ihnen zu leiden hatten. Besonders groß war im Westen interessanterweise die Empörung, als die Taliban Schätze des Weltkulturerbes vernichteten. Doch das allein hatte nicht genügt, um gegen sie in einen Krieg zu ziehen. Erst nach den Anschlägen des elften September 2001, als Terrorchef Osama Bin Laden so offenkundig die Gastfreundschaft der Taliban genoss und klar wurde, dass in Afghanistan regelrechte Terrorcamps existierten, in denen Krieger gegen den Westen ausgebildet wurden, griff die Staatengemeinschaft ein. Und obwohl keine humanitären Gründe ausschlaggebend waren, sondern solche, die in unserem eigenen Sicherheitsinteresse liegen (»Die Sicherheit Deutschlands wird auch am Hindukusch verteidigt«, sagte der frühere Verteidigungsminister Peter Struck), reicht das nicht aus, um auf Dauer gegenüber der deutschen oder amerikanischen Wahlbevölkerung zu begründen, warum die eigenen Soldaten am Hindukusch sterben. Der Westen zieht sich nun zurück – wie viel man in den letzten zehn Jahren dort erreicht hat, wird sich erst danach zeigen. Die Prognosen schwanken zwischen Optimismus (»Afghanistan hat sich verändert«) und Katastrophenszenarien (»alle Anstrengungen waren umsonst«). Wenn aber schon in einem solchen Krieg, bei dem immerhin noch starke Eigeninteressen vertreten werden, die Bereitschaft, ihn dauerhaft zu führen, nach einigen Jahren verloren geht, wird man bei »humanitären Interventionen« erst recht keine dauerhafte Einsatzbereitschaft erwarten können. Solche innerstaatlichen Kriege sind aber meistens langwierig, sie sind blutig, und wer eingreift, tötet nicht nur die Bösen, sondern fast zwangsläufig auch Zivilisten, bis hin zu Kindern. In Afghanistan haben deutsche Bomben Frauen und Kinder getötet, und das Entsetzen in Deutschland war groß. Vor allem aber gilt für humanitäre Interventionen wie für jeden anderen Krieg: Wer reingeht, muss auch wissen, wie er wieder herauskommt. Einmal drin, kann sich das über Jahre und Jahrzehnte hinziehen. Geht man vorzeitig raus, hat man »verloren« und international an Machtansehen eingebüßt. Bleibt man zu lange drin, wird man zermürbt, und die »Heimatfront« verliert die Geduld. Das ist kein Plädoyer gegen humanitäre Interventionen. Nur sollte man sich bewusst sein, dass das Gutgemeinte sehr schwer umsetzbar ist, sobald es um Krieg und Frieden geht.

Der Anti-Terror-Krieg: Früher waren Terroristen noch keine Touristen

Lange agierten Terroristen meist vor Ort. Die deutsche Rote Armee Fraktion (RAF) etwa führte ihre Anschläge nur hierzulande durch. Zwar stand die Entführung eines Lufthansa-Flugzeugs nach Mogadischu (im afrikanischen Staat Somalia) in engem Zusammenhang mit dem »Deutschen Herbst« 1977: Arabische Terroristen forderten die Freilassung gefangen genommener deutscher RAF-Kollegen. Aber im Großen und Ganzen waren Terroristen keine Touristen. Ihre Terrorakte blieben örtlich begrenzt. Man konnte damals also noch sagen: Was geht es mich an, was am anderen Ende der Welt passiert? Und viele haben das auch so gehalten

Diese Situation hat sich längst geändert. Terroristen agieren weltweit. Und man kann nicht nur in anderen Ländern von ihnen getroffen werden, sondern auch in der Heimat. Dieser neue »transnationale« (grenzübergreifende) Terrorismus ist damit zu einem der drängendsten Probleme der Weltpolitik geworden.

Das Wort »Terror« kommt aus dem Lateinischen und bedeutet Angst, Schrecken. Angst und Schrecken zu verbreiten, ist die Kriegsstrategie von Terroristen. Dazu braucht man keine großen Truppen. Eine Handvoll Männer reichte, um die Supermacht USA im September 2001 in Schockstarre zu versetzen. Der Krieg, den die Terroristen führen, ist ein »asymmetrischer Krieg«, weil die Parteien eigentlich ganz unterschiedlich stark sind. Auch frühere Guerilla- und Partisanenkriege etwa gegen Kolonialmächte waren asymmetrisch (Partisan kommt aus dem Italienischen, Guerilla aus dem Spanischen, beides meint aber das Gleiche: Kämpfer, die nicht Teil einer offiziellen Armee sind und aus dem Untergrund heraus kämpfen). Das Gleiche gilt für Kämpfe bei ausländischen Interventionen in Bürgerkriege – siehe Somalia. Auch in Afghanistan führen die Taliban einen asymmetrischen Kampf gegen die westlichen Truppen. Die kleine Partei macht die große mit Angriffen aus dem Hinterhalt und einzelnen brutalen Anschlägen psychologisch fertig. Terroristen wie Guerillas verstecken sich inmitten der Bevölkerung. Die große Kriegspartei mit ihren normalen Soldaten ist leicht erkennbar, ihren Gegner hingegen kann sie nicht so leicht ausmachen; sie weiß oft nicht, wer Feind oder Freund ist. Die USA sind viel größer, haben mehr Soldaten und Bevölkerung, Geld und Bomben, als Osama bin Ladens »Truppe« jemals haben wird. Trotzdem konnte es der kleineren Terrorpartei gelingen, die mächtige USA so empfindlich zu treffen, dass die Welt danach nicht mehr so war wie vorher.

Und diese asymmetrische Kriegführung hat sich seitdem noch potenziert: Jeder Feierabend-Dschihadist kann sich theoretisch irgendwo eine Waffe besorgen oder eine Bombenbastelanleitung im Internet herunterladen. Die Globalisierung nutzt auch dem Terror. Man kann eigentlich nur froh sein, dass zum einen die Geheimdienste offenbar dazugelernt haben und so manches Grüppchen beobachten, von dem man als ruhig schlafender Normalbürger nichts ahnt. Und dass viele selbst ernannte Dschihadisten in unseren Breitengraden offenbar doch nicht die hellsten Geister sind. Wer daran glaubt, dass man als Märtyrer im Himmelreich von 1000 Jungfrauen verwöhnt wird, ist vielleicht tendenziell nicht nur verblendet, sondern auch intellektuell etwas beschränkt. So manches Attentat ging jedenfalls schief, weil die Bomben nicht »ordnungsgemäß« gebastelt waren oder weil die Märtyrer in spe nicht merkten, dass sie sich auffällig verhielten und längst im Focus der Sicherheitsbehörden standen. Beruhigend ist das trotzdem nicht. Die Anschläge in den USA, London oder Madrid waren schlimm genug. Und in anderen Weltregionen, im Nahen Osten, in Südostasien oder im Kaukasus, fehlt es nach jahrzehntelanger kriegerischer Erfahrung auch nicht an Expertise und Mitteln, um zahlreiche schwere Anschläge zu verüben.

Angst und Schrecken im asymmetrischen Krieg

Von Guerillakämpfern in einzelnen Ländern oder von den Terroristen der RAF unterscheidet sich der heutige islamistische Terror nicht nur durch seine weltweite Tätigkeit, sondern auch dadurch, dass er nicht auf Soldaten, Politiker oder Wirtschaftskapitäne zielt, sondern auf die Zivilbevölkerung. Selbst der Tod von Muslimen wird dabei billigend in Kauf genommen. »Warum töten diese Leute unschuldige Menschen?« ist dabei die ganz falsche Frage. Abgesehen davon, dass es einigermaßen zynisch ist, Politiker oder Soldaten als Terroropfer »weniger schlimm« zu finden, entspricht genau diese Grausamkeit, ahnungslose Zivilisten aus heiterem Himmel und in großer Zahl zu töten, der Logik des Terrorismus. Sinn der Sache ist ja eben, Angst und Schrecken auf möglichst spektakuläre Weise zu verbreiten. Und damit dem Gegner auch die eigenen Ziele aufzuzwingen.

Dabei sollen längst nicht mehr einzelne Gefangene freigepresst, »Besatzer« aus einer Region vertrieben oder der eigene mafiöse Einflussbereich über Schmuggelwege, Drogenanbau und Ähnliches gesichert werden. Den islamistischen Terroristen geht es um mehr – ums große Ganze und vor allem um Aufmerksamkeit. Diesen Zielen kann sich der Gegner dann auch nicht entziehen. 9/11 hat das in großem Stil vorgeführt. Angefangen mit dem gewählten Datum (die amerikanische Datumsschreibweise entspricht ja zugleich der allgemeinen Notrufnummer für Polizei und Feuerwehr in den USA, 911), über die Uhrzeit (morgens früh amerikanischer Zeit, sodass in der ganzen Welt noch bis in die Hauptabendnachrichtensendungen hinein stundenlang berichtet werden konnte) bis hin zur symbolträchtigen Wahl der Angriffsziele, die unglaubliche TV-Bilder lieferte. Die ganze Welt schaute zu, niemand konnte sich dem entziehen. Das war der erste große Sieg der Terroristen.

In den nachfolgenden Anti-Terror-Kriegen in Irak und Afghanistan (und Pakistan) wird ebenfalls »asymmetrisch« gekämpft. Kriegsforscher sagen: Solche Kriege sind mit militärischen Mitteln allein nicht zu gewinnen. Ein permanenter Druck durch Militär und Geheimdienste zeigt zwar viel Wirkung. Man kann den Terroristen empfindliche Schläge zufügen und ihre Organisationskraft nachhaltig schwächen – die Tötung Osama Bin Ladens zum Beispiel dürfte im Lager der Dschihadisten einigen Frust ausgelöst haben. Aber solange die Idee des Terrors lebendig ist, wird es immer wieder neue Anschläge geben. Und Ideen lassen sich nur schwer aus den Köpfen bomben.

Asymmetrische Kriege lassen sich nur gewinnen, wenn es gelingt, soziale, politische, kulturelle und wirtschaftliche Verhältnisse so zu verändern, dass dem Terror der Nährboden entzogen wird. Vor allem muss den Kämpfern jeder Rückhalt in der Bevölkerung abhanden kommen. Das ist leichter gesagt als getan. In regionalen Konflikten mag es ja noch gelingen, Terroristen und Bevölkerung psychologisch zu trennen, weil die normalen Leute, selbst wenn sie zunächst mit den Zielen der Terrorgruppen sympathisierten, irgendwann so geschockt und zermürbt sind von der vielen Gewalt, dass sie sich nur noch Frieden wünschen und bereit sind, politische Kompromisse einzugehen. Im Nordirlandkonflikt ließ sich das beispielsweise beobachten. Aber wie soll das im aktuellen Anti-Terror-Krieg weltweit funktionieren? Wo fängt man an, wo hört man auf? Afghanistan ist längst nur noch ein Schauplatz von vielen. Wir können dort noch viele Schulen und Brunnen bauen, um die Bevölkerung von den Taliban zu trennen – doch das interessiert die multinationalen Dschihadisten, die jetzt zum Beispiel auch in Syrien unterwegs sind, genauso wenig wie deutsche Möchtegern-Terroristen im Sauerland.

Was wollen die Dschihadisten?

Wie konnte es überhaupt so weit kommen, dass sich aus einzelnen Kleingruppen ein ganzes Netzwerk wie »al-Qaida« bilden konnte (»al-Qaida« heißt im Arabischen »Basis« oder »Stützpunkt«)? Was wollen diese Leute? Ihr Ziel ist die Errichtung eines großflächigen Gottesstaates, der mindestens alle islamischen Länder umfasst, aber auch darüber hinausgehen kann, je nach historischer Betrachtung, welche Gebiete zur islamischen Welt gehören sollten. Ein solches Großkalifat würde nicht nur den ganzen Nahen Osten und die arabische Welt, sondern auch Indien, Teile Afrikas und Teile von Spanien, Portugal und Italien umschließen. Der ungläubige christliche Westen soll dafür »zurückgedrängt« und Israel vernichtet werden.

So wenig, wie jeder strenggläubige Muslim ein Islamist ist, so wenig einig sind sich aber auch die Islamisten über den »richtigen« Islam und über die Wahl der Mittel zu seiner weltweiten Verbreitung. Das macht es al-Qaida & Co per se schwierig, genügend Menschen von ihrem Tun zu überzeugen. Al-Qaida ist außerdem ein sunnitisches Netzwerk – bei den Schiiten finden sie damit schwer echte Verbündete. Mit ihren radikalen Ansichten über den »wahren« Islam mögen sie sich in größeren Teilen der muslimischen Welt vielleicht noch durchsetzen können – zumindest gibt es einen Trend zu einer strengen Auslegung des Koran. Womit aber auch sehr konservative, strenggläubige Moslems, die den »westlichen« Lebensstil ablehnen, überhaupt nicht klarkommen, sind Terror, Mord und Totschlag. Zumal bei solchen Anschlägen regelmäßig Muslime getötet werden. Das widerspricht der Lehre des Koran, erst recht (aber nicht nur), wenn Muslime getötet werden. Das ständige Blutvergießen durch Terrorgruppen, das ja hauptsächlich in muslimischen Ländern stattfindet (Irak, Pakistan, Afghanistan usw.), trennt al-Qaida schon jetzt von der Bevölkerung. Sie verbreiten Angst und Schrecken unter Muslimen, anstatt deren Befreier zu sein.

Der Terror der al-Qaida ist inzwischen kaum noch koordiniert. Darin liegt einerseits eine Stärke, weil er so unberechenbar geworden ist. Aber er ist damit zugleich auch beliebig und damit unstrategisch geworden. Und: Noch nie in der Menschheitsgeschichte ist es Terroristen gelungen, ihre Ziele am Ende tatsächlich so durchzusetzen, wie sie sich das vorgestellt haben. Man erreichte Etappenziele, aber nicht Umsturz oder Staatsgründung. Das gelingt nur innerhalb von Nationen, wenn große Bevölkerungsgruppen hinter den Zielen dieser Gruppen stehen. Das ist dann aber kein Terrorismus, sondern eine Revolution – eine völlig andere Sache.

Selbst wenn die Taliban in Afghanistan wieder das Ruder übernähmen, wäre das kein Sieg von al-Qaida, sondern ein Sieg afghanischer Gruppen. Das macht es nicht unbedingt besser – aber ist auch kein Zeichen dafür, dass demnächst ein Großkalifat entsteht. Es ist insofern sehr unwahrscheinlich, dass al-Qaida auf Dauer erfolgreich sein wird. Das tröstet allerdings nur mäßig, solange der Terror anhält und jeder von uns damit in irgendeiner Form ständig konfrontiert wird. Und sei es nur, dass man sich beim Sicherheitscheck am Flughafen halb ausziehen und die im Handgepäck versehentlich verstaute Cremetube wegschmeißen muss, weil jeder Einzelne von uns ja ein potenziell hochgefährlicher Massenmörder ist, der mit Hautcreme und Lipgloss Flugzeuge zur Explosion bringt.

Söhne aus gutem Hause

Dass aus einer einzelnen Terrorgruppe eine weltweite Bewegung geworden ist, der sich jeder isolierte Einzeltäter zugehörig fühlen kann, hat viele Gründe. Der Krieg der USA in Irak und die Menschenrechtsverletzungen, die US-Soldaten und Geheimdienste in irakischen Gefängnissen (Abu Ghraib) oder im karibischen Gefangenenlager Guantanamo verübt haben, trug dazu erheblich bei. Solche Vorgänge spielten der Propaganda der Terroristen in die Hände. Dass es den Terroristen gelungen ist, einen Rechtsstaat wie die USA so auf ihr eigenes menschenverachtendes Niveau herunterzuziehen, gehört mit zu den bittersten »Etappensiegen«, die al-Qaida davongetragen hat. Aber die Terrorgruppe als solche entstand ja schon vorher.

Osama Bin Laden selbst stammte aus einer wohlhabenden saudiarabischen Familie, sein Vermögen wurde auf 300 Millionen Dollar geschätzt. Mit diesem Geld finanzierte er unter anderem die Ausbildung neuer Terroristen und die Vorbereitung von Anschlägen. Angeblich hat Bin Laden an den Anschlägen vom elften September auch noch gut verdient, indem er zuvor auf fallende Aktienkurse setzte. Bin Laden war übrigens ein ziemlich typischer Terroristenführer: ein Junge aus gutem Hause. Wie schon die Terroristen der RAF. Auch seine »Krieger«, die die Attentate von 9/11 ausführten, waren keine Hungerleider, sondern stammten aus bürgerlichen Milieus und hatten im Westen studiert. Vor ihrer »Bekehrung« pflegten sie einen westlichen Lebensstil, einschließlich Frauenbekanntschaften und Alkohol. Persönliche Not macht einen also offensichtlich nicht zum Terroristen, auch wenn Terroristen immer wieder betonen, dass sie für die Armen kämpfen. Die Armen haben allerdings meist andere Sorgen, als Rote Bibeln oder den Koran zu studieren, und fühlen sich von Terrorgruppen auch durchaus nicht automatisch gut vertreten. Die Armen kommen erst später ins Spiel, wenn es darum geht, neue Mitarbeiter zu rekrutieren: »Desperados« (Verzweifelte), die mit Geld oder Heilsversprechungen oder Ehrgewinn gelockt werden.

Was die islamistischen Terroristen allerdings aufgriffen, war ein Gefühl der Unterdrückung und Unterlegenheit in der muslimischen Welt. Unterdrückung, Erniedrigung und Ausbeutung in der Kolonialzeit, später durch die landeseigenen Diktatoren, die islamische Strömungen als Opposition brutal verfolgten (wie der vom Westen installierte Schah im Iran oder Diktator Mubarak in Ägypten) und dabei von »imperialistischen« ausländischen Mächten unterstützt wurden. Vor allem von den USA, deren weltweiter Einfluss, militärisch, wirtschaftlich und kulturell, als zunehmend feindlich empfunden wurde.

Wie sehr es in der arabischen Welt brodelte, wurde spätestens mit dem »Arabischen Frühling« deutlich, als Massenproteste die Diktatoren in Tunesien, Ägypten und Libyen hinwegfegten so wie einst den Schah aus dem Iran. Ob die arabische Welt und der Nahe Osten damit zufriedener, wohlhabender und stabiler werden, ist fraglich. Langfristig wird das hoffentlich so kommen, wenn die Bevölkerungen dieser Länder das Gefühl haben, endlich selbstbestimmt zu sein und Chancen zu haben. Bislang haben sie das noch nicht, sondern vielfach eher den Eindruck, vom Regen in die Traufe gekommen zu sein. In Ägypten mussten sich unter Mubarak die Islamisten fürchten; nach der Wahl des Muslimbruders Mursi zum Präsidenten fürchteten sich ihre Kritiker, genau jene Leute, die 2011 auf dem Tahir-Platz in Kairo für mehr Freiheit demonstriert hatten. Im Sommer 2013 kam es erneut zu Massenprotesten, diesmal gegen Mursi. Das Militär setzte ihn schließlich ab. Ein äußerst undemokratischer Vorgang, auch wenn er für den demokratisch gesinnten, nach Freiheit strebenden Teil der ägyptischen Bevölkerung eine Erleichterung ist. Die Islamisten wiederum sehen sich nun erneut in einer Opferrolle. Ägypten, das bevölkerungsreichste arabische Land, ist tief zerrissen und steht vor einer ungewissen Zukunft, wie so viele andere Staaten dieser Region.

Minderwertigkeitskomplexe, soziale Ungerechtigkeiten, wenig Bildung geschweige denn religionsferne »Aufklärung«, wie sie Europa und die USA im 18. und 19. Jahrhundert durchliefen, trugen ihren Teil dazu bei, dass der Islam als Heilslehre an Einfluss gewinnen konnte. Undurchlässige Gesellschaftsstrukturen, in denen ein Aufstieg kaum möglich ist, und die Unterdrückung von Frauen und damit einhergehende aggressive »Männergesellschaften« boten zusätzlichen Nährboden für Gewalt. Und schlussendlich ist natürlich auch der ungelöste Nahostkonflikt, der Israel-Hass und die bittere Situation der Palästinenser ein permanenter Stachel, der Wut und Frust in alle umliegenden Länder hineinträgt. Kurzum: Für den militanten Islamismus gibt es viele Ursachen. Mit Osama Bin Laden fand sich dann jemand, der die Führungsqualität und das Geld hatte, um auf diesem Nährboden eine Terrorvereinigung zu gründen, die Größeres vorhatte als alle bereits bestehenden militanten Gruppen.

Krieg kann auch attraktiv sein

In den achtziger Jahren zog Bin Laden aus seinem Heimatland Saudi-Arabien nach Afghanistan, um dort gegen die damaligen sowjetischen Besatzer zu kämpfen. Er hatte sich schon in seiner Jugend für den radikalen Islamismus erwärmt, mit seinem frommen Eifer ging er offenbar selbst der eigenen Familie manchmal etwas auf den Nerv. Das Leben im wohlhabenden Saudi-Arabien war sinnentleert, langweilig und oft heuchlerisch. Man hatte viel Geld, aber wenig Freude. Für einen jungen Mann, der gerne nachdachte und nach Lebenssinn suchte, war das nicht sehr befriedigend. Der Krieg gegen die Sowjets war für Osama vermutlich auch eine Art Abenteuer. Eine spannende, sinnstiftende Alternative zu seinem bisherigen Dasein.

Als der Kampf gegen die sowjetischen Truppen 1988 siegreich endete, waren die islamistischen Krieger keineswegs müde. Krieg kann nämlich auch »Spaß machen«. Klingt kurios, aber Konfliktforscher halten diesen Faktor für einen durchaus ernst zu nehmenden Aspekt. Wer sonst nicht weiß, was er mit seinem Leben anfangen soll, findet in einem solchen Partisanenkrieg eine attraktive Aufgabe. Man kann sich beweisen, es gibt Adrenalin, Heldengeschichten, Abenteuer, Anerkennung und Männergemeinschaft. Man kann nebenbei auch noch alle möglichen Schandtaten rechtfertigen, andere herumkommandieren, man hat Lohn und Brot und ein Lebensziel. Der Spaß hört natürlich auf, wenn man selbst getötet wird, doch dann ist es für die Erkenntnis, im falschen Abenteuer gelandet zu sein, zu spät.

Der Erfolg suchte nach neuen Erfolgen

Die direkte Erfahrung von Krieg bewirkt außerdem Verrohung und Radikalisierung. Wohin mit all dem, wenn der Krieg vorbei ist? Auch deshalb brauchten die Kämpfer um Osama Bin Laden ein neues Ziel, einen neuen Gegner, nachdem sie die Sowjets »geschlagen« hatten. Der Erfolg suchte nach neuen Erfolgen. Für fanatische Islamisten bot sich der Kampf gegen »die Ungläubigen« an. Also gegen Amerika und den Westen. Für Osama Bin Laden persönlich kam hinzu, dass er vor Selbstbewusstsein strotzend nach Saudi-Arabien zurückkehrte, um festzustellen, dass er dort nicht gebraucht wurde. Der Irak überfiel Kuwait. Auch für die Saudis war das eine Bedrohung. Osama bot dem Königshaus an, dass er und seine Afghanistan-Kämpfer die Landesverteidigung übernehmen würden. Das wurde dankend abgelehnt, man verließ sich lieber auf die Amerikaner, die in großer Zahl nach Saudi-Arabien kamen und Militärbasen errichteten. Bin Laden kehrte nach Afghanistan zurück und war von nun an ein Staatenloser, voller Hass auf seine Heimat – und die Amerikaner. In den afghanischen Taliban fand Osama bin Laden religiöse Gleichgesinnte, auch wenn Taliban und al-Qaida nicht das Gleiche sind.

In den letzten Jahren ist es etwas ruhiger geworden um al-Qaida;

ob es so bleibt, weiß niemand. Es gibt genug, die bereit sind, im Namen des Heiligen Krieges zu töten. Zumal Terroristen ihre Anschläge immer seltener verabreden. Gerade deshalb ist es so schwer, Anschläge zu verhindern oder die Täter zu schnappen. Es kann also gut sein, dass irgendwo auf der Welt Bomben hochgehen und die Terrorbosse davon auch erst aus den Nachrichten erfahren. Eine Zeit lang war es noch so, dass einer der al-Qaida-Anführer über das Internet oder einen TV-Sender eine Videobotschaft übermittelte. Er erklärt darin zum Beispiel, dass man auch gegen die Verbündeten der verhassten USA kämpfen solle – Großbritannien oder Spanien. Das hört einer seiner Bewunderer in Marokko und plant mit ein paar Freunden einen Sprengstoffanschlag auf einen spanischen Pendlerzug. Ergebnis: Kurz danach gewann die spanische Opposition 2004 die Wahl und zog wie angekündigt Spaniens Soldaten aus dem Irak ab. Die Terroristen haben sich gefreut – Strategie aufgegangen.

Inzwischen ist al-Qaida aber nicht mehr so koordiniert. Al-Qaida zu sein, ist quasi Privatangelegenheit geworden, zig Grüppchen und Einzeltäter fühlen sich zugehörig und agieren auf eigene Kappe. Da ist wenig voraussehbar. Öffentliche Gebäude? Flugzeuge? Bombenkoffer in Regionalzügen? Wann und warum? Das ist der Horror des Terrorismus. Es ist zugleich die größte Schwäche dieses Terrorismus.

Nukleare Albträume

Bleibt der schwache Trost, dass die Chance, selbst einem Anschlag zum Opfer zu fallen, insgesamt doch ziemlich gering ist, beinahe null. In den USA beispielsweise kommen jährlich knapp 44 000 Menschen bei Verkehrsunfällen ums Leben. Dagegen ist die Gefahr, durch al-Qaida zu sterben, doch sehr überschaubar. Sollte es einen schweren Anschlag in Deutschland geben, würde diese statistische Erkenntnis uns aber auch nicht weiterhelfen.

Trotzdem: Die meiste Gewalt durch islamistische Terrorgruppen herrscht nicht bei uns, sondern in muslimischen Ländern. Aus dem Anti-Terror-Kampf in Staaten wie Afghanistan oder Irak zieht sich der Westen zunehmend zurück. Groß angelegte Kriege wollen die USA und die Europäer bis auf Weiteres nicht mehr führen. In den syrischen Krieg direkt einzugreifen und sich dort die Finger zu verbrennen, erscheint hoch riskant. Dass die syrische Opposition Unterstützung durch Dschihadisten bekommt, ist allerdings auch sehr beunruhigend. Al-Qaida ist eine Art multinationale »schnelle Eingreiftruppe« geworden, die sich in jedem Konflikt tummelt, der ihren Zielen dienen könnte. Gerne finanziert aus saudischen Quellen.

Saudi-Arabien liefert dem islamistischen Terror nicht nur seine Söhne wie Osama Bin Laden, sondern auch die nötigen Petrodollars, um von den Perversionen im eigenen Land abzulenken, Einfluss zu wahren und sich selbst vor Terror zu schützen (im Sinne von: Wir zahlen euch, aber dafür lasst ihr uns in Ruhe). Ein ähnlich besorgniserregender Staat ist Pakistan: seit seiner künstlichen Staatsgründung ein Hort für Konflikte und Gewalt. Und zu allem Überfluss auch noch ein Atomstaat. Die Vorstellung, dass terroristische Gruppen an solche Waffen gelangen könnten, lässt die »atomare Bedrohung« durch Staaten wie den Iran oder Nordkorea beinah schon harmlos erscheinen. Nordkoreas bizarre Diktatorendynastie hat sich bislang eher aufgeführt wie ein Hund, der bellt, aber nicht beißt. Die diversen Kims sind sozusagen die größten Kläffer der Weltpolitik. Der Iran wiederum ist für Israel zwar eine massive Bedrohung. Doch bislang gibt es noch berechtigte Hoffnung für die Annahme, dass die Mullahs in Teheran nicht völlig irrational handeln. Dass sie also nicht bereit sind, bei einem atomaren Krieg gegen Israel große Teile ihrer eigenen Bevölkerung und ihres Territoriums zu opfern. Staaten haben immer auch etwas zu verlieren. Das ist der große Unterschied zum Terrorismus: Staatenlose Krieger haben nichts zu verlieren. Das macht sie so gefährlich.

Wie funktioniert Diplomatie?

Ursprünglich waren Diplomaten nichts anderes als Geiseln. Wenn verfeindete Königreiche oder Stämme ein Abkommen trafen, wurde zur Sicherheit ein »Faustpfand« verlangt. Zum Beispiel ein Sohn oder naher Verwandter des gegnerischen Anführers, der dann höflich als »Gast« behandelt wurde – solange das Abkommen eingehalten wurde.

Brach der andere die Vereinbarung, stand das Leben der Geisel auf dem Spiel. Deshalb musste es eine wertvolle Geisel sein und nicht nur irgendein Höfling. Vielleicht ist es deshalb in der Neuzeit noch so, dass die Diplomatie mit »höheren« Gesellschaftsschichten in Verbindung gebracht wird und sich unter Diplomaten auffällig viele »Vons« finden. Mit der Zeit stellten jedenfalls alle Beteiligten fest, dass es gar nicht so schlecht war, einen »Mann vor Ort« zu haben, einen Gesandten am gegnerischen Hofe. Dafür wurden Adelige an die Höfe der Könige in benachbarten Ländern entsandt. Sie gaben gerne rauschende Feste, so konnten sie für gute Stimmung sorgen und zugleich nützliche Kontakte knüpfen. Und wenn sie zufällig irgendetwas Interessantes in Erfahrung brachten – umso besser.

Im Prinzip hatten sich damit schon die wesentlichen Funktionen von Diplomaten herauskristallisiert: in formvollendeter Weise die Beziehungen zwischen Ländern zu fördern und Informationen zu sammeln. Bei diesen Informationen geht es zum einen um politische Einschätzungen und Bewertungen: Wie ist die Stimmung in dem Land und seiner Regierung, wie wird unser eigenes Regierungshandeln gesehen, was ist von diesem oder jenem Politiker zu halten, welche Interessen hat die Gegenseite, welche Indiskretionen habe ich erfahren usw. Geheimdienstliches Schnüffeln gibt es natürlich auch, die diplomatischen Vertretungen werden gerne für Spionagetätigkeiten genutzt. Das geschieht dann aber eher im Gefolge der Botschafter. Die Jobbeschreibung des Botschafters selbst ist nicht die eines Geheimagenten.

Daneben erfüllen Botschaften natürlich auch ganz praktische Aufgaben. Sie bieten den Bürgern ihres Heimatlandes Hilfe und Dienstleistungen im Ausland, beispielsweise kann man in einer deutschen Botschaft einen neuen Pass beantragen, wenn der alte auf einer Urlaubsreise verloren ging.

Die Kunst des feinen Umgangs

Wer in einem anderen Land eine Botschaft errichtet, erkennt diesen Staat diplomatisch an. Das an sich ist schon mal ein wichtiger Akt in den internationalen Beziehungen und keine Selbstverständlichkeit. Es gibt auch heute noch Staaten, die zwar faktisch existieren, aber von großen Teilen der Staatenwelt diplomatisch nicht anerkannt werden. Taiwan zum Beispiel, das sich selbst als »Republik China« bezeichnet. Weil die Volksrepublik China Taiwan als abtrünnige Provinz sieht und die meisten Staaten es wichtiger finden, diplomatische Beziehungen mit Peking zu haben statt mit Taiwan (und beides wäre diplomatisch nicht möglich), genießt Taiwan keine offizielle Anerkennung. Die Kontakte zu Taiwan laufen nur durch »inoffzielle« Kanäle. Eine heikle Angelegenheit – aber genau das ist die Spezialität von Diplomaten.

Sie überbringen ihren ausländischen Gastgebern »Botschaften« ihres Heimatlandes, das heißt, sie kommunizieren, erklären, werben um Verständnis (»mein Land sieht das so und so«), und das in beide Richtungen (»mein Gastland wird das nicht akzeptieren, da müsst ihr vorsichtig sein«). Diplomaten bereiten außerdem Gipfeltreffen vor und arbeiten an internationalen Verträgen mit, auch deshalb sind viele von ihnen Juristen. Aber mit Jura allein kommt man nicht weiter. Besonders auf den höchsten Ebenen, wenn man Botschafter in einem anderen Land ist, muss man die »Kunst der Diplomatie« beherrschen. Dafür sollte man nicht nur die formalen Regeln kennen, sondern sich auch in die »Seele« anderer Länder einarbeiten und Feingefühl haben.

Vor allem wenn es zu Konflikten kommt, ist diplomatische Kunst gefragt. Man muss dann nach Mitteln und Wegen suchen, wie sich alle Beteiligten am Ende als Gewinner fühlen können. Es geht also nicht darum, dafür zu sorgen, dass »meine Seite gewinnt«, sondern darum, die eigenen Interessen so geschickt mit den Interessen des anderen zu verweben, dass sich auch die Gegenseite am Ende gut fühlt, jeder also »sein Gesicht wahrt«.

Mit Kriegsherren und Diktatoren freundliche Beziehungen zu unterhalten, ist natürlich nicht angenehm. Der frühere UN-Generalsekretär Kofi Annan sagte nach seiner Amtszeit: »Ich musste vielen Teufeln die Hand schütteln.« Andererseits: Um überhaupt etwas zu erreichen, muss man ins Gespräch kommen. Deswegen ist Diplomatie gerade wichtig zwischen Staaten, die sich eigentlich überhaupt nicht verstehen. Häufig laufen solche Kontakte zum Beispiel über politische Stiftungen, die offiziell keine diplomatische Funktion haben und gerade deshalb stille Kontakte zu ungeliebten Regierungen aufbauen können und dürfen.

Aber es gibt natürlich auch den ganz direkten Weg auf höchster Ebene. Zum Beispiel über Telefonate zwischen Ministern oder Regierungschefs. Dann vereinbaren die Mitarbeiter des deutschen Außenministers oder Kanzlers mit den Kollegen des anderen Staates eine genaue Gesprächszeit. Außerdem wird geklärt, wer wen unter welcher Nummer anruft. Auch der Inhalt des Telefonats wird vorbesprochen. Dolmetscher werden gebucht. Solche Aktionen haben trotz mangelnder Spontaneität Vorteile: Man kann zum Beispiel demonstrieren, wie wichtig es Deutschland ist, mit dem Staat X über das heikle Thema Y zu reden. Die Gegenseite wird damit aber nicht überrumpelt, und man hält sich an ein gewisses »Wording«, um den anderen nicht übermäßig vor den Kopf zu stoßen.

Die verschlüsselten Codes der Diplomatensprache

Nach einem Regierungstreffen will die Öffentlichkeit natürlich wissen, wie es lief. Auch da ist es ähnlich wie im Privaten: Es gibt Formulierungen, die jeder versteht. »War ein netter Abend« ist etwas anderes als »War ein superschöner Abend« oder »Wurde ein richtig langer Abend«. In der Diplomatensprache gibt es typische Klauseln, mit denen man Dinge höflich umschreiben kann – man lügt nicht, formuliert es aber diplomatisch: »Wir hatten einen offenen und fruchtbaren Meinungsaustausch« ist eine solche Standardfloskel für »Wir haben uns heftig gestritten«.

Ein großer Vorteil der Diplomatensprache ist, dass sie weltweit verstanden wird. Ob man es nun auf Englisch, Französisch oder in der jeweiligen Landessprache sagt: Alle wissen, was gemeint ist. Das kann dem Inhalt nach durchaus deutlich sein, bleibt aber diplomatisch höflich verklausuliert.

Wenn ein Botschafter zum Beispiel offiziell »einbestellt« wird, ist das eine sehr scharfe diplomatische Form der Kritik am Heimatland dieses Botschafters. Man zitiert ihn dann quasi herbei, um ihn zu fragen: »Spinnt ihr? Sag deiner Regierung, das geht so nicht!« Natürlich wird das anders formuliert, aber alle Beteiligten wissen, dass genau dies gemeint ist. Offiziell kann in einer solchen Situation auch eine »Protestnote« überreicht werden. Im Extremfall können Botschafter sogar des Landes verwiesen werden. Oder ein Land schließt selbst seine Botschaft und zieht die eigenen Diplomaten ab. Was so viel heißt wie: »Mit euch reden wir nicht mehr.« Die letzte Stufe ist der vollständige »Abbruch der diplomatischen Beziehungen«. Das ist die höchste diplomatische Ohrfeige und will wohlüberlegt sein, denn wer empört rausstürmt, muss irgendwann auch wieder reinkommen.

Manchmal ist das Schließen einer Botschaft aber auch nur eine Sicherheitsmaßnahme, wenn in einem Land Krieg ausbricht und man um das Leben seines Botschaftspersonals fürchtet. Bevor die Botschafter selbst abziehen können, müssen sie sich aber noch darum kümmern, ihre Landsleute in Sicherheit zu bringen. Denn in allen Krisenfällen gilt: Wo immer man sich auf der Welt befindet, die Botschaft des eigenen Landes muss einem helfen, wenn man in Schwierigkeiten ist.

Unterhalb dieser »harten Fälle« (Botschafter einbestellen, ausweisen, eigene Botschafter abziehen) gibt es noch eine Vielzahl fein verschlüsselter Abstufungen, über die Länder miteinander kommunizieren können, während sie zugleich nach außen die diplomatische Form wahren. Man kann zum Beispiel seinen Botschafter nur vorübergehend nach Hause holen, offiziell zu »Konsultationen auf unbestimmte Zeit«. Das ist dann noch kein richtiger Abzug, aber ein sehr deutliches Zeichen ernsthafter Verärgerung. Oder man sagt einen geplanten Ministerbesuch ab. Das haben etwa die Chinesen getan, nachdem sich Kanzlerin Merkel 2007 mit dem tibetischen Dalai Lama traf. China empfand das als Affront, danach wurden geplante Besuche auf Ministerebene und andere Treffen abgesagt – die diplomatischen Beziehungen also »heruntergefahren«. Da half auch nicht, dass der chinesische Botschafter in Berlin über das Treffen vorab informiert worden war; die Information der Gegenseite gilt eh als Minimum der Höflichkeit.

Wenn die Kanzlerin bei einem Besuch in China eine Liste übergibt, auf der inhaftierte Regimekritiker aufgeführt sind, nach deren Schicksal die deutsche Regierung fragt, dann zieht sie die auch nicht plötzlich wie das Kaninchen aus dem Hut. So etwas wird vorher abgesprochen. Den Chinesen gefällt das zwar nicht, aber sie nehmen es hin, weil sie ihrerseits wissen, dass deutsche Politiker dies tun »müssen«, weil es zu Hause in Deutschland erwartet wird. Es ist Teil der

Diplomatie, diese Dinge sorgfältig hinter den Kulissen zu klären, bevor man anreist.

Militärische Ehren und andere Blumensträuße

Offizielle Besuche sind generell ein wunderbarer Schauplatz für diplomatische Feinheiten. Man kann Gäste unterschiedlich herzlich oder kühl empfangen. Es gibt ein internationales Protokoll, das sozusagen die Mindeststandards umschreibt. Bietet man dem Gast mehr als das Protokoll, dann empfängt man ihn »besonders freundlich«. Ein Außenminister zum Beispiel kann nicht erwarten, dass ihn sämtliche Regierungsmitglieder oder gar der Staatschef empfangen. Wenn das geschieht, ist das eine ausdrückliche große Geste. Aber auch wenn ein Staats- oder Regierungschef höchstselbst kommt, gibt es feine Abstufungen. Etwa wenn der gastgebende Staatschef besonders viel Zeit für den Besuch einräumt, mit ihm längere Spaziergänge unternimmt (natürlich von Kameras begleitet) oder ihn gar in sein Privathaus einlädt. Auch mit diversem »Tamtam« kann man »besondere Freundlichkeit« demonstrieren. Dann werden zum Beispiel zahlreiche Fähnchenschwenker zum Flughafen geschickt, die dem Staatsgast begeistert zuwinken. Das klappt in Diktaturen natürlich besser. In Deutschland ist es eher schwierig, bürgerliche Begeisterung anzuordnen.

Ein typischer Bestandteil des diplomatischen Protokolls ist der Empfang mit militärischen Ehren. Gast und Gastgeber schreiten spezielle Ehrenformationen des gastgebenden Militärs ab. Das kriegt natürlich nicht jeder. Militärische Ehren bekommen nur Staats- oder Regierungschefs. Im Prinzip ist das ein ziemlich veraltetes Ritual. Da präsentieren die Soldaten Gewehre, die keine Munition enthalten. Eine doppelte Botschaft sozusagen: »Ich könnte, wenn ich wollte, denn ich bin gut bewaffnet, aber wir sind ja nett zueinander und beschießen uns nicht.« Bei »Arbeitsbesuchen« (im Unterschied zu »Staatsbesuchen«) wird auf solche Zeremonien weitgehend verzichtet. Man hat ja schließlich zu tun.

Im Grunde dienen all diese protokollarischen Feinheiten, bis hin zu exakt festgelegten Beflaggungen, dazu, dass sich alle Beteiligten »auf sicherem Gelände bewegen«. Man weiß, wie man sich zu benehmen hat. Ein bisschen wie bei privaten Besuchen: Man kommt auf keinen Fall zu früh, aber auch nicht mehr als 15 Minuten zu spät, andernfalls ist eine Entschuldigung fällig. Man bringt einen Blumenstrauß mit, weil sich das so gehört, den man vor der Übergabe korrekterweise vom Papier befreit hat, die Gastgeberin ist erfreut (»so ein schöner Strauß«) und kümmert sich ihrerseits höflicherweise sofort um eine Vase, anstatt die Blümchen einfach in die Ecke zu donnern, während der Gastgebergatte fragt: »Was kann ich euch zu trinken anbieten?« – und dann steht man erst mal eine Weile mit Glas in der Hand herum, bevor man »zu Tisch gebeten wird«. Wie der Rest des Abends verläuft, weiß man nicht, Exzesse sind möglich, aber erst mal haben alle ein gemeinsames Protokoll, an dem sie sich festhalten können.

Nach vorne lächeln, intern lästern

Intern sieht das durchaus anders aus. Im November 2010 wurden über die Internetplattform WikiLeaks über 250 000 interne, teils als »geheim« oder »vertraulich« klassifizierte Diplomatenberichte der USA öffentlich. Da konnte man nachlesen, was und wie US-Diplomaten, etwa Botschafter, in die Heimat schreiben, wenn sie über ihr Gastland berichten – nämlich schönster Klartext, ohne jede diplomatische Verklausulierung. So meldeten die US-Diplomaten unter anderem nach Washington, dass Angela Merkel »selten kreativ« sei und als Angela »Teflon« Merkel bezeichnet würde. Der deutsche Außenminister Guido Westerwelle wurde als »inkompetent«, »aggressiv« und »eitel« beschrieben. Der afghanische Präsident Hamid Karsai sei »von Paranoia getrieben«, der damalige französische Präsident Nicolas Sarkozy »dünnhäutig« und »ein Kaiser ohne Kleider«. Der russische Ministerpräsidenten Putin wiederum sei ein »Alpha-Rüde«. Der türkischen Regierung wurde ein »Mangel an Sachverstand« attestiert und dem früheren libyschen Staatsführer Gaddafi eine Abhängigkeit von seiner ukrainischen Krankenschwester, die als »üppige Blondine« tituliert wurde.

Für das Publikum war das ein köstlicher Blick hinter die Kulissen des Staatstheaters, für die betroffenen Diplomaten hingegen natürlich hochnotpeinlich. Die ganze diplomatische Maskerade fiel ja plötzlich ab. Da aber alle Regierungen wissen, dass ihre eigenen Diplomaten hinterrücks genauso lästern wie die amerikanischen, kam es nicht zum großen Eklat. Zumal man sich auch nicht von WikiLeaks vorführen lassen wollte, also machten alle betont gelassene Miene zum bösen Spiel.

Die WikiLeaks-Enthüllungen warfen allerdings auch ein Schlaglicht auf die Frage, ob es nicht vielleicht doch ganz gut ist, dass es die Welt der Diplomatie gibt, in der man nach außen nicht alles ausspricht, was man denkt. Ist es wirklich hilfreich zu wissen, dass US-Diplomaten einen deutschen Außenminister »eitel« finden? Für den persönlichen Umgang zwischen Minister und Diplomaten ist das vermutlich nicht nützlich, insofern amüsiert es zwar, verbessert aber nicht die Beziehungen zwischen Ländern. Auch da gibt es wieder schöne Parallelen zu unser aller Privatleben: Muss man einer lieben Freundin ins Gesicht sagen, dass man ihren neuen Partner grauslig findet? Will der Kollege, mit dem man das Bürozimmer teilt, tatsächlich wissen, dass sein Eau de Toilette unangenehm riecht? Und wenn man eine Einladung kurzfristig absagt, ist die Notlüge, »man sei plötzlich erkrankt« nicht doch irgendwie angebrachter als die ehrliche Ansage: »Ich hab keine Lust«? Noch heikler ist es, wenn durch solche Enthüllungen Informanten in Gefahr gebracht werden. Die US-Diplomaten in Deutschland hatten natürlich nichts zu befürchten. Für den US-Botschafter war das alles zwar sehr unangenehm – beim Lästern ertappt zu werden, ist immer peinlich. In den WikiLeaks-Dokumenten wurden aber auch Informationszuträger in diktatorisch regierten Ländern benannt, mit denen US-Diplomaten heimlich Kontakt hatten. Für diese Leute war der Enthüllungsdrang von WikiLeaks schon deutlich gefährlicher. Fazit: Ehrlichkeit ist zwar ein hohes Gut, aber in der internationalen Politik ist es wie bei privaten Sozialkontakten: Schonungslos alles ins Gesicht gesagt zu bekommen, ist nicht immer hilfreich.

Wie immun sind Diplomaten?

Damit Diplomaten ihre im Stillen gewonnenen Erkenntnisse unbehelligt heimschicken konnten, erfand man das Diplomatengepäck. Das war natürlich weit vor WikiLeaks! Bis heute darf es nicht geöffnet, aufgehalten oder durchsucht werden. Offiziell haben sich alle Botschaftsangehörigen verpflichtet, darin nur erlaubtes Material zu verschicken. Aber wenn das wirklich immer der Fall wäre, könnte man die Sachen ja auch ganz normal verschicken und bräuchte keine Extrawurst ... Andererseits will man eben nicht, dass fremde Regierungen immer alles über einen wissen, oder wissen, was man weiß. Diplomaten wollen sich mit ihrem Heimatland vertraulich austauschen können, ohne dass mitgehört oder mitgelesen wird. Die entsprechenden Regelungen können natürlich auch zu Missbrauch führen. Besonders dreist war in dieser Hinsicht der gescheiterte Versuch nigerianischer Behörden, 1984 einen ihrer ehemaligen Minister, der zur Opposition übergelaufen war, in London zu entführen und betäubt als »Diplomatengepäck« per Holzkiste in die Heimat zu holen. Im gleichen Jahr wollte ein sowjetischer Botschafter an der Schweizer Grenze einen ganzen Lastwagen mit neun Tonnen Ladung als »Diplomatenkoffer« deklarieren. Die Schweiz lehnte ab. Diplomatengepäck ist normalerweise ein mit Plastik beschichteter Seesack. Es können auch zwei oder drei sein, aber ein ganzer Lkw, das war dann doch zu viel des Guten.

Hartnäckig hält sich das Gerücht, Botschaften seien »extraterritorial« – die US-Botschaft in Berlin gehörte also nicht zu Deutschland, sondern wäre ein Stückchen echte USA, die österreichische Botschaft wäre ein paar Quadratmeter Österreich, und deutsche Botschaften im Ausland wären eben umgekehrt deutscher Grund und Boden. Das stimmt aber nicht. Allerdings genießen Diplomaten »Immunität«, das heißt, sie dürfen im Gastland nicht wegen eines Verbrechens verurteilt werden. Die Botschaften stehen unter »besonderem völkerrechtlichem Schutz« und dürfen nicht einfach von der einheimischen Polizei durchsucht werden. Deshalb flohen 1989 viele DDR-Bürger auf das Gelände der westdeutschen Botschaften in Budapest, Warschau und Prag. Dass sie am Ende so behandelt wurden, als wäre ihnen tatsächlich die Flucht nach Westdeutschland gelungen, war aber Ergebnis zäher diplomatischer Verhandlungen und keine völkerrechtliche Selbstverständlichkeit.

Dass Diplomaten ihre Strafzettel nicht bezahlen müssen und (angeblich) auch wegen eines Mordverdachts nicht verhaftet werden können, stimmt ebenfalls nicht – es ist nur schwieriger als bei normalen Leuten. Deshalb werden solche Vergehen in der Praxis oft unter den Tisch fallen gelassen; man will sich eben nicht in diplomatische beziehungsweise politische Verwicklungen verstricken. Wird ein Diplomat eines Verbrechens verdächtigt, spricht man üblicherweise erst mal mit der Regierung seines Heimatlandes und drückt seine »Irritation« aus. Dann muss das Heimatland sich der Sache annehmen. Schlimmstenfalls erklärt man einen Diplomaten zur »persona non grata«, zur »unerwünschten Person«. Das ist praktisch eine Ausweisung und in der Welt der Diplomatie ein starkes Stück. Auch Strafzettel müssen Diplomaten theoretisch bezahlen. Aber wenn sie es nicht tun, ist es ziemlich aufwändig, sie zu zwingen. In einem solchen Fall gilt: Wegen ein paar unbezahlter Parkzettel eine Staatenkrise zu riskieren, lohnt sich nicht. Also passiert nicht viel. Und so beschwert sich die Berliner Polizei schon mal darüber, dass in der Hauptstadt so viele Diplomaten und deren Familienangehörige alkoholisiert Auto fahren oder ihre schicken Wagen im Halteverbot abstellen.

Benimmregeln auf glattem Parkett

Das »diplomatische Protokoll« regelt, wer bei Reden zuerst anzusprechen ist, wer bei Staatsbanketten wo sitzt und so weiter. Das stammt, wie die militärischen Ehren, aus alten Zeiten und wirkt auch etwas gestrig, vor allem wenn es in die Details geht. Andererseits haben Traditionen manchmal auch einen Wert an sich, niemand mag sie abschaffen (das könnte zu diplomatischen Irritationen führen), und irgendwie haben sie ja auch einen gewissen Glamour-Effekt. Das Protokoll ist sozusagen die staatliche Benimm-Anleitung. Zum Beispiel: Wen begrüßt man zuerst, wenn Staatsgäste anwesend sind und man die Tischrede halten soll? Wer sitzt wo? Wer geht zuerst durch die Tür?

Am meisten Benimm ist bei Staatsbesuchen angesagt, egal, ob man selbst zu Gast ist oder Gäste empfängt. Da gibt es das meiste Brimborium und Trallala. »Staatsbesuche« heißt: Es kommt ein Präsident oder ein König. Daneben gibt es die offiziellen Regierungsbesuche. Weniger formell geht es bei Arbeitsbesuchen oder »informellen« Treffen zu. Bei einem informellen Treffen gibt es keine feste Tagesordnung, und es muss am Ende keine konkreten Beschlüsse geben. Man kann einfach miteinander reden, ohne dabei schon hart verhandeln zu müssen. Die Staatsleute geben sich insgesamt weniger förmlich, dafür wird meist umso mehr gegessen (und getrunken). So ganz ohne Protokoll geht es aber auch bei informellen Treffen nicht. Für die »informellen« Weltwirtschaftsgipfel wird beispielsweise die Kleiderordnung genau festgelegt, damit keiner zu gut oder zu schlecht dasteht. Dann steht höchst förmlich im Protokoll: »(Sport-)Sakko, keine Krawatte, kein Anzug.« Die legere Kleidung soll für eine lockere Atmosphäre sorgen. Diese Lockerheit wird aber präzise angemeldet.

Generell muss man im Umgang mit Diplomaten und Staatsoberhäuptern darauf achten, dass manche sonst üblichen Höflichkeitsformen nicht gelten. Vermeintlich gutes Benehmen kann sogar ganz falsch sein. Als Gast in einer Botschaft reicht man zum Beispiel bei der Begrüßung nicht zuerst der Ehefrau des Botschafters die Hand, was man bei einem normalen Ehepaar höflicherweise tun würde (»Frau vor Mann, Alter vor Jugend« ist ja normalerweise die Regel). Nicht so bei Botschaftern oder Bundespräsidenten. In dem Fall muss man zuerst dem Amtsträger die Ehre erweisen, also erst dem Bundespräsidenten oder Botschafter, dann der Ehefrau. Ganz schwierig wird es, wenn man bei der Queen eingeladen ist. Dort gilt: Einfach mal die Klappe halten! Denn man spricht die englische Königin nicht an, sondern wartet, bis man von ihr angesprochen wird. Und man reicht ihr auch nicht einfach die Hand, sondern wartet brav ab, ob sie das tut. Denn man fasst eine Queen nicht ungefragt an! Auch die spanische Königin möchte nicht berührt werden – bei so was sind die gekrönten Häupter eigen. Insofern: Fröhliches Schulterklopfen oder »Bussi-Bussi« bei Diplomaten und Royals unbedingt vermeiden.

Meist findet zu Ehren eines Staatsgastes ein festliches Essen (»Bankett«) statt. Hier kommt es nicht nur darauf an, mit Messer und Gabel umgehen zu können und richtig gekleidet zu sein. Sondern man muss auch wissen, wie man hohe Gäste korrekt anredet (zum Beispiel »Guten Abend, Exzellenz, sehr erfreut«) und welche Höflichkeitsregeln in der Tischkonversation gelten. Etwa wie lange man sich mit dem Tischnachbarn zur Rechten unterhält, bevor man zum Tischnachbarn zur Linken wechselt. Sehr heikel ist auch die Tischordnung, also wer neben wem sitzt. Das ist ja schon bei jedem privaten Hochzeitsfest schwierig genug... Es gibt natürlich Regeln, welche höchsten Ehrengäste wo sitzen, aber der Rest braucht Fingerspitzengefühl, damit die einander fremden Leute einigermaßen zusammenpassen. Kann man alles überflüssig und veraltet finden – es sind aber jahrhundertealte Traditionen, und manchmal helfen all diese Regeln auch, Form und Haltung zu bewahren, gerade in schwierigen Zeiten.

Das Leben als Diplomat oder Mitarbeiter einer Botschaft scheint oft nur auf den ersten Blick verlockend: durch die Welt reisen, an Banketten teilnehmen, in fernen Ländern leben. Das kann zwar tatsächlich alles sehr interessant sein, aber auch sehr anstrengend. Viele Stellen an den Botschaften sind zudem eher Bürojobs und haben überhaupt nichts mit Sekttrinken und eleganten Partys zu tun. Und so toll bezahlt ist das Ganze auch nicht. Man muss mit seiner Familie alle paar Jahre umziehen, oft in wenig angenehme Länder. Und die Spitzenjobs sind, wie überall, rar gesät. Botschafter in Paris oder Washington werden nur ganz wenige.

Der Kanzler ist Vielflieger

Wenn Bundeskanzler abheben, dann in der Kanzlermaschine. Sie gehört zur deutschen Luftwaffe, also zur Bundeswehr. (Deutlich berühmter, aber im Grunde das Gleiche ist die Air Force One des amerikanischen Präsidenten.) Der Kanzler muss sich die Kanzlermaschine mit dem Bundespräsidenten und wichtigen Ministern teilen. Sie ist beinahe so eingerichtet wie ein normales Passagierflugzeug, mit First-, Business- und Economy-Class. In der Economy sitzen die Journalisten, die vom Bundeskanzleramt mitgenommen werden. Business reisen hohe Beamte und Wirtschaftsführer, die einen Bundeskanzler auf Staatsbesuch begleiten (die sogenannte Delegation). Der Kanzler beziehungsweise die Kanzlerin selbst fliegt natürlich »First«. Für den Bundeskanzler gibt es ganz vorne einen eigenen Bereich mit Schlafkabine, Badezimmer sowie einem Konferenzraum mit Clubsesseln. Dort können Besprechungen abgehalten werden. Kanzler Schröder spielte dort manchmal gerne Skat. Als Einziger darf der Kanzler sein Gepäck direkt mit an Bord nehmen, alle anderen müssen normal einchecken.

Die Verpflegung ist überall gleich gut, die mitreisenden Journalisten und Bodyguards in der Economy-Class müssen also nicht von Wasser und Brot leben, sondern bekommen die gleichen Lachsröllchen und Weißweine wie Angela Merkel. Das tröstet allerdings nicht darüber hinweg, dass die Sitze eng und hart sind. Dafür kommt die Kanzlerin persönlich vorbei und plaudert mit den Journalisten. Vor allem wegen dieser Hintergrundgespräche sind auch alle so scharf darauf, mit der Kanzlermaschine zu fliegen.

Erst kürzlich wurde eine neue Kanzlermaschine gekauft. Die alte war nämlich geradezu uralt und klapprig. Der Airbus A310 war 1990 aus den Beständen der DDR-Fluggesellschaft Interflug übernommen worden – die Maschine, in der schon Erich Honecker unterwegs war. Die Sitze waren verschlissen, angeblich ließ sich am Ende sogar eine der Klotüren nicht mehr schließen. Außerdem war es keine echte Langstreckenmaschine. Die Kanzler mussten also auf langen Reisen zwischenlanden, um zu tanken, was lästig und zeitaufwändig ist. Schlimmer noch: Der alte Flieger war pannenanfällig. Es gab eine ganze Reihe gefährlicher Zwischenfälle. Außenminister Joschka Fischer musste zum Beispiel einmal in Berlin notlanden, weil kurz nach dem Start Qualm in die Kabine drang. Und Kanzlerin Merkel kam zu spät zu einem wichtigen EU-Gipfel, weil die Maschine wegen eines technischen Defekts nicht abheben konnte. Trotzdem hat man jahrelang gezögert, eine neue Kanzlermaschine zu kaufen. Wohl weil man im Kanzleramt Angst vor der Schlagzeilen hatte: »Merkel leistet sich Luxusflieger!« Als jetzt endlich doch eine neue Maschine gekauft wurde, hat man sehr betont, dass es ja nur eine gebrauchte ist. Aber immerhin: Der neue Kanzlerjet hat sogar eine Raketenabwehr an Bord.

Bevor ein Bundeskanzler irgendwo landet, ist natürlich längst eine Vorhut des Kanzleramts mehrere Tage im Gastland unterwegs gewesen und hat alles ganz genau vorbereitet. Wann landet die Maschine? Wie verlaufen die Kontrollen? (Ein Kanzler muss nicht durch die üblichen Sicherheitschecks, aber auch er bekommt Visa-Dokumente in seinen Reisepass geheftet.) Wo und wann treffen die Staats- und Regierungschefs aufeinander? Wo stehen die Fotografen und Fernsehkameras? Wo das Rednerpult? Was zieht Frau Merkel an? Was für ein Gastgeschenk wird mitgebracht? In dem Punkt kann man schnell danebengreifen. In China darf man zum Beispiel keine Uhren verschenken, das bringt Unglück. Und wenn man arabischen Scheichs ein Pferd schenken will (im Prinzip eine gute Idee, denn sie sind große Pferdekenner), dann bitte einen Hengst und keine Stute. Kleinigkeiten, die aber sorgfältig bedacht werden wollen! Auch wird den Gastgebern signalisiert, wenn der Bundeskanzler bestimmte Speisen nicht mag oder verträgt, damit es beim gemeinsamen Abendessen nicht zu Peinlichkeiten kommt.

Übrigens: Bekommt unsere Kanzlerin ihrerseits Geschenke von Staatsgästen, muss sie diese strahlend entgegennehmen – und dann sofort wieder abgeben. Ob schöne Pelze oder kostbare Goldteller – alles kommt in eine große Schatzkammer des Bundes. Weg isses. Denn persönlich bereichern dürfen sich Kanzler nicht. Sie dürfen aber auch nicht Geld sparen, indem sie für den privaten Urlaub eine Billigairline buchen. Aus Sicherheitsgründen müssen Bundeskanzler immer mit der Regierungsmaschine fliegen.

Haben Staaten echte Freunde?

Verstehen sich die Staatschefs einigermaßen gut, kann es auch einen noch kürzeren Weg geben als über die Außenministerien, zu denen die Botschaften gehören. Frankreichs ehemaliger Präsident Nicolas Sarkozy beispielsweise beschrieb sein Verhältnis zur deutschen Kanzlerin Angela Merkel geradezu liebevoll direkt: »Man telefoniert und schickt sich SMS.« Es hat zwischen Staats- und Regierungschefs sogar immer wieder große persönliche Sympathien gegeben, die dann auch der Politik zugute kamen. Helmut Schmidt und der französische Staatspräsident Giscard d'Estaing mochten sich sehr, der deutsch-französischen Freundschaft hat das geholfen. Helmut Kohl hatte einen sehr guten direkten Draht zu Michail Gorbatschow. Und Gerhard Schröder pflegte eine Männerfreundschaft mit Wladimir Putin.

Auch auf den Ministerebenen kann die persönliche Chemie mehr oder weniger stimmen. Ich habe den früheren Bundesaußenminister Frank-Walter Steinmeier einmal befragt, welche Rolle das Persönliche in der Außenpolitik spielt:

Macht es einen Unterschied, ob man sich mit einem anderen Staatsführer gut versteht oder nicht? Gibt es da auch echte Freundschaften, und sind die Beziehungen zweier Länder dann auch besser, wenn ihre Regierungschefs sich anfreunden?

Es gibt den berühmten Satz: »Staaten haben keine Freunde, sondern nur Interessen.« Das finde ich nur teilweise zutreffend. Richtig ist, dass ein verantwortungsvoller Politiker zuerst die Interessen seines Landes im Auge hat und vertritt. Nach meiner Erfahrung kann man hier aber am meisten erreichen, wenn man auch die Perspektive des anderen versteht und versucht zu begreifen, warum er diese oder jene Position vertritt – das ist ja auch die Grundlage für jede Freundschaft. Deswegen ist es in der Außenpolitik wie sonst im Leben auch: Wenn man sich sympathisch ist, ist vieles einfacher; so lassen sich auch schwierige Dinge leichter besprechen. Leider muss man aber manchmal auch Gespräche mit Menschen führen, denen man selbst seinen Kanarienvogel nicht anvertrauen würde.

Kann man sich unter Staats- und Regierungschefs hinter verschlossenen Türen auch richtig offen die Meinung sagen oder muss man da genauso höflich-diplomatisch reden wie in der Öffentlichkeit?

Offenheit und Diplomatie müssen sich ja nicht ausschließen. Vor jedem wichtigen Gespräch sollte man sich fragen: Was will ich erreichen? Geht's nur darum, Dampf abzulassen, reicht mir der bloße Austausch unterschiedlicher Meinungen? Oder will ich meinen Gesprächspartner oder eine Regierung von meiner Meinung überzeugen und vielleicht sogar dazu bringen, ihre Haltung zu ändern. Meine Erfahrung ist, dass dann Konfrontation häufig nur dazu führt, dass der andere sich in seiner Position einmauert und gar nicht mehr richtig zuhört. Deswegen achte ich auch bei deutlichen Worten immer darauf, dem anderen die »Nase im Gesicht zu lassen«.

Warum gibt es in Deutschland immer noch viele Spione?

Der »Kalte Krieg« zwischen der Sowjetunion und den USA ist lange vorbei. Und trotzdem sind immer noch mehrere hunderttausend Mitarbeiter für Nachrichtendienste aller Nationen im Einsatz. In Zeiten islamistischen Terrors sind dabei vor allem Spione mit Arabisch- und

Islam-Kenntnissen sehr gefragt. Außerdem wird der Cyberwar immer wichtiger, der Krieg im Netz. Weltweit sind Hacker, die ganze Behörden lahmlegen oder sich in Geheimakten einhacken, im Regierungsauftrag tätig. Schlapphüte mit Laptop sozusagen – so ändert sich ein Berufsbild.

Nur selten jedoch ist ihr Alltag so spannend wie der eines James Bond. Die meisten von ihnen sitzen nämlich in irgendwelchen Büros und durchforsten ganz legale Quellen: Radiosendungen, Presseveröffentlichungen, das Internet. Vor allem das Internet! E-Mails, Facebook – alles interessiert »die Geheimen«. Und der US-Geheimdienst übt da offenbar auch einigen Druck auf die großen Netz-Provider aus (Microsoft, Google, Apple etc.), um direkten Zugriff auf solche Daten zu bekommen. Dass es ein solches Geheimprogramm gibt (genannt »Prism«), wurde 2013 von einem Insider enthüllt. Und es kommt immer mehr ans Licht. Der US-Geheimdienst verwanzte EU-Vertretungen, der britische Geheimdienst hörte bei internationalen Gipfeln gerne mit, was die Delegationen der anderen Länder intern besprachen. Und immer wieder ist es heute vor allem das Internet, in dem sich die modernen Spione tummeln. Massenhaft werden Daten gesammelt, von Unternehmen, Behörden, Bürgern. Die US-Dienste etwa sollen weltweit monatlich fast 100 Milliarden Datensätze sammeln, gerne und häufig auch von deutschen Usern. Was möglicherweise noch damit zusammenhängt, dass sich die Terroristen des elften September vor den Anschlägen in Deutschland aufgehalten hatten. Die Geheimdienste bewegen sich dabei in einem Graubereich, um es mal sehr milde zu formulieren. Denn eigentlich gilt: Nur wenn sie tatsächlich Gefahr befürchten, dürfen sie zu solchen Spionagemitteln greifen, von elektronischer Überwachung bis zur Einschleusung von verdeckten Ermittlern. Flächendeckend mal ebenso Millionen Bürger für verdächtig zu halten, ist eigentlich nicht vorgesehen! Und verstößt gegen Recht und Gesetz. Zumindest in Deutschland sind den Diensten juristisch enge Grenzen gesteckt. Die Enthüllungen über das Giga-Spitzelprogramm der NSA, für die angeblich hunderttausende Mitarbeiter im Dienst sind, haben für entsprechende politische Empörung gesorgt. Dieser Skandal belastet auch das transatlantische Verhältnis, wobei man getrost vermuten darf, dass die europäischen Geheimdienste (und Regierungen) durchaus nicht ganz so überrascht sind von den Aktivitäten ihrer US-Kollegen, wie das nun öffentlich vermittelt wird.« Bloß: Geheimhaltung ist das Geschäft von Geheimdiensten, und obwohl sie offiziell vom Parlament überwacht werden, kann es immer wieder mal vorkommen, dass einige »kleine« Regelverletzungen – natürlich im Dienste des Vaterlandes – unter den Tisch fallen. Das ist tatsächlich wie in jedem guten Agentenkrimi, nach dem Motto: Wer die Bösen besiegen will, darf sich nicht von Vorschriften behindern lassen. Doch wo unkontrolliert ermittelt wird, wird es schnell kriminell. Und der Weg in den Überwachungsstaat ist dann auch nicht mehr weit.

Unkontrollierte Kontrolle ist schließlich ein typisches Merkmal brutaler Überwachungsstaaten. Das war in Deutschland schon zweimal der Fall: unter den Nazis, wo »Blockwarte« überall nach dem angeblich Rechten sahen, und in der DDR, wo Stasi-Mitarbeiter schnüffelten. In Deutschland gibt es derzeit eine ganze Reihe Behörden, die nachrichtendienstliche Mittel einsetzen. Wichtig ist dabei, dass in Deutschland Polizei und Geheimdienste getrennt sind. Die Geheimdienstler dürfen einen Bundesbürger nicht verhaften. Eine Geheimpolizei wie zu Nazi-Zeiten (Gestapo) soll es hierzulande nicht mehr geben. (Deshalb spricht man in Deutschland offiziell auch lieber von »Nachrichtendienst« und nicht von »Geheimdienst«, das klingt harmloser.) Polizei und Nachrichtendienste können aber in bestimmten Bereichen zusammenarbeiten, zum Beispiel beim Austausch von Informationen über terroristische Gruppen. Über diesen Graubereich wird politisch immer wieder diskutiert. Datenschützer beklagen, dass die Geheimdienste inzwischen viel zu viel überwachen, im Jahr 2010 sollen es 37 Millionen E-Mails gewesen sein, die sich allein die deutschen Nachrichtendienste näher angesehen haben. Nach welchen Kriterien geschieht das? Und wie viel konkrete Ergebnisse bringt eine solche Informationsflut? Das bleibt relativ undurchsichtig. Natürlich sind wir alle froh, wenn eine Terrorgruppe im Sauerland rechtzeitig auffliegt. Andererseits ist der Gedanke, dass auch meine E-Mails in irgendeiner Behörde heimlich mitgelesen werden, ziemlich unheimlich (und bei politischen Journalisten auch nicht unwahrscheinlich, denn wir schicken uns untereinander beispielsweise auch Links zu islamistischen Internetseiten, um uns solche Primärquellen anzusehen). Es trifft aber keineswegs nur Journalisten. Bei 37 Millionen E-Mails darf man getrost davon ausgehen, dass da auch jede Menge ganz normaler Bürger im Raster hängenbleiben.

Wer sind die »Geheimen«? Und wer sorgt überhaupt bei uns für »Sicherheit«? Eine Übersicht:

- Das **Bundesamt für Verfassungsschutz** soll die Verfassung schützen und achtet daher darauf, ob jemand innerhalb Deutschlands unsere Demokratie stürzen will – das können linksgerichtete Terroristen sein wie in den Siebzigern die Rote Armee Fraktion (RAF) oder rechtsextreme Neonazis. Auch die Beobachtung möglicher terroristischer Vereinigungen, vor allem mit fanatisch-islamistischem Hintergrund, gehört zum Job. Außerdem versucht der Verfassungsschutz im Blick zu behalten, was ausländische Geheimdienste so treiben. Neben dem Bundesverfassungsschutz haben auch alle Bundesländer ihre eigenen Verfassungsschutzämter.
- Das **Bundeskriminalamt** (BKA) hat ähnliche Aufgaben wie der Verfassungsschutz, ist also im Einsatz gegen Terroristen aller Art, befasst sich außerdem noch mit Waffenhandel, Sprengstoffdelikten, Rauschgiftkriminalität, Geldwäsche, Drogenhandel und Wirtschaftskriminalität. Allein beim BKA arbeiten über 4500 Leute.
- Der **Bundesnachrichtendienst** (BND) hat rund 6000 Mitarbeiter. Er soll Informationen über andere Länder beschaffen, vor allem über Politik, Wirtschaft, Militär, Wissenschaft und Technik. Der BND erstellt Berichte, die für außenpolitische Entscheidungen der Regierung wichtig sind.
- Das **Bundesamt für Sicherheit in der Informationstechnik** ist dafür da, dass die auf Computern gespeicherten Daten sicher sind. Sie verschlüsseln Regierungsinformationen und knacken die Codes anderer Länder.
- Der **Militärische Abschirmdienst** soll Spionage innerhalb der Bundeswehr verhindern oder aufdecken. Wichtiges Mittel dafür ist die Sicherheitsüberprüfung: Wer geheime Dokumente zu Gesicht bekommen soll, wird vorher vom Abschirmdienst gründlich überprüft.
- Das **Zentrum für Nachrichtenwesen der Bundeswehr** dient der Gewinnung militärisch relevanter Informationen über andere Staaten, vor allem natürlich in Krisengebieten.

- Das **Zollkriminalamt** gehört zum Zollfahndungsdienst. Es beschäftigt sich mit Steuerhinterziehung, Geldwäsche, Drogenschmuggel, Waffenhandel und grenzüberschreitendem Subventionsbetrug.

Wie wirksam sind Geheimdienste?

Die Ermittlungsbereiche der Behörden überschneiden sich teilweise deutlich. Grundsätzlich sollen sie zusammenarbeiten und einander über aktuelle Entwicklungen informieren. Das klappt aber nicht immer. Da gibt's auch durchaus Konkurrenzverhalten unter den Diensten. Zugleich hat das parallele Vorgehen auch eine Backup- und Kontrollfunktion: Wenn die einen Nachrichtenleute gerade pennen, passen die Kollegen vielleicht auf und können einen Anschlag doch noch verhindern.

Solange es die DDR gab, war natürlich in Deutschland jede Menge los, geheimdienstmäßig. Die beiden deutschen Staaten belauerten sich eifrig gegenseitig. Nicht nur das Ministerium für Staatssicherheit (MfS) der DDR hatte haufenweise Spione in Westdeutschland – umgekehrt ließen sich die bundesdeutschen Nachrichtendienste von Ostdeutschen auf dem Laufenden halten, die allerdings oft selbst wieder MfS-Informanten waren (also »Doppelagenten«). Dafür floss zum Teil viel Geld. Wie viel all diese Informationen gebracht haben, lässt sich schlecht messen. Die Bundesrepublik wurde trotz aller Ermittlungsarbeit vom Mauerbau 1962 vollkommen überrascht. Und Ex-DDR-Spionagechef Markus Wolf schrieb in seinen Memoiren entnervt: »Fast alles Papier, das die NATO produziert, mit Stempeln ›Geheim‹ und ›Cosmic‹ versieht und das wir mit hohem Aufwand beschaffen, ist bei näherem Hinsehen nicht einmal gut, um an einem stillen Örtchen verwandt zu werden.« Den US-amerikanischen Geheimdiensten wurde wiederum vorgeworfen, dass sie die Anschläge vom elften September nicht vorausgesehen haben.

Andererseits scheint es der DDR gar nicht so schlecht gelungen zu sein, die Bundesrepublik zu »destabilisieren«. Nicht nur dass mit Willy Brandt ein Bundeskanzler stürzte, weil er einen DDR-Spion in seinem engsten Mitarbeiterstaat hatte (Günter Guillaume). Heute weiß man auch, dass die DDR in den sechziger und siebziger Jahren Einfluss auf die linksgerichtete Studentenbewegung in der Bundesrepublik nahm. Als 1967 der Student Benno Ohnesorg bei einer Demonstration in Westberlin erschossen wurde, brach aus Empörung darüber die eigentliche »Studentenrevolte« aus. Der Schütze war, wie man heute weiß, ein Kontaktmann der DDR-Stasi. Später wurden die Terroristen der Rote Armee Fraktion von der DDR finanziell und logistisch unterstützt.

Oft sind die Geheimdienste aber vor allem damit beschäftigt, mit Hilfe der Informationen aus dem Ausland zu ermitteln, welche der eigenen Leute selbst als Spione für den Gegner tätig sind. Das alles ist ziemlich mühsam.

Zu den bekanntesten Geheimdiensten der Welt gehören:
- Die **Central Intelligence Agency** (CIA) der USA, die allein etwa 200 000 Mitarbeiter beschäftigt und im Jahr 30 Milliarden Dollar verschlingt; in die Schlagzeilen kam 2013 außerdem die NSA (National Security Agency), der Militärnachrichtendienst der USA. Den hatten viele gar nicht so auf dem Schirm – doch inzwischen weiß man, welch eifrige Informationssammler seine Mitarbeiter sind.
- Der **Secret Intelligence Service** (SIS) in Großbritannien; er wird oft auch als »MI 6« bezeichnet und ist der (imaginäre) Arbeitgeber von James Bond.
- Der sowjetische **KGB** – den es allerdings offiziell nicht mehr gibt. Stattdessen unterhalten die Russen heute mehrere höchst aktive Aufklärungs- und Sicherheitsdienste: FAPSI, FPS, FSB (Inlandsnachrichtendienst), FSO, GRU (Auslandsnachrichtendienst), SWR.
- **Mossad** und **Shin Beth** in Israel. Der israelische Geheimdienst ist besonders legendär. »Wenn der Mossad es nicht schafft, dann schafft es keiner«, heißt es in Geheimdienstkreisen. Das ist kein Wunder, schließlich fühlt sich Israel von seinen feindlichen Nachbarn permanent umzingelt und muss darum immer besonders auf der Hut und gut informiert sein.

Moderne Abhörmethoden und Cyberwar

Sie alle bedienen sich, wie die deutschen Kollegen, im Grunde derselben Methoden: Abhören von Telefonaten, Abfangen von Briefen und E-Mails, Aushorchen von Mitarbeitern, Einschleusen von eigenen Leuten an wichtige Positionen (gern als Assistent oder Sekretärin, im Ausland vor allem getarnt als Botschaftsmitarbeiter), elektronische Überwachung, zum Beispiel durch Aktivierung eines Laptop-Mikrofons. Viele Telefonate von Anschlüssen Verdächtiger werden auch automatisch überwacht und mitgeschnitten, wenn Worte wie »Bombe«, »Freiheit« oder »Dschihad« fallen.

In Deutschland 2007 neu eingeführt wurde die Vorratsdatenspeicherung: Ein halbes Jahr lang ist nachzuvollziehen, wer wann welche Telefonate geführt und Internetverbindungen aufgebaut hat. Verschärfungen, beispielsweise gegen den Einsatz von Anonymisierungssoftware, sind bereits in Planung. So will man nachträglich Verbrechern auf die Spur kommen können. Ob sich in einem solchen Fahndungsnetz nicht auch viele Unschuldige verheddern, ist die Frage. Das Bundesverfassungsgericht jedenfalls erklärte das mit viel Tamtam verabschiedete und von zahlreichen Politikern als zwingend notwendig angesehene Gesetz 2010 für verfassungswidrig und nichtig – alle gespeicherten Daten mussten wieder gelöscht werden! Das Thema aber wird uns erhalten bleiben, die EU drängt auf ein solches Gesetz.

Viele Bürger empfinden es sogar als unangenehm, dass man beim Antrag für einen Reisepass neuerdings seinen Fingerabdruck abgibt. So was hat man doch früher nur von Kriminellen verlangt! Zudem ist es schwer, derartige Datenmengen vor Missbrauch zu schützen, warnen die Datenschützer. »Wer nichts zu verbergen hat, hat auch nichts zu befürchten«, heißt es oft so schön, aber so einfach kann man diese Bedenken nicht wegbügeln! Und Kriminelle, die alles daransetzen, nicht erwischt zu werden, nutzen ohnehin schon lange beispielsweise anonyme Prepaid-Handykarten, die sie bar bezahlen.

Andererseits ist es meist überraschend einfach, an Informationen zu kommen. Man kann Leute ganz schlicht dafür bezahlen, dass sie plaudern. Man kann sich bei Konferenzen mit ihnen anfreunden, an der Bar zusammen etwas trinken und sie aushorchen. Man kann sie bespitzeln und mit ihren Geheimnissen erpressen (Bordellbesuche, Geliebte, Steuerbetrug usw.). Man kann Mitarbeiter aus konkurrierenden Firmen abwerben. Die wissen viel und können vor ihrem letzten Tag auch noch Kopien von interessanten Unterlagen machen. Man kann Zimmer im Haus gegenüber mieten und Richtmikrofone auf Konferenzräume oder

Chefbüros richten. Man kann dem Reinigungspersonal ein paar tausend Euro für das Kopieren von ein paar Ordnern zahlen. Man kann an PCs sogenannte »Keylogger« installieren, die zum Beispiel auch Passwörter aufzeichnen, mit deren Hilfe man später von außen Zugriff auf das Computernetzwerk hat. Man kann Viren auf Smart-Handys überspielen und diese zu Dauersendern umprogrammieren. Man kann das Servicepersonal bestechen und bei der nächsten Wartung einen Chip in das Kopier-/Scan-/Faxgerät einbauen lassen, der immer heimlich eine zweite Kopie anfertigt und versendet. Man kann Handy- und Schnurlostelefongespräche abhören, und man kann wichtige Leute beschatten und ihre laut geführten Telefonate in der Bahn oder der Flughafenwartehalle auswerten. Auf diese Weise erhält man viele Informationen, die einzeln wertlos sind, insgesamt aber vielleicht ein Bild ergeben.

Diese modernen Techniken dienen vor allem der Wirtschafts- und Wissenschaftsspionage; sie findet nicht nur zwischen Unternehmen statt, sondern auch im staatlichen Auftrag. Angeblich sind etwa 50 Prozent aller Firmen betroffen. Manchmal überwachen Firmen auch unliebsame Dritte, beispielsweise dokumentierte die Telekom 2005 und 2006 Mitarbeitertelefonate mit kritischen Journalisten. Und der Lebensmittelkonzern Lidl schnüffelte ebenfalls den eigenen Mitarbeitern nach. Das ist zwar verboten, oft aber schwer nachzuweisen.

Zu guter Letzt: Auf den Hund gekommen

Um die Inszenierung von Politik ging es in diesem Buch ja schon mehrfach. Auf der großen Weltbühne lässt sich das auch sehr schön beobachten, eigentlich sogar noch besser, als wenn man den Blick nur auf Deutschland richtet. Denn wie heißt es so schön: andere Länder, andere Sitten. Die deutsche Politik ist in der Hinsicht beinah noch harmlos. Nachfolgend also ein paar Impressionen aus der großen weiten Welt des Polittheaters: Eines haben Politiker weltweit gemeinsam – sie wollen gemocht werden. Daher schmücken sie sich, genau wie andere Stars, gern mit Hunden! Hunde stehen für Treue. Viele Leute glauben sogar, dass Hunde Menschenkenntnis haben. Wen ein Hund schwanzwedelnd begrüßt, der muss ein netter Mensch sei. (Dazu passt leider nicht, dass die Schäferhündin »Blondi« sehr an ihrem Herrchen

Adolf Hitler hing.) Abgesehen von zähnefletschenden Kampfhunden sind Hunde Sympathieträger, und das färbt auf ihre Besitzer ab. Wer seinen Hund liebevoll streichelt, wirkt nett und bodenständig. Also lassen sich Politiker manchmal sogar mit geliehenen Hunden ablichten, Hauptsache ein Hund im Bild! Hunde helfen bei der Imagebildung, das ist weltweit bekannt. Der frühere US-Präsident Bill Clinton holte sich einen neuen Hund, als er wegen der Sexaffäre mit seiner Praktikantin Monika Lewinsky öffentlich unter Beschuss stand. Der nette braune Labrador mit dem passenden Namen Buddy (Kumpel) wurde sozusagen der einzige Gefährte des einsamen, von allen beschimpften Präsidenten. Buddy war vermutlich auch der Einzige, der sich zu der Zeit von Bill Clinton streicheln ließ. Familie Bush wiederum ließ auf der Internetseite des Weißen Hauses ihren kleinen Terrier »Barney« die Besucher virtuell durchs Weiße Haus führen, aus der Hundeperspektive. Man hörte Barney im Büro des Präsidenten herumschnüffeln und auf seinen kleinen Tatzen herumtapsen. Auch Präsident Obama hat einen Hund: den wuscheligen Bo. Und so sind Politiker manchmal eben auch nicht anders als eine Paris Hilton: Man schmückt sich und setzt sich in Szene. Mit süßem Hund.

Manchmal kann man mit Hunden aber auch Politik machen beziehungsweise ausländischen Staatsgästen einen kleinen Schreck einjagen, damit sie sich nicht allzu wohlfühlen in ihrer Haut: Im Januar 2007 trifft Angela Merkel den russischen Präsidenten Wladimir Putin in dessen Residenz am Schwarzen Meer. Zwischen Deutschland und Russland gab es zu der Zeit einige Meinungsunterschiede. Auch begegnet Angela Merkel dem Russen Putin viel kühler als ihr Vorgänger Gerhard Schröder, mit dem Putin befreundet war. Zur Begrüßung der Bundeskanzlerin ließ Putin gleich mal seine Labradorhündin »Koni« auf sie los. Obwohl er sicher ganz genau wusste (Putin war früher schließlich beim sowjetischen Geheimdienst!), dass Angela Merkel Angst hat vor großen Hunden. Koni war aber ganz freundlich; und Frau Merkel hat sich nichts anmerken lassen, als Koni an ihr interessiert herumschnupperte und ihr schließlich sogar ihre große Schnauze auf den Schoß legte. Aber was soll man in dem Moment auch sagen? »Wladimir, nimm gefälligst den Hund weg!«? Herr Putin hat sich innerlich wahrscheinlich köstlich amüsiert über seine kleine

Boshaftigkeit... Angeblich hat Putin gegenüber George Bush junior auch mal damit geprahlt, dass seine große Labradorhündin den kleinen Bush-Terrier Barney mit einem Haps wegbeißen könnte. Aha. Russland frisst Amerika. Anscheinend geht es in der Politik manchmal auch nicht anders zu als auf dem Schulhof.

Zur Inszenierung auf der Weltbühne eignen sich aber nicht nur Hunde, sondern auch Pferde. Seit je her ein schönes Accessoire der Macht und wieder zunehmend in Mode. Wie früher, als sich Könige auf stolzen Pferden malen ließen. So ließ sich Putin reitend im Muscle-Shirt filmen (übrigens mit wirklich bemerkenswerten Muskeln, offenbar trainierte der russische Präsident täglich im Fitnessstudio). Der klein gewachsene französische Ex-Präsident Nicolas Sarkozy hatte zwar nicht so viele Muskeln, machte aber hoch zu Ross auch eine sehr gute Figur: in Jeans, die Haare flatternd im Wind, ritt er im Wahlkampf auf einem Schimmel an den Fotografen vorbei durch die Camargue – quasi Wilder Westen auf Französisch. Das sah sehr männlich und ein bisschen verwegen aus. Kleine Männer tun manchmal komische Dinge. Der nordkoreanische Jung-Diktator Kim Jung Un galoppiert auch regelmäßig durch die Wallachei. Bei Bundeskanzler Gerhard Schröder waren es ja noch dicke, schnelle Autos. Aber das kommt heute nicht mehr so gut an – wegen des Ökothemas. Dann schon lieber umweltfreundliche Pferde.

Und natürlich sind auch schöne junge Frauen beliebte Begleiterinnen. Kaum war der verwegene Reiter Sarkozy Präsident geworden, heiratete er Sängerin und Fotomodell Carla Bruni. Sie haucht gern Lieder über Sex ins Mikrofon und hatte mal was mit Mick Jagger. Früher hätte eine so »wilde« Dame nur zur heimlichen Geliebten getaugt. Inzwischen sind die Sitten in den Präsidentenpalästen auch lockerer geworden. Ganz wild trieb es der mittlerweile gestürzte und ermordete libysche Diktator Gaddafi. Nicht nur, dass er bei Staatsbesuchen im Ausland darauf bestand, sein eigenes Wüstenzelt aufzubauen. Er ließ sich außerdem von einer weiblichen Leibgarde begleiten. (Dass sich Gaddafi während seiner Herrschaft offenbar regelmäßig junge Frauen aus dem Volk zuführen ließ, um sie zu vergewaltigen, gehört dann zu den weniger lustigen Seiten seiner demonstrativen »Frauenfreundlichkeit«.)

Was bei der medialen Selbstinszenierung auch immer gut wirkt, sind Kinderwagen! Babys sind ja genauso süß wie Hunde. Und ein Politiker, der den Kinderwagen schiebt, wirkt fast noch sympathisch als einer, der einen Hund an der Leine führt.

Als Single auf der Weltbühne

Nur bei Frau Merkel haben wir bisher noch keine Tiere gesehen. Und ihr Mann hat wenig Lust, sie dekorativ zu begleiten. Das braucht sie aber auch gar nicht. Denn sie hatte immer wieder andere Männer, mit denen sie sich schmücken konnte: all die Staats- und Regierungschefs, die sie öffentlich küssten (wie der französische Ex-Präsident Sarkozy) oder ihr den Rücken massierten (wie der amerikanische Ex-Präsident Bush) oder ihre Hand hielten (wie der ägyptische Ex-Präsident Mubarak). Bei so viel charmanter öffentlicher Sympathiebekundung durch mächtige Männer brauchte Angela »Miss World« Merkel gar keinen Labrador.

Allerdings sind das ziemliche viele »Ex-Männer«, die in der Vergangenheit der deutschen Kanzlerin so charmant zu hübschen Szenerien verhalfen. In letzter Zeit wirkte sie auf der Weltbühne eher etwas singelig. Was auch mit der aktuellen Rolle Deutschlands in der Weltfinanzkrise, speziell in Europa, zusammenhängen könnte. Beim Geld hört nicht nur die Freundschaft auf, auch der Charme lässt offenbar nach. Je mächtiger ein Land ist, und sei es nur durch seine Wirtschaftskraft, desto mehr Feindseligkeit zieht es auch auf sich. Vielleicht müssen wir Deutschen uns da künftig auf weniger Gemütlichkeit einstellen. Nachdem der Hass der Kriegszeit überwunden war, hatten wir es ziemlich lange ziemlich gut in der internationalen Politik. Bei kriegerischen Konflikten konnten wir uns wegducken, und wenn wir mitgemacht haben, dann im Team und oft mit eher »unterstützenden« Maßnahmen, Raketenabwehr, Logistik oder so. Wirtschaftlich sind wir nach dem Krieg schnell wieder erstarkt, aber solange wir auch viel zahlten, war das akzeptabel. Für die starke D-Mark wurden wir bewundert und auch ein bisschen gefürchtet, aber solange wir den anderen nicht zu massiv in ihre Finanzpolitik reinredeten und es allen relativ gut ging, war das nicht so ein Problem. Die Wiedervereinigung löste bei manchen europäischen Nachbarn zwar Misstrauen aus, aber weltweit haben sich die meisten Länder über den Mauerfall gefreut und den Ostdeutschen die Freiheit gegönnt.

Inzwischen weht in der internationalen Politik ein rauerer Wind. Einerseits wird von Deutschland mehr gefordert, auch militärisch. Die Zeiten, in denen wir darauf verweisen konnten, dass deutsches Militär aus historischen Gründen problematisch ist und wir uns besser zurückhalten, sind vorbei. Andererseits empfinden unsere europäischen Partner das machtvolle Auftreten der Deutschen in Verhandlungen über Euro-Rettungspakete oder Steueroasen als bedrohlich. Das deutsch-französische Verhältnis ist ebenfalls abgekühlt, man vertritt vor allem eigene Interessen; es fehlt das Visionäre, mit dem diese beiden einflussreichen Staaten die europäische Integration lange Jahre vorantrieben. Die kleinen EU-Länder betrachten das große Deutschland mit mehr Misstrauen als noch vor zehn Jahren. Der luxemburgische Außenminister warnte zuletzt sogar vor einem »deutschen Europa« und sprach von »Hegemonialbestrebungen«, also einer deutschen Übermacht.

Die Amerikaner wiederum sind inzwischen mehr am asiatisch-pazifischen Raum interessiert, für sie ist Deutschland schon lange nicht mehr so wichtig wie in den Zeiten des Ost-West-Konflikts, als tatsächlich die ganze Welt auf Berlin und seine Mauer blickte. Daran ändert auch der von großem Bohai begleitete Berlin-Besuch von Barack Obama im Sommer 2013 nichts. Obama unterstrich damit zwar, dass Europa und allen voran Deutschland nicht unwichtig geworden sind, aber zwischen »wichtig« und »richtig wichtig« gibt es trotzdem feine Unterschiede. Und die Russen? Sie sind selbstbewusst mit sich selbst beschäftigt. Jelzin und Kohl in der Sauna oder Putin und Schröder nebst Gattinnen bei einer Schlittenfahrt, das ist lang her. Es gehört also nicht viel Weitsicht zu der Prognose, dass für die Bundesrepublik auf der Weltbühne künftig mehr Wind von vorne kommt. Dass in europäischen Krisenländern deutsche Fahnen verbrannt werden und in ausländischen Medien die deutsche Kanzlerin mit Hitler-Bärtchen abgebildet wird, ist wahrlich nicht schön. So wie es auch extrem schmerzlich ist, an den Särgen deutscher Soldaten zu stehen. Diese Entwicklung ist aber auch, so paradox und schrecklich das klingt, ein Stück Normalisierung. Wir sind eine normalere Großmacht geworden (beziehungsweise eine

»Mittelmacht«, bezogen auf die gesamte Staatenwelt). Wir müssen uns daran gewöhnen, dass mit mehr Macht auch mehr Anfeindungen einhergehen und alte Verlässlichkeiten schwinden. Wir können uns nicht mehr wegducken. Darin liegen künftig – mit Blick auf die Weltpolitik – die größten Herausforderungen für die deutsche Politik.

Wofür stehen diese Abkz.?

Als würden es uns die »jungen Leute« (schrecklicher Begriff, vor allem wenn man bis vor Kurzem dachte, man gehört selbst dazu…) mit ihrer Internet-Kürzelsprache à la BTW (by the way/übrigens) oder LOL (laughing out loud/ laut gelacht) oder OMG (oh my god/um Gottes Willen) nicht schon schwer genug machen… Lauter Codes, die ältere Zeitgenossen gar nicht mehr kennen. Aber auch altmodische Nachrichtensendungen und Meldungen sind ja voller Abkürzungen. Abkz. regieren die Welt! Aber wer oder was steckt genau dahinter?

ABC-Waffen: atomare, biologische und chemische Waffen. Massenvernichtungswaffen. Allesamt noch viel schlimmer als klassische Waffen wie Gewehre, Panzer, Kanonen usw. Atomwaffen beziehungsweise »Nuklearwaffen« oder »Kernwaffen« basieren auf der Kraft von Atomkernspaltung und -verschmelzung (also jene Prozesse, mit denen man in Atomkraftwerken Strom produziert). Sie zerstören Leben und verseuchen das Land weiträumig mit radioaktiver Strahlung, lassen aber zum Beispiel Häuser weitgehend unbeschädigt. Biologische Waffen übertragen tödliche Krankheiten mit Hilfe von Viren und Bakterien; chemische Waffen sind etwa Giftgase oder ätzende Säuren, mit denen man sehr viele Menschen auf einen Schlag qualvoll töten kann.

AKP-Staaten: 79 Länder der Region Afrika, Karibik, Pazifik, darunter viele ehemalige europäische Kolonien. Sie haben sich ursprünglich zusammengeschlossen, um gemeinsam bessere Handelsbedingungen mit der EU auszuhandeln.

ASEAN: Verband Südostasiatischer Staaten; arbeitet vor allem an Handelserleichterungen.

AU: African Union, Zusammenschluss afrikanischer Staaten. Nach dem Vorbild der EU versuchen die afrikanischen Staaten (fast alle sind Mitglied in der AU) eine gemeinsame Stimme und Interessenvertretung zu bilden.

EAEC: Eurasische (ostasiatische) Wirtschaftsgemeinschaft

EU: Europäische Union

ECOFIN: Gehört zur EU. Bezeichnet die Runde der Wirtschafts- und Finanzminister, die sich regelmäßig treffen und für die EU besonders wichtig sind.

FAO: UN-Organisation für Ernährung und Landwirtschaft mit Sitz in Rom. Soll den Hunger in der Welt bekämpfen und zwischen Entwicklungsländern und Industrieländern vermitteln.

G8: Gruppe der Acht (die sieben führenden westlichen Industrienationen – Deutschland, USA, Japan, Großbritannien, Kanada, Frankreich, Italien – plus Russland). Formloser Club, der sich seit 1975 regelmäßig trifft, um auf höchster Ebene über wichtige, aktuelle Themen zu reden.

GATT: Allgemeines Zoll- und Handelsabkommen, soll den weltweiten Freihandel fördern.

GUS: Gemeinschaft Unabhängiger Staaten (die Überreste der ehemaligen Sowjetunion/UdSSR).

IAEO: Internationale Atomenergieorganisation. Kontrolliert, ob Länder ihre Atomkraftwerke nur friedlich nutzen, oder ob sie an Atombomben basteln. Sie schickt überall hin Inspekteure und kann die Vereinten Nationen warnen, wenn sie Gefahren bemerkt, kann Atomkraftwerke nur kontrollieren, wenn die Staaten zustimmen.

IWF: Internationaler Währungsfonds (engl.: IMF = International Monetary Fund); gehört als Sonderorganisation zur UNO und arbeitet mit der Weltbank zusammen. Soll den Welthandel erleichtern und Finanzkrisen vorhersehen und vermeiden. Ist keine Bank und druckt kein eigenes Geld, doch über den IWF können sich die 188 Mitgliedstaaten gegenseitig aushelfen, wenn sie knapp bei Kasse sind, was bei internationalen Finanzkrisen wichtig ist. Der IWF vergibt Kredite an ärmere Länder, denen dann Auflagen gemacht werden, wie sie sich wirtschaftlich zu verhalten haben. Gerade deswegen wird der IWF von Globalisierungsgegnern oft scharf kritisiert.

LDC: Least Developed Countries, die Entwicklungsländer

NATO: Nordatlantikpakt. Verteidigungsbündnis von Albanien, Belgien, Bulgarien, Dänemark, Deutschland, Estland, Frankreich, Griechenland, Großbritanniens, Island, Italien, Kanada, Kroatien, Lettland, Litauen, Luxemburg, den Niederlanden, Norwegen, Polen, Portugal, Rumänien, der Slowakei, Slowenien, Spanien, Tschechien, der Türkei, Ungarn, und den USA. Zu Beginn waren nur westeuropäische Länder Mitglied; die NATO sollte Schutz vor einem Angriff des Ostblocks bieten. Das Gegenstück war der Warschauer Pakt.

NAFTA: Nordamerikanisches Freihandelsabkommen zwischen Kanada, den USA und Mexiko

NCTC: US-Anti-Terror-Behörde

NGO: Nichtregierungsorganisation (Nongovernmental Organization), z.B. Greenpeace, WWF, Rotes Kreuz. Internationale Nichtregierungsorganisationen heißen INGO.

OECD: Organisation für wirtschaftliche Zusammenarbeit und Entwicklung mit Sitz in Paris. Sie will Wirtschaftswachstum und Lebensstandard in den Industriestaaten fördern. Die OECD erstellt dafür auch Studien, zum Beispiel die PISA-Studie zum internationalen Vergleich von Schulleistungen.

OPEC: Verband erdölfördernder Länder: Algerien, Angola, Ecuador, Indonesien (Austritt angekündigt), Irak, Iran, Katar, Kuwait, Libyen, Nigeria, Saudi-Arabien, Venezuela, Vereinigte Arabische Emirate. Die OPEC ist ein Kartell, das versucht, die Ölpreise durch Absprachen so hoch wie möglich zu halten, ohne dabei derart zu übertreiben, dass die Nachfrage nach Öl zurückgeht. Auch achten die Länder darauf, dass keines von ihnen die Preise »verdirbt«, indem es zu viel Öl fördert und anbietet.

OSZE: Organisation für Sicherheit und Zusammenarbeit in Europa mit Sitz in Wien. Alle Staaten Europas, die Nachfolgestaaten der UdSSR sowie Kanada und die USA sind heute Mitglieder. Hieß bis 1995 KSZE. Diente zu Zeiten des Ost-West-Konflikts der Entspannungspolitik: Man begann, auf verschiedenen Gebieten (z.B. Wissenschaft) enger zusammenzuarbeiten, um ein bisschen mehr Vertrauen zueinander zu entwickeln. Ihre Ziele und Aufgaben sind heute etwas unklar.

UN/UNO: United Nations/United Nations Organization. Vereinte Nationen. Sitz in New York.

UNEP: Umweltprogramm der Vereinten Nationen.
UNHCR: Flüchtlingshilfswerk der Vereinten Nationen.
UNICEF: Kinderhilfswerk der Vereinten Nationen.
WHO: Weltgesundheitsorganisation mit Sitz in Genf. Gehört zur UNO. Kümmert sich zum Beispiel um Epidemien wie das SARS-Virus (Vogelgrippe). Wird immer wichtiger, weil Menschen heutzutage so viel reisen und fliegen, dass Viren sich blitzschnell rund um den Globus verteilen können, und da kann ein einziges Land alleine nicht viel ausrichten.
WTO: Welthandelsorganisation mit Sitz in Genf. Gehört ebenfalls zur UNO. Sie ging aus dem GATT-Abkommen hervor, das sich um den Abbau von Zöllen und Handelsbeschränkungen bemühte. Neben dem IWF und der Weltbank ist die WTO eine der drei wichtigsten internationalen Wirtschafts- und Finanzinstitutionen.

Nachwort:
Viele Kühe machen Mühe

Statt eines gewichtigen Nachworts zum Schluss noch ein Witz... denn Politik hat wirklich auch komische Seiten!

Christdemokraten
Sie besitzen zwei Kühe. Ihr Nachbar hat keine. Sie behalten eine und schenken Ihrem armen Nachbarn die andere. Danach bereuen Sie es.

Sozialisten
Sie besitzen zwei Kühe. Ihr Nachbar hat keine. Die Regierung nimmt Ihnen eine ab und gibt diese Ihrem Nachbarn. Sie werden gezwungen, eine Genossenschaft zu gründen, um Ihrem Nachbarn bei der Tierhaltung zu helfen. Die Regierung gibt Ihnen ein Glas Milch dafür.

Sozialdemokraten
Sie besitzen zwei Kühe. Ihr Nachbar hat keine. Sie fühlen sich schuldig, weil Sie erfolgreich arbeiten. Sie wählen Leute in die Regierung, die Ihre Kühe besteuern. Das zwingt Sie, eine Kuh zu verkaufen, um die Steuern bezahlen zu können. Die Leute, die Sie gewählt haben, nehmen dieses Geld, kaufen eine Kuh und geben diese Ihrem Nachbarn; Sie fühlen sich rechtschaffen.

Grüne
Sie besitzen zwei Kühe, die Sie ausschließlich mit Körnerkost aus kontrolliert ökologischem Anbau füttern. Das Futter ist teurer als die

Milch, die Sie verkaufen. Sie diskutieren mit Ihren Kühen, ob für einige Zeit nicht auch einfaches Gras eine Alternative wäre. Die Kühe lehnen ab und werfen Ihnen mangelndes Bewusstsein für Nachhaltigkeit vor. Sie gehen pleite. Ihr Nachbar bekommt von alldem nichts mit, weil er auf einer Friedensdemo ist.

Liberale
Sie besitzen zwei Kühe. Ihr Nachbar hat keine. Na und?

Kommunisten I
Sie besitzen zwei Kühe. Ihr Nachbar hat keine. Die Regierung beschlagnahmt beide Kühe und verkauft Ihnen die Milch. Sie stehen stundenlang für die Milch an. Sie ist sauer.

Kommunisten II
Sie teilen sich zwei Kühe mit Ihren Nachbarn. Sie und Ihr Nachbar streiten sich, wem mehr Milch zusteht. In der Zwischenzeit arbeitet keiner, und die Kühe fallen vor Hunger tot um.

Kapitalisten I
Sie besitzen zwei Kühe. Sie verkaufen eine und kaufen einen Bullen, um eine Herde zu züchten.

Kapitalisten II
Sie haben keine Kühe. Die Bank leiht Ihnen kein Geld, um Kühe zu kaufen, da Sie keine Kühe als Sicherheit anbieten können.

Diktatur
Sie haben zwei Kühe. Die Regierung beschlagnahmt beide und zieht Sie zum Militär ein.

Demokratie
Sie haben zwei Kühe. Ihre Nachbarn entscheiden, wer die Milch bekommt.

Repräsentative Demokratie
Sie haben zwei Kühe. Ihre Nachbarn wählen jemanden aus, der Ihnen mitteilt, wer die Milch bekommt.

Russischer Kommunismus (klassisch)
Sie haben zwei Kühe. Sie müssen die Kühe versorgen, aber die Regierung nimmt die ganze Milch. Sie stehlen möglichst viel davon und verkaufen sie auf dem schwarzen Markt.

Kapitalistischer russischer Kommunismus (aktuell)
Sie haben zwei Kühe. Sie müssen die Kühe versorgen, aber die Mafia nimmt die ganze Milch. Sie stehlen möglichst viel davon und verkaufen sie auf dem »freien« Markt.

Kambodschanischer Kommunismus
Sie haben zwei Kühe. Die Regierung nimmt beide Kühe und erschießt Sie als Besitzer.

Bauer in der Europäischen Union
Sie besitzen zwei Kühe. Die EU nimmt Ihnen beide ab, tötet eine, melkt die andere, bezahlt Ihnen eine Entschädigung aus dem Verkaufserlös der Milch und schüttet diese dann in die Nordsee. Anschließend müssen Sie eine Menge Formulare ausfüllen und erklären, wo Ihre Kühe geblieben sind.

Amerikanisches Unternehmen
Sie besitzen zwei Kühe. Sie verkaufen eine und leasen sie zurück. Sie gründen eine Aktiengesellschaft. Sie zwingen die beiden Kühe, das Vierfache von Milch zu geben. Sie wundern sich, als eine tot umfällt. Sie geben eine Presseerklärung heraus, in der Sie erklären, Sie hätten Ihre Kosten um 50 Prozent gesenkt. Ihre Aktien steigen.

Französisches Unternehmen
Sie besitzen zwei Kühe. Sie streiken, weil Sie drei Kühe haben wollen. Sie gehen mittagessen. Das Leben ist schön.

Japanisches Unternehmen
Sie besitzen zwei Kühe. Mittels modernster Gentechnik werden die Tiere auf ein Zehntel ihrer ursprünglichen Größe gezüchtet und geben das Zwanzigfache der Milch. Jetzt kreieren Sie einen cleveren Kuh-Cartoon, nennen ihn »Kuhkimon« und vermarkten ihn weltweit.

Deutsches Unternehmen
Sie besitzen zwei Kühe. Mittels modernster Gentechnik werden die Tiere »redesigned«, sodass sie alle blond sind, eine Menge Bier saufen, Milch von höchster Qualität geben und 160 km/h laufen können. Leider fordern die Kühe 13 Wochen Urlaub im Jahr.

Britisches Unternehmen
Sie besitzen zwei Kühe. Beide sind wahnsinnig.

Italienisches Unternehmen
Sie besitzen zwei Kühe, aber Sie wissen nicht, wo sie sind. Während Sie sie suchen, sehen Sie eine schöne Frau. Sie machen Mittagspause. Das Leben ist schön.

Russisches Unternehmen
Sie besitzen zwei Kühe. Sie zählen jedoch fünf. Sie trinken Wodka. Sie zählen erneut und kommen nunmehr auf 42 Kühe. Hocherfreut zählen Sie gleich noch mal, aber jetzt sind es zwölf Kühe. Enttäuscht lassen Sie das Zählen sein und öffnen die nächste Flasche Wodka. Die Mafia kommt vorbei und nimmt Ihnen die Kühe ab, wie viele es auch immer sein mögen.

Schweizer Unternehmen
Sie verfügen über 5000 Kühe, von denen Ihnen aber keine einzige gehört. Sie betreuen die Tiere nur für andere. Ob die Kühe Milch oder Schokolade geben, erzählen Sie niemandem.

Das war's! Zu den mindestens zwanzigtausend Aspekten der deutschen, europäischen und internationalen Politik, die ich hier nicht behandelt habe, gibt es dann irgendwann ein Nachfolgebuch. Oder auch nicht. Man kann's ja auch übertreiben. Ich hoffe, Sie fühlen sich nach der Lektüre noch etwas »fitter«, wenn Sie in politische Diskussionen verwickelt werden. Unterm Strich wollte ich vor allem eines deutlich machen: Politik heißt, nichts Genaues weiß man nicht. Irrtum ist immer möglich. Aber man kann einen inneren Kompass haben. Geschichte wiederholt sich eben doch. Die Menschheit hat durchaus Erfahrungswerte. Die eindrücklichste Erfahrung, die wir über all die Jahrhunderte gemacht haben, lässt sich in einem Satz zusammenfassen: Wer glaubt zu wissen, was für andere am besten ist, sollte erst einmal tief Luft holen. Denn die Wahrscheinlichkeit, dass man irrt, ist hoch.

Sachregister

9/11 487, 491
Abgeordnete 26, 50 f., 93, 113 ff., 126 ff., 144 ff., 184 ff., 202 ff., 290 ff., 302, 333, 338
Abschreckung 443, 467
AfD Alternative für Deutschland 96
Afghanistan 150, 186, 279 ff., 421, 437 ff., 460, 467, 470, 484 ff.
Agenda 2010 104, 108, 226, 292 ff.
Agenda Cutting 170
Agenda Setting 269 ff., 292
Agenda Surfing 268 ff.
Ägypten 425, 473, 479, 491 ff.
Aktien 251 ff., 378, 432, 491, 527
Alawiten 426
Aleppo 427
Alphatier 291 f., 300, 302
Al-Qaida 425, 437, 459, 489 ff.
Amnesty International 204, 211
Ampel-Koalition 99
Anarchismus 35
Anden-Pakt 292 f.
Angebot 61 ff., 221, 249 f.

Angst 22, 59, 89 ff., 100, 103, 171, 223, 279, 297, 363 f., 375, 429, 487 ff.
Atomkraft 97 ff., 208 ff., 520 ff.
Anti-Gobalisierungs-Bewegung 401 ff.
Arabellion 283, 425, 439
Arabischer Frühling 491
Arbeitgeber 179, 210, 218, 220 ff., 252, 353
Arbeitnehmer 64, 74, 90, 103 ff., 209, 212, 220, 227, 230 ff., 255, 349
Arbeitslosigkeit 32, 89 f., 240, 466
Arbeitsmarkt 138, 216, 226 f., 292
Arbeitsparlament 148
Arbeitsplätze 65, 106, 140, 205, 233, 255, 362, 390, 403 f.
Arbeitsteilung 62, 149, 388
Armut 32, 217, 229, 352, 405, 413 f., 432, 446, 463, 481
Atomwaffen 49, 421, 424, 445, 452, 467 f., 521
Attac 401 f.
Aufschwung 395

Ausbeutung 31 f., 48, 401, 408, 491
Ausbildung 90, 115, 140, 215, 392
Ausländer 27, 47, 260 f., 352 f., 473
Auslandseinsatz 109, 470
Autokratie 38

Bad Bank 376
Bail out 376, 383
Banken 66 f., 82, 237, 241 f., 256, 335, 354 ff., 376, 385 ff., 398, 413, 432, 469
Bankenrettung 363
Bankenrun 363
Beamte 135, 141, 191 f., 232, 243 ff., 251 ff., 295, 369, 379, 383
Beschattungsabgabe 246
Bestechlichkeit 163, 205
Bestechung 68 f.
Betreuungsgeld 216
Betriebsrat 64
Bildung 27, 62, 93, 107, 132, 137 ff., 188, 216, 219, 230, 393, 416, 492
Billiglohnländer 349
Binnenmarkt 171, 351, 386
BIP Bruttoinlandsprodukt 240, 363, 383
BKA Bundeskriminalamt 512
Blauhelme 443, 448 ff., 456
Blaupause 386
Blockparteien 87, 428
BND Bundesnachrichtendienst 512

Bodenschätze 373, 405, 416 ff., 463, 469
BPK Bundespressekonferenz 294
Briefkastenfirma 68
Briten-Rabatt 377
Büchsenspanner 294 f.
Bundesamt für Verfassungsschutz 512
Bundesarbeitsgericht 232
Bundesbank 81 f., 357 ff.
Bundesbehörden 93 f.
Bundeskanzler 26 f., 45, 50, 123 f., 129, 146 f., 152, 157, 175 ff., 285, 289, 296, 300, 341, 506 ff.
Bundesländer 25, 30, 79 f., 87 f., 135 ff., 146 f., 150, 193, 197, 209, 343, 512
Bundespräsident 44, 122 ff., 147, 159 ff., 195, 204, 265, 278, 290, 423, 505
Bundesrat 134, 143 ff., 154, 159, 168, 194
Bundesstaat 30, 80, 381
Bundestag 26, 50 ff., 93 ff., 98 ff., 114, 119 f., 128 ff., 143 ff., 160, 185 ff., 194, 274, 285, 297 ff., 333, 337 f., 341
Bundestagswahl 52 ff., 97 f., 113, 128, 132, 160, 245, 270, 300
Bundesverfassungsgericht 24, 80, 95, 132, 142, 159, 165 ff., 195, 204, 245 f., 454, 515
Bundesversammlung 147, 160, 163 f., 290
Bundeswahlausschuss 97
Bundeswehr 109, 173, 186, 257, 271, 450, 470 f., 512

Bündnis 90/Die Grünen 34, 49, 94 ff., 100 f., 130, 297, 400
Bürgerbegehren 25
Bürgerbewegung 49
Bürgerentscheid 25
Bürgergeld 223 ff.
Bürgerkonvent 210
Bürgerkrieg 283, 420, 425 ff., 436, 449, 459 ff., 473, 482 ff.
Bürgerrechtler 92, 438
Bürgertum 33, 48, 59, 140, 324, 416 f.
Bürgschaften 367 f., 374, 380, 384, 413
Butterberg 344 f.

CDU Christlich demokratische Union 34, 42 ff., 69, 80, 87, 94 ff., 113, 126, 132, 146 ff., 186 ff., 233, 258, 260 f., 276, 292 ff., 336
Chancengleichheit 59, 139, 230
CIA Central Intelligence Agency 335, 514
Clubtheorie 212
CSU Christlich-soziale Union 45, 48, 58, 95 ff., 132, 155 f., 190, 201 f., 217, 257, 264, 279, 299, 338
Cyberwar 510, 514

Defizit 240, 316, 322, 336, 339
Demokratie, direkte 25
Demokratie, repräsentative 25, 52

Demonstrationen 100, 212, 324, 405, 428
Diäten 113, 145, 205
Die Linke 49, 53 f., 94 ff., 104, 107 ff., 202, 231
Diktatur 25, 30, 38 f., 51, 85, 91, 108, 143, 434, 500, 526
Diplomatie 285, 376 ff., 442 f., 457 f., 495 ff., 504, 509
Dollar 211, 355, 373, 405 f., 413, 419, 422

EFSF Europäische Finanzstabilisierungsfaszilität 378, 380
Ehegattensplitting 214
Ein-Euro-Jobber 226
Einheitssteuer 76, 224
Einkommensteuer 74 ff., 136, 224, 236
Einstimmigkeitsregel 331 f.
Elterngeld 213 ff.
Elternzeit 216 ff.
Embargo 448, 458
Enquete-Kommission 142 f.
Enteignung 66, 109, 431
Entschuldung 242
Entwicklungshilfe 188, 410 f.
Entwicklungsländer 241, 345, 392, 394 f., 401 ff., 416, 447, 522
Erstschlag 467
Erststimme 128 f., 144
ESM Euro-Stabilitätsmechanismus 367, 378, 380, 384

EU-Parlament 316, 334 ff.
Eurobonds 360 ff., 378 f.
Euro-Krise 66, 80 ff., 312, 335, 370 ff., 380
Europäische Kommission 132, 204, 248, 334 ff., 386,
Europäische Zentralbank 82, 280, 335, 380,
Europäischer Gerichtshof 335
Europäischer Rechnungshof 335
Europarat 335, 341
Ewigkeitsklausel 143
Exekutive 28, 268, 335, 337
Existenzminimum 229
Extremisten 43, 104
EZB Europäische Zentralbank 82, 280, 335, 366 ff.,

Fachkräftemangel 215
Familienbild 102, 215 ff., 379
Familienpolitik 213 ff.
Faschismus 35
Fazilität 379 f., 384
FDP Freiheitlich demokratische Partei 53 ff., 98 f., 105 ff., 132, 156, 163, 186, 263, 283 f., 338 f.
Finanzkrise 241, 322, 361 ff., 376, 413, 418, 432, 519, 522
Finanzmarktsteuer 401 f.
Fiskalunion 381
Flat Tax 72, 76
Flüchtlinge 86, 325 f., 352 f., 380, 464
Flügelproporz 190

Fortschritt 46 f., 83, 347
Fraktion 94, 111, 149 ff., 180, 190 ff., 296 ff., 303, 332 f.
Fraktionszwang 154
Frauenquote 156
Freihandelsabkommen 349
Freizügigkeit 323, 326, 347, 353
Fundis 99, 296 f.

Gaza-Streifen 29, 473, 478 ff.
Geheimdienst 176, 187, 199, 434 ff., 452, 486 ff., 510 ff.
Geldmenge 82, 358
Geldpolitik 335, 358 ff.
Geldwäsche 68, 512 f.
Gemeinwohl 66, 211, 409
Generaldebatte 149, 152, 284
Generalversammlung 444 ff., 477
Gesellschaftsvertrag 28 f.
Gesundheitssystem 198, 221 ff. 369
Gewaltenteilung 28 f., 38, 337
Gewerkschaft 74, 104, 212, 227 ff.
Giftliste 298
Girls Camp 298
Gleichheit 31 f., 59, 105, 139, 223
Global Village 396 ff.
Globalisierung 106 f., 352 ff., 387 ff., 400 ff., 420 ff., 522
Grechtigkeit 28, 31 ff., 72 ff., 213, 223 ff., 404
Grenzkontrolle 136, 325 ff., 347

Grundbedürnissse 60
Grundgesetz 24, 30, 45 ff., 88, 127, 158, 203, 213
Grundrechte 24, 203
Grundsicherung, bedingungslose 224 f.

Haircut 382
Hamas 29, 478
Hammelsprung 151 f.
Hare-Niemeyer-Verfahren 131
Hartz IV 109, 226 ff., 370
Haushälter 149
Herdprämie 216
Heuschrecken 390 f.
Hinterbänkler 118, 296, 298 f., 307
Hisbollah 426, 478
Hochrechnungen 56
Hoher Vertreter der Europäischen Union für Außen- und Sicherheitspolitik 330 f.
Homo-Ehe 103
Homosexualität 258, 264
Hunger 211, 229, 344 f., 390 ff., 408 ff., 415, 432, 483 ff., 522

Inflation 63, 74, 81 ff., 239 ff., 356 ff., 374, 466
Informantenschutz 265
Infrastruktur 71, 250 ff., 409

Internationaler Gerichtshof 447
Investition 75, 81
Islam 164, 321 ff., 425 ff., 437, 460, 478 ff., 487 ff.
IWF Internationaler Währungsfond 280, 401 ff., 522, 525

Jamaika-Koalition 99
Judikative 28, 245, 268

Kalte Progression 75
Kalter Krieg 319, 466 ff., 509
Kanzlerstimme 128
Kapitalismus 30 ff., 67, 306, 396, 401 f.
Kapitalmärkte 360, 366, 371
Kartell 61, 172, 523
Kartellamt 248 f.
Kaufkraft 74, 81, 234 f., 355, 405 f.
Keynesianismus 239
KFW Kreditanstalt für Wiederaufbau 280
KGB 432, 514
Kindergeld 213 ff., 223 ff.
Kita-Plätze 216 ff.
Klientelpolitik 54
Kommunismus 20 ff., 31 ff., 76, 108, 308, 433
Konjunktur 106, 200, 236, 238, 358
Konkurrenz 34, 61, 66, 125, 138 ff.,

248, 252, 256, 345, 351 ff., 374, 393, 440
Konservatismus 34, 48
Kopenhagener Kriterien 382
Korruption 68, 201, 315, 369, 411, 417 ff., 430 f.
KPD Kommunistische Partei Deutschlands 87
Kredit 81 ff., 237 ff., 359 ff., 401, 522
Kriegsverbrecher 442, 447

Laffer-Kurve 235
Lampedusa 326, 381
Länderfinanzausgleich 79, 142
Landgrabbing 404
Lebensstandard 27, 61, 88, 225, 349 ff., 406, 447 523
Legislative 28, 268
Legislaturperiode 25, 119, 174
Lehman Brothers 362 ff., 376
Leiharbeit 227
Leihstimmen 132
Leitzins 82, 358 f.
Liberalismus 23, 32 ff., 39
Listenplatz 110 f., 130
Lobby 77, 149, 158, 194 ff., 204 ff., 210, 220, 296

Maastricht-Kriterien 240, 360, 377, 383
Marktradikale 32, 63

Marktwirtschaft 30 f., 60 ff., 76, 102 ff., 222 f., 233, 304, 351, 382, 401 ff., 431
Marktwirtschaft, Soziale 61 ff., 66 ff.
Massaker 456 f., 463
Mauerbau 86, 108, 513
Mehrheit, doppelte 378
Mehrheit, qualifizierte 327, 331, 339
Mehrwertsteuer 53 ff., 76, 254, 402
Meinungsfreiheit 24, 47, 322
Meinungsvielfalt 23, 87
Menschenrechtsverletzungen 420, 442, 483, 490
Menschenwürde 211, 348
Milchsee 344 ff.
Militärischer Abschirmdienst 512
Minderheitenschutz 22
Minijobber 202, 227
Ministerrat 327, 332 ff.
Monarchie, konstitutionelle 37
Monarchie, parlamentarische 24, 37 ff., 160
Montagsdemonstrationen 90, 226
Montanunion 319 ff.
Moral Hazard 383
Morgenlage 175 ff.
Moskauer Vertrag 172
Muslime 322, 456, 476, 487 ff.
Mutterschutz 216

Nachfrage 61, 66, 221, 234 f., 249, 355, 523

Nachhaltigkeit 279, 413
Nahost-Konflikt 439, 474, 480
Nation Building 409
Nationalismus 34 f., 313, 465
Nationalsozialismus 34 f.
NATO Nordatlantikvertrag-Organisation 323, 406, 433, 443, 450, 460 f., 513, 523
Nebeneinkünfte 207
Neorealisten 421 ff., 428
Netzneutralität 133
NGO Nichtregierungsorganisation 210 f., 523
Nichtrauchergesetze 40, 197
Niedriglohnsektor 227
Notenbank 80, 355 ff., 367 ff.
NPD Nationaldemokratische Partei Deutschlands 88, 95, 261
NSA National Security Agency 510, 514
NSU Nationalsozialistischer Untergrund 140, 150
Nulllohnsektor 389

Ochsentour 110, 120
Online-Medien 269, 282
Online-Wahl 52
Opposition 26 ff., 46 ff., 78, 87, 91, 102, 109, 148 ff., 160 ff., 271 ff., 300, 418 f., 427 ff., 491 ff.
Osterweiterung 326, 251

Parteispendenskandal 68 ff., 150
PDS Partei des demokratischen Sozialismus 49, 95, 108, 129, 155
Peace Enforcement 450 ff.
Peace Keeping 450 ff.
Pendlerpauschale 74, 200 f.
Petitionsausschuss 133, 429
Pioniergewinne 66
Piratenpartei 47
Planwirtschaft 31, 61, 67, 404
Political correctness 474
Political non-correctness 259 ff.
Poolbilder 384
Populisten 23, 260 f., 275
Produktionsmittel 31 ff.
Positivliste 209, 221 ff.
Preisabsprachen 61, 248, 335, 351
Pressefreiheit 29 f., 268, 431
Privateigentum 31 ff., 431
Privatisierung 71, 251 ff.
Protestbewegung 49, 309, 324

Quereinsteiger 119 ff., 289

RAF Rote Armee Fraktion 173, 485 ff., 512
Ramschkredite 360
Rassismus 439, 462 ff.
Rating-Agenturen 242, 366
Raubtier-Kapitalismus 366, 391
Realos 99, 290 f.

Rechtsradikale 88, 97, 261
Rechtsstaat 24 ff., 66, 91, 322 ff., 348, 436, 490
Redeparlament 148
Reformen 33, 104 ff., 118, 133 ff., 224 f., 292, 321 ff., 370, 380 ff., 406, 426 ff.
Regierungsbank 26, 192
Regimekritiker 429, 435, 499
Regionalproporz 190
Reichstag 145 ff.
Reichtum 31, 59, 75, 406, 417 ff., 442, 469
Religion 23, 39 ff., 259, 321 ff., 426, 463, 475 ff., 492
Rente 72 ff., 136, 213, 220 ff., 369
Ressourcenfluch 416 ff.
Rettungspakete 157 ff., 364, 381 ff., 520
Rettungsschirm 367, 379 ff.
Revolution 25, 33 ff., 61, 98 f., 283, 308, 429 ff., 490
Rezession 239, 364
Römische Verträge 382
Rotationsprinzip 49, 100
Ruanda 447, 456 ff.

Sainte-Laguë/Schepers-Verfahren 131
Salon-Sozi 306
Sanktionen 445 ff.
Santer-Kommission 315
Satire Partei Die Partei 98

Scheinfirma 69
Schengen 324 ff., 339, 347, 382
Schiiten 426, 489
Schmuggler 325, 380
Schuldenbremse 240
Schuldendienst 238 f.
Schuldenkrise 239, 363 ff., 383
Schuldenschnitt 382
Schwarzarbeit 70, 75, 235
Schwarze Kassen 68 ff.
Schwarzgeld 70
Schwellenländer 345, 405 ff.
SED Sozialistische Einheitspartei Deutschlands 49, 87, 95, 107 ff.
Seeheimer Kreis 306 ff.
Sherpa 384 f.
Sicherheitsrat 444 ff., 477
Sitzverteilung 129
Solidarität 32, 77, 142, 154, 285, 436 f., 474
Somalia 449 ff., 482 ff.
Souveränität 319, 443
Sozialdemokratie 33
Sozialhilfe 72, 210, 220 ff., 298
Sozialismus 24, 31 ff., 65, 105 ff.
Sozialleistungen 223 ff.
Sozialstaat 58 ff., 104, 219 ff., 281
Sparpolitik 237
SPD Sozialdemokratische Partei Deutschlands 42 ff., 87, 95 ff., 122, 132, 146 ff., 163, 192 ff., 209 ff., 234, 274 ff., 292, 303 ff.
Spekulation 355, 366, 402, 418
Spin Doctors 273 ff.

Spione 84, 90, 458, 509 ff.
Splitterparteien 43 ff., 130
Sponti 280, 308 ff.
Staatsanleihen 80, 237, 364 ff., 376 ff.
Staatsdienst 42, 207
Staatsorgane 24
Staatspartei 33, 49, 95
Staatspleite 241 ff., 370 ff.
Staatsschutz 86
Staatsverschuldung 80 ff., 237 ff., 358 ff., 374
Stabilität 320, 360, 368, 380 ff., 430
Stammwähler 103
Stasi Staatsicherheitsdienst 85, 90, 430, 511, 514
Steuer-CD 75
Steuerfahnder 70, 75
Steuerflucht 235
Steuergerechtigkeit 72
Steueroasen 68, 75, 371, 520
Steuerreform 119, 147
Streikrecht 90, 245,
Stuttgart 21 324
Subsidiarität 136 f.
Subvention 54, 204, 250, 298, 343 ff., 378, 403, 414, 513
Sunniten 426
Supermächte 468, 480
Syrien- Krieg 283, 425 ff., 435
Systemrelevant 371 ff., 385

Tahir-Platz 491
Taliban 437, 467, 484 ff.
Tarifverträge 230 ff.
Terrorismus 439, 459, 487 ff.
Todesstreifen 86
Todeszone 123 ff.
Toleranz 23, 35, 57, 433
Totalitarismus 38 f.
Transparenz 209 ff., 282, 316
Troika 385
Tschetschenien 434, 464
Türkei-Beitritt 321 ff., 382
Turnschuh-Minister 285

Überhangmandate 129, 132
Umsatz 76 ff., 209, 235
Umweltschutz 64, 90, 94 ff., 131, 337 ff., 349, 393 ff.
UNESCO Organisation für Erziehung, Wissenschaft und Kultur 446
UN-Generalsekretär 444, 455 ff., 477, 497
UNHCR Flüchtlingshilfswerk 446, 524
UNICEF Kinderhilfswerk 444 ff., 524
UN-Kriegsverbrechertribunal 447
UNO Vereinte Nationen 440 ff., 476, 482 f., 523 f.
Unter drei 310 f.
Unterdrückung 28, 134, 409, 491 ff.
Unterhaltsrecht 217

Unterhaus 20, 148, 296
Untersuchungsausschuss 150

Verantwortung 102, 106, 168, 174, 185, 244, 375, 475
Verbände 110 ff., 118, 179, 189, 196, 207 ff., 232, 269, 335
Verbraucherschutz 93, 188, 247, 350
Verfassung 24 ff., 37, 46, 80, 95, 155 f., 169, 203, 327, 383, 512
Verfassungsschutz 95, 141, 513
Verhältniswahlrecht 128, 131
Verhandlungsfreiheit 233
Verschmutzungsrechte 395
Verschwendung 215, 344
Verstaatlichung 33, 109
Vertragsfreiheit 30
Vetorecht 445
Vietnam-Krieg 273
V-Mann 95
Völkermord 456, 462
Völkerrecht 440, 442, 447 ff., 482, 503
Volksabstimmung 25 ff., 11, 324 ff., 341
Volkspartei 47, 99 ff., 306, 333
Vorratsdatenspeicherung 515
Vorteilsnahme 63, 162

Waffen, strategische 467
Waffen, taktische 467

Wahlbeteiligung 52
Wahlbetrug 51
Wahlmaschinen 52
Wahlprognosen 56
Wahlrecht 21, 27, 43 ff., 103, 128 ff., 432
Währung 82, 243, 313 ff., 353 ff., 371 ff., 385, 402, 422
Warschauer Pakt 433, 469, 523
Warschauer Vertrag 172
WASG Für Arbeit & soziale Gerechtigkeit 49, 108
Wechselkurse 319, 354, 358
Wegbleibprämie 216 f.
Weißbuch 386
Welternährungsprogramm 446
Weltfinanzkrise 241, 361, 439, 518
Weltwirtschaftsgipfel 407, 505
Werkbank, verlängerte 138, 388 f.
Wettbewerb 59, 63, 67, 83, 91, 138, 172, 208, 230, 234, 248 ff., 335, 350 ff., 372 ff., 389, 421
WHO Welthandelsorganisation 171, 524
Wiedervereinigung 49, 92 ff., 109, 153, 170 ff., 237, 278, 285, 359, 470
Wirtschaftsweise 210
Wirtschaftswunder 320, 349
Wohlstand 61 ff., 219, 318, 349, 418
Wohngeld 65, 225 ff.
Wutbürger 22, 393

Youth Bulge 481

Zensur 90
Zentralbanken 81 ff., 335, 367 ff., 422
Zerstörung, schöpferische 392
Zeugnisverweigerungsrecht 268
Zinsen 78, 82, 237 ff., 335, 358 ff., 370 ff.

Zölle 136, 319, 345 ff., 390, 524
Zuwanderung 154, 159, 168, 261
Zwei-Quellen-Regel 267, 269
Zweitschlag 467
Zweitstimme 128 f., 144, 155